U0536432

千秋功过评孔明

诸葛亮新论

吴直雄 著

中国书籍出版社
China Book Press

图书在版编目（CIP）数据

千秋功过评孔明：诸葛亮新论 / 吴直雄著. —— 北京：中国书籍出版社，2020.7
ISBN 978-7-5068-7871-5

Ⅰ.①千… Ⅱ.①吴… Ⅲ.①诸葛亮（181-234）-人物研究 Ⅳ.①K827=362

中国版本图书馆CIP数据核字（2020）第096176号

千秋功过评孔明：诸葛亮新论

吴直雄　著

策划编辑	王志刚
责任编辑	王志刚
责任印制	孙马飞　马　芝
版式设计	添翼图文
出版发行	中国书籍出版社
地　　址	北京市丰台区三路居路97号（邮编：100073）
电　　话	（010）52257143（总编室）（010）52257153（发行部）
电子邮箱	chinabp@vip.sina.com
经　　销	全国新华书店
印　　刷	廊坊市海涛印刷有限公司
开　　本	787毫米×1092毫米　1/16
字　　数	890千字
印　　张	45.5
版　　次	2020年7月第1版 2020年11月第1次印刷
书　　号	ISBN 978-7-5068-7871-5
定　　价	200.00元

版权所有　翻印必究

目 录

一、毛泽东手书杜甫《蜀相》诗……………………………………………… 1

二、杜甫《蜀相》诗诗意暨毛泽东手书《蜀相》诗书法品鉴……………… 4

三、诸葛亮像及像中"王佐奇才儒者气象；伊吕之间管乐之上"联语品鉴…… 6

四、诸葛亮《前出师表》全文暨内容品鉴…………………………………… 8

五、岳飞手书前后《出师表》的书法品鉴…………………………………… 10

六、岳飞手书《前出师表》起笔一页所书的23个字欣赏…………………… 12

七、岳飞手书《前出师表》收笔一页的10个字欣赏………………………… 13

八、岳飞手书《后出师表》起笔一页的24个字欣赏………………………… 14

九、岳飞手书《后出师表》收笔一页的31个字欣赏………………………… 15

出版说明……………………………………………………………………… 17

内容提要……………………………………………………………………… 21

自序…………………………………………………………………………… 24

一、遨游何必故乡耶	1
二、隆中一对为一统	6
三、走为上计可避祸	47
四、皆使自实可益众	52
五、说服孙权共抗曹	55
六、能贤亮不能尽亮	59
七、刘子初雄才盖世	64
八、庞统廖立楚良才	68
九、许靖人望不可失	71
十、排难释误荐刘巴	74
十一、马孟起兼资文武	78
十二、法正违法仅此时	84
十三、法正违法用法制	95
十四、欲封黄忠后将军	100
十五、"借刀除患"待商榷	105
十六、奸形外漏邪心藏	112
十七、劝说刘备当皇帝	118
十八、伐吴不可当伐曹	123
十九、臣敢竭股肱之力	141
二十、孤尚且难忍不笑	150
二十一、使吴之人始得之	154
二十二、治蜀岂能靠赦宥	157
二十三、《正议》严辞斥魏臣	162
二十四、为兴汉室求杜微	172
二十五、廖公渊疵毁众臣	177

二十六、廖立徙不毛之地	180
二十七、定南中夷汉粗安	183
二十八、孟达身死咎自取	190
二十九、有诬一代之俊异	209
三十、来敬达年老狂悖	218
三十一、恸哭杨颙为一言	221
三十二、若废法何用讨贼	226
三十三、兵出子午计甚危	235
三十四、兵之胜败在将也	256
三十五、呕心沥血撰《后表》	259
三十六、孔明有吞魏之志	391
三十七、灭魏斩叡还旧都	404
三十八、遣陈震庆权正号	411
三十九、张惠恕清浊太明	416
四十、空城计却司马懿	421
四十一、郭冲之言非乖剌	435
四十二、平事稽留将致祸	441
四十三、千里请战找借口	453
四十四、司马懿诡诳如此	457
四十五、孔明让孙权释疑	460
四十六、蒋琬岂是百里才	463
四十七、推荐费祎失深察	469

附录一：灭魏兴汉大一统　鞠躬尽瘁五丈原——诸葛亮行年暨其时要事纪年新谱……482

附录二：国乱常思诸葛亮　一统基因入人心 ——百副评价诸葛亮的楹联要义语译
　　品鉴 …………………………………………………………… 511
本书参考或引用的文献 ………………………………………… 609
本书所涉及的人名索引 ………………………………………… 632
本书所涉及的地名索引 ………………………………………… 653
跋：往事历历催人奋 …………………………………………… 664
附记 ……………………………………………………………… 674
作者简介 ………………………………………………………… 675

一、毛泽东手书杜甫《蜀相》诗[①]

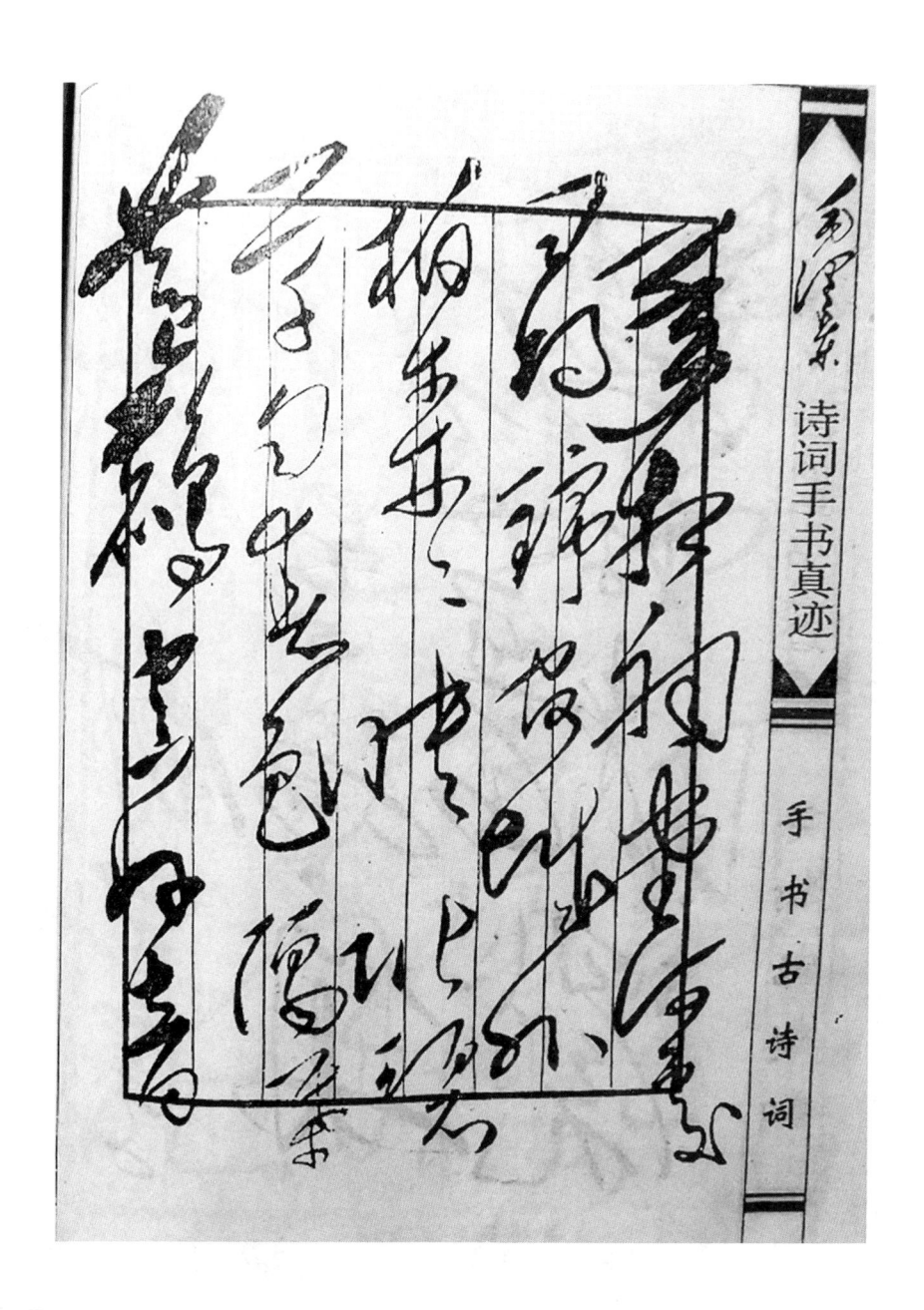

---

①杨宪金、侯敏主编：《毛泽东手书真迹》，西苑出版社1999年版，第814—816页。

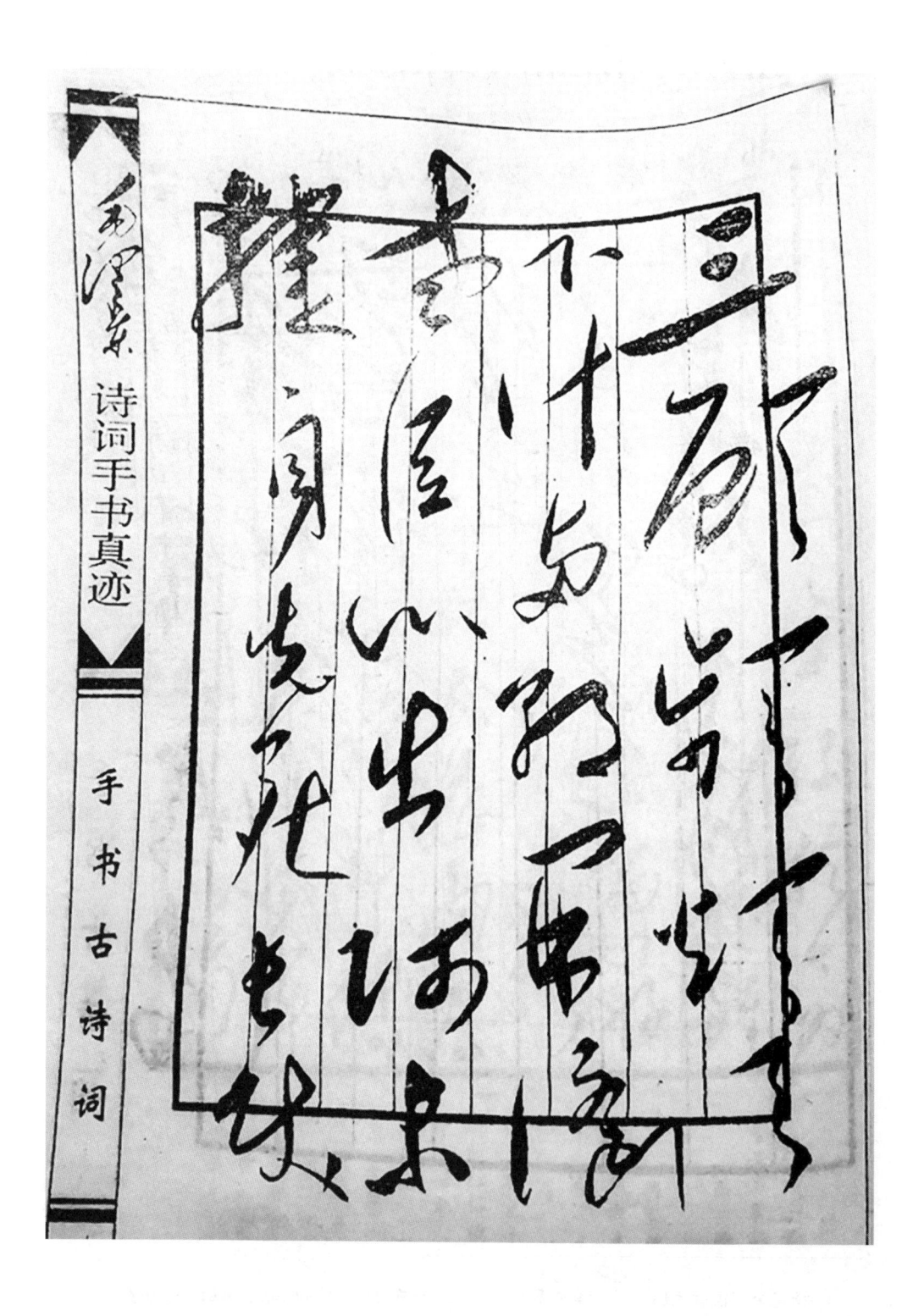

千秋功过评孔明：诸葛亮新论

毛泽东 诗词手书真迹

手书古诗词

一、毛泽东手书杜甫《蜀相》诗

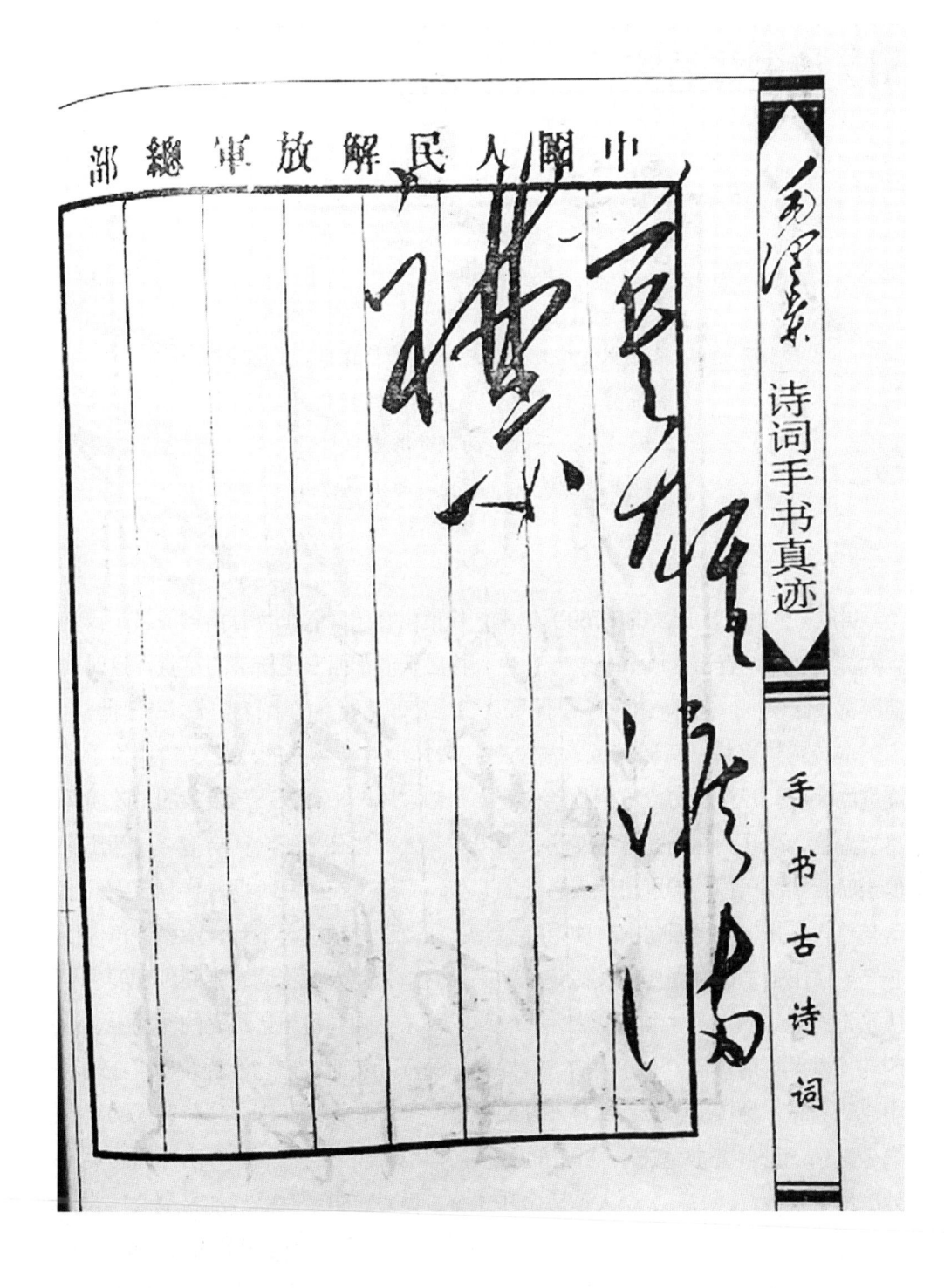

二、杜甫《蜀相》诗诗意暨毛泽东手书《蜀相》诗书法品鉴

蜀相

> 丞相祠堂何处寻？锦官城外柏森森。
> 映阶碧草自春色，隔叶黄鹂空好音。
> 三顾频烦天下计，两朝开济老臣心。
> 出师未捷身先死，长使英雄泪满襟。

诗意：唐肃宗乾元二年（759）年末，杜甫由甘肃同谷（今甘肃省成县）漂泊到成都，次年初春借居成都草堂寺，春末移居于成都西三里新筑的草堂。这时，他游览了武侯祠，这首流传千古、脍炙人口、赞颂诸葛亮的名诗得以横空出世。

全诗感情真挚、语调深沉、富于悲壮情怀地对诸葛亮的才德、功业给予了高度的评价。开篇两句"丞相祠堂何处寻？锦官城外柏森森"与接续的"映阶碧草自春色，隔叶黄鹂空好音"四句，写出了诗人对诸葛亮的向往与追寻，写出了他当时看到武侯祠的情景与诗人心绪的悲凉，写出了在战乱时期武侯祠游人的寥落与诗人哀伤！结尾四句则有如奇峰突起：在"三顾频烦天下计，两朝开济老臣心"与"出师未捷身先死，长使英雄泪满襟"中，诗人又将读者带回到那要求尽快平定战乱，要实现"中华民族大一统"的汉末三国刘备与诸葛亮的作为上，这四句诗显得特别悲壮、十分的惋惜、异样的深沉，然而该诗之妙就妙在：在战乱中思诸葛亮那种特别悲壮、那种十分的惋惜、那种异样的深沉中，将诗人的赞叹崇敬之情、悲壮豪放之志、忧国济世之怀，巧妙地嵌藏于作者与读者的心灵深处，给人以教育、力量！令人读后余味无穷，面对唐肃宗时的战乱希望武侯式人物"临世"，那接续"中华民族大一统"之精神充溢于作者与读者的心灵深处。

毛泽东对《蜀相》可谓情有独钟：杜甫的这首名诗，是古今读者爱不释手的名

篇。每当人们为诸葛亮祠、墓撰写对联或诗词之时，无不爱将其中的词句化为语典揉入联语诗词之中，特别是对联创作，甚至干脆将诗中的对句独立出来用以为联语，这已为人们所常见。"在三国人物中，毛泽东最推崇的，大概要算诸葛亮。在他的著作中不止一次提起这位智慧的化身。……诸葛亮，作为中华民族历史上杰出的政治家、军事家、谋略家，又有良好的道德品质，千百年来，受到无数人的顶礼膜拜，是家喻户晓、老幼皆知的人物。毛泽东也由衷地钦佩这位历史人物，并善于借助这位历史人物来宣传自己的主张，启发人们的思想，推动革命工作。"①毛泽东对杜甫《蜀相》一诗十分看重，曾经多次予以圈划。如挂于成都武侯祠的对联"映阶碧草自春色，隔叶黄鹂空好音""三顾频烦天下计，一番晤对古今情""唯德与贤，可以服人，三顾频烦天下计；如鱼得水，昭兹来许，一体君臣祭祀同"等，毛泽东皆非常关注与欣赏。②特别是在1922年8月，当他最亲密战友陈子博孤胆一身，弹炸军阀赵恒惕而不幸牺牲后。毛泽东满怀悲愤之情为陈子博撰写的挽联就是"出师未捷身先死，长使英雄泪满襟"③。由此可见，毛泽东对《蜀相》一诗是何等的情有独钟。

毛泽东《蜀相》诗的书法艺术品鉴：王鹤滨先生在《行草书圣毛泽东》的"前言"中写道："（毛泽东）也是一位历史上罕见的书法艺术大师。他在行草方面的书法艺术成就，右抑王羲之的行楷，左逾张旭的狂草，如将毛泽东的行草、王羲之的行楷、张旭的狂草，并列为中国书法艺术上的三绝，是理所当然的。"毛泽东所书写的这首《蜀相》诗，从他纵情挥洒、境界升腾的诸多特色来看，王鹤滨先生的"右抑王羲之的行楷，左逾张旭的狂草"是为确评。展开毛泽东书写的这首《蜀相》诗，令人双眼顿时为之一亮、心绪随之怦然一动，不禁欣然为之而吟："大笔一挥天地惊，执管运毫雄古今；倾海之气在眼前，银钩铁画落九天！"

先看首页四句，字形的结体点划与起笔的节奏起伏变化，浑然一体，行草相间运笔雄劲自如，给人以秀丽潇洒美的享受。特别是首句与第四句以浓浓重墨，传递出杜甫这四句诗那种"寻"与"空"的写作心绪，富于动态之美感。

后四句以一张半纸的篇幅，激情满怀、一气贯下，其所握之管的书写节奏有

---

① 周溯源：《毛泽东评点古今人物》，红旗出版社1998年版，第133—134页。
② 吴直雄：《楹联巨匠毛泽东》，广东人民出版社2003年版，第702、714、786页。
③ 吴直雄：《跟毛泽东学楹联》，西苑出版社2009年版，第121—122页。

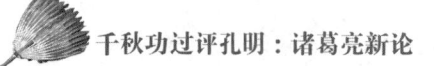

如大将军飞鞭猛抽"千里马",情怀激荡之情难禁,一纸不够加一张,一张专写"英雄泪满襟"!重笔轻笔各自如,纸上云烟相继起,浩气飘洒眼前现,余味无穷留心底!真可谓匠心独运、独辟新境、姿势健美、雄浑磅礴地将杜甫身处动乱之世思诸葛、思汉唐、思盛世大一统繁荣天下的济世诗思表现得淋漓尽致!让整幅书法作品所充满着的生机与动态之感为之凸显,这也是毛泽东书法独有的思维艺术方式的显现。

如果说杜甫《蜀相》一诗,是为诗中珍品,则毛泽东的这一手书,有如"银钩铁画落九天",是为书中的极品神品。

三、诸葛亮像及像中"王佐奇才儒者气象;伊吕之间管乐之上"联语品鉴

"王佐奇才儒者气象;伊吕之间管乐之上"一联,是将对联视为"两行文学"[①]中的典范之作,是"两行文学"中的珍品。

"王佐奇才儒者气象"一语,是对诸葛亮一生为大一统事业所展现的卓越才

[①] 吴直雄:《跟毛泽东学楹联》西苑出版社2009年9月版,作者在自序中称:"中国楹联,作为中国传统民族文化的一部分,与中国的诗、书、画一样,堪称'国粹''国宝'。写作楹联和悬挂楹联是中国的民俗,它既是中国民间艺术、也是典雅的文学样式,被称之为'两行文学'艺术(叶子彤撰、肖良平书云:'纵笔两行文学;放歌千里春光。'2008年第3、4期《中国楹联》)。楹联是我国'正史'中具有1600余年历史的'两行文学'艺术形式。称中国楹联为'两行文学',我以为是很准确的。因为论者从文艺美学的高度把握住了楹联作为语言艺术最精练、最深度概括生活、表达思想情意的美学特色。'兼容'了中国楹联形形色色的形式和特点以及研究者中的各种'派别和观点',拓宽了中国楹联的创作与研究空间!正是这样的'两行文学',……可谓雅俗共赏,为人民群众所喜闻乐道!正是这样的'两行文学',……更可谓'全''精''活''新'皆备。正是这样的'两行文学',赋予了世人无限的审美情趣。"

三、诸葛亮像及像中"王佐奇才儒者气象；伊吕之间管乐之上"联语品鉴

华、高尚人品的集中概括，是对联语"三代有儒者气象，诸葛真名士风流"的形象浓缩；"伊吕之间管乐之上"是对诸葛亮评说的具体论证：这位辅佐刘备、刘禅的旷世奇才，其功业可堪比辅佐商汤的伊尹与辅佐周武王的吕尚。

诸葛亮隐居隆中时，曾自比管仲与乐毅。作者则以其才在"管乐之上"断之，甚妙。读罢这副题像联语，不禁令人想起这样一则故事：有一晋大臣试图"幽默"一下李密——刘禅是何等主子？李密云："齐桓公。"这位晋臣始则不解，思之，觉得李密高明：不是吗？高明的管仲辅佐桓公，当管仲在世时，齐桓公能"九合诸侯，一匡天下"；而管仲死后，奸臣易牙、竖刁当权，同样的齐桓公则成了被饿病而死的可怜虫。细品此联，又似乎听到诸葛亮的老对手司马懿在惊叹："真乃天下奇才也！"

总而言之，在闪亮耀眼的"智慧之星"的诸葛亮身上，更多的显示出中国古代知识分子的特质，因而获得了"士"的普遍认同和崇拜：诸葛亮为儒士群体树立了一个走向圣贤的典范。唐代名相裴度赞赏诸葛亮有"事君之节""开国之才""立身之道""治人之术"，明代理学家宋濂也同样推崇："三代而下，有合于先王之道者，孔明一人。"[①]这一评说，可以说是对"王佐奇才儒者气象；伊吕之间管乐之上"一联更高层次概括。

---

① 刘森垚、刘艳伟：《关羽与诸葛亮崇拜现象比较》，《湖北文理学院学报》2013年第4期，第12页。

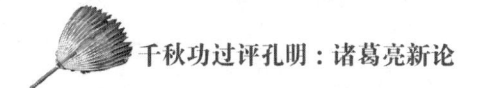

四、诸葛亮《前出师表》全文暨内容品鉴

先帝创业未半而中道崩殂，今天下三分，益州疲弊，此诚危急存亡之秋也。然侍卫之臣不懈于内，忠志之士忘身于外者，盖追先帝之殊遇，欲报之于陛下也。诚宜开张圣听（德），以光先帝遗德，恢弘志士之气，不宜妄自菲薄，引喻失义，以塞忠谏之路也。

宫中府中，俱为一体，陟罚臧否，不宜异同。若有作奸犯科及为忠善者，宜付有司论其刑赏，以昭陛下平明之理，不宜偏私，使内外异法也。侍中、侍郎郭攸之、费祎、董允等，此皆良实，志虑忠纯，是以先帝简拔以遗陛下。愚以为宫中之事，事无大小，悉以咨之，然后施行，必能裨补阙漏，有所广益。

将军向宠，性行淑均，晓畅军事，试用于昔日，先帝称之曰能，是以众议举宠为督。愚以为营中之事，事无大小，悉以咨之，必能使行阵和睦，优劣得所。

亲贤臣，远小人，此先汉所以兴隆也。亲小人，远贤臣，此后汉所以倾颓也。先帝在时，每与臣论此事，未尝不叹息痛恨于桓、灵也。侍中、尚书、长史、参军，此悉贞良死节之臣也，愿陛下亲之信之，则汉室之隆，可计日而待也。

臣本布衣，躬耕于南阳，苟全性命于乱世，不求闻达于诸侯。先帝不以臣卑鄙，猥自枉屈，三顾臣于草庐之中，咨臣以当世之事，由是感激，遂许先帝以驱驰。后值倾覆，受任于败军之际，奉命于危难之间，尔来二十有一年矣。先帝知臣谨慎，故临崩寄臣以大事也。受命以来，夙夜忧叹，恐托付不效，以伤先帝之明，故五月渡泸，深入不毛。今南方已定，兵甲已足，当奖率三军，北定中原，庶竭驽钝，攘除奸凶，兴复汉室，还于旧都。此臣所以报先帝，而忠陛下之职分也。

至于斟酌损益，进尽忠言，则攸之、祎、允之任也。愿陛下托臣以讨贼兴复之效；不效，则治臣之罪，以告先帝之灵。若无兴德之言，则责攸之、祎、允之慢，以彰其咎。陛下亦宜自谋，以咨诹善道，察纳雅言，深追先帝遗诏。臣不胜受恩感激。今当远离，临表涕泣，不知所言。（据《三国志·诸葛亮传》）

全文仅用700余字，将出兵北伐后的内政外交大事一一交待得清楚明白，这是自《隆中对》后，在诸葛亮生命中的又一闪光之点：在这短短的文字中，展现了诸葛亮要实现"中华民族大一统"的决心和雄心壮志。

有大一统的决心和雄心壮志是一回事，能否有效地践行又是一回事！残酷历史事实告诫诸葛亮：有如伍子胥一样，在为使吴国强大的过程中，他虽功比天高又何用？不照样惨烈地死在昏君奸臣之手？他该怎么办？

往古至今数千年，名战于史记载多；名诗名文天下闻，疏表虽佳世少传。唯见诸葛亮这只有700余字之表，不仅耀眼于典册，而且灿然于文苑。

此表的精要与高明之处更在于：巧妙地留有三大"诱导君王励志之策"，迫使刘禅做一回"齐桓公"：

一"策"是：十三次呼"先帝"，先帝之灵"威摄存"；

二"策"是：宫中府中人事安排早与先帝敲定，谁人还敢再改动？

三"策"是：东有劲吴，北有强魏，今日军政重权握在手，方能"鞠躬尽瘁"办大事，初试锋芒于南方，联吴伐魏且看我诸葛亮！

"真乃天下奇才也！"司马懿对诸葛亮的惊叹何止在短兵相接的残酷战场上！前后《出师表》的落实与执行，保障了自诸葛亮暨其所指定蒋琬、董允、费祎三大接班人死前，这个"刘阿斗"基本上做到了"亲贤臣，远小人"，实实在在地当了约二十三年的"齐桓公"。[①]诸葛亮真不愧是构建良好封建社会秩序的大师，可谓是"真乃天下奇才也！"

[①] 吴直雄：《习凿齿与他的〈汉晋春秋〉——兼论〈三国演义〉对习凿齿的承传关系》，江西高校出版社2019年版，第799—835页。

五、岳飞手书前后《出师表》的书法品鉴

限于篇幅,《后出师表》不载于扉页,全表载于本书《呕心沥血撰〈后表〉》。同样,因限于篇幅,前后《出师表》的书法,只截取其起笔和收笔各一页与读者一道观摩欣赏品鉴。因为有了对起笔和收笔的书法观摩欣赏品鉴,则亦可知其全篇之大概矣。本书的岳飞手书前后《出师表》的书法,皆取自成都武侯祠精心印制的《岳飞书前后出师表》"线装本"。

岳飞(1103—1142),南宋抗金名将。字鹏举,宋相州汤阴县永和乡孝悌里(今河南省安阳市汤阴县程岗村)人,中国历史上著名的战略家、军事家、民族英雄,位列南宋中兴名将(韩世忠、张俊、刘光世)之首,与韩世忠、张俊、刘光世不同的是:岳飞兼资文武,能诗善书,在我国诗词、书法的海洋中,占有一席之地。有《岳武穆遗文》(一作《岳忠武王文集》)其诗词散文均慷慨激昂。

欲知岳飞所书前后《出师表》的书法真谛所在,首先必须了解诸葛亮所撰写这两篇《出师表》不同的历史背景。《前出师表》,是诸葛亮平定了南中叛乱,达到了南中夷、汉粗安,刘汉政权逐渐地恢复了大汉大一统的元气,于建兴五年(公元227年)春三月,诸葛亮出师汉中,上《出师表》,表中指出:"今南方已定,兵甲已足,当奖率三军,北定中原。"这次出师,不见君臣有非议,做到了"群臣皆赞"。次年正月大举攻魏之时,不料马谡"违亮节度",导致失去战略要塞"街亭",致使出师不利。这年十一月,诸葛亮闻曹休为吴所败,魏兵东下,关中虚弱,拟再出兵伐魏,然君与"群臣以为疑"。诸葛亮遂再次上表刘禅,请许北伐。此表是为《后出师表》。

五、岳飞手书前后《出师表》的书法品鉴

岳飞书写前后《出师表》，时间是南宋绍兴八年（公元1138年）八月，率部路过南阳，谒武侯祠，他在"跋"中写道："绍兴戊午秋八月望前，过南阳，谒武侯祠，遇雨，遂宿于祠内。更深秉烛，细观壁间昔贤所赞先生文词、诗赋及祠前石刻二表，不觉泪下如雨。是夜，竟不成眠，坐以待旦。道士献茶毕，出纸索字，挥涕走笔，不计工拙，稍舒胸中抑郁耳。岳飞并识。"

读罢两表，穿越时空，两位名相名将此时"心照神交"。

岳飞书诸葛亮撰写的前后《出师表》的心境，与他抗金主张难遂的心境此时发生了"撞击"，促使岳飞那悲愤的激情难以遏止地"挥泪走笔，不计工拙"，方能"稍舒胸中抑郁"。

岳飞所书的前后《出师表》，技法纯熟，造诣高超，运笔精良，字体行草，笔姿变化多端，点画转换灵动，有颜体的骨劲，柳体的神逸，黄庭坚体的大气，奋笔疾书，一气呵成，让人读后赞叹不已！

这篇书法作品，酣畅淋漓，有如电掣雷奔，由行楷转入行草、狂草，透过这龙飞凤舞、铁画银钩、顿挫抑扬、充溢着强劲阳刚大气之书，让人透视岳飞内心世界的变化，让人想到诸葛亮用兵之奇，也想到岳飞布阵之巧。

就岳飞所书之字体笔画而言：

或大或小、或重或轻、或粗或细、或疾或缓、或驻或引、或跳或跑、或蹲或守、或盈或瘦、或润或焦、忽如行云流水之活，又恰似长城之雄、泰山之坚……令人想象无穷；

其笔随态出奇，缓急有序，无不自如，挥洒纵横，字字得形，有如岳飞飞舞着他那快如闪电的"沥泉枪"快马入阵，"枪枪到位"，而其中不少字的点画，其力则若其佩剑"湛卢"所刻，有入木三分之妙，这不得不令人想到岳飞在书写时的情感变化中是何等的波澜起伏；这不仅仅是字，而是岳飞与诸葛亮两位杰出统帅胸藏的百万雄兵临战时情感的激越亢奋，在统帅的指挥下，这字有如数十万健儿身跨神骏驰骋在沙场所尽情展现的英气雄姿。

《前出师表》是诸葛亮于公元227年率军北伐前给后主刘禅的一份奏章。表示自己受刘备三顾之恩，托孤之重，一定要为"兴复汉室"、大一统中华而竭忠尽智，效死不渝。《后出师表》是在街亭失利后，诸葛亮又一次上疏的一份表文，是诸葛亮"中华民族大一统"之志坚定不移、风雨难摧的再次展现。

前后《出师表》中那种为了国家大一统事业"鞠躬尽瘁、死而后已"的不朽

精神和岳飞一生为收复失地实现国家大一统的志向，借助其气势雄健、精湛绝伦书法，我们似乎看到了诸葛亮与岳飞用宝贵的生命诠释着、践行着一定要实现"中华民族大一统"的凌云壮志，可谓这两位时代英雄人生的真实写照！

一旦大地起风雷，浪卷英雄复又回；岁月沧桑忠魂在，薪火相传爱国情。

雄文翰墨照征人：每当中华大地出现动荡之时，每当分裂势力猖獗之际。前后《出师表》那流传千古的经典美文，特别诸葛亮那"鞠躬尽瘁、死而后已"与岳飞那冠绝群伦、真情至性的翰墨，让人精神振奋，尤其是"文官不爱钱，武官不惜死"的那种为"中华民族大一统"的献身精神，那"何日请缨提锐旅，一鞭直渡清河洛"（岳飞《满江红·登黄鹤楼有感》）奋然灭寇的战斗情怀，虽说时代的不同，遭际的殊异，但它们均能成为特殊的教材、令中华儿女读后必会慨然雄起，化作其为时代、为民族崛起而奋勇向前的动力和大无畏的精神力量。

六、岳飞手书《前出师表》起笔一页所书的23个字欣赏

这是岳飞手书《前出师表》起笔一页的23个字。这23个字是：

前出师表臣亮言先帝创业
未半而中道崩殂今天下三分

这23个字是岳飞在运神起笔将要泼墨挥毫时的"蓄势"之笔。下笔之字映入眼帘，给人以"气象宏伟、局势宽博、刚柔相济、筋骨凝整、形画遒劲、古韵厚重"之感。细细品味这23个字的

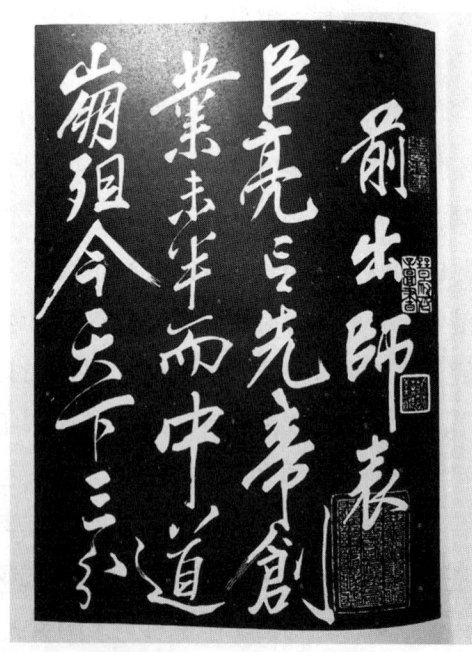

用笔结字，便可见其深得颜（颜真卿，709—784）体的雄健与柳（柳公权，778—865）体的通灵。将"颜筋柳骨"融入其中，结构宽博雄强，气势开张凝重、神采飞动含气、行笔流利酣畅！

在结尾的收笔中有"道士献茶毕，出纸索字"一语，无疑透露出岳飞在当时就是书艺非凡的书法名家，不然，道士也不会献茶索字，以求岳飞留下墨宝。

七、岳飞手书《前出师表》收笔一页的10个字欣赏

这是岳飞手书《前出师表》收笔一页的10个字。这10个字是：

临表涕泣不知所言岳飞

收笔一页的这10个字，尤显岳飞的思想、情绪和有志难伸的激愤情感！在雄强豪迈中酣畅淋漓地挥洒着"收复失地志难伸，皇帝老子在上头"的一种无奈压抑的伤心之泪。收笔的这10个字师承有渊源、取法重在高远，它溶入了草书超然飘逸与《出师表》大一统中华的内容精髓，非常形象地似乎都在"以泪画出"诸葛亮身死五丈原军中、岳飞为投降派所诋毁而有志难伸的"涕泣"之状！

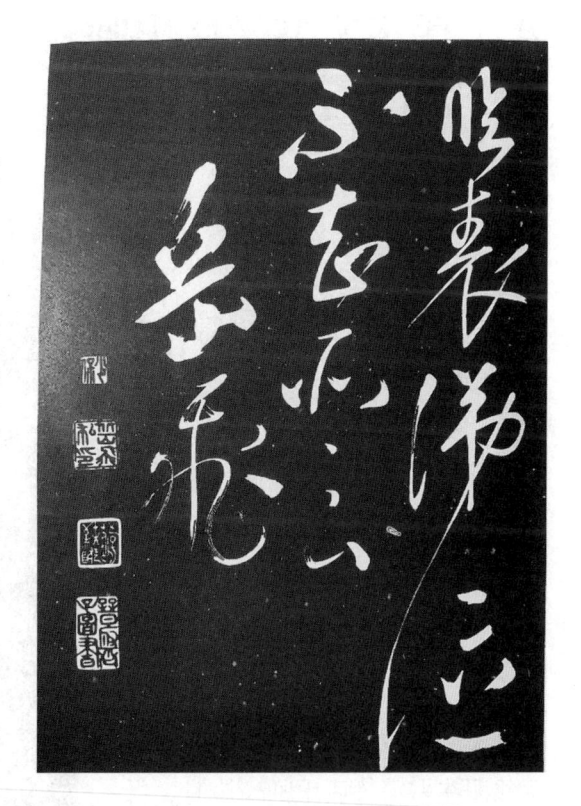

俚俗有云："秀才难写'飞凤鼎'"。繁体的"飞凤鼎"三字，不论用何种

书体,要写得好看,要写得传神,着实不易。岳飞,字鹏举。"鹏举"有"鹏举鸿飞"之意:"鹏举",言"奋发有为"也;"鸿飞",寓意"鸿雁飞翔"也。岳,别开姓氏,原指"高大的山"也。如五岳,即我国五座高大的名山:即东岳泰山,西岳华山,南岳衡山,北岳恒山,中岳嵩山是也!岳飞所书"岳"字,似"山已斜、岳在动"也,有寓"国是日非、山岳动摇"之意;而"飞"字,颇似一只"飞鸿"在展翅挣扎、试图尽力奋飞,却遭"鼎"(朝廷)压。这样传神的象形行草,着实令人遥想当年"精忠报国"而报国之志难伸的岳飞那种苦痛的遭际,不禁使人凄怆而涕下。

八、岳飞手书《后出师表》起笔一页的 24个字欣赏

这是岳飞手书《后出师表》起笔一页的24个字。这24个字是:

　　　　后出师表先帝虑汉贼
　　　　不两立王业不偏安故托臣
　　　　以讨贼也

激情荡漾风云起,堂堂正气万古存。健笔凌云丰碑在,青史长留不朽名。

《前出师表》刚刚书写完毕,岳飞即在书写《后出师表》时,再次"心有灵犀"地"沉"入历史的烟云:

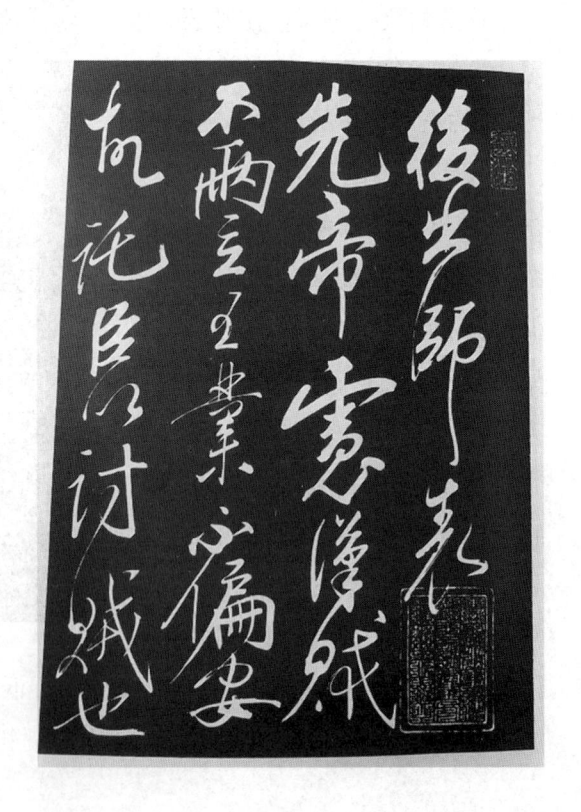

《后出师表》是在首次出师便遭失利时所写，是为大一统之业要不要继续进行而写，它较之于《前出师表》，文中更显刀光剑影、风烟滚滚、征尘血飞，杀气腾腾山岳动、正气凛然鬼神泣。

此时岳飞所面临的北伐事业，虽说时代不同，但阻力更大。故而岳飞所书，开笔字体的形貌肃然而有序、笔划虽略显瘦削，但骨力十足、精致中蕴藏着书写内容与书法所要表现的那更深层次书法美感！《后出师表》中之贼，是窃取汉室之贼，所以要"灭魏斩贼首曹叡"；岳飞要斩之贼，则是南侵之金，是要"直捣黄龙府"。故其字心精手熟、竖的连写与竖折暨其撇捺时见跌宕起伏、大有翰逸神飞之妙！

九、岳飞手书《后出师表》收笔一页的 31个字欣赏

这是岳飞手书《后出师表》收尾的31个字。这31个字是：

（坐）以待旦 道士献茶毕 出纸索字 挥涕走笔 不计工拙 稍舒胸中抑郁耳岳飞并识

整段收笔文字的意思是说：绍兴戊午（1138）秋八月望日前，我路过南阳，专程拜谒诸葛武侯祠堂，正遇滂沱大雨，当天就住宿在祠内。夜深难眠，我手持蜡烛，细细查看墙壁间以往诸贤所撰写的那些赞美诸葛先生

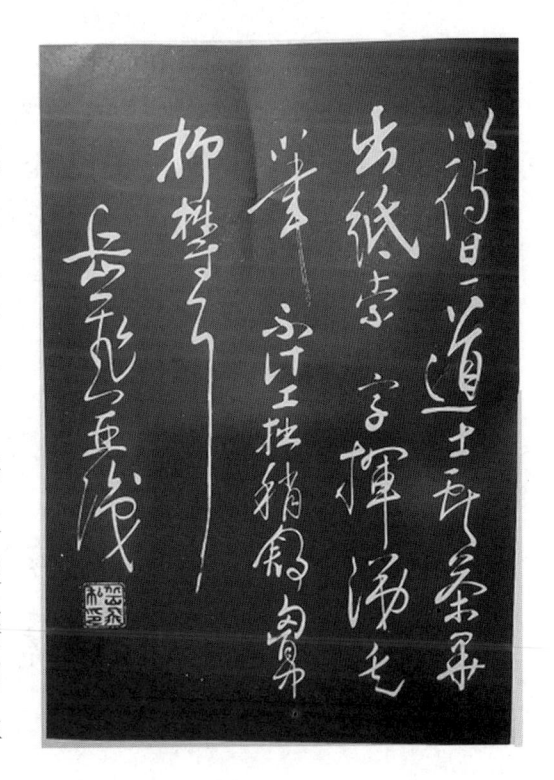

15

的文辞、诗赋及祠前石刻二表的文字，看眼下秦桧为相、北伐抗金受阻，"与金议和派"日渐得势……我不禁泪如雨下。这一夜，我彻夜难眠、思绪难平，只好坐着等待天亮。天亮之后，道士前来献茶，同时拿来纸笔请我题字，我饱含热泪、不计较字的好坏、挥笔而就，以此抒发胸中的压抑、一吐难言的沉郁。这匆匆草就之书，就算作此行纪念吧。

千秋笔墨惊天地，《出师》二表见忠魂；热血化作千行泪，哭写此书吐精诚！

当读到"是夜，竟不成眠坐以待旦"时，令人不得不想起毛泽东在1953年前后那"凤翥龙蟠"手书岳飞的《满江红》和《小重山》。《小重山》云："昨夜寒蛩不住鸣。惊回千里梦，已三更。起来独自绕阶行。人悄悄，帘外月胧明。白首为功名。旧山松竹老，阻归程。欲将心事付瑶筝。知音少，弦断有谁听？"

上阕借景充分表达作者思念中原、忧虑国事的感情。下阕抒收复失地受阻、心事难得皇上理解之苦闷。在大敌当前、力主抗金的岳飞，在明月当空之夜绕室彷徨，道出了其孤立无援的窘境！这里则是在滂沱大雨之夜，同样是对那种孤立无援窘境的宣泄。故其书法与《小重山》的词旨相吻合。

《出师》二表悬日月，墨蕴激情任淋漓。千淘万漉千年后，浩气桓久更增辉。

屋外雨倾盆，室内泪飞溅！这看似遒劲如飞的行草，不，它蕴含着鲜明突出的个性，它是岳飞之血之泪在飞溅，更是反对"议和"之大声怒吼！

屋外电闪雷鸣，胸中热血沸腾！这看似刚劲挺拔的行草，不，它揉合了诸葛亮"出师多捷惜身死"与岳飞"抗金大志遭风雨"那忠贞刚正的风范，是岳飞与诸葛亮大一统志向心灵的沟通；其挥涕走笔，这不仅仅是书法，而是忠臣良将至诚至善的爱国赤子情怀与悲歌泣血，更是他们胸藏百万精兵的非凡气势！

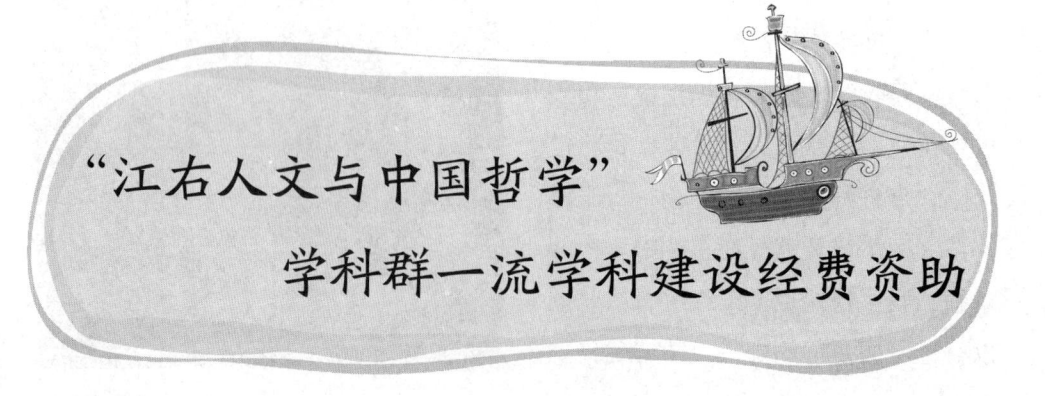

"江右人文与中国哲学"学科群一流学科建设经费资助

出版说明

这是一部自有诸葛亮研究以来，首次用独特的表述方式、异乎寻常的眼光审视诸葛亮一生的好书；是一部系统澄清自诸葛亮逝世1786年以来，对于不少人"该与不该"这样误读误解甚至否定诸葛亮的潜心研究文字；是一部光耀诸葛亮"鞠躬尽瘁、死而后已"、坚忍不拔的"中华民族大一统"精神，用以增强文化自信的创新之著；是一部嘉惠学林、富于历史文献价值的厚重之作，是一部奉献给所有关注、研究诸葛亮的人们的一份最佳礼品！

自公元234年8月诸葛亮病逝五丈原后，曾被诸葛亮从刘备刀下所救并将其提拔至犍为太守、诸葛亮的参军、安汉将军的李邈，在诸葛亮尸骨未寒之际，便对诸葛亮身临前线伐魏，发起了恶毒攻击：他上疏刘禅，称诸葛亮："'身仗强兵，狼顾虎视……今亮殒没……大小为庆。'后主怒，下狱诛之。"

至唐，亦有进士薛能（817？—880）作《筹笔驿》诗，其诗载《全唐诗》卷五六〇。在此诗的标题下作序曰："余为蜀从事，病武侯非王佐才，因有是题。"其诗云："葛相终宜马革还，未开天意便开山。……何不无为似有鳏。"全诗极尽对诸葛亮以诅咒、诬蔑之能事，对诸葛亮一生为"中华民族大一统事业"的功绩予以全盘否定。这个高官，最终也难逃在国家分裂的兵变中被杀的可悲命运！

时光悠悠千余载，诸葛事业又如何？有一些论著云：诸葛亮恢复汉室，却是分裂国家的遮羞布，将其复辟分裂思想称之为"诸葛儒毒"一点也不为过。诸葛亮充其量不过是一分裂国家，消除异己，图谋自取的野心家、阴谋家，是只有小聪明没有大智慧的得志儒生而已。然而经过一千七百年众儒生的萃取和提炼，诸葛亮的思想竟炼制成举世无双的恶毒、奇毒、异毒、顽毒、大毒。其毒至今仍在毒害中华民族……

是耶？非耶？看史实；妥否？当否？有民心。直雄先生认为：没有用客观的历史事实作为评价诸葛亮的标准，就无法对诸葛亮进行客观科学的评价。这样一来，必然误读误解诸葛亮，不仅仅是对其一生事业的彻底的否定，也是对客观历史事实的否定，并指出：一千个读者，可以有一千个哈姆莱特，而一千个读者，决不可以在拿不出任何史实为证的情况下，有一个说诸葛亮是"奸佞"是"儒毒"的存在。

书名有如论著的一双炯炯有神的眼睛。《千秋功过评孔明——诸葛亮新论》这一书名，以其别具一格的学术著作形式，将自古至今那些对诸葛亮质疑问难、误解误读、甚至诋毁的问题列为四十七题，每题以"某某问难""诸葛妙答""作年略考""直雄补说"为其立论之纲，以便于考镜源流、提纲挈领、纵横发论，从而有针对性地对相关问题予以论证、予以澄清、予以生发创新之见，予以辨别是非以正视听，还人们心目中一位杰出的政治家、军事家诸葛亮的本来形象。诸葛亮研究乃至其他人物研究中的这种撰著方式，尚属首例。现仅挑选三例如下，以见其体例与其学术创新情况之一斑：

如第二题《隆中一对为一统》，其题下的"本篇示要"云：《隆中对》为刘备解决了战略战术的大问题；《隆中对》影响垂千古；没有任何证据证明诸葛亮支持刘备东征孙吴；"跨有荆、益"的计划不是缺陷，"严重缺陷"更是何来之有？让"跨有荆、益"的战略策略破产，诸葛亮有其不可抗拒的原因，因而他是没有什么重大责任的；称《隆中对》是"'分裂主张的宣言书'，首倡乱者，诸葛亮也"。更是严重违背历史事实。然后从"刘备问难：诸葛妙答：作年略考：直雄补说："四个方面展开论述，论证十分到位，条理十分清晰，便于阅读或是选读。

又如第四题：《法正违法用法制》，其题下的"本篇示要"云："诸葛亮受刘备的旨意，于214年闰五月之前制定了《蜀科》，从此，诸葛亮有了执行和监督此法实施的权力。刘备，作为蜀汉之主，他不可能具体去执法。所以，裴松之的问难，实属不了解《蜀科》的制订情况，也未顾及到诸葛亮手中握有《蜀科》这一法律利器，故而质疑时，将执法一事扯到刘备在与不在的问题上。诸葛亮在以法治蜀的效果上，也答复了裴松之的质疑和当今学者评说诸葛亮执法'网开一面'确属失据之论。"先生是从"法正问难：诸葛妙答：作年略考：直雄补说："四个方面去进行论证的。很是清楚明白。

再如第五题:《孟达身死咎自取》,其题下的"本篇示要"云:"将孟达之死说成是诸葛亮'借刀杀人''公报私仇'等,是违背客观实事的,因而是极为不妥的。回归未成身先死,孟达自己迎死神。孟达和公孙渊之智,与'老谋子司马懿'相比,相差十万八千里,回归的条件再好也得死。也正是这两个人的败亡,将司马懿一生的军事生涯照耀得璀璨闪光。"先生是从"费诗问难:诸葛妙答:作年略考:直雄补说:"四个方面去进行论述,尤其从作年略考方面细下功夫,为诸葛亮"借司马懿之刀杀死孟达"洗尽冤屈。

类似上述这样大大小小的学术问题,如《兵出子午计甚危》《呕心沥血撰〈后表〉》《伐吴不可当伐曹》《灭魏斩叡还旧都》等,计有31个,都是古往今来对诸葛亮质疑问难、争论不休、或是注意不够的学术问题,先生皆依据史实为证,最后结论是:诸葛亮是杰出的政治家、军事家、外交家、文学家、发明家,是中国历史上最著名奇才之一,诸葛亮文化是优秀三国传统文化最为亮丽的篇章,诸葛亮的诸多著作,是中华文化之瑰宝。

然"金无足赤、人无完人",难能可贵的是,先生并不回避诸葛亮有用人失察之处,如诸葛亮所荐的费祎,他并没有很好地继承诸葛亮的遗志,他辜负了诸葛亮对他的期望:是他,破坏了诸葛亮所制定的法制,是他,在掌管朝政时不能阻止"宫府分离",破坏了诸葛亮《前出师表》中"宫府一体"制,使"贤臣议政、内行治军"遭到了破坏;特别是他所推荐的奸佞陈祇并由其主政,陈祇的所作所为,便成了蜀汉政权败亡的催化剂。这一切,费祎都负有不可推卸的责任。费祎不仅在破坏法制的问题上不听劝阻,对于个人的任性,也不听劝告,结果为曹魏降将郭循所杀。费祎身居国家要职而下场竟然如此可悲,也许为魂归"天堂"的诸葛亮所始料未及,但也说明他任用费祎有失深察!

本书的开篇,选有毛泽东手书《蜀相》,直雄先生认为:从某种意义上来说:这是毛泽东对杜甫思诸葛、思国家大一统精神的肯定。同时还选有岳飞手书诸葛亮的前后《出师表》开篇与收笔书法,先生认为:这是前后《出师表》中"中华民族大一统"精髓基因,在岳飞身上的体现。是为至言。

在书的结尾,还撰有两个附录。先生有感于一个人的历史是用自己的言论行动写就。故用诸葛亮的言论行动以《灭魏兴汉大一统 鞠躬尽瘁五丈原——诸葛亮行年暨其时要事纪年新谱》为题为其作谱,此谱印证了诸葛亮作为大政治家大军事家不平凡的一生;先生有感于"历代祭祀'武侯祠'几乎遍及全国，据史书记载，仅四川、云南、贵州就有八十二座。1958年春，毛泽东同志游览成都武侯祠时，曾要求把关于诸葛亮的对联全部搜集起来。"①限于篇幅，作者仅从全国各地的武侯祠中关于诸葛亮的楹联中精选百副。这些楹联，多是称赞其精神、品格、学识；或是评价其一生事业；或是对其深切缅怀；或是总结历史上的经验教训、以劝诫世人；或是描绘诸葛亮行踪处的古迹风貌；或是叹咏诸葛亮的诗、图、表、对等巨大影响；或是借当时的古今名人衬托诸葛亮是历史名人；或是集历代大家名诗名文成楹联，称颂诸葛亮的伟大……这些楹联，多为一气呵成、酣畅淋漓的精品；作者还从习凿齿、杜甫、岳飞、文天祥、史可法、左宗棠、戴安澜等难以一一列数的爱国仁人志士受到诸葛亮的深刻影响中，提炼出《国乱常思诸葛亮 一统精神永传扬——百副诸葛亮的楹联要义语译品鉴》一个很有意义的题目，并借助这些楹联说明古今之人对诸葛亮文化的吸收、所受到的深刻影响以及他们对诸葛亮的高度评价，说明了诸葛亮的一生，是大政治家、大军事家辉煌璀璨的一生。这就足以说明，视诸葛亮为"儒毒""奸佞"者，实属无稽。从这个意义说来，这两个极富资料价值，文化底蕴极为丰赡的附录，亦是对某些人误解误读乃至诅咒诸葛亮的有力辩白。

这是一部内容新颖、考证精良、富于创新、体裁别具、眼光深邃、角度新颖、特色独到的"诸葛亮研究新论"。其意义在于："它让人知晓诸葛亮何以赢得世世代代人们敬仰之原由所在！何以成为家喻户晓的旷世英雄之原因所在！何以能有如此的精神魅力并恒久地感动着历史的原因之所在！"

本书不仅适合于对古典小说、尤其是对《三国演义》有兴趣的人群阅读，也适合所有文化工作者阅读，同样适合机关干部，学校师生，企事业界人士，工人、农民等社会各个阶层的书法爱好者等阅读。

---

①范立芳：《咏怀诸葛亮对联辑述（上）》，《对联》1993年第3期，第15页。

内容提要

本书将陈寿《三国志》中的一些人物及后人所有涉及对诸葛亮的质疑问难，借助对这些质疑问难的一一解说，言之有理地联系起来予以系统的研究，实可益人神智，尚属首次。然而，三国时期的人物对诸葛亮的质疑问难，并未因诸葛亮的完满答复而彻底了结。随着时间的推移，后人又在前人的基础上生发出新的质疑问难。如公元234年八月，诸葛亮尸骨未寒，恩将仇报的安汉将军李邈就上疏刘禅，说诸葛亮"身杖强兵，狼顾虎视"，死得好！诸葛亮已经无法答复，刘禅代为"作答"：即将李邈"下狱诛之"。

事过1780余年之后的当今，又有专家提出是诸葛亮"身杖强兵，狼顾虎视"，就是隐蔽着帝王之志的野心，云云。是耶？非耶？孔明、刘禅皆已"寿终正寝"，无法从地下取其而问之。本书在"李邈问难""诸葛妙答"的基础上，则以"作年略考""直雄补说"的形式，辨析之！还诸葛亮在"中华民族由统一到分裂，最终重新走向大一统的这个重要的、闪光的历史进程中所作出的巨大贡献"以其本来面目，对开阔人们的视野、积极吸取富于教育意义的成果，多有裨益。这在1780余年以来的《三国志》研究、特别是"诸葛亮研究"中，亦尚属首次。

岁月流失典籍在，时光风蚀史实存；千秋功过评孔明，客观史实为准绳。是书沿着诸葛亮的人生"轨迹"、借助四十七则"某某"对诸葛亮的"质疑问难""诸葛妙答""作年略考""直雄补说"，基本上将古今之人对诸葛亮一生之中的"质疑问难"、是非种种，予以一一澄清，特别是对诸葛亮的各种各样误读误解及少有的用人失察，作了一次总体的"清算"，得出了诸葛亮是我国历史上杰出的政治家和军事家的结论，让这位先贤高尚的人格、超人的智慧、宏伟的

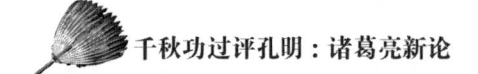

抱负、超强的毅力、不渝的赤诚、绝伦的谋略，再度闪烁出耀眼的光芒，让读者从中获益。

全书四十七个短篇，即是诸葛亮研究的四十七个切入点，它涉及大大小小的三十一个学术问题及开篇与之相辉映的毛泽东手书《蜀相》和岳飞手书的前后《出师表》和文尾的两个附录：

四十七个短篇是：一、《遨游何必故乡邪》，二、《隆中一对为一统》，三、《走为上计可避祸》，四、《皆使自实可益众》，五、《说服孙权共抗曹》，六、《能贤亮不能尽亮》，七、《刘子初雄才盖世》，八、《庞统廖立楚良才》，九、《许靖人望不可失》，十、《排难释误荐刘巴》，十一、《马孟起兼资文武》，十二、《法正违法仅此时》，十三、《法正违法用法制》，十四、《欲封黄忠后将军》，十五、《借刀除患待商榷》，十六、《奸形外漏邪心藏》，十七、《劝说刘备当皇帝》，十八、《伐吴不可当伐曹》，十九、《臣敢竭股肱之力》，二十、《孤尚且难忍不笑》，二十一、《使吴之人始得之》，二十二、《治蜀岂能靠赦宥》，二十三、《〈正议〉严辞绝斥魏臣》，二十四、《为兴汉室求杜微》，二十五、《廖公渊疵毁众臣》，二十六、《廖立徙不毛之地》，二十七、《定南中夷汉粗安》，二十八、《孟达身死咎自取》，二十九、《有诬一代之俊异》，三十、《来敬达年老狂悖》，三十一、《恸哭杨颙为一言》，三十二、《若废法何用讨贼》，三十三、《兵出子午计甚危》，三十四、《兵之胜败在将也》，三十五、《呕心沥血撰〈后表〉》；三十六、《孔明有吞魏之志》，三十七、《灭魏斩叡还旧都》，三十八、《遣陈震庆权正号》，三十九、《张惠恕清浊太明》，四十、《空城计却司马懿》，四十一、《郭冲之言非乖刺》，四十二、《平事稽留将致祸》，四十三、《千里请战找借口》，四十四、《司马懿诡诳如此》，四十五、《孔明让孙权释疑》，四十六、《蒋琬岂是百里才》，四十七、《推荐费祎失深察》。

扉页一：毛泽东手书《蜀相》诗书法品鉴

扉页二：岳飞手书前后《出师表》起笔与收笔书法品鉴

附录一：《灭魏兴汉大一统　鞠躬尽瘁五丈原——诸葛亮行年暨其时要事纪年新谱》

附录二：《国乱常思诸葛亮　一统基因入人心——百副评价诸葛亮的楹联要义语译品鉴》

众所周知，中国书法与中华诗词，是中华文化中两朵盛开的并蒂鲜花，是中华文化精髓的代表，是中华文化灵魂的显现，是中华文化魅力的散发。千百年来，它始终是中国人心灵的独白。

由此可知，毛泽东之所以多次圈划并手书《蜀相》一诗，显现了他作为伟大的思想家、政治家、战略家、无产阶级革命家、大诗人、大书法家对这首诗喜爱的同时，也表达他对诸葛亮一生事业的肯定。而兼资文武、能诗善书的一代名将岳飞手书前后《出师表》，则是他对诸葛亮充满崇敬景仰之情的表达，与此同时，亦是他精忠报国却报国无门的心绪的宣泄。

学术结论缘于客观事实。以上内容，基本是沿着诸葛亮的人生"轨迹"，以历史事实为依据，于古今之人对诸葛亮的质疑问难、误读误解，或是否定诋毁、种种是非，作出了深入细致考证分析，经过"舌战笔争"，从总体上辩证地恢复肯定、用实事说明诸葛亮是我国历史上一流的政治家、军事家的论断；彻底地否定了诸葛亮充其量不过是野心家、阴谋家等等不实之论。作者称：一千个读者，可以有一千个哈姆莱特，而一千个读者，决不可以有一个是在拿不出任何史实的情况下，说诸葛亮是"奸佞"是"儒毒"的空间存在。

综览全书，可以说是书是一部体裁别具、特色鲜明、眼光敏锐、资料翔实、新见迭出的"诸葛亮研究新论"，堪称诸葛亮研究集大成之著。

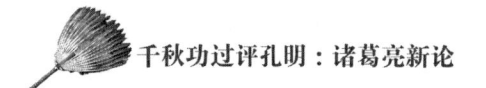

自序

灭魏兴汉诸葛亮　赓续一统司马懿

吴直雄

　　2008年三四月间，正当我全身心投入到《硕博士论文写作研究300题》（200万字，资料备齐且已经处理好了相关的出版事宜）的撰写时，我的老师习嘉裕教授找我去"帮个忙"，不久，习老师与新余市水电局习金苟局长一道来了。他们再次称其老家"白梅"这个千年古村将要变成一个水库，更有甚者，有学者撰文称："江西'白梅'的习凿齿是假的，其墓是个'衣冠冢'……"2008年11月16日，新余市欧里镇白梅村村委会还特意为我颁发了"兹聘请吴直雄教授为始祖习凿齿研究特聘研究员"的聘书并远道而来，对我充满着期待、郑重地交到我手中！

　　面对习老师的邀请，我毅然搁下《硕博士论文写作研究300题》的写作，直达新余白梅村，细翻着明清时期白梅习氏先祖编撰的《习氏族谱》，我的心为之怦然一动——因为我发现：这是晋史上一位遁隐江西28年之久至今仍无人知晓、著作等身且因各种原因被遮蔽了的名士，其贡献、名望当不在与之同代的王羲之（303—361）、陶渊明（365—427）之下，其名习凿齿。研究这个早期入赣的客家大人物，在"防止传统文化的失传、失位、失范、失向"等方面，颇具典型性现实意义与价值……

习凿齿其人事，激励着我不计寒暑、夜以继日地全身心地投入研究。十年辛苦不寻常，天道酬勤得"奖赏"：激战十个春秋，总计约340万字的论著出版了！憨厚的"白梅人"笑了，他们总是"第一时间"给我传递一个又一个的好消息说：座落在襄阳的"习氏大宗祠"屏弃了习凿齿（？—383、384）之说，采纳了我的研究成果习凿齿（328—412）之论，还拍来了照片；他们修谱，均采纳了习凿齿（328—412）这一研究成果；他们座落在江西新余市分宜县枣木山的"凿齿公墓"上升到江西省二级文物保护单位；2019年，"习凿齿纪念馆"正式落成开馆；他们"凿齿公"的"四海习凿齿，弥天释道安""半折琴书陶性分，山林风景满胸怀"的楹联，赫然刊登在巨著《江西对联集成》的首页了。自有楹联史以来，后人普遍认定后蜀主孟昶题的"新年纳余庆，嘉节号长春"为我国的第一副楹联。习凿齿楹联的刊出，可以说将我国联史提前近600年之数。[①]全书2280千字。对作者的介绍是："习凿齿（328—412）……因忤桓温，迁荥阳太守。不久辞归。因避苻坚之乱，迁居新余，为新余习氏始祖。"

　　功夫不负勤奋人，苦干到底终有成。连续传来不少关于"习凿齿研究"的好消息……特别是《破解〈习凿齿传〉〈汉晋春秋〉千年谜》（是书166.6万字，由广东人民出版社2013年出版），是书的学术创获颇丰。在海内外反响很大，在美国，有以中共党员、国家一级编剧、教授、国务院批准为有突出贡献专家、享受国家特殊津贴专家舒龙为首的华人学者，组织当地华人知识分子学习，皆认为该书是东晋早期入赣客家大名士研究的一大突破，哈佛大学图书馆还特意将是书永久收藏；[②]白梅这个千年古村也成了一个游人向往的美丽景点，有了更新的文化内涵，白梅村民与我一道很好地守护着这个千年古村，大家其乐融融！

[①] 文师华、龚联寿主编：《江西对联集成》，百花洲文艺出版社2018年版，第1页。

[②] 舒龙，我的老师。1965年，我刚进入赣南师专中文科。学校请这位已经走向社会的毕业生给我们作报告。他讲的第一篇报道是《春风万里——记遂川的＊＊＊服务员》。自此，我一直未听到舒龙老师的半点音信。但是，他描写的这位待人如春风的"服务员"却奇迹般地被我见到了。1975年，我陪同井冈山地区文教处的曾英才处长和地区政治部薛永生副政委去遂川视察工作时，见到了这位待人若春风般的服务员，由此，我也更进一步加强了对仅在报告见过"一面"的舒龙老师的思念。正巧，我的一篇《试论客家首领袁文才对井冈山革命根据地的巨大贡献》的发表，使我们又联系上了。2002年，我回到赣南师院讲学之时，我们终于见面了。自此，先生一直关心、支持与鼓励我的学术研究。不久前，先生放弃到手的"美国绿卡"，回到祖国，虽说80有余，仍然进行着他的苏维埃革命史研究和影视创作。且成就卓著，令人敬佩。

大凡有价值的研究，一般会有意想不到的其他成果。令我激动的是，在研究习凿齿的基础上，又有了一个新的发现：罗贯中的《三国志通俗演义》，在其封面上标明："晋平阳侯陈寿史传，后学罗本贯中编次。"这哪里是一般的"编次"，而是富于特色的异常艰辛的呕心沥血之创作。通览《三国志通俗演义》可见，在创作主旨上，陈寿的《三国志》是"尊崇曹魏政权"并视其为正统王朝，而罗贯中却与此相反，他只承认"刘汉政权"才是正统王朝。谁是谁非？其深层意蕴所指者何？经过艰苦努力，终于出版了印制精美130万字的《习凿齿与他的〈汉晋春秋〉——兼论〈三国演义〉对习凿齿的承继关系》（原题为《〈三国演义〉与习凿齿论著之渊源研究》）一书。①

习凿齿研究的收获何止如此。因为要研究习凿齿，就必须研究他为什么会那样尊崇诸葛亮？这样一来，就必须研究《三国志》《汉晋春秋》《三国演义》《资治通鉴》等著作。"纵观一千六百多年前的习凿齿：东晋主帅桓温提拔他为副手（别驾），当桓温要干不利于国家的大事时，即使丢了'别驾'之官，也要发出'警示'之言；在被罢免荥阳太守之后，仍然守正著书，邀请道安南下襄阳弘法并让他能为自己所在的东晋王朝说话，以免道安被北虏所用。成功地为东晋'做好了统战工作'；前秦皇帝苻坚在其诸葛亮式的丞相王猛去世之后，想到了道安、想到了习凿齿，便以十万精兵悍将攻下襄阳，虏凿齿、道安、朱序而去，苻坚重重赏赐习凿齿，高官厚禄以待之。习凿齿不为所动，以有疾为由回到襄阳后，摆脱了襄阳守将梁成的监控，遁隐江西万载，最后落户新余白梅；在白梅兴办'半山学校'的同时，著书立说，完成其系列论著；在人鬼殊途、生命临终之际，心系天下的忧患意识更加强烈，勇于担当冒死向皇帝上疏'皇晋宜越魏继汉，不应以魏后为三恪'论即'中华民族大一统'论，对于三国史的体例的写作指出其根本性错误，对于当今皇上先祖于'中华民族大一统'的贡献，予以热情的歌颂，而对于其秽行则以无情揭露，对于将要上疏的皇上，指出其要注意的问题，提

---

①吴直雄：《习凿齿与他的〈汉晋春秋〉——兼论〈三国演义〉对习凿齿的承继关系》，江西高校出版社2019年版。全书以1300千字的篇幅，对以往的《三国演义》研究作出了"不同以往"的突破性研究，提出了不少原创性的观点，特别是对习凿齿为什么那样尊崇诸葛亮，有了全新的领悟。

出了自己创新之见。"①我终于发现了习凿齿是东晋苍穹中一颗独特的闪亮之星！

习凿齿这些思想品质和道德情操的由来与诸葛亮有些什么承继关系？经过研究，我终于明白习凿齿为什么终身崇拜诸葛亮！为什么他在遭到桓温免官时，立刻想到了他一生所仰慕的诸葛亮并去瞻仰其旧宅，写下了有名的《诸葛武侯宅铭》，表达了自己在遭到打击后，仍然要学习诸葛亮，要有所作为，要为"中华民族大一统"作出贡献（后来也确实做到了，而且表现得很出色）。时至当今，还有一些人视诸葛亮为阴谋家、野心家、"儒毒"、"奸佞"，等等。这不得不让我对诸葛亮一生的事业再度陷入了深沉的思考：

虽说诸葛亮的一生事业，经过漫长的历史识别、陶冶、积淀，留下了他平生中精髓闪光之处。然而，自公元234年8月诸葛亮病逝五丈原之后，其尸骨未寒，被他救过性命的安汉将军李邈却恩将仇报上疏刘禅，诬称诸葛亮"狼顾虎视"，是国家后患、死得好。史载云："后主素服发哀三日，邈上疏曰：'吕禄、霍、禹未必怀反叛之心，孝宣不好为杀臣之君，直以臣惧其偪，主畏其威，故奸萌生。亮身仗强兵，狼顾虎视，五大不在边，臣常危之。今亮殒没，盖宗族得全，西戎静息，大小为庆。'后主怒下狱诛之。"②这不是被当朝的皇上刘禅处理了吗？怎么时隔1780余年后诸葛亮北伐又被人拿出来说事？有何道理？

至唐，有晚唐进士薛能（约817—880）作《游嘉州后溪》诗云："山屐经过满径踪，隔溪遥见夕阳春。当时诸葛成何事，只合终身作卧龙。"③薛能在这首诗中，对诸葛亮一生事业全盘否定。而其《筹笔驿》诗，简直是对诸葛亮进行诅咒了。其诗今载《全唐诗》卷五六〇。他在此诗的标题下作序曰："余为蜀从事，病武侯非王佐才，因有是题。"其诗云尔："葛相终宜马革还，未开天意便开山。生欺仲达徒增气，死见王朗合厚颜。流运有功终是扰，《阴符》多术得非奸？当初若欲酬三顾，何不无为似有鳏。"全诗极尽对诸葛亮行诬蔑之能事，诅咒其该死的同时，将诸葛亮一生事业予以全盘否定。他自己虽说是个高官，可其下场是在兵变中被杀。这不是当时的社会动乱已经对薛能下结论了吗？当今，何

---

①吴直雄：《习凿齿与他的〈汉晋春秋〉——兼论〈三国演义〉对习凿齿的承继关系》，江西高校出版社2019年版，第1112—1113页。

②晋·陈寿撰，南朝宋·裴松之注：《三国志》（全五册），中华书局1975年版，第1086页。

③王瑞功主编：《诸葛亮研究集成》（上、下册），齐鲁书社1997年版，第464页。

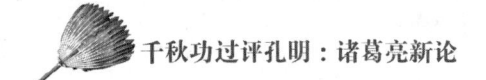

以与薛能论调相仿之说广为流行于一些论著与网上？

时光千载悠悠过，诸葛评价今如何？有一些论著云：诸葛亮恢复汉室，却是分裂国家的遮羞布，将其复辟分裂思想称之为"诸葛儒毒"一点也不为过。诸葛亮充其量不过是一分裂国家、消除异己、图谋自取的野心家、阴谋家、只有小聪明没有大智慧的得志儒生而已。然而经过一千七百年众儒生的萃取和提炼，诸葛亮的思想竟炼制成举世无双的恶毒、奇毒、异毒、顽毒、大毒。其毒至今仍在毒害中华民族。

是耶？非耶？有否证据稽史实；当否？妥否？道德评判有标准。直雄[①]认为，对于这个问题，著名哲学家孙淑平之语，实乃金玉良言。他说："观点与资料是我们从事科学研究，特别是史学研究的两件必不可少的东西。……但光有观点而无资料，说空话，发空议论，那也是不行的。……有观点又有资料，才是有价值的科学研究。"[②]说"诸葛儒毒"，稽之于史实原来其论于史失据，从而应反对这样误读误解诸葛亮，反对这样不尊重史实凭空地对诸葛亮予以无端的否定。

诸葛归天司马在，各茂其德求一统。邓芝深深地领悟了诸葛亮的"中华民族大一统"思想，他深知诸葛亮的兴汉灭魏，就是要"恢复高祖光武时期的大汉大一统"。所以在回答孙权说待灭了曹魏后，就看各自如何积德于民，那时，将是重新开战以求得"中华民族大一统"之始。可惜，曹魏腐败，最先为司马氏所灭，刘禅重走桓、灵腐败老路，而孙皓腐败有过司马炎残酷似董卓，曹、孙、刘的后代们皆无德可"茂"，而稍能茂德者，司马懿父子三人而已，所以司马氏能够实现"中华民族大一统"！故自序取题为《灭魏兴汉诸葛亮　赓续一统司马懿》，以从总体上凸显诸葛亮一生为实现高祖光武时期的"中华民族大一统"，且为司马懿父子所接续的巨大贡献。

直雄在《破解〈习凿齿传〉〈汉晋春秋〉千年谜》及《习凿齿与他的〈汉晋春秋〉——兼论〈三国演义〉对习凿齿的承继关系》等论著中，论证了所谓"灭魏兴汉诸葛亮"，是指诸葛亮一生事业中的"灭魏兴汉"，就是要剿灭腐败者杀

[①]因本书出现"笔者"的频率较高，为了读者在阅读时"辨析"多种情况下出现"笔者"的麻烦，凡属本人的观点与看法，一概以"直雄"的方式出现。特此说明。

[②]赵扬等编：《著名社会科学家治学谈（睿语珍言）》，中国城市出版社2001年4月版，第132页。

最终毫无前途的曹魏王朝，借用当时在曹魏官至尚书的见证人王广的话来说，就是曹爽集团骄奢淫佚失去了百姓的信任，何晏虚浮而不能治国，丁谧、毕轨、桓范、邓飏等人虽有较高的声望，但都是一些一心追逐名利之徒。他们虽然权倾四海，而一旦被杀，是没有谁会同情他们的，因为他们失去民心。用吴国丞相张悌的话来说就是，诸葛亮所反对就是曹操祖孙三代，他们虽然"功盖华夏，威震四海"，然"崇诈杖术，征伐不已，民畏其威，而不怀其德也。丕、叡承之，系以惨虐"。这样轻民残民的曹魏政权必须反对，必须恢复振兴高祖光武时期"中华民族大一统"的盛大事业。为此，诸葛亮"鞠躬尽瘁、死而后已"地耗尽一生的心血。其奋斗一生的结果是：经他与刘备一手造就的刘汉政权，要不是刘阿斗重走桓灵腐败之路，恢复大汉的大一统事业确实有望，阿斗何止天下40年？然而，富于讽刺意味的是，为某些先生所称赏的"要不是出了诸葛亮，即可一统天下的曹魏"，却因其最先腐败，在阿斗投降时的263年前的249年就实质上被司马懿父子消灭了！从推翻曹魏政权、构建"中华民族大一统"盛大事业这个意义上来说，诸葛亮不是失败者，而是胜利者。

何谓"赓续一统司马懿"？众所周知，司马懿是诸葛亮的老对手，"赓续一统司马懿"之说，初看起来似乎难以理解，但是，从"得民心者得天下"（孟子语意），"帝王将相本无种"（《史记·陈涉世家》中的语意），"天下者乃天下人之天下，非一人之天下也"（《说唐》六三及罗贯中的《三国志通俗演义》中多处出现此语）。天下者非一家一姓之天下，司马懿父子在与诸葛亮的角力和对峙的过程中，从不忘记要不断地改正了曹魏失却民意民心的做法而获得了民意民心。

然而，古今读者，相当多数的人认为：司马氏之所以能一统天下，是由于司马懿父子阴险狡猾所致。其实，这仅仅是问题的一个次要方面而已，而更为重要的，时人张悌说得非常清楚，司马懿父子在掌控曹魏政权的前前后后，作为三位有远见的政治家、军事家，确能注重"以民为本"，改正了曹魏政权的不少弊端，比较全面地赓续了诸葛亮"中华民族大一统"措施中的精髓，采取了一些惠民措施，使司马懿父子"掌控"下的所谓"曹魏政权"日渐强盛。而不幸的是，自诸葛亮死去24年之后，由于费祎超拔的奸佞陈祗主持宫政，与宦官黄皓结成一伙，擅权败政，让刘禅重走桓、灵老路；而蜀汉的与国孙吴，自孙权死后，内耗加剧，腐败不堪。刘汉与孙吴两个政权的联合，已经无力撼动由司马懿父子"掌控"下日渐强盛的曹魏政权了。这就是司马懿父子最先灭曹、灭蜀,最终让司马炎轻易灭吴,实现诸葛亮一生为之奋斗不已的"中华民族大一统"事业的关键所在。

诸葛虽已逝,一统精神存;大统未止步,司马赓续来。恢复弘扬高祖光武时的"中华民族大一统"事业,是诸葛亮奋斗终身的终极目标。而这一终极目标并未因诸葛亮的老去而止步,在司马懿父子秉政之时却已经奠基。所以,从大一统的皇权不是"一家一姓"所专有、当是"有德者居之"这一总体角度来看,从长时段的大视野来看:从诸葛亮一生为之奋斗的终极目标就是要实现"中华民族大一统"而言,诸葛亮不是失败者,同样是胜利者。

再往后看,腐败的司马炎因其祖辈、父辈之功,让他轻易地坐拥"中华民族大一统"江山数十年,这个平庸的官三代,侥幸地赢得了一时的成功,但因其腐败贪婪有过于"桓、灵",他手下的重臣刘毅说他毫无忧国忧民之心,当国失策,史载:"世祖问刘毅曰:'卿以吾可方汉何帝?'对曰:'可方桓、灵。'世祖曰:'吾虽德不及古人,犹克己为治,又平吴会,混一天下。方之桓、灵,其已甚乎?'对曰:'桓、灵卖官钱入官库,陛下卖官钱入私门,以此言之,乃殆不如桓、灵也。'毅答已,帝大笑曰:'桓、灵之朝不闻此言。今有直臣,故不同乎!'"[①]刘毅说他腐败有过于桓、灵,显然有受到诸葛亮《前出师表》告诫刘禅"亲贤臣,远小人,此先汉所以兴隆也;亲小人,远贤臣,此后汉所以倾颓也。"的警示,同时也是对诸葛亮施政措施的一种怀念,故而这样一针见血地指出了司马炎的腐败有过于桓、灵,司马炎却不以为然。"五胡乱华"的罪魁决不是诸葛亮,司马炎虽是开国之帝,却才是真正的乱国祸首。他才是"五胡乱华"的真正罪魁。他当了开国皇帝,但只能是赢得一时之成功,难免遭到后世的千古唾骂,而每当天下即将大乱之际,人们总会追思诸葛亮留给他们的文化思考与诸多的政治财富,诸葛亮不仅是在史官笔下或是在民间,都是贤相良将中的扛鼎人物。

诸葛亮一生事业对人生心灵的激励,早已存在于人们的血脉之中。正如有学者说:"在老百姓的心目中,诸葛亮一直是三国时期的一名'贤相'。自司马氏

---

① 吴直雄:《破解〈习凿齿传〉〈汉晋春秋〉千年谜》,广东人民出版社2013年5月版,第1058—1059页。

篡权建立西晋，国家完全统一，长期分裂的局面有了一些好转，但是西晋王朝的统一还是一样维护世族豪门的经济，这自然就毁坏了人民的利益。这个王朝如昙花一现。建兴四年（316），北方少数民族开始发生叛乱，历史又开始轮回到了汉末之时战乱的景象，一方是少数民族的大肆杀戮，另一方又是东晋王朝的腐朽不堪。这时候，受苦受难的百姓迫切希望有一位可以救他们于水深火热的人出现，本来在当时百姓就怀念诸葛亮在世之时把蜀国治理的井井有条，在这个时候就更加怀念诸葛亮了，所以关于诸葛亮的故事就开始多了起来，慢慢的口口相传，就把诸葛亮神奇军师的形象传播开来。"[1]

岁月磨洗精华见，兴亡成败从中论。西晋重臣刘毅思念诸葛亮的施政之策，对比司马炎的作为，已经预感到司马炎的天下必将大乱。当此大乱来临之时，人们谁又不会怀念、称赏诸葛亮不屈不挠地为之奋斗一生、力求实现的高祖光武时期的"中华民族大一统"那样强盛的国度呢？又怎么不会恨晋、弃晋、反晋乃至厌恶司马懿祖孙三代的低劣人格呢？从这个意义上来说，诸葛亮不仅赢得了当代人心、也赢得了后世人心，他的人格魅力，真可谓赢得了历史的成功！

从得民心得天下、实现"中华民族大一统"这个宏观角度而言，诸葛亮对于中华民族，是一个有突出的贡献者，是一个用生命践行"中华民族大一统"事业的功臣。而所谓"诸葛亮充其量不过是一分裂国家，消除异己，图谋自取的野心家、阴谋家、只有小聪明没有大智慧的得志儒生而已。然而经过一千七百年众儒生的萃取和提炼，诸葛亮的思想竟炼制成举世无双的恶毒、奇毒、异毒、顽毒、大毒。其毒至今仍在毒害中华民族。"[2]纯属子虚乌有的失据之言！

从历史事实来看：不少先生因误读诸葛亮而给他扣上的种种奇特的与上述观点相似的帽子，也是于史失据的。凡本书中所触及的这些问题，拟依据史实一一辨证。这是本书的写作宗旨。

本书书名曰《千秋功过评孔明——诸葛亮新论》。读者诸君，一看书名和目录中所展现的写作方式，也许立刻会联想到《三国演义》第43回的《诸葛亮舌战群儒 鲁子敬力排众议》。《千秋功过评孔明——诸葛亮新论》与《诸葛亮舌战群

---

[1] 董文雅：《论诸葛亮形象的演变》，2015年渤海大学硕士学位论文，第22—23页。
[2] 董承兴：《千古系列之一：千古遗毒——诸葛亮》，《抗癌乐园》2008年5月31日，http://bbs.tianya.cn/post-no05-120572-1.shtml。

儒 鲁子敬力排众议》，二者在精神实质上可以说是完全一致的。罗贯中在《诸葛亮舌战群儒 鲁子敬力排众议》中，通过诸葛亮与张昭、虞翻、步骘、薛综、陆绩、严畯、程德枢诸人的舌战论辩较量，将曹操是乱臣贼子数落一尽，构建了一幅伐曹灭曹，恢复高祖光武时"中华民族大一统"的全景式蓝图。而《千秋功过评孔明——诸葛亮新论》，又何尝不是彰显诸葛亮为了"中华民族大一统"事业而"鞠躬尽瘁，死而后已"地贡献他辉煌的一生！

历史和小说虽然是两个不同的领域，但它们之间有着割舍不断的、千丝万缕的联系。历史小说是以文学的真实，有效地保存着历史的"肉身"，并还原于日常生活之中。它对历史真实地作出了一种有益的补充，为干巴巴的时间、地点、事件补上了鲜活的人物和人物那生动的内心世界，为"人事"补上了"人生"。只有人事而没有人生的历史，就显得太单调了。只有补上了"人生"的历史，才能更激动人心，鼓舞人心，激励人生，启迪人生，教育人生乃至指导人生。历史小说，是书写成为我们历史教益的一个部分，是卸下了历史包袱的历史对话。[1]从这个意义上来说，罗贯中的《诸葛亮舌战群儒 鲁子敬力排众议》是经过众多研究者与创作者赋予了人生影像的历史。这样的历史，读起来颇为轻松痛快，更能为大多数读者所接受，其教育意义往往超过与其对应的历史人物的实际。

但是，这画图，虽说与本书《千秋功过评孔明——诸葛亮新论》的实际内容及撰写主旨是那妙然相合。然而要针对社会上诸多误读误解诸葛亮的种种言说予以澄清，就不能以"罗贯中的《三国演义》为据"了，也不能用罗贯中《三国演义》的那种表现手法了。《千秋功过评孔明——诸葛亮新论》，它必须是诸葛亮本人针对其时之人，而后来之人，也多有针对诸葛亮质疑问难的，直雄在引用诸葛亮话语的同时，运用历史事实，引经据典地一一辩难释疑。其中或是释误、或是解疑、或是揭示、或是批判、或是驳斥，或是阐发自己的不同见解。

这样的文字，与读罗贯中的《诸葛亮舌战群儒 鲁子敬力排众议》中的文字大为不同。初读起来，虽说难免枯燥乏味，但它却能毋庸置疑地让人知晓诸葛亮这样一个在其平凡而繁杂的工作事务中，既能高瞻远瞩又能耐心细致地做好来自元老派如关羽、张飞、赵云、孙乾等方面的工作；也要处理好益州派如黄权、李

---

[1] 谢有顺：《历史与文学的双向赋予——以小说为例》，《人民日报》2015年9月1日《文艺评论版》。

恢、马忠、谯周等人的关系；对于荆州派如黄忠、魏延、杨仪、蒋琬、费祎等人，也必须认真顾及，让他们充分发挥作用；对于东州派如法正、李严、许靖、董和、孟达等人的工作，则更是不能掉以轻心。诸葛亮从这四派中广纳人才、人尽其才，可谓到了苦心孤诣的地步。

让我们从这些平凡而繁杂事务的处理中，看到了诸葛亮的平凡与伟大，让我们知道：这也是诸葛亮能赢得世人敬仰的原因所在！是成为家喻户晓的旷世英雄之原因所在！是其精神魅力恒久地感动着历史的原因之所在！是中国出现"千秋同祀武乡侯"这个千古名相原因之所在！故而《千秋功过评孔明——诸葛亮新论》与罗贯中的《诸葛亮舌战群儒　鲁子敬力排众议》乃至整部《三国演义》中的诸葛亮，只能是质同而表现形式完全两样而已。

正因为《千秋功过评孔明——诸葛亮新论》与《三国演义》中的诸葛亮的表现形式和要解决的问题截然不同，所以本书用如下四种形式来体现写作主旨，大体上囊括了误读、贬损诸葛亮的观点和诸葛亮本身处事的不足，并通过论述这些具体的内容以展现书中评说诸葛亮历史功过方方面面的研究成果：

一、关于"某某问难"的问题（实际是"问题的提出即写作缘起"）：

"某某问难"的内容十分丰富，人物可谓众多，主要有下面几种情况。

一是时人直接求教式、请求式等形式问难诸葛亮：

如"公威问难""刘备问难""刘琦问难""孙权问难""议者问难""关羽问难""法正问难"等等。这是与诸葛亮同时代的人向诸葛亮直接提出问题的一种问难。

且看：《隆中一对为一统》中的"刘备问难"是："（刘备）因屏人曰：'汉室倾颓，奸臣窃命，主上蒙尘。孤不度德量力，欲信大义于天，而智术浅短，遂用猖蹶，至于今日。然志犹未已，君谓计将安出？'"这是当时刘备一心想恢复大汉大一统帝业而自己却又处于走投无路的情况下，急切地直接向诸葛亮问难求答。

又看：《法正违法仅此时》中的"议者问难"是："以正为蜀郡太守、扬武将军，外统都畿，内为谋主。一餐之德，睚眦之怨，无不报复，擅杀毁伤己者数人。或谓诸葛亮曰：'法正于蜀郡太纵横，将军宜启主公，抑其威福。'"这是"有的人、有一些人（即议者）"对诸葛亮有着明显的请求式问话的意思，在此

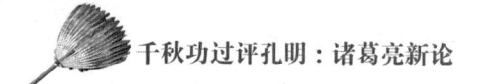

基础上诸葛亮作答的。

二是时人间接求教式、请求式等形式问难诸葛亮：

如："刘巴问难""吴使问难""有司问难"等等。这是与诸葛亮同时代的人向诸葛亮间接提出问题的一种问难。

且看：《刘子初雄才盖世》中的"刘巴问难"是："零陵先贤传云：巴往零陵，事不成，欲游交州，道还京师。时诸葛亮在临烝，巴与亮书曰：'乘危历险，到值思义之民，自与之众，承天之心，顺物之性，非余身谋所能劝动。若道穷数尽，将托命于沧海，不复顾荆州矣。'"究其实，刘巴写此信给诸葛亮，是在盛赞刘备深得人心，其内心的隐蔽处即有归顺刘备而事先含蓄地试探一下诸葛亮的意思。诸葛亮则抓住这个机会，以含蓄对含蓄却紧紧地盯住这个旷世大才。

又看：《孤尚且难忍不笑》中的"有司问难"是："王隐《蜀记》中记载：谯周，字允南，体貌素朴，无造次辩论之才。亮领益州牧，周为劝学从事，初见，左右皆笑。既出，有司请推笑者。""有司请推笑者"就是有关主管机关向诸葛亮要求追究在诸葛丞相面前很不严肃的人的责任，面对"有司"之请求之问，诸葛亮必须要有所表示。

三是后人问难诸葛亮。这是诸葛亮答疑解惑问题的延续。它主要是根据诸葛亮的言行及其当世之人所记载的诸葛亮的某些事件，向诸葛亮提出质疑问难：

本书中主要论述的是"裴松之问难"。裴松之通过"问难诸葛亮"，对与诸葛亮同时之人和后人对诸葛亮再行发问，将凡可纳入向诸葛亮提问的问题纳入本书。这些，实在是为诸葛亮释疑、答问、辩诬等，起到作为"问题的缘起"的作用。

且看：《空城计却司马懿》中的"松之问难"是："亮屯于阳平，遣魏延诸军并兵东下，亮惟留万人守城。晋宣帝率二十万众拒亮，而与延军错道，径至前，当亮六十里所，侦候白宣帝说亮在城中兵少力弱。亮亦知宣帝垂至，已与相逼，欲前赴延军，相去又远，回迹反追，势不相及，将士失色，莫知其计。松之难曰：案阳平在汉中。亮初屯阳平，宣帝尚为荆州都督，镇宛城，至曹真死后，始与亮于关中相抗御耳。魏尝遣宣帝自宛由西城伐蜀，值霖雨，不果。此之前后，无复有于阳平交兵事。就如冲言，宣帝既举二十万众，已知亮兵少力弱，若疑其有伏兵，正可设防持重，何至便走乎？案魏延传云：'延每随亮出，辄欲请精兵万人，与亮异道会于潼关，亮制而不许；延常谓亮为怯，叹己才用之不尽也。'亮尚不以延为万人别统，岂得如冲言，顿使将重兵在前，而以轻弱自守乎？且冲与扶风王言，显彰宣帝之短，对子毁父，理所不容，而云'扶风王慨然善冲之言'，故知此书举引皆虚。"

这里的"松之问难"是裴松之对郭冲所描绘的诸葛亮运用"空城计"骗走司马懿二十万大军一事的"理直气壮"的否定！这里有两个否定：一是否定诸葛亮曾设有"空城计"，二是指出郭冲对诸葛亮"空城计"的描绘"处处出错"，从而否定诸葛亮的"空城计"。并由此让世世代代的学者争讼不已，直雄则在所设定的"直雄补说"中拟考证之，并提出自己明确的观点。

二、关于"诸葛妙答"的问题（实际是"诸葛亮本人的论辩"）：

前面的"某某问难"，是依据史料写出"问难之缘起"。这里的"诸葛妙答"，也是依据史料，引出诸葛亮对时人所提的问题的看法与辩解。如"诸葛亮妙答刘备"，提出了名垂千古的"草庐对策"。又如"诸葛亮妙答刘琦"，告诉"刘琦当走为上计"。直雄以为，诸葛亮对于各种各样的"提问"，答得巧、答得妙。故曰"诸葛妙答"。它是诸葛亮人格、风格、智慧、政见等的具体展现。

对于"诸葛妙答"，则主要是对提出的问题与答复的问题作出客观的载录，在这一部分中，关键在于"核准史料"的问题。俗云：国以民为本，民以食为天。同时，也让我们看到了诸葛亮为了足食足兵，为了团结更多的大一统中华的人才所妙用的智思睿语和展示的纵横健笔。从中我们可以看到，为了"中华民族大一统"事业，他是何等的煞费苦心地求才、用才、养才呀！

三、关于"作年略考"的问题（实际是对诸葛亮"说话著文时间"的考证）：

由于史籍的缺乏或因史料记载有误，诸葛亮的说话或写作的时间问题，也会引发不少学术之争，这是造成人们误读误解诸葛亮的问题之一。

如：在本书《十二、法正违法仅此时》一题中，目前文史学界几乎一致认为诸葛亮在执法时，面对法正却"网开一面"。因为这样的误读误解诸葛亮，进而对诸葛亮痛加批判、有的甚至诅咒之。但是，如果我们考定了"法正问难"与"诸葛妙答"的时间的上限与下限，则不能说诸葛亮执法是"刑不上大夫"，而当是批判者自误矣！

又如：本书《二十八、孟达身死咎自取》一题中，如果不大致地考证清楚诸葛亮、李严、孟达三人各自写信时间的上限与下限，则必然会误认为诸葛亮是个

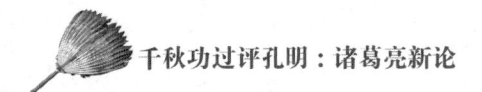

"借刀杀人"的阴谋家。如果我们大致地考定清楚了诸葛亮、李严、孟达三人的写信时间，则批判诸葛亮是"借刀杀人"的阴谋家，当是批判者的自误，显然该有愧先贤当自疚！

由上可知，"作年略考"一节，在本书的学术探讨中占有相当重要的地位！

四、关于"直雄补说"的问题（实际是直雄对诸葛亮"妙答"所引发出来所有问题进行研究并发表学术见解的一种展现）：

"直雄补说"是在简单语译"某某问难""诸葛妙答""作年略考"文意的基础上的又一个学术研究范畴。

因为诸葛亮和他同时代的人已经去世一千八百余年了，而后人对"某某问难""诸葛妙答""作年略考"中的一些问题，出现了向"诸葛亮再问难"，向"裴松之再问难"，向"所有问难者的再问难"的种种情况，从而"演绎"出不少这样或那样的学术问题，乃致严重误读误解诸葛亮，甚至有的先生彻底否定诸葛亮，等等。虽说我们不能取诸葛亮等人于地下而问之，但是，诗书如见人，读史若照镜！我们可以细查史实而得之、据史分析而知之，从而提出否定之或肯定之的意见。

这里主要有如下三种情况：

第一，千百年以来，仍然具有争议的问题。

如《十八、伐吴不可当伐曹》一题，刘备东征孙吴，这是一个关系到孙吴与刘汉两个政权存亡的大事。一贯主张"联吴抗曹"的诸葛亮谏阻过刘备没有？至今仍是"公说公有理，婆说理更长"。直雄在找到相关史料的基础上，细作分析，认为诸葛亮是谏阻过刘备的。并认为，刘备之所以会犯下几乎要丧其性命的大错误并能从错误中醒悟过来，正是他这条"鱼"此时真正意识到：这是他离开了诸葛亮的"智慧之水"所致，他差一点成了死"鱼"一条，正是因为有过诸葛亮的谏阻，所以才会有刘备衷心实意的托孤！如果诸葛亮是站在刘备一边激励他伐吴，刘备就会归罪于诸葛亮，刘汉王朝诸将诸臣也不会放过诸葛亮，诸葛亮也难逃时人的贬斥。曹魏与孙吴的众多谋臣也会嘲笑诸葛亮不够"谋臣"的资格。这种种情况，足以说明诸葛亮不可能是赞同刘备伐吴的。

第二，千百年以来，虽说仍然是具有争议的问题，但必须有所了结。

对于一些争议至今的问题，直雄认为，对于诸葛亮的军事行动某些争议，凡

是可以彻底澄清的，当彻底地、不惜篇幅地阐释理由。从而可以恢复诸葛亮是第一流军事家的本来面目。

如《三十三、兵出子午计甚危》一题。在引用前贤时俊的论证，将批评诸葛亮的意见彻底否定之后，直雄犹嫌不足，又对魏延"子午谷奇谋"的每一句话的实际内蕴，采取层层剥笋的办法，用事实逐句地予以否定，说明其谋完全不具备现实可行性意义。这样一来，就不能长期"公说公有理，婆说理更长"了，而某些先生称诸葛亮不采纳魏延的"子午谷奇谋"是阴谋、是有野心的论说，自然就无以立足！

第三，千百年以来，历代学者注意不够的"四英"中的费祎问题，就是他，对诸葛亮所定下"治蜀之策"有过严重破坏，因而，在促使刘汉政权最终走上败亡之路，刘汉政权的从速败亡，费祎难辞其咎。

刘汉政权正处"鼎盛"之时，如果这种"鼎盛"能够延续下去，刘备、诸葛亮的"中华民族大一统"实当可望！然由于刘备、关羽的严重错误，导致这个政权的"灭顶之灾"！好在刘备临死之时能够及时省悟，以衷心诚意托孤，让诸葛亮能够充分地展现自己恢复大汉大一统的才能，绕过了千难万险，具备了平定南中，北扫曹魏的能力。然而事不由人，诸葛亮不幸中道病亡于五丈原军中。

在诸葛亮病入膏肓之际，刘禅遣李福问谁是诸葛亮的接班人时，诸葛亮毫不犹豫地说出了当是蒋琬，当李福再度问到蒋琬之后当由谁时，诸葛亮权衡之后，说出了是费祎，李福再问其后，诸葛亮不再回答，这当是刘禅王朝不能不是因费祎当朝，其灭亡自此将敲起了丧钟？费祎接替蒋琬，已是"历史"形成，智圣诸葛亮已踏入"阎罗王"之门，改任何人？已是无能为力了！也许这就是诸葛亮已经不肯再言原因之所在！

直雄以《四十七、推荐费祎失深察》为题，提出了由于费祎的辅政，虽说于刘汉政权曾多少有所补益，但他犯下了促使刘汉王朝从速灭亡的罪过。

其过有四：

第一，不肯听取朝臣张嶷的忠告，结果自己被曹魏降将郭循所杀；

第二，未能阻止"宫""府"分离，破坏了诸葛亮在《前出师表》中"宫中府中，俱为一体"的政治制度，大大地有利于刘禅搞腐败；

第三，在位超拔与奸臣黄皓相表里的佞臣陈祗，加剧了刘禅腐败。"腐败的东西终究会灭亡的,这是一条人类和大自然中进化的规律。"[1]刘禅搞腐败,导致司马昭出兵灭汉。

第四,破坏了诸葛亮所订立的司法制度,且不听谏阻,轻易实行"特赦"直至"滥赦"。

奸佞摄大政,忠贞必遭殃!有了费祎的乱作为,有了刘禅与陈祗、黄皓为首的贪腐集团把持朝政,一位忠于汉室、在朝廷却不能立足、长年带兵在外的姜维又能怎样?刘汉政权怎能不亡?什么蜀汉灭亡的原因是什么"天命说""国祚论""人才缺失""执政者的政治素养问题""政治分化的恶劣影响""以攻为守的国家策略造成的持续影响""地理条件对蜀汉的影响"[2]等等,都退居到次要的原因了。

读罢《三国志》,想到《全唐诗》中唐末进士李九龄的《读〈三国志〉》诗。其诗云:"有国由来在得贤,莫言兴废是循环。武侯星落周瑜死,平蜀降吴似等闲。"诗从人才的角度论兴亡,绝妙!

直雄以为,在封建社会,再有才华的臣子,也只能是君王的"下属"或曰"奴才",遇上了昏君,他只能是无可奈何!如果君王贤良,人才自然会云集其麾下。故改李九龄《读〈三国志〉》诗云:"有国由来在君贤,漫道兴废是循环。曹叡刘禅孙皓腐,坐拥江山司马炎!"

在追索刘汉政权为何紧接着曹魏之后就灭亡的原因时,当然,作为国君的刘禅,贪婪腐败,有如"朽木不可雕也",大才亦难佐其衰世,应负主要责任,但是,作为拥有蒋琬同等权力的费祎,犯下推荐佞臣陈祗当政的严重错误,对于刘汉政权的灭亡,费祎难辞其咎!而"金无足赤、人无完人",或是对接班人的再"调整"诸葛亮已经无力而为了,或是虽然已经发现了费祎的毛病,但这个接班人已经历史地形成了,因为他在《前出师表》中就已经将费祎举荐给了刘禅,要改成姜维也是办不到了。然不管什么原因,诸葛亮临终作为费祎的推荐人,亦有其荐人失深度考察之过!

本书用四十七个题目,每题以"某某问难""诸葛妙答""作年略考""直

---

[1] 季美林:《牛棚杂忆》,中共中央党校出版社1998年版,第245页。
[2] 王慧:《21世纪蜀汉灭亡原因研究述评》,《湖北文理学院学报》2016年第7期,第9—13页。

雄补说"四大部分，经过史事叙述、典籍称引、品析考证等方式方法，基本上将所涉及的古今之人贬斥诸葛亮，误读误解诸葛亮"借刀杀人""陷害人才""是阴谋家""是分裂主义的始作俑者""是想当皇帝"等所谓"证据"，一一辨析解误求真；结尾用历史事实撰成《灭魏兴汉大一统 鞠躬尽瘁五丈原——诸葛亮行年暨其时要事纪年新谱》。用诸葛亮自己行走的足迹所写下的不凡"履历"，用诸葛亮留下人生的不朽业绩与思想精神财富那铁一般的事实，还诸葛亮是杰出的政治家、军事家、外交家、文学家、发明家的本色，还诸葛亮为了实现"中华民族大一统"而"鞠躬尽瘁、死而后已"辉煌璀璨的一生，还诸葛亮是中国传统文化中忠臣与智者的代表人物以光辉的榜样。

诸葛亮究竟是何等人物？缘于客观的历史事实，缘于对古今人物影响的客观事实，缘于古今人物的一双又一双识英雄的慧眼……为了进一步论证诸葛亮为实现"中华民族大一统"而"鞠躬尽瘁、死而后已"辉煌璀璨的一生，本书在扉页，特意安排了毛泽东对杜甫《蜀相》诗的书法与品鉴，从某种意义上来说，这也是毛泽东对诸葛亮一生事业的称赏；安排了岳飞对前后《出师表》的书写，表达了岳飞是对诸葛亮的"中华民族大一统"精神接续的决心。结尾撰写了两个附录，即《灭魏兴汉大一统 鞠躬尽瘁五丈原——诸葛亮行年暨其时要事纪年新谱》与《国乱常思诸葛亮 一统基因入人心——百副评价诸葛亮的楹联要义语译品鉴》。这两个附录，亦足以说明：诸葛亮是中国传统文化中忠臣与智者的代表人物的光辉榜样。

写完是书，掩卷之时，杨义先生下面的高论又再次跃入脑际：

> ……人文是一个时代的标志、旗帜、灵魂和风神。
>
> 不妨设想一下，春秋战国时期战祸连绵，以斩获的头颅领赏，所谓"《春秋》之中，弑君三十六，亡国五十二，诸侯奔走不得保其社稷者不可胜数也"，陵夷至于战国，"强吞弱而众暴寡"使生民涂炭，如果没有孔子、孟子、老子、庄子这些古圣贤点亮思想创造的明灯，这半个千年会是一个血迹淋漓、率兽食人的世界；倘若大唐时期，没有李白、杜甫、韩愈、柳宗元这样一些文化巨星，唐朝就只剩下一群享受着和糟蹋着"稻米流脂粟米白，公私仓廪俱丰实"（杜甫《忆昔》）的文

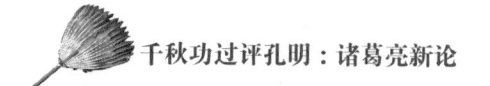

明果实的平庸的大胖子了。孔孟老庄，李杜韩柳，以人文智慧成为时代的标志。[1]

直雄以为，青史自有铁证在，是是非非自分明。杨义先生如果在这一大段的叙述中，能够加上三国时期的诸葛亮，也许这段论说更能凸显其完美。

人世沧桑知多少，天地悠悠无穷尽。不灭的是真理，不去的是英雄！三国人才济济，尤其是诸葛亮，他在众多人才之星中，犹如天上的一颗闪亮的、永不殒落、耀眼于人间的大明星。

实事也是如此。这里有两个必须尊重的客观事实，以历史事实为准绳所获得的数据，充分作出说明：

第一，2012年，法律史学家俞荣根先生在全国范围内进行了一次问卷调查，想要了解中华民族最受崇拜的人物是谁。最后收回12280份有效问卷，排名第一的是孔子，排名第二的就是诸葛亮。第二，日本的《文艺春秋》在1999年搞了一次大规模的民意调查，主题是最有影响的中国人排名，排在前六位的依次是：孔子……其中古人只有孔子与诸葛亮。2005年，日本的《周刊文春》也对当代日本人最崇拜的100个名人作了一次调查，中国只有两个人入选，一个是孔子，排名第87位，一个是诸葛亮，排名第28位。从这些例子和数据可以看到，无论是中国人，还是深受中国文化影响的外国人，在他们心目中最完美的政治家，就是诸葛亮。……唐朝曾设置了一座武庙。中国有文庙，是祭祀孔子的；武庙，祭祀的中国历史上最杰出的十二个军事家。整个魏晋南北朝三四百年的时间，只有诸葛亮一个人入选，由此可以看出诸葛亮的军事水平确实非常高。[2]

上述数据说明：诸葛亮是深得民意民心的。其实，就是在诸葛亮死后，亦有长官意志压制他：武侯祠内建君庙，不见刘备之子刘禅，却有其孙刘谌，且以臣名统称之，显然于封建礼制相悖，这种"喧宾夺主""僭越与非礼"的现象，是世界上绝无仅有的事。但却是民心民意使然。

何者？本来，武侯祠与刘备庙各为一体，不过相距甚近。"明初，朱元璋的儿子朱椿见武侯祠香火颇盛，而刘备庙却门庭冷落，心中不快，便以'君臣宜一

---

[1] 杨义：《以迹求心，破解先秦诸子六大迷津》，《北方论丛》2016年第1期，第1页。
[2] 秦涛：《诸葛亮之道》，中国民主法制出版社2017年版，第6—188页。

体'为由，下令废武侯祠，对刘备庙进行了大规模调整、扩建，迁诸葛亮像入刘备庙，增祀关羽、张飞等人，形成君臣合庙的最初布局，名曰：'昭烈庙。'而老百姓并不以为然，置君尊臣卑之正统礼仪不顾，反而把改建后的刘备庙称作武侯祠。……现在的武侯祠是康熙十一年在昭烈庙废墟上重建的，乾隆年间正式定名为昭烈庙，谁知人们仍以武侯祠相称。可见，'长官意志'即使在封建时代。也有行不通的时候，武侯祠与昭烈庙的'争名'便是一例。其实在我看来，这座君臣合庙还亏得用了武侯祠的名称，寻常百姓才纷纷慕名前往祭奠，从而使刘皇叔依赖诸葛亮占了不少香火的便宜。刘备若泉下有知，亦当领情才是。"[①]

更有研究专家莫励锋先生结合历史与现实指出："宋代的理学家在评价历史人物时，常常采取极高的标准。经过他们近于苛刻的审视，三代以下的杰出人物少如凤毛麟角。朱熹说：'予尝窃推《易》说以观天下之人……于汉得丞相诸葛忠武侯，于唐得工部杜先生、尚书颜文忠公、侍郎韩文公，于本朝得故参知政事范文正公。此五君子，其所遭不同，所立亦异，然求其心，皆所谓光明正大，疏畅洞达，磊磊落落而不可掩者也。其见于功业文章，下至字画之微，盖可以望之而得其为人。'自汉至宋长达千余年，其间著名的历史人物何止百千，然被朱熹认可的却只有'五君子'中的前面两位就堪称异代知己。虽然诸葛亮是功业彪炳的千古名臣，而杜甫却是穷困潦倒的一介文士，两人的人生遭际相去甚远，但是他们在人格上却达到了同样的高度。朱熹把他们一起归入'五君子'，真是目光如炬。……杜诗中对诸葛亮的反复吟咏，正是他代表时代对历史发出的呼唤。正因为如此，这些诗篇具有特别深沉的历史感，它们凝重，沉郁，不绝地回响在历史的长河里。北宋末年，忧国成疾的爱国名将宗泽临终前再三长吟'出师未捷身先死，长使英雄泪满襟'，可见这些诗作已经成为民族精神的一种象征，它们是诸葛亮与杜甫这两位异代知己共同用生命铸成的黄钟大吕之声，永远值得我们珍视。"[②]

蒋志先生在总结"三国文化精神对绵阳文化的影响"时说："三国文化精神是三国时代精神的体现，也是我们中华民族精神文化的瑰宝。"之后，他在大量

[①] 金耀先：《武侯祠闲话》，《解放日报》1992年5月30日版。
[②] 莫砺锋：《长使英雄泪满襟——论杜甫对诸葛亮的赞颂》，《杜甫研究学刊》2000年第1期，第7—12页。

史实的基础上，总结了三国文化精神五个方面的表现：一是"刚健有为，以天下为己任的积极进取精神"；二是"宽仁厚德，体恤百姓，以民为本的精神"；三是"严于律己，宽以待人，知人善任，举贤任能的精神"；四是"彪炳忠义，斥责奸贼，惩恶扬善的道德价值取向"；五是"敢于斗争、善于斗争、不畏强暴、不怕牺牲的尚勇崇智的精神"。①

直雄认为：还当加上一条：六是"'鞠躬尽瘁、死而后已'坚定不移的'中华民族大一统'精神"。因为：不仅诸葛亮一生追求"中华民族大一统"的精神是中华传统文化的精华，曹操、孙权、司马懿父子，又何尝不是为了"中华民族大一统"而奋斗终身？三国文化中的这六大精神，岂止是在绵阳一地，它展现于整个三国这一历史时期，而在三国众多顶尖人才的佼佼者诸葛亮身上，得到更为集中完美的体现，它承载着诸葛亮文化之魂，它可以说诸葛亮文化是在整个三国文化群星中最为耀眼的巨星！

马强先生将三国文化的内涵特征归纳为三个方面，即"一、英雄文化——三国文化的主旋律……二、智慧文化——三国文化的魅力……三、伦理文化——三国文化的底蕴……"②马强先生这样归纳，是恰如其分的，先生在具体的论述中，诸葛亮在这三大方面皆占有重要的份量，可以说，在三国时期诸多耀眼的谋臣将帅中，诸葛亮却是闪耀千秋的璀璨明星。试想，如果诸葛亮如某些先生所批判的那样，是"举世无双的恶毒、奇毒、异毒、顽毒、大毒"的话，那么，整个三国文化则是一团漆黑、一片虚无，五千年来中华民族所创造博大精深的灿烂文明，难道在此割断脱节？难道能化为子虚乌有？这种于史无据之论，实在大伤民心民意……

中华优秀传统文化含诸葛亮文化，是我们精神的根基。故而自古以来，人眼似秤称赞诸葛亮："正如历史学家钱穆先生所云：'有一诸葛，已可使三国照耀后世。'诸葛亮之道，点点滴滴往下延续，每当历史的暗夜，总能够照亮人心，激发有志气的人不计利害，不计成败，践行道义，虽九死其犹未悔。这就是历史的希望，也是诸葛亮之道的价值所在。"③从这种意义上来说，这就是诸葛亮生命

---

① 蒋志：《三国文化与绵阳》，《绵阳师范高等专科学校学报》2000年第1期，第72—74页。
② 马强：《论三国文化的内涵特征及现代嬗变》，《成都大学学报·社科版》2004年第2期，第37—40页。
③ 秦涛：《诸葛亮之道》，中国民主法制出版社2017年版，第221页。

的恒久价值所在，亦是诸葛亮赢得应有的历史地位的真正原因所在。

诸葛精神日月悬，一统基因入人心。行文至此情难禁，近代中国浮眼前：

由于清王朝的闭关锁国而落后，由于落后而处处挨打受辱，国几亡矣！在这危难之际，帝国主义、特别是日本帝国主义，深通堡垒是易从内部攻破的道理，他们收买汉奸走狗，组建汪伪政权，一时沉渣泛起，这些心灵麻木、歹毒凶狠的日本走狗的所作所为，更加激起了中华民族对日本帝国主义的仇恨。最终将日本帝国主义及其汉奸政权，一起扫进了历史有垃圾堆！这其中就有不少像陈嘉庚先生一样，深受诸葛亮影响的英雄人物！尤为可贵的是：陈嘉庚能以诸葛亮当作效仿的榜样，并处处落实到自己的行动上去：

1942年春，日寇南侵新加坡，陈嘉庚避居印尼爪哇，在三年多的隐匿生活里，他关注战局，萦系乡国……吟诵诸葛亮的《出师表》，激励自己的爱国情怀。此外，他还从校友处借来诸葛亮所著的《马前课》精心研究，关注着祖国的命运与前途。

陈嘉庚一生作为有如诸葛亮：突出表现了一种"公忠诚信"的品格。他曾说："无论个人、社会、国家、事业的发展，全赖'忠诚信义'四字。"还说："我自己所能者仅为诚、信、公、忠四字。"他一生为人秉持"凡事必当至公，故廖立垂泪，李严哭死"。

忠于祖国、忠于人民、忠于教育事业，他始终把国家和民族的利益摆在首位，"国而忘家、公而忘私"、"鞠躬尽瘁、死而后已"。

陈嘉庚的一生的一举一动及其辉煌业绩，对自己效仿诸葛亮作出了富于时代气息的"诠释"，他自1894年出资创建"惕斋"学塾到1961年病逝，数十年如一日，历尽劫波，仍义无反顾，为祖国的建设事业呕心沥血、贡献一切。也为人们树立了光荣的榜样。[①]

更有当代教授张承宗先生云："诸葛亮是三国时代一位了不起的历史人物。他既有'名垂宇宙'，开创新局的功业；又有'出师未捷'，壮志难酬的遗憾。如何理解诸葛亮的一生，并如何把握自己的人生，都是值得人们思考的问题。唐代诗人杜甫、李白、岑参、刘禹锡、李中、李商隐、罗隐、及南宋诗人陆游的诗

[①]张培春：《儒家思想对陈嘉庚的影响管窥——以陈嘉庚研读和"发挥"〈三国演义〉为视角》《集美大学学报·哲学社会科学版》2003年第12期，第12—18页。

篇，为我们提供了借鉴与启迪，值得品读。"①张承宗先生之语，其内涵是很是值得我们细心品味、其精髓处之所在亦是值得我们精心领悟！

由此可见，这么一些不符合实事而抨击诸葛亮之论，尽管不时在网上在某些论著中不时凸显，但民心民意不能违，历史事实不能违，故而诸葛亮在中国人民与一些了解中国历史的世界人民的心目中，有如一座恒久矗立的丰碑，仍然占据着难以撼动的历史地位！

岁月逝去千余载，诸葛文化魅力存。

自有三国史以来，三国文化中的诸葛亮文化，特别他的"中华民族大一统"的思想文化，它以诸葛亮一生事迹重在"中华民族大一统"为体，载其大一统文化之魂而闪耀于世，确实能起到"点亮人们'中华民族大一统'思想明灯"的效用，亦能起到"人文智慧成为那个时代标志"的作用。如今，世人仍然在不断地探寻着诸葛亮文化的伟力：在四川成都，人们在不断地追寻着"诸葛亮的不灭记忆"；在河南南阳，人们在不断地擦亮着"诸葛亮文化的名片"；在湖北襄阳，人们在不断地演绎着"诸葛亮智慧的新传奇"；在陕甘的陇原大地，人们回味着"诸葛亮指挥若定的风采"；在浙江省的兰溪诸葛八卦村，人们来到诸葛亮后裔最大的聚居地，欣赏着"诸葛亮八卦村的发展之路"……②

读罢全书，用刘诚言先生精准解读"淡泊明志，宁静致远"的话来说，就是："诸葛亮生前，深受国人爱戴，死后受到后人的敬仰，他的精神，已经成为我们中华民族传统文化的一份宝贵遗产。……当年，诸葛亮在我们生活的这块热土上，汲取了'淡泊明志，宁静致远'的养分，同时也把这份宝贵的遗产留给了我们；一千八百年前，它曾经是诸葛亮的精神，今天，它理所当然地应该成为我们这座城市的精神，成为这座城市人的精神；同时，成为我们学校的精神，成为我们学校先生们和学生们的精神。郁达夫在鲁迅去世后不久，曾说过一段精辟的话：'没有伟大的人物出现的民族，是世界上最可怜的生物之群；有了伟大的人物，而不知拥护、爱戴、崇仰的国家，是没有希望的奴隶之邦。'让我们永远爱

---

① 张承宗：《诸葛二题——读诗札记》，《湖北文理学院学报》2015年第9期，第5页。
② 李晓东、危兆盖、雷建：《关于诸葛亮的不灭记忆》；刘先琴、刘阳：《擦亮三国文化名片》；夏静、涂玉国：《演绎"智慧"新传奇》；宋喜群、杨甜：《诸葛亮的战场》；严蓓蓓、严红枫：《诸葛八卦村的发展之路》，《光明日报》2015年6月4日第5版。

戴诸葛亮，永远崇仰诸葛亮'淡泊明志，宁静致远'的崇高精神，并使其与时俱进，发扬光大。"①

直雄的书名是《千秋功过评孔明——诸葛亮新论》，在这47个题目之内，必须鼎力穷尽诸葛亮之功，也必须竭力昭雪诸葛亮之冤，当然，更不能忽略诸葛亮所存在之过。详览诸葛亮一生，仅仅有两三个小过而已。而这两三个小过，几乎皆是"不可抗力"所造成的。故而写完是书，心中不时默诵：

千秋功过评孔明，历史事实为准绳；
满门忠烈诸葛亮，一统大业久弥新！

有鉴于此，直雄认为，挖掘、彰显诸葛亮文化的精髓、探寻其文化的伟力非常重要，而证伪所谓"诸葛儒毒""诸葛亮是奸佞""是分裂的祸首"等等，同样刻不容缓。

吴直雄
2019年10月26日初稿于南昌大学人文学院中文系
2019年12月26日最终修改于南昌大学人文学院中文系"重上劲松楼"

---

① 刘诚言：《从〈淮南子〉到〈诫子书〉——"淡泊明志，宁静致远"解读》，《襄樊学院学报》2007年第10期，第79—81页。

一、遨游何必故乡耶

本篇示要：裴松之只是理解诸葛亮"遨游何必归故乡邪"的表面意思，便对诸葛亮此语予以辩驳：说诸葛亮应当北归投曹才对，且指出，如若诸葛亮北归"委质魏氏，展其器能，诚非陈长文、司马仲达所能颉颃"，实能成就一番大业。裴松之说出这样的话，实在是虽有详注《三国志》之才，却存有不了解诸葛亮一生志向之憾！再是，"中国饶士大夫，遨游何必归故乡邪！"一语，同样还隐含着规劝好友公威不必北投奔曹操之意。

公威问难：

《魏略》曰：亮在荆州，以建安初与颖川石广元、徐元直、汝南孟公威等俱游学，三人务于精熟，而亮独观其大略。每晨夜从容，常抱膝长啸，而谓三人曰："卿诸人仕进可至刺史郡守也。"三人问其所志，亮但笑而不言。后公威思乡里，欲北归。[1]

---

[1] 晋·陈寿撰，南朝宋·裴松之注：《三国志》（全五册），中华书局1975年版，第911—912页。

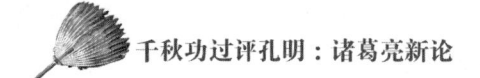

诸葛妙答：

亮谓之曰："中国饶士大夫，遨游何必归故乡邪！"臣松之以为《魏略》此言，谓诸葛亮为公威计者可也，若谓兼为己言，可谓未达其心矣。老氏称"知人者智，自知者明"，凡在贤达之流，固必兼而有焉。以诸葛亮之鉴识，岂不能自审其分乎？夫其高吟俟时，情见乎言，志气所存，既已定于其始矣。若使游步中华，骋其龙光，岂夫多士所能沉翳哉！委质魏氏，展其器能，诚非陈长文、司马仲达所能颉颃，而况于余哉！苟不患功业不就，道之不行，虽志恢宇宙而终不北向者，盖以权御已移，汉祚将倾，方将翊赞宗杰，以兴微继绝克复为己任故也。岂其区区利在边鄙而已乎！此相如所谓"鹍鹏已翔于辽廓，而罗者犹视于薮泽"者矣。公威名建，在魏亦贵达。

又，《答孟建》"中国饶士大夫，遨游何必归故乡邪！"注：摘自《三国志·诸葛亮传》裴松之注引《魏略》，题目系校注者所加。此系建安初年（公元196年），故列为首篇。①王瑞功先生称："题目系校注者所加。"此题加得得体。且其考定的写作年份，与直雄重新考定的一致。故补充于后。因为文言文的简练，仅以"后公威思乡里，欲北归，亮谓之曰"的语言表达方式以表示孟建与诸葛亮之间的征询问难与应答解疑。鉴于这种种情况，直雄在撰写此书时，为了统一问与答的体例，一律以"××问难"和"诸葛妙答"的方式表达之。下同。不再说明。

再，"一天，好友孟建前来向诸葛亮辞行，说是思念家乡，要回北方去。诸葛亮心里明白，他是看好曹操在北方的作为，要到北方实现自己的追求了。人各有志，诸葛亮没有对其指责，也没有对他深加挽留，只淡淡地说了这样一句话：'中国饶士大夫，遨游何必故乡邪！'"②朱大渭，梁满仓二位先生以蔡东藩先生的"演义式"笔法，再现了孟建与诸葛亮告别时的答问的情景，让孟建与诸葛亮之间的同窗情怀及各自的志向跃然纸上。

---

①王瑞功主编：《诸葛亮研究集成》（上、下册），齐鲁书社1997年版，第267页。
②朱大渭、梁满仓：《武侯春秋》，团结出版社1998年版，第73页。

作年略考：

诸葛亮的《答孟建》，时在建安初。汉献帝建安元年至建安二十四年（196—219），计23年之久。期间出了不少大事。如建安元年九月，曹操迁献帝于许昌；建安二年（192）正月，袁术称帝；建安三年（198）十二月，曹操杀吕布；建安四年（199）十二月，刘备据徐州；建安五年（200）九月，袁绍与曹操官渡大战，袁绍大败；建安六年（201）九月，曹操击刘备于汝南（今河南省上蔡东南），刘备投刘表……曹操求才三令未下之前，各方诸侯，都在收揽人才，时代在召唤着英雄们"出山"。诸葛亮劝孟建之语当为建安初，直雄姑且定为建安七年即202年。因为那时曹操已是权倾一时，似乎天下已经是他的了。此时虽尚未下求才令，但已经在四处收揽人才。

直雄补说：

这段的大意是：诸葛亮在荆州时，与颖川来的石广元、徐元直、汝南来的孟公威等俱是游学的朋友。后来，孟建（字公威）与诸葛亮提及想北归故里，于是诸葛亮说道："中国"即"中原"，人才济济。奔走周旋创业何必一定要在故乡呢？[1]

诸葛亮的这句话，可谓要言不繁皆事实，鉴于当时中原多人才，劝阻朋友不必一定要回归故里方能成就一番事业，要有以天下为己任的责任感和使命感，同时也委婉地折射出了他对同好服务那好色、好杀、玩弄献帝于股掌之上的曹魏政权心存芥蒂，潜伏着反曹之意。

诸葛亮说这句话，是在未出隆中时，当为建安十二年（207）以前。事至20余年

---

[1] 据资料显示：在三十五名党锢名士领袖中，豫州有：陈蕃、李膺、荀翌、杜密、朱寓、范滂、蔡衍、陈翔、孔昱、蕃向。兖州有：王畅、夏馥、羊陟、张俭、刘表、檀敷、度尚、张邈、王考、刘儒、胡毋班、秦周。两州相加，共计二十二名，如果再加上南阳的宗慈、与岑晊，则中州士可达二十四名。这个统计数字说明，中州是士大夫领袖集中的地区。参见作业邦《优质解答》，2016年11月25日，https://www.zybang.com/question/d24dfabbbe7fd86bf51f846558d4f3f9.html。

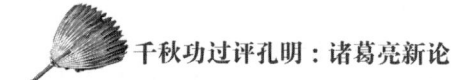

之后的太和中，便为事实所证实："初平中，中州兵起，乃与韬南客荆州，到，又与诸葛亮特相善。及荆州内附，孔明与刘备相随去，福与韬俱来北。至黄初中，韬仕历郡守、典农校尉，福至右中郎将、御史中丞。逮大和中，诸葛亮出陇右，闻元直、广元仕财如此，叹曰：'魏殊多士邪！何彼二人不见用乎？'"[①]

由此可见，诸葛亮对石广元等好朋友回到北方而未能发挥他们的才智的惋惜之情。

裴松之也只理解诸葛亮此语的表面意思，便对诸葛亮此话予以辩驳：说诸葛亮应当北归才对，且指出，如若诸葛亮北归"委质魏氏，展其器能，诚非陈长文、司马仲达所能颉颃"，实能成就一番大业。裴松之说出这样的话，实在是虽有详注《三国志》之才，却存有不了解诸葛亮一生志向之憾！

陈群（？—237），字长文。颍川郡许昌县（今河南省许昌东）人。三国时期著名政治家、曹魏重臣，魏晋南北朝选官制度"九品中正制"和曹魏律法《魏律》的主要创始人。

司马懿（179—251），字仲达，河内郡温县孝敬里（今河南省焦作市温县）人。三国时期魏国政治家、军事谋略家，魏国权臣，西晋王朝的奠基人。

这两个人确实是"非常了得"的大人物。并且，裴松之为了证明自己话语的正确性，在结尾还说"公威名建，在魏亦贵达"！

裴松之之语，正是他详注《三国志》而存有不了解诸葛亮思想深处之憾之所在！

其一：汉献帝初平四年（193），诸葛亮十三岁时，"操引兵击谦，坑杀男女数十万，攻其三县，皆屠之，鸡犬亦尽"。[②]这充分说明，这时的曹操，已经不是刚刚起兵扶汉的曹操，而是在政治上有所企图的奸雄。当此危难之时，只有刘备才敢于出手抗操。曹操有篡汉不臣之心，绝对不可能是讲求"仁义"以"民为邦本""追求恢复大汉大一统"的诸葛亮所要投奔的对象！他若投奔曹操，也只能自我寻死！

事实也确实如此，曹操的"子房式"大军师荀彧，仅仅表露了一点儿"忠

[①] 晋·陈寿撰，南朝宋·裴松之注：《三国志》（全五册），中华书局1975年版，第914页。

[②] 王瑞功主编：《诸葛亮研究集成》（上、下册），齐鲁书社1997年版，第174—175页。

汉"倾向而被赐死？

其二：陈群、司马懿，这两个人在诸葛亮眼中，都是"汉贼"，司马懿则先是"汉贼"，条件一旦成熟，即成了"汉贼之贼"，且也是个居心叵测的乱臣贼子。让诸葛亮与之"颉颃"，这实在是没有可比性，实属牛头不对马嘴！

其实，历史与时间及正直的人心才是最公正的。古今有多少人以"当今诸葛""小诸葛""赛诸葛"为荣，可以说无法统计，此姑且不论。且看：

北宋大诗人苏轼有《隆中》诗云："诸葛来西国，千年爱未衰。今朝游故里，蜀客不胜悲。"足见诸葛亮文化极具其穿透力。再看如下统计数据：

> 第一个数据，是中国的。2012年，法律史学家俞荣根先生在全国范围内进行了一次问卷调查，想要了解中华民族最受崇拜的人物是谁。最后收回12280份有效问卷，排名第一的是孔子，排名第二的就是诸葛亮。第二个数据，是外国的。日本的《文艺春秋》在1999年搞了一次大规模的民意调查，主题是最有影响的中国人排名，排在前六位的依次是：孔子……其中古人只有孔子与诸葛亮。2005年，日本的《周刊文春》也对当代日本人最崇拜的100个名人作了一次调查，中国只有两个人入选，一个是孔子，排名第87位，一个是诸葛亮，排名第28位。
>
> 从这些例子和数据可以看到，无论是中国人，还是深受中国文化影响的外国人，在他们心目中最完美的政治家，就是诸葛亮。……唐朝曾设置了一座武庙。中国有文庙，是祭祀孔子的；武庙，祭祀的中国历史上最杰出的十二个军事家。整个魏晋南北朝三四百年的时间，只有诸葛亮一个人入选，由此可以看出诸葛亮的军事水平确实非常高。①

由此可见，诸葛亮在中国人民和深受中国文化影响的外国人心目中的地位是不可动摇的。

苏东坡还赞诸葛亮曰："西汉之士多知谋，薄于名义；东汉之士尚风节，短

---

① 秦涛：《诸葛亮之道》，中国民主法制出版社2017年版，第6—188页。

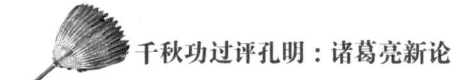

权略。兼之者，三国名臣也。而孔明巍然三代王者佐，殆未易以世论。""密如神鬼，疾若风雷。进不可当，退不可追。昼不可攻，夜不可袭。多不可敌，少不可欺。前后应会，左右指挥。移五行之性，复四时之令。人也、神也、仙也，吾不知之真卧龙也。"[1]

苏轼的这两篇短文，可谓将诸葛亮一生智慧与事业作了典型化的高度概括，是为精妙！

由此可以想见：陈群、司马懿与诸葛亮相比，其影响力可谓有天壤之别，而决不是裴松之所说的诸葛亮若"委质魏氏，展其器能，诚非陈长文、司马仲达所能颉颃，而况于余哉"。

再是，古代的士人隐居，他们多是采取"有道则现，无道则隐"的处世态度。由于曹操的好色、好杀、轻民、残民等腐败行为，为诸葛亮所痛所恨。"中国饶士大夫，遨游何必归故乡邪！"一语，同样隐含着规劝好友公威不必北投奔曹操，可以等待明主再择主而事之意。

二、隆中一对为一统

> 本篇示要：《隆中对》十分明确地为刘备解决了其一生的战略战术的大问题；《隆中对》影响传千古；没有任何事实证明诸葛亮支持刘备东征孙吴；"跨有荆、益"的计划不是缺陷，"严重缺陷"更是无从谈起！让"跨有荆、益"的策略谋略破产，诸葛亮有着不可抗拒的原因，刘备应负全责，因而诸葛亮根本就没有什么责任，何言"重大"？《隆中对》是"分裂主张的宣言书""首倡乱者，诸葛亮也"，更是严重违背历史事实的。

---

[1] 宋·苏轼：《赞孔明（佚文二篇）》，《常州工学院学报》2003年第5期，第23页。

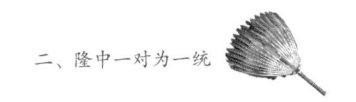

刘备问难：

（刘备）因屏人曰："汉室倾颓，奸臣窃命，主上蒙尘。孤不度德量力，欲信大义于天，而智术浅短，遂用猖蹶，至于今日。然志犹未已，君谓计将安出？"①

诸葛妙答：

"自董卓已来，豪杰并起，跨州连郡者不可胜数。曹操比于袁绍，则名微而众寡。然操遂能克绍，以弱为强者，非惟天时，抑亦人谋也。今操已拥百万之众，挟天子而令诸侯，此诚不可与争锋。孙权据有江东，已历三世，国险而民附，贤能为之用，此可以为援而不可图也。荆州北据汉、沔，利尽南海，东连吴会，西通巴、蜀，此用武之国，而其主不能守，此殆天所以资将军，将军岂有意乎？益州险塞，沃野千里，天府之土，高祖因之以成帝业。刘璋暗弱，张鲁在北，民殷国富而不知存恤，智能之士思得明君。将军既帝室之胄，信义著于四海，总揽英雄，思贤如渴，若跨有荆、益，保其岩阻，西和诸戎，南抚夷越，外结好孙权，内修政理；天下有变，则命一上将将荆州之军以向宛、洛，将军身率益州之众出于秦川，百姓孰敢不箪食壶浆以迎将军者乎？诚如是，则霸业可成，汉室可兴矣。"②

又，《草庐对》"自董卓已来，豪杰并起……诚如是，则霸业可成，汉室可兴矣。"注：见《三国志·诸葛亮传》，后人亦作《隆中对》。时间为207年。③

作年略考：

史载：汉献帝建安十二年（207），"诸葛亮隐居邓县隆中（今湖北省襄阳

---

①晋·陈寿撰，南朝宋·裴松之注：《三国志》（全五册），中华书局1975年版，第912页。
②同上书，第912—913页。
③王瑞功主编：《诸葛亮研究集成》（上、下册），齐鲁书社1997年版，第267—268页。

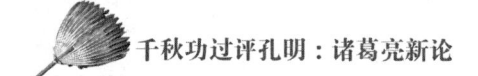

西），时称'卧龙'。刘备在荆州，访求贤士，司马徽和徐庶向刘备推荐诸葛亮。备凡三往，乃得见。诸葛亮向刘备提出'东联孙吴，西和夷越，北抗曹操'的统一全国的方略，即著名的'隆中对'"①

又，明人佚名的《诸葛忠武年谱》，明人杨时伟的《诸葛忠武侯年谱》，清人张鹏翮的《诸葛武侯年谱》，清人朱璘的《诸葛忠武侯年谱》，清人王复礼的《诸葛忠武侯年谱》，清人张澍的《诸葛忠武侯年谱》，清人赵承恩的《诸葛武侯年谱》，清人梁章钜的《诸葛公年谱》，清人杨希闵的《汉诸葛忠武侯年谱》等，皆或详或略地记有汉献帝建安十二年（207），诸葛亮27岁时，刘备三请诸葛亮，在隆中相对。②

综上所述，《隆中对》或曰《草庐对》应当是公元207年。

直雄补说：

刘备三顾茅庐，终于见到了诸葛亮。他叫旁人退下，急切而推心置腹地对诸葛亮说："大汉王朝的统治崩溃，奸邪的臣子则盗用国家的政令，皇上蒙受风尘之苦难而出奔。我不能衡量自己的德行是否可以服人，估计自己的力量是否可以胜任为天下人伸张大义，然而我的才智与谋略短浅，就因此而失败，弄到今天这步田地。然而我的志向到现在还没有改变，先生，您看怎么办才好呢？"

面对刘备肝胆相照的诉说，诸葛亮则一展经纶，画下首先力争"天下三分，最后大一统"大汉江山的宏伟蓝图。

他从当时的政治军事形势入手，精细地分析道：自从董卓独揽朝廷大权以来，各地的豪杰不断地同时起兵，那些占据着州、郡的人数不胜数。曹操与袁绍相比，声望少之又少，然而曹操最终之所以能够打败袁绍，凭借弱小的力量战胜强大的袁绍，不仅仅依靠天时好，也是谋划得当。现在曹操已经拥军百万，挟持皇帝以号令天下诸侯，目前是不能与他争高下的。孙权久据江东，已经经历三

---

①张习孔、田珏主编：《中国历史大事年·编远古至东汉》，北京出版社1997年版，第709—710页。

②王瑞功主编：《诸葛亮研究集成》（上、下册），齐鲁书社1997年版，第172—264页。

世，江东地势险要，民众归附，他又得到了众多有才干的人辅佐，对孙权，暂时不能去谋取他，只可以把他当作成就霸业的外援。荆州这个地方，北临汉水、沔水，一直到南海的物资都能得到，其东面与吴郡、会稽郡相连，其西边和巴郡、蜀郡相通，这样的军事政治要冲，是大家都要争夺的，但是它的主人却没有能力长期守住，这就是上天拿它用来资助将军的，将军您，可有占领它的设想吗？益州地势险要，土地广阔而肥沃，天然条件极其优越，汉高祖刘邦便是凭借着它成就了帝业。刘璋其人昏庸懦弱，张鲁在他的北面占据着汉中，那里的人民殷实富裕，物产丰富，刘璋却不懂得爱惜，有才能的人都盼望得到贤明的君主。将军您既是皇室的后代，而且天下闻名，正在广泛地罗致英雄，思慕贤能，真可谓是如饥似渴，如果能够占据荆州、益州，把守着险要之地，与西边的各个民族和好，又安抚南边的少数民族，对外联合孙权，对内改革政治；一旦天下形势发生了变化，就派一员上将率领荆州的军队直指中原，将军您亲自率领益州的军队从秦川出击，老百姓又怎么能不用竹篮盛着饭食，用壶装着酒来欢迎您呢？如果真能这样做，那么称霸的大业就可以成功，恢复大汉大一统的天下就可指日可待。

诸葛亮的这个答疑，可谓妙极。这就是三国时期最为有名的《隆中对》又称《草庐对》。

直雄以为，之所以说它有名，除了该对言简意赅、结构严谨、层次分明、气势充沛、富于哲理之外，主要表现在如下四个方面：

其一，《隆中对》当时为刘备解决了如下几个实质性的问题。

《隆中对》为刘备解决了战略战术的大问题，是刘汉政权的行动纲领。

眼下情况：曹操拥有百万之众，挟天子以令诸侯，此诚不可与其争锋。因为曹操利用汉丞相的名义，将中原地区的人才搜罗在其麾下，政治优势一时难以撼动；孙权久据江东，此可以为援，而不可图取。因为已历三世的孙氏，江东不少的优秀子弟都聚焦在其左右为其效力。

那么刘备该怎么办呢？目前，刘备在荆州没有立足之地，而且被曹操追着打，几无还手之力。只有夺取益州以为根据地。有了巩固的根据地之后，实现三分天下，再一统中原并进而大一统全国。可以说，是诸葛亮为刘备画出了分步实现"中华民族大一统"的宏伟蓝图。

故范奇龙先生在其《审势、攻心——泛论诸葛亮的治国艺术》中评说道：

"这篇全文不足四百字的形势对答,以极其精警的语言,总结历史,分析当时,预示未来,其精确、明晰的程度,都使后世人为之叹绝。诸葛亮在这里为未来的蜀汉政权的建立和巩固制定了内政、外交、军事等一系列基本战略方针,这些方针凡是后来照着执行的,都获得了预期的成功。要不是后来关羽刚愎自用,刘备也因义弟之死,感情用事,因而一度破坏了诸葛亮费尽心血促成的孙、刘联盟,以致丢失荆州,兵败夷陵,白帝托孤,诸葛亮预想的最后政治蓝图:待天下有变,荆州、益州两路出兵,北图中原,复兴汉室,也并非是不能实现的梦幻。"[1]

直雄以为,范奇龙先生的分析与评说是实事求是的,是异常到位的。因为,他将《隆中对》所作的形势分析、当下的战略目标、最终要达到天下大一统的目的,作了清晰而明白勾画。

更有杨德炳先生撰有《〈隆中对〉的魅力——曹、孙、刘三方决策对比研究》的妙文赞《隆中对》曰:"可以说是最全面、最精确、最完美的决策典范。从内容上看,它是一个涵盖了政治、军事、经济、外交以及民族政策诸方面全方位的战略决策,具有全面性、完整性的特点,而且各个部分环环相扣,浑然一体,丝毫没有零乱之感。从论证与表述方面看,它严格按照先分析后结论的方法,层层推进,结构严谨,层次分明。……诸葛亮则不仅是《隆中对》方略的制定者,而且为实现这个方略无私地奉献了自己的一生。纵观他一生的经历。有两个时期最值得称道。一是赤壁之战前夕,他才是一个二十八岁的青年,就'受任于败军之际,奉命于危难之中',为促成孙、刘联盟共抗曹操奔走呼号殚精竭智。二是夷陵战后刘备托孤之时,面对当时的重重危机,他义无反顾地挑起了这副重担,'鞠躬尽瘁,死而后已',将自己的聪明才智和道德情操均发挥到了极致,从而充分展示了他的人格魅力。唐长儒先生曾说:'诸葛亮可以说是封建社会时期的一个完人,从当时到后来,从来没有人对诸葛亮有贬词的'。是呀,这样的人,人们对他的事业也许可能有不同的评价,但对他的高尚情操和完美人格,就连他的敌人和对手也不能不产生发自内心的景仰和崇敬。总之,诸葛亮的《隆中对》,作为他那个时代最完美最神奇的决策典范,至今仍放射着理性的智慧的火花;诸葛亮在实现《隆中对》的奋斗历程中所展示出的道德和人格的光辉,千百年来,一直成为人们景仰的楷模;二者相得益彰,交相辉映,其魅力将

---

[1] 成都市诸葛亮研究会编:《诸葛亮研究》,巴蜀书社1985年版,第121页。

是无穷无尽的。"①

杨德炳先生的评说，真可谓恰如其分、非常到位，有字字玑珠之妙。更为可贵的是，在其文中，兼及对《隆中对》是"杜撰论"，作了异常精到的剖析，指出其无稽。

其二，《隆中对》影响垂千古。

《隆中对》的影响垂千古。为论述的简便，直雄拟录成都武侯祠的几幅对联以说明之。"两表酬三顾；一对足千秋""三分谋一统；二表足千秋""功盖三分国；名成八阵图""三分割据纡筹策；万古云霄一羽毛""三分天下四川地；六出祁山五丈原""隆中一日风云会；剑外千秋草木香""一诗二表三分鼎；万古千秋五丈原""三顾频烦天下计；一番晤对古今情""三顾感殊知，西取东和，远谟早定三分鼎；两川臻大治，南征北伐，遗表长留两出师"。②总之，人们一旦为武侯撰联，常见会嵌入《隆中对》并评价《隆中对》的作用与深远影响。

与这些联语相比，有的评说则眼界更为开阔，如张秀熟在其《教化昭后世，尽瘁留楷模》一文中云："在隆中的草庐之中，诸葛亮就这样确定了天下三分的战略。他以曹为敌，江东为友，这是当时正确的统一战线政策。他的战略思想能如此明确提出敌、我、友，而且在正确的实施的过程中也取得了很大的效果。在国际纷争时期，是值得研究借鉴的。"③

张秀熟先生对诸葛亮的《隆中对》的评价，将其提到"国际纷争"的范畴以考虑，也是十分到位、有借鉴意义的。

其三，《隆中对》有"严重缺陷"说。

朱大渭先生与梁满仓先生高度地评价《隆中对》称："第一，精辟地分析了天下形势，预见到天下三分的未来；第二，指出指出了实现三分的途径，这途径用4个字概括就是'避实就虚'；第三，规划了建立霸业的战略和政略；第四，

---

①杨德炳：《〈隆中对〉的魅力——曹、孙、刘三方决策对比研究》，《襄樊学院学报》2007年第6期，第64—67页。
②吴直雄：《习凿齿与他的〈汉晋春秋〉——兼论〈三国演义〉对习凿齿的承继关系》，江西高校出版社2019年版，第971—1003页。
③成都市诸葛亮研究会编：《诸葛亮研究》，巴蜀书社1985年版，第2页。

提出了'兴复汉室'的长远任务。诸葛亮是中国历史上绝无仅有的智者。'隆中对'是古代政论文中不可多得的佳作。它具有以下几个鲜明的特点：第一，预见性；第二，科学性；第三，系统性；第四，策略性；第五，思想性。以上五个特点表明，'隆中对'是表现诸葛亮见识、谋略、智慧、毅力、风范的不朽杰作。"[1]

朱大渭先生与梁满仓先生以上对《隆中对》的分析是异常精彩的、精准到位的，直雄完全赞同。然而两位先生接着写道："'隆中对'也有其比较严重的缺陷，这就是'跨有荆、益'的计划。……错误地支持刘备发动夷陵之战。诸葛亮支持刘备与东吴争夺荆州。支持刘备进兵夷陵的态度，在前面《隆中对析》一节中我们已经作了详尽的分析。诸葛亮支持刘备东征，最根本的就是坚持初期'隆中对'跨有荆益的方针。我们不是要指责'隆中对'，因为这个天才的战略规划是在各方面矛盾没有充分暴露的情况下设计的。但当关羽在荆州军全军覆灭后，东吴对荆州的势在必得的态度已经十分明显的情况下，还要继续坚持被事实证明是行不通的方针，这不能不说是个很大的错误。这个错误对蜀汉的后果是严重的，它使蜀汉大伤元气，一度使蜀汉陷入了十分危险的境地。这个错误对诸葛亮的教训也是深刻的。'诸葛一生惟谨慎'，特别是夷陵之战后，诸葛亮在政治、军事等方面更加谨慎，如临深渊，如履薄冰，这当与他时时对夷陵之战错误的反思有关。"[2]

直雄认为：细细品味前面《隆中对》一节，作者没有拿出任何证据证明诸葛亮支持刘备东征孙吴，仅仅是分析推论而已，因此，在这里给诸葛亮下因夷陵之战后更谨慎的结论也是难以立脚的。

"跨有荆、益"的计划不是缺陷，"严重缺陷"更是何来之有？因为如果朱大渭先生与梁满仓先生硬要视为"缺陷"，这在事实上，就是朱大渭先生与梁满仓先生对自己的上述高度而全面、科学且客观地评价《隆中对》的否定！

让"跨有荆、益"的策略谋略破产，诸葛亮有其不可抗拒的原因，因而他是没有什么重大责任，更不是其"跨有荆、益"的什么缺陷。因为诸葛亮对刘备、张飞、关羽没有根本上的人事上安排权力。刘备当了"皇帝"之后十分骄傲固

---

[1] 朱大渭、梁满仓：《武侯春秋》，团结出版社1998年版，第356—364页。
[2] 同上书，第364—717页。

执，再也不是初见诸葛亮时，自称"孤不度德量力，欲信大义于天下，而智术短浅，遂用猖獗，至于今日。然志犹未已"的刘备了。而关羽、张飞性格的骄狂蛮横，根本就不具备出任方镇之将的才华，但这又是诸葛亮没有办法能够左右这三个人的。

君不见，刘备提拔老将黄忠时，诸葛亮也只能在刘备面前"打打边鼓提醒提醒而已"。在刘备还未完全"疯狂"之时，不就是刘备与孙权分荆州后而仍能与孙吴"连和"吗？如果把"跨有荆、益"与"结好孙权"之间的矛盾绝对化，认为"跨有荆、益"就不能"结好孙权"，而要"结好孙权"就不能"跨有荆、益"，这是我们研究者自己的思想绝对化的问题。因为"孙、刘不联盟"，等待他们就只有被曹魏各个击破的下场。这不也是为历史证明了的事实吗？如赤壁之战，方能使刘汉与孙吴这个政权得以存在；而夷陵之战之初，如果曹丕当时采用先助一国灭了另一国之谋，最后极有可能将刘汉、孙吴两个政权各个先后歼灭；当孙、刘联盟的最后恢复，实事求是地说，没有孙权对于赤壁之战的拍板定案，这从某种意义上来说，就没有三国鼎峙的局面出现。因为刘备与孙权，任何一方都无法与曹操抗衡。这不是任意假设，这也是有事实作为依据的。

由于孙、刘联盟恢复之后，曹魏受到孙吴与刘汉东西两面的夹击，司马懿父子在与孙吴、刘汉政权的斗争中，逐渐手握军政大权，其结果是曹魏政权于公元249年尽归于司马懿父子之手！及至后来的司马懿父子，也清醒地认识到了这一点。故而千方百计地要破坏"孙、刘联盟"，其关键之处也在于此。这也为后来的事实所证明："猇亭之役"后，孙权竟然一度被弄到向曹操称臣的地步。而刘汉与孙吴和好之后，"三国鼎立"中的刘汉与孙吴政权相对稳定的局面又开始了，为了恢复汉室为旗号的"中华民族大一统"，诸葛亮与姜维得以专心北伐，孙吴也敢于不时发起对曹魏的进攻。

至司马昭与钟会时期，由于刘汉政权与孙吴政权的腐败，司马昭方能以声东击西之策，成功地破解了"孙、刘联盟"，于是中国的大一统局面的曙光升起了！这一段历史，无论是史书、抑或是《三国演义》留给后人不尽的思索，留给后人无穷的财富！

这就是历史事实，所以不能将"结好孙权"与"跨有荆益"非此即彼地绝对化！前有刘备与孙权分荆州"连和"之事，后有羊祜与陆抗"共处"之例！破坏孙、刘联盟，致使"跨有荆、益"的计划破产，主要责任就是自以为是成了"天之子"的刘备和政治策略上无知的关羽、张飞来承担。

然可惜的是，只有诸葛亮与鲁肃从根本上洞悉：无论是对孙吴政权或是刘汉政权，如若不联合，则只能被曹魏各个击破；如若有一方投降曹魏，投降方也只能是苟且一时，最终也在劫难逃！孙吴与刘汉政权的联和是有其客观条件作为现实基础的。只要一方不发疯，不腐败，进取中原就有希望。可惜鲁肃病亡，可惜关羽狂妄无知，既与下属不融洽，又为曹魏政权与孙吴政权所痛恨。让这样可笑的"天下之将"关羽坐镇荆州，这本身就是一个"火药桶"，就别指望他能处理好联盟中的是是非非了。所以，历史学家方诗铭先生指出："诸葛亮《隆中对》所策划的第一步是'跨有荆、益'，这是十分英明的。后来荆州为孙权所夺，蜀汉据有益州一隅之地，仅能自保。荆州之失，承担这个责任的，当然是关羽，但刘备更不能辞其责，这是蜀汉历史上一出最大的悲剧。"[①]

更让诸葛亮不可抗拒的是，即使诸葛亮发现有"羊祜式""陆抗式"的汉将可以坐镇荆州，他敢于调换关羽吗？他又能够调换关羽吗？他能够制止张飞出兵报仇雪恨吗？他能阻止刘备不发狂吗？因为，封建社会的"君臣关系实质上是主奴关系，刘备、诸葛亮既为'君臣'，也就是'主奴'。'书里空有千条计，主公不用其奈何！'一切刘备说了算，并非诸葛亮说了算"[②]

只有在刘备东征被碰撞得头破血流之后，在整个刘汉政权中，再无人能够收拾他留下的残局的情况下，才有他诚心诚意托孤的之事的产生，才有阿斗多坐了40年天下的事实存在！

羊祜对陆抗，二将各自独当一面斗得如此巧妙，只可惜在司马炎与孙皓都在腐败之际，已经腐败了的司马炎比孙皓要大度一些，司马懿父子为这个腐败孙子留下政治财富与物质财富要比孙吴多得多。最终，孙皓调动陆抗让这位名将忧郁而终！而腐败了的司马炎，在羊祜提出要从速灭吴，不然，一旦孙吴换上了好皇帝，谁有天下？难说。《晋书·羊祜传》载其言曰："今主上有禅代之美，而功德未著。吴人虐政已经甚，可不战而克。混入六合，以兴文教，则主齐尧舜，臣同稷契，为百代之盛轨。如舍之，若孙皓不幸而殁，吴人更立令主，虽百万之

[①] 方诗铭：《〈隆中对〉"跨有荆益"的策划为何破灭——论刘备和关羽对丧失荆州的责任》，《学术月刊》1997年第2期，第60页。

[②] 汪大白：《诸葛失策谁与辨——〈反三国志演义〉侧论》，《阜阳师范学院学报·社会科学版》2001年第3期，第18页。

众,长江未可而越也,将为后患乎!"①

羊祜对司马炎是个什么东西,可谓心知肚明!羊祜之言,是何等的坦承,何等的忠烈!

难道司马炎不知羊祜之话的深层意思所指吗?诸葛亮手下确实也有"羊祜式"将领的,但诸葛亮若动了关羽、张飞,就会让刘备疑心加大!前有曹操视如其"子房"的荀彧、后有孙权的"擎天一柱"的陆逊,也许就是诸葛亮的可悲下场!

然"祸兮福所倚,福兮祸所伏"。好在刘备还不是项羽,临死之时,他总算又回到明君的"位置"上了,在几乎输光了家底的情况下,他没有怪天自慰且尚能醒悟"返还"到当年"卖草鞋为生"时的平常人心态,终于有了自己的"良心发现",能够体贴黄权投降曹魏的无奈,能够领会以诸葛亮为首的诸大臣劝谏伐吴的忠诚之心,他若再不诚心托孤,等待他的刘汉政权,只有灭亡!由于刘备的诚心诚意托孤,让诸葛亮能为了"中华民族大一统"事业使尽"解数",只手尽其"回天之术",让诸葛亮的"中华民族大一统"文化在中国历史上熠熠生辉。

其四,《隆中对》是"分裂主张的宣言书",首倡乱者,诸葛亮也。

自《隆中对》出,除了古今之人诸多的一片称颂之声外,有一段时间,却遭受到了非常严厉的批判,尤其是对诸葛亮其人其事其影响更是有全盘否定之势,这种否定说法的影响可谓非同小可。

如:陈业强先生的《关于诸葛亮的评价问题》言:"诸葛亮《隆中对》是错误的,是消极防御的典型,军事上一败再败。政治上搞三足鼎立,分裂祖国,更是大错特错。内政上无能,把蜀汉败完。总体上看,诸葛亮不是一个促进历史进步的人物。……诸葛亮的目的就是造成魏、蜀、吴三国鼎立之势,分裂统一的祖国。分裂好,还是统一好。主持正义的人都会说统一好。公元208年,赤壁之战,三足鼎立,中国走向分裂。仅三国时期就分裂了58年(208—266),后经西晋十六国、东晋十六国、南北朝,至公元589年隋统一止,其间分裂381年,不说诸葛亮是分裂祖国的罪魁祸首,最少可以说这次381年长期分裂的始作俑者是诸葛

---

①唐·房玄龄等撰:《晋书》(全十册),中华书局1974年版,第1021页。

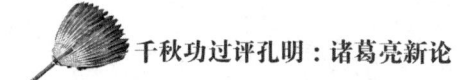

亮。……诸葛亮军事失败、政治分裂、内政亡国。总体上说，诸葛亮不是一个促进历史进步的人物。"①

读罢全文，对诸葛亮来说，真可谓：冤莫大矣！枉也深焉！误读奇也！

再如：庄俊芳先生的《论诸葛亮的逆历史影响》云："诸葛孔明抱'兴复汉室'之念，辅佐刘备，延误了国家统一，五次北伐，以小击大，徒劳无功，加重了人民负担……汉末政治腐败，'兴复汉室'毫无意义……保错明主，延缓统一……五次北伐以弱击强，以独拒统逆流而动……不仅未能克地中原，而且使蜀国更加虚弱，这大大加深了人民的负担，违背了历史的发展趋势。"②

如果说陈业强先生与庄俊芳先生先后彻底地否定诸葛亮一生只有6000字左右尚难以深入的话，而最为典型、最具代表性的当数范文琼先生的《重评诸葛亮的历史功过》一文。先生主要也是从《隆中对》入手，从《三国志》《三国演义》《资治通鉴》等典籍中找寻资料，用将近60000字的篇幅全盘否定《隆中对》，全盘否定诸葛亮光辉璀璨的一生。理由充足否？实事求是否？结论站得住脚否？实有一一辨析的必要。

A、先生认为：诸葛亮选错了人生目标，《隆中对》的实质是分裂。

直雄认为：诸葛亮选对了人生目标，《隆中对》的实质是"中华民族大一统"，与搞分裂风马牛不相及。

先生的第一章是《诸葛亮人生悲剧的解读》，分别以"人生目标的错误""双赢的三顾茅庐""三分天下的实质是'分裂'"三个部分，完成了"诸葛亮选错了人生目标，《隆中对》的实质是分裂"的论述。

先生写道："诸葛亮自比管、乐，就清楚表达了他的抱负……诸葛亮自比管、乐，在一般人眼里，那岂止是胸怀远大，甚至有些狂妄。刘备一顾茅庐时，关羽就曾以讥讽的口吻说：'某闻管仲、乐毅乃春秋、战国名人，功盖寰宇。孔明自比二人，毋乃大过。'但作者却认为，诸葛亮的胸怀，不仅没有'毋乃太过'，而且有过之而无不及。……正因为如此，所以他仿效的历史人物是管仲、

---

①陈业强：《关于诸葛亮的评价问题》，《广西教育学院学报》2004年第2期，第93—96页。

②庄俊芳：《论诸葛亮的逆历史影响》，《东华大学学报·社会科学版》2005年第2期，第5—8页。

乐毅而非姜子牙、张子房。我认为，诸葛亮的这种自比正是研究他的人生悲剧的关键之所在。因为他混淆了一个很重要也是最关键的历史事实……诸葛亮审时度势，提出了以分裂为实质内容的'三分天下'的总战略。……这个三分天下，其实就是诸葛亮搞分裂的宣言书，也是他最终悲剧命运的根源所在。……可以说，自秦始皇统一中国后400余年，公开提出分裂口号的就是诸葛亮的《隆中对》——三分天下……"①

在第一章里，范文琼先生提出了不少问题，诸如：诸葛亮自比管、乐是狂妄的问题？诸葛亮人生悲剧的问题？刘备是否是明主的问题？诸葛亮出茅庐是否是双赢的问题？等等。这些问题，诸葛亮的研究者们多有研讨，限于篇幅，直雄不想一一补充再论。但这一章中最核心的还是《隆中对》的实质是分裂还是大一统的问题，世人未曾深论。只有这个问题说清楚了，则范文琼先生提出的这些问题是否成立便迎刃而解。

直雄不敢苟同范文琼先生之论，认为：诸葛亮选对了人生目标，《隆中对》的实质就是要实现"中华民族大一统"。

从《隆中对》的实际内容来看，诸葛亮人生目标选择是要结束战乱，实现"中华民族大一统"。

在《隆中对》未出之前，刘备三顾茅庐求见诸葛亮，在见到诸葛亮时："由是先主遂诣亮，凡三往，乃见。因屏人曰：'汉室倾颓，奸臣窃命，主上蒙尘。孤不度德量力，欲信大义于天下，而智术短浅，遂用猖獗，至于今日。然志犹未已，君谓计将安出？'"②

刘备始见诸葛亮时他所急切说的这一席话，可以说，这就是他一心为了恢复汉室，但屡败屡战、寄人篱下、奋斗奔波大半生还是被人追着打的形象写照和自己有志难伸而又不得其解的反思。而当他听取了《隆中对》所规划的以恢复汉室为旗号实现"中华民族大一统"的宏伟蓝图之后，立刻称："善！"并与亮情好日密。当关羽、张飞等不悦时，刘备解之曰："孤之有孔明，犹鱼之有水也。愿诸君勿复言。"羽、飞乃止。③

---

①范文琼：《重评诸葛亮的历史功过》，2005年华中师范大学硕士学位论文，第3—14页。
②晋·陈寿撰，南朝宋·裴松之注：《三国志》（全五册），中华书局1975年版，第912页。
③同上书，第913页。

《隆中对》的实际内容就是规划好了"中华民族大一统"的宏伟蓝图。且看:"自董卓已来,豪杰并起,跨州连郡者不可胜数。曹操比于袁绍,则名微而众寡,然操遂能克绍,以弱为强者,非惟天时,抑亦人谋也。今操已拥百万之众,挟天子而令诸侯,此诚不可与争锋。孙权据有江东,已历三世,国险而民附,贤能为之用,此可以为援而不可图也。荆州北据汉、沔,利尽南海,东连吴会,西通巴、蜀,此用武之国,而其主不能守,此殆天所以资将军,将军岂有意乎?益州险塞,沃野千里,天府之土,高祖因之以成帝业。刘璋暗弱,张鲁在北,民殷国富而不知存恤,智能之士思得明君。将军既帝室之胄,信义著于四海,总揽英雄,思贤如渴,若跨有荆、益,保其岩阻,西和诸戎,南抚夷越,外结好孙权,内修政理。天下有变,则命一上将将荆州之军以向宛、洛,将军身率益州之众出于秦川,百姓孰敢不箪食壶浆以迎将军者乎?诚如是,则霸业可成,汉室可兴矣。"

刘备与诸葛亮都在急切地要"恢复汉室",完全符合"民心思汉"的民意民心。"民心思汉的社会思潮,始于西汉末年王莽代汉建新之后。当时王莽建立新朝之后,进行了大规模的社会改革,在改革过程中,天下小民没有得到任何改革的好处,而社会上层好未得到收益,因而,'天下咸思汉德',在社会上就出现了一股思汉的思潮。当时的民心思汉,所思的主要是汉朝的社会制度。……建立起顺应民意的制度,从而使得天下小民过上了相对安稳的生活。民心思汉,在于人民热爱汉朝的长期稳定的社会生活。没有西汉的盛世,就没有王莽统治时期的民心思汉。没有东汉长期的安定生活,就没有东汉末年三国之初民心思汉社会思潮的产生。"[①]

由此可见,刘备与诸葛亮所提出的"恢复汉室"这一口号,是得民心的。因为它提出奋斗的目的,就是实现高祖、光武时期的大汉大一统!这个口号的威力,是决不会亚于曹操的"挟天子以令诸侯"的!指摘这个口号是搞分裂,进而指摘诸葛亮搞分裂,于史无据,与当时的历史事实相抵牾。

这个不足300字《隆中对》,简单而明白地勾画了"恢复高祖、光武时的大汉大一统"的一幅"中华民族大一统"的宏伟蓝图,这是符合民意的,是诸葛亮协助刘备实现"中华民族大一统"的宣言书,是诸葛亮先立国然后大一统的

---

① 付开镜:《刘备发扬人和优势论》,《湖北文理学院学报》2017年第7期,第5页。

总体战略与基本战术。

诸葛亮头脑十分清醒地指出：曹操、孙权是自董卓以来胜出的新军阀。既然是新军阀，特别是曹操，是一个好色残暴又有野心的新军阀，在当时人望较好的只有刘备，又为什么不能让刘备尽快地建立根据地，"以民为本"行仁政与之抗衡并将其歼灭之以一统天下呢？

如果曹操或孙权已经统一了天下，诸葛亮还要搞一个什么"对"与之相抗衡，那确实是有分裂天下之嫌。曹操、孙权谋求大一统，这无可厚非，难道刘备、诸葛亮谋求大一统就不行吗？难道刘备、诸葛亮一道起来反抗曹操嗜杀的暴行就不可以吗？诸葛亮为曹操或为孙权效力，就不是在为分裂势力服务吗？为刘备扫灭曹操与孙权，大一统中华就不行吗？世上是没有这种逻辑的！

我们只要宏观地看看当时的历史背景，仍然处于军阀混战的局面，诸葛亮不投奔"只能贤亮不能尽亮"的孙权，不投奔写下"白骨露于野，千里无鸡鸣。生民百遗一，念之断人肠"这样千古名句而自己有了一些权力之后，就杀人如麻、不眨眼地一手制造"白骨露于野，千里无鸡鸣。生民百遗一，念之断人肠"的曹操，试想，诸葛亮这样的仁人志士，能苟同这样的曹魏政权吗？这样的政权能长久吗？也许，这就是连到了宋代的"小儿"也巴不得曹操大败早点死去的原因！

所以，直雄认为：诸葛亮选对了自己的人生目标，《隆中对》的实质，说得明明白白，就是要实现"中华民族大一统"。为此，诸葛亮"鞠躬尽瘁、死而后已"奉献了终身的智慧！

B、先生认为：诸葛亮强行分裂天下，其人生理想以失败而告终。

直雄认为：诸葛亮鞠躬尽瘁为一统，伟哉！曹魏先于刘汉而亡，悲也！

先生的第二章是《统一与分裂的较量》，分别以"政治策略的比较""屯田制的比较""经济政策的比较""文化的比较"四大部分，完成了自己"诸葛亮强行分裂天下，其人生理想以失败而告终"的论述。

先生写道："最奇怪的是，乘火取栗的卖草鞋小贩刘备，一会儿自领徐州牧，一会儿益州牧，最后干脆自封为'汉中王'，反倒成了忠于汉室的'仁义之君'，曹操'挟天子以令诸侯'不管其动机如何，但事实却使汉室多存活了20余年，却背了个'汉贼'的骂名，这对曹操实在太不公平了。实际上，曹操'挟天子以令诸

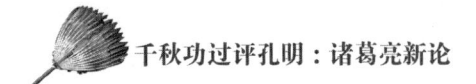

侯'是高明之极的策略,在政治上他把主动权牢牢掌握在自己手里,在军事上也起到了名正言顺的威慑作用,这对他统一北方起了很关键的作用。"①

直雄认为:曹操有"挟天子以令诸侯"号令天下,刘备以"皇叔,恢复汉室"的名义与之相对,有何不可?曹丕称帝代汉,刘备称"汉",以表示对"汉"未亡,表示恢复高祖、光武时的"中华民族大一统"的事业在继续,作为一种斗争策略,不是很好吗?曹操"对统一北方起了很关键的作用",刘备、刘禅在西南称"汉",不也是统一、巩固了西南一片天吗?孙权平定南方内乱,并将"交趾"自始至终置于其领土范围之内,且派兵到台湾,不是也在逐步统一东南吗?难道只有曹操统一北方才叫统一?总之,曹魏、刘汉、孙吴三国,在"中华民族大一统"中均起到了各自不可磨灭的重要作用,这就是历史事实。

先生写道:"与曹操的屯田相比,蜀汉与东吴也都搞过屯田,但无论是其规模还是实质以及社会效果,都无法与曹魏相比……也许,说诸葛亮目光短浅有些委屈了诸葛亮,因为在他眼中,一切都是为了战争,'方今之事,男子当战,女子当运',这简直是一副全民皆兵的画面,连妇女都被征发当搬运,蜀汉还有谁在种田?"②

直雄认为:"蜀汉与东吴也都搞过屯田,但无论是其规模还是实质以及社会效果,都无法与曹魏相比",这是不争的事实,但也是完全应该的,因为曹魏占据着中原广大地区。在当时曹魏、刘汉、孙吴都在积极准备剪灭对方统一全国的特殊时期,为了社会的稳定,为了消灭对方而屯田积谷,这是常理。但范文琼先生所引"方今之事,男子当战,女子当运"一语,说成刘汉政权"还有谁在种田?",则是违背客观事实的。刘汉政权无人种田,那就等于找死!这正是曹魏所期待的。刘备、诸葛亮会那么愚不可及吗?先生所引的全文是"先主争汉中,急书发兵,军师将军诸葛亮以问洪,洪曰:'汉中则益州咽喉,存亡之机会,若无汉中则无蜀矣,此家门之祸也。方今之事,男子当战,女子当运,发兵何疑?'"③

正是在这样的非常时期,诸葛亮特事特办,实在是高!"足食足兵",④实乃

---

①范文琼:《重评诸葛亮的历史功过》,2005年华中师范大学硕士学位论文,第16页。
②同上书,第22页。
③晋·陈寿撰,南朝宋·裴松之注:《三国志》(全五册),中华书局1975年版,第1013页。
④同上书,第913页。

诸葛亮的强项！先生不见，诸葛亮每有大举，在策动孙吴与之协同作战的同时，从不忘足食足兵与安民而后动！

史载，诸葛亮主张："'唯劝农业，无夺其时；唯薄赋敛，无尽民财。'认为只有这样，才能'富国安家'。在这种思想的指导下，蜀国的赋调是比较轻的。诸葛亮出祁山北伐，'祁山万户，出租500石供军'。万户出租500石，每户出租5升，这在当时三国中是较轻的。这还是蜀国后期的情况，在蜀国初建草创时，百姓的赋税负担更不会重。"[①]

这些史实足见，范文琼先生所言之不慎！

先生写道："说诸葛亮目光短浅看似委屈了他，其实并没有委屈他。诸葛亮既有'经天纬地之才'，不会不明白蜀汉经济何以会崩溃；他人品端方，不会有心把蜀汉百姓拖入苦海。一言以蔽之，他是迫于无奈。因为他既要把历史的车轮向后拉，就不得不竭尽全力，虽'成败利钝，非臣之明所能逆睹也'，也只有'鞠躬尽瘁，死而后已'了。这就像一只螳螂，想以一臂之力去挡车，除了粉身碎骨，还会有第二种局面吗？"[②]

直雄认为：先生之言差矣！事实是：诸葛亮的诸多方面的战略策略，保障了刘阿斗约当了二十三年"齐桓公"。只是到了陈祗（？—258）当政，刘阿斗方敢大行腐败之风。直到公元263年为司马昭所灭。诸葛亮（181—234）与司马懿（179—251）年龄相差无几，倘若假诸葛亮以时日，刘阿斗有相父在朝，一般说来是不敢如此腐败的，诸葛亮也是有办法防止其腐败的。天下由谁大一统，谁能说定？不过，历史是无情的。公元249年，曹操的曾孙曹芳，被司马懿化为"一只笼中螳螂"！尔后的曹髦、曹奂皆先后被司马氏师、司马昭兄弟化为"笼中螳螂（其中曹髦成了死在笼中的螳螂）"！司马懿祖孙三代对于魏朝，禅让为晋之前是篡夺，故有史家说："懿取魏，即操取汉故智也。目所习睹，还用之甚便也。操辛苦而仅得者，子六年、孙十二年，一瞬耳。"[③]诸多的先生们不察实情而盲目地设定可以统一天下的曹操祖孙三代，终因腐败到绝嗣的地步，落得如此可悲的下场，这是历史对腐败分子们的惩罚，岂不悲乎！

---

① 朱大渭、梁满仓：《武侯春秋》，团结出版社1998年版，第334页。
② 范文琼：《重评诸葛亮的历史功过》，2005年华中师范大学硕士学位论文，第25页。
③ 清·王鸣盛著黄曙辉点校：《十七史商榷》（卷四十一）世纪出版集团上海书店出版社2005年12月版，第284页。

先生写道："建安文学以'建安风骨'为其精髓，这同样是曹操的功劳……没有文化的民族是没有发展的民族，没有文化的国家又岂能长存下去呢？所以蜀汉的灭亡，也是历史的必然，正所谓'盖天命有归，不可以智力争也'，诸葛亮的人生理想以失败而告终，这是必然结局。综上所述，无论是政治上还是经济上或者文化上，曹操都具备了统一中国的条件，如果不是诸葛亮的'三分天下'的战略，晋的统一绝对不会被推迟数十年，中国百姓承受的战争灾难也可以减轻不少（这一点我将在第四章中深谈），这也从另一角度说明了天才人物在特定的历史条件下可改变历史的巨大作用。但历史的总趋势是改变不了的，天才人物可改变一时，但改变不了历史车轮的总轨迹。"[①]

直雄认为：曹操的诗美，这是实事；诸葛亮的文美，同样是不争的事实。简慧君先生曾说："《隋书·艺文志》记载诸葛亮著作有六种：一、《论前汉事》一卷；二、《诸葛武侯诫》一卷；三、《诸葛武侯集诫》二卷；四、《诸葛武侯女诫》一卷；五、《诸葛亮集》二十五卷，梁二十四卷；六、梁有《诸葛亮兵法》五卷，亡。……一代文豪郭沫若也对诸葛亮的文采有过精彩的点评：'诸葛武侯隐居隆中时，躬耕自食，是与陶渊明先后媲美。然陶令隐逸终身，而武侯则以功业自见，盖时令使然。苟陶令际遇风云，未必不能使桃花源实现于世，如武侯终身隐逸，致力于诗，谅亦不逊于陶令也。（郭沫若《题隆中武侯祠》）'……当时的文学中心在洛阳，所谓的'建安文学'也指以三曹、七子为代表的文学。然而，从某种意义上说，诸葛亮的存在显示了蜀国文学并不比魏国逊色。"[②]

一代名家梁衡先生说，从古到今，以一篇文章而影响中华民族政治文明、人格行为和文化思想的美文为数不多。他排了一下有十篇。分别是：贾谊的《过秦论》、司马迁的《报任安书》、诸葛亮的《出师表》、陶渊明的《桃花源记》、魏徵的《谏太宗十思疏》、范仲淹的《岳阳楼记》、文天祥的《正气歌序》、梁启超的《少年中国说》、林觉民的《与妻书》、毛泽东的《为人民服务》。他写道："好文章替时代立言，是一个人在特定时代背景下全部知识和阅历的结晶。

[①] 范文琼：《重评诸葛亮的历史功过》，2005年华中师范大学硕士学位论文，第26—28页。

[②] 简慧君：《诸葛亮文学研究》，2012年重庆工商大学硕士学位论文，第3—24页。

这十篇文章是中国两千多年来政治史上的坐标、文学史上的脊梁。"①梁衡先生在评说《出师表》时写道："诸葛亮的《出师表》提出为臣之道和勤恳不怠的敬业精神，'鞠躬尽瘁，死而后已''亲贤臣，远小人'广为流传。"直雄以为，还应加写一句，这就是：《出师表》凸显了"中华民族坚定不移的大一统"精神，这是中华民族精神的精髓所在。再有，有名的《陈情表》和《三国志》不都可以说是蜀人李密（224—287）与陈寿（233—297）所作的惊天大著吗？

我读曹操的诗时，是决不会流泪的，因为当我读到曹操的诗正要激动不已时，会立刻想到一个有权就变坏成为好色嗜杀、两面三刀、虚伪不齿、杀人如麻的曹操，视民如粪土的曹操，隐示着他的事业必将败亡。而当我们读到诸葛亮之文特别是前后《出师表》时，几乎没有不流泪的。

曹魏政权之灭远远早于刘汉政权，这是文化问题吗？不是，是曹操祖孙三代腐败之性不改所致。

诸葛亮"中华民族大一统"的理想，并没有以失败而告终。而是由司马懿祖孙三代所继承。通过对史料的简单梳理可见：司马氏父子采取"以民为本"的措施，不断强化军队和军队的控制权力，玩弄着贪腐昏庸的曹芳、曹爽、曹奂于"股掌之上"，并不断发动大一统战争。

对此，史学家、文学家习凿齿对司马氏能"以民为本"所开展的大一统战争，就像称赞刘备、诸葛亮"以民为本"、不断开展大一统战争一样，赞赏有加。如：魏嘉平三年、汉延熙十四年（251），王凌外甥令狐愚以才能为兖州刺史，屯平阿。舅甥并典兵，专淮南之重。凌就迁为司空。司马懿既诛曹爽，进凌为太尉，假节钺。凌、愚密协计，谓齐王不任天位，楚王彪长而才，欲迎立彪都许昌。嘉平元年九月，愚遣将张式至白马，与彪问往来。凌又遣舍人劳精诣洛阳，语子广。广言："废立大事，勿为祸先。"其实，王凌之子王广对其父亲说的话并非如此简单。习凿齿比较详细地记下了王广对王凌所说的话：

> 《汉晋春秋》曰："凌、愚谋，以帝幼制于强臣，不堪为主，楚王彪长而才，欲迎立之，以兴曹氏。凌使人告广，广曰：'凡举大事，应本人情。今曹爽以骄奢失民，何平叔虚而

---

① 梁衡：《影响中国历史的十篇政治美文》，《文摘报》2015年4月9日。

不治，丁、毕、桓、邓虽并有宿望，皆专竞于世。加变异朝典，政令数改，所存虽高而事不下接，民习于旧，众莫之从。故虽势倾四海，声震天下，同日斩戮，名士减半，而百姓安之，莫或之哀，失民故也。今懿情虽难量，事未有逆，而擢用贤能，广树声己，修先朝之政令，副众心之所求。爽之所以为恶者，彼莫不必改，夙夜匪懈，以恤民为先。父子兄弟，并握兵要，未易亡也。'凌不从。"①

王凌与令狐愚是忠于曹魏的，以为自己有了一些兵权，对司马懿篡政表示不满，欲立有能力的曹彪为帝，废黜司马懿以加强曹魏政权。他们的这一行动，希望得到儿子王广的支持。于是王广对父亲说了上面这样一段话。

这段话是颇为经典的，它有四层意思：

一是曹氏集团腐败，不以民为本，从而失去了民心。

二是曹氏集团虽说权倾朝野，而一旦遭到杀戮清洗，老百姓会无动于衷。因为曹魏政权已经失去了民意民心，即便忠于曹魏的名士被司马懿父子杀了一半又何妨？

三是司马懿父子能顺民意，选贤任能。

四是因为司马懿父子能够"以恤民为先"，所以根基能够牢固，不可动摇。

刘备与诸葛亮以恢复大汉大一统为国策，其根本的一条，就是"以民为本"以德治蜀，否则，要实现"中华民族大一统"便无从说起。

司马懿父子也深知此理，他们接续刘备、诸葛亮"以安民为本""存恤百姓""务农殖谷""发现人才并重用之"等以德治国、选贤任能的理念，明确了要巩固以曹魏为幌子而经营司马氏的"魏"，要实现天下大一统，必须"以恤民为先"。正因为司马懿父子这样做了，而且做到了，所以百姓安，不与其合作的"名士"杀了一半也是无关大局的！这是习凿齿"晋宜越魏继汉"论中用"中华民族大一统"思想对于司马懿父子翦灭曹氏集团时能够如此神速、并且一举成功的客观原因的揭示！实现"中华民族大一统"是诸葛亮最大的人生理想。这个大

---

①吴直雄：《破解〈习凿齿传〉〈汉晋春秋〉千年谜》，广东人民出版社2013年5月版，第490页。

一统的人生理想，怎么能说以失败而告终呢？

得民心者昌，失民心者亡。特别是三国时吴国丞相张悌之语，更生动具体地评说了司马懿父子是如何采取措施赓续诸葛亮关于"中华民族大一统"的。《襄阳耆旧记·张悌》云：

> ……悌曰："不然。曹操虽功盖华夏，威震四海，崇诈杖术，征伐不已，民畏其威，而不怀其德也。丕、叡承之，系以惨虐，内兴宫室，外惧雄豪，东西驰驱，无岁获安，彼之失民，为日久矣。司马懿父子自握其柄，累有大功，除其烦苛而布其平惠，为之谋主而救其疾，民心归之，亦已久矣。"[1]

张悌之语，一针见血地评价了曹魏政权"不以民为本、腐败失政"、司马懿父子反其道而行之方能得到政权的重要性，鉴于张悌当时的身份，这个评价还是有史料性的。古今读者，很多人认为：司马氏能得天下，是由于司马懿父子阴险狡猾，其实，这只是问题的一个次要方面，而更为重要的，时人张悌看得非常准确，说得十分清楚，司马懿父子在掌控曹魏政权后，能"以民为本"，改正了曹魏政权的不少弊端，比较全面地赓续了诸葛亮"中华民族大一统"的理念并采取了有效的措施，这是司马氏最终能实现"中华民族大一统"的关键所在。

诸葛亮之所以不肯投奔曹操，不就是看透了曹操"虽功盖华夏，威震四海，崇诈杖术，征伐不已，民畏其威，而不怀其德"将不会有好下场吗？

在诸葛亮向刘备献上《隆中对》"三分天下"之策之前后，曹操皆有一统天下之机，然其才虽大但骄横狂妄因而失去了良机。如"张松藏西蜀之图拟献曹操"，曹操狂傲待张松，结果张松将入蜀的"秘密武器送给刘备"，使曹操失去轻易入蜀的良机，故东晋史学家习凿齿云：

> 张松见曹公，曹公方自矜伐，不存录松。松归，乃劝璋自绝。习凿齿曰："昔齐桓一矜其功而叛者九国，曹操暂自骄伐而天下三分，皆勤之于数十年内而弃之于俯仰之顷，岂不惜

---

[1] 习凿齿原著，舒焚等校注：《襄阳耆旧记校注》，荆楚书社1986年版，第187—188页。

乎！是以君子劳谦日昃，虑以下人，功高而居之以让，势尊而守之以卑。情近于物，故虽贵而人不厌其重；德洽群生，故业广而天下愈欣其庆。夫然，故能有其富贵，保其功业，隆显当时，传福百世，何骄矜之有哉！君子是以知曹操之不能遂兼天下者也。"①

在"三分天下"之后，曹操、曹丕同样有灭吴灭蜀之良机，亦因其失误而失去良机。限于篇幅，余不一一叙说。怎么能说"如果不是诸葛亮的'三分天下'的战略，晋的统一绝对不会被推迟数十年，中国的百姓承受的战争灾难也可减轻不少"的责任在诸葛亮呢？

综上所述，故而直雄认为：诸葛亮"鞠躬尽瘁、死而后已"为一统，伟哉！曹魏先于刘汉亡，悲也！所以，直雄自序的取题是《灭魏兴汉诸葛亮　赓续一统司马懿》。因为，刘禅在诸葛亮死后24年开始重走桓、灵腐败之路，孙吴末帝孙皓腐败赛过刘禅与司马炎，残暴有如董卓，而司马懿父子在曹魏朝内基本革除了曹魏朝的不少弊病，已为"中华民族大一统"奠基。时势让其平庸腐败可笑的司马懿之孙司马炎坐拥江山，充当了"中华民族大一统"的开国之君的"英雄"角色。稽其一生所作所为，这个开国之君，实为乱国之始君。悲乎？悲也！

C、先生认为：诸葛亮给蜀汉百姓带来了沉重的灾难。

直雄认为：诸葛亮没有给蜀汉百姓带来了沉重的灾难，是刘禅后期的腐败昏庸给蜀汉百姓带来了沉重的灾难。

先生的第三章是《战争经济对蜀汉百姓带来的灾难》，分别从"对诸葛亮战争刑法之我见""'民不怨'的实质所在""对少数民族的剥削与压榨""数字显示的残酷事实""历史对蜀汉战争经济政权的评价"这几大方面，完成自己关于"诸葛亮给蜀汉百姓带来了沉重的灾难"的论述。

对于"对诸葛亮战争刑法之我见"中的误读误解，直雄在本书的其他篇章中已经予以指出，故在此略去而不重赘。

---

①吴直雄：《破解〈习凿齿传〉〈汉晋春秋〉千年谜》，广东人民出版社2013年5月版，第466—467页。

先生写道:"由于蜀汉未设史官,没有史书,没有明确记载蜀汉百姓的悲苦史料,我们缺少这方面的第一手资料……诸葛亮统治下所发动的大大小小的战争,和日本的侵略战争虽然性质不同,但这种一切为了战争而把人民拖入战争机器的重压之下,其政策却是类同的。史书赞蜀汉是'行法严而国人悦服,用民尽其力而下不怨',多么好的赞美词,但赞美的同时也不得不承认'民尽其力'。"①

对此,直雄不能苟同。关于刘汉政权不设史官因而没有史书的问题,不能说得如此绝对化。刘汉政权"未设史官"一说,是陈寿在《三国志·后主传》中所言。但是唐人刘知幾在其《史通·外篇·史官建置》中,持反对意见云:"至若偏隅僭国,夷狄伪朝,求其史官,亦有可言者。案《蜀志》称王崇补东观,许盖掌礼仪。又郄正为秘书郎,广求益部书籍。斯则典校无阙,属辞有所矣。而陈寿评云'蜀不置史官'者,得非厚诸葛乎?"②

直雄以为,刘备的刘汉政权完全承继汉制,按理当设有史官。刘知幾所说当属实,陈寿之说有误。

刘汉政权的史料为何如此之缺失,也许因钟会、邓艾在蜀先后遭杀致乱等多种原因,导致刘汉政权的史料大量的佚失,就连吴壹(又写作吴懿[?—237年]),字子远。陈留(今河南省开封市)人。三国时期蜀汉将领,蜀汉皇后吴苋的兄长,官至车骑将军、雍州刺史、假节、封济阳侯也不见为之立传。

《三国志·蜀书·杨戏传》中提到的不少人物,陈寿也是只知其名,因材料缺乏,也难形成"传略"之类的材料。

在吴国,虽置史官,首任丞相孙邵和末任丞相张悌皆未立传,有可能是陈寿没有找到可以给他们立传的具体材料因此未立传。然而,在习凿齿的《襄阳耆旧记》中,张悌的材料还比较丰富,是可以立传的,所以陈寿未能搜集到张悌的材料而未立传的说法是可信的。

再是,先生将诸葛亮描绘成一个"战争狂魔"似的人物,个人认为非常不妥。

直雄在本书关于"汉贼不两立"中说到:曹魏、孙吴、刘汉在进行大一统的

---

① 范文琼:《重评诸葛亮的历史功过》,2005年华中师范大学硕士学位论文,第31—32页。

② 刘知幾撰,浦起龙(通释):《史通通释》,上海古籍出版社2013年版,第289页。

争斗过程中，战争不能停止是正常现象，说"诸葛亮统治下所发动的大大小小的战争，和日本的侵略战争虽然性质不同，但这种一切为了战争而把人民拖入战争机器的重压之下，其政策却是类同的"，尤其不符合事实。

据史料统计：自公元223年3月刘备永安托孤诸葛亮以来，至公元234年8月诸葛亮在五丈原病逝，期间前后计约12年，建兴元年（223），诸葛亮"以都江堰为家本，设堰官，征丁千二百人主护之"；同年九月，修筑九里堤以防水患。[①]建兴二年（224）春，诸葛亮"务农殖谷，闭关息民"；建兴五年（227），诸葛亮在为后主所拟的伐魏诏书中，又提出了"劝分务穑，以阜民财"。[②]林成西先生在其《论诸葛亮在北伐过程中的屯田》中称：建兴六年（228），诸葛亮第一次北伐失利后，即"拔西县千余家，还于汉中"，以补充汉中人口，并且以赵云和邓芝的部队在汉中赤岸屯田，以减少从益州内地远道运粮的困难，说明诸葛亮在汉中开始发展农业生产，再出祁山时，已有一部分粮食是直接从汉中运往祁山。建兴九年（231），诸葛亮与司马懿相距于祁山，"亮虑运粮不继，设三策告都护李平曰：上计断其后道，中计与之持久，下计还住黄土。自建兴十年（232）起，诸葛亮"休士劝农于黄沙"。[③]公元230年8月，"蜀蒋琬为政以安民为本，亮数外出，琬常足食足兵，以相供给。亮命琬为长史"；公元233年12月，"诸葛亮劝农讲武，作木牛、流马，运粮集于斜谷口（今陕西省眉县西南）"；公元234年4月，"亮军抵郿（今陕西省眉县东北），进驻渭水南岸之五丈原（今陕西省眉县西南），与北岸二十万魏军相对峙。诸葛亮因魏军坚壁不战，乃分兵屯田，为久驻之基。'耕者杂于渭滨居民之间，而百姓安堵，军无私焉。'"在此期间，曹魏从事农耕的活动仅两次而已，攻蜀攻吴或应付吴蜀之战事约达21次之多。[④]故袁准云："亮之治蜀，田畴辟，仓廪实，器械利，蓄积饶，朝会不华，路无醉人。"[⑤]由此可见：范文瓊先生将诸葛亮所进行的"中华民族大一统"战争，类同于日寇亡我中华、灭我种族的侵华战争，实乃大错特错！

[①]朱大渭、梁满仓：《武侯春秋》，团结出版社1998年版，第447页。
[②]晋·陈寿撰，南朝宋·裴松之注：《三国志》（全五册），中华书局1975年版，第895页。
[③]成都市诸葛亮研究会编：《诸葛亮研究》，巴蜀书社1985年版，第76—79页。
[④]张习孔、田珏主编：《中国历史大事编年·第二卷》，北京出版社1997年版，第5—16页。
[⑤]晋·陈寿撰，南朝宋·裴松之注：《三国志》（全五册），中华书局1975年版，第935页。

先生在"对少数民族的剥削与压榨"一节中,几乎对诸葛亮在南中的所有政策多角度地均给予全盘否定,限于篇幅,仅就其特别是以《三国志·马良传》裴松之注引《襄阳记》中"赦孟获以服南方,故终亮之世,南方不敢复反"提出看法:

细细品味范文琼先生的这些话,可知,《三国志·马良传》裴松之注引《襄阳记》中"赦孟获以服南方,故终亮之世,南方不敢复反",均是限定在孟获或孟获这一班人未反。这是真实的,亦是符合历史事实的,当是无可指摘的。

有专家研究结论亦与此同。其云:"南征之役后至诸葛亮病逝,甚至其后,南方诸郡没有再发生汉族大姓耆帅和郡县官吏反叛事件。这说明南征之役战略重点要解决的汉族大姓耆帅和郡县官吏反叛问题,获得了相当成功。从这个层面上讲,《襄阳记》所言'终亮之世,南方不敢复反'当不为虚。"[①]可见,范文琼先生将诸葛亮南征的成功说得一团漆黑,是不符合事实的。

先生在"数字显示的残酷事实"中写道:"刘禅在走投无路时,只好向魏投降。他遣尚书郎李虎送士民薄给邓艾,上面记载有'户二十八万,口九十四万,甲士十万二千,吏四万人。'……这样一个令人震惊的人口比例,再次证明了蜀汉政权实际上是一个高速运转的战车,而连年的高速运转,使这战车过度的磨损,所以,蜀汉政权的垮台,是历史发展的必然结果,这也说明诸葛亮在《隆中对》中描绘的'百姓孰敢不箪食壶浆以迎将军者乎'只是一个梦想。诸葛亮以毕生的精力把他非凡的才智像赌注一样投向这个梦想,既是他个人的悲剧,也是历史的悲剧,更是蜀汉政权统治下百姓的悲剧。"[②]

直雄以为,即使这个人口统计数字完全属实,也不能完全算在诸葛亮一人头上。先生只知其一,不知其二,则发论偏颇必对诸葛亮产生不公。

史载:

> 魏氏跨中土,刘氏据益州,……孔明起巴、蜀之地,蹈一州之土,方之大国,其战士人民,盖有九分之一也……仲达据

---

① 潘民中:《诸葛亮南征之役探微》,《许昌学院》2012年第6期,第4页。
② 范文琼:《重评诸葛亮的历史功过》,2005年华中师范大学硕士学位论文,第35—37页。

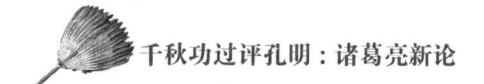

天下十倍之地……①

又，魏灭蜀，得蜀户二十八万，口九十四万，甲士十万二千，……"②

照此算来，魏有252万户，846万口。

如果将曹魏的户数与人口数减去刘汉政权的户数与人口数，则三国时曹魏的户总数为224万户，其九分之一即为24.8万户；其人口总数为742万，其九分之一即为82.5万人。这就是说：曹魏每州的户总数比刘汉少了3.2万户；每州的人口总数比刘汉少了11.5万人。相比之下，刘汉比曹魏要好。

再有，据李兆成《徭役和战争影响下的蜀汉社会经济》一文中的数据显示："……关于蜀汉人口，221年刘备称帝时'其户二十万，男女口九十万'；263年蜀亡时'领户二十八万，男女口九十四万'。上述人口数是蜀汉建国和灭亡时实际掌握的编户。"③由此可见，即使后来刘禅贪腐昏庸，自刘备称帝以后的漫漫岁月，由于诸葛亮对蜀的治理得法，人口还有所增加。

还有，据谭良啸、陈绍乾《近年来诸葛亮研究综述》一文中的数据显示："从刘备取蜀（公元215年）到蜀亡（公元263年）的四十八年间，魏国发生农民起义十二次，吴国发生二十三次，而蜀仅两次。……蜀亡时有户二十八万，与蜀初有户二十万相比，四十年间增加八万户，增长速度可观。从西晋灭蜀到太康元年（公元280年），十七年里原蜀国所辖区内户数增至三十万，才增加了二万。又看吴国，吴在赤乌五年（公元242年）有户五十二万三千，口二百四十万。到吴亡时（公元280年），有户五十二万三千，口二百三十万。在近四十年里，户数没有增加，口数反而减少了十万。蜀国社会经济得到发展是显而易见的。另外，在同一时期里，魏、吴都有大量的农民起义和人民流亡的直接记载。唯有蜀国，关于赋役剥削严重，生产荒芜，农民流亡的直接记载却绝无仅有。"④

---

① 晋·陈寿撰，南朝宋·裴松之注：《三国志》（全五册），中华书局1975年版，第935页。
② 张习孔、田珏 主编：《中国历史大事编年》（五卷本之第二卷），北京出版社1997年版，第40页。
③ 成都市诸葛亮研究会编：《诸葛亮研究》，巴蜀书社1985年版，第84页。
④ 同上书，第324—325页。

如果说用统计数字最能说明问题的话,那么这些数字与魏、吴相比,足以说明,范文澜先生的"是蜀汉政权统治下百姓的悲剧"一语,似颇属无稽!

以上,虽说只是一个大略的统计计算,但是,如果在大一统战争的三国时期,只顾及要批评的一方而不看看所谓"敌国"曹魏与"与国"孙吴的情况,其发论批判就会偏颇不公!

再有,如果不顾及刘汉政权走下坡路是在"四英"死去之后的十七年的情况,也容易造成发论偏颇不公。

由于要满足贪欲之心,刘禅"亲奸佞"痛恨贤臣。

刘禅喜好声乐游观,尤好女色。由于常欲贪色,被董允制止后,便恨董允,要达到一己私欲的目的,需要并亲近陈祗、黄皓一类佞臣。中散大夫谯周曾劝谏他:"……后主颇出游观,增广声乐。周上疏谏曰:'昔王莽之败,豪杰并起,跨州据郡,欲弄神器,于是贤才智士思望所归,未必以其势之广狭,惟其德之薄厚也。''……省减乐官、后宫所增造,但奉修先帝所施,下为子孙节俭之教。'"[①]色迷双眼的刘禅对谯周的忠心劝谏,只当耳边风!

自董允去世之后,"陈祗代允为侍中,与黄皓互相表里,皓始预政事。祗死后,皓从黄门令为中常侍、奉车都尉,操弄威柄,终至覆国。蜀人无不追思允。及邓艾至蜀,闻皓奸险,收闭,将杀之,而皓厚赂艾左右,得免。……祗又以侍中守尚书令,加镇军将军,大将军姜维虽班在祗上,常率众在外,希亲朝政。祗上承主指,下接阉竖,深见信爱,权重于维。景耀元年卒。后主痛惜,发言流涕,乃下诏曰:'祗统职一纪,柔嘉惟则,干肃有章,和义利物,庶绩允明。命不融远,朕用悼焉。夫存有令问,则亡加美谥,谥曰忠侯。'赐子粲爵关内侯,拔次子裕为黄门侍郎。自祗有宠,后主追怨允日深,谓为自轻,由祗媚兹一人,皓构间浸润故耳。"[②]

由于陈祗满足了刘禅的私欲,便是非不分、黑白颠倒地责怪董允,褒奖陈祗,这样的昏君,和晚年的齐桓公一样,该当死有余辜。

由于要满足贪欲之心,刘禅"亲奸佞"误国害民。

[①]晋·陈寿撰,宋·裴松之注:《三国志》(全五册),中华书局1975年版,第1027—1028页。

[②]同上书,第987页。

俗云："三岁看老，从小儿定八十。"刘备、诸葛亮历尽艰险，识人无数。他们对刘禅的贪腐无能及日后的无用，不是没有预知的，故刘备托孤之时，有让诸葛亮取而代之之说；诸葛亮北伐时的前《出师表》，言出征事少，嘱朝廷"内事"居多。这都是对刘禅理政深表忧虑的体现。

刘禅也确实一个不争气的"富二代"："刘禅自己还是一个沉湎于声色的皇帝，史籍留下他'常欲采择以充后宫'、滞留有美色的刘琰胡氏于宫中'经月乃出'逸事；尤其是在诸葛亮、蒋琬、董允等人死后，他'颇出游观，广增声乐'，恣意享受。因此，谯周忧心忡忡，上书历述王莽以来的成败典故，恳切劝谏说：'夫忧责在身者，不暇尽乐，先帝之志，堂构未成，诚非尽乐之时。愿省乐宫、后宫所增造，但奉修先帝所施，下为子孙节俭之教'。刘禅置若罔闻，我行我素。"①刘禅要满足其私欲，必然会远贤臣，近奸佞。

"奸佞"眼中只有"君"，从来不会关注老百姓。他们在满足主子的同时，自己也从中渔利，倒霉的自然是老百姓，危害的自然是国家利益。据载：

> 《汉晋春秋》曰："孙休时，珝为五官中郎将，遣至蜀求马。及还，休问蜀政得失，对曰：'主暗而不知其过，臣下容身以求免罪，入其朝不闻正言，经其野民皆菜色。臣闻燕雀处堂，子母相乐，自以为安也，突决栋焚，而燕雀怡然不知祸之将及，其是之谓乎！'"②

孙休即吴太宗景皇帝（235—264），字子烈，是吴国的第三位皇帝，为吴大帝孙权的第六子，258—264年在位。258—263年（263年11月司马昭灭蜀汉），正是习凿齿所记孙休时的事。刘汉王朝，当是刘禅在位的景耀元年至景耀六年（258—263），这段时间，正是刘禅的宠臣黄皓擅权、刘禅与黄皓沆瀣一气期间。习凿齿的这则资料，记下了刘禅、黄皓大发淫威下造成官员不敢讲真话的罪

---

①谭良啸：《刘备的祖辈、妻妾后妃和子孙述考》，《襄樊学院学报》2010年第3期，第10页。

②吴直雄：《破解〈习凿齿传〉〈汉晋春秋〉千年谜》，广东人民出版社2013年5月版，第498—499页。

恶，记下刘禅治下老百姓的痛苦，记下了刘汉朝将灭亡那"突决栋焚""风雨欲来风满楼"凄婉情景！

刘禅、黄皓又是怎样荒诞无耻、贪无止境、诬人误国的呢？

景耀元年（258），正当司马昭破吴之寿春，亦拟讨伐刘禅政权时，刘禅"遂一反从前'实兵诸围以御外敌'做法，命胡济退屯汉寿（今四川省阆中北），王含守乐城（今陕西省城固），蒋斌守汉城（今陕西省沔县）。从此，蜀自弃险要，自拆藩篱。"①

奸诈之徒黄皓不仅与昏君刘禅沆瀣一气，更为严重的是直接干与军国大事、毁国长城，致国败亡：

景耀五年（262）："宦官黄皓弄权于内，右大将军阎宇与皓协比，而皓阴欲废维树宇。维亦疑之，故自危惧，不复还成都。六年，维表后主：'闻钟会治兵关中，欲规进取，宜并遣张翼、廖化督诸军分护阳安关口、阴平桥头以防未然。'皓徵信鬼巫，谓敌终不自致，启后主寝其事，而君臣不知。……而邓艾自阴平由景谷道傍入，遂破诸葛瞻于绵竹。后主请降于艾，艾前据成都。"②

对于刘禅政权行将败亡的这段历史，黄惠贤先生评析得相当精细。他写道："自延熙十年至十六年（247—253）蜀汉'朝政'与'宫政'分离。费祎主持'朝政'，后主、陈祇主持'宫政'，'朝政'还算清平，而'宫政'则迅速走向腐败。延熙十年岁首大会，费祎为魏降将刺杀而死。自延熙十六年至炎兴元年（253—263）十一年间，诸葛瞻、董厥、樊建统事，姜维常征伐在外，'宦人黄皓窃弄机柄，咸共将护，无能匡矫'，是蜀汉政治极端混乱和腐败的时期。"③阿斗政权腐败透顶，汉亡在即。黄惠贤先生之评，可谓一矢中的。

对于这一段有关刘汉政权生死存亡的历史，蔡东藩先生在搜集了大量的史料后，更为生动地描绘了刘禅的昏淫和黄皓的刁蛮阴险。蔡东藩先生写道：

  尚书令陈祇与中常侍黄皓，在内用事，扰乱国政。……皓

---

①张习孔、田珏 主编：《中国历史大事编年·三国两晋南北朝隋唐》（五卷本），北京出版社，1997年版，第36页。
②晋·陈寿撰，南朝宋·裴松之注：《三国志》（全五册），中华书局1975年版，第1065—1066页。
③黄惠贤：《对三国研究的一点意见》，《襄樊学院》2008年第10期，第9页。

累承宠眷，蒙蔽后主，伐异党同，右将军阎宇，与皓亲善，皓欲黜去姜维，以宇为代。维察知阴谋，入白后主道："皓奸巧专恣，将败国家，请陛下速诛此人。"后主笑答道："皓一趋走小臣，有何能为？从前董允嫉皓，朕常以为过甚，卿幸勿介意。"……黄皓遂乘间进谗，请令阎宇代维，后主虽未依言，心下却有疑意。维在途中，得知消息，乃自请种麦沓中，不复还都。才阅两月，即得魏人窥蜀消息，上表后主，……后主接得此表，乃与黄皓计议，皓复奏道："这又是姜维贪功，故有此表。臣料蜀中天险，魏人亦未必敢来，陛下如尚怀疑，都中有一师巫，能知未来，可传旨问明。"后主遂令皓往问师巫，未几返报，谓巫已请得神言，说陛下后福无穷，何来外寇？后主信以为真，乐得耽情酒色，坐享太平，所有姜维表文，置诸不理。适有都乡侯胡琰妻贺氏，美丽绝伦，因入宫朝见皇后，被留经月，方许还家。琰疑贺氏与后主私通，竟呼家卒至贺氏前用履挞面差不多有数百十下。……琰俟家卒挞罢，将妻驱出。可怜贺氏哭哭啼啼，竟至宫中面诉冤情，后主见她面目青肿，不禁大怒，立命左右拘琰下狱，饬有司从重定谳，谳文有云："卒非挞妻之人，面非受履之地，罪当弃市！"于是琰处斩。时人因琰罪轻法重，越生疑议，遂致舆情失望，怨谤交乘，后主似痴聋一般，全无知觉。且姜维上表后，过了半年，并不见魏兵入境，益觉得黄皓忠诚，远过姜维。谁知霹雳一声，震动全蜀，魏兵竟三路杀到，势如破竹，管教那岩疆失守，全蜀沦亡。①

黄皓结党徇私、朋比为奸、害民误国之事，在《三国志通俗演义》《三国演义》《中国历史通俗演义》等书稿中还多有十分生动而形象的描绘。

现在直雄改蔡东藩先生在这段记述之后的"煞尾诗"，以结束昏君刘禅"半有功劳半罪恶"那可悲一生的行迹："舂陵起义汉重光，休怪宦竖能贻殃？赢得

---

①蔡东藩：《中国历史通俗演义·后汉演义》，安徽人民出版社1999年版，第697—699页。

蜀中延一线，只因刘禅腐败亡。"

刘禅在"四英"逝世之后，重走桓、灵老路，最终断送了刘备、诸葛亮开创的"中华民族大一统"基业。如果只是不分青红皂白地一味批评诸葛亮而不顾及这些客观事实，发论必然偏颇不公。

故直雄认为：千古以来，人们称赞诸葛亮是正确的。顺便说一句，智囊谯周，对诸葛亮是敬佩的、且感情是深厚的。他的《仇国论》作于延熙二十年（257）。当时诸葛亮已经去世23年了。他所否定的也不是针对诸葛亮而言，而是对刘禅不改正自己的腐败行为，却又幻想赢得对曹魏战争胜利的劝谏。诸葛亮没有给蜀汉百姓带来了沉重的灾难，是刘禅后期的腐败昏庸给蜀汉百姓带来了沉重的灾难，我们不能是非不分。

D、先生认为：三国无义战。

直雄认为：三国之战是"中华民族大一统"之战，是历史发展的必然。诸葛亮顺应了这一历史潮流，为了"中华民族大一统"事业，用他的生命撰写出了可歌可泣的动人篇章。他一生辉煌的事业向世人昭示：以民为本国必兴，贪婪腐败国必亡；中华民族大一统，民族脊梁敢担当！

先生的第四章是《三国无义战》，分别以"兴，百姓苦；亡，百姓苦""令人心惊的人口统计数字""无义战争对历史的负面影响"完成了自己"三国无义战"的论述。

先生在"兴，百姓苦；亡，百姓苦"一节中，在叙述了汉末天下大乱"百姓苦"之后写道："'四海之内，分而为三，群士陈力，各为其主，是与六国分治无以为异也。当今千里无烟，遗民困苦。'这是对诸葛亮三分天下所造成的灾难的最好注解。"[1]

直雄认为："兴，百姓苦；亡，百姓苦"，出自张养浩的《山坡羊·潼关怀古》。其意是说，如果天下安定，统治阶级定要大兴土木建设"琼楼玉宇"享受作乐，劳民伤财，百姓不好过；如果国家灭亡，则灾难四起，战火连天，受苦的也是老百姓。张养浩忧民忧国的伟大情怀跃然纸上。但是，先生将这种种的苦难竟然归结到诸葛亮的《隆中对》上，诚如直雄前述，这实在是将这么一个历史的

---

[1] 范文琼：《重评诸葛亮的历史功过》，2005年华中师范大学硕士学位论文，第45页。

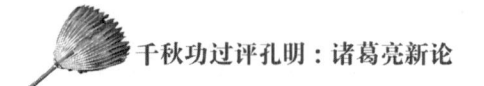

大命题过于简单化乃至违背历史事实。

先生在这一章中的题目就是《三国无义战》，在"令人心惊的人口统计数字"这一节中，提出了经过120年的战争，人口锐减的问题，这当然是事实。但最后指出："曹操也罢，刘备也罢，孙权也罢，他们一时合一时斗，无非是为了争夺那把龙椅，不惜把中国的老百姓，把中华民族拖入了长期的战火之中，这与春秋诸侯争霸又有什么分别呢？孟子曾说，'春秋无义战'，那么，三国大大小小数百场战争又何义之有呢？"

直雄认为：先生由三国之战联想到"春秋无义战"一词，此词出自《孟子·尽心下》。他是说春秋时代（约前770—前476年这段时期）没有正义的战争。也泛指非正义战争。"春秋无义战"，这既表达了孟子的历史观，也是其政治观的体现。因为，从儒家的角度看来，"礼乐征伐自天子出"，这才是合乎义的，而春秋时代则是"礼崩乐坏"，"礼乐征伐自诸侯出"，所以没有合乎义的战争。但是，千万不要忘记：造成这种局面正是统治者（所谓的"天子"）的腐败无能所致。毛氏父子在其评改的《三国志通俗演义》中，简明生动地写道："话说天下大势，分久必合，合久必分。周末七国纷争，并入于秦。及秦灭之后，楚、汉纷争，又并入于汉；汉朝自高祖斩白蛇而起义，一统天下，后来光武中兴，传至献帝，遂分为三国。推其致乱之由，殆始于桓、灵二帝。"

就是这么简练的几句，实可视为是对杨慎词的绝妙诠释：封建制度下的帝国王朝，长治久安只能是相对的，家天下久之必乱必亡也是"铁律"，然最终"中华民族大一统"的局面，毕竟不可阻挡，这也是"铁律"。

这里，作为小说的《三国演义》，只是概述从"大一统"到"大分裂"，再由"大分裂"又回到"大一统"的大致情况。

《三国演义》的开篇，便是桓、灵腐败风烟起，分裂势力遍神州。由此时势，而引出华夏诸多英雄割据一方。是从此长期各自永远独据一方，还是争霸天下，实现"中华民族大一统"？显然，不是前者，而是后者。因为这是由中华民族长期以来所铸就的"中华民族大一统"精神使然，这种中华民族优秀传统文化的精髓，早已注入中华民族精英的心灵深处。

三国，是中国历史上一个英雄辈出的时代，三国，它是一个为"中华民族大一统"精神增添了新的内容、注入新的精髓的独具特色的时代。尤其是：透过其成败得失，向世人明明白白地揭示：执政者一旦腐败，最终就是亡国受辱、死路一条：如桓、灵乱政、曹叡失权、刘禅丧国、孙皓屈首。什么"分久必合"，什么"天命的暗合"，什么"依样画葫芦"，什么"因果报应"，什么"'九品中正制'的实行与否"种种说法，只不过是规避帝王淫威的委婉说法而已！因为帝王一旦腐败，即必成"木朽不彫，世衰难佐……彫画朽败之木，犹逆坂走丸，必不可也"①之状。汉末之人对于帝王腐败的严重危害，已有如此深刻的认知，且如此独具慧眼直击王朝盛衰要害之所在。所以，"三国大大小小数百场战争"，不是义战不义战的问题，而是为了"中华民族最终走向大一统"之战！

先生在"无义战争对历史的负面影响"一节中写道："造成'五胡乱华'的根本原因，恰恰是三国战争！正是三国战争的'引狼入室'。我丝毫没有贬低上述少数民族的意思，只是就史实而言，使这些少数民族才有了窥探中原宝座的机会。……司马光在总结历史教训时，明确指出：'故自古天下无道，诸侯力争，或旷世无王者，固亦多矣……及汉室颠覆，三国鼎跱。晋氏失驭，五胡云扰。'在这里，他明确指出，'三国鼎跱'是造成'五胡云扰'的直接原因，这个历史的后遗症是十分明确的。……一场百余年的三国战争，不仅给中华民族造成了空前的大灾难，其借外兵以安内乱的办法，被后代一次次仿效，其对历史所造成的负面作用，在很长时间内仍然内在地发挥着作用。一场百余年的三国无义之战，造成了中国百余年的分裂局面，并且恶劣影响着后来的历史，但却鲜有人认识到三国分裂局面的始作俑者诸葛亮所应付的历史责任，甚至长期以来将其'三分天下'构想的实施过程视作佳话津津乐道，何以如此呢？这种现象其实是值得我们好好深思的。"②

直雄认为：先生大误而特误矣！其误至少有三：

"五胡乱华"的根源不是三国战争，更不是诸葛亮，而是晋统一后的贪腐皇帝司马炎。

司马炎逆历史潮流而动，复辟"分封制"，大搞分封子弟宗亲为王，并改变秦、两汉至曹魏以来限制被封子弟给以兵权的作法，致有"八王之乱"的恶果。

李斯和秦始皇说得十分明白，分析得异常精辟："丞相绾言：'燕、齐、荆地远，不为置王，无以镇之。请立诸子。'始皇下其议。廷尉斯曰：'周文武所

---

① 晋·陈寿撰，南朝宋·裴松之注：《三国志》（全五册），中华书局1975年版，第327页。
② 范文琼：《重评诸葛亮的历史功过》，2005年华中师范大学硕士学位论文，第47—52页。

封子弟同姓甚众，然后属疏远，相攻击如仇雠，周天子弗能禁止。今海内赖陛下神灵一统，皆为郡、县，诸子功臣以公赋税重赏赐之，甚足易制，天下无异意，则安宁之术也。置诸侯不便。'始皇曰：'天下共苦战斗不休，以有侯王。赖宗庙，天下初定，又复立国，是树兵也；而求其宁息，岂不难哉！廷尉议是。'"①

司马炎一当上皇帝，尚未吞吴之时，即视国为一己之私，对内，借口"魏氏孤立之敝，故大封宗室，授以职任。又诏诸王皆得自选国中长吏。"②这样逆历史潮流而动，倒退为"分封制"，为国家内乱埋下了祸根。故王鸣盛评曰："'泰始元年，封皇叔祖父孚为安平王'云云，按此同时受封者凡有二十七王，可谓盛矣。……但此诸王非有功勋，皆由恩泽，初无德器，漫富贵，何足以巩维城之固哉？未几而有八王之祸，贻谋之不臧也。"③

贤臣不时进言忠，昏君只当耳边风。司马炎贪图享乐，对外毫无远虑，遗害于子孙臣民。时有"侍御史西河郭钦上疏曰：'戎狄强犷，历古为患。魏初民少，西北诸郡，皆为戎居，内及京兆、魏郡、弘农，往往有之。今虽服从，若百年之后有风尘之警，胡骑自平阳、上党不三日而至孟津，北地、西河、太原、冯翊、安定、上郡尽为狄庭矣。宜及平吴之威，谋臣猛将之略，渐徙内郡杂胡于边地，峻四夷出入之防，明先王荒服之制，此万世之长策也。'帝不听。"④郭钦之疏，是否可行，这是问题的一个方面，但是只图享乐而毫不提防，导致所谓"五胡乱华式的大分裂"，乱至隋、唐才真正实现"中华民族大一统"。

正如有的研究者所说："魏晋以下至隋朝的四百年间，大小王朝乍兴乍灭，统治阶级的篡逆事件层出不穷，儒家的纲常礼教践踏殆尽。走马灯似的统治者带头崇尚'通脱'，沉溺佛教。世乱多故，人命危浅，士大夫也需要思想上的解脱，于是老、庄、释氏的思想空前时髦，泛滥数百年。干预政治的'清议'化为

---

① 宋·司马光撰，元·胡三省注：《资治通鉴》卷七［秦纪二］始皇帝二十六年（前二二一），中华书局1976年版，第236页。

② 宋·司马光撰，元·胡三省注：《资治通鉴》卷七十九［晋纪一］武帝泰始元年（二六五），中华书局1976年版，第2492页。

③ 清·王鸣盛著，黄曙辉点校：《十七史商榷》（卷四十一）世纪出版集团上海书店出版社2005年12月版，第301页。

④ 宋·司马光撰，元·胡三省注：《资治通鉴》卷七十九，中华书局1976年版，第2575—2576页。

脱离现实的'清谈',各种各样的奇谈怪论乘时而兴;造论清谈不足以逞才,继之以弄文,竭尽心力争奇斗艳,形式主义的文学因而获得前所未有的宠遇和繁荣;士大夫几乎全体文人化,而文人、文学又几乎全体'轻薄'化,至少是'轻薄'成风。他们或以文才傲世或以门第自高,或言有疏失,或话带怨谤,于是纷纷落入祸网。……魏末至两晋时期是历史上祸乱最频繁、最剧烈的时期,内有前后接踵的野心家的叛乱,外有'五胡'民族的侵扰,此外还有农民起义。一百多年间士大夫文人成批遭诛杀。"①由上可知,好不容易实现了"中华民族大一统"的晋王朝,从政策制定这一角度上说来,"大分裂""大灾祸"自司马炎始也!

魏晋南北朝是我国中古民族大融合时期,除汉族之外,还有匈奴、鲜卑、氐、羌、羯等所谓的"五胡",以及乌桓、柔然、高车、蛮獠、蜀、稽胡诸族,常听到有人说,其间是400年之久民族的大融合。要知道,这种血与火的融合,给人民带来的是多大的痛苦,给人类社会的进步,则造成的是永远无法弥补的损失! 试想,如果没有司马炎的倒退搞分封,如果司马炎当时听取了忠直臣子的意见,关注了民生问题,顾及了民族问题,重视了民族的大融合,能在晋初一统所拥有的文明内实行民族大融合不是更好吗?

有鉴于此,先生将"五胡乱华"之根源说成是三国战争,说成是诸葛亮《隆中对》中提出的"三分天下"论,显然有张冠李戴之嫌!

司马光根本就没有说,"三国鼎跱"是造成"五胡云扰"的直接原因。如果他这样说了,他就得改正错误。

先生这样写道:"司马光在总结历史教训时,明确指出:'故自古天下无道,诸侯力争,或旷世无王者,固亦多矣……及汉室颠覆,三国鼎跱。晋氏失驭,五胡云扰。'在这里,他明确指出,'三国鼎跱'是造成'五胡云扰'的直接原因,这个历史的后遗症是十分明确的。"

这里,司马光说得十分清楚明白:因"汉室颠覆",方有"三国鼎跱"。因"晋氏失驭",方有"五胡云扰"。司马光说的因"晋氏失驭",方有"五胡云扰"的恶果,说得何等的明白!直雄在前面的"'五胡乱华'的根源不是三国战争,而是晋统一后的贪污腐败有过于桓、灵的皇帝司马炎"中已经论说清楚,不再重赘。而范文琼先生对司马光此段话语的内容不审,故发论有误!

---

① 谢苍霖、万芳珍:《三千年文祸》,江西高校出版社,1991年版,第90—102页。

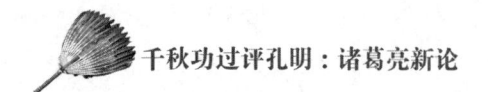

诸葛亮功德无量，司马炎遗臭万年。

诸葛亮以名论《隆中对》而出山，拟先立国，后大一统。由于其无法指挥、难以掌控"寝则同床，恩若兄弟"[1]的"刘备、关羽、张飞"等不可抗拒的原因，致使关羽丢失荆州，后刘备又败于猇亭，导致其"出师虽捷身先死"，大一统事业未能成功。但是诸葛亮的人品人格、仁义廉洁、风范道德及其治国方略，特别是他那为"中华民族大一统"而"鞠躬尽瘁、死而后已"的献身精神，永远载入史册，永远激励后人，永远光昭日月。

直雄以为，一部《三国志》、一部《三国志注》、一部《汉晋春秋》、一部"诸葛孔明传记"式的《三国演义》名著，它们皆有效地展现了诸葛亮为了"兴复汉室"实现高祖、光武时强盛的"中华民族大一统"为最高理想，他那"鞠躬尽瘁，死而后已"的爱国主义情怀，就是"中华民族大一统"精神的赞歌。

诸葛亮死后，司马懿父子在如何接续诸葛亮的大一统精神方面，也写下了不少动人的闪光篇章，最后乃有西晋的大一统。

仅三国而言：曹叡贪腐，最先失权了；刘禅重走桓、灵路，刘汉政权完蛋了；残暴如董卓贪腐过司马炎的孙皓，最终为腐败过桓、灵但不甚残暴的司马炎灭了。

司马炎之所以能坐享"中华民族大一统"的胜利之果，得益于司马懿、司马师、司马昭父子三人接续了诸葛亮"以民为本"的"中华民族大一统"精神。

魏太和六年至青龙元年（232—235），为了与诸葛亮作战司马懿从民生、军政方面积极准备：

"司马懿首先上书曹叡，请求把冀州的农夫迁徙一批来上邽，促进这产麦区的生产，得到批准。司马懿又在京兆、天水、南安设立'监冶谒者'。监冶谒者是掌管金属冶炼的专官，司马懿在这三地大兴冶炼业，为锻造兵器准备了充足的原材料。除此之外，司马懿又花了一年的时间兴修了两项大型的水利工程。一项是成国渠，一项是临晋陂。成国渠，是汉武帝时期修建的。从郿城引渭水至皇家的上林苑，其泽被关中平原已经数百年。成国渠从西汉流到现在，有些水道已经不通。司马懿派出工程人员，疏浚成国渠。除此之外，还在成国渠的西面继续扩建，从陈仓到槐里开辟出一条新渠与成国渠相接，在汉朝成国渠的基础上，向

---

[1] 晋·陈寿撰，南朝宋·裴松之注：《三国志》（全五册），中华书局1975年版，第327页。

西延伸了近一百里地，功莫大焉。除了修复扩建旧的成国渠外，司马懿还主持修建了新的临晋陂。成国渠引的是渭水，临晋陂用的是洛水。'陂'是一种蓄水灌溉工程，即在洛水边人为地挖开大池塘，引洛水的水浇灌岸边的土，使之肥沃而能够种植粮食。同时，陂有水门，涝时关门、旱时开门，可以蓄水防洪。临晋陂的兴建，使得数千顷盐碱地变成了良田，又是一桩造福关中百姓的大好事。成国渠和临晋陂的兴建，使得关中平原的产粮能力大幅提升。……成国渠和临晋陂开始发挥效用，关中大丰收。而关东则粮食歉收、饥民遍野，司马懿下令把关中的五百万斛余粮给洛阳方向送去。"[1]

如果说司马懿在与诸葛亮作战的百忙之中，做不少"以民为本"大好事的话，那么，在诸葛亮死后，司马懿于魏景初元年（237）又干了哪些为国为民的好事呢？据载：

"曹叡最近已经丧失了刚即位时明智果断的英气。他早先就热衷于大兴土木，如今更是对兴建宫殿着了魔。曹叡不仅把修建宫殿的预算大幅提高，而且还亲自穿了短衫拿着铁锹在建筑工地上挖土，与民同劳（帝乃躬自掘土以率之）。司马懿进朝，见到此种情景，皱皱眉头，赶紧进谏：'周公营造洛邑，萧何建设未央宫，宫室的建设一向都是臣子的职责。但是如今大河以北，百姓穷困，内有劳役，外有军役，不可能并行不悖。希望皇上暂停国内施工，节省人力物力以支援打仗。'曹叡听了很不耐烦。他冷冷地看了一眼司马懿，把铁锹扔下了。"[2]

这是司马懿为民进谏曹叡的情况。在曹叡死后，司马懿父子又如何呢？据载，魏正始元年（240）：

"曹叡时代最大的弊政，就是大兴土木，工程繁多，百姓不堪其苦。司马太傅新官上任三把火，为民请命，罢除现役的民工上万人，使百姓得以安居乐业。司马懿的次子司马昭这时候也已经担任洛阳的典农中郎将。他秉承父亲的精神，废除一些小规模的工程，不影响老百姓耕作和收获的时间，赢得百姓的交口称赞。……司马懿向朝廷请示：芍陂已经被吴贼破坏，请求恩准我主管此事，兴修水利。……派邓艾从陈、项出发，到寿春一带考察。邓艾回来，提出：'田

---

[1] 秦涛：《老谋子司马懿（最新修订版）》，重庆出版集团、重庆出版社2017年版，第218—243页。
[2] 同上书，第245页。

都是好田，就是缺水。请开渠引水灌溉，既能囤积军粮，又有利于漕运。'邓艾说完，还拿出了自己的考察报告和建议书——《济河论》。……修整、扩建芍陂。……大大地增强了芍陂的蓄水能力和灌溉面积。"①

司马懿在兴修水利大兴军屯方面可谓成效卓著，后来又在淮北开淮阳渠、百尺渠，在颖水南北广开良田，让粮仓米库在淮北遍地可见。

延熙十五年，魏嘉平四年，吴建兴元年（252），其时，吴修东兴隄。……四年春正月癸卯，以抚军大将军司马景王为大将军。二月，立皇后张氏，大赦。夏五月，鱼二，见于武库屋上。这一年发生了什么大事呢？

《汉晋春秋》曰："初，孙权筑东兴堤以遏巢湖。后征淮南，坏不复修。是岁诸葛恪率军吏更于堤左右结山，挟筑两城，使全端、留略守之，引军而还。诸葛诞言于司马景王曰：'致人而不致于人者，此之谓也。今因其内侵，使文舒逼江陵，仲恭向武昌，以羁吴之上流，然后简精卒攻两城，比救至，可大获也。'景王从之。"②

这段记载，是对司马师发动攻吴大一统战争的赞赏。

在对孙吴的进攻中受到挫折时，习凿齿又是如何评说司马师的呢？

公元252年，司马师使王昶攻南郡，毌丘俭向武昌，胡遵、诸葛诞攻东兴。恪救东兴，使丁奉等为前部。奉遂据徐塘破遵，大获而归。……冬十一月，诏征南大将军王昶、征东将军胡遵、镇南将军毌丘俭等征吴。十二月，吴大将军诸葛恪拒战，大破众军于东关。不利而还。这次作战是失利的，习凿齿记载了司马师作为统帅的人格与风度。

《汉晋春秋》曰："毌丘俭、王昶闻东军败，各烧屯走。

---

①秦涛：《老谋子司马懿（最新修订版）》，重庆出版集团、重庆出版社2017年版，第279—294页。

②吴直雄：《破解〈习凿齿传〉〈汉晋春秋〉千年谜》，广东人民出版社2013年5月版，第490页。

朝议欲贬黜诸将，景王曰：'我不听公休，以至于此。此我过也，诸将何罪？'悉原之。时司马文王为监军，统诸军，唯削文王爵而已。是岁，雍州刺史陈泰求救并州并力讨胡，景王从之。未集，而雁门、新兴二郡以为将远役，遂惊反。景王又谢朝士曰：'此我过也，非玄伯之责！'于是魏人愧悦，人思其报。"

习凿齿曰："司马大将军引二败以为己过，过消而业隆，可谓智矣。夫民忘其败，而下思其报，虽欲不康，其可得邪？若乃讳败推过，归咎万物，常执其功而隐其丧，则上下离心，贤愚解体，是楚再败而晋再克也，谬之甚矣！君人者，苟统斯理而以御国，则朝无秕政，身靡留愆，行失而名扬，兵挫而战胜，虽百败可也，况于再乎。"①

长期以来，世人多对司马懿父子的"狡猾"怀着无穷的反感。习凿齿则是从"晋宜越魏继汉"、司马懿父子能够接续并践行刘备、诸葛亮的"中华民族大一统"精神的观点出发，叙写了司马师为统帅的风度和得民心民意、得将士之心的情况，盛赞中华民族要实现大一统，就要有这样的将才和统帅！

那么，司马师在对待自己的生命与国家大一统事业的态度又如何呢？正元二年（255）春，毌丘俭、文钦作乱。或以司马景王不宜自行，可遣太尉孚往，惟傅嘏及王肃劝之。景王遂行。

《汉晋春秋》曰："嘏固劝景王行，景王未从。嘏重言曰：'淮、楚兵劲，而俭等负力远斗，其锋未易当也。若诸将战有利钝，大势一失，则公事败矣。'是时景王新割目瘤，创甚，闻嘏言，蹶然而起曰：'我请舆疾而东。'"②

---

① 吴直雄：《破解〈习凿齿传〉〈汉晋春秋〉千年谜》，广东人民出版社2013年5月版，第490—491页。
② 同上书，第492页。

按照现在的说法，就是司马师的眼睛患"肿瘤"或是有"恶性肿瘤"，刚刚开刀。前面梳理了司马氏父子在进行平定曹魏地方势力而与毌丘俭、文钦的垂死搏斗的酷烈情况，说明司马师为了国家大一统事业那种视死如归、一往无前的进取精神。实际上，在此战之后不久，司马师就死于许昌。这是习凿齿对司马师这种奋不顾身的大一统精神的充分肯定与褒扬。

司马师死后由其弟司马昭主管军政，习凿齿又是如何评说司马昭的呢？

公元258年2月，司马昭攻破寿春，诸葛诞、文钦、唐咨三叛平定，……唐咨本利城人。黄初中，利城郡反，杀太守徐箕，推咨为主。文帝遣诸军讨破之，咨走入海，遂亡至吴，官至左将军，封侯、持节。诞、钦屠戮，咨亦生擒，三叛皆获，天下快焉。拜咨安远将军，其余裨将咸假号位，吴众悦服。江东感之，皆不诛其家。其淮南将吏士民诸为诞所胁略者，惟诛其首逆，余皆赦之。听鸯、虎收敛钦丧，给其车牛，致葬旧墓。习凿齿是怎样评说司马昭此举的呢？

> 习凿齿曰："自是天下畏威怀德矣。君子谓司马大将军于是役也，可谓能以德攻矣。夫建业者异矣，各有所尚，而不能兼并也。故穷武之雄毙于不仁，存义之国丧于懦退。今一征而擒三叛，大虏吴众，席卷淮浦，俘馘十万，可谓壮矣。而未及安坐，丧王基之功，种惠吴人，结异类之情，宠鸯葬钦，忘畴昔之隙，不咎诞众，使扬士怀愧，功高而人乐其成，业广而敌怀其德，武昭既敷，文算又洽，推此道也，天下其孰能当之哉？"[①]

司马昭能够如此宽厚地对待战俘、降将、及其家属，从司马昭能"以民为本"行仁政有利于国家大一统的角度出发，对司马昭的治军理民的才华给予了极高的评价。作为一位实际上能使"三国归晋"的政治家、军事家，习凿齿的这一评价实不为过。

[①]吴直雄：《破解〈习凿齿传〉〈汉晋春秋〉千年谜》，广东人民出版社2013年5月版，第493页。

二、隆中一对为一统

对于汉末三国至晋的人物，曹操、孙权都为国家大一统而奋斗不已，而史学家习凿齿尤其崇敬刘备、诸葛亮终生为恢复大汉大一统而奋斗至"死而后已"的大一统精神的，这种精神，是对国家、对事业的无限忠贞，故而能长期地活在人民群众的心目中。

但是，习凿齿不是腐儒，他对于司马懿父子能够接续践行"以民为本"的治国理念，为国家大一统事业而奋斗的精神，是钦佩的。他对阿斗腐败后的刘汉政权的灭亡是无惋惜之情的，对于钟会继王凌、毌丘俭、诸葛诞等对司马氏的反叛，他是能从国家大一统这个角度予以把握的。

再看下一则记载：

在司马昭（即司马文王）欲遣会伐蜀之初，西曹属邵悌求见曰："今遣钟会率十余万众伐蜀，愚谓会单身无重任，不若使余人行。"文王笑曰："我宁当复不知此耶？蜀为天下作患，使民不得安息，我今伐之如指掌耳，而众人皆言蜀不可伐。夫人心豫怯则智勇并竭，智能并竭而强使之，适为敌擒耳。惟钟会与人意同，今遣伐蜀，必可灭蜀。灭蜀之后，就如卿所虑，当何能一办耶？凡败军之将不可以语勇，亡国之大夫不可与图存，心胆已破故也。若蜀已破，遗民震恐，不足与图事；中国将士各自思归，不肯与同也。若作恶，只自灭族耳。卿不必忧此，慎莫使人闻也。"及会白邓艾不轨，文王将西，悌复曰："钟会所统，五六倍于邓艾，但可敕会取艾，不足自行。"文王曰："卿忘前时所言邪，而更云可不须行乎？虽尔，此言不可宣也。我要自当以信义待人，但人不当负我，我岂可先人生心哉！近日贾护军问我，言：'颇疑钟会不？'我答言：'如今遣卿行，宁可复疑卿邪？'贾亦无以易我语也。我到长安，则自了矣。"军至长安，会果已死，咸如所策。①

《汉晋春秋》曰："文王闻钟会功曹向雄之收葬会也，召而责之曰：'往者王经之死，卿哭于东市而我不问，今钟会躬为叛逆而又辄收葬，若复相容，其如王法何！'雄曰：'昔先王掩骼埋胔，仁流朽骨，当时岂先卜其功罪而后收葬哉？今王

---

① 晋·陈寿撰，南朝宋·裴松之注：《三国志》，中华书局，1975年4月版，第793—794页。

诛既加，于法已备，雄感义收葬，教亦无阙。法立于上，教弘于下，以此训物，雄曰可矣！何必使雄背死违生，以立于时。殿下仇对枯骨，捐之中野，百岁之后，为臧获所笑，岂仁贤所掩哉？'王悦，与宴谈而遣之。"

习凿齿曰："向伯茂可谓勇于蹈义也，哭王经而哀感市人，葬钟会而义动明主，彼皆忠烈奋劲，知死而往，非存生也。况使经、会处世，或身在急难，而有不赴者乎？故寻其奉死之心，可以见事生之情，览其忠贞之节，足以愧背义之士矣。王加礼而遣，可谓明达也。"[1]

  这里所记载的是向雄与司马昭的论辩，向雄的雄辩与其仁义道德可谓名贯千秋。而司马昭通情达理的仁君明主形象亦跃然纸上。习凿齿的观点更体现在其评价上。向雄哭王经，已经是对司马昭杀王经母子的强烈不满。司马昭杀王经母子，自知理亏，作为一代枭雄，能够容忍向雄，已是不错了。而钟会造反，这个性质与司马昭杀"皇帝"又有所不同，向雄又前往而哭，因而受到司马昭的责难。善辩之士向雄却以"站在司马昭角度、为司马昭死后的'荣誉'着想而去收尸"，这种奇特而又合乎逻辑的"狡辩"，终于使司马昭释怀！这只有心怀大一统之心的帝王才有此心襟。

  故习凿齿给司马昭的定评是"明主"。说到底，这是习凿齿对司马昭兄弟、父子能够像诸葛亮一样使国家逐步走向大一统的赞赏。

  综上所述可见：三国之战是"中华民族大一统"之战，是历史发展的必然。诸葛亮顺应了这一历史潮流应时而出，为"中华民族大一统"事业，撰写了可歌可泣的动人篇章。他一生辉煌的事业向世人昭示：中华民族必须大一统，以民为本国必兴，贪婪腐败国必亡！

---

[1] 吴直雄：《破解〈习凿齿传〉〈汉晋春秋〉千年谜》，广东人民出版社2013年5月版，第501页。

三、走为上计可避祸

本篇示要：诸葛亮的"君不见申生在内而危，重耳在外而安乎？"，真可谓言简意赅。而刘琦则心领神会，远离了荆州这个危机四伏之地，理所当然地当上了江夏太守，有效地躲避蔡氏夫人的迫害。刘琦虽难于做到像重耳一样有所作为，但他当上江夏太守是有贡献的。因为当曹操攻取荆州之后，其弟刘琮投降，刘表一生的"家当"全都"贡献"给了曹操，唯有刘琦，是他最终还为刘备诸葛亮集团保存了一支一万余人的抗击曹操的生力军。

刘琦问难：

刘表长子琦，亦深器亮。表受后妻之言，爱少子琮，不悦于琦。琦每欲与亮谋自安之术，亮辄拒塞，未与处画。琦乃将亮游观后园，共上高楼，饮宴之间，令人去梯，因谓亮曰："今日上不至天，下不至地，言出子口，入于吾耳，可以言未？"[①]

[①] 晋·陈寿撰，南朝宋·裴松之注：《三国志》（全五册），中华书局1975年版，第914页。

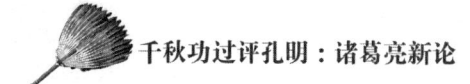

诸葛妙答：

亮答曰："君不见申生在内而危，重耳在外而安乎？"琦意感悟，阴规出计。会黄祖死，得出，遂为江夏太守。①

又，《答刘琦》"君不见申生在内而危，重耳在外而安乎？"注：摘自《三国志·诸葛亮传》，题目系校注者所加。按：刘琦于208年春出任江夏太守，故此论当在207年。②

作年略考：

这个时间比较好确定：因为"会黄祖死，得出，遂为江夏太守"，只要知道黄祖的卒年，就可考定诸葛亮与刘琦之间这次答对时间。黄祖（？—208）。刘表任荆州牧时，黄祖出任江夏太守。初平二年（191），黄祖在与长沙太守孙坚交战时，其部下将孙坚射死了，因此与孙家结下仇怨，之后黄祖在建安十三年（公元208年）与孙权的交战中失败被杀。既然黄祖一死，刘琦借机在公元208年当了江夏太守。可见诸葛亮与刘琦的这次答对时间公元207年年末与公元208年春之前。

直雄补说：

这是一段颇为有趣的典事。就是说，刘表的长子刘琦也非常敬重诸葛亮的才华。刘琦是刘表的前妻所生，本当接替刘表主管荆州事务。但刘表受到后妻的不断蛊惑，居然渐渐疏远了长子刘琦，转而喜欢上了与蔡氏夫人所生的少子刘琮，进而讨厌刘琦。面对强大的蔡氏家族势力的陷害打击，刘琦意识到了自己的处境

---

①晋·陈寿撰，南朝宋·裴松之注：《三国志》（全五册），中华书局1975年版，第914页。
②王瑞功主编：《诸葛亮研究集成》（上、下册），齐鲁书社1997年版，第268页。

十分危险。每次都想向诸葛亮求得保全自身不致被害的办法,诸葛亮不想界入刘表的家事之争,总是设法搪塞了事,未能给刘琦出点子予以谋画。

有一次,刘琦便将诸葛亮带入家中的后园游览观赏,共上高楼,饮宴之间,令人抽去楼梯,然后对诸葛亮说:"今日就是我们两个人,上不至天,下不着地,言出于您之口,语入于我耳,仅仅是您知我知天知地知而已,这样,您可以放心对我说吧!"诸葛亮说道:"您岂不见晋之申生在国内而遭到危险,重耳出走反而得到了安全吗?"

一语点醒糊涂人。刘琦顿时感悟,暗暗地想办法离开荆州这个是非之地。恰巧江夏太守黄祖死了,刘琦借机替补江夏太守这个空缺,得以走马上任,当了江夏太守。

眼前的现实往往与历史上的现象有着惊人的相似之处。申生与重耳兄弟俩的处境,与刘琦的处境,有着异乎寻常的相似之处,都是因后母的问题,造成父子兄弟之间你死我活、难以调和的矛盾。

事在春秋时期,申生是晋武公之孙,晋献公之子。晋献公即位后,便和晋武公姬妾齐姜私通,生下儿子申生和女儿穆姬,齐姜去世后。晋献公便纳娶戎族两名女子为妻,大戎狐姬生下儿子重耳,小戎子生下儿子夷吾。晋献公在攻打骊戎时,骊戎把骊姬姐妹献给晋献公,骊姬生下儿子奚齐,骊姬的妹妹生下儿子卓子。晋献公的这些儿子之中,以太子申生、公子重耳和夷吾最为贤德。而晋献公因非常宠爱骊姬,便渐渐地疏远这三个儿子。

公元前666年,受宠的骊姬由于想立自己的儿子奚齐为太子,竟然贿赂晋献公的男宠梁五和东关嬖五,让他们对晋献公说:"曲沃是君王的宗邑,蒲地和二屈是君王的边疆,不可以没有强大的地方官。宗邑缺乏有力的主管,百姓就不会畏惧;边疆没有有力的主管,就会唤起戎狄侵犯的念头。戎狄有侵犯的念头,百姓就会轻视政令,这是国家的祸患。如果让太子主管曲沃,让公子重耳、夷吾主管蒲地和二屈,就可以使百姓畏惧、戎狄害怕,而且可以彰显君王的功绩。"

骊姬还让这两人一起对晋献公说:"狄人广漠的土地,如果归属晋国,可以在那里开疆拓土。晋国开疆拓土,不也恰当吗?"晋献公听后很高兴,于是产生废黜太子申生的想法。同年夏天,晋献公说:"曲沃是我先祖宗庙所在的地方,而蒲邑靠近秦国,屈邑靠近翟国,如果不派儿子们镇守那里,我放心不下。"于是派太子申生住在曲沃,公子重耳住在蒲邑,公子夷吾住在屈邑。别的公子也都打发住在边境上，只有骊姬之子奚齐和她妹妹的儿子卓子住在都城绛城。晋国人据此可以推知太子申生将难以继位。

公元前661年，晋献公扩充军队为二军。晋献公自己统率上军，太子申生统率下军，赵夙驾御战车，毕万担任护卫，相继消灭霍、魏、耿三国。晋军凯旋后，给太子申生在曲沃筑城，把耿地赐给赵夙，把魏地赐给毕万，并封他们为大夫。士蒍对太子申生说："太子您不能立为国君。分给您先君的都城，封给您卿的爵位，预先把您推到人臣的最高地位，怎能继位呢！不如逃走，免得大祸临头。效仿吴太伯的作法，不是很好吗？这样还能博得谦让的美名。"太子申生不听从规劝。

公元前660年，晋献公派遣太子申生攻打东山的皋落氏。晋国大臣里克向晋献公进谏说："太子是奉事宗庙祭祀、社稷大祭和早晚照看国君饮食的人，所以叫做冢子。国君外出就守护国家，如果有别人守护就跟随国君。跟随在外叫做抚军，守护在内叫做监国，这是古代的制度。说到带兵一事，对各种策略作出决断，对军队发号施令，这是国君和正卿所应该策划的，不是太子份内的事情。率领大军在于控制命令，太子领兵，如果遇事都要请示就失去威严，擅自发令而不请示就是不孝，所以国君的继承人不能带领军队。国君失去任命职官的准则，太子统率军队也没有威严，何必如此呢？而且下臣听说皋落氏准备出兵迎战，君王还是不要让太子去为好。"晋献公说："我有好几个儿子，还不知道立谁为嗣君呢！"里克不回答便退出去，前往进见太子申生。太子申生说："我恐怕要被废掉吗？"里克回答说："命令您在曲沃治理百姓，教导您熟悉军事，害怕的是不能完成任务，为什么会废立呢？而且做儿子的应该害怕不孝，不应该害怕不能立为嗣君。修养自己而不要去责备别人，就可以免于祸难。"于是太子申生率领军队，晋献公让他穿上左右各异的偏衣，佩带上金玦。里克推说有病，没有跟随太子申生。太子申生于是前往讨伐东山皋落氏。

晋献公私下对骊姬说："我想废黜太子，让奚齐当太子。"骊姬为了探试晋献公此话的真实度，便哭着说："太子册立，诸侯都已知道，而且他数次领兵，百姓都拥护他，怎么能因我这贱人的原因而废掉嫡子改立庶子？您一定要那样，我就去自杀。"骊姬是表面佯装称誉太子申生，暗地里却让人诽谤太子申生，想立自己的儿子奚齐。

公元前656年，骊姬打算立奚齐为太子，于是和中大夫定下毒计。骊姬对太子申生说，晋献公曾梦见他的母亲齐姜，让他速去曲沃祭祀一番，回来后把祭祀用的胙肉献给晋献公。太子申生于是到曲沃祭祀母亲齐姜，并将胙肉带回来给晋献公吃。恰好当时晋献公外出打猎，骊姬将胙肉放在宫中，并暗中派人在胙肉中下毒。过了几天后，晋献公打猎回来，厨师将胙肉奉给晋献公，晋献公要吃胙肉。骊姬从旁边阻止晋献公说："胙肉来自远方，应试试它。"便把胙肉给狗吃，狗死了；给宫中宦官吃，宦官也死了。骊姬哭着说："太子为何这般残忍呀！连他父亲都想杀害去接替他，更何况其他人呢？再说父君年老，是早晚要死的人，竟迫不及待而想谋害他！"骊姬接着对晋献公说："太子这样做，不过是因为我和奚齐的缘故。我希望让我母子俩躲到别国去，或者早点自杀，不要白白让母子俩遭到太子的糟踏。早先您想废他，我还反对您；到如今，我才知道在这件事上是大错特错。"太子申生听说这消息，自知有口难辩，便逃奔到新城曲沃。

晋献公大怒，就杀死太子申生的老师杜原款。有人对太子申生说："放毒药的是骊姬，太子您如果声辩，国君必定能弄清楚。"太子申生说："我父君年老，如果没有骊姬，就会睡眠不安，饮食不甘。我如果声辩，骊姬必定有罪。国君年老，骊姬有罪会使国君不高兴，我也会忧郁不乐的。"还有人对太子申生说："那您可以逃到其他国家去。"太子申生说："国君还没有查清我的罪过，带着杀父的恶名逃奔，谁会接纳我？我自杀算了。"这年十二月二十七日，太子申生在新城曲沃上吊自杀。①

骊姬的行为必然乱国。果然，晋献公死后，晋国发生了内乱。后来夷吾回国夺取了君位，因重耳在晋国是一个有声望的公子，夷吾也想除掉他，逼得重耳不得不到处逃难。一批有才能的大臣都愿意跟着他，比如：狐毛、狐偃、赵衰、先轸、介子推等文武精英。在国外颠沛流离了十九年的重耳，辗转了八个诸侯国，直至62岁才登基做国君。他即位后，励精图治，发展生产，晋国很快就强盛起来。后来又经过关键性的城濮之战，晋文公重耳终于在花甲之年当上了中原的霸主。②

诸葛亮的"君不见申生在内而危，重耳在外而安乎？"，真可谓言简意赅。

---

①司马迁原著，吴兆基等译：《史记》（文白对照全译），黄山书社，2000年版，以及《申生》https://baike.baidu.com/item/%E7%94%B3%E7%94%9F/2516583? fr=aladdin。

②司马迁原著，吴兆基等译：《史记》（文白对照全译），黄山书社，2000年版。以及《重耳流亡》https://baike.baidu.com/item/%……

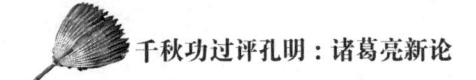

而刘琦则心领神会，远离了荆州这个危机四伏之地，理所当然地当上了江夏太守，有效地躲避蔡氏夫人的迫害。

刘琦虽难于做到像重耳一样有所作为，但他当上江夏太守是有贡献的。因为当曹操攻取荆州之后，其弟刘琮投降，刘表一生的"家当"全都"贡献"给了曹操，唯有刘琦，是他最终还为刘备诸葛亮集团保存了一支一万余人的抗击曹操的生力军。

四、皆使自实可益众

本篇示要：诸葛亮"令国中凡有游户，皆使自实，因录以益众"，这是一段十分珍贵的史料，说明诸葛亮对户籍的高度重视和敏锐的眼光，一下便实事求是地抓住了解决兵员不足问题的要害。黄惠贤先生对这一段史料充分地作了补充说明：诸葛亮治民治军、足食足兵的眼光敏锐，这是他擅长经济工作、是后来治理益州足食足兵所谱下的一支美妙的序曲！

刘备问难：

《魏略》曰：……备知亮非常人也，……亮遂言曰："将军度刘镇南孰与曹公邪？"备曰："不及。"亮又曰："将军自度何如也？"备曰："亦不如。"曰："今皆不及，而将军之众不过数千人，以此待敌，得无非计乎！"备曰："我亦愁之，当若之何？"[1]

---

[1] 晋·陈寿撰，南朝宋·裴松之注：《三国志》（全五册），中华书局1975年版，第913页。

诸葛妙答：

亮曰："今荆州非少人也，而著籍者寡，平居发调，则人心不悦；可语镇南，令国中凡有游户，皆使自实，因录以益众可也。"备从其计，故众遂强。备由此知亮有英略，乃以上客礼之。[1]

又，《令游户自实》："今荆州非少人也，……皆使自实，因录以益众可也。"注：摘自《三国志·诸葛亮传》裴松之注引《魏略》，标题系校注者所加（杜佑《通典》作《军令》）。玩味其语，当是诸葛亮在刘备"三顾"后为充实该集团力量而出的主意，时间当在208年春、夏。[2]

作年略考：

刘备于建安八年至建安十二年（203—207）一直蛰伏在荆州，于建安十二年三顾茅庐请出诸葛亮。建安十三年（208）正月间，孙权击杀江夏太守黄祖，七月，曹操击刘表。八月，刘表死，子琮嗣位。

据此可知：在荆州地域没有发生战事之前，由于刘表的猜忌，刘备很难有所作为，只能是"叹髀肉生"而已。在孙权攻其江夏、曹操大军压境的情况下，才有可能想到要充实武装力量，也只有在刘表面对打击的大前提下，刘表在自己无法御敌无可奈何的情况下，才有可能听任刘备扩充武装力量。所以，只有在208年夏，刘备才有可能"语镇南，令国中凡有游户，皆使自实，因录以益众"。所以，其事在公元208年七月间。

直雄补说：

这一段话语的大意为：《魏略》中说：刘备知道诸葛亮是个非比寻常的人

---

[1] 晋·陈寿撰，南朝宋·裴松之注：《三国志》（全五册），中华书局1975年版，第913页。
[2] 王瑞功主编：《诸葛亮研究集成》（上、下册），齐鲁书社1997年版，第269页。

才，他在与诸葛亮的谈话中，诸葛亮向他进言说："将军您比较一下刘镇南（刘表）与曹公谁更强？"刘备说："刘表不及。"诸葛亮又说道："将军您自己与他们比又何如呢？"刘备说："我也不如他们。"诸葛亮便说："今都比不上，而将军您不过数千人，以此应对强敌，难道就没办法吗？"刘备说："我正为此事发愁，该怎么办才好？"诸葛亮说道："当今荆州并非少人也，只不过是登记在册者少，平时征调人员或物资，已是人心不悦；可将此事告诉刘表，责成国中凡有未曾登记户籍的，让他们如实自报，这样依据全面的登记来增加部众就可达到目的了。"刘备照此办理，于是部众势力增强。刘备由此知诸葛亮是深有谋略的人，便以上客对待他。

直雄以为，这是一段十分珍贵的材料，说明诸葛亮对户籍的高度重视和敏锐的眼光，一下便实事求是地抓住了解决问题的要害。

据黄惠贤先生的《建安十二年至十九年诸葛亮在荆州事迹考评》中载："首先，荆州地区确实存在大量游民。《魏志·辛毗传》载辛毗谏曹操讨刘表有云：'荆州丰乐，国未有衅。'《通鉴》系此事于建安八年（公元203年）。时，曹操与袁绍残余势力激战于青、冀、并、幽，张鲁割据汉中，韩遂、马超控制关西，荆州地区，相对平静，故'关西、兖、豫学士归者盖有千数'，不仅'学士'归附荆州，百姓流亡至此者更多。《魏志·卫觊传》载觊给荀彧书有云：'关中膏腴之地，顷遭荒乱，人民流入荆州者，十万余家。'卫觊书《通鉴》系于建安四年（公元199年），且此后'闻本土安宁，皆望思归'，曹操用卫觊策，必有归者，但'荆州丰乐'，流民游食者众，仍然是很明显的事实。其次，刘'表坐谈客耳'，'矜强少成，坐谈奚望'。入荆之初，单人匹马，尚有作为，联络中庐蒯越，襄阳蔡瑁等大族，控制宗师，'开土遂广，南接五岭，北据汉川，地方数千里，带甲十余万'，但'坐保江、汉之间'，并无'四方之志'，初获小康，即忙于'广开雍泮，设俎豆，陈罍彝，亲行乡射'，搞粉饰太平的种种活动，却不曾致力于澄清吏治，整顿户籍，扩兵积粮。因此，刘表在荆州虽'招诱有方'，而'著籍者寡'的情况是可以相信的。第三，刘备归附刘表，从新野屯樊城，所辖兵众不过数千人。当曹操南下，刘备撤离樊城时，仅关羽之众，即得分乘舟船数百艘，'水军精甲万人'，可见刘备屯樊城，兵力确有扩大。故王仲荦先生亦认为，刘备确曾'利用荆州搜括"游户"之际，招募丁壮，补充自己的军队；军队人数有了一定的充实'。总之，刘备得诸葛亮，……当刘备移屯樊城时，确曾建议刘备说刘表使游户自实，扩充兵源，从而使刘备的军事力量有了较大的发展。这不仅是刘备进一步器重诸葛亮的具体根据，更重要的是这支武装成为孙、刘联盟的基础力量。否则，只有孙权的武装，就根本说不上孙、刘合作抗曹了。"[1]

黄惠贤先生的这段史料充分地作了补充说明：诸葛亮治民治军、足食足兵的眼光敏锐，这是他擅长经济工作、是后来治理益州足食足兵的一支序曲！

五、说服孙权共抗曹

本篇示要：诸葛亮根据孙权抗曹尚有顾虑，妙用"田横500士"的典故激发其抗曹到底的气节与决心，让孙权决心与曹操相搏。这是诸葛亮外交的一大成功！在此基础上，诸葛亮在亮出了刘备尚有精兵良将两万之众的家底，并从天时地利人和诸种因素分析了曹操必败的原因。诸葛亮这样富于激情、富于哲理、富于逻辑性的说理，让孙权心悦诚服，即起大军联合刘备，一起向曹操发动了进攻，终于，在赤壁一战功成。三国鼎立的局面形成！

孙权问难：

先主至于夏口，亮曰："事急矣，请奉命求救于孙将军。"时权拥军在柴

---

[1] 成都市诸葛亮研究会编：《诸葛亮研究》，巴蜀书社1985年版，第35—37页。

桑，观望成败，亮说权曰："海内大乱，将军起兵据有江东，刘豫州亦收众汉南，与曹操并争天下。今操芟夷大难，略已平矣，遂破荆州，威震四海。英雄无所用武，故豫州遁逃至此。将军量力而处之：若能以吴、越之众与中国抗衡，不如早与之绝；若不能当，何不案兵束甲，北面而事之！今将军外托服从之名，而内怀犹豫之计，事急而不断，祸至无日矣！"权曰："苟如君言，刘豫州何不遂事之乎？"……"……然豫州新败之后，安能抗此难乎？"①

诸葛妙答：

亮曰："田横，齐之壮士耳，犹守义不辱，况刘豫州王室之胄，英才盖世，众士仰慕，若水之归海，若事之不济，此乃天也，安能复为之下乎！"权勃然曰："吾不能举全吴之地，十万之众，受制于人。吾计决矣！非刘豫州莫可以当曹操者，……"亮曰："豫州军虽败于长阪，今战士还者及关羽水军精甲万人，刘琦合江夏战士亦不下万人。曹操之众，远来疲弊，闻追豫州，轻骑一日一夜行三百余里，此所谓'强弩之末，势不能穿鲁缟'者也。故兵法忌之，曰'必蹶上将军'。且北方之人，不习水战；又荆州之民附操者，逼兵势耳，非心服也。今将军诚能命猛将统兵数万，与豫州协规同力，破操军必矣。操军破，必北还，如此则荆、吴之势强，鼎足之形成矣。成败之机，在于今日。"②

又，《说孙权》亮曰："田横，齐之壮士耳……操军破，必北还，如此则荆、吴之势强，鼎足之形成矣。成败之机，在于今日。"注：引自《三国志·诸葛亮传》。因是同一场合与孙权对话，故作一篇而分为三段。时为208年秋。③

---

① 晋·陈寿撰，南朝宋·裴松之注：《三国志》（全五册），中华书局1975年版，第915页。

② 同上书，第914页。

③ 王瑞功主编：《诸葛亮研究集成》（上、下册），齐鲁书社1997年版，第269—270页。

作年略考：

诸多史书皆载：汉献帝建安十三年（208）八月，刘表死，刘琮嗣位，九月，曹操进兵荆州，刘琮举州奉曹，刘备狼狈不堪而逃。曹操可谓志得意满、骄横不可一世。十月，在诸葛亮、鲁肃这两位战略家的努力之下，"孙、刘联盟"即成。

又，明人佚名的《诸葛忠武年谱》，明人杨时伟的《诸葛忠武侯年谱》，清人张鹏翮的《诸葛武侯年谱》，清人朱璘的《诸葛忠武侯年谱》，清人王复礼的《诸葛忠武侯年谱》，清人张澍的《诸葛忠武侯年谱》，清人赵承恩的《诸武侯年谱》，清人梁章钜的《诸葛公年谱》，清人杨希闵的《汉诸葛忠武侯年谱》等，皆或详或略地记有汉献帝建安十三年（208），诸葛亮在十月间这一时间段内，遵刘备之意使吴"奉命说孙权，从先主破曹操于赤壁"。[①]综上所述，其作年当在208年10月间。

直雄补说：

这是两段极为精彩的文字，其意是说：刘备来到了夏口，诸葛亮说："现在事很紧迫，我请求奉您的命令去向孙权求救。"其时孙权率部驻柴桑，正在徘徊观望事态的成败。诸葛亮见到孙权后说："当今天下大乱，将军起兵占有了整个江东地方，刘备也在汉南收服众人聚集大军，同时和曹操争夺天下。今曹操已经歼灭了大敌，北方各处均已被他平定了。他攻下了荆州，声震天下。当此之时，就是英雄豪杰也难以施展自己的本领了，所以刘备才跑到了这里。请将军您计算一下自己的力量，看如何对付曹操！如若您能够凭借吴越的军队，去抗衡曹操的话，那您何不早点和他决裂；如若不能，那您何不解除武装，向他称臣呢！现在您表面上表示要服从，可是实际上您内心另有打算却又犹豫不决；事急却不赶快决断，大灾大祸临头矣。"

孙权说："假若真如你所说的那样，刘备为什么不就去向曹操称臣呢？"

[①] 王瑞功主编：《诸葛亮研究集成》（上、下册），齐鲁书社1997年版，第172—264页。

诸葛亮答道："田横，只不过是齐国的一个壮士而已，为了守住道义、不辱志节而宁可自杀，何况刘备是大汉朝王室的后代，他英气才华举世无人能敌，众多士人都仰慕他，有如流水归向大海一般。如果抗曹难以成功的话，这是天意啊！刘备又怎能再屈服自己去当曹操的部下呢？"

孙权勃然大怒地说："我不能用东吴所有的土地，十万军队被曹操控制。我的计策已定，非得要联合刘备，一起抵抗曹操。然而刘备刚打了败仗，又怎么能够抵抗曹操呢？"

诸葛亮说："刘备虽然军败长阪，现在归来的战士和关羽的水军，合起来还有精兵锐卒一万人，刘琦会合江夏的战士，也不少于万人。而曹操的军队，远从北方南下，都非常疲倦，听闻他为追赶刘备，轻骑一天一夜行走三百多里。这就有如强弓射出的利箭，到了最末梢，连鲁国的细绢都穿不透了！故而兵法特别忌讳地说：'遇到这种情况，就是著名的大将军也必定会吃败仗的。'况且北方人不习惯于水战，而荆州投降曹操的百姓，并不是心甘情愿，只是被曹操之势所逼罢了。现在将军您如果能够派遣猛将，统领数万军队，和刘备并力合谋，败曹必然。曹操战败，必定回到北方。如此，则荆州、东吴的势力就会强大起来，天下鼎足而三的态势就会成形。成功失败的关键，在此一举。"

诸葛一说要将天下三分。孙权听后高兴异常，立刻派遣周瑜，程普，鲁肃等三万水军，随着诸葛亮去晋见刘备，一起出力抵抗曹操。在赤壁打败了曹操，曹操只得率领军队回到邺都去了。

这就是中国历史上最为著名的以少胜多的"赤壁之战"前夕，诸葛亮奉刘备之命，说服孙权共同拒曹的动人篇章。孙权两次问难诸葛亮，次次都问到了要害之处。

第一次是孙权承接诸葛亮的话语，反问诸葛亮，说刘备为何不降于曹操？诸葛亮则以"田横五百士"的典故说服了孙权。

据《史记·田儋列传》载：田横（前250—前202），是秦末齐国旧王族，齐王田氏的后裔，继田儋之后为齐王。是我国古代著名义士。继陈胜、吴广起义抗秦后，田横一家也是抗秦力量之一。汉高祖刘邦消灭群雄，统一了天下，面对齐国的灭亡，田横与他的战友五百人仍困守在一个孤岛上。刘邦得之田横很得人心，担心日后为患，便下诏令称：如果田横来投降，便可封王封侯；反之，即派兵去把岛上的人消灭。田横为了岛上五百人的生命安全，便带了两个部下，离开海岛，向刘邦的京城进发。当到了离京城约三十里的地方，田横便自刎而死，遗嘱同行的两个部下拿他的头去见刘邦，表示自己不受投降的屈辱，但要保存了岛上五百人的生命。刘邦用王礼葬他，并封那两个部下做都尉，但那两个部下在埋葬田横时，也自杀在田横的墓穴中。刘邦便派人去招降岛上的五百人，那五百人听到田横自刎，都蹈海而死。司马迁感慨地写道："田横之高节，宾客慕义而从横死，岂非至贤！"

诸葛亮在妙用了"田横五百士"的典故之后，接着便陈述了刘备是王族的身世和抗曹到底的气节与决心，令孙权为之振奋，决心与曹操相搏。这是诸葛亮外交的一大成功！

孙权抗曹的决心有了，但是，他是一位精明的统帅，他还要摸一摸刘备的家底！以刘备"新败"后将如何抗曹以试探之。

诸葛亮在亮出了刘备尚有精兵良将两万之众后，立即从天时地利人和诸种因素分析了曹操必败的原因。指出曹操貌似强大，其军其势，实乃如"势不能穿鲁缟的强弩之末而已"！

诸葛亮这样富于激情、富于哲理、富于逻辑性的说理，让孙权心悦诚服，即起大军联合刘备，一起向曹操发动了进攻，终于，赤壁一战成功。三国鼎立的局面形成！

六、能贤亮不能尽亮

本篇示要：经过对刘表胸无大志，对曹操奸诈篡汉的本质，对孙权限江自保、南面称孤及性格多疑，以及对刘备与诸葛亮一心要"恢复高祖、光武时的中华民族大一统"的精神进行了详细分析，同时又切中各自性格特点的要害，及其各自优

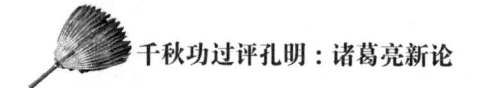

劣进行了分析。可以说，是全面地解释"能贤亮而不能尽亮"所以不留于江东的绝妙文字。于人于事，皆有启迪作用。

议者问难：

袁子曰：张子布荐亮于孙权，亮不肯留。人问其故。①

诸葛妙答：

（亮）曰："孙将军可谓人主，然观其度，能贤亮而不能尽亮，吾是以不留。"②

作年略考：

直雄以为，只有诸葛亮奉刘备之命见孙权促成联刘联盟时，才有机会见到孙权的重臣张昭。故作年时间当在208年10月间。

直雄补说：

晋初袁准（字孝尼）撰写的《袁子》一书中载，大约是在赤壁之战开始前。当诸葛亮奉命劝说孙权与刘备组成抗曹联盟之时，孙权看到了诸葛亮乃超众之才，便让重臣张昭（字子布）劝说诸葛亮为自己效命，因此才有了袁准的这个

---

①晋·陈寿撰，南朝宋·裴松之注：《三国志》（全五册），中华书局1975年版，第916页。
②同上。

记载。诸葛亮不愧为出色的外交家，在夸赞孙权是一代明君的同时，也毫不掩饰地说出了自己的心里话：认为孙权不能完全发挥自己的能力，所以他不能留在江东。

对于诸葛亮的这一答疑，世人多有不同看法。如：

裴松之认为："臣松之以为袁孝尼著文立论，甚重诸葛之为人，至如此言则失之殊远。观亮君臣相遇，可谓希世一时，终始之分，谁能间之？宁有中违断金，甫怀择主，设使权尽其量，便当翻然去就乎？葛生行己，岂其然哉！关羽为曹公所获，遇之甚厚，可谓能尽其用矣，犹义不背本，曾谓孔明之不若云长乎！"[1]

裴松之主要是从人事关系一说看待诸葛亮的答疑。认为诸葛亮与刘备有鱼水之情，不可能行不义之举背其主，还举了关羽为例。这当然也有一定道理。但没有触及"能贤亮而不能尽亮"这一问题的实质所在！

或认为，孙权的东吴集团源自哥哥孙策。当年孙策依附袁术，出兵江东。而袁术因称帝而被公认为逆贼，为天下公敌。故此孙策的江东之战激起了当地官吏、大族的强烈反抗。作为将汉室视为正统的诸葛亮而言，无论是孙策还是孙权乃是不忠不义之人。在这个前提下诸葛亮是不可能投靠孙权的，这也不无道理。

其次，孙氏占据江东后，视荆州为自己扩张势力的重要发展方向，数年间多次发动入侵荆州的战争。刘表虽然无能，但却是朝廷正式任命的荆州牧，对抗孙权的入侵名正言顺。他的这一行动也受到了荆州上下的一致支持，荆州将孙权视为死敌。故此在孙氏占据江东后，无论是在职官吏还是在野名士，均无人去投靠江东。作为与荆州朝野势力都有密切关系的诸葛亮更不可能去投靠孙权，这也是重要的理由之一。

综上所述，在诸葛亮的心中，孙权虽不是曹操那种挟天子以令诸侯的奸贼，但却是在乱世中觊觎皇权的割据势力，都不符合诸葛亮择主的标准。排除了曹操和孙权两人，刘备也就成了诸葛亮唯一的选择。[2]

上述理由，也是一种颇为重要的、有理有据、符合客观事实的看法。

---

[1]晋·陈寿撰，南朝宋·裴松之注：《三国志》（全五册），中华书局1975年版，第916页。
[2]灿烂海滩：《诸葛亮为何不投靠孙权，除了一句漂亮话，还有更深层原因》2017年11月23日，http://www.sohu.com/a/206008073_420463。

然直雄以为，上述这些看法，与诸葛亮的原话"然观其度，能贤亮而不能尽亮"还是存在着一定的差距。"度"，在这里，是指一个人"能容受的量"即人所具有的气度的意思；"贤亮"，就是"能尊重亮"的意思；"不能尽亮"，就是"不能最大限度地发挥亮"的作用的意思。

什么才是最大限度地发挥亮的作用？诸葛亮的立志是"兴复汉室"，所谓"兴复汉室"，就是要兴复如高祖、光武时期的"中华民族大一统"大繁荣的局面。曹操暴虐篡汉，诸葛亮视其为死敌，孙权则大一统志气不足，多有"南面称孤、限江自保"之趣，而大一统全国的气度远不如刘备，在他手下，亦难成大一统之事。

诸葛亮这样观察与评价孙权，真可谓慧眼识孙权、入木三分，看透了孙权的为人，也看到其灵魂深处的想法。

就大一统的气度来看孙权，其"限江自保、南面称孤"之主要作为，远在刘备北伐大一统之志的气度之下。

在待臣子的气度上，不时表现乖戾之怪异。君不见，曾经为孙氏王朝立下了"挽救危亡"汗马功劳的丞相陆逊，他且是孙权的侄女婿。论功劳论亲戚，他都应当让陆逊充分发挥作用。可是，当孙权一而再、再而三地干出一些不合常理有损孙氏王朝的蠢事之际，陆逊为国而极力谏阻之时，孙权只当耳边风。

特别是为立太子一事，史载："先是，二宫并阙，中外职司，多遣子弟给侍。全琮报逊，逊以为子弟苟有才，不忧不用，不宜私出以要荣利；若其不佳，终为取祸。且闻二宫势敌，必有彼此，此古人之厚忌也。琮子寄，果阿附鲁王，轻为交构。逊书与琮曰：'卿不师日磾，而宿留阿寄，终为足下门户致祸矣。'琮既不纳，更以致隙。及太子有不安之议，逊上疏陈：'太子正统，宜有盘石之固，鲁王藩臣，当使宠秩有差，彼此得所，上下获安。谨叩头流血以闻。'书三四上，及求诣都，欲口论适庶之分，以匡得失。既不听许，而逊外生顾谭、顾承、姚信，并以亲附太子，枉见流徙。太子太傅吾粲坐数与逊交书，下狱死。权累遣中使责让逊，逊愤恚致卒，时年六十三，家无余财。"[①]

这段话的意思是说，因孙权听信谗言，产生了废黜太子的想法。陆逊便屡次

[①] 晋·陈寿撰，南朝宋·裴松之注：《三国志》（全五册），中华书局1975年版，第1353—1354页。

上疏陈述嫡庶之分，他说："太子为皇位正统继承人，地位应稳如磐石，鲁王为藩臣，应当在荣宠赐赏和地位上与太子有所差别，这样他们各得其所，上下才能得到安宁。为臣谨向陛下叩首流血，陈述己见。"为此，他还要求到建业当面申述自己的意见，因而得罪了孙权。太子太傅吾粲、太常顾谭也多次上疏辨嫡庶之义，反对废嫡立庶。这本是为了国家稳定的大事。但是，孙权既不许陆逊还都，又以亲附太子的罪名处陆逊外甥顾谭、顾承、姚信等流徙。太傅吾粲因几次与陆逊通信，竟被下狱处死。孙权还多次派遣使者前去责骂陆逊，致陆逊忧伤过度，于赤乌八年（245）二月含恨而亡，终年六十三岁。陆逊死后，家无余财。

许劭曾以"治世之能臣、乱世之奸雄"评说曹操，以善察人观事而闻名于世。直雄以为，诸葛亮的"然观其度，能贤亮而不能尽亮"一语，亦充分地表现了他在观人察事方面，不在许子将之下，真可谓能勘破尘世、穿透人心！

对于诸葛亮择主的问题，世人多有所关注，进行研究，也是颇有价值的。范奇龙先生在其《审势、攻心——泛论诸葛亮的治国艺术》中，用一定的篇幅作了分析，他写道："诸葛亮的审势本领，在他出山以前的两件事上就得到了充分的显露：第一件事是择主。诸葛亮隐居隆中，躬耕陇亩，正是群雄割据，各方招纳人才的时候。他当时既不投奔近处的荆州刺史刘表，也不受聘于已经实力雄厚的曹操、孙权，而偏愿意接受刘备的邀请，'受任于败军之际，奉命于危难之间'，和刘备一起白手起家创业，这本身就显示了他非同寻常的胆识。因为刘表虽号称'八俊'之一，实质徒有虚名。投靠刘表，即是明珠投暗。曹操有英雄的一面，很有智谋，很会打仗，而且也有爱才的名声。这些诸葛亮了解得十分清楚。但曹操还有奸雄的一面，他'挟天子以令诸侯''怀无君之心'，这一点就与诸葛亮很难同调。而且他生性多疑多忌，爱才用才也有一定限度。在他手下，一代名医华佗无辜被杀，文武兼资的神童周不疑因不愿作他的女婿而丧生，就是忠心耿耿为他出谋划策并立下大功的荀彧叔侄，最终也难逃荼毒。像这样的人，以诸葛亮的才器与他共事，当然无异于伴虎同卧。孙权'据有江东，已历三世，国险而民附，贤能为之用'，既得地利，又得人和，也不失为一个贤明君主。但他识见度也有限，加上他的前朝老臣很多，已经形成一种势力集团，因此诸葛亮要是投奔他，能用其才，是不成问题的，但不能尽其才，也是必然的。刘备则不同。他虽然当时兵微将寡，身无立锥之地，但他有两大突出的优点：一是'帝室

63

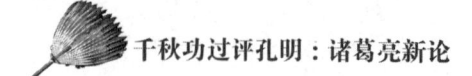

之冑，信义著于四海'，这在当时的社会影响力来说，很有号召力；二是'思贤若渴'，待人至诚，为请诸葛亮，不惜以皇叔的身份亲自三顾茅庐，作为一个领袖，在当时是难能可贵的品格。从本质和发展的眼光看，只要有经天纬地的旷代英才辅佐，仍然有辉煌的前景。因此，诸葛亮此时出山相助刘备，无论从刘备论，还是从诸葛亮论，都是如鱼得水，得其所哉。后来的事实也证明，诸葛亮的这种选择十分明智。'鱼水三顾合，风云四海生'。他与刘备后来成了历史上公认的君臣相得的典范。刘备生前，处处像对待老师一样对待诸葛亮，临终时，还遗嘱刘禅兄弟'汝与丞相从事，事之如父'。这就为诸葛亮一生充分施展自己的抱负和才能，建立'功盖三分国'的绝世殊勋创造了最好的社会条件。"①

范奇龙先生此段分析，涉及刘表、曹操、孙权、刘备以及诸葛亮等人，对他们的性格特点、处事方式进行了中肯分析。可以说，也是对"能贤亮而不能尽亮"的准确解释。于人于事，皆有启迪作用。

七、刘子初雄才盖世

本篇示要：诸葛亮不愧为心理学家，如果回信直接邀请刘巴归于刘备，则有"乘人之危"之感，这对刘巴这样刚直、讲求人格道德的才子，是不适宜的。故其回信只是宣扬了一通刘备的雄才大略之后，以"足下欲何之？"发问！此语妙矣：因为这样就给刘巴留足了面子和选择去向的余地！果不其然，刘巴刚直守信的个性显露出来了：就是为曹操办不成事，也得要回去复命！诸葛亮与刘巴的这次通信，正是刘巴归蜀任职最终

---

①成都市诸葛亮研究会编：《诸葛亮研究》，巴蜀书社1985年版，第119—121页。

取代法正这个地位的前奏曲！也是诸葛亮能看准人才、敬重人才、招揽人才的高超艺术的展现！

刘巴问难：

零陵先贤传云：巴往零陵，事不成，欲游交州，道还京师。时诸葛亮在临烝，巴与亮书曰："乘危历险，到值思义之民，自与之众，承天之心，顺物之性，非余身谋所能动劝。若道穷数尽，将托命于沧海，不复顾荆州矣。"[①]

诸葛妙答：

亮追谓曰："刘公雄才盖世，据有荆土，莫不归德，天人去就，已可知矣。足下欲何之？"巴曰："受命而来，不成当还，此其宜也。足下何言邪！"[②]

又，《与刘巴书》"刘公雄才盖世……足下欲何之？"注：见《三国志·刘巴传》裴注引《零陵先贤传》。刘巴（？—222），字子初，零陵（今湖南省永州市）人，仕蜀汉至太子家令。按：据《零陵先贤传》，曹操赤壁之战失败后北归，让刘巴留荆州，"巴往零陵，事不成；欲游交州，道还京师。时诸葛亮在临烝……"二人书信往来在此时。系209年事。[③]

作年略考：

史载：建安十三年（208）十月，曹操败于赤壁，只得引兵北还。十二月，"刘备表刘琦为荆州刺史，引兵南徇武陵（今湖南省常德西）、长沙（今湖南省

[①] 晋·陈寿撰，南朝宋·裴松之注：《三国志》（全五册），中华书局1975年版，第980—981页。
[②] 同上书，第981页。
[③] 王瑞功主编：《诸葛亮研究集成》（上、下册），齐鲁书社1997年版，第270—271页。

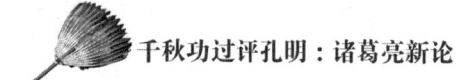

长沙市)、桂阳(今湖南省郴县)、零陵(今湖南省永州西北),四郡皆降。备以诸葛亮为军师中郎将,使督诸郡,调其赋税以充军实。"①

刘巴在这样的情况下,奉曹操之命去长沙、零陵、桂阳劝降三郡守军。其时刘备已先后占领了此三郡,他自然无法完成曹操交付的任务,他再留在这三地去为曹操当说客,已是不可能的,同时也是危险的。他要么留下来背曹降刘,要么远走高飞。出于个人的气节,他选择了归曹复命。远在他乡之地的刘巴给诸葛亮写了此信。其时当是208年12月,诸葛亮回信挽留也当在此时。

直雄补说：

《零陵先贤传》中说：刘巴前往零陵(今湖南省永州市零陵区),因为刘巴在曹操手下为"掾"属,曹操派他去劝降招纳长沙、零陵、桂阳三地的官员,正好,此时刘备据有这三郡。刘巴自然无法完成曹操交办的任务,拟往交州(今大致中国广西壮族自治区南部及越南北部)一游之后。取道还京师(这里所谓的京师,是曹操所据之许昌,因汉献帝在许昌,故称京师)。这时诸葛亮在临烝(即今湖南省衡阳),刘巴在给诸葛亮的信中称："我冒险所到之处,人民念刘备的恩义。刘备将自己托付给民众,上承天意,下顺物性,这不是我能劝说得动的。我办不成事,这是天意。我将命运付与沧海,不回荆州了。"诸葛亮见此,赶紧回信说："刘公(刘备)雄才盖世,据有荆土,天下人没有不被他的道德折服的,诸多有才德之人都去投靠,这就很说明问题了。足下您还想去哪里呢？"刘巴说："我受曹公之命而来,办不成事也应当回去,这是最合适的。足下不必多言！"

这样简短的通信往来,凸显了刘巴做人一贯刚直守信的风格,对人对事有着自己的主见且是一个能力极强的非常之人,而不是那种见风使舵、"墙头草"式令人讨厌的低俗的封建知识分子。

刘巴年少即知名,刘表连续征辟而不就,可见他一眼看破刘表此人不能成大

---

①张习孔、田珏主编：《中国历史大事年·编远古至东汉》,北京出版社1997年版,第712页。

事；刘表知其有才，但为人小心眼，因自己与刘巴之父有怨，就关押刘巴并想杀了他。但是，这样做，有损"刘荆州爱才"的虚名，这时刘表表现得很诡异：

如果就这样杀了刘巴，显然会臭名昭著。他就通过刘巴父亲的熟人，多次告知刘巴，说刘表要杀了他，叫他快点逃走。刘巴却为之不动。因为他心里明白：这是刘表在设计让他"逃走"，关押犯逃走，杀之则有名，故刘巴佯装不知，就是不走，刘表无奈，刘巴得以留下性命；刘备深知刘巴是个有大智慧的人，欲遣周不疑就学于巴，巴巧为应答，推辞干净，刘备无奈；也许，在刘巴看来，曹操才具备大一统中华的才能和势力，他为曹操办事却是任劳任怨的。但是，事实的发展并非他所想象，当他授命为曹操去劝降招纳长沙、零陵、桂阳三地的官员归曹操时，让他大失所望的是，这三地的官员全都倒向了刘备，而且很有可能自己是回不了曹操的幕府了……①

诸葛亮不愧是出色的政治家，他深知"天府之国"虽说人才济济，怎能与东吴之地、曹魏之中原比肩！当他收到刘巴的信后，品味其信中大有试探问难于已之意：即刘巴为曹操办事不成，所到三郡，官员尽为刘备所感动，无法为曹操办成招揽人才之事，我将遨游沧海矣！②

诸葛亮不愧为心理学家，如果回信直接邀请刘巴归于刘备，则有"乘人之危"之感，这对刘巴这样刚直、讲求气节、坚守人格含义的大才子，是不适宜的。故其回信只是宣扬了一通刘备的雄才大略之后，以"足下欲何之？"发问！

此语妙矣：因为这样就给刘巴留足了面子和选择去向的余地！

果不其然，刘巴刚直守信的个性显露出来了，称：就是为曹操办不成事，也得回去复命啊！

诸葛亮与刘巴的这次通信，正是刘巴归蜀任职最终取代法正这个地位的前奏曲！也是诸葛亮能看准人才、敬重人才、招揽人才的高超艺术手法的展现！

---

①晋·陈寿撰，南朝宋·裴松之注：《三国志》（全五册），中华书局1975年版，第980—981页。

②此时的刘巴之心亦有倒向刘备之意，因为上述这些事实让他改变了对刘备的看法，故此信大有问难、试探诸葛亮之意。

八、庞统廖立楚良才

本篇示要：庞统为刘备取益州而献出了生命。廖立这个口无遮拦致祸的狂士，虽说傲慢狂妄，但当他听说诸葛亮的死讯后，热泪长流、叹息不已，可见他对诸葛亮深怀感情，并对诸葛亮给予自己的处分，有着深刻的认识；更难能可贵的是，作为一个流放者，虽处边远之地，他没有丧志，他意气不减当年、仍然关心着国家大事，并精准地作出了判断：国家没有了诸葛亮，终将亡国！不是吗？诸葛亮与其精心提拔的蒋琬、董允、费祎一旦辞世，刘汉政权便走上了"桓、灵"的腐败老路，不久为司马昭所灭！

吴使问难：

廖立，字公渊，武陵临沅人。先主领荆州牧，辟为从事，年未三十，擢为长沙太守。先主入蜀，诸葛亮镇荆土，孙权遣使通好于亮，因问士人皆谁相经纬者。[1]

---

[1] 晋·陈寿撰，南朝宋·裴松之注：《三国志》（全五册），中华书局1975年版，第997页。

诸葛妙答：

亮答曰："庞统、廖立，楚之良才，当赞兴世业者也。"①

又，《称庞统廖立》"庞统、廖立……当赞兴世业者也。"注：引自《三国志·廖立传》。据《传》称，"先主入蜀，诸葛亮镇荆土，孙权遣使通好于亮，因问士人皆谁相经纬者"，诸葛亮作此答之。事在211年。②

作年略考：

史载：汉献帝建安十六年（211）12月，"刘璋遣军议校尉法正至荆州迎刘备，备留诸葛亮、关羽等守荆州，自将步卒数万人入益州。刘璋益刘备兵，厚加资给，使击张鲁。"③

又，汉献帝建安十九年（214）闰五月，"刘备围雒城（今四川省广汉北，雒同洛）一年，庞统中流矢死。法正与刘璋书，为陈形势强弱，璋不答。雒城溃，备进围成都。诸葛亮、张飞、赵云引兵来会。马超知张鲁不足与计事，密书请降于备，备令引军屯城北，城中震怖。备使从事中郎简雍入说刘璋，遂开城出降，备迁璋于公安（今湖北省公安东北），尽归其财物，佩振威将军印绶。备入成都，自领益州牧，以诸葛亮为军师将军，益州太守。"④这条史料说明：214年闰五月，因庞统死，诸葛亮离开荆州到了益州。

直雄在这里引用两条史料，旨在说明："先主入蜀，诸葛亮镇荆土，孙权遣使通好于亮。"此语虽没有确指孙权遣使的时间。但可大致地匡定孙权当是在211年十二月遣使通好于蜀；亦有可能在211年十二月—214年闰五月之间的某一年遣

---

①晋·陈寿撰，南朝宋·裴松之注：《三国志》（全五册），中华书局1975年版，第997页。
②王瑞功主编：《诸葛亮研究集成》（上、下册），齐鲁书社1997年版，第271页。
③张习孔、田珏主编：《中国历史大事年·编远古至东汉》，北京出版社1997年版，第713—714页。
④同上书，第715—716页。

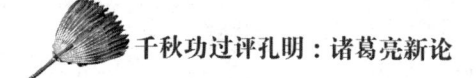

使通好；也有可能在刘备占据成都的大喜之时、诸葛亮将入蜀时孙权遣使通好。其间孙权与诸葛亮共有几次往来，往来的确切时间留后待考。这个时段初定为211年十二月—214年五月之间。

直雄补说：

这几句话的意思是说：廖立，字公渊，是武陵郡临沅（今湖南省常德）人。刘备任荆州牧时，廖立即被征召为州从事，他不到30岁就被提拔为长沙太守。刘备进入蜀地，诸葛亮镇守荆州，孙权派遣使者向诸葛亮表示友好，使者授孙权之意，顺便询问读书士人中都有谁在帮助规划治理国家，诸葛亮回答说："庞统、廖立，都是楚地的优秀才俊，应当是辅助振兴帝王世代大业的人。"

诸葛亮在这里提及的庞统（179—214），字士元，号凤雏，汉时荆州襄阳（今湖北省襄阳）人。东汉末刘备的重要谋士，与诸葛亮同拜为军师中郎将。与刘备一同入川，在刘备与刘璋决裂之际，献上、中、下三条计策，刘备取用其中计。进围雒县时，庞统率众攻城，不幸中流矢而亡，年仅36岁，赐其为关内侯，谥曰靖侯。

《三国志·蜀书·庞统传》中，颍川名士司马徽称赞庞统是南州士人中的第一流人物。刘备非常器重他，任命他为治中从事。与诸葛亮一并为军师中郎将。诸葛亮留镇荆州。庞统则随刘备前往平定益州，在进围雒县时，身先士卒、率众攻城，不幸为流矢所中而亡，时年36岁。刘备痛惜不已，提到庞统就流涕。其智其能，真不愧为是振兴王业的优秀人才。

在《三国志·蜀书·廖立传》中，因为廖立有才气，一直得到刘备的关照提拔。但是，由于廖立过于傲慢造成了恶劣影响。于是被废黜为平民，流放到汶山郡。廖立便老老实实亲自带着妻子儿女在那里耕种养活自己。这不能不说是廖立的可贵之处。

特别是建兴十二年（234），廖立听说诸葛亮去世，他热泪长流叹息说："我们将要一直穿这种衣襟左掩的异族服装了！将会为异族所奴役呵！"后来监军姜维率领偏师经过汶山，前去看望廖立，称赞他意气不减当年，言谈自若。后来廖立老死在流放之地，妻小返回蜀地。

廖立这个口无遮拦致祸的狂士，虽说傲慢狂妄，但当他听说诸葛亮的死讯后，他热泪长流叹息不已，可见他对诸葛亮深怀感情，并对诸葛亮给予自己的处分，有着深刻的认识；更为难能可贵的是，作为一个流放者，虽处边远之地，他没有丧志，他意气不减当年地仍然关心着国家大事，并精准地作出了判断：国家没有了诸葛亮，终将亡国！不是吗？诸葛亮与其精心提拔的蒋琬、董允、费祎一旦辞世，刘汉政权便走上了"桓、灵"的腐败老路，不久为司马昭所灭！

九、许靖人望不可失

本篇示要：许劭因为评曹操的一句"治世之能臣，乱世之奸雄"而大名留传至今。《三国志·蜀书·许靖传》载，许靖在年少之时就与从弟许劭同样知名。许靖与许劭兄弟俩，年少即是知名的"人望"。人望者，众人之所属望也；他们是众人所仰望之人也；声望、威望是也。法正与诸葛亮都同时看到了这个"人望"是个"活宝"，要"宝"而用之。法正与诸葛亮对刘备说的话，刘备心领神会，便将许靖"统战对象而用之"，最终将许靖推到了位列三公的"司徒"高位。刘备、法正与诸葛亮对待许靖的处理，充分说明1800余年前的三国，中国的封建政治在如何用人的问题上，确实达到了炉火纯青的高度！

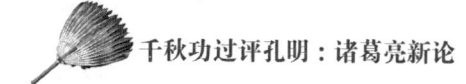

刘备问难：

先主进围成都，靖欲城出降，先主薄之；定蜀后，益无意于靖。①

又，"刘备本来不想用许靖，可法正却劝刘备道：……诸葛亮也有相类似的意思。"②

诸葛妙答：

亮谏曰："靖人望，不可失也。借其名以竦动宇内。"于是稍尊之，寻拜司徒。③

又，《称许靖》："靖人望，不可失也，借其名以竦动宇内。"④

再，"他向刘备谏道：'靖人望，不可失也，借其名以竦动宇内。'"⑤

作年略考：

《三国志·蜀书·许靖传》载："十九年，先主克蜀，以靖为左将军长史。先主为汉中王，靖为太傅。"⑥这段内容，通过许靖的升官情况，明白地告诉了我们两个时间：

一是建安十九年（214），就在这一年的闰五月，刘璋出降，刘"备入成都，自领益州牧，以诸葛亮为军师将军，益州太守"⑦由此可知，许靖之所能顺利地当

---

①伊力主编：《诸葛亮智谋全书》，中州古籍出版社2003年版，第253页。
②水藏玺：《诸葛亮的七个用人原则》，2016年11月29日，见https：//wenku.baidu.com/view/311cec104b7302768e9951e79b89680202d86b59.html。
③伊力主编：《诸葛亮智谋全书》，中州古籍出版社2003年版，第253页。
④王瑞功主编：《诸葛亮研究集成》（上、下册），齐鲁书社1997年版，第329页。
⑤水藏玺：《诸葛亮的七个用人原则》，2016年11月29日，见https：//wenku.baidu.com/view/311cec104b7302768e9951e79b89680202d86b59.html
⑥晋·陈寿撰，南朝宋·裴松之注：《三国志》（全五册），中华书局1975年版，第966页。
⑦张习孔、田珏主编：《中国历史大事年·编远古至东汉》，北京出版社1997年版，第716页。

上刘备的"左将军长史"这一要职,能得到刘备的信任,这是法正与诸葛亮在刘备面前做好工作的结果。

二是"先主为汉中王,靖为太傅",许靖能任此要职,当是在219年。史载:汉献帝建安二十四年(219)七月,"刘备立为汉中王,上还左将军、宜城亭侯印绶。立子刘禅为太子,还治成都。"①许靖之官能上到这一重要层次,说明刘备对法正与诸葛亮要求"不能冷落这个人望"的意见有了深刻的体会,所以大胆任命之。

又,据《三国志·蜀书·法正传》载,"十九年,进围成都,璋蜀郡太守许靖将逾城降,事觉,不果。璋以危亡在近,故不诛靖。璋既稽服,先主以此薄靖不用也。"②就在刘备轻视许靖人格的情况下,法正与诸葛亮说服了刘备,许靖此人必用不可。由此可知:时在214年闰5月。

直雄补说：

对许靖这类人物,法正是这样评说的:"'天下有获虚誉而无其实者,许靖是也。然今主公始创大业,天下之人不可户说,靖之浮称,播流四海,若其不礼,天下之人以是谓主公为贱贤也。宜加敬重,以眩远近,追昔燕王之待郭隗。'先主于是乃厚待靖。以正为蜀郡太守、扬武将军,外统都畿,内为谋主。"③

法正这个人是比较讲求实际的,对许靖定性为有"虚誉而无其实者",此语迎合了刘备不用许靖的心理,但是法正的高明在于抓住刘备的心里,称"主公始创大业,天下之人不可户说,靖之浮称,播流四海,若其不礼,天下之人以是谓主公为贱贤也。宜加敬重,以眩远近",这是对刘备实话实说,也是对刘备的忠告。

---

①张习孔,田珏主编:《中国历史大事年·编远古至东汉》,北京出版社1997年版,第720页。

②晋·陈寿撰,南朝宋·裴松之注:《三国志》(全五册),中华书局1975年版,第959页。

③同上书,第959—960页。

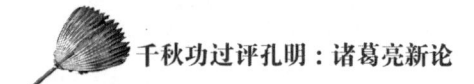

诸葛亮的话则显得更具有艺术性：他说的"靖人望，不可失也，借其名以竦动宇内"一语，省去了对这种"人望"的批判，而是强调许靖在刘汉政权中有着任何人也无法取代的作用："许靖在世人中间享有很高的威望，不能失去他，可以借他的声望来激励天下的人！"

许劭一句"治世之能臣，乱世之奸雄"大名留传至今。《三国志·蜀书·许靖传》载，许靖在年少之时就与从弟许劭同样知名。许靖与许劭兄弟俩，年少即是知名的"人望"。人望者，众人之所属望也；他们是众人所仰望之人也；声望、威望是也。法正与诸葛亮都同时看到了这个"人望"是个"活宝"，要"宝"而用之。法正与诸葛亮对刘备说的话，刘备心领神会，便将许靖"统战而用之"，最终将许靖推到了位列三公的"司徒"高位。

刘备、法正与诸葛亮对待许靖的处理，充分说明1800余年的三国，中国的封建政治在如何用人的问题上，确实达到了炉火纯青的高度！

十、排难释误荐刘巴

张飞这样的人竟然"突发奇想"要在刘巴家住上一宿，很难说他仅仅是诸葛亮所说的"敬慕"刘巴，从这个角度来看问题，刘巴这样拒绝张飞也无可厚非。然"大丈夫处世，当交四海英雄，如何与兵子共语乎？"一语，虽说有些过头，也许，刘巴早就看透了刘备"武人集团"中不可一世、只有刘备可以左右的盖世功臣关羽、张飞的致命弱点。刚愎自用的关羽丢荆州，走麦城命丧东吴之手，张飞酒后鞭打副将被刺身亡，不正是刘备伐吴的"导火索"吗？最终导致刘汉政权"猇亭大败"，元气大伤，从这个角度来说，刘巴拒张飞并说"如何与兵子共语乎？"，其语甚有穿透力，实不为过！

刘备问难：

《零陵先贤传》曰：张飞尝就巴宿，巴不与语，飞遂忿恚。诸葛亮谓巴曰："张飞虽实武人，敬慕足下。主公今方收合文武，以定大事；足下虽天素高亮，宜少降意也。"巴曰："大丈夫处世，当交四海英雄，如何与兵子共语乎？"备闻之，怒曰："孤欲定天下，而子初专乱之。其欲还北，假道于此，岂欲成孤事邪？"①

诸葛妙答：

备又曰："子初才智绝人，如孤，可任用之，非孤者难独任也。"亮亦曰："运筹策于帷幄之中，吾不如子初远矣！若提枹鼓，会军门，使百姓喜勇，当与人议之耳。"②

又，《论荐刘巴》"运筹策于帷幄之中，吾不如子初远矣！若提枹鼓（吴按：王瑞功先生作桴鼓，当是据另一版本），会军门，使百姓喜勇，当与人议之耳。"注：见《三国志·刘巴传》裴注引《零陵先贤传》。事当在214年刘备、诸葛亮定益州后。③

作年略考：

《零陵先贤传》曰：璋遣法正迎刘备，巴谏曰："备，雄人也，入必为害，

---

①晋·陈寿撰，南朝宋·裴松之注：《三国志》（全五册），中华书局1975年版，第982页。
②同上。
③王瑞功主编：《诸葛亮研究集成》（上、下册），齐鲁书社1997年版，第272页。

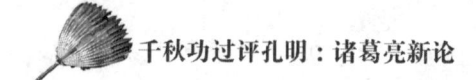

不可内也。"既入，巴复谏曰："若使备讨张鲁，是放虎于山林也。"璋不听。巴闭门称疾。备攻成都，令军中曰："其有害巴者，诛及三族。"及得巴，甚喜。①

这条史料记载：刘巴归刘备，是在刘备攻取成都之时。刘备攻取成都，上述诸多史料均论及，事在公元214年5月。

直雄补说：

这里其实有两层问难之意，先是刘巴问难诸葛亮，说张飞只不过是"小兵一个"而已；再是刘备听后，愤怒至极，这对诸葛亮更是一次问难。诸葛亮所答，则重在应对刘备，以排难解纷。

这里记下了一个有趣的故事。其意是说：以勇武著称的张飞要求到刘巴家留宿一晚，刘巴不予理睬，这令张飞大失面子进而非常恼怒。诸葛亮得知此事，赶紧做工作，说：张飞是个习武之人，他因为敬慕您，所以有这样的要求。在主公收揽四方英雄一统天下之际，您天性高尚忠正，对待张飞这样的人和事，权宜降低身价相从才是。刘巴听到这里便说：有志气、有节操的男子汉，相交的应该是结交各地的有品行，有能力，品行好的朋友。为何要与这样的小兵共语成知交呢？

刘巴的回答，可谓"一石激起千重浪"，得罪的何止张飞一人，将刘备手下的整个武将集团都得罪了。真可谓刚直而大胆！

首先是惹得刘备愤怒并要算"旧账"：说刘巴原来就是曹操的人，在这里制造混乱。但刘备毕竟是个英雄，②他话锋一转，说刘巴这样才智绝顶的人，只有他可以任用。

诸葛亮便紧接刘备的话题，为刘巴破围解难。说道："假若是在军中进行策划与指挥，我是远不如刘巴的。至于擂响战鼓，会集众人于军门，使老百姓也个

---

① 晋·陈寿撰，南朝宋·裴松之注：《三国志》（全五册），中华书局1975年版，第982—983页。
② 同上书，第892页。

个奋勇争先，那就不知道谁能更胜一筹了。"

这真不愧是诸葛亮高超的语言艺术：

一句"运筹策于帷幄之中，吾不如子初远矣"，既高度概括了刘巴在刘汉政权中的重要地位和作用，又把刘巴之才推到了张良的水准。因为司马迁《史记·高祖本纪》中有："夫运筹策帷帐之中，决胜于千里之外，吾不如子房。"这是刘邦赞赏张良的话。诸葛亮虽说只借用其中的首句，因为这是名人名言，点出一句，余者读者自然知晓。

一句"若提枹鼓，会军门，使百姓喜勇，当与人议之耳"，语出《史记·田叔列传》："提桴鼓，立军门，使士大夫乐死战斗，仁不及任安。"此语改而用之，给人以战斗场面的形象感。既不抬高自己，也不贬低刘巴。提出一个让刘备去思考的问题。

仅仅这么两句话，精准地诠释了刘备"子初才智绝人，如孤，可任用之，非孤者难独任也"的深刻意蕴，亦在刘备面前为刘巴解围远祸。

由于刘巴曾是曹操的"掾"，所以当他因卓有奇异才华、即使受到刘汉政权的重用，尽管他为刘汉政权立下了汗马功劳，但他始终是"躬履清俭，不治产业，又自以归附非素，惧见猜嫌，恭默守静，退无私交，非公事不言"，他拒绝接纳张飞，这就是他为人处事以防是是非非、行事处世风格的展现。

张飞这样的人"突发奇想"要在刘巴家住上一宿，很难说他仅仅是诸葛亮所说的"敬慕"刘巴，直雄以为：诸葛亮只能作出这样的解说。不能有其次，即使他看出了张飞心怀鬼胎，他也不可能说出来，不然，事情就遭糕了。君不见，曾当刘备与"亮情好日密"之时，"关羽、张飞等不悦"。①一个曾经忠心于曹操的刘巴，刘备竟如此看重，张飞的心理会平衡吗？显然不会。从这个角度来看问题，刘巴这样拒绝张飞是无可厚非的。

然"大丈夫处世，当交四海英雄，如何与兵子共语乎？"一语，虽说有些过头，也许，刘巴早就看透了刘备"武人集团"中不可一世、只有刘备可以左右的盖世功臣关羽、张飞的最大弱点，刚愎自用的关羽丢荆州、走麦城，命丧东吴之手，张飞酒后鞭打副将被刺身亡，不正是刘备伐吴的"导火索"吗？最终导致刘

---

① 晋·陈寿撰，南朝宋·裴松之注：《三国志》（全五册），中华书局1975年版，第913页。

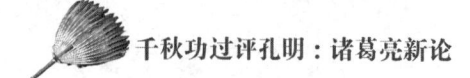

汉政权"猇亭大败",元气大伤,从这个角度来说,刘巴拒张飞并说"如何与兵子共语乎?",其语甚有穿透力,实不当为过!

十一、马孟起兼资文武

  本篇示要:"记得一位著名的大哲学说过一句话:造就领袖,最主要是他的性格。从这句话引伸出一条真理:一个伟人的成才,一桩伟业的成功,主要靠性格的力量。爱因斯坦说得更明白:'智力上的成就在很大的程度上依赖性格伟大,这一点往往超出了人们通常的认识。'"同样的道理:成功与性格大有关系,败亡又何尝不是如此。以关羽的骄傲性格,看其败亡,确与诸葛亮无关!关羽之愚蠢猖狂,正是他行将败死的"序曲"。

关羽问难:

  羽闻马超来降,旧非故人,羽书与诸葛亮,问超人才可谁比类。[①]

[①] 晋·陈寿撰,南朝宋·裴松之注:《三国志》(全五册),中华书局1975年版,第940页。

诸葛妙答：

亮知羽护前，乃答之曰："孟起兼资文武，雄烈过人，一世之杰，黥[1]、彭[2]之徒，当与益德并驱争先，犹未及髯之绝伦逸群也。"羽美须髯，故亮谓之髯。羽省书大悦，以示宾客。[3]

又，《答关羽书》"孟起兼资文武……犹未及髯之绝伦逸群也。"注：见《三国志·关羽传》。据《传》称，关羽闻马超来降，旧非故人，羽书与诸葛亮，问超人才可谁比类，故诸葛亮作此书回答。事在214年。[4]

作年略考：

史载："先主西定益州，拜羽董督荆州事。羽闻马超来降，旧非故人，羽书与诸葛亮，问超人才可谁比类。亮知羽护前，乃答之曰："孟起兼资文武，雄烈过人，一世之杰，黥、彭之徒，当与益德并驱争先，犹未及髯之绝伦逸群也。"羽美须髯，故亮谓之髯。羽省书大悦，以示宾客。"[5]

汉献帝建安十九年（214）五月，刘备进占益州，因庞统死，不得不请诸葛亮入蜀，诸葛亮一离开荆州，关羽即被刘备委以重任，总督荆州事务。故而诸葛亮的《答关羽书》时间当在公元214年5月间。

---

[1]英布（？—前196），九江郡六县（今安徽省六安市）人，因罪受秦律被黥，又称黥布。秦末汉初名将，初属项梁，后为项羽帐下将领之一，封九江王，后叛楚归汉。汉朝建立后，封淮南王，与韩信、彭越并称汉初三大名将。韩、彭被杀后，心生畏惧，遂于公元前196年起兵反汉。兵败，以谋反罪被杀。

[2]彭越（？—前196），字仲，砀郡昌邑（今山东省菏泽市巨野县）人。西汉王朝开国功臣。秦朝末年在魏地举兵起义，后来率兵归顺刘邦，拜魏相国，封建成侯，协助刘邦赢得楚汉之争，与韩信、英布并称汉初三大名将。西汉建立后，封为梁王，定都于定陶（今山东菏泽市定陶区）。公元前196年，以"反形已具"的罪名，被诛灭三族，废除封国。

[3]晋·陈寿撰，南朝宋·裴松之注：《三国志》（全五册），中华书局1975年版，第940页。

[4]王瑞功主编：《诸葛亮研究集成》（上、下册），齐鲁书社1997年版，第272—273页。

[5]晋·陈寿撰，南朝宋·裴松之注：《三国志》（全五册），中华书局1975年版，第940页。

又，有《三国志·马超传》云："……又鲁将杨白等欲害其能，超遂从武都逃入氐中，转奔往蜀。是岁建安十九年也。先主遣人迎超，超将兵径到城下。城中震怖，璋即稽首，以超为平西将军，督临沮，因为前都亭侯。"[1]这条史料亦明载：马超是建安十九年（214）入蜀的，并指明是刘璋投降后任刘汉政权中平西将军的。其时在这一年的闰五月。这就再一次说明：诸葛亮的《答关羽书》时间当在公元214年5月间。无误。

直雄补说：

这一段文字是说：刘备占领益州后，关羽得知马超降归刘备的消息，便给问诸葛亮去信要一个说法：马超的能力当可与什么样的人才类比？诸葛亮深知关羽的脾气，便告诉关羽说：马超的资质可谓文武双兼，一世之豪杰，属于黥布、彭越一类的人物。可以与张飞并驾齐驱，但仍不如您美髯公一样出类拔萃啊。因而关羽显得特别高兴，进而把信拿给周围的人观看。

一提起关羽，人们就会想到《三国演义》中描绘他千里走单骑的忠义，就会想起他斩颜良、诛文丑的勇武，就会想起他在华容道上义释曹操的情份。当然也会想到他的骄傲及其这些骄傲粗疏行为所付出的全军覆灭、自己身首异处的惨重代价。

这段短短的文字，充分地表现了这个英雄人物骄傲到难以容人、愚不可及的地步，马超好不容易投奔到刘备的麾下，他都不肯放过要与之较量一番。

诸葛亮真不愧为绝代智者，他将马超夸赞了一番后，将其排在黥布、彭越、张飞之列，然后再夸赞美髯公——关羽。将关羽在这些名将中的地位十分得体地摆列出来。关羽确实满足了，他便将诸葛亮的信展示给宾客一一阅览。一位绝代武圣仰慕虚荣的性格缺失，可谓跃然纸上！所以，刘备将这样性格严重缺失的关羽任命为一方之镇时，荆州之失已露端倪。

对此，朱子彦先生认为："关羽如此狂妄，不可一世，诸葛亮为何不加制

---

[1] 晋·陈寿撰，南朝宋·裴松之注：《三国志》（全五册），中华书局1975年版，第946页。

止,反而要曲意逢迎、讨其欢心呢?我以为,这正是诸葛亮工于心计、深藏不露的韬略。……诸葛亮对关羽的骄横,不仅不加任何抑止,反而在一定程度上起了推波助澜的作用。建安十九年(公元214年),刘备平定益州,西凉马超来投,这是一个东汉末年就颇具声望的虎将,刘备得之喜出望外,即封其为平西将军,位同关羽。远在荆州的关羽闻之极为不满,当即写信给诸葛亮,问超人才可谁比类。诸葛亮知羽护前,用了答之曰:'孟起兼资文武,雄烈过人,一世之杰,黥(布)、彭(越)之徒,当与益德并驱争先,尤未及髯之绝伦逸群也。'羽美须髯,故亮谓之髯。诸葛亮明白无误地告诉关羽,你是天下第一,无人能与你媲美。关羽阅信后,洋洋自得,将信遍示宾客。不管诸葛亮当时是如何考虑的,这封信给关羽骄火加油的作用是毋庸置疑的,致使关羽的头脑越来越热,最终因骄而坑害了自己,丢失了荆州。俗语'骄兵必败',诸葛亮是深知其理的,他在《将骄吝》一文中,曾尖锐地指出,'将不可骄,骄则失理,失理则人离,人离则众叛。'深明此理的诸葛亮为何在明知关羽骄横、不可一世的情况下不去加以制止呢?笔者认为不外乎两个原因,一是碍于刘备的面子;二是怕刺伤关羽的自尊心。……诸葛亮的失误是未能教育帮助好关羽……"[①]

直雄以为,这是对诸葛亮为人的误解误读。

首先从诸葛亮的这封书信内容来看,不存在诸葛亮工于心计要暗害关羽的问题,有过度阐释至所论失据之嫌。况且,不少贤哲对诸葛亮要谋杀关羽一事,已有令人信服的详细论证以反驳,如付开镜先生的《关羽攻打襄樊目的:恢复荆州版图以备北伐——兼评刘备、诸葛亮借刀杀人说》,《湖北文理学院学报》2014年第1期,以九千字的篇幅,论证了"关羽兵败被杀也不是什么刘备、诸葛亮的借刀杀人计"等误解误读诸葛亮的诸问题。这里没有必要重赘。

其次,从整个刘汉政权创建的历史可见,关羽、张飞有创建刘汉政权的大功。但是,关羽与张飞,由于他们的个性和在刘汉政权中的特殊地位,只有刘备可管,就是刘备能管教他们,有时也是管而无用。史载:"初,飞雄壮威猛,亚于关羽,魏谋臣程昱等咸称羽、飞万人之敌也。羽善待卒伍而骄于士大夫,飞爱敬君子而不恤小人。先主常戒之曰:'卿刑杀既过差,又日鞭挝健儿,而令在左

[①] 朱子彦:《走下圣坛的诸葛亮——三国史新论》,中国人民大学出版社2006年版,第8—223页。

右，此取祸之道也。'飞犹不悛。先主伐吴，飞当率兵万人，自阆中会江州。临发，其帐下将张达、范彊杀飞，持其首，顺流而奔孙权。飞营都督表报先主，先主闻飞都督之有表也，曰：'噫！飞死矣。'"[1]由此可见，刘备提醒与教育关羽、张飞二人何止一次，故当闻知张飞死讯，刘备似乎是预料中事一样，只是无可奈何悲痛地叹息了一声而已！

刘备对关羽也像对待张飞一样提醒教育过。但就是不改。如，当刘备提拔黄忠时，诸葛亮就明确地预计到关羽会反对。为了刘汉政权的团结与稳固，诸葛亮及时地提醒刘备。在刘备答应会做工作时，诸葛亮才表心安。如果诸葛亮是"工于心计"、有深藏不露的韬略要加害关羽的话，他完全不必提醒刘备，不提醒刘备，则有可能因提拔黄忠事而让刘备与关羽内斗起来！此事足见诸葛亮并无加害关羽之心。

刘备、关羽、张飞，在刘汉政权中是一个特殊的"三人群"或曰"三人邦"。诚如前述，对于关羽、张飞的性格缺失，刘备也是有过提醒与教育的，只是当作耳边风而已，俗话说："江山易改，本性难移。"况诸葛亮乎！因此对于关羽之失，刘备有用人不当的错误，而责备诸葛亮则甚为不妥。

同样，诸葛亮为了平息心胸狭窄的关羽对提拔马超的嫉妒之心，既称马超之能又赞关羽之"美须髯"以调解矛盾。直雄在《习凿齿与他的〈汉晋春秋〉——兼论〈三国演义〉对习凿齿的承继关系》一书中，在品析诸葛亮的文论时，曾称诸葛亮不仅是大政治家、大军事家，也称得上是语言文字学家，亦有先生称之曰："诸葛亮不仅是一位伟大的政治家、军事家，还是一位颇有成就的文学家。"[2]

且看："尤未及髯之绝伦逸群也"一语，既可理解为"但不及美髯公超凡出众、卓尔不群"，同时也可理解为"只是没有你那蓄着一副漂亮的长须而已"！这个"髯"，既可代关羽，又可仅仅实指其"髯"！直雄以为，如果从关羽的性格缺失有可能危及荆州安全的情况来看，显然，这种人事安排非诸葛亮之意，亦为诸葛亮所能违。现在诸葛亮遇到这种"牛人"，诸葛亮的本意，也许当重在后者——这就是说，你关羽与马超相比，仅仅是"胡须美"而已！

---

[1] 晋·陈寿撰，南朝宋·裴松之注：《三国志》（全五册），中华书局1975年版，第944页。

[2] 简慧君：《诸葛亮文学研究》，2012年重庆工商大学硕士学位论文，第5页。

在诸葛亮无力管束关羽的情况下，诸葛亮能这样做，可谓竭尽对刘汉政权的一片忠心矣！就是在杨仪与魏延关系如水火的情况下，难道因为诸葛亮有权，就可以轻易指斥任何一方吗？只能是在杨仪与魏延斗得不可开交时，借助费祎去做工作尽量让他们和解而已！将诸葛亮的一片忠汉之心说成是在加害重臣，实有"欲加之罪，何患无辞"之嫌。

"记得一位著名的大哲学家说过一句话：造就领袖，最主要是他的性格。从这句话引申出一条真理：一个伟人的成才，一桩伟业的成功，主要靠性格的力量。爱因斯坦说得更明白：'智力上的成就在很大的程度上依赖性格伟大，这一点往往超出了人们通常的认识。'"①同样的道理：成功与性格大有关系，败亡又何尝不是如此。以关羽的性格，看其败亡，确与诸葛亮无关！且听听陆逊为关羽将要自我作死所谱写并演奏的"序曲"吧：

看似书生的陆逊，充分掌握了关羽骄傲喜好被吹捧这一特点。史载："逊至陆口，书与羽曰：'前承观衅而动，以律行师，小举大克，一何巍巍！敌国败绩，利在同盟，闻庆拊节，想遂席卷，共奖王纲。近以不敏，受任来西，延慕光尘，思廪良规。'又曰：'于禁等见获，遐迩欣叹，以为将军之勋足以长世，虽昔晋文城濮之师，淮阴拔赵之略，蔑以尚兹。闻徐晃等少骑驻旌，窥望麾葆。操猾虏也，忿不思难，恐潜增众，以逞其心。虽云师老，犹有骁悍。且战捷之后，常苦轻敌，古人杖术，军胜弥警，愿将军广为方计，以全独克。仆书生疏迟，忝所不堪。喜邻威德，乐自倾尽。虽未合策，犹可怀也。傥明注仰，有以察之。'羽览逊书，有谦下自托之意，意大安，无复所嫌。逊具启形状，陈其可禽之要。"②

读完陆逊给关羽的书信，这陆逊真如一个"老保姆"在为襁褓中的"孩儿"哼唱着美妙的"催眠曲"，而曾"威振华夏"的关羽，此时就是襁褓中的这个将要"入眠的孙儿"！陆逊探知关羽阅己之信后的自我陶醉之态，立刻认定，并向孙权担保：夺回荆州，擒杀关羽，指日可待。面对这样无能力担当一方之镇的骄悍之将，因他是刘备的哥们，荆州之失，就是有三个诸葛亮也"无力回天"！

---

①舒龙："坚韧开掘'大金矿' 执着破解'千年谜'——吴直雄《破解〈习凿齿传〉〈汉晋春秋〉千年谜》"，载吴直雄：《破解〈习凿齿传〉〈汉晋春秋〉千年谜》，广东人民出版社2013年版（序二），第17页。

②晋·陈寿撰，南朝宋·裴松之注：《三国志》（全五册），中华书局1975年版，第1344—1345页。

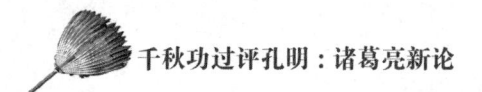

十二、法正违法仅此时

本篇示要：法正违法的事实，也许正是促成《蜀科》的诞生的催化济。有了《蜀科》这部法典，诸葛亮是不会让任何一位权臣草菅人命的。诚如上述，《蜀科》这部法典，当制定在建安十九年（214）的闰五月之前。有了这部法典，诸葛亮就可依法办事。清代学者杨希闵未能关注《蜀科》的制订年代而评说诸葛亮的执法，因而是缺乏深度的。而贺游先生在其《诸葛亮与法正》中说："在刘备称帝前的七八年时间里"，因法正官职大于诸葛亮，所以对他不敢执法，这又小有偏颇了。

议者问难：

以正为蜀郡太守、扬武将军，外统都畿，内为谋主。一餐之德，睚眦之怨，无不报复，擅杀毁伤己者数人。或谓诸葛亮曰："法正于蜀郡太纵横，将军宜启主公，抑其威福。"①

---

① 晋·陈寿撰，南朝宋·裴松之注：《三国志》（全五册），中华书局1975年版，第960页。

诸葛妙答：

亮答曰："主公之在公安也，北畏曹公之强，东惮孙权之逼，近则惧孙夫人生变于肘腋之下；当斯之时，进退狼跋，法孝直为之辅翼，令翻然翱翔不可复制，如何禁止法正使不得行其意邪！"……亮又知先主雅爱信正，故言如此。①

又，《为法正答或问书》"主公之在公安也……如何禁止法正使不得行其意邪！"注：见《三国志·法正传》。事在215年，刘备定益州后之一年。法正入蜀后，"一餐之德，睚眦之怨，无不报复，擅杀毁伤己者数人"。有人建议诸葛亮要刘备"抑其威福"，诸葛亮作此书答之。②

作年略考：

范文琼先生云："刘备取得四川后，为了尽快稳定社会秩序，以便使蜀汉这部战争机器尽快运转起来，于是让诸葛亮拟定治国条例，诸葛亮所订刑法颇重，法正不解，诸葛亮给法正写了一封信进行解释，这就是著名的《答法正书》。诸葛亮在信中说：'今刘璋暗弱，德政不举，威刑不肃；君臣之道，渐以陵替；宠之以位，位极则贱；顺之以恩，恩竭则慢。所以致弊，实由于此。'诸葛亮的这封信，历来评价甚高，不少学者认为它是法制的先驱，但事实又是如何呢？就是这个法正，在当了蜀郡太守后，'凡平日一餐之德，睚眦之怨，无不报复。'有人向诸葛亮汇报，要求他采取措施约束法正，诸葛亮却说：'昔主公困守荆州，北畏曹操，东惮孙权，赖孝直为之辅翼，遂翻然翱翔，不可复制。今奈何禁止孝直，使不得少行其意耶？'这岂不是自己打自己的耳光？法正的报复，不是一般的报复，而是，而是'擅杀毁已者数人'。对乱杀无辜尚且纵容，其'法制'的实质是什么就不言而喻了。……可见诸葛亮的所谓'法制'，严惩的是百姓和下层官吏，宽待的是世家豪族和上层官吏，这种双重标准的法制，维护的是什么，打击的是什么，再清楚不过了。"③直雄说明，范

---

① 晋·陈寿撰，南朝宋·裴松之注：《三国志》（全五册），中华书局1975年版，第960页。
② 王瑞功主编：《诸葛亮研究集成》（上、下册），齐鲁书社1997年版，第273页。
③ 范文琼：《重评诸葛亮的历史功过》，2005年华中师范大学硕士学位论文，第29—30页。

文琼先生关于《三国志》中的引文，多有与直雄不一致之处，可能是其所据版本不同所致。

据范文琼先生之文，直雄以为颠倒了诸葛亮对待法正所写的《答法正书》与答"议者（即请示处分法正者）"的时间先后，以至误读诸葛亮公正公平执法的情况所致。

又，朱大渭、梁满仓先生在论述诸葛亮为什么这个时候不将法正绳之以法时云："诸葛亮为什么不肯抑制法正？人们历来有各种猜测：有人说，诸葛亮对法正的态度，是'失政刑矣'。有人说，诸葛亮不抑制法正，是借鉴袁绍手下审配与许攸不和致使许攸背袁投曹的教训。也有人说，诸葛亮是以褒中有贬的方式委婉地转达对法正的警告信息。上述猜测均没有触到诸葛亮不抑制法正的根本原因。诸葛亮不抑制，不仅由于法正功大过小，更重要的是他认为法正是个对收汉中有重要作用的人才。诸葛亮与法正虽然在喜好和崇尚方面有所不同，但却能从大局出发与他亲善相处。诸葛亮认为法正奇谋妙智，又对益州和汉中情况很熟悉，是对收复汉中巩固益州能起重要作用的人才。事实证明，法正在后来协助刘备取汉中时确实发挥了重要作用。如果当时诸葛亮对法正不能容其小过，对其进行抑制，法正就不会有后来的积极表现。"[①]

这在道理上听了让人非常愉悦，但在事实上却并非如此，因为诸葛亮不会在有法律条文情况下不用，而要等到法正公元217年10月随刘备取汉中，至219年5月取了汉中后再考虑。

再有，薛军力先生称："诸葛亮有执法严明之称，但对法正却网开一面。法正入蜀后'外统都畿，内为谋主。一餐之德，睚眦之怨，无不报复，擅杀毁伤己者数人。'有人对诸葛亮说应该抑制一下法正的行为。诸葛亮却以法正使刘备摆脱在荆州的困境，'令翻然翱翔，不可复制，如何禁止法正使不得行其意邪！'（《法正传》）诸葛亮如此说，与他一贯行事的原则不合。连孙盛也认为'诸葛氏之言，于是乎失政刑矣'（《法正传》注引）。其原因在于诸葛亮'知先主雅爱信正，故言如此'。"[②]

薛军力先生的意思是说，因为法正的官职大于诸葛亮且深得刘备的器重，所

[①] 朱大渭、梁满仓：《武侯春秋》，团结出版社1998年版，第253—254页。
[②] 薛军力：《夷陵之战诸葛亮何以未能与谋》，《天津师大学报》1996年第6期，第41页。

以诸葛亮执法时，不得不看刘备的眼色行事，不得不对法正网开一面。直雄以为不是如此。

还有，仓林忠先生云："法正为蜀郡太守，'睚眦之怨，无不报复，擅杀毁己者数人。'有人报告诸葛亮并建议禀报刘备处理。只因诸葛亮与法正'以公义相取'，见解上投缘，竟公然说：'如何禁止法正使不得行其意邪！'对其严重罪行辩解庇护。诸葛亮执法何以出现如此巨大偏差和双重标准呢？原来……具有极大的迷惑性有关。但他执法不公，排斥异己，轻罪重罚，其心地冷酷手段险恶还是掩盖不了的。"①

仓林忠先生据诸葛亮对待法正违法之事的处理态度，表示了极大的不满，称诸葛亮借法庇护人、借法陷害人、借法抬高自己、借法保自己等等，将诸葛亮的罪过上升到十恶不赦的地步！

因此，考证《答法正书》与答"议者（即请示处分法正者）"是在《蜀科》制定的时间先后，就显得异常重要了。

要知其时间，先看《为法正答或问书》的全文："十九年，进围成都，……以正为蜀郡太守、扬武将军，外统都畿，内为谋主。一餐之德，睚眦之怨，无不报复，擅杀毁伤己者数人。或谓诸葛亮曰：'法正于蜀郡太纵横，将军宜启主公，抑其威福。'亮答曰：'主公之在公安也，北畏曹公之强，东惮孙权之逼，近则惧孙夫人生变于肘腋之下；当斯之时，进退狼跋，法孝直为之辅翼，令翻然翱翔不可复制，如何禁止法正使不得行其意邪！'亮又知先主雅爱信正，故言如此。"②

史载：建安十四年（209）正月，"刘琦卒，孙权表刘备领荆州牧。周瑜分荆州江南四郡（武陵、长沙、桂阳、零陵）以刘备。备立营于油口，改名公安（今湖北省公安西北）。权以妹妻备，妹才捷刚猛，有诸兄风。……210年，庚寅，汉献帝建安十五年。……周瑜、吕范劝权扣留刘备。……211年，辛卯，汉献帝建安十六年。……刘璋遣军议校尉法正至荆州迎刘备……"③

---

①仓林忠：《破解关羽败亡的千古疑案》，《江汉大学学报·人文科学版》2006年第5期，第102页。

②晋·陈寿撰，南朝宋·裴松之注：《三国志》（全五册），中华书局1975年版，第959—960页。

③张习孔、田珏主编：《中国历史大事年·编远古至东汉》，北京出版社1997年版，第712—713页。

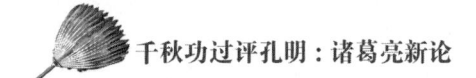

刘备在公安的岁月，并不好过！正是由于法正的到来，使刘备彻底摆脱了在公安的艰难处境。不仅如此，刘备自得法正之后，事业大有起色，如取西川等，法正都立下了汗马功劳，因此深得刘备的信任与重用，其倚重的程度，并不亚于诸葛亮或还在诸葛亮之上！

此时，即公元214年闰五月之前这段时期，诸葛亮若真的向刘备打法正的"小报告"，确实是无用的。诸葛亮确实是无法"限制"或"处分"法正的。诸葛亮向议者说的是大实话。

这里的十九年即汉献帝建安十九年（214），就在这一年的闰五月始，"诸葛亮以严治蜀"，史载云："诸葛亮佐备治蜀，颇尚严峻。法正谓亮曰：'昔高祖入关，约法三章，秦民之德。愿君缓刑弛禁，以慰此州之望。'亮曰：'秦以无道，政苛民怨，匹夫大呼，天下土崩；高祖因之，可以弘济。刘璋暗弱，德政不举，威刑不肃，君臣之道，渐以陵替。……吾今威之以法，法行则知恩；限之以爵，爵加则知荣。荣恩并济，上下有节，为治之要，于斯而著矣。'"①

由上所述可知：法正说诸葛亮，是在刘备占领益州后即从严执法可知，就在法正纵横不法的建安十九年（214）闰5月间未订立《蜀科》之前。即在这个月之前的某段时间内，诸葛亮在无法"限制"或"处分"法正的情况下，回答了"议者"要求他向刘备打"小报告"的问题，而在214年5月间有了《蜀科》之后，诸葛亮则依法治蜀回答了法正对他执法怀着不满情绪的发泄提问。由此可见，诸葛亮的这段答议者的问话，当是214年5月间未订立《蜀科》之前。

直雄补说：

这一段的大意是说：刘备任命法正[176—220，字孝直。扶风郿（今陕西省眉县小法仪镇）人。东汉末年刘备帐下谋士，名士法真之孙]为蜀郡太守、扬武将军，在外统领都城及附近地区，在内则是刘备的主要谋臣。法正对别人小小的

---

①张习孔、田珏主编：《中国历史大事年·编远古至东汉》，北京出版社1997年版，第716页。

一顿饭的恩德也要报答，而别人小小的怨仇则必须报复，曾经擅自处死过几个毁谤过他的人。于是有人向诸葛亮告发说："法正在蜀郡太骄横，您应该禀告主公，约束他作威作福的行为。"

诸葛亮回答道："主公从前驻扎在公安，北面害怕曹操的强兵相威，东面担心孙权的相胁，眼前又惧怕孙夫人在身边引发事变。在这个时候，主公真是进退两难。法正能够辅佐帮助主公，使他得以展翅高飞不再受人钳制，而是让他如虎添翼地驰骋翱翔，这是没有什么人能制服他的。现在我怎么能抑制法正，使他不能按自己的意志行事呢！"①诸葛亮深知道刘备很喜爱法正，因而才实事求是地这样说。

诸葛亮是以依法治国著称于世的，因而有着很高的知名度，他执法是很严厉的，效果也是很显著的。故陈寿称赞曰："诸葛亮之为相国也，抚百姓，示仪轨，约官职，从权制，开诚心，布公道；尽忠益时者虽仇必赏，犯法怠慢者虽亲必罚，服罪输情者虽重必释，游辞巧饰者虽轻必戮；善无微而不赏，恶无纤而不贬；庶事精炼，物理其本，循名责实，虚伪不齿；终于邦域之内，咸畏而爱之，刑政虽峻而无怨者，以其用心平而劝戒明也。可谓识治之良才，管、萧之亚匹矣。"②

特别是他部下张裔亲眼所见，经常感慨地对人说："公赏不遗远，罚不阿近，爵不可以无功取，刑不可以贵势免，此贤愚之所以佥忘其身者也。"③

陈寿和张裔都对诸葛亮执法公正公平给予高度评价，特别是张裔，他是诸葛亮执法的见证人，这更具有可信度！

而在这里，诸葛亮怎么会这样回答告发者呢？东晋孙盛就此发问道："夫威福自下，亡家害国之道，刑纵于宠，毁政乱理之源，安可以功臣而极其陵肆，嬖

---

①孙权把自己的妹妹孙仁嫁给刘备为妻，孙仁才华横溢性情刚猛，有她兄长们的风貌。她的一百多位侍婢都亲自拿刀侍立于旁。先主每次进去时，心里总是战战兢兢十分畏惧。又据夏日新《湖北地名与三国文化》《襄樊学院学报》2008年第4期第70页载：刘备为防孙夫人，专筑"孙夫人城"。孙夫人城："在公安县西。赤壁之战后，刘备自东吴迎娶孙权之妹孙夫人，与刘备相猜疑，在距油江口3000米处另筑此城供孙夫人居住，人称孙夫人城。现仍有一段十多米长的旧城墙遗址。"

②晋·陈寿撰，南朝宋·裴松之注：《三国志》（全五册），中华书局1975年版，第934页。

③同上书，第1012页。

幸而藉其国柄者哉？故颠颉虽勤，不免违命之刑，①杨干虽亲，犹加乱行之戮，②夫岂不爱，王宪故也。诸葛氏之言，于是乎失政刑矣。"③孙盛在这段话中用了两个典事，其意思是说诸葛亮执法不公。

怎样来看待这个问题呢？至今争论不休。除了前面提到的范文琼先生，朱大渭、梁满仓先生，薛军力先生，仓林忠先生等对诸葛亮执法"网开一面"予以抨击之外，还有不少先生从不同的角度对诸葛亮执法有私，而持严厉的批判态度。如：

有的先生认为："诸葛亮虽为中国历史上杰出的人物，但毕竟是封建社会时期的政治家，因而他的政治思想必然体现着封建统治阶级的政治意志。他推行的'仁政'，是为使他的统治地位更加稳固，是为使他的武装北伐有更充足的物资和兵力来源，总之，是为了建立一个封建地主阶级的统一政权。他实施的'法治'谈不上具有'民主'意识，不是法律面前人人平等，而是百姓与官吏，一般官僚与实权人物有别，换句话说，乃是为建立与巩固统治阶级政权服务的。法正为蜀郡太守时，'一餐之德，睚眦之怨，无不报复'，有人要求诸葛亮抑其威福，诸葛亮却历数其功，为之护短。"④

还有的先生认为："诸葛亮是一位被誉为'知地无常形，人无常性''识时务'的俊杰，也是一位坚持从客观实际出发制定方针政策的政治家。最能说明这一问题的是诸葛亮与法正关于治蜀方针的争论。入蜀之始，诸葛亮根据蜀中多年形成的积弊，确定了'严刑峻法'的治蜀方针。对此，当时制法重臣之一的法正提出异议。他援引汉高祖入关'约法三章'、实行宽民之治的故事，建议诸葛亮考虑'客、主'关系与利害，'缓刑弛禁，以慰民望。'为此，诸葛亮特著一篇

---

①颠颉（？—前632）春秋时期晋国大夫。颠颉在随晋文公重耳出逃时受过苦。公元前632年，重耳攻打曹国，俘虏曹共公。重耳指责曹共公纳美女300人，不肯听取僖负羁的劝谏。重耳下令不得侵犯僖负羁及其家人，以报答过境时僖负羁曾给予的款待。然而部将魏犨和颠颉不顾重耳的约束，擅自进攻僖负羁，并纵火烧掉他的家。魏犨在进攻中受伤。重耳知情后，拟处死魏犨和颠颉。魏犨因为勇力过人被赦，颠颉则被杀。

②晋悼公弟杨干乱行，魏绛戮其仆，以示惩戒。

③晋·陈寿撰，南朝宋·裴松之注：《三国志》（全五册），中华书局1975年版，第961页。

④李延夫、陈敏之：《试论诸葛亮政治思想的形成与实践》，《襄阳师专学报》1995年第1期，第63页。

反映他法治思想的重要著作《答法正书》。……为此，诸葛亮主张继续实行'威之以法'和'限之以爵'的治蜀方针。"①

又有的先生认为："对于抑制豪强势力，无论是广度还是深度，蜀汉都不如曹魏。这是因为益州土著豪强势力较大，如果过份抑制，变会引起他们的反抗，不利于政权的巩固，所以诸葛亮就不得不在某些时候睁一只眼闭一只眼。最明显的例子就是法正随意杀人。法正'凡平日一餐之德，睚眦之怨，无不报复，擅杀毁伤己者数人'，诸葛亮对法正的行为却听之任之。"②

李延夫、陈敏之、范文琼与梁中实先生的说法，孰是孰非呢？

直雄以为，答复了孙盛的问题，大致地考证了《蜀科》这部法典的撰写时间。当今先生的问题，也就基本上回答清楚了。李延夫，陈敏之，范文琼与梁中实及范文琼先生，朱大渭、梁满仓先生，薛军力先生，仓林忠先生诸先生称诸葛亮执法"网开一面"的说法到底孰是孰非的问题也就迎刃而解了。

按照孙盛的说法，诸葛亮执法是"刑不上大夫"。此说与李延夫、陈敏之、范文琼、梁中实先生以及范文琼先生，朱大渭、梁满仓先生，薛军力先生，仓林忠先生等人对诸葛亮执法"网开一面"的说法是大同小异。是这样的吗？

直雄以为是对诸葛亮的大误会。同时，对于诸葛亮当时要不要向刘备打"小报告"抑制或处分法正的问题，要作出具体的分析：

其一曰：在刘汉政权还没有订立法律条文的情况下，诸葛亮按照"议者"的要求，向刘备打"小报告"去抑制法正，是十分危险的。《三国志》中所载的十九年，即汉献帝建安十九年（214），这年闰五月，刘备围雒城（今四川省广汉北，雒同洛），且在这一年，庞统中流矢而死。法正与刘璋书，陈形势之强弱，璋不答。雒城溃，刘备围成都。刘备入成都后，自领益州牧，以诸葛亮为军师将军，益州太守。

而此时的法正，却是"蜀郡太守、扬武将军，外统都畿，内为谋主"。从诸葛亮与法正的官衔、职守来看，他们俩是刘备的左右手。这两个左右手，可以说分别是刘汉政权中的荆襄派与东州派的代表人物。军师将军与扬武将军虽说都是

---

① 梁中实：《论诸葛亮"应权通变"的策略思想》，《烟台师范学院学报·哲社版》1995年第2期，第35—36页。
② 范文琼：《重评诸葛亮的历史功过》，2005年华中师范大学硕士学位论文，第19页。

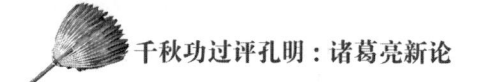

杂号将军，但此时的法正，却是"外统都畿，内为谋主"，显然权重于诸葛亮。

同僚关系的复杂性，并不亚于敌我关系的复杂性。《三国志》中所载的这个"议者"即"或谓者"，不管他是真的为被法正"擅杀"者发不平之鸣，还是心怀恶意要在这节骨眼上有意挑起刚入蜀的荆襄派与东州派、本土派的矛盾等种种情况，作为以智慧超群的诸葛亮来说，在立足并不牢固的情况，他都不可能向刘备打"小报告"，从而在客观上挑起两大集团之间的矛盾，他决不会干"因小失大"的蠢事。所以，毛泽东在读司马光《资治通鉴》时，当读到诸葛亮答"议者"要求抑制法正这一段话时，毛泽东评点云："观人观大节，略小故。"

其二曰：孙盛的上述话语，撇开法正违法这个时段的特殊情况，从总体上来说是正确的。但是，他所列举的两个典事来批评诸葛亮则是不恰当的。

一、诸葛亮不是重耳，法正更不是颠颉。

二、诸葛亮不是魏绛，法正更不是杨干之仆。

诸葛亮与法正，是当时刘汉政权的两根支柱。法正与诸葛亮，都不会在刘备面前打"小报告"去抑制对方。如若这样做了，一则无用，刘备不会自"痛"股肱，干下让他们"斗"起来的蠢事。再有，由于人们不了解诸葛亮对法正"执法"的另一层次的问题，所以在解答法正随意杀人而诸葛亮所谓"网开一面"时，则往往难得到位。

如有清代学者杨希闵在其《汉诸葛忠武侯年谱》中评说道：

> 孙盛引"杨干乱行之戮"，以为诸葛此言失政刑矣。此局外论事，易于固执，未审当局者之曲折也。正此时极得帝心，功亦卓卓，并非图为不轨，一二纵横，公然举发，岂非以尺寸槎枿，弃连抱栋梁乎？先主东征，侯安有不谏止？必思法孝直者，机括各有所合也。"就复东行，必不倾危"，用兵应变，先主亦有所仗矣。此知用人尤不可以小瑕弃大瑜也。[①]

杨希闵的说法，虽说是比较辩证的，但仍未到位。

再如贺游先生在其《诸葛亮与法正》中云：

[①] 王瑞功主编：《诸葛亮研究集成》（上、下册），齐鲁书社1997年版，第251页。

在刘备称帝前的七八年时间里,诸葛亮一直任军师将军。军师将军,是一种因事而设的杂号将军,没有专任行政事务。其间,法正却两次授职,地位不断上升。他不仅为将军,还担任行政职务。先任蜀郡太守,后升为尚书令,成为在刘备左右处理各种政务的要臣。而诸葛亮是在法正死后,才'以丞相录尚书事'的。……诸葛亮与法正地位相当,才智各有长短,而法正又深为刘备宠信,诸葛亮是无权处治法正的。所以,对于法正的大施报复,时人也只要求诸葛亮'宜启主公,抑其福威'。张裔称赞诸葛亮'赏不遗远,罚不阿贵',陈寿称赞他'无恶不惩,无善不显',都是基于这一史实,系指他执掌朝政时的执法而言。法正乱法时,诸葛亮无权处治他。以此来证明诸葛亮执法的局限性,是不符合史实的。[1]

直雄认为,贺游先生之论,实事求是地说明了问题,是为确论,但从另一个层面来看,也是难得到位的。

杨希闵与贺游先生的论说,为什么还有不到位之处,且看如下。

其三曰:诸葛亮不愧为是大政治家的诸葛亮。他虽然向"议者"道出了他不能向刘备打"小报告"抑制法正的原因,但他内心是知道法正的"小心眼"酿成了随意杀人的司法大案,这是不能容忍的,是会危及刘汉政权稳定的。所以,法正此案出现不久,"刘备攻占成都以后,由诸葛亮领衔,法正、刘巴、李严、伊籍五个人共同制定了一部法典,这部法典史称《蜀科》。……法正虽然是《蜀科》的立法者之一,但是他没有把立法当回事儿。他觉得,一个政权建立了,肯定要制定法律嘛,这是一个面子工程。法律制定出来以后,摆在一边装装样子就行了,我该怎么着还怎么着,我是功臣我最大,谁敢管我?没想到,诸葛亮对《蜀科》的执行非常认真。以前无法可依,所以放你一马,现在有法可依了,那我就要执法必严,违法必究。以前没有《蜀科》,刘备、诸葛亮如果惩办法正,有派系斗争、打压本土势力的嫌疑,会引起益州人不满;现在有了《蜀科》,法正再往枪口上撞,那就不是诸葛亮和法正过不去,而是法正和国法过不去了。所

---

[1] 成都市诸葛亮研究会编:《诸葛亮研究》,巴蜀书社1985年版,第294—295页。

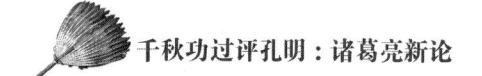

以诸葛亮严格执法，不用再顾虑政治矛盾的问题。"①

面对国家大法，法正还能"擅杀毁伤己者"吗？还用得着"议者"找诸葛亮去求刘备处分法正吗？诸葛亮还用得着说"如何禁止法正使不得行其意邪"的话吗？

《蜀科》虽然佚失，②刘备、诸葛亮要行仁政，要取得益州人民的支持，按理当载有"杀人者赏命"之类的条款。法正再也"纵横"不起来了。

面对《蜀科》这部法典，法正又怎么样呢？"法正被限制得很痛苦，没有办法快意恩仇了，他决定来找诸葛亮吹吹风。法正是个聪明人，他不会傻乎乎地跟诸葛亮说：你执法太严格了，搞得我都没有办法违法犯罪了。要不你睁一只眼闭一只眼，让我继续胡作非为？这样诸葛亮肯定不同意。所以法正拿出一个历史典故，跟诸葛亮讲道理。法正说：以前刘邦打天下，和关中父老约法三章，把秦朝那些严酷的法律都给废除了，这样一来得到了民心。现在你和主公刚刚进入益州，也应该学学刘邦，不要搞得这么严。诸葛亮明确反对。他说：你只知其一，不知其二。秦朝末年，法律太严，所以刘邦要矫之以宽；刘璋做益州牧的时候，为人暗弱，法律太宽，所以我现在要矫之以严。'为治之要，于斯而著'，治理的关键，就在于此。法正被驳得哑口无言。"③

基于上述所论可知：

法正违法，仅在214年闰5月《蜀科》未制定之前而已。法正违法的事实，也许正是《蜀科》诞生的催化剂。有了《蜀科》这部法典，诸葛亮是不会让任何一

---

① 秦涛：《诸葛亮之道》，中国民主法制出版社2017年版，第123页。
② 由于《蜀科》的佚失，加之其他典未能作出专文介绍。《蜀科》的颁发年月，今难确考。谭良啸、奚奕在《〈蜀科〉考》，《湖北文理学院学报》2017年第4期，第5页中载称："入蜀之初，诸葛亮就与法正、刘巴、李严、伊籍等人'共造《蜀科》'，制定了蜀地的法典，颁布施行。……《蜀科》的制定在刘备入蜀之初，即214—217年间。"马学炎《〈蜀科〉所造年月考》中称："《蜀科》编订，当在建安十九年夏五月至建安二十年三月前，……故而在建安十九年五月后至二十年三月前为五人编订《蜀科》的活动区间。"http://www.doc88.com/p-9425621310511.html。秦涛在其《蜀汉法制"郑义"发微》，《许昌学院学报》2014年第1期第16页中载称："《蜀科》之制，应该始于219年，终于222年以后。"直雄以为，从《三国志·伊籍传》和《三国志·法正传》以及秦涛的《诸葛亮之道》的行文实际以及诸葛亮答法正的质疑来看，马学炎说的《蜀科》制订年份当在214年5月至215年3月之前，也许更接近实际。如若从诸葛亮如此强硬地回示法正的质疑来看，《蜀科》的制订时间，当在214年闰5月之前，而不是在其后。
③ 秦涛：《诸葛亮之道》，中国民主法制出版社2017年版，第123—124页。

位权臣草菅人命的。诚如上述,《蜀科》这部法典,当制定在建安十九年(214)这一年的闰五月之前。有了这部法典,诸葛亮就可依法办事。清代学者杨希闵因未能关注《蜀科》的制订年代而评说诸葛亮的执法,因而缺乏应有的深度。而贺游先生在其《诸葛亮与法正》中说:"在刘备称帝前的七八年时间里",因法正官职大,所以诸葛亮对他不敢执法,这又小有偏颇。

十三、法正违法用法制

本篇示要:诸葛亮等人受刘备的旨意,于214年闰5月间制定了《蜀科》,执行和监督此法的实施也是诸葛亮的权力。刘备,作为最高首脑,他不可能具体去执法。所以,裴松之的问难,实属不了解《蜀科》的制订情况,也未顾及到诸葛亮手中握有《蜀科》这一法律利器,故而质疑时,将执法一事扯到刘备在与不在的问题上。在诸葛亮依法治蜀的效果上,也答复了裴松之的质疑问难实属失据。

法正问难:

亮刑法峻急,刻剥百姓,自君子小人咸怀怨叹,法正谏曰:"昔高祖入关,约法三章,秦民知德,今君假借威力,跨据一州,初有其国,未垂惠抚;且客主之义,宜相降下,愿缓刑弛禁,以慰其望。"[①]

---

①晋·陈寿撰,南朝宋·裴松之注:《三国志》(全五册),中华书局1975年版,第917页。

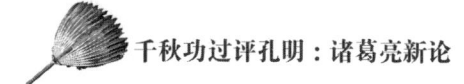

诸葛妙答：

亮答曰："君知其一，未知其二。秦以无道，政苛民怨，匹夫大呼，天下土崩，高祖因之，可以弘济。刘璋暗弱，自焉已来有累世之恩，文法羁縻，互相承奉，德政不举，威刑不肃。蜀土人士，专权自恣，君臣之道，渐以陵替；宠之以位，位极则贱，顺之以恩，恩竭则慢。所以致弊，实由于此。吾今威之以法，法行则知恩，限之以爵，爵加则知荣；荣恩并济，上下有节。为治之要，于斯而著。"①

又，《答法正书》"君知其一，未知其二……为治之要，于斯而著。"注：见《三国志·诸葛亮传》裴注引郭冲五事。据载，诸葛亮治益州，"刑法峻急"，法正劝其"缓刑弛禁"，诸葛亮作此书答之。系入益州后事，约为215年。②

作年略考：

直雄在前面的题目是《法正纵横仅此时》。就是说法正纵横不法，为时不久。本篇的题目是《法正纵横用法制》。就是说，法正因为有了自己参与所制定的《蜀科》，法正自己也不得不遵守《蜀科》的法律条文。再也不能有纵横不法之举了。法正不能随心所欲。他在这个时候，或是在与诸葛亮一道制定《蜀科》时，却希望诸葛亮不要严格执法。这个时间与上文的时间是一致的，上文已经考证，时在214年闰5月这个时段之内。

直雄补说：

这一大段话的大概意思是说：诸葛亮运用刑法十分严峻，对老百姓非常苛

---

① 晋·陈寿撰，南朝宋·裴松之注：《三国志》（全五册），中华书局1975年版，第917页。
② 王瑞功主编：《诸葛亮研究集成》（上、下册），齐鲁书社1997年版，第274—275页。

刻，不管是君子还是小人，都心存怨恨，法正出来劝阻道："当初汉高祖刘邦入主关中，约法三章，秦国的百姓感恩戴德，现在刚刚攻克益州，还没有安抚老百姓，你却运用国家的权力，称霸一州，况且以主客之义，关中刚刚投降，希望缓弛法纪，让民休养生息，为的是建立百姓对蜀汉政权的威望。"

这是一个执法还废法的大事，对此，诸葛亮毫不含糊地回答说："您只知其一不知其二。秦政权残暴无道地推行苛政，老百姓被迫造反，秦政权就土崩瓦解了，高祖因而顺应天下局势，约法三章，于是稳固了政权"。刘璋昏庸懦弱，自刘焉据蜀以来已经有几代，政法松弛，文官互相奉承拉扯，德政不兴修，法律威望不存。蜀中的人士又专权跋扈，已经丧失了君臣间的道义；国君虽以高位尊宠臣下，然而僭越法度，践踏刑律，致使位极而贱、恩竭则慢，到了积重难返的地步，实际皆由无法可遵所致。现今，我树立法律的威严，法律施行则会感恩，限制滥用加爵，并以爵位管辖臣民，不轻易加爵位，则知道得到爵位的荣耀；荣誉和恩典共同施用，上下便进退有度。这是治理国家之至要，正因如此才能显示执法的重要意义。"

直雄以为：法正长期居蜀，过惯了那种"文法羁縻，互相承奉，德政不举，威刑不肃。蜀土人士，专权自恣，君臣之道，渐以陵替；宠之以位，位极则贱，顺之以恩，恩竭则慢"的生活，现在诸葛亮依法治蜀，他和那些长期居蜀、有权有势的士人们，对诸葛亮依法治蜀非常不适应。所谓"昔高祖入关，约法三章，秦民知德，今君假借威力，跨据一州，初有其国，未垂惠抚；且客主之义，宜相降下，愿缓刑弛禁，以慰其望"的说法，正是法正自己以及这批长期居蜀的有权有势的士人们的观点。

诸葛亮对法正的问难，可谓有理有据、实事求是地作了回答。特别指出了刘焉、刘璋据蜀毫无建树，搞得这个"天府之国"到了"文法羁縻，互相承奉，德政不举，威刑不肃……位极则贱，顺之以恩，恩竭则慢"的地步。造成"天下未乱蜀先乱，天下已治蜀未治"[1]的局面。"所以致弊，实由于此"，此语可谓"击中要害"，大有"一矢中的"之妙！

在语言的表达方式上，一句"君知其一，未知其二"，让法正再无空子可钻，只能接受其说。

不过，对于此说，裴松之批驳道："案法正在刘主前死，今称法正谏，则刘

---

[1] 秦涛：《诸葛亮之道》，中国民主法制出版社2017年版，第122页。

主在也。诸葛职为股肱，事归元首，刘主之世，亮又未领益州，庆赏刑政，不出于己。寻冲所述亮答，专自有其能，有违人臣自处之宜。以亮谦顺之体，殆必不然。又云亮刑法峻急，刻剥百姓，未闻善政以刻剥为称。"①

这段话的意思是说：法正之死在刘备之前，现在说法正进谏，那么刘备肯定还在。诸葛亮只是重臣，政事决定权当在刘备，刘备在世时，诸葛亮未领益州牧，典庆赏罚、刑罚政事根本不会由诸葛亮一人决定。如郭冲所叙述的诸葛亮之回答，大臣之间本各有职能所在，有违人臣相处之道。以诸葛亮谦虚体顺的风度，料想肯定不会做出那样的回应。又提及诸葛亮的刑法峻急，刻剥百姓，却没有听说过善政反以刻剥相称的。

直雄以为，这里，实则冒出了一个裴松之问难的问题。其实，裴松之有一大错误，史载214年闰五月，刘备领益州牧，诸葛亮、张飞、赵云引兵来会……以诸葛亮为军师将军，益州太守……诸葛亮佐刘备治蜀，颇尚严峻。②诸葛亮作为益州太守，管理益州是他的权力，执法也是他的权力，由他解答法正对其执法的疑问，是他的本职工作。其问也是"只知其一，未知其二"。

何也？岂不知，"伊籍……遂随先主南渡江，从入益州。益州既定，以籍为左将军从事中郎……后迁昭文将军，与诸葛亮、法正、刘巴、李严共造《蜀科》；《蜀科》之制，由此五人焉。"③

在没有《蜀科》之前，诸葛亮对法正的纵横违法，面对要求他向刘备打法正"小报告"的人时，诸葛亮只能如实申说，法正曾经"纵横"了那么一阵子。现在诸葛亮敢于这样"抵制"法正，正是因为有法律条文《蜀科》为据，因此，诸葛亮让法正碰了"软钉子"，法正也是没有办法的。

那么，《蜀科》的编订年份就很有必要考证了。

有专家考证认为："《蜀科》编定年份当是建安十九年（214），由法正、诸葛亮、李严、刘巴和伊籍共同完成，是刘备政权占据益州后所为。"④

---

①晋·陈寿撰，南朝宋·裴松之注：《三国志》（全五册），中华书局1975年版，第917页。
②张习孔、田珏主编：《中国历史大事年·编远古至东汉》，北京出版社1997年版，第715—716页。
③晋·陈寿撰，南朝宋·裴松之注：《三国志》（全五册），中华书局1975年版，第971页。
④马学炎：《〈蜀科〉所造年月考》，2018年12月29日，https://max.book118.com/html/2017/1218/144794618.shtm。

也有专家考证认为：攻占成都以后，由诸葛亮领衔，法正、刘巴、李严、伊籍五个人共同制定了一部法典，这部法典史称《蜀科》。"[1] 攻占成都以后，即214年以后。

据有关史料载云：214年，甲午，汉献帝建安十九年闰五月，刘备领益州……诸葛亮佐刘备治蜀，颇尚严峻。法正谓亮曰："昔高祖入关，约法三章，秦民知德。愿君缓刑驰禁，以慰此州之望。"亮曰："秦以无道，政苛民怨，匹夫大呼，天下土崩；高祖因之，可以弘济。刘璋暗弱，德政不举，威刑不肃，君臣之道，渐以陵替。……吾今威之以法，法行则知恩，限之以爵，爵加则知荣。荣恩并济，上下有节，为治之要，于斯著矣。"[2]

最初，诸葛亮无可奈何地任法正纵横一时，到214年5月敢于这样"抵制"法正的所谓"箴谏"，正是因为在214年闰5月之前，受刘备的旨意，与法正、刘巴、李严、伊籍五个人共同制定了这部史称《蜀科》的法典。

综上所述可见，诸葛亮是受刘备的旨意，制定《蜀科》，执行和监督此法的实施也是他的权力。刘备，作为最高首脑，他不可能具体去执法。所以，裴松之的问难，实属不了解《蜀科》的制订情况，也未顾及到诸葛亮手中握有《蜀科》这一法律利器，故而质疑时，将执法一事扯到刘备在与不在的问题上去了。

在诸葛亮依法治蜀的效果上，也答复了裴松之的质疑问难无据。正如陈寿所言："诸葛亮之为相国也，抚百姓，示仪轨，约官职，从权制，开诚心，布公道；尽忠益时者虽仇必赏，犯法怠慢者虽亲必罚，服罪输情者虽重必释，游辞巧饰者虽轻必戮；善无微而不赏，恶无纤而不贬；庶事精炼，物理其本，循名责实，虚伪不齿；终于邦域之内，咸畏而爱之，刑政虽峻而无怨者，以其用心平而劝戒明也。可谓识治之良才，管、萧之亚匹矣。"[3] 陈寿之评，是有大量的事实为基础的：要知道："刘备入蜀后，法正的地位骤然上升，以致在诸葛亮之上。219年，刘备称汉中王。依例群臣也得进位晋升。在得以进位的名单中，主要的人物有法正、关羽、张飞等，却没有诸葛亮。法正进而为尚书令，执掌全国政务；诸

---

[1] 秦涛：《诸葛亮之道》，中国民主法制出版社2017年版，第122页。
[2] 张习孔、田珏主编：《中国历史大事年·编远古至东汉》，北京出版社1997年版，第715—716页。
[3] 晋·陈寿撰，南朝宋·裴松之注：《三国志》（全五册），中华书局1975年版，第934页。

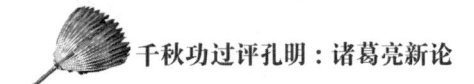

葛亮仍为入蜀时的军师将军、署左将军府事，只掌管军府之事。"①由此可见，陈寿称赞诸葛亮"犯法怠慢者虽亲必罚"是实事求是的。对于法正的"责问"，不怕你法正"官大一级"也敢于据理而辩而争。

面对裴松之之驳难，朱大有先生在其《诸葛亮隐没五事辨析》中指出：诸葛亮是刘汉政权法典《蜀科》的提出者也是执行者，刘备经常主战在外，由诸葛亮主政执法，乃理所当然。至于法正为什么不直接向刘备提出改变所谓"刑法峻急"而向诸葛亮提出问题呢？这正说明有《蜀科》这部法典在，诸葛亮既是益州刑政的具体处置者与法典的主持者。诸葛亮直接对法正作出解说，正是他"开诚心"的政治作风的体现，亦有违他与法正"以公义相取"的正常关系。对于"亮刑法峻急，刻剥百姓，未闻善政以刻剥为称"的问题，乃转话而已，这不是郭冲自己的看法。②毋庸置疑，朱大有先生的分析是符合实际的、中肯的。

十四、欲封黄忠后将军

本篇示要：诸葛亮的解释"为什么提拔黄忠应做关羽的工作"可谓精到：一表示不反对提拔；因为黄忠的赫赫大功，为张飞、马超、赵云皆眼见为实。这就隐含了诸葛亮是同意刘备的这个想法的；二表示有所担忧关羽不悦，不利于团结：诸葛亮深知关羽的个性。而关羽这个人的工作，只有刘备去做才有效，但在刘备面前，语言表达时又不宜过于强硬；三是费诗代表刘备之意去做好关羽对刘备提拔黄忠的工作，可见黄忠的

---

①薛军力：《夷陵之战诸葛亮何以未能与谋》，《天津师大学报》1996年第6期，第41页。
②成都市诸葛亮研究会编：《诸葛亮研究》，巴蜀书社1985年版，第47—51页。

作用对刘备也很重要。更见诸葛亮的先见之明与工作之精细精到；四是将诸葛亮真心诚意要加强刘备与关羽的团结的话语而解读为诸葛亮别有用心杀关羽，实在令人匪夷所思。

刘备问难：

是岁，先主为汉中王，欲用忠为后将军。①

诸葛妙答：

诸葛亮说先主曰："忠之名望，素非关、马之伦也。而今便令同列。马、张在近，亲见其功，尚可喻指；关遥闻之，恐必不悦，得无不可乎！"先主曰："吾自当解之。"遂与羽等齐位，赐爵关内侯。②

又，"亮复进言道：'黄忠名望，与关、马不同，从前马超来降，云长尚欲与较优劣，今使忠与彼同列，彼必不服，宜从斟酌。'备笑答道：'我自能向彼解说，军师勿忧。'"③

再，《论黄忠与关马同列》"忠之名望，素非关、马之伦也……恐必不悦，得毋（按：直雄写作"无"，可能与直雄所据版本不同而致）不可乎！"注：见《三国志·黄忠传》，张澍本作《论黄忠》。因此论是诸葛亮向刘备分析封黄忠可能引起的内部反映，故改今题。事在219年。黄忠（？—220年），南阳人，字汉升，随刘备入蜀后，仕至征西将军。④

---

①晋·陈寿撰，南朝宋·裴松之注：《三国志》（全五册），中华书局1975年版，第948页。
②同上。
③蔡东藩：《中国历史通俗演义·前汉后汉》，安徽人民出版社1999年版，第617页。
④王瑞功主编：《诸葛亮研究集成》（上、下册），齐鲁书社1997年版，第275页。

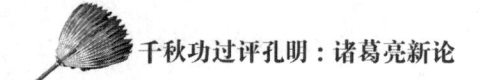

作年略考：

史载：汉献帝建安二十四年（219）正月，"曹操征西将军夏侯渊与刘备相拒于阳平关（今陕西省沔县西北）。备自阳平南渡沔水，缘山稍前，营于定军山（今陕西省沔县东南）。渊引兵来争，备使黄忠乘鼓噪攻之，渊军大败，被杀。……七月，刘备立为汉中王，上还左将军、宜城亭侯印绶。立子刘禅为太子，还治成都。"[1]

又，《三国志·蜀书·黄忠传》载云："建安二十四年，（黄忠）于汉中定军山击夏侯渊。渊众甚精，忠推锋必进，劝率士卒，金鼓振天，欢声动谷，一战斩渊，渊军大败。迁征西将军。是岁，先主为汉中王，欲用忠为后将军，诸葛亮说先主曰：'忠之名望，素非关、马之伦也。而今便令同列。马、张在近，亲见其功，尚可喻指；关遥闻之，恐必不悦，得无不可乎！'先主曰：'吾自当解之。'遂与羽等齐位，赐爵关内侯"[2]。

这两条史料都明载：黄忠提拔为后将军，事在公元214年7月间。

直雄补说：

这段话的意思是说：建安二十四年（219），因黄忠在汉中的定军山与曹魏名将夏侯渊作战。尽管夏侯渊的军队非常精良，黄忠竟然斩杀了夏侯渊，使夏侯渊的军队大败。黄忠被提升为征西将军。就在这一年七月，刘备自立为汉中王，想任命黄忠为后将军，拟听听诸葛亮的意见。诸葛亮便对刘备说，黄忠的声望，一直不能和关羽、马超这些人相比。马超和张飞皆同在此，能亲眼看到黄忠的功绩，当然会表示信服。关羽远在荆州听说此事，是会不高兴的，能否这样做呢？刘备说，这件事由我亲自去劝解。于是黄忠得到了与关羽同列的地位，并

---

[1] 张习孔、田珏主编：《中国历史大事编年·第一卷》，北京出版社1997年版，第719—720页。

[2] 晋·陈寿撰，南朝宋·裴松之注：《三国志》（全五册），中华书局1975年版，第948页。

被封为关内侯。

对于诸葛亮的这一小段妙语,仓林忠先生解之曰:"随着诸葛亮当上蜀汉首辅,他心中出现一个隐忧,即担心刘备死后关羽同他在权力配置或大政方针上发生冲突而他并无战胜关羽的把握。针对关羽自大的弱点,诸葛亮曾转弯抹角地试探刘备对关羽'难制'问题的看法和态度:刘备'欲用(黄)忠为后将军。诸葛亮说先主曰:忠之名望,素非关、马之伦也。而今便令同列。……关遥闻之,恐必不悦,得无不可乎!'诸葛亮表面上认为黄忠名望低,担心关羽听说黄与自己并列不高兴,似在提醒刘备照顾关羽的情绪,在封赏上搞一些平衡。实际上是旁敲侧击地向刘备提出关羽骄横而难以制御的问题,谨慎地试探刘备对今后使用关羽问题上的看法和态度,意在提醒刘备,不能再让功高威重而又予夺自专难以驾驭的关羽手握重兵坐镇一方了。当他发现刘备并不看重关羽缺点而改变对关羽的任用,确知刘备对关羽的信任不可以言语所动摇,就噤口不言了。虽说诸葛亮在刘备面前的这次进言未取得什么效果,但他以关羽为隐患的阴暗心理和转弯抹角向刘备进谗的心机却不自觉地流露出来。……正是关羽在政治上的盲昧和他对刘备的忠心,才使他毫无知觉地钻进了诸葛亮处心积虑设下的圈套,上演了一幕败走麦城身首异处的悲剧。关羽败亡出于诸葛亮算计,不仅受害者关羽不知,刘备接连失去关、张、刘封三员战将,元气大伤,至死也只知恨孙权,不知恨诸葛亮;千百年来许多史家也只知关羽死于骄傲大意,死于孙、曹两家的勾结夹击而未见他其实被害于孔明。正是由于诸葛亮政治上的老到精明,巧于算计,古往今来的人都被他严严实实地蒙蔽过去了。"[①]学术界在一段时间以来,出现了不少"新观点":什么刘备阴谋杀关羽呀!什么诸葛亮阴谋杀关羽呀!什么诸葛亮志在当皇帝呀!等等。不一而足。细细品味这种种观点,连一个"孤证"也拿不出来。全是"小说式"曲曲折折的推理,有对史籍过"度"解释之嫌!故认为这些观点不能成立,也不想一一费笔墨论辩。

直雄不敢苟同仓林忠先生的说法。诸葛亮不愧为一代贤相,一代大政治家,语言学家与一流的大军事家。因黄忠斩了曹魏夏侯渊,对曹魏一朝震撼颇大,在迫使曹操最终不得不撤离汉中起到很大的作用,刘备拟将黄忠提拔到与

[①] 仓林忠:《破解关羽败亡的千古疑案》,《江汉大学学报·人文科学版》2006年第5期,第101页。

关羽、张飞、马超、赵云同等地位，当然是无可厚非的。但心中不免有所顾虑，拟听听诸葛亮的意见。

诸葛亮的解释可谓精到：

一、表示不反对提拔：因为黄忠的赫赫大功，为张飞、马超、赵云亲眼所见为实。这就隐含了诸葛亮是同意刘备的这个想法的。

二、表示有所担忧关羽不悦，不利于团结：诸葛亮是深知关羽个性的。而关羽这个人的工作，只有刘备去做才有效，但在刘备面前，语言表达时又不宜过于强硬。

"心有灵犀一点通。"诸葛亮的目的达到了——刘备终于说出了"我自能向彼解说，军师勿忧。"消弭矛盾于萌发之前，这是诸葛亮的语言艺术，亦是诸葛亮治国的总体艺术。

诸葛亮的预计是十分精准的、也达到了维护刘备与关羽之间团结的目的。

且看："先主为汉中王，遣诗拜关羽为前将军。羽闻黄忠为后将军，怒曰：'大丈夫终不与老兵同列！'不肯受拜。诗谓羽曰：'夫立王业者，所用非一。昔萧、曹与高祖少小亲旧，而陈、韩亡命后至，论其班列，韩最居上，未闻萧、曹以此为怨。今汉王以一时之功隆崇于汉升[①]然意之轻重，宁当与君侯齐乎！且王与君侯，譬犹一体，同休等戚，祸福共之，愚为君侯不宜计官号之高下、爵禄之多少为意也。仆一介之使，衔命之人，君侯不受拜，如是便还，但相为惜此举动，恐有后悔耳！'羽大感悟，遽即受拜。"[②]

这段的意思是说：刘备称汉中王之后，派费诗去荆州任命关羽为前将军，关羽得知黄忠为后将军，生气地说："大丈夫终不与老兵同列！"不接受任命。费诗便对关羽道："创帝王之业的人，其所任命的人才不可能都是一样的，萧何、曹参与刘邦是老友，而陈平、韩信是逃亡而后至，若论在朝中所排位次，韩信居位最高，但萧何、曹参没有任何怨言。现在汉中王以一时之功劳，对黄忠厚加恩宠，但内心会把他与您等列吗？汉中王与您，有如一体，同休共戚，祸福同当，我若是君侯您，是不会计较官号高低、爵禄多少的。我为使臣，奉命行事而已，

[①]黄忠，字汉升。
[②]晋·陈寿撰，南朝宋·裴松之注：《三国志》（全五册），中华书局1975年版，第1015—1016页。

您若真不受封，我便回京，不过是对您的举止深感惋惜，恐怕您会有后悔的时日啊！"关羽为之感悟，接受了任命。

"费诗此行，是刘备所派；费诗之言，实为刘备之意；他并不因关羽不高兴而改变对黄忠有提拔，可见黄忠的作用对刘备也很重要。"[①]更见诸葛亮的先见之明与工作之精细精到！确与诸葛亮存心要害关羽风马牛不相及。

十五、"借刀除患"待商榷

  本篇示要：基于多方面的分析，陈寿的"诸葛亮虑封刚猛，易世之后终难制御，劝先主因此除之。于是赐封死，使自裁"之说，纯粹为了宣扬刘备之"仁"和诸葛亮的远见卓识而杜撰诸葛亮劝刘备杀刘封！如果改成"刘备虑封刚猛，易世之后亲生之子刘禅终难制御，先主因此想借诸葛亮之口除之。便问曰'封罪当诛否？'不料，诸葛亮回之以'凭王裁夺'。刘备无奈，赐封死，使自裁。"由上观之：杀刘封者，非诸葛亮所为，乃其养父刘备也！

刘备问难：

  会刘封奔还成都，谓孟达、申耽，并皆叛去，反引魏兵袭封，封寡不敌众，只好奔回。备怒叱道："汝知荆州危急，并不往救，今反敢来见我么？"封答

[①]朱大渭、梁满仓：《武侯春秋》，团结出版社1998年版，第313—314页。

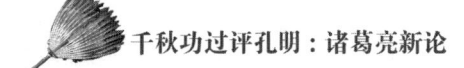

道:"孟达从中挠阻,孤身不能赴救,所以中止。"备不待说毕,即喝声道:"我闻汝与孟达不和,故达敢阻挠,汝当思食人禄,忠人事,怎得复听达言?我若贷汝,如何服人?"封跪伏求饶,适诸葛亮在侧,备顾语道:"封罪当诛否?"①

诸葛妙答:

亮答称:"凭王裁夺"四字,备乃赐封自尽。②

作年略考:

史载:汉献帝建安二十四年(219)十二月,"关羽自知孤穷,乃西保麦城,③孙权使人诱之,羽伪降,立幡旗为象人于城上,因遁走,兵皆解散,随者十余骑。权使朱然、潘璋断其径路,获羽及子平于章乡(今湖北省当阳东北),斩之。"④这里明载关羽死于219年12月。那么,刘封之死当是220年的事。

又,汉延康元年、魏文帝曹丕黄初元年(220)七月,"刘备部将孟达与刘封不和,率部曲四千余家降曹丕。"⑤据《三国志·蜀书·刘封传》载:这时虽然孟达招刘封与之一起降魏,被刘封断然拒绝,说明刘封在220年7月尚活着。

《三国志·蜀书·刘封传》载:"申仪叛封,封破走还成都。……黄初中,仪复来还,诏即以兄故号加仪,因拜魏兴太守,封列侯。"⑥

---

①蔡东藩:《中国历史通俗演义·前汉后汉》,安徽人民出版社1999年版,第627—628页。
②同上书,第628页。
③据夏日新:《湖北地名与三国文化》《襄樊学院学报》2008年第4期第72页载:"在当阳市东南约20千米处,位于沮水与漳水之间。建安二十四年(219),关羽北伐襄樊,江陵为东吴吕蒙所袭,关羽退守麦城,即此地。现此地留有一南北长600米,东西宽100米,高约30米的遗迹。"
④张习孔、田珏主编:《中国历史大事编年·第一卷》,北京出版社1997年版,第721页。
⑤张习孔、田珏主编:《中国历史大事编年·第二卷》,北京出版社1997年版,第2页。
⑥晋·陈寿撰,南朝宋·裴松之注:《三国志》(全五册),中华书局1975年版,第994页。

这段史料告诉了我们两件大事：

一、刘封拒绝孟达降魏之后，申仪也背叛刘封投魏，刘封被迫回到成都。

二、黄初（220—226）中，申仪投魏。这时的刘封只能回成都。

由此可以推定：事在220年7月刘封回成都之后不久，被杀。

直雄补说：

对于刘封的死，几乎众口一词地归罪于诸葛亮。蔡东藩先生接着撰写并评论道："封临死自叹道：'我悔不听孟子度言！'子度就是达的字，这语传入备耳，才知达降魏后，曾有书招封，封毁书斩使，致为所逐，备不免生悔，懊怅了好几天。封本姓寇，为长沙王刘氏外甥，备到荆州时，尚未生禅，因留封为养子。封颇有膂力，随诸葛亮入益州，转战有功，乃得受职副中郎将。诸葛亮虑封刚暴，后终难制，故不为请免，听令加诛。封之罪固不免于死。"①

蔡东藩先生的论述与评论，说刘封之死，均不是因为诸葛亮"借刀除后患"所致，只是"不为请免，听令加诛"而已。杀刘封者，刘备也。不能加罪于不曾制止者的诸葛亮头上。

陈寿则认为，刘封之死，纯属诸葛亮一手操纵所致。他写道："封既至，先主责封之侵陵达，又不救羽。诸葛亮虑封刚猛，易世之后终难制御，劝先主因此除之。于是赐封死，使自裁。封叹曰：'恨不用孟子度之言！'先主为之流涕。"②

由于陈寿的记载一口咬定是诸葛亮劝说刘备杀了刘封。所以，事成铁案。后世学者除蔡东藩先生之外，无不持此说法。

如谭良啸先生云："刘封有过错，但对刘备忠诚不二，罪不当诛。刘备赐其死，也自知理亏情曲，不免心怀恻隐之情，为之流涕；诸葛亮进言除掉刘封，则暴露出他作为政治家的权术和心机。"③

---

①蔡东藩：《中国历史通俗演义·前汉后汉》，安徽人民出版社1999年版，第628页。

②晋·陈寿撰，南朝宋·裴松之注：《三国志》（全五册），中华书局1975年版，第994页。

③谭良啸：《刘备的祖辈、妻妾后妃和子孙述考》，《襄樊学院学报》2010年第3期，第10页。

后又云："刘封罪不该死而诸葛亮建议赐其死,以保刘备死后刘禅顺利继位。"①

朱大渭与梁满仓先生则云:"对于刘封其人,诸葛亮也是非常了解的。他认为刘封确有将领才干。诸葛亮爱才,但爱有德之才。他认为如果一个人品德不好,他的才干只能给蜀国带来灾难。刘封具有才干,但性情刚猛,好侵凌他人。万一刘备去逝,刘封和刘禅争起权来,是很难将他制服的。如果是那样,蜀国将陷入内耗之中,兴复汉室便不会有任何希望。所以,当刘封失掉汉中东面三郡逃回成都后,诸葛亮便力劝刘备除掉刘封。刘备便指责刘封侵凌孟达,逼其降魏;不救关羽,使其丧败,将其赐死。本来刘封罪不致死,但刘备深深理解诸葛亮主张的意图,他是为了蜀国将来政治的稳定,为了使将来王位的易世能平稳进行。"①

如果说蔡东藩的记述,"借刀除患"说还不能成立的话,陈寿的"借刀除患"说则肯定刘封之死是诸葛亮一手所为,加之谭良啸先生、朱大渭与梁满仓先生的形象论述,使诸葛亮杀死刘封已成铁案。

直雄以为:蔡东藩先生的"凭王裁夺",明确地说明了诸葛亮"借刀除患"说是不能成立的。而诸多专家称是诸葛亮借刘备之刀杀了刘封是值得商榷的。陈寿所记的真实性,更有其值得怀疑之处:

首先,《孟达与刘封书》断言:将来杀刘封者必是刘备也!才具有可信度。

刘封临死之时的"恨不用孟子度之言"的内容是什么?这就很有必要让我们来分析一下《孟达与刘封书》的核心内容。其书信云:

> 古人有言:"疏不间亲,新不加旧"。此谓上明下直,谗慝不行也。若乃权君谲主,贤父慈亲,犹有忠臣蹈功以罹祸,孝子抱仁以陷难,种、商、白起、孝己、伯奇,皆其类也。其所以然,非骨肉好离,亲亲乐患也。或有恩移爱易,亦有谗间其间,虽忠臣不能移于君,孝子不能变之于父者也。势利所加,改亲为仇,况非亲乎!故申生、卫汲、御寇、楚建禀

---

① 谭良啸、奚奕:《〈蜀科〉考》,《湖北文理学院学报》2017年第4期第17页。
② 朱大渭、梁满仓:《武侯春秋》,团结出版社1998年版,第378—379页。

受形之气，当嗣立之正，而犹如此。今足下与汉中王，道路之人耳，亲非骨血而据势权，义非君臣而处上位，征则有偏任之威，居则有副军之号，远近所闻也。自立阿斗为太子已来，有识之人相为寒心。如使申生从子舆之言，必为太伯；卫汲听其弟之谋，无彰父之讥也。且小白出奔，入而为霸；重耳逾垣，卒以克复。自古有之，非独今也。

夫智贵免祸，明尚凤达，仆揆汉中王虑定于内疑生于外矣；虑定则心固，疑生则心惧，乱祸之兴作，未曾不由废立之间也。私怨人情，不能不见，恐左右必有以间于汉中王矣。然则疑成怨间，其发若践机耳。今足下在远，尚可假息一时；若大军遂进，足下失据而还，窃相为危之。昔微子去殷，智果别族，违难背祸，犹皆如斯。今足下弃父母而为人后，非礼也；知祸将至而留之，非智也；见正不从而疑之，非义也。自号为丈夫，为此三者，何所贵乎？以足下之才，弃身来东，继嗣罗侯，不为背亲也；北面事君，以正纲纪，不为弃旧也；怒不致乱，以免危亡，不以徒行也。加陛下新受禅命，虚心侧席，以德怀远，若足下翻然内向，非但与仆为伦，受三百户封，继统罗国而已，当更剖符大邦，为始封之君。陛下大军，金鼓以震，当转都宛、邓；若二敌不平，军无还期。足下宜因此时早定良计。《易》有"利见大人"，《诗》有"自求多福"。行矣。今足下勉之，无使狐突闭门不出。[1]

孟达这封策反刘封的长信，运用了大量的典事，说明刘封回去必死无疑。这虽说是一封策反书信，却也道出了关键性的实情，这就是刘封这个养子本来就具有继承刘备王位之权，但刘备却立了无能的阿斗为太子，而刘封又是一个有用之材且"位高权重"，变成了刘汉政权内的一大隐患。刘备一定会借不救关羽等事杀了你呀！

---

[1] 晋·陈寿撰，南朝宋·裴松之注：《三国志》（全五册），中华书局1975年版，第992—993页。

从这封信里可知，是诸葛亮杀了刘封还是刘备心中早有除掉刘封的念头，不也是很清楚的吗？杀谁？不杀谁？刘备可不是儿子阿斗那样拿不定主意的人，他是一代枭雄！心中早有盘算。他在曹操的眼皮子底下参与杀曹操都毫无含糊，杀一个将会影响刘禅王位的假子，他会手软吗？为什么硬要把杀刘封之事推到诸葛亮头上？于理不合。

其次，陈寿记载诸葛亮杀刘封的话语不合逻辑。从陈寿到所有认为杀刘封是诸葛亮者，只要分析一下他们的陈述，都是矛盾的。就拿陈寿所说的"封既至，先主责封之侵凌达，又不救羽。诸葛亮虑封刚猛，易世之后终难制御，劝先主因此除之。于是赐封死，使自裁。封叹曰：'恨不用孟子度之言！'先主为之流涕"的语意来看，"封既至，先主责封之侵凌达，又不救羽"，先主是要杀刘封还是不肯杀刘封呢？没有了下文。为了显现诸葛亮有先见之明和刘备的仁慈，陈寿来了个"诸葛亮虑封刚猛，易世之后终难制御，劝先主因此除之"，真可谓有一箭双雕之妙。但这不是历史的真实：因为"虑封刚猛，易世之后终难制御"，更多的成份是在老于世故的刘备而不是不愿参与皇家家事的诸葛亮。至于刘备的"为之流涕"，不过是"鳄鱼的眼泪""假仁假义"收取人心而已！

其三，刘备杀刘封，有其法律依据。

我们不应忘记，正是刘汉政权中的五位名臣按照刘备的旨意制订了刘汉政权的法典——《蜀科》。史载："伊籍……遂随先主南渡江，从入益州。益州既定，以籍为左将军从事中郎……后迁昭文将军，与诸葛亮、法正、刘巴、李严共造《蜀科》；《蜀科》之制，由此五人焉。"[①]

据此，"《蜀科》编定年份当是建安十九年即公元214年，由法正、诸葛亮、李严、刘巴和伊籍共同完成，是刘备政权占据益州所为。"[②]直雄考证当是214年闰5月。

《蜀科》这部法典虽已经佚失，但对于刘封这种情况当如何处理，刘备和诸大臣均是心知肚明的。刘备问难诸葛亮"封罪当诛否？"，说明刘备有"法外

[①] 晋·陈寿撰，南朝宋·裴松之注：《三国志》（全五册），中华书局1975年版，第971页。

[②] 马学炎《〈蜀科〉所造年月考》，2018年12月29日，https://max.book118.com/html/2017/1218/144794618.shtm。

开恩"之意或是将"有意杀封"之责推给诸葛亮！语言学家的诸葛亮以"凭王裁夺"四字及时将这个"球"踢了回去！其言之妙有四：

一是刘备是《蜀科》的倡导者和审定者，当如何处理，是属明知故问。面对这样的问话，以"凭王裁夺"四字回应，既无"法外开恩"之谀，更不当负"有意杀封"之责。回之以四字，妙绝！

二是刘封虽是养子，但他有继承权且有战功。"处理刘封"是刘备家事。但凡参与帝王家事的人多数是没有好下场的。人称智圣的诸葛亮对此当然十分谨慎。他不肯轻易界入是明智之举，当刘备问他时，他回之以"凭王裁夺"也是合情合理的。

三是我们不要忘了："诸葛亮在襄阳期间与荆州官吏、大族、名人建立了良好的关系，如蔡瑁的大姐嫁给了沔南名士黄承彦，二姐嫁给了荆州牧刘表，而诸葛亮又娶了黄承彦的女儿为妻，因此他和刘表的关系不仅因为其叔父诸葛玄与其'旧友'关系，而且还是他的姨父，这样他和荆州统治集团有着密切的联系；再从和庞德公的关系来说，不仅他自己的二姐嫁给了庞德公的儿子庞山民，大姐嫁给中庐大族蒯祺，而且他自己的妻子是襄阳大族、名士黄承彦的女儿，这样他和襄阳地区的豪强大族也有着亲戚关系；再者，他与刘表的长子刘琦关系甚为密切，俩人是表兄弟关系，他深受刘琦的器重，所以刘琦在受到后母蔡氏的排挤时，便去找诸葛亮出谋划策。"[①]

由此可知：诸葛亮与刘琦有着多重密切的关系，在刘琦想不出避难的办法时求助于他，这对诸葛亮来说，本是一件举手之劳的事，因是刘表家事，刘琦每次求教诸葛亮时，诸葛亮总是搪塞。皇上刘备家的杀子大事，诸葛亮会这样主动要求刘备杀了刘封吗？

其四，陈寿"一箭双雕"的叙述，"一雕"的效果也没有。前面说到陈寿的叙述试图达到"一箭双雕"之妙的效果，称"诸葛亮虑封刚猛，易世之后终难制御，劝先主因此除之。于是赐封死，使自裁"，这全是陈寿为了表现刘备之"仁"与诸葛亮之"智"而杜撰出来的话，不合情理不合逻辑。

知子莫如父。难道刘备就不会"虑封刚猛，易世之后终难制御"吗？刘备可不是只好美色不谙世事的阿斗！身在曹营参与杀曹操，借刀杀吕布，从不

[①] 王奎、余鹏飞：《浅论刘表与诸葛亮》，《襄樊学院学报》2009年第1期，第58页。

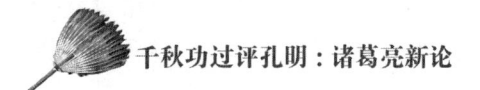

手软。

　　特别是陈寿的"封既至，先主责封之侵凌达，又不救羽。诸葛亮虑封刚猛，易世之后终难制御，劝先主因此除之。于是赐封死，使自裁。封叹曰：'恨不用孟子度之言！'先主为之流涕。"一语是矛盾的、不可信的。

　　诸葛亮"劝先主因此除之"一语，就是说，刘备本不想杀刘封，是诸葛亮劝而杀之！诸葛亮是《蜀科》的主要制定者，刘备则是《蜀科》的"终审"者，刘封该不杀，刘备是很清楚的，如果不能杀或不想杀，难道还要诸葛亮去"劝杀"？这是有法可依的事，还要诸葛亮去劝吗？难道诸葛亮此时就预知刘备将死，而且接受托孤者，就一定是诸葛亮自己？以后的刘禅当了皇帝就好对付吗？对于这一史料，精明老到的蔡东藩先生看出了陈寿所记之矛盾而作了修改。但其修改，让人们难以看到是诸葛亮杀了刘封。杀刘封者，刘备也！

　　基于上述分析，陈寿的"诸葛亮虑封刚猛，易世之后终难制御，劝先主因此除之。于是赐封死，使自裁"之说，纯粹为了宣扬刘备之"仁"和诸葛亮的远见卓识而杜撰的，是谓不攻自破！

　　如果改成"刘备虑封刚猛，易世之后亲生之子刘禅终难制御，先主因此想借诸葛亮之口除之。便问曰'封罪当诛否？'不料，诸葛亮回之以'凭王裁夺'。刘备无奈，赐封死，使自裁。"

　　由上观之：杀刘封者，非诸葛亮所为，乃其养父刘备也！

十六、奸形外漏邪心藏

　　　　本篇示要：俗话说："当局者迷，旁观者清。"刘备因秉
　　承"今指与吾为水火者，曹操也，操以急，吾以宽；操以暴，
　　吾以仁；操以谲，吾以忠；每与操反，事乃可成耳"的观点，

又因刺客高调反曹，让刘备误认刺客为友人、是"一时之奇士"，由于诸葛亮的到来，刺客虽藏邪心，但奸形难掩，只好逃走，让刘备躲过一劫，这不是不可理解之事。

松之问难：

曹公遣刺客见刘备，方得交接，开论伐魏形势，甚合备计。稍欲亲近，刺者尚未得便会，既而亮入，刺客神色失措。亮因而察之，亦知非常人。须臾，客如厕，备谓亮曰："向得奇士，足以助君补益。"亮问所在，备曰："起者其人也。"①

（裴松之）难曰："凡为刺客，皆暴虎冯河，死而无悔者也。刘主有知人之鉴，而惑于此客，则此客必一时之奇士也。又语诸葛云'足以助君补益'，则亦诸葛之流亚也。凡如诸葛之俦，鲜有为人作刺客者矣，时主亦当惜其器用，必不投之死地也。且此人不死，要应显达为魏，竟是谁乎？何其寂蔑而无闻！"②

诸葛妙答：

亮徐叹曰："观客色动而神惧，视低而忤数，奸形外漏，邪心内藏，必曹氏刺客也。"追之，已越墙而走。③

作年略考：

要探知此事之时间，首先要看裴松之将此事落注之处妥当与否。据《三国

---

①晋·陈寿撰，南朝宋·裴松之注：《三国志》（全五册），中华书局1975年版，第917页。
②同上书，第918页。
③同上书，第917—918页。

志·蜀书·诸葛亮传》载:"二十六年,群下劝先主称尊号,先主未许,亮说曰:'昔吴汉、耿弇等初劝世祖即帝位,世祖辞让,前后数四,耿纯进言曰:"天下英雄喁喁,冀有所望。如不从议者,士大夫各归求主,无为从公也。"世祖感纯言深至,遂然诺之。今曹氏篡汉,天下无主,大王刘氏苗族,绍世而起,今即帝位,乃其宜也。士大夫随大王久勤苦者,亦欲望尺寸之功如纯言耳。'先主于是即帝位,策亮为丞相曰:'朕遭家不造,奉承大统,兢兢业业,不敢康宁,思靖百姓,惧未能绥。于戏!丞相亮其悉朕意,无怠辅朕之阙,助宣重光,以照明天下,君其勖哉!'亮以丞相尚书事,假节。张飞卒后,领司隶校尉。"裴松之之注就落在这一段文字之末。其落注之所在是恰当的。因为刘备在这时称皇帝,220年正月,虽说曹操已经死去,却惹来曹氏朝廷或曹操临死前派遣刺客杀刘备当属可能的。如此,则事在建安二六年(221)即汉昭烈帝刘备章武元年四月。

史载:魏黄初二年、汉昭烈帝刘备章武元年(221)四月,"汉中王刘备在成都即皇帝位,改元章武,是为汉昭烈皇帝,史称'蜀汉',简称'蜀',又称'季汉'。以诸葛亮为丞相,许靖为司徒。"[①]

由上可知:事在221年4月。

直雄补说:

这一小段内容是附于建安二十六年(221)之后、刘备即将称帝之前,当是合理的。这段内容的大意是说曹氏朝廷遣派刺客来刺杀刘备,刺客刚刚见到刘备,开始谈论讨伐魏的形势,正合刘备心意。

当刺客正要接近刘备时,不料正好诸葛亮来了。此时,刺客神色便慌张起来,诸葛亮因而觉察到,这个人不是的一般人。不久,刺客称去厕所。刘备对诸葛亮说:"假如能得到这个奇人,那么可以让他帮助你。"诸葛亮问这样的奇人现在在哪里,刘备说:"刚去厕所的便是。"

诸葛亮听后慢慢叹了一口气说:"观察这个人神色带有恐惧之感觉,视线

[①] 张习孔、田珏主编:《中国历史大事编年·第二卷》,北京出版社1997年版,第3页。

走低而逆视数次，奸形泄漏，内藏着不正当的念头，肯定是曹氏朝廷派来的刺客。"派人追捕，刺客已经翻墙逃跑。

这看似是一则刘备待客和诸葛亮发现所待之客实乃刺客的小故事，实则反映刘备、诸葛亮各自识鉴特别人物水准的高下。刘备识别马谡，几乎看透其心，而诸葛亮因与马谡实际交往颇多，且马谡有当过太守的经历，诸葛亮还听取过马谡"攻心为上，兵战为下"的好建议，故而对刘备关于马谡不能重用的提醒不以为然，也许是为了培养马谡，而给马谡一个独当一面的锻炼机会而终致出错。

我们不要忘记，刘备曾说："今指与吾为水火者，曹操也，曹以急，吾以宽；曹以暴，吾以仁；曹以谲，吾以忠；每与曹反，事乃可成耳。"[1]故而视刺客为抗曹的好友高人，这是不足为奇的。在诸葛亮的灵魂深处，因没有刘备那种"今指与吾为水火者，曹操也，曹以急，吾以宽；曹以暴，吾以仁；曹以谲，吾以忠；每与曹反，事乃可成耳"的固有观念，他是可以立刻发现这是一个刺客的，这不是随意编造、不可信的事实。

然而，裴松之的意思是却说：但凡作刺客者，都是暴虎冯河、有勇无谋、鲁莽冒险一类的粗人，必视死如归也。刘备识人无数，但是却被这个刺客所蒙骗，那么这个刺客一定是当时的奇士。刘备还对诸葛亮说这个人"足以助君补益"，可见其才能仅稍逊于诸葛亮而已。但这样的人是少有去做刺客的，并且当时各国君王都爱惜人才，曹操一定不会让这样的高人亲赴死地。何况这个人也没有死，那么他一定会成为魏国的显要人士，其人为谁？何以湮没无闻呢？

显而易见，裴松之对这则事实的记载是否定的。

徐珊先生在"魏晋南北朝时期"诸葛亮成了"神异怪诞是奇人"中亦云："该则故事裴松之在备注中已详辩其伪，然则故事虽假，却空显出诸葛亮之风采。刺客与刘备交谈良久却不露端倪，而刚见诸葛亮竟'神色失措'，由此可见刺客不畏刘备却惧怕孔明，而反过来说，刘备乃明主，且夙有'知人之鉴'，却被刺客迷惑还与其交谈甚欢，而诸葛亮却在很短时间内判断出此人是'曹氏刺客'，相比之中，诸葛亮的智慧则不言自明。"[2]

---

[1] 晋·陈寿撰，南朝宋·裴松之注：《三国志》（全五册），中华书局1975年版，第955页。

[2] 徐珊：《诸葛亮形象神化》，2014年陕西理工学院硕士学位论文，第17页。

直雄对裴松之的看法不以为然、对徐珊先生的结论也不能同意。兹分析如下：

从刘备一生的主要经历来看，他是以抗曹反曹、恢复大汉大一统为己任的。大凡一切反曹抗曹的言论行动，他都是支持的、甚至视为知己者。俗话说："情人眼中出西施！"刘备曾经有言："今指与吾为水火者，曹操也，操以急，吾以宽；操以暴，吾以仁；操以谲，吾以忠；每与操反，事乃可成耳。"[①]这个刺客在见到刘备之前，当然会对刘备的反曹情绪摸得透透的。在见到刘备之后，投其所好，大谈特谈讨伐曹魏政权的一片大好形势，博得刘备的欣赏。

但是，刘备不是一般"见不得风雨"的弱主，而是身经百战的斗士，刺客不靠近其身边去刺杀他，只能是白白送死。作为一位君王，其安保措施也是非常到位的，所以"稍欲亲近，刺者尚未得便会"。而当此之时，"既而亮入"。诸葛亮是什么人？刺客心里清楚得很，以上厕所为借口逃走。刺客若不逃走，诸葛亮必定会与其对话。言多必失，终究会"露馅"的，故而走为上计。

俗云："当局者迷，旁观者清。"当刘备与刺客大谈特谈反曹的一片大好形势时，刘备正在兴头之上，他和刺客都只是注意到诸葛亮的到来，而不大会注意到刺客心态的细微变化。所以他还高看刺客视为"同志"、为反曹高手，并向诸葛亮介绍推荐。而诸葛亮对于这位不速之客来到刘备的身边，他必定会细细打量审视的。"做贼心必虚"，刺客终于难逃诸葛亮的慧眼，只得借上厕所逃走。

刘备视刺客如友人、如"一时之奇士"，由于诸葛亮的到来，让他躲过一劫，这不是不可理解之事。

晚年，关羽被杀、张飞又因此遇害，他被"仇恨"与"侥幸"迷住了双眼，忘记了"孙、刘联盟"是刘汉政权立国的一个重要条件，也忘记了自己是"织席小儿"的本色，也许他狂妄到以为自己是"玉皇大帝"了，关羽曾为陆逊的假信而飘飘然，最终送了性命，刘备又何尝不是"欺"陆逊年轻而丧命？满朝文武规劝也无效，其结果还是在劫难逃！在悔恨交加中得病，在无可奈何中托孤，在悔恨与焦虑中归西！

面对裴松之之驳难，朱大有先生在其《诸葛亮隐没五事辨析》中指出："裴松之的诘难，并未举出可以驳倒郭冲讲述行刺刘备的任何史事，而其推论也是站

[①] 晋·陈寿撰，南朝宋·裴松之注：《三国志》（全五册），中华书局1975年版，第955页。

不住脚的。首先，刺客行刺，其原因十分复杂，是否'凡为刺客，皆暴虎冯河'的亡命徒，不可一概而论。比如汉末谋刺董卓的伍孚，史称'少有大节'，曾任侍中、河南尹、越骑校尉等高官，因目睹董卓乱政，百僚震栗，图谋刺卓，为朝廷除害。能说伍孚是'暴虎冯河'的亡命徒吗？其次，曹氏刺客为了接近刘备，发表一些伐魏的利弊、策略等有关言论，以迎合刘备成霸业、兴汉室的心理，是可以取得刘备一时欢心的，但说刺客是什么了不起的'奇士'，甚为可疑。不然，刘备、诸葛亮等为什么对他毫无了解，而史籍也失其姓氏？又为什么一遇见诸葛亮就'神色失措''奸形外漏'呢？可见'奇士'之说，不是郭冲为了突出诸葛亮明察的夸大用语，就是刘备判断有误。刘备确有知人之鉴，但也偶有失误，如罢免耒阳令庞统的官职，几乎错杀后来执掌蜀政的蒋琬。与刺客仅暂短对话，'奇士'的判断未必可靠。无论是判断失误，或是夸大用语，'奇士'之说本已失实，而裴松之又将'足以助君补益'引伸为'亦诸葛之亚流'，于是派出'如诸葛之俦'的'奇士'作刺客这种极不合理的事，便出现了。如上所述，所谓不合情理，主要不在于行刺刘备事件，而在于裴松之自己的推论。此外，据史籍记载，'行刺'在当时也是常有的事。东汉末年，群雄割据，三国鼎立，各方除了运用军事手段，消灭敌对势力外，也采取刺杀对方首脑人物的办法，瓦解敌人。比如刘备领平原相，郡人刘平'使客刺之'，'客不忍刺，语之而去'，刘备才保住了性命。官渡之战的紧要关头，曹操'常从士'徐他谋叛，怀刀入内，企图行刺，幸得许褚察其色变，击杀徐他，才使曹操脱险。曹操曾派遣刺客试探司马懿，曹丕戏问蜀降将孟达是否是刘备刺客？他如孙策、费祎、轲比能死于刺客之手，董卓、刘禅也险遭刺客杀害。因此，图谋刺杀刘备的事，是完全可能发生的。"[1]

朱大有先生的分析，可谓有理有据，引用的史料有着很强的说服力。

综合以上分析，郭冲所言，当是有史料价值的可信之说。

---

[1]成都市诸葛亮研究会编：《诸葛亮研究》，巴蜀书社1985年版，第51—52页。

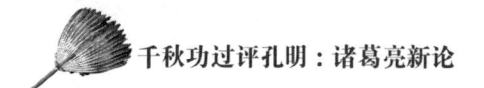

十七、劝说刘备当皇帝

本篇示要：诸葛亮劝刘备当皇帝，有其历史的必然性，是当时形势使然。而说如果刘备不当皇帝，诸葛亮"就要放弃刘备而附骥他人"远走高飞。这样就将问题简单化了。诸葛亮择主而事的目的，就是要恢复高祖、光武时的大汉大一统天下。曹操嗜杀而不仁，腐败之势渐露头……；孙权能贤亮而不能尽亮，诸葛亮早已经洞穿其心。本书及拙著《习凿齿与他的〈汉晋春秋〉——兼论〈三国演义〉对习凿齿的承继关系》中已有论述。此不多赘。当时曹丕称帝，意味着"汉亡"，而刘备称帝，则宣示着"汉未亡"，是恢复高祖、光武时的大汉大一统天下的事业在继续。而费诗未能体味到这一点，认为当讨伐曹丕为先，对于这个问题，东晋史学家习凿齿说得十分明白，裴松之亦称其论为"最善"。

刘备问难：

二十六年，群下劝先主称尊号，先主未许。[1]

---

[1] 蔡东藩：《中国历史通俗演义·前汉后汉》，安徽人民出版社1999年版，第628页。

诸葛妙答：

亮说曰："昔吴汉、耿弇等初劝世祖即帝位，世祖辞让，前后数四，耿纯进言曰：'天下英雄喁喁，冀有所望。如不从议者，士大夫各归求主，无为从公也。'世祖感纯言深至，遂然诺之。今曹氏篡汉，天下无主，大王刘氏苗族，绍世而起，今即帝位，乃其宜也。士大夫随大王久勤苦者，亦欲望尺寸之功如纯言耳。"先主于是即帝位，策亮为丞相曰："朕遭家不造，奉承大统，兢兢业业，不敢康宁，思靖百姓，惧未能绥。于戏！丞相亮其悉朕意，无怠辅朕之阙，助宣重光，以照明天下，君其勖哉！"亮以丞相录尚书事，假节。[1]

又，《说刘备即帝位》"昔吴汉、耿弇等初劝世祖即帝位……亦欲望尺寸之功如纯言耳。"注：摘自《三国志·诸葛亮传》，题目系校注者所加。事在221年春。[2]

作年略考：

史载："二十六年，群下劝先主称尊号，先主未许，亮说曰：'昔吴汉、耿弇劝世祖即帝位，世祖辞让，前后数四，耿纯进言曰："天下英雄喁喁，冀有所望。如不从议者，士大夫各归求主，无为从公也。"世祖感纯言深至，遂然诺之。今曹氏篡汉，天下无主，大王刘氏苗族，绍世而起，今即帝位，乃其宜也。士大夫随大王久勤苦者，亦欲望尺寸之功如纯言耳。'先主于是即帝位。"[3]

又，"二十五年，魏文帝称尊号，改年曰黄初。……'……臣等谨与博士许慈、议郎孟光，建立礼仪，择令辰，上尊号。'即皇帝位于成都武担之南。为文曰：'惟建安二十六年四月丙午，皇帝备敢用玄牡，昭告皇天上帝后土神祇，汉有天下，历数无疆……'"[4]

---

[1] 晋·陈寿撰，南朝宋·裴松之注：《三国志》（全五册），中华书局1975年版，第916—917页。

[2] 王瑞功主编：《诸葛亮研究集成》（上、下册），齐鲁书社1997年版，第275页。

[3] 晋·陈寿撰，南朝宋·裴松之注：《三国志》（全五册），中华书局1975年版，第916页。

[4] 同上书，第887—889页。

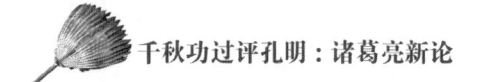

由上可知：事在公元221年4月。

直雄补说：

这一段话的意思是说：建安二十六年（221），刘备的臣子们都劝刘备自称帝号，刘备不答应，诸葛亮劝说："从前吴汉、耿弇等人起始劝世祖光武皇帝称帝登基，世祖先后推辞推让了四次，耿纯便进言说：'天下英雄对您十分景仰，希望追随您得到各人想得到的好处。如果您不采纳众人的建议，大家就会各择新主，无人再跟随您了。'世祖感到耿纯的话说到了要害之处，于是答应了群臣的请求。现在曹丕篡汉，天下无主，您做为刘氏皇族后裔，承续汉室世系即位登基，这是合情合理的大事。士大夫们长期追随您，历经艰难困苦，不就是希望像耿纯所说的那样能建下尺寸之功啊！"刘备于是即位称帝（昭烈帝章武元年四月丙午初六），册命诸葛亮为丞相，说："朕家遭不幸，故谨承大统之位，一定兢兢业业，不敢贪逸康乐，一心安定百姓，唯恐他们不得安抚。呜呼！丞相诸葛亮可要详尽真实地体察我的心意，不倦地帮助朕克服缺点，协助布施君王的恩泽，让日月的光辉普照天下，请尽心竭力啊！"

在这段话里出现了吴汉、耿弇、耿纯三个人物，了解这三个人物的情况，对于理解群臣"劝进"皆失败，唯有诸葛亮能"劝进"成功，实属关键。

吴汉（？—44），字子颜，汉族，南阳宛县（今河南省南阳市）人，东汉开国名将、军事家，云台二十八将第二位。

吴汉曾任新朝宛县亭长，后在渔阳郡贩马为业。更始元年（23），被任命为安乐令。后归顺刘秀，封偏将军、建策侯。吴汉曾斩杀苗曾、谢躬，平定铜马、青犊等流民军，协助刘秀建立东汉。

耿弇（3—58），字伯昭，汉族，挟风茂陵（今陕西省兴平市东北）人，东汉开国名将、军事家，云台二十八将第四位。耿弇自幼喜好兵事，后劝父投奔刘秀，被任命为偏将军，他随刘秀平定河北。刘秀称帝后，耿弇封建威大将军、好畴侯。此后，耿弇败延岑、平齐鲁、攻陇右，为东汉的统一立下赫赫战功。

耿纯（？—37），字伯山。汉族，钜鹿宋子傅家庄（今河北省邢台市新河县护驾村）人。耿氏为巨鹿大姓，耿纯曾先后担任过王莽、刘玄政权的官员，后投奔刘秀，参与消灭王郎、刘永等割据势力，镇压铜马、赤眉等农民军，协助刘秀建立东汉，是东汉中兴名将，"云台二十八将"中排名第十三。刘秀称帝后，任东郡太守，封颍阳侯。

刘秀麾下的这三大人物，在刘秀政权中有着举足轻重的作用。特别是耿纯的"劝进"，直透刘秀的灵魂，既反映了刘秀麾下众臣，为了富贵而跟随刘秀南征北战，这是问题的一个层面。

再是敬告刘秀，不称帝，众臣得不到封赏，就有可能"散伙"而各奔前程，这既是客观事实，更是潜在的"威胁"。但在实质上是为刘秀的"虚情假意"给足了面子，让他"舒舒服服"地"黄袍加身"罢了！

诸葛亮即借典说事，"借花献佛"，同样既为刘备的"虚情假意"给足面子，又有让刘备"舒舒服服""合情合理"地"黄袍加身"之妙！

对于诸葛亮的这一段劝说词，仓林忠先生认为："他于建安26年劝刘备称帝，称引东汉耿纯的话：'天下英雄喁喁，冀有所望。如不从议者，士大夫各归求主，无为从公也。'又说：'士大夫随大王久勤苦者，亦欲望尺寸之功如纯言耳。'确凿地证明了他追随刘备，是为了追求名正言顺的功名。如达不到这一目的，就要放弃刘备而附骥他人了。"①

直雄认为：诸葛亮劝刘备当皇帝，有其历史的必然性。如果说刘备不当皇帝，他就要放弃刘备而附骥他人远走高飞了。这样就将问题简单化了。诸葛亮择主而事的目的，就是要恢复高祖、光武时强盛的大汉大一统天下。他的这一志向与刘备要恢复大汉大一统的雄心壮志是相契合的。刘备必然要称帝，诸葛亮也不会将大一统事业半途而废。

再有，曹操嗜杀而不仁，腐败之势渐露头……；孙权能贤亮而不能尽亮，诸葛亮早已经洞穿其心。直雄在本书及《习凿齿与他的〈汉晋春秋〉——兼论〈三国演义〉对习凿齿的承继关系》（江西高校出版社2019年版）中已有专门论述。此不多赘。当时曹丕称帝，意味着"汉亡"，而刘备称帝，则宣示着"汉未亡"，恢复高祖、光武时强盛的大汉大一统天下的事业在延续。当时有费诗未能体味到这一点，认为当讨伐曹丕为先，对于这个问题，东晋史学家习凿齿说得十

---

① 仓林忠：《破解关羽败亡的千古疑案》，《江汉大学学报·人文科学版》2006年第5期，第101页。

分明白：

> 夫创本之君，须大定而正己。篡统之主，俟速建以系众心，是故惠公朝虏而子圉夕立，更始尚存而光武举号，夫岂忘主徼利？社稷之故也。今先主纠合义兵，将以讨贼。贼强祸大，主殁国丧，二祖之庙，绝而不祀，苟非亲贤，谁能绍此？嗣祖配天，非咸阳之比，仗正讨逆，何推让之有？于此时也，不知速尊有德以奉大统，使民欣反正，世覩旧物，仗顺者齐心，附逆（附逆：即依附、归附叛逆之意。）者同惧，可谓暗惑矣。其降黜也宜哉！①

习凿齿从刘备继高祖、光武帝时的大汉大一统之伟业的角度批驳费诗，其立论可谓有雄辩而得体之妙！这一批驳之论，最能体现习凿齿的"晋宜越魏继汉，不应以魏后为三恪论"即"中华民族大一统论"之精髓所在！故裴松之亦评曰："臣松之以为凿齿论议，惟此最善。"②

诸葛亮的这段劝进词，也合乎历史事实。有研究者的论说，可以说是将诸葛亮这一段劝进之语，作了深刻地揭示："中国古典小说名著中，唯有《三国演义》（以下简称《演义》）和《儒林外史》先后以'士'之群体为作家倾力塑造的形象。《儒林外史》'其书以功名富贵为一篇之骨'，一定意义上可以说，《演义》也'以功名富贵为一篇之骨'。试想，三国为何分立？为何混战？不过功名富贵耳。所谓为民请命或安抚天下苍生在那样的专制时代不过是成就功名富贵的幌子罢了。同样以'士'之生活为作品表现的对象，由于作品的成书年代不同、表现的历史时段不同，其所表现的形象群体也各具面目。有论者指出：'《三国演义》中的士子问题倒很突出，写尽了文士、武士争取权利与荣誉的机遇和命运，然而其基本问题是士如何与军阀相结合的问题，即能够"遇明主"，

---

①吴直雄：《破解〈习凿齿传〉〈汉晋春秋〉千年谜》，广东人民出版社2013年版，第820—821页。

②晋·陈寿撰，南朝宋·裴松之注：《三国志》（全五册），中华书局1975年版，第1017页。

充分地为其所用便是成功,否则便是失败;它也写到士林中的败类如何只问利害不问是非,从而成为反复无常、卑鄙无耻的小人。价值坐标很简单:无非"忠、义"二字。由于人们在讨论《演义》中的士人时往往和天下、正闰、"忠义"等宏大道德命题相结合,以致忽视了对士人群体自身命运的关注。'"①

诸葛亮的劝进词,可以说是伍大福先生的论点的佐证与形象阐述,而伍大福先生的论说,亦可以说对诸葛亮劝进词的进一步阐说,在理论上予以全面补充与总结。

十八、伐吴不可当伐曹

本篇示要:诸葛亮是谏阻过刘备伐吴的。伐吴的惨败,是对刘备独断专行的应有惩罚!当然,刘备用10万将士的鲜血,给后人留下了如何处理好主要矛盾与次要矛盾的典型战例,亦是防止"季孙之忧,不在颛臾,而在萧墙之内矣"典型的、足可永资后世借鉴的生动范例。然"祸兮福所倚,福兮祸所伏"!10万将士的鲜血,终让刘备返还到了"卖草鞋的'真身'",恢复了当年的英雄本色:彻底地、真诚地托孤于诸葛亮,从此,天才的诸葛亮得以施展其为实现"中华民族大一统"的抱负,亦让偏居西南一隅的刘汉江山又多存在了40年!

---

①伍大福:《论〈三国演义〉与士文化》,《湖北文理学院学报》2016年第9期,第5页。

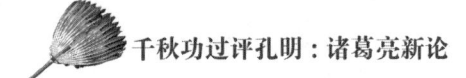

议者问难：

"备与关羽情同骨肉，岂有闻关羽败亡，不加痛恨？当下与大小将士，一体举哀，追谥关羽为忠义侯，令羽子关兴袭封。即日部署人马，讨吴报仇。……多言是先当伐魏，然后伐吴，一时议论纷纭，尚难解决。"①

诸葛妙答：

"惟自诸葛亮以下，多言是先当伐魏，然后讨吴。'……待魏既讨灭，吴亦可不劳而服了。'至言名言。先主终不肯存，再经诸葛亮联名奏阻，稍有回意。"②

作年略考：

史载，蜀昭烈帝刘备章武元年（221）七月，"刘备忿孙权之袭关羽，帅诸军攻吴。翊军将军赵云认为：'国贼，曹操，非孙权也。若先灭魏，则权自服……不应置魏，先与吴战。'群臣亦谏。刘备力排众议，并不许孙权遣使求和，命吴班、冯习发兵攻吴巫县（今四川省巫山），进军秭归（今湖北省秭归）。孙权遣陆逊为大都督，领兵五万拒之。"③

这里的"群臣亦谏。刘备力排众议"中的"群臣"与"众议"，实则都应当包括诸葛亮在内。事在公元221年7月。

---

①蔡东藩：《中国历史通俗演义·前汉后汉》，安徽人民出版社1999年版，第623页。
②同上书，第623—630页。
③张习孔、田珏主编：《中国历史大事编年·第二卷》，北京出版社1997年版，第3—4页。

直雄补说：

刘备避魏而执意伐吴，诸葛亮谏阻与否？因《三国志·蜀书·诸葛亮传》中未见明载，使这个问题苦苦争议至今未解。绝大多数学者认为诸葛亮不曾谏阻，也有的先生认为诸葛亮是赞同刘备决策伐吴的。

如朱绍侯教授认为："赵云及诸将苦苦劝阻，诸葛亮明知东征不利，却不发一言。"[1]

而梁满仓先生则云："特别是有了关羽丧败的惨痛教训后，刘备、诸葛亮仍然没有及时采取修正原来战略方针的措施，还要继续错下去，把蜀军主力再次投向荆州战场，这就是严重的战略决策失误了。是什么原因使刘备、诸葛亮一错再错呢？"[2]

如果说朱绍侯先生只是说诸葛亮不曾谏阻刘备东征，这仅仅是说诸葛亮没有阻止而已。而梁满仓先生虽不是专论诸葛亮在刘备东征时是否谏阻刘备出兵的问题，却是肯定地说"刘备、诸葛亮"因错误地坚持被关羽毁败后的《隆中对》而一道要对孙吴用兵。这就十分肯定地认为用兵孙吴，诸葛亮与刘备是同谋。

其实，梁满仓先生的这个观点早在1998年时就有所表达。他在与朱大渭先生的合著中写道："史书对诸葛亮是赞成伐吴夺回荆州还是反对没有明确记载，……诸葛亮是赞成刘备东征孙吴的。"[3]朱大渭与梁满仓二位先生也摆出了许多理由。为避免论述的重复与复杂化，直雄只取王前程先生的理由以分析之，则朱大渭、梁满仓的"诸葛亮'赞成伐吴'论，亦当迎刃而解"。

因为摆出"诸葛亮'赞成伐吴'论"理由最多的，只有王前程先生。他在明确地说诸葛亮支持伐吴时写道："夷陵之战实为孙吴、蜀汉荆州争夺战的延续，是'隆中对'与'吴下对'冲突的必然结果。蜀汉的基本国策决定了诸葛亮支持争夺荆州的基本立场，对于东吴'违盟'行为的强烈不满使诸葛亮支持伐吴，'士为知己者用'的道德价值观使诸葛亮赞同刘备东征，强烈的自信心使诸葛亮低估了东吴实力而倾向于东征，蜀汉内部主战派的声音也是诸葛亮支持伐吴的现

---

[1] 朱绍侯：《试析〈隆中对〉兼论关羽之失》，《河南大学学报·社会科学版》2008年第1期，第105页。
[2] 梁满仓：《〈隆中对〉的成功与失误》，《襄樊学院学报》2007年第6期，第61页。
[3] 朱大渭、梁满仓：《武侯春秋》，团结出版社1998年版，第318—320页。

实基础：一、夷陵之战是'隆中对'与'吴下对'冲突的必然结果；二、诸葛亮支持伐吴是促成夷陵之战的因素之一：（一）蜀汉基本国策决定了诸葛亮支持争夺荆州的基本立场；（二）对于东吴'违盟'行为的强烈不满使诸葛亮支持伐吴；（三）'士为知己者用'的道德价值观使诸葛亮赞同刘备东征；（四）强烈的自信心使诸葛亮低估了东吴实力而倾向于东征；（五）蜀汉内部主战派的声音也是诸葛亮支持伐吴的现实基础……"[1]

王前程先生之论，除了其己见之外，还综合性地揉入了学术界不少先生认定"诸葛亮支持伐吴"的论点论据。可谓是"诸葛亮支持伐吴"论点论据之集大成者。故而很有必要一一予以论辩。

直雄以为：历史明白地记载：伐吴是"刘备力排众议"，是刘备一时头脑发热独断专行而干下的蠢事。而诸葛亮是反对刘备伐吴的，却硬要扯上诸葛亮是支持伐吴的，这是不对的。

一是从诸葛亮为刘汉政权所制定"孙、刘联盟"这一基本国策上来看：诸葛亮是反对伐吴的。

要论证清楚这个问题，就必须辨析王前程等先生提出的"诸葛亮是支持伐吴的"诸多观点是否成立。

A、关于"夷陵之战是'隆中对'与'吴下对'冲突的必然结果"的问题。

诸葛亮与刘备初次见面献上的《隆中对》时便定下了"联吴""取蜀""伐曹"然后一统中原之策。用邓芝使东吴对孙权说的话来讲是：灭了曹魏之后，就看"刘"与"孙"的后人能否施德施爱于民，到时再来开战实现"中华民族大一统"。这是刘汉政权立国不可动摇的三大国策。诸葛亮终其一生，执行此三大国策从未动摇，在伐吴前途未卜、而且要干下拱手让"利"于"渔翁（曹魏）"这样傻事时，绝对不会是诸葛亮这样的超级智者、平生以谨慎著称者所能同意的。作为决定国家命运这样的"伐吴"大事，当国的第二把手——诸葛亮，即使慑于发狂的刘备的淫威不作声，这也是一种反对的表示。

当然，如王前程先生所说："夷陵之战实为孙吴、蜀汉荆州争夺战的延续，是'隆中对'与'吴下对'冲突的必然结果。蜀汉的基本国策决定了诸葛亮

---

[1] 王前程：《诸葛亮与夷陵之战》，《湖北文理学院学报》2018年第12期，第5—8页。

支持争夺荆州的基本立场,对于东吴'违盟'行为的强烈不满使诸葛亮支持伐吴。……"但是,我们应该看到:曹魏、孙吴、刘汉三大政权,都是在为全国大一统而努力奋斗,他们的国策,都是要剪灭对方。君不见,即使在"吴蜀联盟"巩固之后,孙吴与刘汉集团并没有隐瞒要最后消灭对方的方针呀,相反,孙权还认为邓芝为人坦诚。其实,邓芝的这一观点也就是诸葛亮大一统步骤与大一统观点的客观而坦诚的表述。而孙权对邓芝的观点表示欣赏,也没有隐瞒最终剪灭对手的意思。难道因为要实现全国大一统,在条件不成熟的情况下,就一定会因各自的国策相反,就一定会不择时机出兵讨伐对方吗?如果真的是这样,那么,诸葛亮就不是军事家!

《三国志》中如实写道:"蜀复令芝重往,权谓芝曰:'若天下太平,二主分治,不亦乐乎!'芝对曰:'夫天无二日,土无二王,如并魏之后,大王深识天命者也,君各茂其德,臣各尽其忠,将提枹鼓,则战争方始耳。'权大笑曰:'君之诚款,乃当尔邪!'"① 由此可见,邓芝对"隆中对"的精髓理解非常到位,与吴较量,是在灭曹魏之后的事。

孙权听了邓芝的话后,也深表赞同,且给诸葛亮写信说:"丁厷掞张,【掞音夷念反,或作艳。臣松之案汉书礼乐志曰"长离前掞光耀明"。左思蜀都赋"摛藻掞天庭"。孙权盖谓丁厷之言多浮艳也。】阴化不尽;和合二国,唯有邓芝。"② 由此可见,我们并不能因为诸葛亮的《隆中对》与鲁肃的《吴下对》相冲突,而诸葛亮就一定忘却了主要国策"孙、刘联盟"。

"孙、刘联盟"的支柱人物是诸葛亮与鲁肃,惜鲁肃此时已死。若鲁肃健在,也许能避免这一悲剧。诸葛亮哪里会因一时之愤怒而同意刘备动用"十万至十二万上下"③的总兵力伐吴呢?而诸葛亮在"隆中对"所说的"孙权据有江东,已历三世,国险而民附,贤能为之用,此可以为援而不可图也"的情况不仅没有削弱,反而在经过"赤壁之战"后大有增强。此时的刘备仍然应该"外结好孙权"。这一点,诸葛亮和所有有眼光的谋臣,都是"心知肚明"的。所以,诸葛亮是不会因为刘备一时之愤怒破坏"孙、刘联盟"这个有着长远利害关系的大国

---

①晋·陈寿撰,南朝宋·裴松之注:《三国志》(全五册),中华书局1975年版,第1072页。
②同上。
③王前程:《诸葛亮与夷陵之战》,《湖北文理学院学报》2018年第12期,第5页。

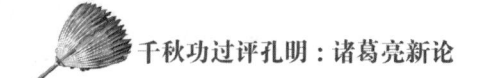

策，而支持刘备伐吴的。

其实，最早明白只有"孙、刘联盟"才能北拒曹魏的只有鲁肃与诸葛亮，他们深知：曹魏早已完成了国家"大一统"的格局，刘汉政权与孙吴政权，只要有一方倒向曹魏，最先灭国者，就是最先被孤立的一方，然后就是当曹魏帮凶的一方被灭。这是鲁肃为什么要先借荆州给刘备的目的。

史载鲁肃的话云："吕范劝留备，肃曰：'不可。将军虽神武命世，然曹公威力实重。初临荆州，恩信未洽，宜以借备，使抚安之。多操之敌，而自为树党，计之上也。'权即从之。"① 因为，只有刘备站稳了脚跟，联合起来与曹操斗争，才能免于孙吴的灭亡。这也为猇亭之战后孙吴政权与刘汉政权所经历的历史事实所证实了的。即如史所载："倒是'终不能守盟'的'北方'（曹魏）对东吴更具有很大威胁。于是，孙吴派人向蜀求和，两国又'聘使往来以为常'。"②

这就是说，刘备虽说是曹操的死敌，孙权即使倒向了曹操，他的政权想"苟且"长存下去也是不可能的，曹魏政权是必须要吞并它的。由此可见，事实胜于雄辩，鲁肃与诸葛亮坚守"孙、刘联盟"的政策是完全符合当时与尔后的历史实际的，是具有可操作性的。而刘备与孙权对"孙、刘联盟"的认识，都没有达到鲁肃与诸葛亮这个高度，故在荆州问题上兵戎相见。这就是即使是能洞察当时一切的诸葛亮也难于谏阻刘备的原因之一。

B、关于"诸葛亮支持伐吴是促成夷陵之战的因素之一"的问题。

"诸葛亮支持伐吴是促成夷陵之战的因素之一"一语，明确地肯定诸葛亮是支持刘备伐吴的。主要是从诸葛亮为人谨慎的性格上作出分析。作为一国之丞相，在决定国家命运的问题上，诸葛亮不可能头脑不清醒。赵云劝刘备勿伐吴云："孙权袭荆州，先主大怒，欲讨权。云谏曰：'国贼是曹操，非孙权也，且先灭魏，则吴自服。操身虽毙，子丕篡盗，当因众心，早图关中，居河、渭上流以讨凶逆，关东义士必裹粮策马以迎王师。不应置魏，先与吴战；兵势一交，不得卒解也。'先主不听，遂东征，留云督江州。"③ 诸葛亮不可能连武将赵云都看

---

① 吴直雄：《破解〈习凿齿传〉〈汉晋春秋〉千年谜》，广东人民出版社2013年5月版，第467页。
② 李佃原：《"结好孙权"策略的利弊》，《成都大学学报》1986年第3期，第22—23页。
③ 晋·陈寿撰，南朝宋·裴松之注：《三国志》（全五册），中华书局1975年版，第950页。

得一清二楚的问题,他却看不清楚。刘备伐吴,因赵云持不同意见,刘备没有让这位名将上前线,刘备亦不带诸葛亮伐吴,这正说明诸葛亮与赵云意见一致而与刘备伐吴的决策相左。

至于以杀刘封等事,证明诸葛亮支持刘备伐吴,也多是推论,难以令人信服。本书第十五题《"借刀除患"待商榷》中已有论说,此不赘。

C、关于"对于东吴'违盟'行为的强烈不满使诸葛亮支持伐吴"的问题。

所谓东吴"违盟"。根本的问题还是关羽造成的。这个问题,不少专家皆有明确的论述,此不多赘。关羽在荆州,驱逐孙权所置长沙、零陵、桂阳三郡长吏;拒绝与孙权结亲;抢劫孙权的军粮。如果关羽真的是一位称职的方镇之将,就不会干出这些严重破坏"孙、刘联盟"的蠢事,就是干了这样不利于"孙、刘联盟"的事也会高度警惕,以防患于未然。但因关羽为人逐渐变得自大猖狂,根本就不把"孙、刘联盟"的重要性放在眼里,又不能团结部下。史载:"权遣使为子索羽女,羽骂辱其使,不许婚,权大怒。又南郡太守糜芳在江陵,将军傅士仁屯公安,素皆嫌羽轻己。羽之出军,芳、仁供给军资,不悉相救,羽言'还当治之',芳、仁咸怀惧不安。于是权阴诱芳、仁,芳、仁使人迎权。"[①]作为镇守一方之主将,竟然如此骄傲狂佞,那有不败之理?

且看陆逊又是如何算计关羽的!史载:"逊至陆口,书与羽曰:'前承观衅而动,以律行师,小举大克,一何巍巍!敌国败绩,利在同盟,闻庆拊节,想遂席卷,共奖王纲。近以不敏,受任来西,延慕光尘,思禀良规。'又曰:'于禁等见获,遐迩欣叹,以为将军之勋足以长世,虽昔晋文城濮之师,淮阴拔赵之略,蔑以尚兹。闻徐晃等少骑驻旌,阚望麾葆。操猾虏也,忿不思难,恐潜增众,以逞其心。虽云师老,犹有骁悍。且战捷之后,常苦轻敌,古人杖术,军胜弥警,愿将军广为方计,以全独克。仆书生疏迟,忝所不堪,喜邻威德,乐自倾尽,虽未合策,犹可怀也。傥明注仰,有以察之。'羽览逊书,有谦下自讬之意,意大安,无复所嫌。逊具启形状,陈其可禽之要。"[②]

陆逊不愧一代军事大家,从一滴水可以看太阳,此时即料定关羽可以擒拿。

---

① 晋·陈寿撰,南朝宋·裴松之注:《三国志》(全五册),中华书局1975年版,第940页。
② 同上书,第1344—1345页。

面对这样远不及羊祜、陆抗政治水平一半的"'万人敌'式的赳赳武夫"关羽,但其地位仅仅是刘备可以劝说他之外,任何人也不能动摇他的错误观点。诸葛亮对他又有什么办法呢?对于关羽破坏"孙、刘联盟",诸葛亮虽是心知肚明,但他毫无办法谏阻。

诸葛亮在《后出师表》中只能将"孙、刘联盟"遭破坏的责任推给孙吴,而不能实话实说:"关羽狂佞,孙吴违盟。"这样写的话,岂不乱了军心?只能用一句"吴更违盟,关羽毁败"的话,其实,诸葛亮的"关羽毁败"一语,用得很有分寸,因为他指出了关羽亦应自负其责。毁败,《书·太甲中》:"予小子不明于德,自底不类,欲败度,纵败礼,以速戾于厥躬。"孔传:"言己放纵情欲,毁败礼仪、法度,以召罪于其身。"毁败一语,多少含有关羽自我毁败的意思,诸葛亮对破坏"孙、刘联盟"的责任分得一清二楚,他怎么也会头脑发热支持刘备伐吴?

D、关于"'士为知己者用'的道德价值观使诸葛亮赞同刘备东征"的问题。

诸葛亮的《前出师表》尽管只有624个字,写得何等的简洁实在,真可谓字字千金!正是这个《前出师表》,充分印证了诸葛亮"士为知己者用"的报恩情怀。在刘备带走"十万至十二万上下"的总兵力、有可能毁了刘汉政权的情况下,一贯以谨慎著称的诸葛亮,会支持刘备伐吴将刘汉政权推向将会遭到"吴、魏"齐攻的惨境吗?这符合诸葛亮的"士为知己者用"的报恩情怀吗?直雄以为绝对不会!所以,以"士为知己者用"的报恩情怀去认定诸葛亮支持伐吴,于理不合!真正的"士为知己者用"就是诸葛亮反对伐吴。

E、关于"强烈的自信心使诸葛亮低估了东吴实力而倾向于东征"的问题。

毋庸讳言,陈寿曾云:"当此之时,亮之素志,进欲龙骧虎视,包括四海,退欲跨陵边疆,震荡宇内。又自以为无身之日,则未有能蹈涉中原、抗衡上国者,是以用兵不戢,屡耀其武。"[①] 这些话,是诸葛亮在接手刘备留下的烂摊子并治理好之后说的。当此之时,诸葛亮与刘禅的关系,完全不同于诸葛亮与刘备那种"主奴"关系,而是诸葛亮与刘禅有着"顾命大臣的'臣而主'"的双重关

---

① 晋·陈寿撰,南朝宋·裴松之注:《三国志》(全五册),中华书局1975年版,第930页。

系，诸葛亮说话是有一定份量的。这样的话，表现了他一心要完成"中华民族大一统"的坚定意志与决心。

当王连劝阻诸葛亮不要亲征南中时，也确有史载："亮虑诸将才不及己，意欲必往。"①

诸葛亮的这些话，深得孔子《论语·泰伯》中"士不可以不弘毅，任重而道远。仁以为己任，不亦重乎？死而后已，不亦远乎？"中的精髓，这正是他为了"中华民族大一统"而勇于担当的表现！他还有在《正议》和《前出师表》中均说过必须北伐中原的那些激励人心的话语，这些话语都是诸葛亮在猇亭之败后要求北伐中原时说的话，而不是刘备东征孙权时说的话，因此，用这些举例来说明诸葛亮会支持刘备东征。显然是文不对题。

至于说蜀军东征有数量优势和东吴请和是怯战等，这只能是刘备猖狂头脑发热时的错误意识，与诸葛亮没有什么关系，也找不到诸葛亮因此而伐吴的任何例证。这正如有些研究专家所说："刘备眼光短浅，一味黩武，不善利用外交巩固与东吴鲁肃、诸葛瑾等亲蜀派的关系，过于信重武力派关羽、张飞，排拆诸葛亮，未能折冲樽俎。诸葛亮前期除东联孙吴、'足食足兵'外，似难有更多的政治作为，刘备、关羽、张飞虽然是一世豪杰，但扩张思想膨胀，形成对魏、吴两线用兵大忌。魏、吴暗中联手，司马懿、蒋济劝曹操暗助孙权，权将吕蒙与陆逊偷袭荆州蜀地，杀羽据荆。刘备急于复仇，东出夔峡，又犯兵家之忌，酷夏联营七百里，拒绝赵云、秦宓等谏阻，一意孤行，大败夷陵，使《隆中对》战略构想流产。"②此语可谓击中刘备以武力取益州、夺汉中颇为一帆风顺而骄傲的情况下，排斥诸葛亮，不听众臣谏阻而铸下几乎将要置刘汉政权于"灭顶之灾"的危险局面。这纯粹是刘备一人所为，强行让诸葛亮来担责是没有道理的。

由此可见，说"强烈的自信心使诸葛亮低估了东吴实力而倾向于东征"，是没有什么根据的。

F、关于"蜀汉内部主战派的声音也是诸葛亮支持伐吴的现实基础"的问题。

作者列举了蜀汉内部的主战派有"张飞、吴班等亲信，以及冯习、张南、

---

① 晋·陈寿撰，南朝宋·裴松之注：《三国志》（全五册），中华书局1975年版，第1009页。
② 黄晓阳：《诸葛亮、司马懿隐仕人生意义辨析》，《成都大学学报·社科版》2009年第1期，第160页。

马良、傅彤、辅匡等大批荆州战将和名士"。张飞这个没有政治头脑的勇猛之将，真正称得上"出师未捷身先死"，他的死，是刘备早已预计他"卿刑杀既过差，又日鞭挝健儿，而令在左右，此取祸之道也"的现世报应，他的死，只是刘备东征的"催化剂"，看不到他对诸葛亮支持刘备东征产生过任何影响！吴班、冯习、张南、傅彤、辅匡，在《三国志》中不见传记，更不见其有什么支持刘备东征的言论。马良虽有短短的传记，亦不见其有支持刘备东征的言论，就是在小说《三国演义》中，除了他们的死讯之外，均不见他们支持刘备东征的任何言词！他们的"声音"怎样去影响诸葛亮？他们有什么"声音"成了"诸葛亮支持伐吴的现实基础"？这又正如王前程先生自己所说："《三国志》等原始史籍没有记载诸葛亮的明确意见，只能说明诸葛亮在这一问题上可能持慎重态度，但并不等于诸葛亮一定是站在反对派的立场上。"[①]依据王前程先生自己对"诸葛亮支持刘备伐吴"的分析，直雄以为，王前程先生"诸葛亮支持刘备伐吴"的结论当改为："《三国志》等原始史籍没有记载诸葛亮的明确意见，只能说明诸葛亮在这一问题上可能持慎重态度，但并不等于诸葛亮一定是站在刘备坚决要伐吴的立场上。"

二是从史料上来看：诸葛亮是反对伐吴的。

其一曰：

诚如"作年略考"的史料分析所云：这里的"群臣亦谏。刘备力排众议"中的"群臣"与"众议"，实则都包括诸葛亮在内。事在公元221年7月。"刘备力排众议"，十分清楚，就是刘备一个人说了算。

其二曰：

蔡东藩先生叙述，明白清楚，就是说，当刘备伐吴时，诸葛亮是谏阻了的。他写道："惟自诸葛亮以下，多言是先当伐魏，然后讨吴。'……待魏既讨灭，吴亦可不劳而服了。'至言名言。先主终不肯存，再经诸葛亮联名奏阻，稍有回意。……先主答道：'朕早欲讨吴，百官谓先宜讨魏，是以稽迟。'……先主见了诸葛亮，欷歔与语道：'朕不能用丞相言，悔已无及了。'"[②]如若诸葛亮没有反对意见，刘备肯定会说：这事就由朕与军师两人这么定了！还会当着诸葛亮的面说"悔已无及"吗？由此，诸葛亮持反对意见无疑。

[①] 王前程：《诸葛亮与夷陵之战》，《湖北文理学院学报》2018年第12期，第8页。
[②] 蔡东藩：《中国历史通俗演义·前汉后汉》，安徽人民出版社1999年版，第623—636页。

付开镜先生则说："刘备试图恢复隆中对战略，必须再夺荆州。诸葛亮为何未对刘备的这一军事行动进行强谏，就在于隆中对之策略是他的设想。他也不能改变其当初的战略。这种战略的重要性毕竟关乎整个战略大局。但是，刘备在这一次重要的军事行动中，却缺少全面的支持。刘备集团中的重要人才如诸葛亮、赵云等都没有直接参加进去。也就是说，刘备在这一次重要的军事行动中，把反对者安排到其他地方去了。"[1]

付开镜先生之意十分明确，就是说，对于刘备伐吴，诸葛亮是谏阻过的，只是没有强谏。正因为他与赵云一样，是持反对意见，所以刘备像对待赵云一样，未能让他参与东征。付开镜先生的说法是：诸葛亮是谏阻过伐吴的，但不像赵云那样坚决，这也是说得通的。

其三曰：

"章武三年春，先主于永安病笃，召亮于成都，属以后事，谓亮曰：'君才十倍于曹丕，必能安国，终定大事。若嗣子可辅，辅之；如其不才，君可自取。'"[2]倘若诸葛亮没有反对过刘备伐吴，或者刘备私下在征求诸葛亮伐吴与否时，若诸葛亮不是持否定的态度的话，在因伐吴关系到国家成败的大问题，诸葛亮居然会与他自己一样"糊涂"一时的话，在其伐吴至败将死之际，头脑极度清醒的刘备，会吐如此融人入肺腑、肝胆相照之言吗？

再是"君才十倍于曹丕"一语，也说明诸葛亮反对过伐吴。曹魏诸臣皆分析刘备不会犯伐吴这样的低级错误，曹丕"闻备兵东下，与权交战，树栅连营七百余里，谓群臣曰：'备不晓兵，岂有七百里营可以拒敌者乎！"苞原隰险阻而为军者为敌所禽"，此兵忌也。孙权上事今至矣。'后七日，破备书到"[3]曹丕料刘备东征孙吴必败，而十倍才于曹丕的诸葛亮还会不知刘备必败吗？

其四曰：

"先主既即尊号，将东征孙权以复关羽之耻，群臣多谏，一不从。章武二年，大军败绩，还住白帝。亮叹曰：'法孝直若在，则能制主上，令不东行；就

---

[1]付开镜：《〈隆中对〉实施中的秘密性和变异性》，《襄樊学院学报》2010年第7期，第11页。
[2]晋·陈寿撰，南朝宋·裴松之注：《三国志》（全五册），中华书局1975年版，第918页。
[3]同上书，第80页。

复东行,必不倾危矣。'"①其意思明白地告诉人们:由于法正在刘备取益州、占汉中立有汗马功劳,因此在刘备的心中有着非同寻常的特殊地位,他若谏阻刘备,效果会比自己要好得多。故诸葛亮由衷而叹并感慨系之。

这里的"群臣",显然包括丞相诸葛亮在内。因为《三国志》是已经成为晋臣的陈寿所著,如果诸葛亮不曾谏阻刘备伐吴,陈寿则会如实点明诸葛亮同意或支持刘备伐吴,还会有什么顾忌吗?如果诸葛亮不曾谏阻刘备伐吴,刘汉政权中的诸将,会放过他吗?那是绝对不会的。后来,诸葛亮首次北伐中原,因其"违众拔谡"致使北伐失败,诸葛亮则是一而再、再而三地不肯放过自己的错误而自求贬三等的处分,刘备的"猇亭大败"可不是首出祁山不利,而是刘汉政权的"灭顶之灾",诸葛亮就不会出来承担责任吗?而不少先生则强行推理,要诸葛亮担"猇亭大败"之责,显然是没有什么道理的。

最能说明问题的是:在诸葛亮死后,被迫降魏的黄权,如果诸葛亮也与刘备一样愚蠢地要求伐吴,黄权会立刻在南阳建"庵"吊唁诸葛亮吗?"223年,刘备病逝,魏国的群臣都在庆贺而唯独黄权不这样做。魏文帝曹丕察觉到黄权有器量,想故意吓吓他,于是派人召见他。黄权还在路上,前来催促的使者一个接一个,在道路上交错奔驰,黄权的下属官员、侍从都吓得魂飞魄散,而黄权却举止自若。后来,黄权领益州刺史,迁进河南。司马懿十分器重他,问黄权:'蜀国像你这样的人有多少?'黄权笑着回答:'没想到被您如此看重。'司马懿在给诸葛亮的书信中说:'黄权,是个爽快人,经常从坐位上起身,赞叹着谈论你,这种谈论总不离口。'"②

这段话语在《三国志·蜀书·黄李吕马王传》中这样写道:"及先主薨问至,魏群臣咸贺而权独否。文帝察权有局量,欲试惊之,遣左右诏权,未至之间,累催相属,马使奔驰,交错于道,官属侍从莫不碎魄,而权举止颜色自若。后领益州刺史,徙占河南。大将军司马宣王深器之,问权曰:'蜀中有卿辈几人?'权笑而答曰:'不图明公见顾之重也!'宣王与诸葛亮书曰:'黄公衡,快士也,每坐起叹述足下,不去口实。'"③

---

① 晋·陈寿撰,南朝宋·裴松之注:《三国志》(全五册),中华书局1975年版,第961—962页。
② 百度文库:《黄权》,2011年10月27日,见https://wenku.baidu.com/view/c54e001cb7360b4c2e3f64ba.html。
③ 晋·陈寿撰,南朝宋·裴松之注:《三国志》(全五册),中华书局1975年版,第1044页。

如果诸葛亮在刘备攻吴的问题上，是与刘备"志同道合"的话，黄权、曹丕、司马懿会放过诸葛亮这一致命失误吗？如果不是刘备一意孤行导致大伤刘汉政权的元气，显然，诸葛亮会难辞其咎！也许，正因为诸葛亮反对刘备伐吴无效，致使黄权被迫降魏，所以，在"诸葛亮殁没五丈原后，其故将黄权率族人在南阳卧龙岗建庵祭祀，时称诸葛庵。元延祐四年（公元1317年），始命名为'武侯祠'。唐代，不少文人墨客都曾来此游览祭祀。"①

时人对黄权建造的"诸葛庵"如此看重，从某种意义上来说，这就是对诸葛亮反对刘备东征有过英明谏阻的赞扬。

再有，除刘汉政权内的群臣盛赞诸葛亮之外，在曹魏、在孙吴，也有诸多名臣盛赞诸葛亮，直雄不再一一列举。

总而言之：如果诸葛亮在伐吴的问题上与刘备站在一起，敌国曹魏、与国孙吴的名臣会盛赞诸葛亮是"贤相""名将""谋士"吗？

据直雄手头的资料，当然也还有说诸葛亮没有谏阻刘备东征伐吴的。不过，其理由似乎是说诸葛亮会看刘备眼色办事。我以为，这样的理由毫无道理的，故而不予考虑一辩。

其五曰：

对于刘备会不会伐吴问题，曹魏精于知人、谋略不在司马懿之下的刘晔有着精准的、"料事如神"的判断：其云："黄初元年，以晔为侍中，赐爵关内侯。诏问群臣令料刘备当为关羽出报吴不。众议咸云：'蜀，小国耳，名将唯羽。羽死军破，国内忧惧，无缘复出。'晔独曰：'蜀虽狭弱，而备之谋欲以威武自强，势必用众以示其有余。且关羽与备，义为君臣，恩犹父子；羽死不能为兴军报敌，于终始之分不足。'后备果出兵击吴。吴悉国应之，而遣使称藩。朝臣皆贺，独晔曰：'吴绝在江、汉之表，无内臣之心久矣。陛下虽齐德有虞，然丑虏之性，未有所感。因难求臣，必难信也。彼必外迫内困，然后发此使耳。可因其穷，袭而取之。夫一日纵敌，数世之患，不可不察也。'备军败退，吴礼敬转废，帝欲兴众伐之，晔以为'彼新得志，上下齐心，而阻带江湖，必难仓卒。'帝不听。五年，幸广陵泗口，命荆、扬州诸军并进。会群臣，问：'权当自来不？'咸曰：'陛下亲征，权恐怖，必举国而应。又不敢以大众委之臣下，必自

---

① 刘先琴、刘阳：《南阳：擦亮三国文化名片》，《光明日报》2015年6月4日第5版。

将而来。'晔曰：'彼谓陛下欲以万乘之重牵已，而超越江者在于别将，必勒兵待事，未有进退也。'大驾停住积日，权果不至，帝乃旋师。云'卿策之是也。当念为吾灭二贼，不可但知其情而已。'"①

这里所载，刘晔的确神算，事事精准。单说曹魏之曹丕与满朝文武，都算到刘备不会伐吴，更没有一个提及诸葛亮会支持伐吴的。刘晔也没有说诸葛亮要伐吴，但他可谓洞穿刘备心灵胁腑最隐蔽处，必定伐吴。诸葛亮的水平当在刘晔之上，刘备心灵深处志在伐吴，诸葛亮怎能不晓！谏阻无效，只能是无奈而已。

其六曰：

诸葛亮是否支持刘备伐吴？后人自有公论。

宋人郭允韬《昭烈败绩于猇亭论》云：

论曰：关云长以万人之敌卧护荆州，昭烈君臣以为长城。而轻躁寡谋，堕吕蒙之诡计；昭烈勇于一决，以争荆州，君臣于是俱失矣。或谓是役也，昭烈不自将，而孔明长啸以下荆州则何如？曰：非孔明之志也。孔明固谓孙权可与为援而不可图，又谓国贼曹操非孙权，又谓法孝直在必能谏上此行，盖亦难之矣。曰：然则荆州遂可置之度外乎？曰：向使云长自江陵出襄阳，而益德、黄权有一人焉为居守之计，则固可震撼中原，而无后顾之忧矣。云长既死，虽孔明亦未知如何也。②

郭允韬之论，是为公允之论。刘备一当上皇帝，早已忘了"卖履织席"的身份，还以为真是"天"之子了！更不知关羽"几斤几两"还视其为"长城"，二者均错在一个"骄"字上。诸葛亮对孙吴政权与对曹魏政权，其态度是一贯的。刘备的作为，显然违背了诸葛亮的一贯策略，诸葛亮虽谏亦无用，故忆想法正。郭允韬的分析是符合客观事实的。

再听听明人程敏政《孔明论》中所云：

---

① 晋·陈寿撰，南朝宋·裴松之注：《三国志》（全五册），中华书局1975年版，第446页。
② 王瑞功主编：《诸葛亮研究集成》（上、下册），齐鲁书社1997年版，第474页。

十八、伐吴不可当伐曹

或曰：昭烈伐吴，乃千古之失策而孔明略无一字之谏，当时武臣若赵云者，乃有"国贼曹操，非孙权"之言，然则孔明之智不足以及此乎？曰：非也。伐吴之失策，孔明谏之不听而昭烈悔之不及，人特未之知耳。何以知孔明之谏？孔明之初语昭烈曰："孙权据有江东，已历三世，国险而民附，贤能为之用，此可与为援而不可图也。"孔明之初意如此，后来之谏可知矣。何以知昭烈之悔？永安之诏曰："君才十倍曹丕，必能安国家，终定大事。"且昭烈方败于孙权，其惭愤以图再举，不言可知；而托孤之际，乃舍权称丕，意必孔明之谏有如云之言者，故昭烈至是乃悟其言而深恨始谋之不臧也。曾是而谓孔明之智不足以及此乎？

曰：昭烈之于孔明，尝有鱼水之喻矣。迹是观之，则孔明之言，昭烈固有不能尽用者哉！曰：岂特不能尽用而已，盖所谓十不一试者也。孔明之言曰："荆州用武之国，而其主不能守，此殆天所以资将军也。"使孔明处此，盖必有策，而昭烈追景升之顾，宁舍之以去，反为逆操之资。赤壁之胜，虽幸得其半，而终不能守，盖非孔明之初意矣。又曰："益州天府之土，刘璋暗弱，将军既帝王之胄，若跨有荆、益，汉室可兴矣。"使孔明处此，亦必有策，而昭烈乃听法正之诡谋袭取成都，虽得璋而理不直，又非孔明之初意矣。孔明所以兴汉之策，盖素定于草庐三顾坐谈之顷。其大者则取荆、益，援孙权，而昭烈无一之见从，而后世乃归之天不祚汉，岂不过乎！

曰：孔明尝自叹"法孝直在，必能制主上东行"，然则孔明之智不逮正矣。曰：非也。孔明尝劝取益州，昭烈不听而听于正；伐吴之举，孔明必谏之不听而思其人也。正言难入，诡谋易从。虽大贤君子犹所不免，而况昭烈乎！[1]

---

[1] 王瑞功主编：《诸葛亮研究集成》（上、下册），齐鲁书社1997年版，第507—508页。

程敏政首段则言：诸葛亮在其隆中对策中，实际上已经谏阻了刘备东征。程敏政以其细微地分析称：刘备败于孙权之手，对于孙权，可谓心存愤恨，但是他在托孤诸葛亮时，不敢再提及孙权而专提曹丕，可见诸葛亮在其东征时是谏阻过"国贼乃曹操"的。这样的分析，可谓细致入微而又切情切理，亦是为一般人所未及的。

人们往往被刘备的一句"孤之有孔明，犹鱼之有水也。愿诸君勿复言"所惑。认为刘备对诸葛亮是言听计从的。并由此怪罪诸葛亮在刘备东征时不曾谏阻。程敏政用铁的事实证明，刘备这条"鱼"并未很好地视诸葛亮为"水"！他多次不把诸葛亮的建议当作一回事。东征，诸葛亮虽然谏阻也未必听。所以，面对刘备把刘汉政权搞成这样的败局，诸葛亮不得不感慨而思法正。这也是确论！

更有刘逸生先生对刘备与诸葛亮的所谓"鱼水"关系，有过透彻的分析，他从以下三个方面，用历史事实指出：刘备所谓的"如鱼得水"是要打折扣的。一是"如鱼得水"不等于"言听计从"，刘备不像阿斗一样放手让诸葛亮行事，而他自己又常常一意孤行；二是刘备东征孙吴，不听诸葛亮众臣的谏阻；三是刘备"终欲自王（称王），雄心不戢，与关羽相得耳。故其信公（诸葛）也，不如信羽"。"虽有'天下军师'，无奈'主公'一意孤行，又倾全国之兵，征吴复仇，猇亭一败，精锐全失，更是完全违背孔明'隆中对'的初衷了！这叫做'天下未变蜀先变'。孔明的'隆中对'只完成了前面一部分。"[①]刘逸生先生对刘备不听诸葛亮之策，一意孤行致大败的分析是深透的。

现引唐人杜甫《八阵图》与《咏怀古迹五首》（其四）结束此文。《八阵图》诗云："功盖三分国，名成八阵图。（名成 一作：名高）江流石不转，遗恨失吞吴。"其诗意为：是你成就了三国鼎立，你建立了盖世功绩，你创造的"八阵图"，成就了你永久的声名。你的声名，任凭江流冲击，有如磐石一般依然如故，千年遗恨是未成就大一统，罪在刘备失策想吞吴。

《咏怀古迹五首》（其四）云："蜀主窥吴幸三峡，崩年亦在永安宫。翠华想像空山里，玉殿虚无野寺中。古庙杉松巢水鹤，岁时伏腊走村翁。武侯祠堂常邻近，一体君臣祭祀同。"诗意是说：当年先主刘备征讨东吴曾到达三峡，失败后退守白帝城驾崩在永安宫。忆想当年仪仗旌旗似乎仍在空山飘扬，可惜白玉殿

[①] 刘逸生：《三国小札》，广州出版社2001年版，第93—208页。

在荒郊野寺中踪影难寻。唯有古庙的松杉树上水鹤每年来筑巢栖息,每年的三伏或腊月都有乡村老翁前来祭祀。因为诸葛武侯祠长年与附近的永安宫邻近,生前可谓君臣一体,他们死后的祭祀也相等同。

还得补充的是,朱大渭与梁满仓先生皆言:"史书对诸葛亮是赞成伐吴夺回荆州还是反对没有明确记载",此语不实。蔡东藩先生撰的《中国历史通俗演义》与先生所撰写的《武侯春秋》是属同一类型史书,它不是一般无根无据的小说。正如安徽人民出版社的"出版说明"所言:"蔡东藩治学严谨,务实求真,诚如他自己所说:'以正史为经,务求确凿;以轶闻为纬,不尚虚诬。'"[①]正因为蔡东藩的《中国历史通俗演义》这一宏篇巨制,在史料上始终坚持"以正史为经,务求确凿;以轶闻为纬,不尚虚诬"的原则,反对"凭空捏造,诬古欺今"瞒天过海的荒唐手法。[②]所以,不能说"史书对诸葛亮是赞成伐吴夺回荆州还是反对没有明确记载"。

三是从封建社会的君臣关系上来看:诸葛亮与刘备实质上属"主奴"关系,即使诸葛亮反对伐吴也是无用的。

一部《三国演义》,把刘备与诸葛亮的关系渲染得情同兄弟,刘备对诸葛亮是言听计从。其实不是那么一回事。在刘备入川之后,靠庞统取益州,靠法正取汉中,诸葛亮只是足食足兵,担当萧何这样的角色而已。此前,诸葛亮的哥哥诸葛瑾在刘备伐吴之时,曾受孙权之旨,对刘备曰:"奄闻旗鼓来至白帝,或恐议臣以吴王侵取此州,危害关羽,怨深祸大,不宜答和,此用心于小,未留意于大者也。试为陛下论其轻重,及其大小。陛下若抑威损忿,暂省瑾言者,计可立决,不复咨之于群后也。陛下以关羽之亲何如先帝?荆州大小孰与海内?俱应仇疾,谁当先后?若审此数,易于反掌。"[③]

对于刘备该不该伐吴的问题,当时在刘汉政权、曹魏政权与孙吴政权之内,所有的明智之士,所说之理,都无出诸葛瑾之言其右。况且赵云谏阻刘备伐吴的理由,也是与诸葛瑾的意思一致。诸葛亮即使再能言善辩,也当是与其兄所说的大同小异。诸葛亮即使苦谏,也是无用的,反而让刘备生疑。"刘备虽然有'孤

[①] 蔡东藩:《中国历史通俗演义·出版说明》,安徽人民出版社1999年版,第1页。
[②] 黄飞英、黄建东:《近代著名史学家蔡东藩》,2008年4月8日《团结报》。
[③] 晋·陈寿撰,南朝宋·裴松之注:《三国志》(全五册),中华书局1975年版,第1232—1233页。

之有孔明，犹鱼之有水也'之语，但现实的政治变幻无常，不能不使刘备对诸葛亮有所猜忌。尽管此事无明文记载，但细查史实，还是有蛛丝马迹可寻的。……夷陵之战诸葛亮不能与谋，其根本原因是因自赤壁之战后刘备对诸葛亮的戒备。……如果细察史实，可以发现自赤壁之战后到刘备在白帝托孤之前，凡逢蜀汉与孙吴发生关系时，不管这种关系是结盟还是冲突，在决策过程中都看不到诸葛亮的活动。这个事实充分说明，刘备在世时，蜀汉对孙吴关系方面，最高的决策人是刘备自己；诸葛亮所以未能参与决策过程，除了因其兄在孙吴等原因引起刘备对他的猜忌之外，恐怕难有其他原因能够说明。"①

这正如汪大白先生所说：刘备与诸葛亮之间的"君臣关系实质上是主奴关系，刘备、诸葛亮既为'君臣'，也就是'主奴'。'书里空有千条计，主公不用其奈何！'一切刘备说了算，并非诸葛亮说了算。"②况且，"其信公也，不如信关羽，而且不如孙权之信子瑜也。疑公交吴之深，而并疑其与子瑜之合。"③

刘备对诸葛亮因其与其兄诸葛瑾关系密切而并不放心诸葛亮，若诸葛亮反复死谏，只能增加刘备的猜忌！诸葛亮真是有苦难言。因此，刘备独断专行伐吴的大失策，有的先生却硬要归罪于诸葛亮，是没有道理的。

综上所述可见，诸葛亮是谏阻过刘备伐吴的。伐吴的惨败，是对刘备独断专行的应有惩罚！当然，刘备用10万将士的鲜血，④给后人书写了如何处理好主要矛盾与次要矛盾的典型事例，这是足可永资借鉴的生动案例。然"祸兮福所倚，福兮祸所伏"！10万将士的鲜血，终让刘备返还到"卖草鞋的'真身'"，恢复了英雄的本色：彻底而真诚地托孤于诸葛亮，从此，天才的诸葛亮得以施展"中华民族大一统"的抱负，让刘汉江山又多了四十年！

如：1941年1月，国民党在皖南发动突然袭击，企图消灭新四军。在如何对待

---

①薛军力：《夷陵之战诸葛亮何以未能与谋》，《天津师大学报》1996年第6期，第39—40页。

②汪大白：《诸葛失策谁与辨——〈反三国志演义〉侧论》，《阜阳师范学院学报·社会科学版》2001年第3期，第18页。

③王夫之：《读通鉴论》，卷10。

④朱大渭、梁满仓：《武侯春秋》团结出版社1998年版，第382页载称："吴、蜀围绕荆州的两次战争，蜀军主力前后至少有10万军队消耗掉了，关羽、马良、张南、冯习、傅彤、程畿、黄权、潘濬、糜芳、傅士仁、杜路、刘宁、庞林等将帅。或因荆州战争而死，或被迫投降吴、魏。"

蒋介石和国民党顽固派的问题上，党内出现了不同意见。有些同志认为，皖南事变可能会"造成一九二七年的形势，重演四一二事变和马日事变"，"国共合作全面破裂"，所以应该对国民党立即进行全面反击。毛泽东借用刘备伐吴战败身亡的典故教育全党。当时，党对形势的基本判断是："中日矛盾成为主要矛盾、国内矛盾降到次要和服从的地位"全国各派力量应该团结一致，共同抗日。皖南事变固然使阶级矛盾在局部领域激化起来，但整体上民族矛盾与阶级矛盾的主次关系并没有变化。因此，正确的选择是对国民党进行"有理、有利、有节"的反击，以达到在斗争中求团结的目的。否则，"季孙之忧，不在颛臾，而在萧墙之内矣"！因此，毛泽东这个时候以刘备兵败东吴为例，就是告诫全党要分清主要矛盾与次要矛盾，统一认识，以避免抗日民族统一战线的分裂。[①]

十九、臣敢竭股肱之力

> 本篇示要："白帝托孤"主要有三种不同的意见："第一种意见，试探诸葛亮的忠心；第二种意见，骗取诸葛亮的忠心；第三种意见，逼出诸葛亮的忠心。这三种意见，有没有道理呢？我觉得没有道理。有人说，这都是阴谋论，把刘备看得太坏了。我倒是觉得，这三种意见最大的问题，并不是把刘备看得太坏了，而是把刘备、诸葛亮看得太傻了刘备为什么要赋予诸葛亮至高无上的权力呢？因为自从'三顾茅庐'以来，一直到'白帝托孤'为止，刘备只要听诸葛亮的，就成功，不听

---

① 中央文献研究室《党的文献》《文献与研究》编辑部编：《史林智慧琐谈——历史文献中的人和事（第一辑）》，中央文献出版社2007年版，第40—42页。

诸葛亮的，就失败。关羽之死、猇亭之败，就是最惨痛的教训。他担心后主刘禅重蹈自己的覆辙，担心其他大臣拖诸葛亮的后腿，难以让他尽情地施展才华。为了给诸葛亮一个更大的舞台，刘备在临死之前作出了这样精心的制度安排。"直雄以为，秦涛关于刘备托孤之论，是精准之论，其论亦是"晋平阳侯陈寿史评'先主之弘毅宽厚，知人待士，盖有高祖之风，英雄之器焉。及其举国托孤于诸葛亮，而心神无贰，诚君臣之至公，古今之盛轨也'"的最好注脚。

刘备问难：

章武三年春，先主于永安病笃。召亮于成都，属以后事。谓亮曰："君才十倍曹丕，必能安国，终定大事。若嗣子可辅，辅之；如其不才，君可自取。"[1]

诸葛妙答：

亮涕泣曰："臣敢竭股肱之力，效忠贞之节，继之以死！"先主又为诏敕后主曰："汝与丞相从事，事之如父！"[2]

又，《答刘备托孤》"臣敢竭股肱之力，效忠贞之节，继之以死！"注：摘自《三国志·诸葛亮传》，题目系校注者所加。事在223年春。[3]

---

[1] 晋·陈寿撰，南朝宋·裴松之注：《三国志》（全五册），中华书局1975年版，第918页。
[2] 同上。
[3] 王瑞功主编：《诸葛亮研究集成》（上、下册），齐鲁书社1997年版，第276页。

作年略考：

史载：蜀章武、后主刘禅建兴元年（223）。这年三月，"刘备在永安（今重庆市奉节）病重，命丞相诸葛亮辅太子刘禅处理朝政，备谓亮曰：'君才十倍曹丕，必能安国，终定大事。若嗣子可辅，辅之；如其不才，君可自取。'诸葛亮流涕应答：'臣敢不竭股肱之力，效忠贞之节，继之以死！'四月，刘备死，时年六十三岁，谥曰昭烈。诸葛亮奉丧还成都。"①由此，事在公元223年4月。

直雄补说：

这段话语的意思是说：章武三年（223）的春天，刘备在永安（今重庆市奉节）病重，传命召见当时还在成都的诸葛亮辅助太子刘禅处理朝政。刘备对诸葛亮说："您的才能超过曹丕十倍，一定能使国家安定，最后大一统全国。如果我的继承人刘禅能够辅助的话，您就辅助他。如果他不具备君主的才能，您可以自己取代他的帝位。"诸葛亮哭泣着应答说："我当用尽自己辅助的能力，献出忠君不二的气节，不辞以死！"刘备又下诏书命令刘禅："你和丞相一起处理事务，要像对待父亲一样侍奉他"。

在整部《三国》史中，有"刘备托孤诸葛亮"之睿智，"曹叡托孤司马懿"之诡异，"曹操传位曹丕"之悲凉，"孙策传位孙权"之无奈，"孙权托孤诸葛恪"之波折，"司马懿传位司马师"之隐含，"司马师传位司马昭"之果决，"司马昭传位司马炎"之犹豫，"孙休托孤濮阳兴"之仓促。曹操、刘备、孙权、孙策、曹叡、司马懿、司马师、司马昭皆为一个时代之枭雄。在面对他们篡夺的"江山"将由谁守、谁守得住的问题上，可谓绞尽脑汁、机关算尽。其中最值得研究的当是"刘备托孤"、而争论最多的也是"刘备托孤"。

归纳起来，计有如下两种完全对立的说法：

一是马荻凯先生的"托孤典范"说。

---

① 张习孔、田珏主编：《中国历史大事编年·第二卷》，北京出版社1997年版，第5—6页。

马荻凯先生称：刘备托孤是"'托孤'与'忠信'典范"。先生通过三国时托孤的种种实际情况与不同的结果进行比较后写道："'忠君'是儒家思想的重要组成部分，《论语·八佾》云：'君使臣以礼，臣事君以忠。'刘备与诸葛亮以行动忠实地实践了这两句话，遂而成了万世景仰的圣君贤臣。礼贤下士的刘备'猥自枉屈，三顾臣于草庐之中'的举动感动了诸葛亮，致其'遂许先帝以驱驰'，以至'鞠躬尽瘁，死而后已'。"①

朱大渭、梁满仓先生说："刘备反复思索，既然儿子们都不行，只有烦劳诸葛亮了……刘备的为难之处，是怕诸葛亮不答应……刘备是真心感到儿子们不成，为了实现复兴汉室的大计，要把基业托付给诸葛亮……他太了解诸葛亮了。正因为了解诸葛亮的正直，刘备才没有必要对诸葛亮进行试探。正因为了解诸葛亮的忠诚，刘备才没有必要激励诸葛亮为蜀汉效忠。然而，也正是因为了解诸葛亮的正直与忠诚，刘备才对把基业托付给诸葛亮感到为难。……有好几次，刘备要与诸葛亮谈以基业相托的事，但怕诸葛亮为难，话到嘴边又咽回去了。……章武三年（公元223年）四月下旬的一天，诸葛亮接到下人的报告：'陛下不行了！'他急忙赶到永安宫刘备的病榻前，只见刘备已经奄奄一息了。听到诸葛亮急切地呼唤，刘备缓缓地睁开了眼睛。他看见诸葛亮，知道这是自己举国托孤的最后机会了，便对诸葛亮说：'君才十倍曹丕，必能安国，终定大事。若嗣子可辅，辅之；如其不才，君可自取。'……刘备这番话，把基业和子嗣全都交给诸葛亮了。刘备这番话，表明了自己的真诚，同时也表明了对诸葛亮的无限信任。刘备这番话，使诸葛亮感动得热泪盈眶……诸葛亮感到，刘备的托付是不能完全接受的，但他的真诚和信任是无法推辞的。……刘备不再说什么了，他了解诸葛亮，面对诸葛亮的挚诚，他觉得再说什么都是多余的了。"②

直雄认为：马荻凯先生虽说是从小说《三国志通俗演义》入题，但是是以《三国志》等史书和传统经典著作为据。其论证入理可信。而朱大渭与梁满仓先生，借助对大量史料的演绎熔炼，十分生动而形象地将刘备忠诚地把自己一生的刘汉基业托付与诸葛亮，作了令人信服地描绘。而诸葛亮为了"中华民族大一

---

① 马荻凯：《儒、道、法思想的统一体——〈三国志通俗演义〉中的诸葛亮形象析论》，2014年河北师范大学硕士学位论文，第9页。
② 朱大渭、梁满仓：《武侯春秋》，团结出版社1998年版，第380—385页。

统"事业,不忘初衷勇敢地担当起来。是完全可信的、感天动地的!

二是朱子彦先生的"狼顾自取"说。

朱子彦先生说:"刘备白帝托孤……我以为刘备托孤之语……现在要检讨的问题,不是刘备要不要诸葛亮当皇帝,而是诸葛亮自己想不想再上一个台阶,由宰相登上龙椅。这个问题古今从未有人作过思考。……要把诸葛亮从圣坛上请下来,我想很有必要对这一最棘手的问题作一番探讨。……若假以年,诸葛亮长寿,且北伐成功,克服中原,诸葛亮本人,抑或其子孙,受九锡,登上皇帝宝座岂非顺理成章之事,我们又何必为之惊讶呢!"[1]

朱子彦先生为了说明诸葛亮接受刘备的托孤是要当皇帝,仅在这几段的叙述就大约用了1.6万字的篇幅,说诸葛亮若假以年,他或他的子孙登上皇帝宝座何必为之惊讶!

直雄以为,子彦先生误矣,且误之大、大得出奇。现按其陈述依次归纳成如下问题以论说之,因为本书在其他章节中,对这1.6万字的一些部分已有论说之处,为省篇幅,尽量点明、不再重复细论。

子彦先生的第一个问题是:李邈的上疏并非无中生有、空穴来风。

直雄以为:李邈的上疏确系无中生有、空穴来风,纯属用心险恶的报复行为。

朱子彦先生在引用李邈的上疏:"吕禄、霍禹未必怀反叛之心,孝宣不好为杀臣之君,直以臣惧其逼,主畏其威,故奸萌生。亮身仗强兵,狼顾虎视,五大不在边,臣常危之。今亮殒没,盖宗族得全,西戎静息,大小为庆。"接着分析并结论道:"对李邈的上疏如何看?如果要维护诸葛亮的崇高形象,尽可以把李邈的上疏视为诬蔑、攻讦诸葛亮的诽谤之词;但若冷静客观地仔细分析,即可发现李邈之言并非无中生有、空穴来风。我以为真正具有'狼顾'相的人是不存在的,司马懿、诸葛亮之所以被时人看成有'狼顾'相,无非是怀疑他们有篡位的野心。……"[2]

诸葛亮的形象是崇高还是卑鄙,不是时人或是后人说崇高就崇高了;说卑鄙就卑鄙了的。细读整部《三国志》,细读《灭魏兴汉大一统,鞠躬尽瘁

---

[1] 朱子彦:《走下圣坛的诸葛亮——三国史新论》,中国人民大学出版社2006年版,第13—36页。

[2] 同上书,第14—25页。

五丈原——诸葛亮行年暨其时要事纪年新谱》，细读《国乱常思诸葛亮，一统基因入人心——百副评价诸葛亮的楹联要义语绎品鉴》等，史实证明诸葛亮的形象是崇高的，李邈的上疏就是无中生有、空穴来风，是李邈对他劝阻诸葛亮不该斩马谡而不得诸葛亮之意，将其调离丞相府的不满的恶意发泄。①对于李邈乘机报复诸葛亮的卑劣行为，刘禅可谓明察秋毫、当即将其问斩，这是依法行事，合理合法。也就是时人的心声。当今如果人人得知李邈是如此的卑劣小人，当是不会同意子彦先生为李邈辩护而贬低诸葛亮的。

第二个问题是：关于李严劝诸葛亮受九锡与诸葛亮处分李严的问题。

直雄以为：李严劝诸葛亮受九锡是"心怀鬼胎"，后来李严谎报军情、假传圣旨、贻误战机、陷害诸葛亮，按律当斩，诸葛亮对其处分却重在治病救人，体现了诸葛亮人格的高尚。

这两个问题，在本书的"三十七、灭魏斩叡还旧都""四十二、平事稽留将致祸"中已有详细论证。李严对诸葛亮给自己的处分心服口服，历史事实就是李严犯罪严重，没有杀了他，已经是"法外开恩"，真是"网开一面"了。不存在朱子彦先生说的"刘备去世后，诸葛亮就无所顾忌，他打击、排斥李严可谓不遗余力"的事实。

第三个问题是：关于"不仅诸葛亮自己以'太上皇'自居，且朝中官员亦几乎将诸葛亮视为'皇上'"的问题。

直雄以为：这个结论没有事实当支撑，推论难以服人。

朱子彦先生据孙权说了"蜀主幼弱"之类的话而邓芝不反驳，与孙权打交道的是诸葛亮而非后主，诸葛亮将死，定下接班人也是诸葛亮而非后主等，说明诸葛亮是"太上皇"云云。

刘汉朝"蜀主幼弱"是谁也不能否定的客观实事，这是其父刘备及朝臣们的共识，用孟达的话来说就是刘备"自立阿斗为太子以来，有识之人相为寒心"②阿

---

①晋·陈寿撰，南朝宋·裴松之注：《三国志》（全五册），中华书局1975年版，第1086页载：有司秉承刘备之意将李邈杀之，"诸葛亮为请，得免。久之，为犍为太守、丞相参军、安汉将军。建兴六年，亮西征，马谡在前败绩，亮将杀之，邈谏之以'秦赦孟明，用伯西戎，楚诛子玉，二世不兢'，失亮意，还ān。十二年，亮卒，后主素服发哀三日，邈上疏曰：'吕禄、霍、禹……大为小庆。'后主怒，下狱诛之。"

②晋·陈寿撰，南朝宋·裴松之注：《三国志》（全五册），中华书局1975年版，第992页。

斗无能是事实，不能把他说成是孙策或孙权。

再说，邓芝是来从事恢复"孙、刘联盟"这样重要外交工作的，他不可能、也没有必要批评孙权说了"蜀主幼弱"这样的话，即使他想说也不能去说，否则，他就是一个只会"捡了芝麻抛了西瓜"的庸才！

再是"蜀主幼弱"，但也有做"齐桓公"气度的一面，就是大胆放权，史载："初备以诸葛亮为太子太傅，及禅立，以亮为丞相，委以诸事，谓亮曰：'政由葛氏，祭则寡人。'亮亦以禅未闲于政，遂总内外。"①刘禅这样做，一是尊崇父志，二是切合自己能力的实际情况。可谓实事求是。

第三个问题是：关于"诸葛亮的'跋扈'与萧何的'恭敬'，不是有云泥之别吗？"的问题。

直雄以为：诸葛亮的与萧何一样事主恭恭敬敬，对刘汉王朝真可谓"鞠躬尽瘁、死而后已"。

朱子彦先生据刘禅在诸葛亮即将离世之时，派李福去五丈原前线听取接班人当是谁之后，因刘禅没有异议，于是朱子彦先生写道："诸葛亮临终前，在其接班人的问题上也独断专行，根本不同后主商量。而刘禅也不敢擅作主张，居然派尚书李福千里迢迢地从成都赶赴陕西岐山五丈原军中，代表皇帝聆听'相父'的指示。……同样身为丞相，同样辅佐幼主，诸葛亮的'跋扈'与萧何的'恭敬'，不是有云泥之别吗？"

朱子彦先生在这里同样误读了诸葛亮，且误之深矣！何也？其理由有四：

一是诸葛亮突然病发五丈原军中前线，人在弥留之际，怎能赶往成都向后主作"将死之别"。后主派李福向他征询最后确定接班人的意见，后主听取了诸葛亮的意见，那么，诸葛亮就是"独断专行"吗？令人匪夷所思！难道后主不听，才算是诸葛亮"开明"？令人不解。

二是诸葛亮为了"中华民族大一统"大业，"鞠躬尽瘁、死而后已"，即随时准备"捐躯"！早在刚刚进驻成都刘备因故要斩蒋琬之时，诸葛亮因对蒋琬有过细致的观察了解予以阻止说："'蒋琬，社稷之器，非百里之才也。其为政以安民为本，不以修饰为先，愿主公重加察之。'先主雅敬亮，乃不加罪，……

---

①晋·陈寿撰，南朝宋·裴松之注：《三国志》（全五册），中华书局1975年版，第893—894页。

建兴元年，丞相亮开府，辟琬为东曹掾。举茂才，琬固让刘邕、阴化、庞延、廖淳，亮教答曰：'思惟背亲舍德，以殄百姓，众人既不隐于心，实又使远近不解其义，是以君宜显其功举，以明此选之清重也。'迁为参军。五年，亮住汉中，琬与长史张裔统留府事。八年，代裔为长史，加抚军将军。亮数外出，琬常足食足兵以相供给。亮每言：'公琰托志忠雅，当与吾共赞王业者也。'密表后主曰：'臣若不幸，后事宜以付琬。'"①

由此可见，诸葛亮为了国家大业，对蒋琬是经过长期考察的，而且在建兴八年（230）就向刘禅报告推荐过，这本身就是对刘禅的尊重。而刘禅派李福再一次向诸葛亮听取意见，这是最正常不过的事，是对诸葛亮的信任，这怎能构成诸葛亮"独断专行"之罪呢？难道刘禅改任黄皓为丞相，诸葛亮才不是"独断专行"吗？又是令人不解。

三是刘禅好在能听从诸葛亮的人事安排，让他坐了40年天下。刘禅颇似齐桓公。能听管仲之言，便能"九合诸侯，一匡天下"。公元前645年管仲死，齐桓公不听管仲生前敬告他不能用易牙、开方、竖刁三人，结果齐桓公反而重用之，不到两年，齐国大乱，桓公卒，"五公子互相攻伐。易牙与寺人貂因内宠以杀群吏，立无亏。太子昭奔宋。桓公之尸在床六十七日，尸虫出于户，而后殡。"②

刘禅在诸葛亮所推荐的接班人蒋琬、董允、费祎死后，立刻与奸佞陈祗、黄皓沆瀣一气，置刘备、诸葛亮"不能走桓、灵之路"的警告于脑后，结果只能是当了一个被人蔑视的、可耻的、乐不思蜀的、不能进入成都武侯祠（本为昭烈庙）的"安乐公"！只落得在昭烈庙、武侯祠中被后人清理除去的下场，可以说，这就是民意对"腐败乱国分子"的一种惩罚！

关于刘禅能遵从刘备、诸葛亮的衷心之言从政方有约"二十三的好皇帝生涯"，而背离刘备、诸葛亮的警示从政即"从明主变昏君"的问题，直雄在拙著《习凿齿与他的〈汉晋春秋〉——兼论〈三国演义〉对习凿齿的承继关系》的第812—825页，已有详细论证，此不多赘。

---

①晋·陈寿撰，南朝宋·裴松之注：《三国志》（全五册），中华书局1975年版，第1057—1058页。

②张习孔、田珏主编：《中国历史大事编年·第一卷》，北京出版社1997年版，第138—139页。

四是萧何答惠帝之问与诸葛亮在弥留之际答李福之问,属于表述方式与直接回示对象的完全不同,诸葛亮在李福的两次征询下的回答,推心置腹、谦恭有礼,决无不妥,怎么就变成了"诸葛亮的'跋扈'与萧何的'恭敬',不是有云泥之别吗?"这实在又令人费解!

第四个问题是:关于"诸葛亮北伐的目的是为了受九锡,进而代汉称帝,并非骇人听闻之说"的问题。

直雄认为,这岂止是一个骇人听闻的问题,这是一个奇误大误特误的问题。本书在"二、隆中一对为一统""五、说服孙权共抗曹""十一、马孟起兼资文武""十二、法正违法仅此时""十三、法正违法用法制""十四、欲封黄忠后将军""十五、'借刀除患'待商榷""十七、劝说刘备当皇帝""二十一、使吴之人始得之""二十八、孟达身死咎自取""三十三、兵出子午计甚危""三十五、呕心沥血撰《后出师表》"等篇章中,凡涉及说诸葛亮北伐是想当皇帝的点滴质疑,皆会一一论证,确为子虚乌有。

一个人一生的历史,是功是过,是崇高抑或是卑劣,都是他自己用行动用生命写就的。诸葛亮的一生,是辉煌还卑鄙,只要细细整理他的年谱,只要读一读历朝历代武侯祠的楹联,自然会用事实展现出来,为此,直雄在前人研究成果的基础上,不仅先贤时俊们的诸葛亮年谱说明诸葛亮的一生是辉煌璀璨的,直雄的《灭魏兴汉大一统,鞠躬尽瘁五丈原——诸葛亮行年暨其时要事纪年新谱》与《国乱常思诸葛亮,一统基因入人心——百副评价诸葛亮的楹联要义语译品鉴》,用逐年逐月的历史事实与先贤时俊的评论说明:诸葛亮是杰出的政治家、军事家、文学家、发明家。他一生为了实现"中华民族大一统"而"鞠躬尽瘁、死而后已",他是中国传统文化中忠臣与智者的最为典型的代表人物。

现在又回到刘备托孤诸葛亮的是是非非上,我想引用秦涛先生的话语以结束此说的论争,这就是对于"白帝托孤"有三种不同的意见:"第一种意见,试探诸葛亮的忠心;第二种意见,骗取诸葛亮的忠心;第三种意见,逼出诸葛亮的忠心。这三种意见,有没有道理呢?我觉得没有道理。有人说,这都是阴谋论,把刘备看得太坏了。我倒是觉得,这三种意见最大的问题,并不是把刘备看得太坏了,而是把刘备、诸葛亮看得太傻了。……刘备为什么要赋予诸葛亮至高无上的权力呢?因为自从'三顾茅庐'以来,一直到'白帝托孤'为止,刘备只要听诸葛亮的,就成功,不听诸葛亮的,就失败。关羽之死、猇亭之败,就是最惨痛的

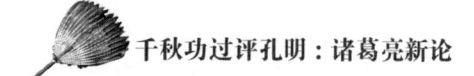

教训。他担心后主刘禅重蹈自己的覆辙，担心其他大臣拖诸葛亮的后腿，难以让他尽情地施展才华。为了给诸葛亮一个更大的舞台，刘备在临死之前作出了这样精心的制度安排。"①

直雄以为，秦涛关于刘备托孤之论，是为精准之论，其论亦是"晋平阳侯陈寿史评'先主之弘毅宽厚，知人待士，盖有高祖之风，英雄之器焉。及其举国托孤于诸葛亮，而心神无贰，诚君臣之至公，古今之盛轨也'"②的最好注脚。

二十、孤尚且难忍不笑

本篇示要：诸葛亮深知官场"势利"之情。一句"见了谯周的这个样子我也有笑难忍，何况左右的人呢？"的话，让"有司"中的某些"马屁精"冠冕堂皇地下台，也为哂笑谯周的人免祸！展现了诸葛亮的包容与气度！这样一个不大不小的"笑料"，让人们看到了诸葛亮的爱民情怀和调解"有司"挑起与"哂笑者"之间"矛盾"的语言艺术魅力！是诸葛亮作为高官的一种美德、一种境界！而诸葛亮称"孤"，表示自己是薄德之人，是当时诸葛亮这个级别的官自称的常用之语，不必误读为此语暴露了诸葛亮有要当皇帝的野心。

---

①秦涛：《诸葛亮之道》，中国民主法制出版社2017年版，第145—150页。
②晋·陈寿撰，南朝宋·裴松之注：《三国志》（全五册），中华书局1975年版，第892页。

有司问难：

蜀记曰：周初见亮，左右皆笑。既出，有司请推笑者。[1]

又，王隐《蜀记》中记载：谯周，字允南，体貌素朴，无造次辩论之才。亮领益州牧，周为劝学从事，初见，左右皆笑。既出，有司请推笑者。[2]

诸葛妙答：

亮曰："孤尚不能忍，况左右乎！"[3]

又，诸葛亮说："孤尚不能忍，况左右乎！"[4]

作年略考：

史载："建兴中，丞相亮领益州牧，命周为劝学从事。蜀记曰：周初见亮，左右皆笑。既出，有司请推笑者，亮曰：'孤尚不能忍，况左右乎！'"[5]

又，蜀章武三年、后主刘禅建兴元年（223）五月，"刘禅即位，时年十七岁，是为蜀后主，改元建兴，封丞相诸葛亮为武乡侯，领益州牧。"[6]

由此可知：事在223年5月。

---

[1]晋·陈寿撰，南朝宋·裴松之注：《三国志》（全五册），中华书局1975年版，第1027页。
[2]伊力主编：《诸葛亮智谋全书》，中州古籍出版社2003年版，第239页。
[3]晋·陈寿撰，南朝宋·裴松之注：《三国志》（全五册），中华书局1975年版，第1027页。
[4]伊力主编：《诸葛亮智谋全书》，中州古籍出版社2003年版，第239页。
[5]晋·陈寿撰，南朝宋·裴松之注：《三国志》（全五册），中华书局1975年版，第1027页。
[6]张习孔、田珏主编：《中国历史大事编年·第二卷》，北京出版社1997年版，第5—6页。

直雄补说：

这本是一件小事。诸葛亮自领益州牧之后，"政事无巨细，咸出于亮。亮约官职，修法制，与群下曰：'夫参署者，集众思，广忠益也。'"①诸葛亮下到"基层"，考察谯周这个人，并任命他为劝学从事，正是践行"约官职，修法制"的表现。

谯周"体貌素朴，性推诚不饰"见官（诸葛亮），是那种为人诚实，毫无虚假之意、不修边幅、行为随便的知识分子形象，因而惹得在场的人哂笑。但按当时官场规矩，这些人是对诸葛亮的不尊、不敬。主管部门因此还要追究那些看到谯周便当着诸葛亮的面"发笑的人"，显然，这些主管部门的人大有拍诸葛亮马屁之嫌。

诸葛亮何不知官场此情？一句"见了谯周的这个样子我也有笑难忍，何况左右的人呢？"的话，让"有司"中的某些"马屁精"冠冕堂皇地下台，也为哂笑谯周的人免祸！展现了诸葛亮的包容与气度！这样一件不大不小的"笑事"，让人们看到了诸葛亮的爱民情怀和调解"有司"挑起与"哂笑者""矛盾"的语言艺术魅力！是诸葛亮作为丞相的一种美德、一种境界！

然事有蹊跷，后人在诸葛亮用一"孤"字上作文章，称这是诸葛亮有称帝野心。其云："第三个根据是《三国志》中诸葛亮召见谯周时说：'孤尚不能忍，况左右乎！'而专制社会称'孤'是皇帝的专利。"②

中国文字之美是多方面的，还美在其一字多义、一字多词。把诸葛亮用了一个"孤"字说成诸葛亮想当皇帝，未免牵强附会。查《辞源》《辞海》《汉典》等，"孤"之义多达五六个。诸葛亮在这里用的"孤"，实则作"吾"的意思理解。

"孤"，"古代王侯的谦称。意谓少德之人。"③在这里并非当君王之谦称的意思。诸葛亮这句话的本意是说："吾尚不能忍，况左右乎！"面对谯周这样一

---

①张习孔、田珏主编：《中国历史大事编年·第二卷》，北京出版社1997年版，第6页。
②思想理论动态参阅课题组：《诸葛亮是非功过辨》，《今日政坛》2008年第1期，第49页。
③广东、广西、湖南、河南辞源修订组，商务印书馆编辑部编：《辞源》，商务印书馆1988年版，第426页。

个知识分子，诸葛亮称"孤"，表示自己是薄德之人，不必那么介意。

"孤"，在当时在并非皇帝专用，只要封了侯、开了府，都可以自称为"孤"，此时的诸葛亮称"孤"，是在皇帝刘禅已经封其为武乡侯领益州牧开府署事，故以"孤"自称，完全可以。

诸葛亮在临死之时，也还称"孤"呢！"亮语福曰：'孤知君还意。近日言语，虽弥日有所不尽，更来一决耳。君所问者，公琰其宜也。'福谢：'前实失不谘请公，如公百年后，谁可任大事者？故辄还耳。……'"[1]事在234年8月。

三国时不是皇帝称"孤"者就有多例。曹操作于建安十五年（210）的《让县自明本志令》，其时为丞相的曹操在该短文中就16次用"孤"字自称。其云："孤始举孝廉……后孤讨禽其四将……孤自度势，实不敌之……孤复定之……今孤言此……设使天下无孤，不知几人称帝，几人称王；或者人见孤强盛……孤每读此二人书……孤祖、父以至孤身……孤非徒对诸君说此也……孤谓之言……孤此言皆肝鬲之要也……然欲孤便尔委捐所典兵众……孤闻介推之避晋封……少减孤之责也。"[2]

自号车骑将军后转为大将军的袁绍亦云："孤欲令诸儿各据一州也。"[3]

又如："十八年正月，曹公攻濡须，权与相拒月余。曹公望权军，叹其齐肃，乃退。《吴历》曰：'曹公出濡须，作油船，夜渡洲上。权以水军围取，得三千余人，其没溺者亦数千人。权数挑战，公坚守不出。权乃自来，乘轻船，从灞须口入公军。诸将皆以为是挑战者，欲击之。公曰："此必孙权欲身见吾军部伍也。"敕军中皆精严，弓弩不得妄发。权行五六里，回还作鼓吹。公见舟船器仗军伍整肃，喟然叹曰：'生子当如孙仲谋，刘景升儿子若豚犬耳！'权为笺与曹公，说：'春水方生，公宜速去。'别纸言：'足下不死，孤不得安。'曹公语诸将曰：'孙权不欺孤。'乃彻军还。"[4]

建安十八年（213）孙权并未称皇帝时说"足下不死，孤不得安"的时候还没有当皇帝，不也自称为"孤"吗？这里的"孤"，就是我、吾的一种代称而已！

故曰：将诸葛亮称"孤"，说成是有他想当皇帝之意，是乃误读误解！

---

[1] 晋·陈寿撰，南朝宋·裴松之注：《三国志》（全五册），中华书局1975年版，第1087页。
[2] 同上书，第32—34页。
[3] 同上书，第194页。
[4] 同上书，第1118—1119页。

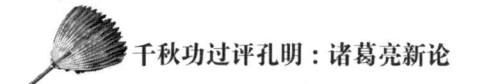

二十一、使吴之人始得之

本篇示要：由于曹魏政权的腐败，在刘汉政权与孙吴政权的联合蚕食下，在与刘汉、孙吴的斗争中，司马懿父子脱颖而出，牢牢地把控着曹魏的军政大权，司马懿借助"高平陵事变"，成功地夺权秉政，曹魏王朝名存实亡。如果不是刘禅政权与孙皓政权的腐败，孙吴、刘汉两国确有能力扫平北方司马炎这个腐败政权的。之后，孙吴与刘汉两个政权，则真有可能会出现"'……君各茂其德，臣各尽其忠，将提枹鼓，则战争方始耳'"的局面！

邓芝问难：

先主薨于永安宫。先是，吴王孙权请和，先主累遣宋玮、费祎等与相报答。丞相诸葛亮深虑权闻先主殂陨，恐有异计，未知所如。芝见亮曰："今主上幼弱，初在位，宜遣大使重申吴好。"①

---

①晋·陈寿撰，南朝宋·裴松之注：《三国志》（全五册），中华书局1975年版，第1071页。

诸葛妙答：

亮答之曰："吾思之久矣，未得其人耳，今日始得之。"芝问其人为谁？亮曰："即使君也。"①

作年略考：

史载，蜀章武二年（223）三月，刘备托孤。四月，刘备死。诸葛亮奉丧还成都。五月，刘禅继位。十月，邓芝出使孙吴。②

由此可见，事在223年5月。

直雄补说：

据上述文意：刘备死后，刘禅即位当皇帝之初，诸葛亮准确地预料到孙吴看到枭雄刘备已死，刘禅无能治蜀，该不该让"孙、刘联盟"继续下去？这是在孙权脑海中必须要盘算的一个大问题。刘汉王朝必须派出最得力的使者出使孙吴，以巩固"孙、刘联盟"，这对刘汉政权是一件事关存亡的大事。

刘备虽说伐吴时大败，但他只要不死，这个与曹操明争暗斗一生的枭雄，威名仍在，他对刘汉政权仍有绝对的掌控力和号召力。这是问题的一个方面。

另一方面，就在孙权取得夷陵大胜、并向曹魏称臣之后，曹丕也并未容忍孙吴独立为国。所以，擅长分析形势的孙权，对于枭雄刘备之后的刘禅信心不足。要不要继续与刘禅联盟？要不要彻底"臣服"于魏？他一直在反复掂量着。

料事如神的诸葛亮充分地认识到这一问题刻不容缓急待处理好的严重性。诸葛亮看到了这一点，曹丕政权也看到了孙、刘继续联盟这一问题的严重性。就在

---

① 晋·陈寿撰，南朝宋·裴松之注：《三国志》（全五册），中华书局1975年版，第1071页。

② 张习孔、田珏主编：《中国历史大事编年·第二卷》，北京出版社1997年版，第5—6页。

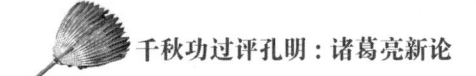

邓芝来到孙吴之时，"魏亦遣使至吴，孙权犹豫不决。"[①]

两使相争智者胜。史载："权果狐疑，不时见芝，芝乃自表请见权曰：'臣今来亦欲为吴，非但为蜀也。'权乃见之，语芝曰：'孤诚愿与蜀和亲，然恐蜀主幼弱，国小势偪，为魏所乘，不自保全，以此犹豫耳。'芝对曰：'吴、蜀二国四州之地，大王命世之英，诸葛亮亦一时之杰也。蜀有重险之固，吴有三江之阻，合此二长，共为唇齿，进可并兼天下，退可鼎足而立，此理之自然也。大王今若委质于魏，魏必上望大王之入朝，下求太子之内侍，若不从命，则奉辞伐叛，蜀必顺流见可而进，如此，江南之地非复大王之有也。'权默然良久曰：'君言是也。'遂自绝魏，与蜀连和，遣张温报聘于蜀。蜀复令芝重往，权谓芝曰：'若天下太平，二主分治，不亦乐乎！'芝对曰：'夫天无二日，土无二王，如并魏之后，大王未深识天命者也，君各茂其德，臣各尽其忠，将提枹鼓，则战争方始耳。'权大笑曰：'君之诚款，乃当尔邪！'权与亮书曰：'丁厷掞张，[②]阴化不尽；和合二国，唯有邓芝。'"[③]

这是中国古代外交史上颇为璀璨的一笔，亦是颇值得品味的一大外交亮点，可以说邓芝的行为与处理方法，这是"诸葛智慧"的延续与展现。

其一，诸葛亮所想，邓芝则心领神会，大有"英雄所见略同"之趣！

其二，诸葛亮办事，多是采取主动。在这次外交斗争中，邓芝由被动化为主动。一句"臣今来亦欲为吴，非但为蜀也"，紧扣了孙权之心绪，孙权不见也得见。将本来在"受冷遇"化为"热情相待"，为吴国而来一语？孙权必须听取。

其三，出语实实在在、坦诚相劝。邓芝让孙权说话的中心点是：如果"孙、刘联盟"被破坏了。其结果是吴必送质于魏，若有不从，魏则兵伐孙吴，蜀亦顺流而下相争，吴国灭矣！这是多么可怕的结果！聪明的孙权是绝对不会走此死路的。

其四，只要"孙、刘联盟"在继续，则攻守自如："进可并兼天下，退可鼎足而立，此理之自然也。"聪明的孙权是绝对是会选取这一"可保江山"的光明

[①] 张习孔、田珏主编：《中国历史大事编年·第二卷》，北京出版社1997年版，第6页。

[②] 掞音夷念反，或作艳。臣松之案汉书礼乐志曰"长离前掞光耀明"。左思蜀都赋"摛藻掞天庭"。孙权盖谓丁厷之言多浮艳也。

[③] 晋·陈寿撰，南朝宋·裴松之注：《三国志》（全五册），中华书局1975年版，第1071—1072页。

大道的。

其五，孙权与邓芝共同道出了中华民族必须大一统的一个千古话题："权谓芝曰：'若天下太平，二主分治，不亦乐乎！'芝对曰：'夫天无二日，土无二王，如并魏之后，大王未深识天命者也，君各茂其德，臣各尽其忠，将提枹鼓，则战争方始耳。'权大笑曰：'君之诚款，乃当尔邪！'"这是中华民族坚守"大一统"的一个永恒的话题。是诸葛亮、曹操、孙权奋斗终生的追求！

邓芝的两次使吴，深得孙权的钦敬，亦深为诸葛亮所赏识。直雄曾研究"孙、刘联盟"的继续，是为曹魏政权的覆灭奠基云：

> "曹魏政权为司马懿父子所夺"——由于曹魏政权的腐败，在刘汉政权与孙吴政权的联合蚕食下，在与刘汉、孙吴的斗争中，司马懿父子脱颖而出，牢牢地把控着曹魏的军政大权，司马懿借助"高平陵事变"，成功秉政，曹魏朝名存实亡。[1]

如果不是刘禅政权与孙皓政权的腐败，孙吴、刘汉两国确有能力扫平北方司马炎这个腐败政权的。之后，孙吴与刘汉两个政权，则真有可能会出现"君各茂其德，臣各尽其忠，将提枹鼓，则战争方始耳"的局面！

二十二、治蜀岂能靠赦宥

本篇示要：常璩在记载孟光批评费祎"滥赦"时，为了补

---

[1] 吴直雄：《习凿齿与他的〈汉晋春秋〉——兼论〈三国演义〉对习凿齿的承继关系》，江西高校出版社2019年版，第796—797页。

充其文意，引用了诸葛亮"治蜀岂能靠赦宥"的一段话语，这段话语简单而明白，所谓简单，诸葛亮只用了63个字，正反三个典事，道出了诸葛亮治蜀制订法律政策的事实基础。一是西汉名臣匡衡和东汉开国名臣吴汉，他们将国家治理得那么好，也是从来不会轻易言"赦"的。二是举了先帝刘备之例。言先帝刘备说，他在与闻名当时的大儒陈纪、郑玄的交往中，多所论及"治理乱世"之事，但从未说到"赦宥犯罪"的问题。三是刘表与刘焉父子暗弱无能，虽说是"岁岁赦宥"，越赦越乱，这对于益州的治理，没有起到好的作用。诸葛亮是从正面与反面的事实进行论说"不能轻易言赦"，可谓要言不烦，简单而明了。

议者问难：

《华阳国志》曰："丞相亮时，有言公惜赦者。"①

诸葛妙答：

亮答曰："治世以大德，不以小惠，故匡衡、吴汉不愿为赦。先帝亦言吾周旋陈元方、郑康成间，每见启告，治乱之道悉矣，曾不语赦也。若刘景升、季玉父子，岁岁赦宥，何益于治！"②

又，《答惜赦》"治世以大德，不以小惠……岁岁赦宥，何益于治！"注：见《三国志·后主传》裴注引《华阳国志》，事在224年。按：此文载于《华阳国志》卷七《刘后主志》，系延熙九年孟光批评费祎喜赦时引用诸葛亮之语。③

---

①晋·陈寿撰，南朝宋·裴松之注：《三国志》（全五册），中华书局1975年版，第903页。
②同上书，第903页。
③王瑞功主编：《诸葛亮研究集成》（上、下册），齐鲁书社1997年版，第284—285页。

作年略考：

史载：蜀昭烈刘备章武元年（221）四月，"汉中王刘备在成都即皇帝位，改元章武，是为汉昭烈皇帝，史称'蜀汉'，简称'蜀'，又称'季汉'。以诸葛亮为丞相，许靖为司徒。"[1]

又，蜀章武三年、后主刘禅建兴元年（223）五月，"刘禅即位，时年十七岁，是为蜀后主，改元建兴，封丞相诸葛亮为武乡侯，领益州牧。"[2]

综合上述两条史料可见：诸葛亮在221年4月—223年5月之间是专任丞相，223年5月之后，才加了"武乡侯"这一爵位。"丞相亮时"一语，就是诸葛亮为丞相时的意思。

因此，《答惜赦》事在221年4月—223年5月之间。

直雄补说：

据晋人常璩所著的《华阳国志》记载：曾有人向诸葛亮提出要求，希望他能够宽宥赦免罪犯。诸葛亮回答的意思是说："治理国家应该坚持以大的德行即用大恩大德，而不能靠施小恩小惠，所以名臣匡衡［生卒年不详，字稚圭，东海郡承县（今山东省枣庄市峄城区王庄乡匡谈村）人。西汉经学家、大臣，以说《诗》著称。汉元帝时位至丞相。他任给事中时，曾上疏指出大赦的危害：'臣窃见大赦之后，奸邪不为衰止，今日大赦，明日犯法，相随入狱。'］、吴汉［？—44年，字子颜，汉族，南阳宛县（今河南省南阳市）人，东汉开国名将、军事家，云台二十八将第二位。吴汉在临终前曾对刘秀说：'臣愚无所知识，唯愿陛下无赦而已。'］都不愿意随意赦免宽恕罪犯。先帝刘备在195年领徐州牧时，与避难徐州的陈纪、郑玄有过往来，他也说过，他曾经拜访求教于大儒陈纪［129—199，字元方，颍川许县（今河南省许昌）人，名儒陈寔之子］、郑玄［127—200，字康成。北海郡高密县（今山东省高密市）人。东汉末年儒家学

---

[1] 张习孔、田珏主编：《中国历史大事编年·第二卷》，北京出版社1997年版，第3页。
[2] 同上书，第5—6页。

者、经学大师］，他们告诉他如何治理乱世的办法，但没有谈及赦免罪犯的事。假若是像刘表［142—208，字景升，山阳郡高平县（今山东省微山）人］、季玉父子［即刘焉、刘璋。刘焉？—194，字君郎。江夏郡竟陵县（今湖北省天门市）人。东汉末年宗室、军阀，汉末群雄之一，西汉鲁恭王刘余之后。刘璋（？—220年），字季玉，江夏竟陵（今湖北省天门）人。东汉末年宗室、军阀，益州牧刘焉幼子，在父亲刘焉死后继任益州牧］那样年年赦免罪犯，这对于治理国家，又有什么好处呢？"

正因为诸葛亮在"赦"与"不轻易赦"这个法律的原则问题上讲得非常明白透彻，所以，当蜀汉政权中的头面人物费祎滥用"赦宥"这个权利时，孟光对诸葛亮不轻易言赦深有体会而对费祎提出劝谏。

《三国志·孟光传》载云："延熙九年秋，大赦，（孟）光于众中责大将军费祎曰：'夫赦者，偏枯之物，非明世所宜有也。衰弊穷极，必不得已，然后乃可权而行之耳。今主上仁贤，百僚称职，有何旦夕之危，倒悬之急，而数施非常之恩，以惠奸宄之恶乎？又鹰隼始击，而更原宥有罪，上犯天时，下违人理。老夫耄朽，不达治体，窃谓斯法难以经久，岂具瞻之高美，所望于明德哉！'祎但顾谢踧踖而已。"[1]

对于孟光谏阻费祎滥用"赦宥"这个权利时，东晋·常璩《华阳国志》卷七《刘后主志》为补充孟光的言意而记载更详。曰："九年，夏六月，祎还成都。秋，大赦。司农孟光众责祎曰：'夫赦者，偏枯之物，非明世之所宜有也。今主上贤仁，百寮称职，有何旦夕之急？数施非常之恩，以惠奸轨之恶，上犯天时，下违人理，岂具瞻之高美，所望于明德哉！'祎但顾谢焉。初，丞相亮时，有言'公惜赦'者。亮答曰：'治世以大德，不以小惠，故匡衡、吴汉不愿为赦。先帝亦言："吾周旋陈元方、郑康成间，每见启告治乱之道备矣，曾不语赦也。"若景升、季玉父子，岁岁赦宥，何益于治！'故亮时军旅屡兴，赦不凸囔也。自亮没后，兹制遂亏。"

由上可见，常璩为了补充孟光谏阻费祎滥用"赦宥"的语意，将诸葛亮《答惜赦》的话语援引出来，简单而明白，所谓简单，诸葛亮只用了63个字，正反三

---

[1] 晋·陈寿撰，南朝宋·裴松之注：《三国志》（全五册），中华书局1975年版，第1023—1024页。

个典事，道出了他称赞诸葛亮治蜀法律政策的事实基础。

一是西汉名臣匡衡和东汉开国名臣吴汉，他们将国家治理得那么好，也是从来不会轻易言"赦"的。

二是举先帝刘备之例。言先主刘备说，他在与闻名当时的大儒陈纪、郑玄的交往中，多所论及"治理乱世"之事，但从未说到"赦宥犯罪"之事。

三是刘表与刘焉父子暗弱无微，虽说是"岁岁赦宥"，越赦越乱，这对于益州的治理，没有起到好的作用。

诸葛亮是从正面与反面的事实进行论说"不能轻易言赦"，可谓要言不烦，简单而明了。

据秦涛先生列表统计后称："刘备、诸葛亮时期十三年二赦，且都是践祚改元一类国之大事；蒋琬时期十三年四赦，频率翻了一番，符合陈寿'自亮没后，兹制渐亏'的判断；刘禅亲政后则十七年八赦，频率几乎又翻了一番。赦免情况，可以说是蜀汉兴衰的晴雨表。"①

据载：孟光在"延熙九年秋，责怪大将军费祎大赦，费祎无法反驳孟光，孟光也因此官职不得升迁。后与秘书郎郤正交好，二人常常交谈，论太子学习之事，孟光个性耿直，心直口快，郤正却遮遮掩掩，不肯正面回答。后孟光坐事免官，九十多岁死于家中"。②

由此可见，孟光对于国家法制遭到践踏的担忧是有其充分依据的，一位耿介正直的忠臣形象也因此给后人留下深刻印象！从另一个角度来看，费祎是有负诸葛亮重托的。

---

① 秦涛：《蜀汉法制"郑义"发微》，《许昌学院学报》2014年第1期，第17页。
② 河南省洛阳市人物：《孟光（三国蜀汉大司农）》，http：//ren.bytravel.cn/history/6/mengguang.html。

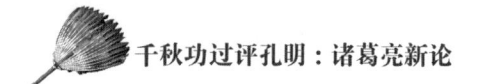

二十三、《正议》严辞斥魏臣

本篇示要：《正议》，不仅仅是义正辞严的讨魏檄文，亦是北伐曹魏的纲领。恰如与朱熹、吕祖谦并称"东南三贤"的张栻（1133—1180）在其《汉丞相诸葛忠武侯传》中称颂道："然侯胸中所存，诚非三代以下人物可睥睨，岂管、乐之流哉！时有万变，而事有大纲，大纲正，则其变可得而理。方曹氏篡窃之际，孰为天下之大纲乎？其惟诛贼以复汉室而已。侯既以身从帝室之英胄，不顾强弱之势，允执此纲，终始不渝，管、乐其能识之乎！"由此可知，诸葛亮的《正议》，不仅是一篇优秀的讨曹魏檄，亦是北伐中原的序篇，更是北伐曹魏的政治宣言、政治纲领，它是诸葛亮大一统中华的决心、信心的展现，是为北伐中原谱写的进行曲！

五臣问难：

是岁，魏司徒华歆、司空王朗、尚书令陈群、太史令许芝、谒者仆射诸葛璋各有书与亮，陈天命人事，欲使举国称藩。[①]

[①] 晋·陈寿撰，南朝宋·裴松之注：《三国志》（全五册），中华书局1975年版，第918—919页。

诸葛妙答：

亮遂不报书，作《正议》曰："昔在项羽，起不由德，虽处华夏，秉帝者之势，卒就汤镬，为后永戒。魏不审鉴，今次之矣；免身为幸，戒在子孙。而二三子各以耆艾之齿，承伪指而进书，有若崇、竦称莽之功，亦将逼于元祸苟免者邪！昔世祖之创迹旧基，奋羸卒数千，摧莽强旅四十余万于昆阳之郊。夫据道讨淫，不在众寡。及至孟德，以其谲胜之力，举数十万之师，救张郃于阳平，势穷虑悔，仅能自脱，辱其锋锐之众，遂丧汉中之地，深知神器不可妄获，旋还未至，感毒而死。子桓淫逸，继之以篡。纵使二三子多逞苏、张诡靡之说，奉进驩兜滔天之辞，欲以诬毁唐帝，讽解禹、稷，所谓徒丧文藻烦劳翰墨者矣。夫大人君子之所不为也。又军诫曰：'万人必死，横行天下。'昔轩辕氏整卒数万，制四方，定海内，况以数十万之众，据正道而临有罪，可得干拟者哉！"[1]

又，《正议》"昔在项羽，起不由德，虽处华夏……据正道而临有罪，可得干拟者哉！"注：见《三国志·诸葛亮传》裴注引《诸葛亮集》，事在223年。[2]

作年略考：

史载："章武三年春，先主于永安病笃，召亮于成都，属以后事，谓亮曰：'君才十倍于曹丕，必能安国，终定大事。若嗣子可辅，辅之；如其不才，君可自取。'亮涕泣曰：'臣敢竭股肱之力，效忠贞之节，继之以死！'先主又为诏敕后主曰：'汝与丞相从事，事之如父。'建兴元年，封亮武乡侯，开府治事。倾之，又领益州牧。政事无巨细，咸决于亮。南中诸郡，并皆叛乱，亮以新遭大丧，顾未便加兵，且遣使聘吴，因结和亲遂为与国。"[3]这里出现三个时间：

一是"章武三年春"，即223年春。这时刘备尚在，显然，《正议》之作不在

---

[1] 晋·陈寿撰，南朝宋·裴松之注：《三国志》（全五册），中华书局1975年版，第918—919页。
[2] 王瑞功主编：《诸葛亮研究集成》（上、下册），齐鲁书社1997年版，第281—282页。
[3] 晋·陈寿撰，南朝宋·裴松之注：《三国志》（全五册），中华书局1975年版，第918—919页。

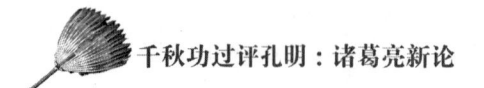

此时。

二是"建兴元年",即223年五月。这年的此月,诸葛亮"领益州牧",这时,蜀国之内未见起什么大的风浪。显然,《正议》之作也不在此时。

三是"一个隐性的时间"即"南中诸郡,并皆叛乱,亮以新遭大丧,顾未便加兵,且遣使聘吴,因结和亲遂为与国"。

直雄查知,这个"隐性的时间"是:蜀章武三年、后主刘禅建兴元年(223)"六月蜀益州郡耆帅雍闿杀太守正昂,又擒太守张裔,归附于吴,并连结孟获、朱褒、高定等人起兵反蜀。十月,蜀使邓芝出使东吴修好。是时,魏亦遣使至吴,孙权犹豫不决。邓芝陈述联蜀抗魏之利,孙权遂决意绝魏,与蜀和好。"①

综合上述三条史料,只有第三条才与《正议》的写作背景和裴松之落注的实际情况相吻合。因为在这种情况下,刘汉政权真可谓摇摇欲坠。当此之时,正是魏司徒华歆、司空王朗、尚书令陈群、太史令许芝、谒者仆射诸葛璋各有书与亮,企图不战而屈人之兵,借陈天命人事,欲使诸葛亮带领国称藩于魏的最理想的时机。

鉴此,事在公元223年10月间。

直雄补说：

整段文字的意思是说：章武三年(223)10月,曹魏司徒华歆(157—232)、司空王朗(？—228)、尚书令陈群(？—237)、太史令许芝、谒者仆射诸葛璋五位重臣,各自先后给诸葛亮写信。均是要求诸葛亮应当遵循天命尽人事等方方面面的规律,都是说唯有曹魏才享有天下,企求迫使诸葛亮的刘汉政权附属于曹魏并向其称臣。

曹魏这五位大臣给诸葛亮的劝降信各自的具体内容虽因史料佚失而难得一见。但是,我们通过王朗给蜀汉重臣许靖劝降信,可以推知这五位大臣给诸葛亮的劝降信内容之大略。今全文引出此信,有利于我们对诸葛亮所作《正议》针对性的领悟；更有利于我们理解罗贯中在《三国演义》第一百八十六回"孔明祁山

---

① 张习孔、田珏主编：《中国历史大事编年·第二卷》,北京出版社1997年版,第6页。

破曹真"时，为什么要设计让诸葛亮骂死王朗之原因所在。其信内容如下：

《魏略》：王朗与文休书曰："文休足下：消息平安，甚善甚善。岂意脱别三十余年而无相见之缘乎！诗人比一日之别于岁月，岂况悠悠历累纪之年者哉！自与子别，若没而复浮，若绝而复连者数矣。而今而后，居升平之京师，攀附于飞龙之圣主；侪辈略尽，幸得老与足下并为遗种之叟，而相去数千里，加有邅蹇之隔，时闻消息于风声，讬旧情于思想，眇眇异处，与异世无以异也。往者随军到荆州，见邓子孝、桓元将，粗闻足下动静，云夫子既在益州，执职领郡，德素规矩，老而不堕。是时侍宿武皇帝于江陵刘景升听事之上，共道足下于通夜，拳拳饥渴，诚无已也。自天子在东宫，及即位之后，每会群贤，论天下髦隽之见在者，岂独人尽易为英，士鲜易取最，故乃猥以原壤之朽质，感夫子之情听；每叙足下，以为谋首，岂其注意，乃复过于前世，《书》曰'人惟求旧'，《易》称'同声相应，同气相求'，刘将军之与大魏，兼而两之，总此二义。前世邂逅，以同为暌，非武皇帝之旨；顷者蹉跌，其泰而否，亦非足下之意也。深思《书》《易》之义，利结分于宿好，故遣降者送吴所献致名马、貂、罽，得因无嫌。道初开通，展叙旧情，以达声问。久阔情愲，非夫笔墨所能写陈，亦想足下同其志念。今者，亲生男女凡有几人？年并几何？仆连失一男一女，今有二男：大儿名肃，年二十九，生于会稽；小儿裁岁余。临书怆恨，有怀缅然。"

又曰："过闻'受终于文祖'之言于《尚书》。又闻'历数在躬，允执其中'之文于《论语》。岂自意得于老耄之齿，正值天命受于圣主之会，亲见三让之弘辞，观众瑞之总集，睹升堂穆穆之盛礼，瞻燔燎焜曜之青烟；于时忽自以为处唐、虞之运，际于紫微之天庭也。徒慨不得携子之手，共列于（世）〔廿〕有二子之数，以听有唐'钦哉'之命也。子虽在裔土，想亦极目而回望，侧耳而退听，延颈而鹤立也。昔汝南陈公初拜，不依故常，让上卿于李元礼。以此推之，吾宜退身以避子位也。苟得避子以窃让名，然后（绶）〔缓〕带委质，游谈于平、勃之间，与子共陈往时避地之艰辛，乐酒酣宴，高谈大噱，亦足遗忧而忘老。捉笔陈情，随以喜笑。"

又曰："前夏有书而未达，今重有书，而并致前问。皇帝既深悼刘将军之早世，又愍其孤之不易，又惜使足下孔明等士人气类之徒，遂沈溺于羌夷异种之间，永与华夏乖绝，而无朝聘中国之期缘，瞻睎故土桑梓之望也，故复运慈念而劳仁心，重下明诏以发德音，申敕朗等，使重为书与足下等。以足下聪明，揆殷勤之圣意，亦足悟海岱之所常在，知百川之所宜注矣。昔伊尹去夏而就殷，陈平违楚而归汉，犹曜德于阿衡，著功于宰相。若足下能弼人之遗孤，定人之犹豫，去非常之伪号，事受命之大魏，客主兼不世之荣名，上下蒙不朽之常耀，功与事并，声与勋著，考〔其〕绩效，足以超越伊、吕矣。既承诏（直）〔旨〕，且服旧之情，情不能已。若不言足下之所能，陈足下之所见，则无以宣明诏命，弘光大之恩，叙宿昔梦想之思。若天启众心，子导蜀意，诚此意有携手之期。若险路未夷，子谋不从，则惧声问或否，复面何由！前后二书，言每及斯，希不切然有动于怀。足下周游江湖，以暨南海，历观夷俗，可谓遍矣；想子之心，结思华夏，可谓深矣。为身择居，犹愿中土；为主择（居）安，岂可以不系意于京师，而持疑于荒裔乎？详思愚言，速示还报也。"①

王朗此信，可谓人老笔更老：他在宣扬曹魏为当世之正统的主旨下，晓之以情，情戚戚；动之以理，理十足。能让任何一位动心，也认定曹魏是天下正统。从诸葛亮的《正议》的内容与精神实质来看，可见当时争正统斗争之激烈。诸葛亮面对曹魏五位大臣这种劝降的老调，他不得不在谁当为正统这个大是大非问题

---

① 晋·陈寿撰，南朝宋·裴松之注：《三国志》（全五册），中华书局1975年版，第967—969页。

上立论，以回击曹魏五位大臣。

诸葛亮并不一一作答，而作《正议》从总体上予以义正辞严地批驳：文章开篇即以以往的西楚霸王项羽为例，正是他不以仁德对待百姓，即使力量强大，拥有帝王的威势，最终还是身败名裂，成为千古遗恨。如今的曹魏不吸取项羽灭亡的教训，反而去追求之效仿之，即使曹操有幸不死，他的后代子孙也必然要灭亡的。你们这些写书劝降我的人，都一把年纪了，行事却顺从乱臣贼子之意，就像当年陈崇、孙竦称赞王莽篡汉一样讨好盗贼，却还是被盗贼逼迫而死！①

光武帝创业之时，率领几千人在昆阳郊外一举击溃敌军四十万。足见以正道伐淫邪，胜败不在人数。曹操十分诡诈，纠集十万人来战先帝，妄图救张郃于阳平，却落败狼狈逃窜，不但辱没了精锐之师，还丢掉了汉中，此时他才知道，国家是不能随便篡夺窃取的，还没有等到他退军回到家，在中途路上染病，最终只能身死名灭。

曹丕骄奢淫逸，步曹操之后尘夺了帝位。即便你们几个都能发挥得像张仪、苏秦那么善于诡辩口才，用尽驩兜那样滔滔不绝的言说将曹魏是所谓正统之主说得天花乱坠、滔滔不绝，②也不可能诋毁诬蔑尧、舜的光辉，讽刺、贬损夏禹、后稷的英明，你们也只不过是白白浪费笔墨而已！你们的行为是为正人君子所不屑的，因为他们是绝不会这么做的。《军诫》中说："如果一万名士卒抱有视死如归的决心，那就可以无敌于天下。"从前，轩辕皇帝率领几万士卒，就能征服四方，击败四位帝王，平定天下，③何况我们有几十万军队，是倚仗正义替天行罚有

---

①陈崇，西汉末新莽时南阳（今河南省南阳）人。哀帝死，王莽专权，任大司徒司直。与张竦相善，共作奏，颂莽功德。莽由此称宰衡，加九锡。旋升司威。王莽称帝后，封为统睦侯。从曹操、曹丕、曹叡祖孙三人腐败好色，专好诈术，不恤民瘼，其政权在249年即被司马懿父子所夺的事实来看，诸葛亮可谓洞穿曹氏必然灭亡的总体趋势。而对刘禅，则反复提醒他勿重走桓、灵之路。诸葛亮真不愧为第一流的大政治家。

②驩兜，起源于中原地带。曾加入过炎黄部落联盟和华夏联盟。据《世本》《大戴礼记》《史记》《山海经》等古籍记载，都称驩兜出于黄帝系。他是一个具有五千多年历史的古老部族。

③自炎帝神农氏管治后期，中原各部族互相攻伐，战乱不止。轩辕黄帝打败不同的部族，其余部族的首领亦纷纷归附，于是形成炎帝、黄帝、蚩尤鼎足而立的局面。黄帝居中原。炎帝在西方，居太行山以西。蚩尤是九黎君主，居东方。炎帝与蚩尤争夺黄河下游地区，炎帝失败，向北逃走，向黄帝求救。黄帝在三年中与蚩尤打了九仗，都未能获胜。最后轩辕黄帝集结在涿鹿与蚩尤决战，擒杀了蚩尤，获得胜利，统一了中原各部落。建都在涿鹿。战后，轩辕黄帝率兵进入九黎地区，随即在泰山之巅，会合天下诸部落，举行了隆重的封禅仪式，告祭天地。黄帝即位于公元前2697年。道家把这一年作为道历元年。

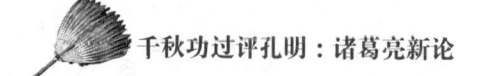

罪之人,难道谁还能够与我们匹敌阻拦得了吗?

诸葛亮的《正议》,可以说是诸葛亮以刘汉政权为正统,要求恢复高祖、光武大汉大一统事业、义正辞严的讨魏檄文。时人孙吴大鸿胪张俨在答时人对诸葛亮行大一统之志之疑的论述,可以说是对《正议》论证的补充与肯定。其论云:

> 汉朝倾覆,天下崩坏,豪杰之士,竞希神器。魏氏跨中土,刘氏据益州,并称兵海内,为世霸主。诸葛、司马二相,遭值际会,托身明主,或收功于蜀汉,或册名于伊、洛。丕、备既没,后嗣继统,各受保阿之任,辅翼幼主,不负然诺之诚,亦一国之宗臣,霸王之贤佐也。历前世以观近事,二相优劣,可得而详也。孔明起巴、蜀之地,蹈一州之土,方之大国,其战士人民,盖有九分之一也,而以贡贽大吴,抗对北敌,至使耕战有伍,刑法整齐,提步卒数万,长驱祁山,慨然有饮马河、洛之志。仲达据天下十倍之地,仗兼并之众,据牢城,拥精锐,无禽敌之意,务自保全而已,使彼孔明自来自去。若此人不亡,终其志意,连年运思,刻日兴谋,则凉、雍不解甲,中国不释鞍,胜负之势,亦已决矣。昔子产治郑,诸侯不敢加兵,蜀相其近之矣。方之司马,不亦优乎!或曰,兵者凶器,战者危事也,有国者不务保安境内,绥静百姓,而好开辟土地,征伐天下,未为得计也。诸葛丞相诚有匡佐之才,然处孤绝之地,战士不满五万,自可闭关守险,君臣无事。空劳师旅,无岁不征,未能进咫尺之地,开帝王之基,而使国内受其荒残,西土苦其役调。魏司马懿才用兵众,未易可轻,量敌而进,兵家所慎;若丞相必有以策之,则未见坦然之勋,若无策以裁之,则非明哲之谓,海内归向之意也。余窃疑焉,请闻其说。
>
> 答曰:盖闻汤以七十里、文王以百里之地而有天下,皆用征伐而定之。揖让而登王位者,惟舜、禹而已。今蜀、魏为敌战之国,势不俱王,自操、备时,强弱悬殊,而备犹出兵阳平,擒夏侯渊。羽围襄阳,将降曹仁,生获于禁,当时北边大

小忧惧，孟德身出南阳，乐进、徐晃等为救，围不即解，故蒋子通言彼时有徙许渡河之计，会国家袭取南郡，羽乃解军。玄德与操，智力多少，士众众寡，用兵行军之道，不可同年而语，犹能暂以取胜，是时又无大吴掎角之势也。今仲达之才，减于孔明，当时之势，异于曩日，玄德尚与抗衡，孔明何以不可出军而图敌邪？昔乐毅以弱燕之众，兼从五国之兵，长驱强齐，下七十余城。今蜀汉之卒，不少燕军，君臣之接，信于乐毅，加以国家为唇齿之援，东西相应，首尾如蛇，形势重大，不比于五国之兵也，何惮于彼而不可哉？夫兵以奇胜，制敌以智，土地广狭，人马多少，未可偏恃也。余观彼治国之体，当时既肃整，遗教在后，及其辞意恳切，陈进取之图，忠谋謇謇，义形于主，虽古之管、晏，何以加之乎？①

考张俨，其为诸葛亮同代之人②他这段话的意思是说：

其一，刘备、诸葛亮、关羽，在没有孙吴掎角相援的情况下，曾经将强魏战败到要迁都的地步。张俨用这一历史事实说明：诸葛亮的据正义讨曹魏，是有历史为依据的，也有刘汉政权能取胜于曹魏的事实为依据的。

其二，司马懿之才是不能与诸葛亮相比肩的。刘汉政权由诸葛亮当国，联吴抗曹，他出兵北伐中原，是理所当然的，是"古之管、晏"所不及的。

故直雄以为，张俨作为当时孙吴才华横溢、有远见卓识、富于政治眼光的大鸿胪，他既是对吴国时人的客观分析，亦是实事求是的言说。

对于《正议》，不仅仅是义正辞严的讨魏檄文，亦是北伐曹魏的纲领。恰如与朱熹、吕祖谦并称"东南三贤"的张栻（1133—1180）在其《汉丞相诸葛忠武侯传》中称颂道："然侯胸中所存，诚非三代以下人物可睥睨，岂管、乐之流哉！时有万变，而事有大纲，大纲正，则其变可得而理。方曹氏篡窃之际，孰为天下之大纲乎？其惟诛贼以复汉室而已。侯既以身从帝室之英胄，不顾强弱

---

①晋·陈寿撰，南朝宋·裴松之注：《三国志》（全五册），中华书局1975年版，第935—936页。

②吴直雄：《习凿齿和他的〈汉晋春秋〉——兼论〈三国演义〉与习凿齿的承继关系》，江西高校出版社2019年1月版第917页。

之势，允执此纲，终始不渝，管、乐其能识之乎！"①由此可知，诸葛亮的《正议》，不仅是一篇优秀的讨魏檄文，亦是北伐中原的序篇，更是北伐曹魏的政治宣言、政治纲领，它是诸葛亮大一统中华的决心、信心的展现，是一支北伐中原进行曲！

《正议》一文对于曹魏政权的分析，可谓力透纸背。曹操祖孙三代不正是因为淫逸腐败而实际上在249年时就被司马懿父子三人所灭了吗？

而《三国志通俗演义》的作者罗贯中，似乎在读了诸葛亮的《正议》之后仍不解恨。他在深深地吃透习凿齿的"晋宜越魏继汉不应曹魏为三恪"论即诸葛亮要恢复高祖光武时的"中华民族大一统"论的前提下，将以坚持曹操为首的曹操祖孙三代这个腐败集团为正统的王朗，让诸葛亮与之对阵并将其"骂死"而后快。该回在让王朗声张他的曹魏正统论之后这样写道：

> 三军鼓角已罢，司徒王朗乘马而出。上首乃是大都督曹真，下首乃副都督郭淮，两个先锋压住阵角。探子马出军前，大叫曰："请对阵主将答话！"蜀兵门旗开处，关兴、张苞分左右而出，立马于两边。次后一队队骁将分列；门旗影下，中央一辆四轮车，端坐一人，纶巾羽扇，素衣皂绦。众视之，乃是孔明。孔明举目，见魏阵前三个麾盖，乃问阵前护卫曰："此是何人？"护卫曰："旗上大书姓名，中央白髯老者，乃军师、司徒王朗也；……"孔明曰："王朗必下说词也！"遂教推车于阵外，令护军小校传曰："休放冷箭！汉丞相与司徒会话。"王朗纵马出曰："吾有一言，明公请听。"。孔明于车上拱手，王朗在马上欠身答礼。朗曰："久闻公之大名，今幸一会。公既知天命，识时务，何故兴无名之兵也？"孔明曰："吾奉诏讨贼，何谓无名？"朗曰："天数有变，神器更易，而归有德之人，此自然之理也。曩自桓、灵以来，天下争横，人人称霸。黄巾纵横于巨鹿，张邈问罪于陈留，袁术建号于寿春，袁绍称雄于邺土；刘表占据荆州，吕布虎吞天下，盗

---

① 王瑞功主编：《诸葛亮研究集成》（上、下册），齐鲁书社1997年版，第53—54页。

贼蜂起，奸雄鹰扬，社稷有累卵之危，生灵有倒悬之急。我太祖武皇帝扫清六合，席卷八荒，万里倾心，四方仰德，非权势而取之，实乃天命所归也。世祖文帝，神文圣武，以膺大统，应天合人，法尧禅舜，而处中国以临万邦，岂非天心人意乎？今公蕴大才、抱大器，自欲比于管、乐，何不仿伊尹、周公，故强欲逆天理、背人情而行事耶？岂不闻古人曰：'顺天者昌，逆天者亡。'今我大魏带甲百万，良将三千。量腐草之萤光，怎及天心之皓月？公可倒戈卸甲，以礼来降，不失封侯之位。则国安民乐，岂不美哉！"蜀兵闻言，叹之不已，皆以为有理。

……只见孔明在车上大笑曰："吾以汝为汉朝大老元臣，必有高论，岂期出此言也！吾有一言，诸军静听：昔日桓、灵微弱，汉统陵替；国乱岁凶，四方扰攘。段珪才斩于平津，董卓又生于朝野；天方剿戮，四寇又兴，迁劫汉帝于间阎之间，残暴生民于沟壑之内。因庙堂之上，朽木为官；殿陛之间，禽兽食禄！狼心狗肺之辈，滚滚当道；奴颜婢膝之徒，纷纷秉政！以致社稷丘墟，生灵涂炭。吾素知汝所行：世居东海之滨，初举孝廉入仕，理合匡君辅国，安汉兴刘，何期反助逆贼，同谋篡位！罪恶深重，天地不容！倾国之人，愿食其肉！今日幸吾尚在，乃意不绝炎汉也！吾奉诏讨贼，仗义兴师。汝既为谄谀之臣，只可潜身缩首，苟图衣食，安敢在于军伍之前，妄称天数耶？皓首匹夫！苍髯老贼！当咫尺归于九泉之下，有何面目而见二十四帝乎？老贼速退！可教反臣与吾共决胜负！"王朗听罢，大叫一声，气死于马下。①

如果要理解习凿齿《汉晋春秋》的精髓——"晋宜越位继汉不应以魏后为三恪"论，即诸葛亮恢复高祖、光武时期强盛的"中华民族大一统"论的话，只要读一读罗贯中这一段形象生动的文字，便知曹魏为何不能算正统之原因所在，便

---

① 明·罗贯中著，沈伯俊校注：《三国志通俗演义》（上、下册），花山文艺出版社1998年版，第884—885页。

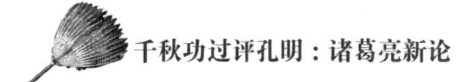

知曹魏为何早于刘汉政权与孙吴政权而灭之原因所在，便知诸葛亮的人格道德能够赢得恒久魅力之原因所在。

如果说诸葛亮以《正议》穷尽严辞怒斥了魏臣和曹魏必败亡的话，则罗贯中却是运用小说的形式，对诸葛亮"出师多捷身先死"（诸葛亮平定南中，北伐中原，多见捷音，故直雄改此句杜诗）的不幸，以"王朗该死、诸葛世长"对诸葛亮寄予了无限同情与哀思！这段 "骂死王朗"的精彩文字，也许还是罗贯中对王朗忠心事曹，其子王肃倾心事司马氏，而司马氏以诡异杀戮手段夺权，最后因腐败透顶的孽种司马炎遗害苍生400年的愤懑情感的一种折射！

二十四、为兴汉室求杜微

本篇示要：诸葛亮为了恢复强盛的"中华民族大一统"事业，千方百计征求人才搜罗人才，可谓用心良苦；在诸葛亮苦苦征求人才之际。杜微这个颇具名气的人才，对于刘备的入川，以故意装聋作哑的态度抵制之，对诸葛亮的求才连续出了两个大难题。智慧超群的诸葛亮则"默认"其"假聋"为"真聋"答疑解难，他用笔"赋言为文"夸赞着杜微，以虔诚的态度感动着杜微。这在中国征辟"人才的历史"上，留下了光彩照人的生动范例！诸葛亮这样屈节求杜微出仕，为人们挖掘人才、团结人才、尊重人才树立了榜样，实有其现实启迪意义。

杜微问难：

建兴二年，丞相亮领益州牧。选迎皆妙简旧德，以秦宓为别驾，五梁为功曹，微为主簿。微固辞，舆而致之。既致，亮引见微，微自陈谢。既致，亮以微不闻人语。①

诸葛答疑：

（亮）于坐上与书曰："服闻德行，饥渴历时，清浊异流，无缘咨觐。王元泰、李伯仁、王文仪、杨季休、丁君干、李永南兄弟、文仲宝等，每叹高志，未见如旧。猥以空虚，统领贵州，德薄任重，惨惨忧虑、朝廷（主公）今年始十八，天姿仁敏，爱德下士。天下之人思慕汉室，欲与君因天顺民，辅此明主，以隆季兴之功，著勋于竹帛也。以谓贤愚不相为谋，故自割绝，守劳而已，不图自屈也。"②

又，《与杜微书》"服闻德行，饥渴历时……守劳而已，不图自屈也。"注：《三国志·杜微传》。建兴二年（公元224年），诸葛亮兼任益州牧，任命杜微为主薄，杜微固辞不受。诸葛亮用车接他进相府，设宴招待，因杜微自称耳聋，故诸葛亮于席间写下这篇书面谈话。③

作年略考：

史载：蜀章武三年、后主刘禅建兴元年（223）五月，"刘禅即位，时年十七岁，是为蜀后主，改元建兴，封丞相诸葛亮为武乡侯，领益州牧。政事无巨细，咸出于亮。亮约官职，修法制，与群下曰：'夫参署者，集众思，广忠益也。"④

---

①晋·陈寿撰，南朝宋·裴松之注：《三国志》（全五册），中华书局1975年版，第1019页。
②同上。
③王瑞功主编：《诸葛亮研究集成》（上、下册），齐鲁书社1997年版，第282—283页。
④张习孔、田珏主编：《中国历史大事编年·第二卷》，北京出版社1997年版，第5—6页。

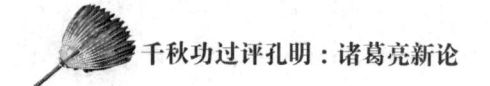

建兴二年（224），诸葛亮正在益州牧任上，任命杜微为主薄，杜微固辞不受。由此可知：其事在224年1—2月。

直雄补说：

杜微是个性格有些怪异而又不肯与诸葛亮合作的特别人物，有必要将整篇《杜微传》略解其意。看看他是个什么样的人物。

杜微，字国辅，梓潼郡涪县（今四川省绵阳市涪城区）人。杜微年少时便投身于广汉人任安的门下学习。刘璋征召他为从事，因病而去官。刘备平定蜀地之时，杜微便常常装作耳聋，在家中不出来。

建兴元年（223）五月，丞相诸葛亮兼任益州牧，选拔迎纳和任职委官都是一些颇有德望的刘焉、刘璋时期的故老，以秦宓（？—226，字子敕。广汉郡绵竹县人。三国时蜀汉大臣、学者）为州别驾，五梁（生卒不详。字德山，犍为南安人，活跃于东汉末年至蜀汉前期，益州本土名儒，少与杜微皆师从广汉任安。凭借深厚的儒学才识与高尚贞节的操行闻名世人。初为刘璋座上客，后效命于刘备。蜀汉建立后，担任议郎。后主刘禅即位后，升迁为谏议大夫，官至五官中郎将）为功曹，杜微为主簿。杜微坚辞不就。面对杜微借故不出的问难，为了收揽人才，最后诸葛亮用车子把他接到丞相府。杜微即以耳聋再次问难，诸葛亮考虑到杜微耳聋听不到人讲话，于是在座上用笔与他交谈，其意思是说："我很早就悦服地听到您的品行，渴望见到您已有很长时间了，然而，好似清水与浊水难于同流一样，故而总是无缘面见请教。王元泰（即王谋，？—225，字元泰，三国时代蜀汉名士，汉嘉人。历仕刘焉、刘璋、刘备三主。性格有容止操行。刘璋时代历任巴郡太守、治中从事。及蜀汉建国后，官拜太常，赐爵关内侯）、李伯仁（生卒、事迹待考）、王文仪（即王连，字文仪，南阳郡人。初事刘璋，拜梓潼县令。刘备攻取成都后，加入麾下效力，所治地方都有政绩。迁司盐校尉，管理盐铁收入。识人有术，知人善任，提拔吕乂、杜祺、刘干等贤才，全皆官居要职。经营有功，拜蜀郡太守。建兴元年，拜屯骑校尉、丞相长史，封平阳亭侯。固节不移，阻止丞相南征汉中，卒于任上）、杨季休（即杨洪，—228，字季休，犍为武阳人，三国时期蜀汉官员。刘璋时历任诸郡吏。刘备定蜀，任为功曹。诸葛亮向他征询意见,他认为汉中为益州咽喉,无汉中则无蜀,甚合亮意,擢为蜀郡太守,又转益州治中从事。刘备征吴失利,汉嘉太守黄元举兵反,迫成都。时诸葛亮赴白帝城探望刘备,杨洪即启太子,遣其亲兵讨元,生俘元。建兴元年,赐爵关内侯,复为蜀郡太守、忠节将军,后为越骑校尉。平生忠清款亮,忧公如家,建兴六年卒于任上)、丁君干(生卒、事迹待考)、李永南兄弟(即李邵、李朝、李邈三兄弟。有"李氏三龙"之称)、文仲宝(文恭字仲宝,梓潼人,活跃于东汉末至蜀汉初期,益州东州士人。官至蜀汉益州治中从事)等,常常赞叹您的高尚志趣,惜一直未能见到您,却也是像老朋友一样。鄙人才疏学浅,管领贵州,可谓德薄而任重,为此深怀忧虑。我朝主上年方十八,天性仁厚聪敏,爱惜德行之人,礼待贤良之士。天下百姓无不盼望重兴汉室,所以我想与您一道顺应天意民心,辅佐这位英明的主上,以建创复兴汉室功业,让勋绩垂载史册。常言有云:贤者与愚者不能一起共谋大业,故此您自动隔绝与政治联系,独守勤劳之身,久处家园,不图屈身于人委屈自己罢了。"

杜微后来又自称年老多病乞求归返家园,面对杜微的又一次推托问难,诸葛亮再次致信于他,其意思云:"曹丕弑君篡位,自立为帝,这就像土塑之龙、草扎之狗一样徒有其名。我正打算与各位贤士声张正义之道,讨灭这种邪恶伪诡之徒。而您却没有对我给予任何指示与教诲,便想请求退隐林泉。现在,曹丕又极力征召劳役,准备用兵吴、楚之地。如今,考虑到曹丕境内多事多故,我们则拟守住边境致力农业生产,让人民休养生息,积货蓄财,让百姓富足起来,同时治理兵甲,等待曹丕受到挫折之时,然后乘机出兵讨伐,这样可以收到兵不战、民不劳而取平定天下之功。您只需以自己的德行与名望辅助朝廷,不让您担当军事之责,何必匆匆忙忙地请求回山野呢?"

诸葛亮对杜微的敬重到如此地步。于是任命杜微为谏议大夫(专掌议论之官),以顺从他的志向。

从上述这一段文字中,我们看到:诸葛亮为了恢复强盛的"中华民族大一统"事业,千方百计征求人才搜罗人才,施展了他巧妙的劝说艺术,其用心可谓良苦;在诸葛亮苦苦征求人才之际。杜微这个颇具名气的益州派人才,对于刘备入川,以故意装聋作哑的态度以抵制,对诸葛亮的求才连续出了两个大难题。智慧超群的诸葛亮则"默认"其"假聋"为"真聋"答疑解难,他以笔"赋言为文"夸赞着杜微,以虔诚的态度感动着杜微。这在中国征辟"人才的历史"上,

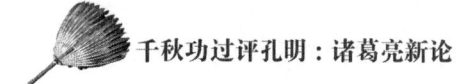

留下了光彩照人的生动范例!

从这些人才的履历来看,多是刘焉、刘璋旧部,足见诸葛亮为了恢复大汉大一统事业的成功实施,忍辱负重、礼贤下士、千方百计地团结这些人才。

人们不会忘记:司马懿曾以装"病"骗哄曹操,曹操发怒要杀了他了事。杜微这个人物,从其个人的情况来看,真病与假病兼而有之。

从"微自乞老病求归"一语的语意及后来接受了"谏议大夫"的实际情况来看,杜微确实为诸葛亮"以笔代言"所感动,可见诸葛亮的人格力量在当时士人中间的影响。

诸葛亮那"以笔代言"劝杜微出仕的实际内容,同样是一篇对曹丕篡汉的讨伐檄文,也是诸葛亮对当时社会现状的分析,更是诸葛亮对曹魏政权的斗争策略与战略战术的展示。毋庸讳言,这种斗争策略与战略战术,不是"务虚",而是客观事实!这也许正是感动杜微之所在,"功夫不负苦心人",所以曾想"自扫门前雪"的杜微还是接受了"谏议大夫"一职的。这对团结刘焉、刘璋旧部是极富积极典范意义的。

诸葛亮这样屈节求杜微出仕,为人们挖掘人才、尊重人才树立了榜样,实有其现实启迪意义。

二十五、廖公渊疵毁众臣

本篇示要：廖立此人，不论是其名声还是他的官职地位，在刘汉政权中都是颇有影响的人物，廖立才华横溢，只是因为他说到了刘汉政权在取汉中、关羽毁败所犯下的战略战术错误。这虽说是"马后炮"，但确实是刘汉政权总体战略的一大缺失；再有，关羽作为一方之镇的军事政治长官，但刚愎自用的性格，不适宜独自出任一方之镇。这些，深通兵法、精于选将用人的诸葛亮当然是心知肚明的。不过这是封建社会现象的必然。廖立公开指斥朝政、臧否大臣，不论对否，对政权的稳定都是有害无益的。这正是他用自己的言论行动走上了"削职为民之路"！

李蒋问难：

建安二十年，权遣吕蒙奄袭南三郡，立脱身走，自归先主。先主素识待之，不深责也，以为巴郡太守。二十四年，先主为汉中王，征立为侍中。后主袭位，徙长水校尉。立本意，自谓才名宜为诸葛亮之贰，而更游散在李严等下，常怀怏怏。后丞相掾（李郃）〔李邵〕、蒋琬至，立计曰："军当远出，卿诸人好谛其事。昔先（主）〔帝〕不取汉中，走与吴人争南三郡，卒以三郡与吴人，徒劳役吏士，无益而还。既亡汉中，使夏侯渊、张郃深入于巴，几丧一州。后至汉中，使关侯身死无孑遗，上庸覆败，徒失一方。是羽怙恃勇名，作军无法，直以意突耳，故前后数丧师众也。如向朗、文恭，凡俗之人耳。恭作治中无纲纪；朗昔奉马良兄弟，谓为圣人，今作长史，素能合道。中郎郭演长，从人者耳，不足与经大事，而作侍中。今弱世也，欲任此三人，为不然也。王连流俗，苟作掊克，使

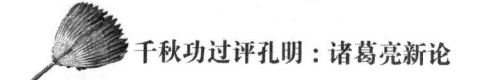

百姓疲弊，以致今日。"（郃）〔邵〕、琬具白其言于诸葛亮。①

诸葛妙答：

亮表立曰："长水校尉廖立，坐自贵大，臧否群士，公言国家不任贤达而任俗吏，又言万人率者皆小子也；诽谤先帝，疵毁众臣。人有言国家兵众简练，部伍分明者，立举头视屋，愤咤作色曰：'何足言！'凡如是者不可胜数。羊之乱群，犹能为害，况立托在大位，中人以下识真伪邪？"②

又，《弹廖立表》"长水校尉廖立……中人以下识真伪邪？"注：见《三国志·廖立传》，事在225年春。按：据《三国志·廖立传》载，廖立"疵毁众臣"是在"军当远出"之前；《华阳国志·刘后主志》记曰："三年春，长水校尉廖立坐谤讪朝廷，改〔废〕徙汶山。"下篇亦在此时。③

作年略考：

史载：常璩《华阳国志·刘后主志》记曰："三年春，长水校尉廖立坐谤讪朝廷，改〔废〕徙汶山。"这里的"三年春"即建兴三年（公元225年）春。

事在225年春。

直雄补说：

廖立，在刘汉政权中是一个非常有才气但特别狂放而又不负责任的人物。这段话语简要地记载了他的才气与狂傲及其口无遮栏、说话不负责的个性特点。

---

① 晋·陈寿撰，南朝宋·裴松之注：《三国志》（全五册），中华书局1975年版，第997—998页。
② 同上书，第998页。
③ 王瑞功主编：《诸葛亮研究集成》（上、下册），齐鲁书社1997年版，第285页。

二十五、廖公渊疵毁众臣

建安二十年（215），孙权派吕蒙暗地袭取荆州南部三郡，这个有才能的廖立却不作任何抵抗地脱身逃出，但他没有降敌，只身逃回刘备身边。因刘备一惯赏识他和礼待他，所以没有过多地予以指责，还让他做了巴郡太守，可见刘备对他仍然是信任有加。

建安二十四年（219），刘备为汉中王，征召廖立为侍中。章武三年（223），刘备去世，刘禅继位，廖立被调任为长水校尉，应当说对他还是信任和礼遇的。廖立不思其过，自认为才能名气应当在诸葛亮之次，但实际上却游散在李严等人的位次之下，因此心中常怏怏不乐。大有"为人不觉自丑，马瘦不知毛长"的意味！

后来丞相掾李邵（部）、蒋琬来到他的治所，廖立向他们献计说："军队应当远征，你们几位又擅长谋划军事。过去先主不及时袭取汉中，而前去与东吴争夺南方三郡，最终结果还是被吴人夺了去，白白地劳累军士，无功而归。后失掉汉中，使夏侯渊、张郃深入巴地，几乎丢失整个州。后来虽取汉中，又使关羽北伐，致其死后连骨头都收不回来，上庸又遭惨败，白白丢失一方土地。这是关羽仗恃自己的勇气与威名，却带兵作战无方，主观臆断任性所致，故此前后几次丧师失众。至如向朗、文恭，都是些平庸之辈。文恭任职治中毫无章法；向朗过去信奉马良兄弟，吹嘘他们是圣人，现在任职长史，一向善于和和稀泥。中郎郭演长，是个随声附和的人，不可与他共谋大事，却让他当上了侍中。如今处在衰微之世，要任用这三个人，实为不当。王连乃流俗之人，一旦聚敛贪狠，使百姓困苦不堪的地步。"

李邵（部）、蒋琬把这些话全告诉了诸葛亮。诸葛亮写了一份弹劾廖立的奏章向刘禅报告，并以此答复李邵（部）、蒋琬的问难与忧虑，其文意云："长水校尉廖立，妄自尊大，自视高贵，目空一切，随意贬论朝廷命官，公开指责国家不任贤达之士而用平庸之人，又说统率万人的将帅都不堪用；诽谤先帝，诋毁群臣。当有人说到国家军队简练、建制分明时，廖立傲慢地仰着脸望着屋顶，勃然变色叱责说：'这些根本不值一谈！'诸如此类情况不可胜举。一羊可以乱群，皆能造成危害，何况廖立身为高官，一般的人谁能分辨他言论的真伪？"于是刘禅下诏废廖立为平民，流放汶山郡。

这段文字写得简练而具体且富于形象性，活画了一个才气横溢而又口无遮拦胆大人狂的廖立的人物形象。

之所以说廖立才气横溢，是因为他说到了刘汉政权在取汉中、关羽毁败所犯下的战略战术错误。这虽说是"马后炮"，但确实是刘汉政权总体战略的一大缺

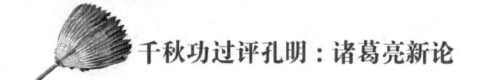

失；再有，关羽作为一方之镇的军事政治长官，但他刚愎自用，不适宜独自出任一方之镇。这些，深通兵法选将的诸葛亮当然是心知肚明的，但这是封建社会历史现象的必然。

因为关羽与刘备是"桃园三结义"的生死之交，加上关羽毕竟是当时最著名的战将，这个地位是当时任何人也是动摇不了的。他对刘备提拔加封黄忠、马超，都有不服气的想法，也要诸葛亮、费诗等去做工作。可见，只要孙吴、曹魏、刘汉三个政权在斗争着，关羽镇守的荆州迟早是会出事的。虽说廖立说的是事实，但这种事实，其他将领未必不懂？在中国封建社会中，一个人取个名字，如若与其上司或与其最大统治者同名同字，还须避讳，廖立作为刘汉政权中的高官，能公开这样说吗？这是绝对不能的。

之所以说廖立胆大人狂，是因为廖立之言，深深地刺痛着刘汉政权的最高首脑人物和一大批同僚。这在中国封建官场犯下了大忌；

再者视有才之同僚为俗人，确实是一个狂傲之徒；

三是，不论是他的名誉还是他的官职地位，在刘汉政权中都是颇有影响的人物，他这么公开一说，不论对否，对政权只能是有害无益的。这正是他用自己言行将自己送上了"削职为民之路"！

二十六、廖立徙不毛之地

本篇示要：聪明敏感有政治头脑但胆大人狂的廖立，在诸葛亮对其作出处理后，头脑清醒、知罪认罚。他在流放之所安守本分，当姜维路过其流放地并去看望他时，仍能"意气不衰，言论自若，立遂终徙所"，由此可见，诸葛亮执法之公之准之稳！令廖立心悦诚服。

廖立问难：

《亮集》有亮表曰："立奉先帝无忠孝之心，守长沙则开门就敌，领巴郡则有暗昧闒茸其事，随大将军则诽谤讥诃，侍梓宫则挟刃断人头于梓宫之侧。陛下即位之后，普增职号，立随比为将军，面语臣曰：'我何宜在诸将军中！不表我为卿，上当在五校！'……"[1]

诸葛答疑：

"臣答：'将军者，随大比耳。至于卿者，正方亦未为卿也。且宜处五校。'自是之后，怏怏怀恨。"诏曰："三苗乱政，有虞流宥，廖立狂惑，朕不忍刑，亟徙不毛之地。"[2]

又，《又弹廖立表》"臣答：'将军者，随大比耳。至于卿者，正方亦未为卿也。且宜处五校。'自是之后，怏怏怀恨。"注：见《三国志·廖立传》裴注引《诸葛亮集》。[3]

作年略考：

史载：《华阳国志·刘后主志》记曰："三年春，长水校尉廖立坐谤讪朝廷，改〔废〕徙汶山。"这里的"三年春"即建兴三年（225）春。

事在225年春。

---

[1]晋·陈寿撰，南朝宋·裴松之注：《三国志》（全五册），中华书局1975年版，第998页。
[2]同上。
[3]王瑞功主编：《诸葛亮研究集成》（上、下册），齐鲁书社1997年版，第286页。

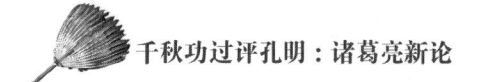

直雄补说：

前面是诸葛亮以上表刘禅的方式答复李（邵）〔邰〕、蒋琬兼及答复廖立的文字。让反映情况者和被反映者心中疑虑释然。此文则是廖立直接向诸葛亮问难要官及诸葛亮的直接答疑文字。

其意思是：

一是建安二十年（215），廖立在孙吴大将吕蒙率军攻伐南三郡的长沙时，作为长沙太守的廖立不予抵抗，而是开门就敌、弃城而走。

二是诚如上述，对刘备在处理汉中，处理荆州，处理关羽北伐等事，多有指摘。故说廖立侍奉先帝没有忠孝之心。

三是主管巴郡（今四川省重庆）时，昏昏噩噩，干有卑贱低劣之人干的事。

四是陪守先帝灵柩竟敢在灵柩旁持刀杀人。

五是跟随大将军时以诽谤、责难、讥讽他人为能事（当指前面指责向朗、文恭等人之事）。

再就是算总账：伸手要官，胃口很大，不达目的，心怀不满；在陛下继位后，普遍晋升了官职称号，他也做了将军。但他却当面告诉我（按：指诸葛亮）说：他不该与那些将军同列，当上表推荐他为上卿，但还是让他屈居五校！[①]我告诉他：担任将军都要进行考核。至于上卿之职，连李严（字正方）都没有获得，因此你就只能是五校。从此以后，他便心怀不平、积恨于心。

刘禅阅看了此表之后，随即下诏说：三苗扰乱政局，舜帝便流放了他。廖立狂妄惑乱，我不忍加以极刑，赶快将他放置到穷乡僻壤才是！

刘汉政权中的军政人员，主要来自荆州和原在益州刘焉、刘璋的旧部。廖立的言行，如不制止、不处理，刘汉政权就会出现不团结乃至政权不稳之危险。《廖立传》中云："立本意，自谓才名宜为诸葛亮之贰，而更游散在李严等下，常怀怏怏。"

从刘汉政权的团结稳定来看，对廖立必须处理；

从廖立本人的现有地位及其所作所为来看，廖立徙于不毛之地，恰如其分；

[①] 五校，即步兵、屯骑、越骑、长水、射声位次将军的五校尉。

从对廖立的处理情况及其结果来看，至少在此事上，消除了"荆州派"与"本土派"之间的矛盾与隔膜。聪明敏感有政治头脑但胆大人狂的廖立在诸葛亮作出处理后，头脑清醒了。在其流放地安守本分，当姜维路过其流放地汶山并去看望他时，仍能"意气不衰，言论自若，立遂终徙所"。[1]由此可见，诸葛亮执法之公之准之稳！

二十七、定南中夷汉粗安

> 本篇示要：诸葛亮在平定南中的战争中，之所以"所在战捷"，反映了南中各民族人民对于国家大一统的向往，反映了诸葛亮作为一流军事家的高超的战略战术水平，特别是在"七擒七纵"孟获的战法中，所践行的"夫用兵之道，攻心为上，攻城为下，心战为上，兵战为下"，是对《隆中对》"西和诸戎，南抚夷越"策略的践行，是对《孙子兵法》战争艺术的创新性运用，在国内国际，有着深远的影响！

议者问难：

南中平，皆即其渠率而用之。或以谏亮。[2]
又，或请亮留置官吏，与孟获同守蛮方。[3]

---

[1]晋·陈寿撰，南朝宋·裴松之注：《三国志》（全五册），中华书局1975年版，第998页。
[2]同上书，第921页。
[3]蔡东藩：《中国历史通俗演义·前汉后汉》，安徽人民出版社1999年版，第642页。

诸葛妙答：

亮曰："若留外人，则当留兵，兵留则无所食，一不易也；加夷新伤破，父兄死丧，留外人而无兵者，必成祸患，二不易也；又夷累有废杀之罪，自嫌衅重，若留外人，终不相信，三不易也；今吾欲使不留兵，不运粮，而纲纪粗定，夷、汉粗安故耳。"[①]

又，亮慨然道："设官有三不易，留官必当留兵兵无所食，必将生变，是一不易；蛮人累败，父兄伤亡，免不得记恨官兵，互生衅隙，是二不易；汉蛮易俗，当然异情，留官抚治，怎肯相信？是三不易。今我不留人，不运粮，但使他相安无事便了，若欲令彼同化，容待他年。"[②]

再，《谕谏》"若留外人，则当留兵……今吾欲使不留兵，不运粮，而纲纪粗定，夷、汉粗安故耳。"注：见《三国志·诸葛亮传》裴注引《汉晋春秋》，系225年南征胜利后有人建议诸葛亮留兵驻守，诸葛亮以是语答之。[③]

作年略考：

史载："三年春，亮率众南征，其秋悉平。"[④]这里的"三年春"，即建兴三年（公元225年）春。"其秋悉平"，当在225年7月。

又，有史明载：蜀建兴三年（公元225年）三月，诸葛亮南征。七月，"诸葛亮至南中所在皆捷。亮由越巂（今四川省西昌）入，斩雍闿及高定。孟获收闿余众以拒亮。诸葛亮因孟获在南中有影响，故一擒之后，使其参观兵营，问曰：'此军如何？'孟获答道：'向者不知虚实，故败。今蒙赐观阵营，若只如此，即定易胜耳。'诸葛亮纵获再战。七擒之后，亮犹遣获，获止不去，曰：'公，

[①] 晋·陈寿撰，南朝宋·裴松之注：《三国志》（全五册），中华书局1975年版，第921页。
[②] 蔡东藩：《中国历史通俗演义·前汉后汉》，安徽人民出版社1999年版，第642页。
[③] 王瑞功主编：《诸葛亮研究集成》（上、下册），齐鲁书社1997年版，第288—289页。
[④] 晋·陈寿撰，南朝宋·裴松之注：《三国志》（全五册），中华书局1975年版，第919页。

天威也，南人不复反矣！'于是亮至滇池，即命孟获等渠帅为官，南中益州、永昌、牂柯、越嶲四郡皆平。"①

综上所述可见：事在225年7月。

直雄补说：

上述这些话语的意思是说，有的人（议者）见诸葛亮由蛮方首领主政，便请求诸葛亮留兵置官与孟获一道管理南中。诸葛亮慨然而答道：设置官吏有三大不容易：留官则必须驻军。兵无所食，必将生变，乃一不易也；在这次征战中，蛮人屡屡失败，多有伤亡，这就难免记恨我官兵，易于互生矛盾产生仇恨，乃二不易也；汉族与蛮方风俗习惯多不相同，留下官吏抚治，怎肯相信？此乃三不易也！今我方不留人，不运粮，让他们相安无事，便是好事。若要叫他们同化，有待经年。

说到诸葛亮平定南中，能使夷、汉粗安，其中有一个绕不开的问题：这就是诸葛亮"七擒七纵"孟获的真伪问题。对于这个问题，还得以史料为证。

最早记下"七擒七纵"的作者是今四川成都崇州的东晋史学家常璩（约291—361），在其《华阳国志·卷四·南中志》载云：

> 建兴三年春，亮南征。由水路自安上入越嶲。别遣马忠伐牂柯，李恢向益州。以犍为太守广汉王士为益州太守。高定元自旄牛、定筰、卑水多为垒守。亮欲俟定元军众集合，并讨之，军卑水。定元部曲杀雍闿及士等，孟获代闿为主。亮既斩定元，马忠破牂柯，而李恢困于南中。夏五月，亮渡泸，进征益州。生虏孟获，置军中，问曰："我军如何？"获对曰："恨不相知，公易胜耳。"亮以方力在北，而南中好叛乱，宜穷其诈。乃赦获，使还合军，更战。凡七虏、七赦。获等心服，夷、汉亦思反善。亮复问获，获对曰："明公，天威也！边民长不为恶矣。"秋，遂平四郡。

―――――――――――
①张习孔、田珏主编：《中国历史大事编年·第二卷》，北京出版社1997年版，第7—8页。

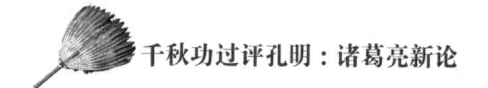

稍后则是东晋的著名史学家习凿齿（328—412），在其《汉晋春秋》中载云：

《汉晋春秋》曰："亮至南中，所在战捷。闻孟获者，为夷、汉所服，募生致之。既得，使观于营阵之间，问曰：'此军何如？'获对曰：'向者不知虚实，故败。今蒙赐观看营阵，若祇如此，即定易胜耳。'亮笑，纵使更战，七纵七擒，而亮犹遣获。获止不去，曰：'公，天威也，南人不复反矣。'遂至滇池。南中平，皆即其渠率而用之。或以谏亮，亮曰：'若留外人，则当留兵，兵留则无所食，一不易也；加夷新伤破，父兄死丧，留外人而无兵者，必成祸患，二不易也；又夷累有废杀之罪，自嫌衅重，若留外人，终不相信，三不易也；今吾欲使不留兵、不运粮，而纲纪粗定，夷、汉粗安故耳。'"①

裴松之以习凿齿的《汉晋春秋》所记载的这段史载为注，将其落注于"三年春，亮率众南征"与"其秋悉平"之间，以补充艰难的南征战争中的一个特写镜头，同时也与"建兴三年，亮征南中，谡送之数十里。亮曰：'虽共谋之历年，今可更惠良规。'谡对曰：'南中恃其险远，不服久矣，虽今日破之，明日复反耳。今公方倾国北伐以事强贼。彼知官势内虚，其叛亦速。若殄尽遗类以除后患，既非仁者之情，且又不可仓卒也。夫用兵之道，攻心为上，攻城为下，心战为上，兵战为下，原公服其心而已。'"②这一段话语紧相呼应。可见裴松之是很看重这条史料的。

习凿齿与裴松之皆离诸葛亮时代不是很远，而司马光与蔡东藩皆是史学名家。在没有过硬的史料支撑的情况下，有先生运用推论无端怀疑这个史料的真实性是不妥当的。为省篇幅，直雄不予一论。

北宋政治家、史学家、文学家司马光同样看重这条史料，他写道：

汉诸葛亮至南中，所在战捷……获素为夷、汉所服，亮

---

① 晋·陈寿撰，南朝宋·裴松之注：《三国志》（全五册），中华书局1975年版，第921页。
② 同上书，第983—984页。

募生致之。既得，使观于营陈之间，问曰："此军何如？"获曰："向者不知虚实，故败。今蒙赐观看营陈，若祇如此，即定易胜耳。"亮笑，纵使更战，七纵七禽而亮犹遣获。获止不去，曰："公，天威也，南人不复反矣！"亮遂至滇池。①

近代著名史学家蔡东藩先生亦十分看重这段史料，且十分得体地运用演义表现手法，形象地表述这条史料道：

"本来是大功告成，可以旋师，偏有一蛮酋孟获，收合雍闿余众，出拒蜀兵。亮探得孟获生平，虽无智略，却甚骁悍，为夷汉所畏服，因此打定主意，决将孟获收为己用，使他死心塌地，庶无后虞。孟获不识军谋，一味蛮抗，战了一次，便由亮引他入伏，一鼓擒住，亮问他心服否？获抗言不服；亮却藏过精兵，故意使羸卒站列，令他周视。获更笔说道：'向不知汝兵虚实，被汝诱获，今看汝兵，不过如此，有何难胜呢？'亮因使回去，整军再战。获返到蛮寨，纠众来劫亮营，又被亮预设机谋，四面兜拿，复擒孟获。获仍不服，亮更纵还。获渡过泸水，负险自固。时当五月，溽暑熏蒸，水中又无船可行，蜀兵俱畏难欲退，亮下令道：'我兵若归，虏必再出，我去彼来，我来彼去，何时始得平定？今惟有再接再厉，渡泸进去，捣穴平蛮，就在此举，愿大众努力，后当重赏。'兵士听了，方才踊跃起来。亮即命将士潜造木筏，至夜间悄悄渡泸，直抵蛮峒；孟获自恃险固，并不加防，待至蜀兵深入，仓猝迎敌，好容易又被蜀军擒去。亮仍不加诛，令获还峒，获更避入深巢，又为蜀兵所破。直至七纵七擒，获无处可容，方才拜服。亮尚欲遣归再战，获泣谢道：'丞相天威，都是无坚不摧，南人誓不复反了！'"②

---

①宋·司马光编著，元·胡三省注：《资治通鉴》（全十册），中华书局1976年版，第2224—2225页。

②蔡东藩：《中国历史通俗演义·前汉后汉》，安徽人民出版社1999年版，第641—642页。

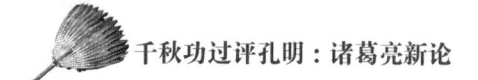

诸葛亮在平定南中时，最后一战成功地妙用攻心之法，是对《隆中对》"西和诸戎，南抚夷越"策略的生动而具体的践行，这是中外战争史上的一大奇迹：它有着十分重大的当代意义和世界影响：

> 谈世界问题是绕不开美国的……"美国人就不懂'和而不同'这一点，他们要让世界所有的人按照他们的意志行事，美国人要当世界警察，当头儿，想让伊拉克听从他的，人家不听就往伊拉克派兵，结果打死了几十万无辜的老百姓，美国也死了4000多人，造成了伊拉克地区失衡，教派仇杀。我曾经问过法国人：'我们三国时的诸葛亮对孟获七擒七纵，你们欧洲人到了美洲，对印第安人是这样对待的吗？'法国人听迷了，反问我：'你们这个故事对美国人讲过没有？'"他说："中国人对世界的贡献就是中华文明的内核，当世界聚焦中国，我们要让世界了解中国在人类经济发展史和文明史上所起的进步作用。近年来中国的经济持续增长，中国面临着严峻的挑战，中华民族的胸怀是宽广的，任何大灾大难都能克服。中国在明成祖之前很开放，郑和下西洋是开放的标志，明成祖之后中国才封闭了。一个和平的、进步的、文明的国家令世人尊重和喜欢，相反一个好战的、野蛮的国家谁见了也会讨厌。"①

一个外国人都如此赞赏《三国志》中的"七擒七纵"，而且要求对美国人讲一讲。不仅如此，吴建民先生由此推及中华文化的伟大，中国人的光明磊落，中国人崇尚仁义道德。

"七擒七纵"，在革命战争年代，几乎成了我党我军"统战工作"中的一种工作方法的表述方式。毛泽东对诸葛亮"七擒七纵"孟获的做法十分赞赏。他曾说："诸葛亮就是七擒七纵，我们共产党为什么不可以百擒百纵呢？"②1953年，在贵州捉到了最后一个布依族女匪首程莲珍请示如何处理时，毛泽东说："人家

---

① 《去掉一个"最"字》，《文摘报》2016年6月25日。
② 毕桂发主编：《毛泽东评说中外战争》，解放军出版社2001年版，第74页。

诸葛亮擒孟获，就敢七擒七纵，我们擒了个程莲珍，为什么就不敢来个八擒八纵？连两擒两纵也不行？总之，不能一擒就杀。"[①]据《毛泽东五次盛赞习仲勋》一文载：

  1949年年底，项谦纠集一〇〇师师长谭呈祥、骑兵十四旅旅长马成贤等反革命武装，组织所谓"反共救国军"第二军，发动叛乱。在平息叛乱的斗争中，习仲勋认为应当把国民党残匪和对我党有怀疑态度的藏族上层人士加以区别，尽量做好政治争取工作，分化瓦解叛乱集团，由此拉开了争取项谦投诚工作的序幕。从1950年9月到1952年4月，中共青海省委统战部长周仁山、藏传佛教大师喜饶嘉措、藏族部落头人、寺院活佛等50余人，身入虎穴，亲赴昂拉，先后与项谦和平谈判达17次之多。习仲勋亲自领导这场斗争，他高瞻远瞩，多次指示：正确解决项谦叛乱，不仅对解救昂拉藏族同胞关系极大，而且对于我党在青海其他藏区和少数民族地区站稳脚跟、建立人民政权、开展工作关系极大；甚至对于甘、川、康藏区乃至西藏也有重大影响。

  1950年8月，项谦投诚，来到西宁，向人民政府深表悔悟。但是，回到昂拉却又背信食言。1951年9月，对项谦第八次政治争取失败后，人们义愤填膺，在青海省各族各界代表会议上，代表们坚决要求政府出兵进剿昂拉。习仲勋当即复电劝阻。

  1952年5月1日发起的平叛战斗于5月3日结束，项谦隐匿在同仁县南乎加该森林。有些人认为争取项谦可能性不大，没有什么价值。习仲勋即电青海省委书记张仲良：只要将昂拉地区工作做好，不犯错误，争取项谦归来的可能性是很大的；尽速派出项谦信任的汉藏人员向项谦诚恳表示，只有他向政府投诚，则对他负责到底；项谦若回来试探，不管真诚与否，我们均应以诚相待，以恩感化。

  经过反复细致的争取工作，同年7月，项谦终于从南乎加该森林投诚。8月11日，项谦在兰州负疚抱悔地握着习仲勋的手，向习仲勋献上洁白的哈达，表示感恩之情。

  事后，毛泽东见到习仲勋时说："仲勋，你真厉害，诸葛亮七擒孟获，你比诸葛亮还厉害。"[②]

---

  ①赵志超：《毛泽东和他的父老乡亲》，湖南文艺出版社1992年版，第439页。
  ②《毛泽东五次盛赞习仲勋：题词"党的利益在第一位"》（2），中国新闻网2010年10月8日，来源：辽宁日报。http://www.chinanews.com/cu//2010/10-08/2571080.shtm/

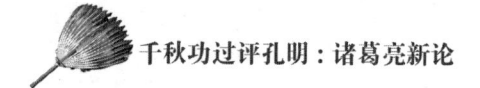

综上所述可见：诸葛亮在平定南中的战争中，之所以"所在战捷"，反映了南中各民族人民对于国家大一统的向往，反映诸葛亮作为一流军事家的高超的战略战术水平，特别是在"七擒七纵"孟获的战法中，所提出的"夫用兵之道，攻心为上，攻城为下，心战为上，兵战为下"，是对《孙子兵法》战争艺术的创新性运用，在国内国际，有着深远的影响！

二十八、孟达身死咎自取

本篇示要：将孟达之死说成是诸葛亮"借刀杀人""公报私仇"等，是违背客观实事的，因而是极为不妥的。回归未成身先死，孟达自己迎死神。孟达和公孙渊之智，与"老谋子司马懿"相比，相差十万八千里。在司马懿一信的"掌控"下，孟达果然犹豫不决，重新回归到刘汉朝廷的条件丧失，孟达终于"自寻死路"，以其悲剧了却了一生。也正是因为孟达与公孙渊这两个人的败亡，将司马懿的军事生涯陪衬得璀璨闪光。

费诗问难：

建兴三年，随诸葛亮南行，归至汉阳县，降人李鸿来诣亮，亮见鸿，时蒋琬与诗在坐。鸿曰："闲过孟达许，适见王冲从南来，言往者达之去就，明公切齿，欲诛达妻子，赖先主不听耳。达曰：'诸葛亮见顾有本末，终不尔也。'尽不信冲言，委仰明公，无复已已。"亮谓琬、诗曰："还都当有书与子度相

闻。"诗进曰："孟达小子，昔事振威不忠，后又背叛先主，反复之人，何足与书邪！"①

诸葛妙答：

亮默然不答。亮欲诱达以为外援，竟与达书曰："往年南征，岁（未及）[末及]还，适与李鸿会于汉阳，承知消息，慨然永叹，以存足下平素之志，岂徒空托名荣，贵为乖离乎！呜呼孟子，斯实刘封侵凌足下，以伤先主待士之义。又鸿道王冲造作虚语，云足下量度吾心，不受冲说。寻表明之言，追平生之好，依依东望，故遣有书。"达得亮书，数相交通，辞欲叛魏。魏遣司马宣王征之，即斩灭达。亮亦以达无款诚之心，故不救助也。②

又，《与孟达书》"往年南征……亮亦以达无款诚之心，故不救助也。"注：摘自《三国志·费诗传》。此书写于226年。……按：《华阳国志》卷二《汉中志》引诸葛亮与孟达书曰："呜呼孟子度，迩者刘封侵陵足下，以伤先帝待士之望，慨然永叹。每存足下平素之志，岂虚托名载策者哉！"可以互参。③

作年略考：

据《三国志》（版本同前）记载：建兴三年，随诸葛亮南行，归至汉阳县，降人李鸿来诣亮，亮见鸿，时蒋琬与费诗在坐。……亮谓琬、诗曰："还都当有书与子度相闻。"诗进曰："孟达小子，昔事振威不忠，后又背叛先主，反复之人，何足与书邪！"亮默然不答。亮欲诱达以为外援，竟与达书曰："往年南

---

①晋·陈寿撰，南朝宋·裴松之注：《三国志》（全五册），中华书局1975年版，第1016页。
②同上。
③王瑞功主编：《诸葛亮研究集成》（上、下册），齐鲁书社1997年版，第289页。

191

征,岁（未及）[未及]还,适与李鸿会于汉阳,承知消息,慨然永叹……依依东望,故遣有书。"达得亮书,数相交通,辞欲叛魏。魏遣司马宣王征之,即斩灭达。亮亦以达无款诚之心,故不救助也。

　　这段文字告诉了我们一个大致的时间:即225年年底,诸葛亮与蒋琬、费诗得知了孟达有回归刘汉朝之心意。正是诸葛亮积极准备北伐中原之时,这是意外的、可以引作外援的大好消息。诸葛亮明确表示要给孟达去信策应其北伐中原的成功。在遭到费诗的反对后,诸葛亮觉得费诗只是从孟达的人品看问题,孟达能反魏实在是机不可失,从"往年南征"四字推敲以及诸葛亮的行事风格,此信当是226年年初所写。

直雄补说:

　　这段文字的的意思是说:建兴三年（225）年底,蒋琬、费诗陪同诸葛亮南行,回来经过汉阳县时,投降的人李鸿求见诸葛亮,诸葛亮见李鸿时,蒋琬、费诗均在坐。李鸿道:"我路过孟达那里时,正好遇到王冲从南边来,说到孟达去留的问题时,称明公您对他有切齿之恨,要杀了孟达的妻儿子女,幸亏先主不听从您的意见。孟达则说:'诸葛亮了解事情的前后本末,是不会么做的。'根本不相信王冲这话,他绝对地相信您、敬仰您。"

　　诸葛亮便对蒋琬、费诗说:"回到京城应当给孟达写封信让他知道这些事。"费诗进言道:"孟达这个小子,过去对刘璋就不忠,后来又背叛先主,这样反复无常之人,不值得给他写信啊!"诸葛亮默然不语。为了争取孟达作为北伐的外援,最终还是给孟达去信说:"我去年南征,到年底才返回①,途中恰好在汉阳与李鸿相会,得知你的情况,为你的遭际不禁慨然长叹,是以得知你的平生之志趣,难道是那种追求空名虚荣的人吗?你贵在背离曹魏以求正义!哎呀!孟达,当年你确实是受到刘封的欺凌,是刘封伤害了先帝宽待士人的声名;李鸿说到王冲瞎编假话,说你唯知我心,不听王冲胡言。寻思你已表明的心意,不禁

---

　　①吴按:虽说225年7月平定南中,但其中不少善后事宜要处理,年底前回到成都当是可信,与225年7月平定南中并不相矛盾。

又追忆我们平生的友好，心情依依东向眺望，故此才给你写下了这封信，派人送上。"孟达得到诸葛亮的信，几次与他来往信息，其中意思打算叛离魏国。岂料司马懿神速前往征讨，旋即斩杀孟达。诸葛亮也因为孟达心不坦诚，故不发兵救援他。

孟达背叛刘璋投降于刘备，后背叛刘备投降曹丕，最后拟叛曹返回刘汉政权却未能成功，为司马懿所斩杀。这就是孟达的政治人生轨迹。

如果就他"背叛刘璋投降于刘备，后背叛刘备投降曹丕"，是因种种客观因素所造成而姑且不论的话，而他最后拟投奔诸葛亮，却又为司马懿所斩杀，给司马懿的军事生涯中留下了最为得意的一笔，但与此同时的今人，却因孟达的被杀，便给诸葛亮终生构建了一个谋杀孟达的"最大阴谋家"，大有成"千古铁案"之势。为明辨是非，故有必要一论。

关于孟达之死，归纳起来，有如下最为主要的四种说法。

一是"借刀杀人"说：

直雄据手头的资料所及，这当是今人之论。此说是由秦涛等先生最早提出来的。秦涛先生讲的最生动形象且透彻：孟达投奔曹魏以来，深得曹丕器重，且在曹魏政权中有的重臣是他的好朋友。如夏侯尚等。可是曹丕驾崩、夏侯尚病死。说他坏话者大有人在，孟达感到自己在曹魏政权中再呆下去的不安。恰在此时，孟达先后收到李严与诸葛亮请其"回家"的来信。诸葛亮面对想"回家"的孟达，又有什么想法呢？秦涛先生是怎样生动地描绘诸葛亮行"借刀杀人"之计的呢？

秦涛先生挥动他那叹服诸葛亮的灵动之笔写道：[①]

> 自从刘备死后，诸葛亮军政大权在握，东州集团一落千丈。李严感受到了这种情况，他希望能加强本集团的实力。这对诸葛亮来讲，可不是个好消息。
>
> 诸葛亮倒并非为了打压政敌，他只是觉得，蜀汉是小国，国内必须同心同德，才能高效率地凝聚起力量来威慑魏国。如

[①] 为了论说辨析而又能使所引之文尽量简短的需要，略引秦涛先生的关键性文字时，余皆用省略号省之。

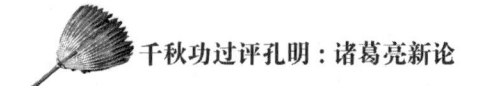

果内部再分派系玩内耗，必将亡国。

在这样敏感的时刻，久已谈出蜀人视野的孟达，重新出现。孟达原来是刘璋旧部，属于东州集团的人物，与李严私交甚密。如果孟达回归，带回来的还会有上庸、新城、房陵三郡和三郡的军队，东州集团实力无疑将大大增加。而喜欢玩内斗的李严，必将更加不受约束。如此一来，怎能完成北伐大计，如何中能够消灭曹贼？

但是，从另一方面来讲，孟达归心似箭，对蜀汉是件好事，自己没有理由加以阻止。李严最近也在询问关于劝诱孟达回归之事，看来劝降孟达已是箭在弦上、不得不发。

如何是好？谁说诸葛亮一生谨慎，不肯弄险？丞相的险招玩得出神入化，炉火纯青，高明到不着痕迹。诸葛亮思量已定，决定向曹魏借刀。

……

孟达收到李严的来信，心中无限感慨，燃烧起了回蜀汉与李严并肩作战的勃勃雄心。不久又收到诸葛亮的来信："往年南征，岁末乃还，刚好与李鸿会于汉阳，才得到你的消息，不胜感慨。呜呼孟子，当年实在是刘封侵犯您在先，破坏了先主的待士之义。我追思你我平生之好，依依东望，所以送来这封信。"诸葛亮的信，一如既往的叮咛周至，思念之情洋溢于字里行间。

孟达心想：看来蜀汉是欢迎我回去的。

孟达派人回信，给诸葛亮送去一块玉玦，表明自己归意已"决"。诸葛亮收到来信和玉玦，点点头，找来心腹郭模：你去诈降曹魏，助孟达一臂之力。

……

司马懿得到申仪的密报，兴奋异常：孟达呀孟达，七年前我除不了你，今日终于可以除你而后快了！

……

不过即便司马懿真的要来讨伐我，我也不怕。一来，宛城离洛阳八百里，离我这儿一千二百里。司马懿先派人去洛阳请示天子，再率兵来攻打我，一来一去得一个多月，那时候我早就城防坚固、援兵到来了；更何况，我三郡地势险要，万夫莫开，司马懿肯定不敢亲自来。如果司马懿不来，其他人来我都不怕。

孟达计较已定，便按部就班开始筹备造反事宜。

诸葛亮、司马懿、孟达三方势力都已经准备就绪。好戏开场。

孟达完全想错了，司马懿根本不打算得到朝廷的许可再出兵，他要来个先斩后奏。

……

司马懿亲率大军，倍道兼行，一路急行军一千二百里，八天之后已经在上庸城下安营扎寨。

……

断绝孟达一切后路，司马懿要来个瓮中捉鳖。

……

蜀军则压根不想救孟达。没错，诸葛亮把孟达给卖了。诸葛亮本就鄙视孟达的为人，欲除之而后快；更何况，他也不想让孟达归汉壮大李严的势力，更不想让这颗定时炸弹长期存在于蜀、魏交界处。

……

尽管这一仗打得非常漂亮，司马懿却始终没有成功的快感。他隐隐觉得，自己不过是在这整个过程中充当了别人的一枚棋子而已。孟达尽管是个名人，但却根本不是自己的对手。能激发起我司马懿战意的等量级对手，放眼天下也许只有这次孟达事件的总导演、安居成都的诸葛丞相吧？[1]

---

[1]秦涛：《老谋子司马懿（最新修订版）》，重庆出版集团、重庆出版社2017年版，第159—166页。

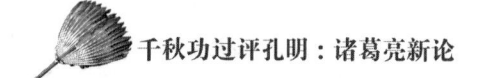

以上是笔老而年轻的秦涛先生论定诸葛亮"借刀杀人"说中最基本的文字。持类似诸葛亮"借刀杀人"说的还有：

> 根据史籍记载，远在司马懿进军上庸之前，诸葛亮就着手策反孟达，而且态度很积极。学者白杨认为孟达决计叛魏归蜀，"其主要原因则在于诸葛亮的策反，……在这个事件中，诸葛亮与孟达的书信往来是重要证据。现在我们能够见到的两人之间的书信，主要有《三国志》中《李严传》、《费诗传》中二件、《太平御览》中五件、《华阳国志》中一件、《晋书》中一件以及《水经注》中一件。"据《费诗传》所载，建兴三年（公元225年），诸葛亮南征期间获知孟达消息，便萌生写信策反孟达之心；建兴五年（公元227年）春，诸葛亮率部进驻汉中后，便开始写信策反孟达。又据《三国志·明帝纪》等史籍记载，司马懿攻破上庸城的时间是太和二年（公元228年）正月间，从进攻到破城花了十六天。即是说，在将近一年的时间内，诸葛亮与孟达之间至少有过十次信件往来，说明他们之间交往密切，诸葛亮积极主动，彼此之间的关系也较融洽。而且，诸葛亮完全有足够的时间谋划采用袭击方式夺取申耽、申仪据守的西城，打通汉中与上庸之间的通道，为孟达归蜀创造良好条件，即使司马懿出兵攻击孟达，蜀军也好实施有效救援。然而，到了最后诸葛亮居然一反常态，施用拙劣的间谍带反之计，将孟达推向死亡深渊。……《三国志·李严传》载曰："严与孟达书曰：'吾与孔明俱受寄托，忧深责重，思得良伴。'"李严的劝降信可能触动了诸葛亮的敏感神经，孟达原本属于东州集团核心成员之一，又与李严为至交，李严权力欲极强，与诸葛亮的权力交锋颇见于《李严传》《诸葛亮传》等史籍中，孟达回归蜀汉成为李严的'良伴'的格局是诸葛亮等人不愿见到的。所以诸葛亮选择了舍弃孟达的方案，制造了郭模诈降事件，使其通过申仪泄露孟达的归降意图，促成其速

死。可见,孟达实际上是死于诸葛亮的借刀杀人。"①

二是孟达之死是"诸葛亮内斗牺牲品"说:

持这一说法者,最为典型的是朱子彦先生,他这样写道:

> 诸葛亮舍东三郡之强援而置孟达于死地,如此做法实在有悖常理,原因何在呢?笔者认为,除了孟达攻杀蒯祺的私人恩怨之外,荆州与东州两大政治集团的斗争是最根本的原因。《晋书·宣帝纪》在记载诸葛亮对孟达态度时,除了与《三国志》之意相同的"恶其反覆"之外,还有"虑其为患"之语。既然孟达已经叛魏归蜀,那么诸葛亮又为何会"虑其为患"呢?很明显,这里所谓的"为患",并非指孟达作为敌将对于蜀汉王朝的威胁,而是指其归蜀后将壮大东州集团的政治军事实力,在蜀汉政权内部将构成对荆州集团的威胁。上文已经提到,李严与孟达书中有"忧深责重,思得良伴"之语,希望孟达归来,共辅蜀政,增强东州集团的力量。对于孟达以东三郡叛魏归蜀后对政权内部实力对比可能产生的影响,诸葛亮不会预料不到,作为荆州集团的首领,其当然不会放任事态发展。因此,劝诱孟达归蜀并泄漏其谋,然后不全力救助,促使孟达败亡便成了荆州集团解决东州集团威胁的最佳选择。孟达败亡之后,东州集团受到严重打击,已无力与荆州集团相对抗。三年之后,即蜀汉建兴九年(公元231年),诸葛亮"假借了一个难于置信的口实",废黜了李严这位东州集团中的首领人物,荆州集团取得了对东州集团斗争的彻底胜利。②

---

① 王前程、占艳娟:《三国时期上庸地区的战略地位与刘备诸葛亮的失误》,《湖北文理学院学报》2016年第1期,第9—10页。
② 朱子彦:《孟达败亡之因——蜀汉政权内部的集团斗争》,《探索与争鸣》2009年第11期,第75页。

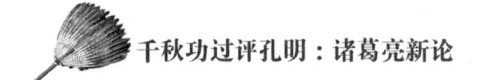

三是"公报私仇"说：

这一说讲的是，诸葛亮"假公济私""公报私仇"，将想回归刘汉政权的孟达给杀了。诸葛亮"公报私仇"说，在一些论著中时见有人提到，如朱子彦先生在《孟达败亡之因——蜀汉政权内部的集团斗争》一文就说到过。不过不是专门论证此事。

下文则是专门说诸葛亮"公报私仇"。该文写道：

> 就在诸葛亮北伐中原，处处受阻的时候，孟达抛来了橄榄枝，因为这时候魏国是司马懿当权了，此时孟达在魏国也受到了小人的挑唆，在魏国君臣那里不受信任，所以孟达天天诚惶诚恐怕被除去。就给诸葛亮送去了想要叛变的秘信。不曾想走漏了消息，被赶过来的司马懿攻破城池，并把孟达给杀了。这个消息不是别人透露的就是诸葛亮透漏的，其实诸葛亮有两个原因想杀孟达，一是因为孟达当时打荆州的时候，杀了诸葛亮的姐夫，诸葛亮和他姐姐感情很好，他因为这对孟达很反感。第二，就是孟达首鼠两端，怕来到蜀汉惹出什么大乱子，如果孟达投降明确拒绝他，天下人会怎么看，在舆论上会受到不利的影响，所以诸葛亮就悄悄的把消息撒播除去，借司马懿的手杀了孟达。①

这一说其实也是"借刀杀人"的"变种"，只不过是重在对诸葛亮的个人恩怨与道德品质着手。

四是"断绝后路"说：

华杉先生写道：

> "有翻覆变诈、常持两端之心者。"今天投降这个，明天投降那个的，各方都想争取他，但各方都不信任他，随时把

---

① 大史说历史：《诸葛亮为何杀孟达，不是因为关羽，只因姐姐有件事，难以启齿》，2018年5月6日，http://baijiahao.baidu.com/s?id=1599720604976588411&wfr=spider&for=pc。

他抛弃。三姓家奴吕布就是典型人物……孟达也是。他本是蜀将,投降了魏国,后来经不起诸葛亮引诱,又要降蜀。诸葛亮故意泄露孟达和蜀国交往的信息,让司马懿知道,这样绝孟达的后路,催他下决心举事。司马懿也了解孟达首鼠两端的性格,也写信引诱他,把他稳住,然后卷甲急进,八天到孟达城下他斩了。司马懿没赔本,平了孟达之乱,稳住了城池,诸葛亮也有小赚,至少除了魏国一将,折腾了司马懿一场。孟达就被抛弃了。①

孟达之死的这四种说法,简而言之是:

秦涛先生重在展现的是诸葛亮高超的政治手腕,借司马懿之"刀",了无痕迹地杀了孟达。

王前程、占艳娟先生也是类似秦涛先生之说,提出:"到了最后诸葛亮居然一反常态,施用拙劣的间谍带反之计,将孟达推向死亡深渊……孟达实际上是死于诸葛亮的借刀杀人。"

朱子彦先生之说,简而言之就是孟达成了"诸葛亮内斗牺牲品"。

"大史说历史"先生则是重在表现诸葛亮的个人道德低下、心眼特小、借公济私杀了孟达。

华杉先生则主要是重在诸葛亮对孟达回归操之过急反致其败而死,不亏本而是有小赚。

孟达之死的根本原因是这么一回事吗?很有必要认真一论。

直雄以为:实事求是地说来,孟达身死的根本原因乃咎由自取,与诸葛亮没有根本性的关系,更谈不上是诸葛亮有"借刀杀人"的想法的成功实施。如果厘清了是否"借刀杀人",则其他问题便迎刃而解。

为什么不存在是诸葛亮"借刀杀人"的问题呢?

首先:从诸葛亮与李严给孟达写信的时间来看,说明诸葛亮根本就不存在有"借刀杀人"的想法。

"借刀杀人"说能不能成立,只要厘清诸葛亮、李严与孟达书信往来的

---

① 华杉:《华杉讲透〈孙子兵法〉》,江苏凤凰文艺出版社2015年版,第386页。

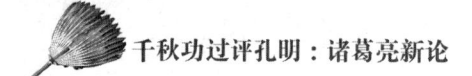

大致时间，即可知道诸葛亮是否想借司马懿这把"锋利之刀"，杀死了孟达的问题。

史载，"四年，转为前将军。以诸葛亮欲出军汉中，严当知后事，移屯江州，留护军陈到驻永安，皆统属严。严与孟达书曰：'吾与孔明俱受寄托，忧深责重，思得良伴。'亮亦与达书曰：'部分如流，趋舍罔滞，正方性也。'其见贵重如此。"①

从前后文的内容分析，李严与诸葛亮给孟达的信当是同时所写，且明载当为建兴四年（226）。

他们的信都是写于226年，还有其他材料可证之云："本文作于蜀汉建兴四年（226）。当时，李严写信给孟达，云：'吾与俱受寄托，忧深责重，思得良伴。'于是诸葛亮也给孟达写了这封信，公正地评价了李严。"②并载诸葛亮之信的内容是"部分如流，趋舍罔滞，正方性也。'其见贵重如此"，其出处为《诸葛亮集》《汉魏六朝百三名家集》《三国志》《诸葛孔明全集》。故其考证是可信的。

其实，早在蜀汉建兴三年（225）年末，诸葛亮就拟给孟达写信劝其回归刘汉政权，在遭到费诗的反对后，诸葛亮并未改变自己争取孟达回归刘汉政权的初衷；225岁尾回到成都，诸葛亮经过反复思考后，还是坚持自己的想法，于第二年年初给孟达写过请孟达回归刘汉政权的信。在这封信的开头即云："往年南征，岁末乃还"，这就是说："我去年（225）南征，到年底才返回（成都）"，这就是诸葛亮坚持自己225年岁尾对蒋琬、费诗说的"还都当有书与子度（孟达的字）相闻"，诸葛亮开笔就将写作时间交待得一清二楚。

史载：

> 建兴三年，随诸葛亮南行……亮谓琬、诗曰："还都当有书与子度相闻。"……亮欲诱达以为外援，竟与达书曰："往年南征……追平生之好，依依东望，故遣有书。"达得亮书，

---

① 晋·陈寿撰，南朝宋·裴松之注：《三国志》（全五册），中华书局1975年版，第999页。
② 张连科，管淑珍：《诸葛亮集校注》，天津古籍出版社2008年版，第95页。

数相交通，辞欲叛魏。魏遣司马宣王征之，即斩灭达。①

蜀汉建兴三年（225）十二月，诸葛亮回到成都。②所谓"还都当有书与子度相闻"，其意是说，回到国都成都就给孟达写信。由此推之，诸葛亮给孟达的这封信，当写于226年之年初。张连科、管淑珍定为"蜀汉建兴三年（225）"十二月，③忽略了"往年南征，岁尾方归"八个字，将此信的写作时间定在225年年末是完全说不通的。但是，他们将此信排在李严给孟达之信的前面，则是对的。

这个写作年份对于说明诸葛亮是否"借刀杀人"非常重要，它揭示：所谓"人人都说诸葛丞相公平，我看是排斥异己、任人唯亲！李严想到了孟达。当初在刘璋部下，两人就私交很好；后来刘备时期，孟达出降曹魏，其实也是被荆州集团排挤出走的。李严留下来，忍辱负重，终于取得了今天的地位。然而，今天这样的地位，看来也要朝不保夕了。李严开始思念孟达。如果孟达能够回归蜀汉，两人联手，足以制衡诸葛亮而不至于让他荆州集团一党独大、为所欲为！李严抱着试试看的心态，向诸葛亮提议劝诱孟达回归。李严心知诸葛亮肯定要极力反对，然而此事从表面来看对我蜀汉有百利而无一害，你要反对，正好把你的私心彰显于天下"④的这个说法，只能是疏忽了"诸葛亮225年岁尾提出回成都后要给孟达写信，到226年年初回到成都后即写了这封信"作出的一个错误地推论。

这个错误的推论违背了是诸葛亮最先期盼孟达回归，而不是李严为增强东州集团的势力而首次给孟达写信促其回归的。

李严与诸葛亮同时给孟达的信是在226年春李严还驻在江州之时所写。且，这时的李严与诸葛亮的关系极好。"其见贵重如此。八年，迁骠骑将军。"八年，即蜀汉建兴八年（230），直到蜀汉建兴九年（231），诸葛亮还撰有《与李平三

---

①晋·陈寿撰，南朝宋·裴松之注：《三国志》（全五册），中华书局1975年版，第1016页。因前有载，故省略表示之。又，张连科，管淑珍《诸葛亮集校注》，天津古籍出版社2008年版，第96页。并载诸葛亮后来之信的内容是："部分如流，趋舍罔滞，正方性也。"其见贵重如此，张连科、管淑珍考证诸葛亮后来与李严先后给孟达写信的内容，其出处为《诸葛亮集》《汉魏六朝百三名家集》《三国志》《诸葛孔明全集》。故其考证是可信的。
②王瑞功主编：《诸葛亮研究集成》（上、下册），齐鲁书社1997年版，第181页。
③张连科，管淑珍：《诸葛亮集校注》，天津古籍出版社2008年版，第96页。
④秦涛：《老谋子司马懿（最新修订版）》，重庆出版集团、重庆出版社2017年版，第161页。

策》云："上计断其后道,中计与之持久,下计还住黄土。"这里的所谓"黄土",即黄土川水滨之地,在今甘肃省甘谷县东南。①从诸葛亮为李严指点驻军作战之法来看,可见诸葛亮与李严的关系还是比较可以的。只是事到这年八月,李严违法抗命并造谣中伤诸葛亮,给北伐事业造成了危害,这时诸葛亮与李严的关系才算彻底破裂。因此,不能说李严写信给孟达时,就是要试探诸葛亮,就是要拉孟达来对付诸葛亮。②

由上可见:诸葛亮给孟达的信,比李严给孟达的信及李严和诸葛亮同年各自写给孟达的信,至少早了两个多月,且"达得亮书,数相交通,辞欲叛魏"。其时李严与诸葛亮的关系还是不错的。这就不存在李严认为诸葛亮希望孟达回归却又心怀鬼胎、"肯定要极力反对"的问题。

其次:诸葛亮、李严、孟达、司马懿四人的书信内容,说明诸葛亮没有对孟达要使"借刀杀人"之计的想法。

"借刀杀人"说能否成立?只要厘清诸葛亮、李严、孟达、司马懿四人的书信往来的大致内容,即可知道诸葛亮是否借司马懿这把"刀",杀死了孟达的问题。

史载诸葛亮给孟达的两封信和李严的一封信,都是衷心希望孟达回归的。根本就谈不上有什么引诱而杀之的意思或是诸葛亮与李严内斗而致孟达之死的问题,此不重赘。

关键的问题是:孟达给诸葛亮的回信和司马懿给孟达的去信,却是孟达"回归未成身先死"的根本所在。

史载:

> 太和元年六月,天子诏帝屯于宛,加督荆、豫二州诸军事。初,蜀将孟达之降也,魏朝遇之甚厚。帝以达言行倾巧不可任,骤谏不见听,乃以达领新城太守,封侯,假节。达于是连吴固蜀,潜图中国。蜀相诸葛亮恶其反覆,又虑其为患。

---

①王瑞功主编:《诸葛亮研究集成》(上、下册),齐鲁书社1997年版,第317页。
②晋·陈寿撰,南朝宋·裴松之注:《三国志》(全五册),中华书局1975年版,第999页。

达与魏兴太守申仪有隙，亮欲促其事，乃遣郭模诈降，过仪，因漏泄其谋。达闻其谋漏泄，将举兵。帝恐达速发，以书喻之曰："将军昔弃刘备，讬身国家，国家委将军以疆场之任，任将军以图蜀之事，可谓心贯白日。蜀人愚智，莫不切齿于将军。诸葛亮欲相破，惟苦无路耳。模之所言，非小事也，亮岂轻之而令宣露，此殆易知耳。"达得书大喜，犹与不决。帝乃潜军进讨。诸将言达与二贼交构，宜观望而后动。帝曰："达无信义，此其相疑之时也，当及其未定促决之。"乃倍道兼行，八日到其城下。吴蜀各遣其将向西城安桥、木阑塞以救达，帝分诸将距之。初，达与亮书曰："宛去洛八百里，去吾一千二百里，闻吾举事，当表上天子，比相反覆，一月间也，则吾城已固，诸军足办。则吾所在深险，司马公必不自来；诸将来，吾无患矣。'及兵到，达又告亮曰：'吾举事八日，而兵至城下，何其神速也！"上庸城三面阻水，达于城外为木栅以自固。帝渡水，破其栅，直造城下。八道攻之，旬有六日，达甥邓贤、将李辅等开门出降。斩达，传首京师。俘获万余人，振旅还于宛。乃劝农桑，禁浮费，南土悦附焉。[1]

其中孟达写给诸葛亮信的意思为："司马懿所据的宛城离洛阳八百里，离我处一千二百里，听到我起事的消息，他们当上表给天子，来回路程，须一个月的时间，那时我的城池已经修整得很牢固，诸军都作好了应对的准备。我处在深山险道之中，司马懿是绝对不会亲自前来的，他的部下诸将来，我是不会有什么忧患的。"

从这一封信内容来看，显然是在诸葛亮提醒他要防止司马懿奇兵来袭后而写。孟达对司马懿是何等的掉以轻心，由此可以判断孟达必死。其理由有四：

一是孟达虽居魏多年，但对司马懿这个人物并没有深入的了解。竟然认为司马懿不会亲自前来征讨，所以轻易地为司马懿的诡异手法所骗。

对此，白杨先生精到地剖析道："果然，孟达看到这封信后，开始对降蜀之

---

[1] 唐·房玄龄等撰：《晋书》（全十册），中华书局1974年版，第5—6页。

事犹豫不决，从而耽误了时机，导致了后来的覆败。……孟达不但在魏、蜀之间犹豫不决，还与孙吴政权藕断丝连，这就注定孟达在关键时机不能当机立断，造成兵败身死的下场。……诸葛亮遣郭模诈降，向魏兴太守申仪泄露孟达降蜀的消息，申仪与孟达素来不和，故向朝廷揭发孟达，加速了孟达的叛魏行动。……孟达昔弃蜀汉，现在归蜀必怀尴尬；若投吴，又无所依托，所以以孟达的角度来权衡，如果司马懿所论可靠，能够得到魏国的重用，则留在魏国无疑是他最好的选择。另一方面，正因为孟达的摇摆不定，吴、蜀对他也均持有保留态度。……总而言之，正是鉴于孟达迟迟没有明确表态，同时又与魏、吴瓜葛不断，所以诸葛亮决不能冒险以东三郡作为北伐的首选目标，这是诸葛亮顾及大局的深远考虑。"[1]

司马懿确实是一代人杰，此信一发，便让孟达首鼠两端、当断不断，孟达自寻死路，明矣！无论投蜀或降吴，孟达只要果断作出处理，都不至于死，而留魏则必死无疑矣！是司马懿迷惑了孟达，他连这样简单的道理都不懂，怎能怪罪诸葛亮，说成是诸葛亮"借刀杀人"？

二是孟达对自己的职务之重和所据三郡之地之重，没有清醒的认识。新城三郡对于蜀、吴、魏，都是必争之地。狼顾鹰眼的司马懿更视此地"地价万金"，他怎么会轻易地放过？

三是孟达对同僚申仪、申耽兄弟对自己的出卖毫无警惕之心。早在孟达并未有反魏军事行动之前，"仪与孟达不和，数上言达有贰心于蜀，及达反，仪绝蜀道，使救不到。"[2]难道要诸葛亮为救孟达而自寻死路，才不是"借刀杀孟达"？世上没有这样的道理。

四是不仅对同僚申氏兄弟失察，对于自己的亲信亲戚将要出卖自己亦毫无知晓，最终竟然是"甥邓贤、将李辅等开门出降"。从孟达对司马懿的这封信的态度来看，孟达从一开始"回归"，便注定了他的一生终究要以悲剧收场！

司马懿给孟达的信的意思为：

孟达听说自己的谋划泄露，准备起兵。作为大军事家的司马懿深恐孟达迅速

---

[1] 白杨：《孟达事件与诸葛亮治蜀》，《中州学刊》2014年第9期，第137—139页。
[2] 晋·陈寿撰，南朝宋·裴松之注：《三国志》（全五册），中华书局1975年版，第994页。

发兵，立刻给孟达写信，此信译成白话就是："将军您以往抛弃刘备，托身于大魏，国家将疆场重任都委托给了您，并将伐蜀的重任也托付给您，一片至诚之心有如天上白日。这样，蜀人不论愚者智者，莫不痛恨将军。诸葛亮试图破坏你和魏国的关系，只苦于无法可想。郭模所说决非小事，诸葛亮怎能忽视这种事而让他泄露呢？个中道理您当是容易明白的。"在这样的信面前，孟达毫无疑虑，反而大喜，进而便对造反回归之事犹豫未决。司马懿写信的目的达到了，孟达也就死定了！

纵观整个三国时期，司马懿的唯一敌手只有诸葛亮，孟达之智与司马懿、诸葛亮相差"十万八千里"！司马懿深恐孟达及时醒悟立刻回归造反。兵贵神速，暗暗地发兵讨伐。手下诸将认为孟达与吴蜀互有勾连，应先观望而后动手。司马懿反驳说："孟达此人毫无信义可讲，现在正是他们互相猜疑的时候，应当在他未作出决定的时候芟除他。"司马懿确实是"鹰视狼顾"，是何等果断精算！

回归未成身先死，孟达自己迎死神。孟达和公孙渊之智，与"老谋子司马懿"相比，相差十万八千里，条件再好也得死。也正是这两个人的败亡，将司马懿的军事生涯照耀得暇光璀璨。且听司马懿志得意满、充满着哲理地答复部下之疑问云：

> 公孙渊出战失利，退守危城。……城中见懿营阻水，乐得出外樵牧，魏军司马陈珪，请出兵截击，懿独不从。珪疑问道："太尉前攻上庸，昼夜兼进，故能立拔坚城，擒斩孟达；今远来反缓，又纵贼樵牧，究是何意？"懿笑答道："孟达兵少粮多，我兵多粮少，若非急进，出彼不意，怎能取胜？今贼众我寡，贼饥我饱，何必速攻？正当任彼内乱，然后纵兵合击，可以聚歼，倘或掠彼牛马，截彼樵采，是驱令远走，反为不妙。"陈珪听了，方才拜服。既而天雨晴霁，懿乃分兵合围，四筑土山，登高俯攻，矢石不绝，守兵死伤甚多，并且粮食垂尽，不能再支，只得遣使请和，懿怒斩来使，送还首级，檄令渊自缚来营。渊窘急无法，再令亲臣卫演求降，愿送子入质，懿忿然道："军事大要有五，能战当战，不能战当守，不能守当走，不能走当降，不能降当死；何必遣子为质，多来絮

聧？"说罢即叱演使归。司马懿大出风头。①

凭着孟达、公孙渊的条件，本来完全可以让司马懿深入险境将其"耗死"将其"拖垮"，却均反为司马懿所暗算。这就是孟达、公孙渊二人与司马懿智商上的差距。

至于什么郭模告密之类的问题，在诸葛亮、李严关系还算密切的大前提下，②说诸葛亮害怕李严势力大增而有意加害孟达，其理由是不足以令人信服的。

君当知，一个曾经无法无天的法正，在有了《蜀科》之后，在诸葛亮严格执法面前，也是无可如何的。况一个回归的孟达，又能如何？所以说，郭模"诈降"，客观上确实只能取到"加速"孟达尽快造反回归的作用。

再次是："若要人不知，除非己莫为。"诸葛亮是人中之龙，刘汉朝的朝臣、孙吴朝的朝臣、曹魏朝的朝臣，可谓都是三个精英集团之间，为了中华民族尽早地大一统，他们之间均是"各为其主"地搏杀着。诸葛亮若真的借司马懿之刀，杀了孟达，这是诸葛亮最为卑鄙、最为恶劣的表现，不仅刘汉朝的朝臣们不会放过他，孙吴朝的朝臣们也不会放过他，诸葛亮北伐的对手曹魏朝的朝臣们更不会放过他，历三国至清代历朝历代的智者们也不会放过他！

在1780余年的历史长河中，有谁说孟达之死，是诸葛亮施"借刀杀人"计所致吗？在直雄有限的资料中，似乎只是当代人所为！

就是所谓"一双鹰眼视千年"的司马懿对待"郭模诈降"一事，也只是说"达与魏兴太守申仪有隙，亮欲促其事"而已，早在"太和中，仪与孟达不和，数上言达有贰心于蜀，及达反，仪绝蜀道，使救不到。"③可见，即使真的是诸葛

---

① 蔡东藩：《中国历史通俗演义·前汉后汉》，安徽人民出版社1999年版，第655页。
② 晋·陈寿撰，南朝宋·裴松之注：《三国志》（全五册），中华书局1975年版，第999页载：章武二年（222），先主征严诣永安宫，拜尚书令。三年（223），先主疾病，严与诸葛亮并受遗诏辅少主；以严为中都护，统内外军事，留镇永安。建兴元年（223），封都乡侯，假节，加光禄勋。四年（226），转为前将军。以诸葛亮欲出军汉中，严当知后事，移屯江州，留护军陈到驻永安，皆统属严。严与孟达书曰："吾与孔明俱受寄托，忧深责重，思得良伴。"亮亦与达书曰："部分如流，趋舍罔滞，正方性也。"其见贵重如此。八年（230），迁骠骑将军。以曹真欲三道向汉川，亮命严将二万人赴汉中。亮表严子丰为江州都督督军，典为后事。亮以明年当出军，命严以中都护署府事。严改名为平。在这八年的时间，诸葛亮与李严的关系算是融洽的。
③ 晋·陈寿撰，南朝宋·裴松之注：《三国志》（全五册），中华书局1975年版，第994页。

亮要"郭模诈降",也是看到了在太和年间中"仪与孟达不和,数上言达有贰心于蜀",故而使"郭模诈降",用司马懿的话来说,诸葛亮这样作的目的,就是"亮欲促其事"。

"亮欲促其事",就是要孟达从速反魏不能拖延。知晓事情全过程的司马懿此语是客观的,诸葛亮、李严、孟达、司马懿四人的书信内容,皆充分说明诸葛亮没有对孟达使"借刀杀人"之计。

至于王前程与占艳娟先生说:"到了最后诸葛亮居然一反常态,施用拙劣的间谍带反之计,将孟达推向死亡深渊……孟达实际上是死于诸葛亮的借刀杀人。"也是忽略了"建兴三年(225)"年末诸葛亮就急于要给孟达写信而建兴四年(226)年初就给孟达写了信这些事实的误判所致,故不重赘!

至于朱子彦先生说孟达之死是刘汉集团中"诸葛亮内斗牺牲品",也是不符合事实的。本书中已经论及诸葛亮为了团结所谓"东州集团""益州集团""荆州集团"苦心孤诣所做艰苦细致工作。难道这三个集团中的人,因犯了法,诸葛亮按律进行必要的处理,就是内斗吗?何况孟达死时,诸葛亮与李严之间的关系是融洽的,根本不是什么内斗!

至于说因孟达杀了其姐和姐夫蒯祺而借机杀了孟达,王前程,占艳娟论说道:

> 朱子彦先生认为诸葛亮之所以要置孟达于死地……是孟达攻占房陵之时,杀害了诸葛亮的大姐夫蒯祺,其大姐可能同时遇害,诸葛亮难免心有芥蒂;……笔者不赞同朱子彦先生将孟达败亡与诸葛亮个人恩怨联系起来的观点,从诸葛亮平生的行止和胸襟看,诸葛亮公私分明,在个人恩怨和国家大事上不至于轻重倒置。[①]

显然,王前程,占艳娟论说是实事求是的,亦是令人信服的!故不赘述。

千万不能因为诸葛亮对所谓"东州集团""益州集团""荆州集团"中的人物有作奸犯科得按律作了处理,这就是内斗!特别是在网上,这种说法特多。不

[①] 王前程、占艳娟:《三国时期上庸地区的战略地位与刘备诸葛亮的失误》,《湖北文理学院学报》2016年第1期,第9页。

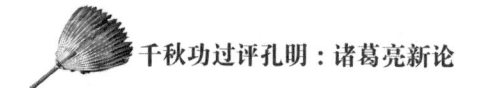

妨请这些先生们听听：

被诸葛亮处分的所谓"东州集团"的骨干李严，在得知诸葛亮的死讯后痛哭而死！同样，所谓"荆州集团"中的"狂士"才子廖立，在得知诸葛亮的死讯后，他热泪长流叹息说："我们要一直穿这种衣襟左掩的异族服装了！将会为异族所奴役呵！"

习凿齿读罢李严、廖立传后，感慨而曰：

> 昔管仲夺伯氏骈邑三百，没齿而无怨言，圣人以为难。诸葛亮之使廖立垂泣，李平致死，岂徒无怨言而已哉！夫水至平而邪者取法，镜至明而丑者无怨，水镜之所以能穷物而无怨者，以其无私也。水镜无私，犹以免谤，况大人君子怀乐生之心，流矜恕之德，法行于不可不用，刑加乎自犯之罪，爵之而非私，诛之而不怨，天下有不服者乎！诸葛亮于是可谓能用刑矣，自秦、汉以来未之有也。①

对于孟达之死，诸葛亮研究专家朱大渭与梁满仓先生总结道："自从孟达决定重回蜀汉怀抱后，就一直做着起事的准备工作。诸葛亮原来的布置是：让孟达举事与自己出兵同时进行，借孟达的力量配合自己北伐。诸葛亮知道，越是举事的日期临近，越需要小心谨慎。他写信嘱咐孟达，要小心从事，尤其要警惕屯驻宛城负责南部事务的司马懿。不料孟达却满不在乎，他给诸葛亮回信说：'宛城离洛阳八百里，离我西城一千二百里。司马懿知道我举事，首先要请示魏帝，等他得到批示再发兵到我这里，起码要用一个月。一个月内，我城已固。况且，我所在深险，司马懿不可能亲自前来。若是别的将领来，我一点也不害怕。'就在诸葛亮屯兵汉中这年年底，孟达谋反之事败露。司马懿星夜兼程，仅用了8天便赶到新城，又用了16天将新城攻克，诛杀了孟达。"②

如果说关云长是大意失荆州，而孟子度则是犹豫不决送性命！故将孟达之死

---

①晋·陈寿撰，南朝宋·裴松之注：《三国志》（全五册），中华书局1975年版，第1001页。
②朱大渭、梁满仓：《武侯春秋》，团结出版社1998年版，第560—561页。

说成是诸葛亮"借刀杀人""公报私仇"是极为不妥的。

而"断绝后路"说，将孟达之死说成："司马懿没赔本，平了孟达之乱，稳住了城池，诸葛亮也有小赚，至少除了魏国一将，折腾了司马懿一场。"亦欠妥当。应当是"司马懿大赚了四笔：歼敌绝后患；得到了并巩固了战略要地；此战为司马懿军事生涯赋下了亮丽的一章；最终让诸葛亮、李严在策应孟达自己的较量中，白白折腾了一场。"

这是诸葛亮第一次与司马懿的"间接"交手，诸葛亮就遇到了这样少见的高手，也许这亦是"亮虑诸将才不及己"[①]，为实现"中华民族大一统"而拼命相搏！必须在自己的有生之年与司马懿一决雄雌的原因所在。

北伐中原为一统，鞠躬尽瘁感天地！出师多捷惜身死，长使英雄泪满襟！

二十九、有诳一代之俊异

本篇示要：文章为经国之大业，学术乃天下之公器。本篇所答，多属学术上的不同见解。其问难有二：一是时人问难于曹植，故曹植答难而撰是文；二是曹植之论，确有偏颇，而时人却皆赞同，当然亦有问难诸葛亮者，故有《论光武》之答疑。曹植之文，从选题到论证，文采斐然，论证详尽，是一篇大才子的宏论。诸葛亮之文，则是一位大政治家、大军事家对曹植之文有着更为深刻的哲学思考富于新意的千古大论，亦是其"复兴汉室、还于旧都"理念的展现。诸葛亮不同意曹植的

[①]晋·陈寿撰，南朝宋·裴松之注：《三国志》（全五册），中华书局1975年版，第1009页。

简单对比，他认为一代有一代的贤才，不能不作出具体的分析一概而论。他认为高祖和光武时期的人才，其所处时势不同、所事君主不同，并不存在优劣之分。诸葛亮在文中的用典，充分地展现了他高远的政治眼光，论证问题鞭辟入里的穿透力，较这曹植之论，更为深刻到位，实在是智者的千古高论！在语言的运用上，亦有"一典胜千言"之妙！

时人问难：

有客问予曰："夫汉二帝，高祖、光武，俱为受命拨乱之君，比时事之难易，论其人之优劣，孰者为先？"

予应之曰："昔汉之初兴，高祖因暴秦而起，官由亭长，身自亡徒，招集英雄，遂诛强楚，光有天下。功齐汤武，业流后嗣，诚帝王之元勋，人君之盛事也！然而名不继德，行不纯道，直寡善人之美称，鲜君子之风采，惑秦宫而不出，窘项坐而不起，计失乎郦生，忿过乎韩信，太公是谮，于孝违矣！败古今之大教，伤王道之实义。身没之后，崩亡之际，果令凶妇肆鸩酷之心，嬖妾被人豕之刑，亡赵幽囚，祸殃骨肉，诸吕专权，社稷几移。凡此诸事，岂非高祖寡计浅虑以致祸！然彼之雄才大略，倜傥之节，信当世至豪健壮杰士也。又其条将画臣，皆古今之鲜有，历世之希睹。彼能任其才而用之，听其言而察之，故兼天下而有帝位，流巨功而遗元勋也。不然，斯不免于闾阎之人，当世之匹夫也。

世祖体干灵之休德，票贞和之纯精，通黄中之妙理，韬亚圣之懿才。其为德也，通达而多识，仁智而明恕，重慎而周密，乐施而爱人。值阳九无妄之世，遭炎光厄会之运，殷尔雷发，赫然神举。用武略以攘暴，兴义兵以扫残。神光前驱，威风先逝。军未出于南京，莽已毙于西都。破二公于昆阳，斩阜、赐于汉津。当此时也，九州鼎沸，四海渊涌，言帝者二三，称王者四五；咸鸥视狼顾，虎跃龙骧。光武秉朱光之臣诚，震赫斯之隆怒。夫其荡涤凶秽，剿除丑类，若顺迅风而纵烈火，晒白日而扫朝云也。若克东齐难胜之寇，降赤眉不计之房；彭宠以望异内陨，庞萌以叛主取诛，隗戎以背信躯毙，公孙以离心授首。尔乃庙胜而后动众，计定而后行师，故攻无不陷之垒，战无奔北之卒。是以群下欣欣，归心圣德。宣仁以和众，迈德以来远。于是战克之将，筹划之臣，承诏奉令者获宠，违命犯旨者颠危。故曰：建武之行师也，计出于主心，胜决于庙堂。故窦融闻声而影附，马援一见而叹息。股肱有济济之美，元首有穆穆之容。敦睦九族，有唐虞之称；高尚纯朴，有羲皇之素；谦虚纳下，有吐握之劳；留心庶事，有日昃之勤。乃规弘迹而造皇极，创帝道而立德基。是以计功则业殊，比隆则事异，旌德则靡短，言行则无秽，量力则势微，论辅则力劣。卒能握乾坤之休征，应五百之显期，立不刊之退迹，建不朽之元功。金石播其休烈，诗书载其勋部。故曰：光武其近优也。

汉之二祖，俱起布衣，高祖阀于微细，光武知于礼法。高祖又鲜君子之风，溺儒冠不可言敬，辟阳淫僻，与众共之。诗书礼乐，帝尧之所以为治也，而高祖轻之。济济多士，文王之所以获宁也，高帝蔑之不用。听戚姬之邪媚，致吕氏之暴戾。将则难比于韩、周，谋臣则不敌于良、平。"①

诸葛亮曰：曹子建论光武：将则难比于韩、周，谋臣则不敌良、平，时人谈者，亦以为然。②

诸葛妙答：

吾以此言诚欲美大光武之德，而有诬一代之俊异。何哉？追观光武二十八将，下及马援之徒，忠贞智勇，无所不有，笃而论之，非减曩时。所以张、陈特显于前者，乃自高帝动多阔疏，故良、平得广于忠信，彭、勃得横行于外。语有"曲突徙薪为彼人，焦头烂额为上客"，此言虽小，有似二祖之时也。光武神略计较，生于天心，故帷幄无他所思，六奇无他所出，于是以谋合议同，共成王业而已。光武称邓禹曰："孔子有回，而门人益亲。"叹吴汉曰："将军差强吾意，其武力可及，而忠不可及。"与诸臣计事，常令马援后言，以为援策每与谐合。此皆明君知臣之审也。光武上将非减于韩、周，谋臣非劣于良、平，原其光

---

①三国·魏·曹植：《汉二祖优劣论》，见https://baike.baidu.com/item/……
②张连科、管淑珍：《诸葛亮集校注》，天津古籍出版社2008年版，第158页。

武策虑深远,有杜渐曲突之明;高帝能疏,故陈、张、韩、周有焦烂之功耳。①

又,《论光武》"高帝能疏,故陈、张、韩、周有焦烂之功耳"注:录自《四库全书》本之《金楼子》卷四《立言篇》。本篇是诸葛亮反驳曹植《汉二祖优劣论》中一段论述。②

作年略考:

诸葛亮的《论光武》作于何时?当是作于公元226年。曹植(192—232)作于建安时期(196—220)末期的《汉二祖优劣论》③,大约在诸葛亮南征回来之后读到。

据时代领跑者:《诸葛亮怎么知道曹植写了〈汉二祖优劣论〉》中称:"曹植的文采,当时是非常有名的,有'才高八斗'之说,一来二去,文章就传到了四川的诸葛亮丞相那里。当时诸葛丞相刚刚七擒孟获,平定了南中,正修养整顿,找机会北伐,比较悠闲,读了曹植的文章,就写了一些不同看法。"④

直雄补说:

文章为经国之大业,学术乃天下之公器。本篇所答,当属学术上的不同见解。时人问难的情况有二:一是时人问难于曹植,故曹植答难而撰是文;二是曹植之论,实有偏颇,而时人却皆赞同之,当然亦有问难诸葛亮者,故有《论光武》之答疑。

---

①张连科、管淑珍《诸葛亮集校注》,天津古籍出版社2008年版,第158页。
②王瑞功主编:《诸葛亮研究集成》(上、下册),齐鲁书社1997年版,第291—292页。
③梅淑华《曹植性格特征之新解》,《郑州航空工业管理学院学报·社会科学版》2006年第2期,第56页载:《汉二祖优劣论》作于建安时期。直雄推论,这是一篇政论,是他政治观点最为成熟时期,拟当是建安末。
④时代领跑者:《诸葛亮怎么知道曹植写了〈汉二祖优劣论〉》,2018年9月25日,见https://zhidao.baidu.com/question/1866327544622297707.html直雄赞同此说,写作时间约在226年。

二十九、有诬一代之俊异

直雄手头有数十部关于诸葛亮的论著，多载有其《论交》《论光武》《论诸子》《论让夺》。而这四篇论文中，从篇幅的系统性、完整性以及论证人物的典型性和多样性的来看，《论光武》当属其最为耀眼的篇章，也是最为世人所瞩目的妙文。

诸葛亮的《论光武》，是一篇驳论性质的学术论文。诸葛亮忙于政务、忙于军事，且又每事多以亲躬，哪有时间撰此学术论文？直雄以为：诸葛亮再忙，他也是要写此文的。

一是曹操以"挟天子而令诸侯"以号令全国。刘备则以"皇叔""帝胄"为旗号与之相抗衡。刘备集团，自曹丕称帝代汉之后，为了表示汉光武的大汉大业未亡，刘备即称帝号为"汉"，表示这是光武"大汉"王朝的接续，用以回击曹丕之"魏"乃伪政权，曹丕是为非法"僭窃"者。

二是实现高祖、光武时期的"中华民族大一统"，乃是刘备、诸葛亮撑起的"汉"政权一以贯之、不可动摇的国策；就诸葛亮而言："欲承汉不得不伐魏，欲伐魏不得不和吴，诸葛公之所以出此者，全为时势所迫，非真不欲报先主之耻也。"[1]诸葛亮以"中华民族大一统"为己任，伐魏必然，对于来自曹植的言论特别关注并研究，亦理所当然。

三是曹植的《汉二祖优劣论》中的政治观点十分鲜明，汉高祖与汉光武，都是治乱世的明君。从曹植的著作来看，魏继汉统，魏为正统，正是在治汉末乱世。这样的观点，显然与王朗之辈一样，是对刘汉政权的否定，显然是与刘汉政权是水火不容的。这样的政论，诸葛亮就是不待时人有问，也必然是会关心的。曹植之智与诸葛之睿必然"交火"！诸葛亮可谓火眼金睛，就向"曹子建论光武：将则难比于韩、周，谋臣则不敌良、平。时人谈者，亦以为然"这一关键点发论，可谓棋高一着！

既然曹植之论能引起时人谈论，且都以为该论其理稳妥，说明该论影响很大。显然不能排除"时人"亦将该论问难于诸葛亮。只是因为时隔1780余年，典籍湮没佚失，我们难于找到"某某问难"诸葛亮罢了！但从"曹子建论光武：将则难比于韩、周，谋臣则不敌良、平。时人谈者，亦以为然"的语气语势上来看，诸葛亮当时确实曾被人问及，对此，他有不同看法，其论有如"箭在弦上、

---

[1] 蔡东藩：《中国历史通俗演义·前汉后汉》，安徽人民出版社1999年版，第644页。

不得不发"之势，他是必须要答疑所问之时人的，这对刘备集团之"汉"来说，指出曹植《汉二祖优劣论》之失，在某种意义上来说，这也是刘汉政权的一种"政治舆论观点"的发声！

曹植的《汉二祖优劣论》，从选题到论证，文采斐然，论证详尽，是一篇大才子的宏论。

曹植在是论中，肯定汉二祖功绩的情况下，指出了刘邦"缺谋少策"，导致在战争中常处被动。不过这样，韩信、彭越等人却得以充分显现才华；晚年于身后事缺乏远虑，导致吕后弄权，险丧汉江山。

而对刘秀，才华横溢的曹植以饱满热情之笔，表达了对其无比的尊崇。称光武帝之兴，乃应孟子所云"五百年必有王者兴"的论断。其结论是：世祖刘秀远胜于高祖刘邦，然其论仍存偏执。

诸葛亮在读了曹植之论后，对其"世祖胜于高祖"之论以示赞同，但对其所谓"光武手下文臣武将不及高祖麾下的张良、韩信等人的观点"，不予苟同，故著文《论光武》来表达自己的看法，以答"时人谈，亦以为然"者，当然亦包括针对曹植本人。

诸葛亮的《论光武》，则是一位大政治家、大军事家对曹植的《汉二祖优劣论》有着更为深刻的哲学思考富于新意的千古大论，亦是其"复兴汉室、还于旧都"理念的展现。对这两篇论文进行认真的品析，都是颇具现实价值意义的。

若要理解诸葛亮《论光武》的真谛之所在，有必要先将曹植与诸葛亮二人的大论略解其意。

曹植的《汉二祖优劣论》，将高祖刘邦和世祖刘秀作了比较。

先看《汉二祖优劣论》原文大意：

有人向曹植请教说："汉朝的高祖刘邦与光武帝刘秀，都是授命拨乱的君主，如果比较当时形势的难易程度，评论二人的优劣，哪一个更为了不起呢？"

曹植回答说：当初汉朝兴起之时，高祖因秦的暴政而起兵，官不过一亭之长而已，身为亡命之徒，召集英雄，诛灭强楚，据有天下。其功劳可与商汤周武相并列、传位大业于其后嗣，真是帝王中的元勋，人君中的盛事啊！

然而他的名声匹配不上德行，行为不符纯粹的道义。实在是缺少完人的美称，少有君子的风采。迷惑于美色不出秦宫，困窘于项羽坐而不起。在郦生的问题上失策，对韩信做得过分。不顾其父太公的生死，于孝道有悖。败坏自古以来的教义，损伤了王道的实际意义。

去世之后，果然使得吕雉这个凶妇逞其肆虐之心，心爱的女人遭到酷刑。赵王被囚，祸及骨肉。诸吕专权，社稷几倾。凡此种种，难道不都是高祖缺乏深谋远虑导致的吗？

然其雄才大略、潇洒倜傥，确实是当世的豪杰之士呀！而且其手下的武将谋臣，都是古今鲜有的才士。他能放手任用他们，听其言察其行，所以能一统天下登上帝位。大有"时无英雄，使竖子成名"之慨。

光武帝的为人，聪慧而多识，仁智而明恕，谨慎而周密，乐施而爱人。正值《易经》所说的阳九厄运①、无妄之灾的乱世，他如雷霆发作，赫然举兵。以武力来反抗暴政，兴义兵以扫灭残敌。闪电为前驱，飓风为先导。大军未出南阳之际，王莽已毙命于洛阳。破二王于昆阳，斩甄阜于汉津。当是时也，九州鼎沸，四海波涌，称帝者二三人，称王者四五人；都是鹰视狼顾，虎跃龙腾。光武帝涤荡凶秽，剿除丑类，如顺疾风纵烈火，出白日扫乌云。东克齐地难胜之寇，降服赤眉无数俘虏。彭宠因有异心而败亡，庞萌因叛变而受诛。隗嚣因背信而毙命，公孙因离心而授首。都是妙算而后动众，谋定而后兴师。所以攻无不克之城，战无逃跑之卒。所以群下欢欣，心悦诚服。光武之用兵，计策出于自心，胜利决定于庙堂。所以窦融闻声而影附，马援一见而赞叹。和睦九族，有唐尧似的美称。高尚纯朴，有伏羲似的品质。谦虚纳谏，有周公吐哺似的辛劳；留心民生，有计时日晷似的勤奋。是以论功业则突出，比兴隆则事迹奇异，讲德行无短处，说行为无秽迹，论力量势力小，论辅助则臣弱。他最终能应孟子的"五百年必有王者兴"之谶文，掌握乾坤，创造不可磨灭的奇迹，金石铭刻其业绩，诗书记载其殊勋。所以我认为：光武帝更优秀。

汉之二祖，都是布衣出身。高祖乏于微细，光武熟知礼法。高祖鲜有君子之风，溺尿于冠是不尊重儒生的表现。②诗书礼乐，是帝尧治理天下所用，高祖却轻

---

①即为灾难之年或厄运。出自《汉书·王莽传》。《汉书·王莽传》云："予受命遭阳九之厄，百六之会，府帑空虚，百姓匮乏，宗庙未修，且袷祭于明堂太庙，夙夜永念，非敢宁息。"

②《史记·郦生陆贾列传》："骑士曰：'沛公不好儒，诸客冠儒冠来者，沛公辄解其冠，溲溺其中。'"后遂以"溺冠"为凌辱儒生的典故。金·王若虚《君事实辨上》："彼其傲慢凌侮，每每如是，人皆知之矣。溺冠骑项，靡所不至。"清·唐孙华《记里中事》诗之二："书腴人方尊狱吏，溺冠世久厌儒生。"

视。济济多士，是文王获得安宁的原因，高祖却蔑视而不用。偏爱于戚姬的妖媚，导致了吕后的暴虐。光武之将难与韩信、周勃相比，谋臣则逊于张良、陈平。①

就刘邦、刘秀而论，曹植认为：

刘邦"功齐汤武，业流后嗣。诚帝王之元勋，人君之盛事也"，但其德行与名声不能匹配，行为不符合纯粹的道义，够不上"完人"的美称。

光武帝刘秀，曹植认为他能和睦九族，有唐尧似的美称；高尚纯朴，有伏羲似的品质；谦虚纳谏，有周公吐哺似的辛劳；留心民生，有从早忙到晚的勤奋。故而论其功业突出，比兴隆事迹优异，讲德行难寻短处，说行为没有秽迹，是帝王之中的"完人"，应该在金石之上铭刻其业绩，以诗书记载其功勋。

曹植认为：世祖刘秀远胜于高祖刘邦。

就刘邦麾下与刘秀麾下的主要武将与主要谋臣而言，他认为：

光武帝麾下的武将难跟韩信、周勃相比，谋臣不敌张良、陈平。

再看《论光武》原文大意：

诸葛亮说，曹植认为：光武帝麾下的武将难跟韩信、周勃相比，谋臣不敌张良、陈平。现在人们谈论这事，也认为是这样确论。我以为这种说法确实是想赞美光大光武帝的德行，却抹杀了一代俊杰。为什么呢？回顾光武帝的二十八将，下至马援等人，忠贞智勇，无所不有，确切而论，不比高祖时的人差。之所以张良、陈平在前朝能特别显露，这本是因高祖办事比较粗心疏忽，故而张良、陈平在忠诚信义方面得以充分表现，彭越、周勃在外边得以横扫千军。有句话说："劝人趁早把烟囱改弯、搬开柴草的好人被遗忘，而救火时烧得焦头烂额的被当做上宾。"②这话虽然说的是小事，却像刘邦刘秀这两位开国皇帝当时的情形。

光武帝的神机妙算，出自天帝之心，所以运筹帷幄无需他人多虑，许多奇计无需他人提出，于是以计谋相合、意见一致，共同成就帝王大业。光武帝称赞邓禹说："孔子有了颜回，学生们对他更亲近。"称赞吴汉说："吴将军勉强符合

---

① 三国·魏·曹植：《汉二祖优劣论》，见https://baike.baidu.com/item/……

② 《汉书·霍光传》记载，有一户人家，灶上装了个直直的烟囱，灶旁堆满了柴禾。有人劝他把烟囱改弯，把柴堆搬开，免得发生火警。这一家人不听，后来果然失火，幸亏邻居来救，才熄灭了，于是这家人摆酒谢邻，烧伤的坐上席，却不请早先劝他改造烟囱的那个人。当时流行这么两句话："曲突徙薪无恩泽，焦头烂额为上客。"后来就用"曲突徙薪"比喻事先采取措施，防止危险发生。

我的心意,他的勇猛可以有人比得上,而忠心却没有人能赶得上。"跟大臣们谋划大事,常叫马援最后发言,因为马援的计谋常常跟他合拍。这些都显示出圣明君主了解臣下的辨别力。光武帝的优秀将领不比韩信、周勃差,谋臣不比张良、陈平弱,究其原因,是光武帝深谋远虑,有防微杜渐的圣明;而高祖能力粗疏,所以陈平、张良、韩信、周勃才有"奋力扑救"的功劳。

诸葛亮对曹植"世祖胜于高祖"的观点没有异议,但对于文中所说的"光武的将领难与韩信、周勃相比,而谋臣则逊于张良、陈平"的观点并不苟同,因此就写了《论光武》一文来表达自己的看法。

曹植的文章,光彩照人。文中道及的刘邦"好色贪色的道德缺失",颇似乃父曹操乃兄曹丕乃侄曹叡。刘邦虽有如此"好色贪色的道德缺失",但刘邦善于"将将",擅长总揽朝纲,后来纵有"诸吕作乱",帝位终能归刘。

"三曹"(操、丕、叡)虽说聪明绝顶,但其"好色贪色的道德缺失"的基因代代承继、至死不改,特别是曹叡,色胆大如天,致使绝嗣、重疾糊涂中错误地交班于司马懿与腐败无能的曹爽,公元249年的"高平陵事变",曹魏政权实已灭矣!读罢曹植之文,不禁想到唐人杜牧(803—852)在其《阿房宫赋》中,极写了秦始皇所修造的"阿房宫"之奢华之后,结论道:

> 呜呼!灭六国者,六国也,非秦也。族秦者,秦也,非天下也。嗟夫!使六国各爱其人,则足以拒秦。使秦复爱六国之人,则递三世可至万世而为君,谁得而族灭也?秦人不暇自哀,而后人哀之;后人哀之而不鉴之,亦使后人而复哀后人也![1]

细细品味曹植评高祖刘邦之文,实令人有"秦人不暇自哀,而后人哀之;后人哀之而不鉴之,亦使后人而复哀后人也!"人们常说"一个时代有一个时代的英雄",这是对具体朝代作出具体分析下的实事求是的结论。

诸葛亮读罢曹植之文,在其文章一开篇,就对曹植所论提出了反驳,不同意曹植的简单对比,他认为一代有一代的贤才,不能不作出具体的分析而论。他认

---

[1] 上海古籍出版社编:《古文荟萃·唐代散文选注》,上海古籍出版社1996年版,第220—221页。

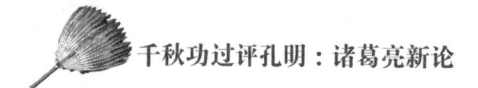

为汉光武帝和汉高祖时期的人才,其所处时势不同、所事君主不同,从这一角度来说,并不存在优劣之分。

诸葛亮精到地指出:曹植所谓汉光武帝"将则难比于韩、周,谋臣则不敌良、平"之说,是"欲美大光武之德,而有诬一代之俊异"之论。诸葛亮认为,从二十八宿到马援之辈,都"忠贞智勇",不输于刘邦手下之臣。至于"张、陈特显于前者",这是当时的客观形势决定的。

诸葛亮之论可谓精准矣!他抓住刘邦、刘秀为君王的特点及这些人才所事之君的不同立论,指出造成这种看法的原因在于,汉高祖和汉光武帝的个性不同。因汉高祖"动多疏阔",使得"良、平得广于忠信,彭、勃得横行于外"。他妙用"曲突徙薪"这一典故性成语,富于哲理而且形象地指出了"汉二祖"的才能:世祖刘秀"策虑深远,有杜渐曲突之明",就像那位建议"曲突徙薪"的人,早已把危险化解在萌发之前,这就是说因为刘秀的深谋远虑,知人善任,所以"臣不显功"。而高祖刘邦的才能和谋虑不足,疏于管理,赋予了手下人有了展示的机会,陈平、韩信他们只好不断地为粗疏的刘邦"救火",这就进一步体现了刘秀胜于刘邦的观点。

诸葛亮毕竟是大政治家、大军事家、也是不可多得的语言学家,故其用典,能充分地展现了诸葛亮的高远眼力,论证问题具有鞭辟入里的穿透力,较这曹植之论,更为深刻到位,实在是睿智者的千古高论!在语言的运用上,亦有"一典胜千言"之妙!

三十、来敬达年老狂悖

本篇示要:从来敏的言论与行动上看,他够得上是一个有才的狂士。所谓有才,就是说他在官场上是一个"不倒翁",贬而又升,说明他有一定的办事能力。说他狂,尤其是老而犹狂。如，蜀汉延熙七年（公元244年），已经年近80的来敏，在费祎带兵出征迎战曹爽攻蜀的10余万大军、军务繁忙之际，他居然"至祎许别，求共围棋"，目的是要考一考费祎的胆略！对于这样一个狂士兼才士，诸葛亮不顾刘备对其"限制使用"的遗训，不顾众人对来敏不好的评议，仍然提拔使用他。透过诸葛亮的《黜来敏教》，可见诸葛亮为了团结刘璋旧部，为了人尽其才、才尽其用，其用心可谓良苦矣！

来敏问难：

来敏字敬达……丞相亮住汉中，请为军祭酒、辅军将军……将军来敏对上官显言"新人有何功德而夺我荣资与之邪？诸人共憎我，何故如是"？[①]

诸葛妙答：

《亮集》有教曰："将军来敏对上官显言'新人有何功德而夺我荣资与之邪？诸人共憎我，何故如是'？敏年老狂悖，生此怨言。昔成都初定，议者以为来敏乱群，先帝以新定之际，故遂含容，无所礼用。后刘子初选以为太子家令，先帝不悦而不忍拒也。后主〔上〕既位，吾闇于知人，遂复擢为将军祭酒，违议者之审见，背先帝所疏外，自谓能以敦厉薄俗，帅之以义。今既不能，表退职，使闭门思愆。"[②]

又，《黜来敏教》"敏年老狂悖，生此怨言……今既不能，表退职，使闭门思愆。"注：见《三国志·来敏传》裴注引。是为公元227年。[③]

[①]晋·陈寿撰，南朝宋·裴松之注：《三国志》（全五册），中华书局1975年版，第1025页。
[②]同上书，第1025—1026页。
[③]王瑞功主编：《诸葛亮研究集成》（上、下册），齐鲁书社1997年版，第305页。

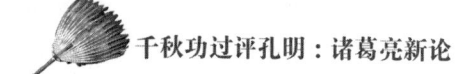

作年略考：

史载："丞相亮住汉中，请为军祭酒、辅军将军，坐事去职。……《亮集》有教曰：'将军来敏对上官显言"新人有何功德而夺我荣资与之邪？诸人共憎我，何故如是"？敏年老狂悖，生此怨言。昔成都初定，议者以为来敏乱群，先帝以新定之际，故遂含容，无所礼用。后刘子初选以为太子家令，先帝不悦而不忍拒也。后主〔上〕既位，吾闇于知人，遂复擢为将军祭酒，违议者之审见，背先帝所疏外，自谓能以敦厉薄俗，帅之以义。今既不能，表退职，使闭门思愆。'"①

这条史料，明白地告诉了我们来敏去职的时间即诸葛亮《黜来敏教》的作年。史载：蜀建兴五年（公元227年）三月，"诸葛亮上出师表，指出：'今南方已定，兵甲已足，当奖率三军，北定中原。'遂率诸军北驻汉中，筹备攻魏。"②

由此可知：事在公元227年3月。

直雄补说：

这段话的意思是说：来敏对上级官员明目张胆地说："新来的人③有什么功劳与德行，而夺走我的地位与待遇呢？现在大家都讨厌我，为什么会是这样？"来敏年老④狂妄，竟敢说出如此怨愤的话。当初成都刚刚平定⑤，参与评议他的人就认为他会聚众闹事。刘备看到政权刚刚稳定，不宜急于处理，就宽容了他，但

---

①晋·陈寿撰，南朝宋·裴松之注：《三国志》（全五册），中华书局1975年版，第1025—1026页。
②张习孔、田珏主编：《中国历史大事编年·第二卷》，北京出版社1997年版，第9页。
③指董允。其时诸葛亮破格提拔董允取代来敏所任的虎贲中郎将。故来敏发此牢骚。
④来敏（165—261），字敬达，义阳新野人，东汉太中大夫来歙之后，司空来艳之子，三国时期蜀汉官员。来敏喜欢读书，尤其喜欢《左氏春秋》。刘禅继位后，任命来敏为虎贲中郎将，诸葛亮驻汉中，请来敏为军祭酒、辅军将军。因其口出狂言而被罢官，诸葛亮死后，来敏历任大长秋、光禄大夫、执慎将军等职，期间多次因说错话而被免官，蜀汉景耀年间，来敏去世，时年97岁。诸葛亮罢免来敏时，算来他已有62岁，故称其年老。
⑤指汉献帝建安十九年（公元214年），刘备占领益州。

也未能礼遇聘任。后来刘巴选用他当上了太子家令,刘备就很不高兴,却又不忍拒绝。刘禅即位,我缺乏知人之明,又提拔他为将军祭酒,既有违评议者对来敏已有的定评,又背离了刘备疏远他的遗训,自以为能用道德的力量加以引导,使他改变以往的恶习。现在既然难以办到只好上奏皇上,免去他的职务,让其闭门思过。

  来敏的言论与行动,也够得上是一个有才的狂士。所谓有才,就是说他在官场上是一个"不倒翁",贬而又升,说明他有一定的办事能力。说他狂,尤其是老而犹狂。蜀汉延熙七年(244),已经年近80的来敏,在费祎出征迎战曹爽的10余万大军、军务繁忙之时,他居然"至祎许别,求共围棋"[①],目的是要考一考费祎的胆略!

  对于这样一个狂士兼才士,诸葛亮不顾刘备对其"限制使用"的遗训,不顾众人对来敏不好的评议,仍然提拔使用他。透过诸葛亮的《黜来敏教》,可见诸葛亮为了团结刘璋旧部,为了人尽其才、才尽其用,其用心可谓良苦矣!

三十一、恸哭杨颙为一言

  本篇示要:杨颙的《谏诸葛丞相》作于公元223年五月。其卒年当是公元227年三四月间或略后。诸葛亮北驻汉中郡不久,杨颙在任上去世,诸葛亮哭泣三日难止!

  诸葛亮之哭,并为仅为一己感情而哭,而是为国家失去人才而哭,为实现"中华民族大一统"少一良才而哭。他在《又

[①] 晋·陈寿撰,南朝宋·裴松之注:《三国志》(全五册),中华书局1975年版,第1061页。

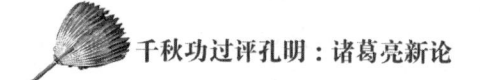

与张裔蒋琬书》中泣泪而书道："令史失赖厷，掾属丧杨颙，为朝中损益多矣。"读到此，仿佛看到了诸葛亮在对其得力干将张裔、蒋琬挥泪而呼：君嗣啊！公琰呀：天耶，令史官中失去了赖厷，掾属中失去了杨颙，给朝廷中带来的损失可真够大了！

杨颙问难：

裴松之注引《襄阳记》曰：杨颙字子昭，杨仪宗人也。入蜀，为巴郡太守，丞相诸葛亮主簿。亮尝自校簿书，颙直入谏曰："为治有体，上下不可相侵，请为明公以作家譬之。今有人使奴执耕稼，婢典炊爨，鸡主司晨，犬主吠盗，牛负重载，马涉远路，私业无旷，所求皆足，雍容高枕，饮食而已，忽一旦尽欲以身亲其役，不复付任，劳其体力，为此碎务，形疲神困，终无一成。岂其智之不如奴婢鸡狗哉？失为家主之法也。是故古人称坐而论道谓之三公，作而行之谓之士大夫。故邴吉不问横道死人而忧牛喘，陈平不肯知钱谷之数，云自有主者，彼诚达于位分之体也。今明公为治，乃躬自校簿书，流汗竟日，不亦劳乎！"①

诸葛妙答：

亮谢之。后为东曹属典选举。颙死，亮垂泣三日。②

又，建兴初，赐爵关内侯，后代赖恭为太常。恭、柱、谋皆失其行事，故不为传。恭子厷，为丞相西曹令史，随诸葛亮于汉中，早夭，亮甚惜之，与留府长史参军张裔、蒋琬书曰："令史失赖厷，掾属丧杨颙，为朝中损益多矣。"③

其三，"……亮谢之。后，（尝）为东曹属，典选举。及颙死，亮泣三日。

---

①晋·陈寿撰，南朝宋·裴松之注：《三国志》（全五册），中华书局1975年版，第1083页。
②同上。
③同上。

与蒋琬书曰：'天夺吾杨颙，则朝中多损益矣！'"①

其四，"……亮谢之。后尝为东曹属，典选举。及颙死，亮泣三日。与蒋琬书曰：'天夺吾杨颙，则朝中（多）〔少〕损益矣！'……据文意，杨颙死后，诸葛亮感到的当是向自己提出批评、建议的人少了，而不是多了，这里的'多'字当是'少'字之误，因而改'多'为'少'。"②

其五，《又与张裔蒋琬书》："令史失赖厷，掾属丧杨颙，为朝中损益多矣。"注：录自《三国志·杨颙传》之《季汉畏臣赞》陈寿注。按：今人黄惠贤《校补襄阳耆旧传》卷二《人物·杨颙》条引诸葛亮书曰："天夺吾杨颙，则朝中损益多矣！"

作年略考：

这里有两个时间值得考证：一是杨颙的卒年；二是诸葛亮给张裔、蒋琬书的作年。这两个时间搞清楚了，则诸葛亮以"谢之"的方式和以书信的方式表示杨颙对刘汉朝廷的作用以追念和褒扬的时间也就清楚了。

关于杨颙的《谏诸葛丞相》的问题："入蜀，为巴郡太守"，即东汉建安十九年（214），刘备取益州，杨颙为巴郡太守。蜀汉建兴元年（223），刘禅即位，丞相诸葛亮开府治事，杨颙为丞相主簿。《谏诸葛丞相》，据司马光《资治通鉴》所载，事在223年五月。③

有人将杨颙卒年定为223年五月。其云："魏文帝黄初四年即蜀后主建兴元年（公元223年）五月，蜀国东曹属典选举杨颙逝世，丞相诸葛亮获悉噩耗后，亲临祭奠，十分悲痛，连续哭了三天，双眼都哭肿了。后来，诸葛亮从汉中给留府长史参军张裔和蒋琬写信，提到杨颙和丞相西曹令史赖厷的死，还伤心地写道：'令史失赖厷，掾属丧杨颙，为朝中损益多矣。'（《三国志·蜀书十五·邓张

---

①东晋·习凿齿撰，黄惠贤校补：《襄阳耆旧记》，中州古籍出版社1987年版，第30页。
②东晋·习凿齿撰，舒焚，张林川校注：《襄阳耆旧记》，荆楚书社1986年版，第145—147页。
③宋·司马光编著，元·胡三省注：《资治通鉴》（全十册），中华书局1976年版，第2215页。

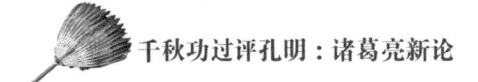

宗杨传》）"①

　　直雄以为：将杨颙卒年定为223年五月有误。因为如上述史载：蜀汉建兴元年（223），刘禅即位，丞相诸葛亮开府治事，杨颙为丞相主簿。《谏诸葛丞相》是在223年五月。其时，杨颙并未死，而是"后为东曹属典选举。颙死，亮垂泣三日"。同样，史载："恭子厷，为丞相西曹令史，随诸葛亮于汉中，早夭，亮甚惜之，与留府长史参军张裔、蒋琬书曰：'令史失赖厷，掾属丧杨颙，为朝中损益多矣。'颙亦荆州人也。"②

　　这里明载：赖厷是随诸葛亮驻汉中时死的。

　　史载：蜀汉建兴五年（227）三月，"诸葛亮上出师表，指出：'今南方已定，兵甲已足，当奖帅三军，北定中原。'遂率诸军北驻汉中，筹备攻魏。"③

　　可见，赖厷是227年三四月间死于汉中的。不久杨颙也死了。故而，诸葛亮在给张裔、蒋琬的信中，将杨颙之死排在赖厷之后，而不是在赖厷之前。

　　直雄以为：杨颙的卒年当是：蜀汉建兴五年（227）三四月间或略后。诸葛亮北驻汉中郡。不久后，杨颙在任上去世，诸葛亮十分悲痛，连续流泪三天。与此略前，丞相西曹令史赖厷也去世了。诸葛亮写给留府长史、参军张裔、蒋琬的信中写道："令史失去了赖厷，掾属失去了杨颙，这是朝廷里的重大损失啊。"

　　由此可见，"亮谢之"，当在223年杨颙为主薄作谏书之时。而亮"与留府长史参军张裔、蒋琬书曰：'令史失赖厷，掾属丧杨颙，为朝中损益多矣。'"的作年，当在227年三四月间或略后。

直雄补说：

这是一篇特殊的感人脏腑的精妙答问。

杨颙看到：诸葛亮处事，无不事事亲躬，其心如焚，心中那忍不下去的话

---

①眭达明：《领导文萃》，2015年第24期。
②晋·陈寿撰，南朝宋·裴松之注：《三国志》（全五册），中华书局1975年版，第1082页。
③张习孔、田珏 主编：《中国历史大事编年》（五卷本之第二卷），北京出版社1997年版，第9页。

语，终于当着诸葛亮的面说出来了。其语意云：

治理一个国家要有职有责、职责要分明，上级官员和下级官员的职责不能相互混淆的。请我将您以一家之主来做个比喻吧：现在有一个人在这里，他做为主管者，派遣奴隶去执行耕种，婢女负责烧火煮饭，公鸡是负责早上报时，狗则负责在出现盗贼时叫唤主人，牛用来负重，马是用来载人长途跋涉的，个人的事没有一件被耽误，所需要的都能充足，生活当是舒缓无忧，所需要做的只有饮食。如果突然有一天，主管想要尽力亲自去做这些事，不再把事情交给别人去做，耗费着自己的体力，被这些家庭琐碎事务，将身体弄得疲劳不已，精神困倦不堪，这样搞下去，最终将会没有一件事会成功。这难道主管者的智力不如奴隶、婢女、公鸡和家犬吗？这是因为那样做违背了作为一家之主的行事原则。

所以古人讲：坐着谈论大道理的人为三公，去做实事的人为卿大夫。邴吉不去理会路上的打架斗殴，却担心牛因热而喘气将会影响农事，陈平不会回答关于国家赋税的问题，说："自然是会有人分工负责的。"人人都会十分尽力于自己的职责。现今您治理国家，亲自考核文书簿册，整天辛苦流汗，不也是十分艰辛劳苦吗！

对杨颙的肝胆相照之谏，触动着诸葛亮的心怀，当即对他表示深深的感谢！

后来杨颙在诸葛亮的麾下，病死于任上。诸葛亮三日哭泣难止！

诸葛亮为杨颙病逝之哭，并不全为一己感情而哭，而是为国家失去人才而哭，为实现"中华民族大一统"少一良才而哭。他在《又与张裔、蒋琬书》中泣泪而书道："令史失赖厷，掾属丧杨颙，为朝中损益多矣。"[①]读到此，仿佛看到了诸葛亮在对得力干将张裔、蒋琬挥泪而呼：君嗣（张裔，165—230，字君嗣）呀！公琰（蒋琬，？—246，字公琰）呀！天啊，令史官中失去了赖厷，掾属中又失去了杨颙，给朝廷中带来的损失可真够大了！

栋梁之才相继丧，诸葛之哭恸人心。

北宋朝宰相、思想家、政治家、文学家、改革家王安石（1021—1086），在读了杨颙的《谏诸葛丞相》和诸葛亮的"亮谢之。后尝为东曹属，典选举。及颙死，亮泣三日。与蒋琬书曰：'天夺吾杨颙，则朝中（多）〔少〕损益矣！'"等感人的事迹后，思绪万千、心为之所感，以《诸葛武侯》为题，挥笔而吟道：

---

① 伊力主编：《诸葛亮智谋全书》，中州古籍出版社2003年版，第30页。

225

> 忉哭杨颙为一言，余风今日更谁传？
> 区区庸蜀支吴魏，不是虚心岂得贤。①

其诗意为：敬服诸葛武侯、与诸葛武侯肝胆相照、为人所仰慕英贤杨颙，怎奈天妒夺命，令人伤心亦无法挽回，诸葛亮那高风亮节、鞠躬尽瘁的精神和关心部下的作风，当今还有谁得以传承？一个小小的刘汉政权怎能与吴、魏两个政权三分而立？若非刘备当年的真诚虚心相请，又怎能得如此的大贤？

直雄以为，此诗之妙，妙在三赞之切：

一赞杨颙对诸葛亮推心置腹、肝胆相照的苦谏；

二赞诸葛亮没有"丞相上司"的架子，视部下为兄弟的一片赤诚之心；

三赞刘备与诸葛亮的虚心，方有贤人辅佐。刘备虚心三顾，方能请出诸葛亮，诸葛亮待部下的一片赤诚之心，方有杨颙这样的贤才为刘汉政权"死而后已"；全诗重点落在"区区庸蜀所以能与吴、魏争天下"，全在乎刘汉政权能得贤。而"余风今日更谁传？"妙在暗暗地隐指北宋多是"朋党"内耗，难以得贤！

三十二、若废法何用讨贼

本篇示要：马谡的大致经历是："以荆州从事随先主入蜀，除绵竹成都令，越巂太守。"就是说，他有比较长的、独当一面的任职阅历。这是他堪当重用的重要条件之一。史载："蜀汉建兴三年（225），亮征南中，谡送之数十里。亮曰：

---

①王瑞功主编《诸葛亮研究集成》（上、下册），齐鲁书社1997年版，第931页。

'虽共谋之历年，今可更惠良规。'谡对曰：'南中恃其险远，……夫用兵之道，攻心为上，攻城为下，心战为上，兵战为下，愿公服其心而已。'亮纳其策，赦孟获以服南方。故终亮之世，南方不敢复反。"马谡能对诸葛亮能提出这样好的建议，可见马谡是通晓"越巂"一带夷、汉民族关系的，故能向诸葛亮敬献良策。这怎么不会得到诸葛亮的信赖！怎么不会对刘备临终的提醒"犹谓不然，以谡为参军，每引见谈论，自昼达夜"！在这样的事实面前，对这样的年龄档次的将领，给予重担以培养，对诸葛亮来说，这是无可厚非的。然首次出师却因马谡而败。查其原因，全在马谡，两万之众，所剩不多，按军法马谡当斩！亦无可厚非。

蒋琬问难：

蒋琬后诣汉中，谓亮曰："昔楚杀得臣，然后文公喜可知也。天下未定而戮智计之士，岂不惜乎！"[1]

诸葛妙答：

亮流涕曰："孙武所以能制胜于天下者，用法明也。是以杨干乱法，魏绛戮其仆。四海分裂，兵交方始，若复废法，何用讨贼邪！"[2]

又，《论斩马谡》"孙、吴所以能制胜于天下者……若复废法，何用讨贼邪！"注：见《三国志·马谡传》注引《襄阳记》。是为228年事。[3]直雄所据《三国志·马谡传》写作孙武，而非孙、吴。

---

[1]晋·陈寿撰，南朝宋·裴松之注：《三国志》（全五册），中华书局1975年版，第984页。
[2]同上。
[3]王瑞功主编：《诸葛亮研究集成》（上、下册），齐鲁书社1997年版，第309页。

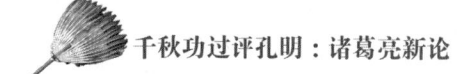

作年略考：

史载："建兴六年（公元228年），亮出军向祁山，时有宿将魏延、吴壹等，论者皆言以为宜令为先锋，而亮违众拔谡，统大众在前，与魏将张郃战于街亭，为郃所破，士卒离散。亮进无所据，退军还汉中。"①

又，建兴六年（228）正月，"诸葛亮从汉中出师……亮使参军马谡督诸军与魏将张郃战于街亭（今甘肃省秦安东北）。马谡违亮节度，不听裨将王平谏阻，舍水上山，下不据城，遂为张郃所败，士卒离散。"②

综上所述：事在228年一月。

直雄补说：

蒋琬的问难和诸葛亮的答疑都是不难理解的。问题是蒋琬问得对否？诸葛亮答得在理否？

直雄以为：蒋琬问难诸葛亮，将马谡与得臣相比，该比喻不当。

得臣即成得臣（？—前632）芈姓，成氏，名得臣，字子玉。春秋时期楚国令尹。令尹是楚国在春秋战国时代的最高官衔，是掌握政治事务，发号施令的最高官，其执掌一国之国柄，身处上位，以率下民，对内主持国事，对外主持战争，总揽军政大权于一身。子玉的地位与诸葛亮相似。马谡的官职、地位、战功与才华与子玉相比，可谓"望尘莫及"。楚成王三十五年（前637年），因战功被子文推荐为令尹。成王三十八年，率楚军灭夔（今湖北省秭归），又北征背楚亲晋的宋国。次年冬，再围宋，与救宋之晋、齐、秦联军战于城濮（今山东省鄄城临濮集），楚军溃败。楚成王一时头脑不够清醒，让子玉引咎自杀于归途中。这是楚国的一大损失。

晋、楚城濮之战，晋国获得了重要胜利。更让晋文公可喜的是：楚国的大才子玉被楚王下令自杀了，楚国就再没有什么人可以使得晋文公感到忧虑了，从

---

①晋·陈寿撰，南朝宋·裴松之注：《三国志》（全五册），中华书局1975年版，第984页。
②张习孔、田珏主编：《中国历史大事编年·第二卷》，北京出版社1997年版，第10页。

此，奠定晋国称霸诸侯的重要基础。这正像诸葛亮死后，司马懿父子可以灭魏、灭刘汉一样，已经无敌手了。杀了一个马谡，于魏于吴，都不构成什么大的影响，马谡怎能与杀了子玉相比呢？

再是蒋琬称马谡为"智计之士"，这个"智计之士"的说法恐怕要打折扣。且听："先主临薨谓亮曰：'马谡言过其实，不可大用，君其察之！'"①

久经战阵、阅人无数的刘备，对自己从荆州带来的马谡的考察当是细致的。在刘备看来，对这样的人只能"限制使用"。在"人事上"这样按排马谡不无道理。诚然，从马谡的履历来看，马谡的确可算一个"智计之士"，但是，因其骄傲，即由"智"而"愚"！蒋琬之论，没有针对这个具体事实，故而不可取。

三是马谡自争其位、自作主张、无理更改作战方案，确实"违亮节度"：

> 会亮闻张郃……来攻，遂召诸将与语道："魏兵两路前来，必攻街亭，街亭为汉中咽喉，非得大将把守，才能无虞。"参军马谡，正随亮北伐，便向前请命道："谡愿往守街亭。"魏延、吴懿，亦愿前往，亮因谡素有智略，不致误事，遂使谡统兵两万，出屯街亭。临行时再三叮嘱，叫他坚守城寨，毋得疏忽；且使王平为偏将军，与谡同往；又遣魏延等往阳平关，遥应马谡。也算严密。谡与王平行至街亭，见街亭前面有山，便欲引兵登冈，据山立寨。平独谓宜据城守栅，阻住敌锋，不宜屯兵山上，谡傲然不从。平复说道："倘敌兵前来围山，计将若何？"谡笑道："居高临下，势若建瓴，敌若来围，我即麾兵四下，还怕不能杀退么？"平又说到："倘敌兵断我水道，又将若何？"谡大笑道："我既能杀退敌兵，还怕他断甚么水道？"平还要苦谏，谡瞋目道："丞相行事，尚且每事问我，汝怎得挠我兵谋？"也是误一"骄"字。平知不可阻，乃请分军相应，作为犄角。谡恨平违令，只拨兵千人给

---

① 晋·陈寿撰，南朝宋·裴松之注：《三国志》（全五册），中华书局1975年版，第983页。

平，平引兵据城听令。马谡上山，但递人走报祁山大营。那知……张郃两军，黉夜杀到，谡尚据住山顶，扬旗招飐，自鸣得意。待至翌晨，魏兵已环集山麓，把山围住，谡麾兵杀下，魏兵全然不动，惟用强弩仰射，蜀兵多被射倒，只好退回。谡尚欲与敌拼命，驱兵再下，一连冲杀数次，毫无效力。张郃更堵住水道，不放蜀兵汲水，蜀兵无从饮食，当然自乱。嚷至夜半，竟纷纷下山，投降魏营，谡禁遏不住，尚望王救应。看官试想：平手下只有千人，那里杀得过十多万魏兵？他也曾努力相救，半途被魏兵截回，没奈何坚壁自持，保全危寨。谡待援不至，无法把守，只得率兵窜出山谷，向西逃走。魏兵截杀一阵，二万人所存无几，还亏魏延从阳平关杀来，方得将谡救出。①（据直雄所考，司马懿并未参与街亭之战。此战全是张郃所为。故用省略号将司马懿省去，以免人误用。）

蔡东藩先生的这段记载，再现了一个"纸上谈兵""赵括式"的马谡，且与赵括不同的是：赵括是主帅，马谡是已经有了诸葛亮完备的战略战术方案后，擅自更改诸葛亮的部署，临战时又不听取王平的正确意见、自作主张地"违亮节度"而失了街亭这个战略要塞。作为近代史学名家的蔡东藩先生认为：诸葛亮的方案也算是严密的，马谡临阵瞎改守御方案，蔡东藩先生认为是误在一个"骄"字。人若犯"骄"，智商就会低下，乃至变"痴"！刘备是如此，关羽又何尝不是如此？古今多见，是为确评！亦当为后世狂傲者戒！

综上所述可知：蒋琬的质疑、问难、说情，是缺乏说服力的。

相反，诸葛亮的三句答对则是感人肺腑、实事求是、极具说服力的。

第一句是"孙武所以能制胜于天下者，用法明也"。

这里隐含着"孙武练兵杀妃，军威不可侵犯！从而使吴王阖闾破楚震动天下"的故事。这是一个最有说服力的例证——吴王阖闾召见孙武，把100多位宫女交给孙武训练，孙武把她们分成两队，以吴王最宠爱的两个妃子各当队长，然后将军事的基本动作基础知识传授给她们，告诫她们军令如山。当孙武发令时，

---

①蔡东藩：《中国历史通俗演义·前汉后汉》，安徽人民出版社1999年版，第646页。

却是一片哄堂大笑,当孙武再重申军令时,仍然是一片嘻笑,孙武下令将两个队长斩首,吴王急忙求情,孙武回答说:既已受命为将,将法在军,君虽有令,臣不受之,立斩二妃,自此始知军法之威,果然使宫女们训练有素,吴王拜孙武为将,吴军成了常胜之军,后来攻占了强大的楚国都城"郢"。可见,执行军法,是何等重要。

第二句是"是以杨干乱法,魏绛戮其仆"。

这个典故是讲执法要有忠于职守、不畏权势的原则性。所谓"杨干乱法,魏绛戮其仆",这里有两个重要人物,一个是魏绛,他是春秋时晋国晋悼公的国卿。一个是杨干,他是晋悼公之弟。魏绛在晋悼公元年(前573年)为司马,掌管军法。其时,晋悼公大会诸侯,以此显示他的地位和实力,而杨干却扰乱随从仪仗军的行列。魏绛为了执法,便"杀鸡骇猴"杀死杨干的仆从而震惊了众人,魏绛随即名声远播。却惹恼了晋悼公,认为这是魏绛对他的不尊重,在污辱自己,要杀了魏绛。魏绛为整肃军纪,置自身利害于度外。并大胆地上书报告理由说:"军师不武,执事不敬,罪莫大焉。"说自己身为司马,在诸侯会盟这样的重要外交场合中,若不执行军法,后果将难以设想。对杨干之仆行刑,实在是迫不得已,为能忠于职守,愿以自裁谢罪。魏绛以死徇职的行为让晋悼公深受感动,匆忙间竟然赤足赶来向魏绛道歉。后还专门设宴与魏绛谈叙,擢升其为新军将佐,予以重任。若对马谡违法犯罪不处理,就是执法不严,就会失去军威,就无法带兵打仗,就是一种犯罪行为。

第三句是"当今四海分裂,兵交方始,若复废法,何用讨贼邪"!

这一句是在前两句论证的基础上,所下的是一个富于逻辑性的结论:当今天下分裂,北伐刚刚开始,就不按军法从事[1],即没有办法去讨伐曹魏。决不能因一个马谡犯法而废止执法,马谡必死。这一小段话中的"四海分裂,兵交方始",决非平平常常的八个字,它展现诸葛亮高深的政治眼光:即曹魏、孙吴,与刘汉政权一样,都要将"中华民族大一统"的事业进行到底。形势是严峻的,我们建军而不执行军令军法,将无以讨伐贼寇,就会被贼寇灭了!这八个字,是何等的份量!

---

[1]《蜀科》当包含军法。是由诸葛亮牵头,与法正、伊籍、刘巴、李严一道制定。按军法当斩必斩,不然,就是诸葛亮制法犯法。诸葛亮就无法带兵。

裴松之在引用了蒋琬问难与诸葛亮之答疑之后，紧接着引用了习凿齿的话①说："诸葛亮之不能兼上国②也，岂不宜哉！夫晋人规林父③之后济④，故废法而收功；楚成暗⑤得臣之益己，故杀之以重败。今蜀僻陋一方，才少上国，而杀其俊杰，退收驽下⑥之用，明法胜才，不师三败之道⑦，将以成业，不亦难乎！且先主诚谓之才不可大用⑧，岂不谓其非才也？亮受诫⑨而不获奉承⑩，明诫之难废也。为天下宰匠⑪，欲大收物之力，而不量才节任，随器付业。知之太过，则违明主：即指刘备。之诫，裁之失中，即杀有益之人，难乎其可与言智者也。"

直雄以为：街亭之失，乃四过而成。

---

①因习凿齿的这一段质疑牵涉不少典故，且这些典故典事，均牵涉马谡该不该杀的问题，故而直雄在引用时而注释之，以方便读者理解。

②兼上国：春秋时期齐、晋等中原诸侯之国称为"上国"，这是对吴、楚而言。《左传·成公七年》："蛮夷属于楚者，吴尽取之，是以始大，通吴于上国。"《国语·吴语》："越灭吴，上征上国，宋、郑、鲁、卫、陈蔡执玉之君皆入朝。"这里的上国，不泛指中原地区。兼上国即是不能一统中原之意。

③林父：即中行桓子，生卒年不详，春秋时晋国执政，字伯。晋文公建立"三行"（步兵）抵御狄人，败楚师于城濮，被任为中行之将，故又以中行之氏。晋景公三年（前597），任中军元帅，执掌国政，因军将不睦，被楚打败。晋景公听取臣下的意见，不杀他。晋景公六年（前594），他率军攻灭赤狄的潞氏（今山西省潞城北），景公赏给他"狄臣千室"。

④后济：后指时间较迟或较晚。与"先"相对。《孟子·万章上》："使先知觉后知，使先觉觉后觉也。"济，成功。《书·君陈》："必有忍，其乃有济。"后济，当是最终获得成功之意。

⑤楚成暗：即楚成王迷乱之意。

⑥驽下：犹言庸才，即才能驽钝低下。《国策·燕策三》："荆轲曰：'此国之大事，臣驽下，恐不足任使。'"

⑦三败之道：当指秦穆公三用败将孟明视等人，最后取得了大胜，遂成霸业之事。

⑧先主诚谓之才不可大用：事见《三国志卷三十九·蜀书·董刘马陈董吕传第九》："先主临薨谓亮曰：'马谡言过其实，不可大用，君其察之！'"

⑨受诫：接受教诫之意。

⑩奉承：犹言奉受。是接受的敬辞。《左传·昭公三十年》："天子有命，敢不奉承。"

⑪宰匠：宰者，杀牲割肉也。又厨夫也称"宰夫"。《礼记·檀弓下》："蒉（杜蒉）也，宰夫也，非刀匕是共，又敢与和防，是以饮之也。"宰匠即谓屠宰之匠人。以上是对宰匠的直解。上升到政治层面，则是讲主宰、掌握治理国家大权的人物。《淮南子·要略》："睹凡得要，以通九野，径十门，外天地，捭山川，其于逍遥一世之间，宰匠万物之形，亦优游矣。"唐人王勃《梓州通泉县惠普寺碑》："况乎神威在，方传宰匠之功。"南朝陈·徐陵《代梁贞阳侯与北齐荀昂兄弟书》："若使江东宰匠具领齐恩，时命封疆，远相迎接。"

一、诸葛亮用人之过；

二、诸葛亮初战未临前线之过；

三、马谡本人不听节制之过；

四、马谡不听副将王平多次劝阻之过。

诸葛亮"一过"处以自降其职权，以明"违众拔谡"之过的处分。诸葛亮二过是初战未临前线，尔后每战必亲临前线，从此不会有"二过"。马谡之过不免其死亦不为过。然纵观习凿齿对诸葛亮之批评，可谓过矣！

刘备在关键时刻，明主成了暗主，不察曹操在背后使了离间吴、蜀联盟的诡计，又自以为是认为可一口吞吴，导致"夷陵大败、蜀汉政权元气大伤"，未见习凿齿只字片语以批评之，相比之下，习凿齿对诸葛亮之批评，过矣！

其一，诸葛亮在计算街亭的防守方面，还是比较精到的。为何会"违众拔谡"，也是有其事实为基础的：马谡是"以荆州从事随先主入蜀，除绵竹成都令，越巂太守"①的。这就是说，马谡有比较长的、独当一面的任职阅历。这是可用的重要条件之一；

其二，据《襄阳记》载曰："蜀汉建兴三年（公元225年），亮征南中，谡送之数十里。亮曰：'虽共谋之历年，今可更惠良规。'谡对曰：'南中恃其险远，不服久矣，虽今日破之，明日复反耳。今公方倾国北伐以事强贼。彼知官势内虚，其叛亦速。若殄尽遗类以除后患，既非仁者之情，且又不可仓卒也。夫用兵之道，攻心为上，攻城为下，心战为上，兵战为下，愿公服其心而已。'亮纳其策，赦孟获以服南方。故终亮之世，南方不敢复反。"②

在论述上述情况之前，让我们先了解一下"越巂"这个地方。越巂为三国时期郡名，今为四川越西。地处四川省西南部，位于凉山彝族自治州北部，东邻美姑，南接昭觉、喜德，西界冕宁，北与甘洛、石棉相毗邻。全县幅员2256.47平方公里，南北长84公里，东西宽53公里。境内最高海拔4791米，最低海拔1170米，县城海拔1661米，山川南北纵贯，岭谷相间，沟壑纵横。③知晓"越巂"这个地

---

①晋·陈寿撰，南朝宋·裴松之注：《三国志》（全五册），中华书局1975年版，第983页。

②同上书，第983—984页。

③《越巂》，https://baike.baidu.com/item/%E8%B6%8A%E5%B6%B2/6878803?fr=aladdin。

方，马谡能对诸葛亮提出这样的建议，可见马谡这个"越巂太守"没有白当，他是通晓"越巂"的民族关系的，故能向诸葛亮贡献良策。这怎么不会得到诸葛亮的信赖，怎么不会对刘备临终的提醒"犹谓不然，以谡为参军，每引见谈论，自昼达夜"呢？[①]在这样的事实面前，对这样的年龄档次的将领，予以挑重担，对诸葛亮来说，这是无可厚非的。然人心难测，马谡有权之后就变态，这时马谡一意孤行，对不在现场的诸葛亮来说，马谡的独断专行，他已经是"无法弥补"了！然首次出师因谡败。查其原因，全在马谡，两万之众，所剩不多，数万冤魂让马谡当死！

其三，马谡来自荆襄集团，为调解与东州本土集团的矛盾，马谡必死！还有，诸葛亮面对马谡犯法的情况，与秦穆公与晋景公所用之将出错的情况大不相同，马谡之才与错误，也与子玉、中行桓子、孟明视等人大不相同。马谡难逃一死！

其四，在诸葛亮军出祁山时，当时谁当为先锋守街亭？"时有宿将魏延、吴壹等，论者皆言为宜令为先锋，而亮违众拔谡"[②]。众人看好的是魏延、吴壹等，魏延、吴壹等不被起用，心中已是不乐，众人心中亦为不乐，不杀马谡，会留魏延、吴壹及论者等以口实，故而马谡必死！

也许，习凿齿对诸葛亮的批评，没有顾及上述诸多层面。

又有清代史学家、经学家、考据学家王鸣盛（1722—1798），在其《十七史商榷》中云："习凿齿论诸葛亮诛马谡云：'晋人规林父之后济，故废法而收功；楚成暗得臣之益己，故杀之以重败。今蜀僻陋一方，才少上国，而杀其俊杰，退收驽下之用，将以成业，不亦难乎！'亮之误，非误于诛谡，误于用谡不得其当耳。谡幼负才名，以荆州从事随先主入蜀，才器过人，好论军计。盖其所长在智谋心战之说，亮既用之，赦孟获以服南方，终亮之世，南方不复敢反，此其明证也。祁山之役，令为先锋，统大众在前，以运筹决策之才，而责以陷阵摧坚之事，是使萧何为将，而韩信乃转粟敖仓以给军也，宜其败矣。此则亮之误也。"[③]

[①]晋·陈寿撰，南朝宋·裴松之注：《三国志》（全五册），中华书局1975年版，第983页。

[②]同上书，第984页。

[③]清·王鸣盛著，黄曙辉点校：《十七史商榷》，上海书店出版社2005版，第297页。

王鸣盛之说有一定的道理。但是，王鸣盛所举之萧何与韩信之例，自有其不妥当之处：萧何足食足兵，功劳显著；韩信攻城略地，可谓一杰。这样的人才，他们如果相互"换位"，不能一口咬定就不可能同样会功效显著。诸葛亮足食足兵不亚于萧何，可他上前线指挥，何曾输于韩信？陆逊的心计不在马谡之下，可他在前线指挥若定！马谡此人，骄傲自大与虚夸之论，以前在诸葛亮与众将面前不曾出现过如此"骄狂"面孔！揽下如此关键性大任，竟如此刚愎自用，败后又逃跑，这样的人，以身试法，其死咎由自取！

三十三、兵出子午计甚危

本篇示要：经反复论证后认为：聚讼千余年的魏延"子午谷奇谋"是不切实际的空想。深知关羽荆州之败、刘备猇亭之败后，饱受刘汉大军近10万之众的有生力量被歼的惨痛之苦的诸葛亮，是绝对不会如此莽撞地"孤注一掷"的。所以，对"亮以为此悬危，不如安从坦道，可以平取陇右，十全必克而无虞，故不用延计"而持种种非议甚至由此攻击诸葛亮是毫无道理的。诸葛亮这样果断地否决魏延的"子午谷奇谋"，真不愧为实战经验丰富的第一流的军事大家！

魏延问难：

"案魏延传云：'延每随亮出，辄欲请精兵万人，与亮异道会于潼关，亮制而不许；延常谓亮为怯，叹己才用之不尽也。'亮尚不以延为万人别统。"[1]

又，延每随亮出，辄欲请兵万人，与亮异道会于潼关，如韩信故事，亮制而不许。延常谓亮为怯，叹恨己才用之不尽。……《魏略》：夏侯楙为安西将军，镇长安，亮于南郑与群下计议，延曰："闻夏侯楙少，主婿也，怯而无谋。今假延精兵五千，负粮五千，直从褒中出，循秦岭而东，当子午而北，不过十日可到长安。楙闻延奄至，必乘船逃走。长安中惟有御史、京兆太守耳，横门邸阁与散民之谷足周食也。比东方相合聚，尚二十许日，而公从斜谷来，必足以达。如此，则一举而咸阳以西可定矣。"[2]

再，"延献议道：'魏令夏侯楙都督长安，楙系惇子，曾娶操女为妻，年少志骄，毫无谋略，延愿得精兵五千，取道褒中，沿秦岭东进。绕出子午谷，不过旬日，可到长安；楙闻延掩至，必不敢持久，弃城而走，丞相可从斜谷，进与延会合，并力一举，咸阳以西，便可平定了'……延又说道：'丞相从大道进兵，彼必沿路防守，旷日持久，何时得取中原？'"[3]

诸葛妙答：

亮以此为悬危，不如安从坦道，可以平取陇右，十全必克而无虞，故不用延计。[4]

又，亮摇首道："'此计甚危，不如安从坦道，方保万全。'……亮慨叹道：'天若祚汉，何患不胜？'遂不用延计，延怏怏退出。"[5]

---

[1] 晋·陈寿撰，南朝宋·裴松之注：《三国志》（全五册），中华书局1975年版，第922页。
[2] 同上书，第1003页。
[3] 蔡东藩：《中国历史通俗演义·前汉后汉》，安徽人民出版社1999年版，第645页。
[4] 晋·陈寿撰，南朝宋·裴松之注：《三国志》（全五册），中华书局1975年版，第1003页。
[5] 蔡东藩：《中国历史通俗演义·前汉后汉》，安徽人民出版社1999年版，第645页。

作年略考：

其作年时间当在公元228年首次攻魏定作战方案时。清·佚名《诸葛亮传》载："六年春，亮伐魏。亮司马魏延，欲请兵五千，与亮异道，会于潼关，如韩信故事。亮以为此危计，不如安从坦道，可以平取陇右，十全必克而无虞，遂不用延计。"[①]

事在228年春。

直雄补说：

以上文字，历史学家蔡东藩先生以通俗易懂的文笔，予以朴实的表述。故不再意译。魏延出子午谷奇袭长安一计，被后人称其为"子午谷奇谋"。审读其计，魏延可谓"气吞万里如虎"——志在必得！诸葛亮则稳妥持重，切忌"孤注一掷"。是耶？非耶？惹得古人今人争讼不休。

归纳起来，有如下几种看法：

一是宋元之际史学家胡三省（1230—1302）对子午谷奇谋以否定之。他写道："凡兵之动，知敌之主，知敌之将。亮之不用延计者，知魏主之明略，而司马懿辈不可轻也。亮欲平取陇右，且不获如志，况欲乘险徼幸，尽定咸阳以西邪！"[②]此论是为确论，不愧史学名家！

二是《三国演义》作者罗贯中对"子午谷奇谋"亦持否定的态度。且看其名著《三国演义》第95回《马谡拒谏失街亭　武侯弹琴退仲达》中，罗贯中开篇就这样写道："且说司马懿引二十万军出关下寨，请先锋张郃至帐下曰：'诸葛亮生平谨慎，未敢造次行事。若吾用兵，先从子午谷径取长安，早得多时矣。他非无谋，但恐有失，不肯弄险。今必出军斜谷，来取郿城。若取郿城，必分兵两路，一军取箕谷矣。因祁山算出郿城一路，因郿城又算出箕谷一路。吾已发檄文

[①] 王瑞功主编：《诸葛亮研究集成》（上、下册），齐鲁书社1997年版，第167页。
[②] 宋·司马光编著，元·胡三省注：《资治通鉴》（全十册），中华书局1976年版，第2240页。

令子丹拒守郿城，若兵来不可出战；此一路是不战。'"

　　罗贯中在这一回中，显然是用小说形式，借司马懿之口，解释魏延兵出子午谷则必可取长安的说法。这是罗贯中同意魏延兵出子午谷是为奇计吗？显然不是。谁不知，在曹魏一朝，谋士如雨、猛将如云。司马懿就料到诸葛亮不会动用"子午谷奇谋"的，其他的猛将和谋士对于"子午谷奇谋"难道会懵然不知？罗贯中又借司马懿之口解释了诸葛亮为什么不用魏延之计的原因，以证诸葛亮为人之谨慎。显然是为了写诸葛亮为人谨慎的性格特点为后来妙用"空城计"造势蓄势。

　　三是不少古代学者对"子午谷奇谋"，主要是作出介绍而已。

　　《三国志·魏延传》中载："延每随亮出，辄欲请兵万人，与亮异道会于潼关，如韩信故事，亮制而不许。延常谓亮为怯，叹恨己才用之不尽。"裴松之注引的《魏略》曰：夏侯楙为安西将军，镇长安，亮于南郑与群下计议，延曰："闻夏侯楙少，主婿也，怯而无谋。今假延精兵五千，负粮五千，直从褒中出，循秦岭而东，当子午而北，不过十日可到长安。楙闻延奄至，必乘船逃走。长安中惟有御史、京兆太守耳，横门邸阁与散民之谷足周食也。比东方相合聚，尚二十许日，而公从斜谷来，必足以达。如此，则一举而咸阳以西可定矣。"亮以为此县危，不如安从坦道，可以平取陇右，十全必克而无虞，故不用延计。[①]

　　这里，陈寿与裴松之对于魏延的"子午谷奇谋"主要是介绍而已，自己并没有作出实质性的评价。

　　四是现当代学者对"子午谷奇谋"，多见对于诸葛亮不采用魏延的"子午谷奇谋"持批评的态度，有的先生甚至上升到诸葛亮不用此妙计是潜藏着阴谋想当皇帝的地步。

　　这里主要有九种说法：

　　其一是"压制魏延的军事才能"说。

　　张东先生认为：不用"子午谷奇谋"，是诸葛亮压制魏延的军事才能。

　　他写道："作为蜀汉伐魏的中坚力量，魏延也被诸葛亮看好，在名分和待遇上给得很高，但在具体使用方面则多有不当。'延每随亮出，辄欲请兵万人，与亮异道会于潼关，如韩信故事，亮制而不许。'可以看出，魏延总想为蜀汉建立

───────────

[①] 晋·陈寿撰，南朝宋·裴松之注：《三国志》（全五册），中华书局1975年版，第1003页。

大功，勇挑重担。魏延驻守汉中八年，对前线和敌情及地理条件的掌握，应当是具有相当价值的。但魏延提出的作战方案总是被诸葛亮压了下来。……因此，在北伐曹魏时，魏延难以发挥自己的军事才能，这对魏延来讲，实在是受到了一种压抑，为此，'延常谓为怯，叹恨己才用之不尽'。"①

其二是证明诸葛亮"奇谋为短"说。

董文雅先生认为：不用"子午谷奇谋"，正是诸葛亮"奇谋为短"的表现。

他写道："陈寿评价诸葛亮'奇谋为短'的确比较符合史实。再如魏延常常建议诸葛亮出奇谋来牵引敌国军队，但是诸葛亮不许。《三国志》对这段只是简短的记述，裴注中有了详细的记载。面对魏延提出的建议，'亮以此县危，不如安从坦道，可以平取陇右十全必克而无虞，故不用延计。'说明诸葛亮在临阵指挥时非常小心、谨慎。但就因为这种过度的谨慎与小心，让诸葛亮错过了北伐的最好时机。其实，当时魏国长安的守将夏侯楙是一个花花公子，勇而无谋，魏延的建议完全可以考虑。从陈寿《三国志》及裴注中，我们不难发现，诸葛亮的治国才能得到了公认，但军事能力欠佳，这也是最为真实的诸葛亮形象。"②

其三是诸葛亮过于"稳重谨慎"说。

刘京华，惠英先生在其《陈寿评价诸葛亮曲笔辨》一文中认为："北伐用兵，魏延提出过大胆的战略计划，由他亲率五千精兵出子午谷，依'暗渡陈仓'之法，出奇制胜，直捣长安。但是，诸葛亮没有采纳他的建议，而是采取了稳重谨慎的决策，错过了一个可贵的战机。"③

晏波先生也认为："子午奇谋未被采纳……正因为诸葛亮谨慎的处事原则和行军风格，导致了他不太喜欢魏延，出奇制胜的计谋未能实施。"④

其四是诸葛亮"贻误战机"说。

沈伯俊先生在其《论魏延》一文中指出："'子午谷奇谋'这个建议，知己知彼，大胆精明，确实是一条难得的妙计，一个值得重视的战略设想。因为在

---

①张东：《忠刘乎叛蜀乎——试论魏延之祸福》，《成都大学学报·社科版》2012年第3期，第92页。
②董文雅：《论诸葛亮形象的演变》，2015年渤海大学硕士学位论文，第18页。
③成都市诸葛亮研究会编：《诸葛亮研究》，巴蜀书社1985年版，第201页。
④晏波：《诸葛亮"六出祁山"诸问题新探》，《成都大学学报·社科版》2009年第1期，第148页。

魏、蜀的抗衡中，蜀汉国小兵寡，力量单薄经不起同魏国打消耗战；而且秦岭险峻，易守难攻，道路崎岖，粮食给养难乎为继。在这种情况下，只有出奇制胜。相比之下，关羽、张飞等人的计谋仅仅是战役性的，只有魏延从战略的角度提出过如此重大的决策，这不能不说是他的过人之处。可惜的是，诸葛亮却以'此非万全之计'为理由，否定了魏延的计策，甚至连魏延试一试也不干，而主张走陇右大路，'依法进兵'。这样，就放过了有利的战机，使本来手忙脚乱的魏军赢得了喘息的时间，得以调整部署，而蜀军则不得不在陕甘的山区地带与魏军打阵地战、消耗战，劳师数载，无功而返。……魏延的主张是正确的，至少是很有可能成功的"。[1]

其五是致使"北伐未能成功"说。

朱子彦先生认为：不用"子午谷奇谋"，正是诸葛亮"北伐未能成功"之因。

他写道："蜀汉名将魏延文武兼备，勇略过人，其军事才能堪与汉初三杰之一的韩信相比。魏延提出的出子午谷、奇袭长安之谋，看似弄险，其实奇妙无穷。诸葛亮对魏延处处掣肘，不肯大胆使用，故其北伐未能成功。"[2]

其六是诸葛亮不否定"子午谷奇谋"，则"称帝无从谈起"说。

朱子彦先生又认为：若诸葛亮用魏延"子午谷奇谋"不成功，则其称帝便无从说起。他写道："作为三国时期一流军事家的诸葛亮，不可能不懂得出奇制胜的兵家常理。但是使用'奇谋'的风险是极大的，若'奇谋'不成，军队损失惨重，诸葛亮本人就将身败名裂，称帝则无从谈起。"[3]

其七是诸葛亮不否定"子午谷奇谋"，则会"大权旁落"说。

朱子彦先生还进一步认为："若依魏延之计，诸葛亮即使奇袭长安得手，但不过二十日，魏军就会重新集结，全力反扑（这是魏延本人的估计），蜀军必然要在关中这一曹魏的心脏地区同魏军主力展开殊死决战，'兵势一交，不得卒解'，若旷日持久，诸葛亮将长期不能返朝主政，则恐大权旁落于他人之手。若

---

[1] 沈伯俊：《论魏延》。载河南省社会科学院文学研究所选编《〈三国演义〉论文集》，中州古籍出版社1985年版，第180—181页。
[2] 朱子彦：《走下圣坛的诸葛亮——三国史新论》（绪言），中国人民大学出版社2006年版，第4页。
[3] 朱子彦：《走下圣坛的诸葛亮——三国史新论》，中国人民大学出版社2006年版，第30页。

一旦失利，蜀军损失惨重，诸葛亮不仅不能实现'自取'的图谋，甚至连相位亦难保。事关个人政治命运的这一重大决策，诸葛亮当然是要慎之又慎。"①

其八是诸葛亮否定"子午谷奇谋"，就是"不肯分权的表现"说。

朱子彦先生十分肯定地认为："由于北伐是诸葛亮'自取'的本钱，故北伐的军事指挥大权必须牢牢掌握在他自己手中。魏延可以建立战功，但必须在诸葛亮的直接指挥下，是诸葛亮神机妙算的结果。然而'性矜高'的魏延却冀图'如韩信故事'，单独统率一支军队，独当一面，这在诸葛亮看来，就是要摆脱他的'领导'，和诸葛亮争夺北伐的军功，这当然遭到诸葛亮的'制而不许'。"②

其九是诸葛亮否定"子午谷奇谋"，是诸葛亮看不到"魏延长于谋略"说。

史学大家吕思勉先生写道："魏延的谋略，从一件事情上可以见得。据《三国志》注引《魏略》说：诸葛亮出兵伐魏时，和手下的人谋议。魏延献计说：'魏国的安西将军关中都督夏侯楙，是曹操的小女婿，既无智谋，又无勇气。你只要给我精兵五千，直指长安，得知我领兵攻打，一定要逃走的。他走后，长安就剩些文官了。魏国东方的救兵要合拢来，还得二十多日，你的大兵也到了。如此则咸阳以西一举可定了。'案诸葛亮第一次伐魏，在魏明帝太和二年（公元228年）。这一次，魏国见蜀国久不出兵，以为他无力北伐，毫无预备。所以诸葛亮出兵，甚为得手。南安（今甘肃省陇西县西北）、天水（今甘肃省通渭县西南）、安定（今甘肃省镇远县南）三郡都望见迎降。只因马谡失机，以致前功尽弃。以后出兵，虽然累战克捷，然魏国亦已有了预备，要大得志就难了。所以太和二年这一役，亦是魏、蜀强弱的一个关键。据《三国志·夏侯惇传》注引《魏略》，夏侯楙免去安西将军关中都督之职，就是在这一年，然则魏延献计，亦就是这一年的事，倘使诸葛亮采用魏延之计，则魏延做了先锋。马谡亦是奇才，我们不能以成败论人，但谋略虽好，战斗的经验或者要制乏些，所以不免有失，用魏延则无此弊，然则使诸葛亮采用魏延之计，看似冒险，或者转无马谡的失着，亦未可知。所以诸葛亮不用魏延之计，实在是可惜的，而魏延的将略，亦就因此可见了。"③

---

①朱子彦：《走下圣坛的诸葛亮——三国史新论》，中国人民大学出版社2006年版，第31页。
②同上书，第33页。
③吕思勉：《三国史话》，中华书局2015年版，第116—117页。

魏延的"子午谷奇谋"有如此"神力"，可惜诸葛亮因为谨慎等原因而不用。是不是这么一回事呢？必须论证清楚。因为它是一个千古奇案，特别是当今不少三国研究专家对诸葛亮不采纳魏延的"子午谷奇谋"是持严厉批评态度的。如果真的是诸葛亮的错，则诸葛亮理应承担上述指摘和后果；如果是魏延之计的确有错，则诸葛亮确实是一流的军事大家！有鉴如此，直雄不得不辩。

上述对诸葛亮的种种误解与指摘，其理由是站不住脚的。因为"子午谷奇谋"不能称"奇谋"，而当叫"子午谷险谋"或曰"子午谷危谋"，或曰"子午谷空想"，或曰"子午谷死谋"。

现今学术界有些人将"子午谷奇谋"搞得沸沸扬扬，大有诸葛亮犯下压制人才乃使北伐失败之罪。故不惜笔墨，先让我们来看看前贤是怎样看待"子午谷奇谋"的，他们的说法有没有道理？

这些饱读诗书、阅历丰富的先贤高才，他们对"子午谷奇谋"是"奇谋"还是"险谋""危谋"的评说，足以启迪来者。

宋人胡寅［1098—1156。字明仲，又字仲虎或仲刚，建州崇安人（福建武夷），人多称其为致堂先生］的《孔明不取魏延之计》云：

> 亮将入寇，魏延说之曰："今假延兵五千从褒中出，循秦岭而东，当子午而北，不过十日可到长安。公从斜谷来，亦足以达，则一举而咸阳以西可定矣。"亮不从。兵行诡道，求胜而已。延之计可用甚明，而孔明不从。或谓孔明长于治国而短于将略，或谓孔明疑延不敢委也，是皆不然。曹操既死，天下无孔明对。使天而昌汉，则孔明由斜谷出，自足擒叡而馘懿矣。魏延行险以侥幸者也，孔明节制之师，其止如山，其进退如风，何以侥幸为？以此一事观之，使孔明从汉高入关，则与秦将连和，啗以利，因其懈怠而击之之事，必不为矣。此可为明道正义者言之，非急于近功小利之人所能解也。①

---

① 王瑞功主编：《诸葛亮研究集成》（上、下册），齐鲁书社1997年版，第426—427页。

胡寅之论，视魏延的"子午谷奇谋"为诡道，然后从诸葛亮用兵之道的角度，对"子午谷奇谋"一一批判之，指出"子午谷奇谋"实乃悬危，不如诸葛亮之进攻路线。直雄以为，胡寅的这个角度评说"子午谷奇谋"实乃"子午谷险谋"，这是得体之论！

明人胡应麟（1551—1602。字元瑞，号少室山人，后又更号为石羊生，浙江金华府兰溪县城北隅人。明代万历丙子举人，明代中叶著名的学者、诗人和文艺批评家、诗论家，明中后期"末五子"之一。）的《论诸葛不用魏延计》云：

> 始武乡之出祁山也，前锋将魏延欲假奇兵五千，道子午袭咸阳，谓长安以西一举可定。武乡以危计不用，议者至今惜之。……大臣则曹真、蒋济矢心于其内，诸将则张郃、郭淮效力于其外；而司马懿之穷奸极宄，驰骤疆场，其握算若神明，发机若鬼蜮；而谓子午之途若阴平之道，长驱以入无人之境乎？即延能以一旅奄至咸阳，蜀援未交，魏救四集，穷城独守，究竟奚之？无论长安以西寸壤难拓，五千精甲尽没虏廷矣。武乡身统六师，关中震动，平取陇右，规出万全。而舍彼康庄，希此诡遇乎？是其事势之艰，毫无克理。而延者猜狠之雄，倾危之党，又非可寄之重任、属以深谋者也。考延委质截止乡，推锋司马，搴旗陷敌，勇略足称。乃发纵指示，靡非戎幕。竟亮出师，未尝委之别部，予以一军。……然则延策之不行，益以觇武乡之远识，而不足为憾也。……[①]

胡应麟之分析，可谓句句到位。以势弱之蜀而攻全盛之魏，本来就是为一般军事家所不取。这就决定了诸葛亮伐魏的方针必然是步步为营、稳扎稳打，瞅准机会消灭其有生力量。任何有违此方针的军事行动，都有可能招致全军覆没。

事实也确是如此。诸葛亮在公元229年年初率领大军从散关出发，包围陈仓，他以几万兵马，攻郝昭率一千多兵众镇守的陈仓。所始料未及的是：昼夜

[①] 王瑞功主编：《诸葛亮研究集成》（上、下册），齐鲁书社1997年版，第555—556页。因出处详明，凡引长文，皆多用"省略号"，以减少篇幅。下同，不再说明。

攻守相持了二十多天，诸葛亮仍无法攻下，诸葛亮不得不退军。而魏延计之悬危：危在兵伐敏达之主、兵伐智谋之臣、兵伐精兵强将、兵伐夏侯楙据守的长安重镇……明摆着就是侥幸！靠"侥幸"去行军作战，稍有军事常识的将军也不为，况诸葛亮乎？

明人沈潅［？—1623。字铭镇，浙江乌程（今浙江省湖洲）人，万历进士。］的《武侯不用魏延危计论》云：

> 古上将之成功阃外者，曷尝不以奇计胜！延欲提数千之旅，入无人之境，出褒中，循秦岭，涉子午擒夏侯楙，而西与丞相会于汉中，彼其计岂不谓奇而何？孔明之不用也，噫！此固孔明谋事之周而常处万全之地。……此其计之未可必行者也。如必执用奇以尤持正，则李陵之败，非明验与？当陵之愿以步卒五千横行匈奴，中计成壮而卒甘心卤延，为天下笑，非陵之智勇减于魏延，而兵行危道，且获祸败，则延可知也。武帝不能必之于陵，孔明乃能必之于延哉！或曰：延有反相，孔明知之早。呜呼，庶几近之。①

这位沈进士指出，孔明不用魏延之计，正是孔明之所以能常常处于立不败之地的表现。进而分析了魏延之计，不过仅仅是"出其不意"而已。并以孟达为司马懿所败与诸葛亮攻郝昭之不利为正反例证，说明魏延之计之不可行。

如若行魏延之计，则会有如李陵孤军攻匈奴，必然会死路一条，从此蜀无魏延这个人物了；从全局来看，行魏延之计，无关整个北伐大局。死了一个魏延事小，但为魏立了威，大挫了刘汉政权的士气。全文言简意赅，论证充分。是一篇说明"子午谷奇谋"实为"子午谷险谋"的好短文。所不足者，说魏延有反骨，是故意出此"险谋"，则未免有诬魏延矣！

明末清初王夫之［1619—1692，字而农，号姜斋、又号夕堂，湖广衡州府衡阳县（今湖南省衡阳）人。他与顾炎武、黄宗羲并称明清之际三大思想家。］是一位著作等身的大家，他在《诸葛亮何以不从魏延计》中写道：

---

① 王瑞功主编：《诸葛亮研究集成》（上、下册），齐鲁书社1997年版，第560页。

> 魏延请从子午谷直捣长安，正兵也；诸葛亮绕山而西出祁山，趋秦、陇，奇兵也。秦、陇者，非长安之要地，乃西蜀之门户也。天水、南安、安定，地险而民强，诚收之以为外蔽，则武都、阴平在怀抱之中，魏不能越剑阁以收蜀之北，复不能绕阶、文以捣蜀之西，则蜀可以巩固以存，而待时以进，公之定算在此矣。公没蜀衰，魏果由阴平以袭汉，夫乃知公之定算名为攻而实为守计也。公之始为先主谋曰，天下有变，命将出宛、洛，自向秦川。惟直指长安，则与宛、洛之师相应；若西出陇右，则与宛、洛相去千里之外，首尾断绝而不相知。以是知祁山之师，非公初意，主暗而敌强，改图以为保蜀之计耳。公盖有不得已焉者，特未可一一与魏延辈语也。①

王夫之作为著作等身的大思想家，他在论证诸葛亮何以不听从魏延出兵子午谷之计的问题上，不是否定魏延的"子午谷奇谋"可用与不可用的问题，而是从诸葛亮的总体战略观点来论说的。他是说，弱蜀主暗的刘汉政权，要与强魏主明（直雄以为，曹叡在诸葛亮未死之前，完全可以称得是一位明主）的曹魏作战，只能是"以攻为守"、只能是对魏采取蚕食之策。而直取长安的条件尚未成熟、有违诸葛亮总体战略的初衷，故而不能听从魏延所谓的"子午谷奇谋"。此说当也是一种新的角度，也是无懈可击之论。

清人王萦绪［1713—1784，字成祉，号希仁，天馥，又号莲峰、五莲山人，二所亭。山东诸城王瑃村人。诸城易学传承人之一，"博学能文，性方品正"。一生治学严谨，博通群经，乾隆元年（1736年）丙辰科举人，乾隆二十二年（1757年）丁丑科进士］的《不出褒中论》云：

> 武侯初伐曹魏，魏延直出褒中以取长安之计不用，纸上谈兵者几以为千古恨事。……又何必为此行险侥幸之举哉？至初有马谡之败绩，再有李平之请还，至屯田不返，则终有将星之

---

① 王瑞功主编：《诸葛亮研究集成》（上、下册），齐鲁书社1997年版，第591—592页。

自陨,是皆天也,非谋之不臧也。①

王萦绪进士之论,是从曹魏政权与刘汉政权的军事势力与人才、从马谡与魏延的才学之比,是从劳师袭远的军事常识以及《出师表》中所定下的战略方针入手,指出诸葛亮是决不会采纳魏延的"子午谷险谋""子午谷侥幸之谋"的。从这种角度去评说魏延的"子午谷奇谋",也是有理有据的。

综览胡寅、胡应麟、沈潍、王夫之、王萦绪五位名家之论可见,他们都是从不同的角度论证魏延的"子午谷奇谋"是为"侥幸""行险"之谋,这种谋略,既不合刘汉政权与曹魏政权两国的国情和势力的对比,亦不符合诸葛亮的整个战略思考,我以为皆是实事求是之论。反之,则是为"侥幸""行险"而辩护,当然是错误的。

面对前贤对"子午谷奇谋"已有定评,当今仍然有不少先生将诸葛亮不用魏延的"子午谷奇谋"提到是"压制魏延的军事才能",是证明"诸葛亮"奇谋为短",是致使"北伐未能成功",是诸葛亮怕"夺不到帝王之位",是诸葛亮怕"大权旁落"这样的高度,那就让我们来看看今人是如何看待魏延的"子午奇谋"的吧!

"晨之论史"先生认为:

> 诸葛亮一出歧山时,大将魏延给他出过"子午谷奇谋"。魏延认为自己率五千人马从子午谷抄近路不出十日即可到达长安,长安守将乃纨绔子弟,闻讯必弃城而走,占领长安的蜀军再与诸葛亮大军汇合,一举荡平关中。(延曰:"闻夏侯楙少,主婿也,怯而无谋。今假延精兵五千,负粮五千,直从褒中出,循秦岭而东,当子午而北,不过十日可到长安。楙闻延奄至,必弃城逃走。……公从斜谷来,亦足以达。如此,则一举而咸阳以西可定矣。")

当时诸葛亮没有采纳魏延的计策,魏延心生怨望,以后在诸葛亮出师不利时,魏延多次抱怨如果用了他的计策就不致如

---

① 王瑞功主编:《诸葛亮研究集成》(上、下册),齐鲁书社1997年版,第654页。

三十三、兵出子午计甚危

此了。事实上，诸葛亮一出歧山时，带有先发优势，不仅魏国措手不及，而且蜀军人数还要多于魏军，但最后，诸葛亮退守汉中，杀了丢失街亭的马谡向众人谢罪。很多人将诸葛亮的失败归于不敢采纳魏延的"子午谷奇谋"。但是，如果我们把目光放长远一点，可以看到曹操与李世民也都面临过类似"子午谷奇谋"的战况。

曹操趁刘备与孙权在荆州争夺之际，挥兵夺取汉中。司马懿和刘晔都劝曹操继续夺取西川，曹操却说："既得陇，复望蜀，人心苦不足耶？"于是，他留下夏侯渊驻守汉中，亲率主力部队撤回。得知曹操取汉中，刘备急匆匆与孙权平分荆州，化解矛盾，举兵来夺汉中，斩杀夏侯渊，夺取了战场优势。诸葛亮让蜀中男子出战，女子运粮，支援刘备，最终以极大的人力物力夺取了汉中。

李世民以为中国报子弟之仇的名义，举民攻打高句丽。这个过程中，围点打援，击破高句丽十五万人。然后，顿兵安市城下三月，无法攻克，最终撤兵而回。李道宗曾建议李世民自己领一支奇兵，绕过安市，直袭高句丽都城。然而遭到长孙无忌及李勣的坚决反对，最终李世民撤军而回，气愤地说："吾以天下之众，困于蕞尔之夷。"

诸葛亮为什么没有采取魏延的计策？魏延认为是诸葛亮胆小。（《三国志·蜀书·刘彭廖李刘魏杨传》："延常谓亮怯，叹恨己才用之不尽。"）那么，曹操与李世民也胆小吗？他们为什么不能采取奇计冒险？

第一，身份问题。

曹操及李世民都是军事奇才，毛主席甚至认为李世民在古代帝王中的军事才华居首。曹操及李世民打仗都敢于冒险，如曹操率五千人马突袭乌巢，火烧袁绍军粮，一举打赢了官渡之战；李世民率三千人马据守虎牢关，用"牧马计"大败窦建德十几万人。但是打汉中时，曹操已位极人臣，并积极策划取代汉室；打高句丽之时，李世民已经是皇帝，不再是当初的秦王。"家有千金,坐不垂堂",身份的尊贵,使得他们不敢或不愿冒险。王夫之评价说:"唯天子亲将,胜败所系者重,世勣、无忌不敢以万乘尝试,太宗亦自顾而不能忘豫且之戒也。……固无系于安危之大数,世勣、无忌亦何惮而次且哉?"

诸葛亮北伐时,高居相位,国家安危系于一身,因此他也不敢冒险。

第二,实力问题。

《孙子兵法》讲究庙算,强调知己知彼,打有把握之仗。诸葛亮认为曹操得汉中不取西川是其内部生变,"非不为也,实不能也";李世民打高句丽时,高句丽立国600载,大小城池近400座,所以不是一仗能灭国的。伐一大树,要先摇其根本,最后才能一击而断。所以后来唐高宗用轮战之法最终灭了高句丽。

同样的道理,诸葛亮打魏国,实力差距更大,所以他就不愿冒险了。

第三,年龄问题。

人年轻时一般敢冒险,年老时思想就会保守持重了。曹操、李世民在年轻时都英气逼人,大败大胜,惊心动魄。年老时他们的冒险意识都下降了,转而求稳。出歧山时的诸葛亮一则年龄大了,再则性格又一向过于谨慎,因此,他不采用"子午谷奇谋",也就可想而知了。[1]

直雄以为,"晨之论史"举出曹操、李世民都是敢于用奇谋奇计打仗的。但在他们的身份地位发生了根本性的变化之后,皆会谨慎行事。诸葛亮为一国之主干,即"高居相位,国家安危系于一身",一旦主帅有所不测,则大事去矣!从这个角度来分析,是有其道理的。"射人先射马,擒贼先擒王",谁不怕首脑人物出事呢?

---

[1] 晨之论史:《诸葛亮不敢采纳"子午谷奇谋",曹操、李世民敢不敢?》,2018年5月2日,http://baijiahao.baidu.com/s?id=1599258984876317436&wfr=spider&for=pc。

再是实力问题。曹操与李世民均有实力灭了敌方却留而不灭，况诸葛亮在还没有等到出现司马懿父子夺曹魏政权的情况下，他无法利用曹魏与司马氏的矛盾，他只有联合孙吴蚕食曹魏，他不可能用魏延的"子午险谋"去冒险攻魏。因为他和孙吴加起来也没有灭了曹魏这样的实力。至于所谓"年龄问题""性格问题"，这都不是主要问题，关键还在于实力。总之，"晨之论史"之论，是一种好的思路。

如若再查网上，论及"子午谷奇谋"的文章还很多很多，引之无尽。

徐珊先生总括了当今知名学者们对"子午谷奇谋"的总体性分析得出的结论是："诸葛亮没有采纳魏延'子午谷出兵突袭'的建议被许多人看成是诸葛亮缺少奇谋的重要例证，一些人更是用邓艾灭蜀时所走的路线来印证自己的观点。不可否认，魏延与邓艾选择的是同一条路线，只不过一个是从南向北，另一个是从北向南，但就是路线方向上的这点差异，决定了邓艾计谋能实现，而魏延计谋则不一定能成功。史大可先生在《三国史研究》中曾对汉中的地理位置进行过深入地分析：汉中是一个盆地地形，由汉中向北，跨越秦岭辐射出三条谷道，由西向东依次是褒斜道、傥骆道、子午道，其中子午道最险褒斜道较为宽坦，整体看来'三条道如车辐之聚于车毂'。这样的地势决定了魏军由北向南挺进汉中，即使途中队伍分散各道，最后都可在汉中汇集，而蜀军北伐时若分道而走，由于三条谷道呈辐射状分布且各自出口相距较远，很可能蜀军在进入魏军境内后会因为无法相互照应而被歼灭。诸葛亮也许正是考虑到了这一点才没有采纳魏延的建议，坚持集中兵力从大道前进。"①这样的分析，无疑是得体可信、符合实际情况的。

直雄所要补说的是：司马昭在攻蜀之前就说："以刘禅之闇，而边城外破，士女内震，其亡可知也。"②

司马昭就是看中了此时的刘禅腐败无能，所以料定刘禅政权必灭。倘若当时刘禅政权不是已经腐败昏庸，邓艾历险，也将必死无疑！

朱大渭与梁满仓先生用诸葛亮的思路分析魏延的子午谷计划，他们这样写道："这个计划的最后实现固然是美妙的，但美妙的东西不会是白白奉送的，要想得到它，必须满足下列5个条件：第一，魏延率军从褒中出发，循秦岭东行进

---

①徐珊：《诸葛亮形象神化》，2014年陕西理工学院硕士学位论文，第13—14页。
②唐·房玄龄等撰：《晋书》（全十册），中华书局1974年版，第38页。

入子午谷,循子午谷到长安,完成这个行程必须用10天的工夫;第二,曹魏长安守将夏侯楙得知魏延军突然到来时一定弃城逃跑;第三,夏侯楙逃跑时,还得留下大批的粮草辎重;第四,魏军的关东援军要在20天后才到达长安;第五,诸葛亮大军从斜谷出发,必须在20天之内到达长安。这5个条件中,每个条件都有不能实现的可能。……诸葛亮不敢再想下去了。他觉得魏延的计划是个'悬危'的计划,无论哪个环节出了毛病,都会带来严重后果。自从荆州军的覆没,夷陵战败以来,诸葛亮苦心经营五六年,才有了今天的10万北伐大军,这是北进关陇的最后本钱,不能再孤注一掷,不能再有风险了。诸葛亮否定了魏延的计划。"[1]朱大渭与梁满仓先生从诸葛亮的思路分析着魏延的子午谷计划万万不能实施,十分形象而生动,其分析也是十分科学的。

  综合多方评说,兼及本人的研究体悟认为:诸葛亮是第一流的政治家也是第一流的军事家,他不用魏延的"子午谷奇谋",是他最为精明果断的表现。

  但是,若要真正认定"子午谷奇谋"是为"险谋""危谋"、行不通的"蠢谋",还必须全面系统地从"子午谷奇谋"的本身去进行细心的考察,然这种作法为直雄所未见。

  为了避免重复论述,为了省去对上述专家称赞"子午谷奇谋"展开一一的辨析品评。我们只要专就"子午谷奇谋"的可行性进行分析之后,即可对诸葛亮为什么不纳魏延之谋,作出一清二楚的回答。

  直雄以为:"子午谷奇谋"的内容多属可笑的空想,如若实行,魏延将有身首异处、全军覆没的可能。

  且看魏延云:"闻夏侯楙少,主婿也,怯而无谋。今假延精兵五千,负粮五千,直从褒中出,循秦岭而东,当子午而北,不过十日可到长安。楙闻延奄至,必乘船逃走。长安中惟有御史、京兆太守耳,横门邸阁与散民之谷足周食也。比东方相合聚,尚二十许日,而公从斜谷来,必足以达。如此,则一举而咸阳以西可定矣。"[2]

  读罢魏延的"子午谷奇谋",不禁立刻让人想起魏延答刘备问:

---

[1] 朱大渭、梁满仓:《武侯春秋》,团结出版社1998年版,第564—565页。
[2] 晋·陈寿撰,南朝宋·裴松之注:《三国志》(全五册),中华书局1975年版,第1003页。

> 先主乃拔延为督汉中镇远将军，领汉中太守，一军尽惊。
> 先主大会群臣，问延曰："今委卿以重任，卿居之欲云何？"
> 延对曰："若曹操举天下而来，请为大王拒之；偏将十万之众至，请为大王吞之。"先主称善，众咸壮其言。[①]

作为答先主之问，在战略上藐视曹魏，这样的回答，当然是可以的。要是曹魏真的起倾国之兵攻汉中，没有精明的战略战术以待之，则非败不可。

让我们来细细分析一下魏延"子午谷奇谋"中的话语，其言与答刘备之问一样壮气十足，然而，当具体落实到每一句话，则均难落实到实处，根本就没有半点可"操作性"。让我们来看看是不是"空想之谋"吧。

一曰："闻夏侯楙少，主婿也，怯而无谋。"

此语，语多不实。一个"闻"字，说明魏延只是听说。即使魏延的听闻属实，但是，千万不要忘记：夏侯楙是曹魏大将夏侯惇之子，其妻为曹操之女清河公主。年轻时与魏文帝曹丕亲近友善。曹丕受禅登基，建立魏国，任命夏侯楙为安西将军、持节，继夏侯渊之后都督关中，驻守长安。像曹魏一朝，这样的高级将领，即使他真的如魏延所说的"怯而无谋"，难道作为安西将军、持节的"夏侯楙幕府"都是一堆"豆腐渣"？岂不知，曹魏政权猛将如云，谋士如雨，难道作为安西将军驻守的重镇长安，就没有一个猛将、没有一个谋士？这岂非可笑！

自东汉末年战乱愈演愈烈，蜀道，就成了军阀部队和逃难者进入汉中的必经之道，蜀道，也就成了利用率最高的道路，也必然会成了所有军事家所关注的道路。显然，子午道也就不能例外。魏延所率的一万人马这十天的军事行动，也许"夏侯楙幕府"派出的"斥候"——古代的侦察兵，早已侦察到了魏延的一举一动。艰苦十日行军之后，将士们已经是疲惫不堪矣。魏延这支疲惫之军，正好是"夏侯楙幕府"的将军与谋士们的"虎口之食"矣！

事实上，对于子午道，曹魏也是非常关注的："建安十六年（公元211年），曹操大破马超、韩遂等关中十部后，就有程银、侯选二将南入汉中，马超随后亦入汉中；受战乱影响，潼关以西民众数万家从子午谷逃往汉中……从子午道反向

[①] 晋·陈寿撰，南朝宋·裴松之注：《三国志》（全五册），中华书局1975年版，第1003页。

进攻汉中之举，则一直受到曹魏青睐。魏太和四年（230），魏大司马曹真三路攻汉中，主力即自子午道入，只是由于蜀将的有效防御和遭遇大霖雨三十余日，此役半途而废。魏三路大军灭蜀时，钟会的东路军除以一部从子午道入，其所督的魏兴太守刘钦部亦自洵阳（今陕西省旬阳）西趋子午谷口，长趋而至白水关。"[1] 坐镇长安的夏侯楙及其幕府，怎么就不会关注来自子午谷方向的袭击？

二曰："今假延精兵五千，负粮五千，直从褒中出，循秦岭而东，当子午而北，不过十日可到长安。"

魏延不是钢筋铁骨之身，五千精兵与负粮的五千人马，也非铁打的英雄汉，负重奔袭十日，翻山越岭疲惫地来到长安城下。"夏侯楙幕府"则以逸待劳，岂不是"肉包子打狗——有去无回"，魏延这一万人之军将有全军覆没之危！

"不过十日可到长安"，此语说得何等轻松，好像魏延自己是走过一趟似的，岂不知，曹真后来的实践证明魏延此语言过其实矣："四年，大司马曹真征蜀，肃上疏曰：'前志有之，"千里馈粮，士有饥色，樵苏后爨，师不宿饱"此谓平涂之行军者也。又况于深入阻险，凿路而前，则其为劳必相百也。今又加之以霖雨，山阪峻滑，众逼而不展，粮悬而难继，实行军者之大忌也。闻曹真发已逾月而行裁半谷，治道功夫，战士悉作。是贼偏得以逸待劳，乃兵家之所惮也。……'"[2]《通鉴》胡三省在"闻曹真发已逾月而行裁半谷"之后注曰："谓子午谷之路，行才及半也。"[3]其意即为：曹真走子午之道，一个多月，才行不到一半的路程。

对于这个问题，朱大渭、梁满仓先生有过更细地描绘："太和四年（230年），曹魏大司马曹真率军从子午谷入汉中，散骑常侍王肃说：'前志有之，"千里馈粮，士有饥色，樵苏后爨，师不宿饱"此谓平涂之行军者也。又况于深入阻险，凿路而前，则其为劳必相百也。今又加之以霖雨，山阪峻滑，众逼而不展，粮悬而难继，实行军者之大忌也。闻曹真发已逾月而行裁半谷，治道功夫，

---

[1] 孙启祥：《蜀道与三国》，《襄樊学院学报》2009年第1期，第60—63页。
[2] 晋·陈寿撰，南朝宋·裴松之注：《三国志》（全五册），中华书局1975年版，第414页。
[3] 宋·司马光编著，元·胡三省注：《资治通鉴》（全十册），中华书局1976年版，第2263页。

战士悉作。是贼偏得以逸待劳，乃兵家之所惮也。'曹真率军边修路边前进，劳苦程度超过常规行军100倍。他出发了一个月，才走了子午谷的一半，使得战士们把精力体力都用在修路上，搞得疲惫不堪。曹操虽没走子午谷，但他当时走褒斜的情形，不会比曹真好多少。……曹操南征汉中张鲁，不但在谷道上行军困难，当他走出谷道，攻打汉中阳平关（在今陕西省勉县西南郊老城乡）时，也不像他预想的那么容易。……不由长叹一声：'他人商度，少如人意。'"①

前有曹操行褒斜之艰，后有曹真走子午之难。可见魏延的十日可达长安之说，是完全不靠谱的凭空想象！

三曰："楙闻延奄至，必乘船逃走。"

此语可谓想象丰富。君不闻："孙权尝大醉，问祎曰：'杨仪、魏延，牧竖小人也，虽尝有鸣吠之益于时务，然既已任之，势不得轻。若一朝无诸葛亮，必为祸乱矣。诸君愦愦，曾不知防虑于此，岂所谓贻厥孙谋乎！'（祎怃然四顾视，不能即答。恢目）祎曰：'（可速言）仪、延之不协，起于私忿耳，而无黥、韩难御之心也。方今扫除强贼，混一区夏，功以才成，业由才广，若舍此不任，防其后患，是犹备有风波而逆废舟楫，非长计也。'权大笑乐。诸葛亮闻之，以为知言。［还未满三日，群（按：当为"辟"字之误）为丞相府属，迁巴郡太守］（原注：《三国志注》三十九。按此系引《襄阳记》，因下云：'臣松之案：《汉晋春秋》亦载此语，不云董恢所教，辞亦小异。'故节其首尾并所教情事，夹写而姑用辞以存概梗。）"②

孙权与诸葛亮对魏延的这个看法，并不是一天形成的。由此可见，在整个三国时期，魏延作为刘汉政权中的名将在敌国的威望，并不是如他自己所想象的那么高！夏侯楙及其"幕府"的将领与谋士，会视魏延这一万人马的到来如"天兵天将、从天而降"，还会吓得"必乘船逃走"，这不是可笑至极吗？难道魏延不知此时曹魏的名将郭淮已经是曹魏的雍州刺史，他与夏侯楙一道镇守长安。郭淮与夏侯楙听说魏延攻长安，会逃走吗？岂不知，就是诸葛亮攻长安，他们也不会逃走的。诸葛亮在整个北伐战争中，郭淮都是令诸葛亮不可小视的曹魏名将。相

---

① 朱大渭，梁满仓：《武侯春秋》，团结出版社1998年版，第246页。
② 吴直雄：《破解〈习凿齿传〉〈汉晋春秋〉千年谜》，广东人民出版社2013年版，第572—573页。

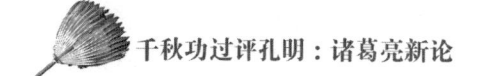

反，若魏延取长安，等待他的只能是逃无所逃的死路一条！

四曰："长安中惟有御史、京兆太守耳，横门邸阁与散民之谷足周食也。"

假设因魏延的到来，夏侯楙吓得突然卧床不起，或吓死了。夏侯楙手下的御史、京兆太守们，也足以置魏延一万疲惫的人马于死地。君不见，当曹操忙于东方征战之时，仅派一个钟繇驻守长安，就让马腾、韩遂等势力不敢妄动，让曹操无西顾之忧。魏延这一万人马，比得上马腾、韩遂等部的势力吗？驻守长安的"御史、京兆太守"会怕魏延这一万疲惫不堪的"天兵天将"吗？"横门邸阁与散民之谷会足你魏延之军周食也"，这不是幻想又是什么？

五曰："比东方相合聚，尚二十许日，而公从斜谷来，必足以达。"

魏延此语未免天真，他不仅自己"从汉中北入关中，跨越秦岭，有三条谷道可通。东为子午道，全长660里，全为高山险谷。北段称子谷，南段称午谷，子谷谷口即在长安城南，路虽险远，但系取长安的捷径，魏延建议直取关中就是指的这条路线"①。

魏延不仅自己幻想天真，而且设想诸葛亮大军千里之行如走坦途；诸葛亮逢山开路、遇水搭桥，行军途中无曹魏郡县的任何武装力量抵抗，如行无人之境。这不是魏延试图幻想成真吗？

六曰："如此，则一举而咸阳以西可定矣。"

咸阳以西是曹魏的一大片领土，而且曹魏已经营多年。据载：228年，"魏凉州刺史徐邈在武威（今甘肃省民勤东北）、酒泉（今甘肃省酒泉）一带修盐池，又广开水田，募贫民租种，家家丰足，仓库盈溢。"②

徐邈（171—249），曹丕称帝后，任谯国相、安平太守、颍川典农中郎将。每任一官，皆政绩卓著，被赐爵关内侯，迁抚军大将军军师。魏太和二年（228），魏明帝曹叡因为凉州偏远，而与蜀汉接壤，于是任命徐邈为凉州刺史、使持节，领护羌校尉，出驻凉州。

徐邈任此职后，正赶上诸葛亮率兵出祁山，陇右三郡相继反叛。他派遣参军以及金城太守等部攻打南安叛贼，取得胜利。

---

①史说新域：《三国第一悬案：魏延提出的子午谷奇谋到底可不可行？》，2019年1月17日，https://baijiahao.baidu.com/s?id=1622904444992824167&wfr=spider&for=pc。

②张习孔、田珏主编：《中国历史大事编年·第二卷》，北京出版社1997年版，第11页。

在西北时，徐邈兴修水利、广开水田，募贫民租之，致使仓库盈溢。同时移风易俗，整顿吏治。对诸胡羌戎恩威并施，使其主动入贡。就这么一个徐邈，就够诸葛亮为难了，诸葛亮的北伐部队要对付曹魏多位重臣，谈何容易？

早在刘备取汉中时，曹魏就派出夏侯渊、张郃、郭淮等一批精兵悍将与刘备角力。夏侯渊虽说战死，刘备虽说占据着汉中，但是张郃、郭淮尚在周边警视巡察来犯。老于谋略与经年征战的郭淮，220年"文帝即王位，赐爵关内侯，转为镇西长史。"①平定关中之乱，使民安居乐业。10月，曹丕称帝，即"擢领雍州刺史，封射阳亭侯"。②专治长安（今陕西省西安西北），平定安定羌大帅辟蹄的反叛，威镇边疆。有徐邈、郭淮这样的足智多谋的名臣名将拱卫长安，区区魏延万人企图奇袭长安，只能是"肉包子打狗，有去无回"！诸葛亮首攻祁山，就立刻遭到张郃、郭淮强而有力的有效抵抗，这就是事实，这就是明证。

况且，当诸葛亮一进入汉中，"帝闻诸葛亮在汉中，欲大发兵就攻之，以问散骑常侍孙资，资曰：'……但以今日见兵分命大将据诸要险，威足以震慑强寇，镇静疆场，将士虎睡，百姓无事。数年之间，中国日盛，吴、蜀二虏必自罢敝。'帝乃止。"③

既然曹叡对诸葛亮入驻汉中，曹叡就要先发制人对诸葛亮大军以反击，后来采纳孙资的意见，驻军险要之地，以"消耗"诸葛亮的军力。接替曹真的司马懿与诸葛亮交战不利，即采取了孙资之策"困死"诸葛亮。可见，曹魏对于诸葛亮大军的一举一动，早有防备。魏延走子午谷攻长安，必将一路遭到抵抗，其结果，魏延只有送死。诸葛亮不用魏延之策，实在是高！

到229年春，诸葛亮率大军第三次强倾力攻魏，也仅仅是"攻陷魏武都（今甘肃省徽县、成县）、阴平（今甘肃省文县西）二郡"而已！④

由此可见，当时曹魏在西部的统治是多么的牢固，诸葛亮遇到的对手是如此

---

① 晋·陈寿撰，南朝宋·裴松之注：《三国志》（全五册），中华书局1975年版，第734页。

② 同上书，第734页。

③ 宋·司马光编著，元·胡三省注：《资治通鉴》（全十册），中华书局1976年版，第2235—2236页。

④ 张习孔、田珏主编：《中国历史大事编年·第二卷》，北京出版社1997年版，第12页。

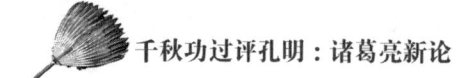

强大。这就决定了魏延的"如此，则一举而咸阳以西可定矣"一语，就是一句地地道道的空话。

基于魏延的"子午谷奇谋"是如此的不切实际，饱受关羽荆州之败、刘备猇亭之败后，刘汉大军近10万的有生力量被歼的惨痛教训的诸葛亮，是绝对不会如此莽撞地"孤注一掷"的。所以"亮以为此悬危，不如安从坦道，可以平取陇右，十全必克而无虞，故不用延计"，[①]诸葛亮这样果断地否决魏延的"子午谷奇谋"，真不愧是一流的军事家！

三十四、兵之胜败在将也

本篇示要：首出祁山之后，诸葛亮是如何对待这次北伐所出现的问题的呢？是不是如"议者"所建议的增兵霸蛮而战？他采取的办法有四：一是严格执法斩马谡；二是上书后主自贬三级；三是总结经验教训，以利再战。做到了"考微劳，甄烈壮，引咎责躬，布所失于天下，厉兵讲武，以为后图，戎士简练，民忘其败矣"；四是下令制造兵器，讲习武艺，很快修复了街亭之败的创伤，军队的战斗力越来越强，甚至连老百姓也逐渐忘记了首出祁山失败的痛苦。这一切，充分地展现了第一流军事大家同时也必然是第一流政治家的高水准。

[①]晋·陈寿撰，南朝宋·裴松之注：《三国志》（全五册），中华书局1975年版，第1003页。

议者问难：

或劝亮更发兵者。①

诸葛妙答：

亮曰："大军在祁山、箕谷，皆多于贼，而不能破贼为贼所破者，则此病不在兵少也，在一人耳。今欲减兵省将，明罚思过，校变通之道于将来；若不能然者，虽兵多何益！自今以后，诸有忠虑于国，但勤攻吾之阙，则事可定，贼可死，功可跷足而待矣。"②

作年略考：

作年当在228年春首次攻魏失利之后、228年十一月上《后出师表》之前。"六年春，亮伐魏……上疏，请自贬三等。于是，以亮为右将军，行丞相事。有劝亮更发兵者，亮曰：'大军在祁山……功可跷足而待矣。'"③

又，"六年春，扬声由斜道取郿……或劝亮更发兵者，亮曰：'大军在祁山、箕谷，皆多于贼，而不能破贼为贼所破者，则此病不在兵少也，在一人耳。今欲减兵省将，明罚思过，校变通之道于将来；若不能然者，虽兵多何益！自今以后，诸有忠虑于国，但勤攻吾之阙，则事可定，贼可死，功可跷足而待矣。'……十一月，上言曰：'先帝虑汉、贼不两立，王业不偏安……'"④

由上可知：作年当在228年十一月或略前。

---

①晋·陈寿撰，南朝宋·裴松之注：《三国志》（全五册），中华书局1975年版，第923页。
②同上。
③王瑞功主编：《诸葛亮研究集成》（上、下册），齐鲁书社1997年版，第167页。
④晋·陈寿撰，南朝宋·裴松之注：《三国志》（全五册），中华书局1975年版，第922—923页。

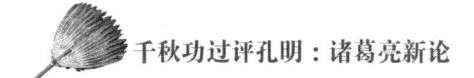

直雄补说：

这段话的意思是说：首出祁山失败以后，有人劝诸葛亮增加兵力（议者），再次北伐，而诸葛亮清醒地认识到说道："我军在祁山、箕谷的兵力，都比敌军要多，但最终没有击败敌人，这就说明问题的关键并不是出在于兵力的多寡上，不是增加兵力的问题，关键在于最高指挥官指挥的问题。如今我必须精简兵将，严明赏罚，吸取教训，还要灵活变通治军和作战的方式；若不如此，兵多何益？此后，皆要为国尽忠谋虑，并经常指出我的缺漏之处，我们就可完成一统大业、消灭敌军，恢复大汉大一统的局面便能实现。"

就这么短短的几句话，足以展现诸葛亮兵法的精要，亦足以显现诸葛亮的人格道德：

就兵法而言，这就是"将在谋来不在勇，兵不在多在将略"。

就人格而言，这就是"兵败查因不诿过，大胆认错求批评"。

诸葛亮"首出祁山"失利之后。有人向他提出，以后北伐要增加兵力，以避免"首出祁山"时期兵力不足导致失败的情况再度出现。针对这个建议，诸葛亮作出了上述诚恳的回答。

"首出祁山"失败的原因是什么，多数人将责任归咎于马谡，认为由于马谡在街亭之战的失败，致使首战满盘皆输，葬送了首次北伐的大好局面。

诸葛亮认为，失败的关键在于自己识人不透、用人不明所致。

首出祁山之初，北伐大军势如破竹，曹魏的天水、安定、南安等郡纷纷响应。但是，当魏明帝曹叡调派大将张郃前来增援时，自己不在前线，却任命毫无实战经验却又骄傲的马谡据守要塞"街亭"，导致了街亭之战的失利，让形势为之逆转，首出祁山便以失败而告终。

在读到"失街亭"一事时，毛泽东批曰："初战亮宜自临阵。""自街亭败后，每出，亮必在军。"[①]这样经典性的批注，非一流的、作战经验异常丰富大军事家所能为。像首出祁山这样关系到对北伐日后影响极大的战役，因诸葛亮自己未亲临阵而败，其教训实在是太大了，诸葛亮在自己的反省中，只是强调没有听

[①] 陈晋主编：《毛泽东读书笔记解析》（上、下册），广东人民出版社1996年版，第498页。

取刘备说马谡此人不能重用的临终遗言,而没有指出自己不亲自临阵的过失。但诸葛亮毕竟是第一流的军事大家,所以在后来的战役战斗中,诸葛亮都亲自上阵指挥,真可谓用兵"不二过"。

另外以赵云、邓芝所带的一支部队,"自箕谷退归,缴还军令,云自言无功,应受惩戒。亮问明邓芝,芝言魏将曹真率兵追袭,幸由云亲身断后,步步为营,始得全军归来。亮多歔欷道:'街亭军退,兵将不复相顾,箕谷军退,兵将并不相失,可见用兵在人,原不在多寡呢。'云尚有军资带还,亮使分赏将士。"①

首出祁山结束后,诸葛亮是如何对待这次北伐所出现的问题的呢?严格执法,斩了马谡,还上书后主刘禅自贬三级,"于是考微劳,甄烈壮,引咎责躬,布所失于天下,厉兵讲武,以为后图,戎士简练,民忘其败矣。"②

这就是说,自首出祁山失败之后,诸葛亮细心地考察各方面存在的问题,在这次战争中,就是功劳微小者亦得到奖赏,甄别烈士勇士,主动承当错误之责任并做出自我批评,又将自己的过失公告于天下。

与此同时,还下令制造兵器,讲习武艺,很快修复了街亭之败的创伤,军队的战斗力越来越强,甚至连老百姓也逐渐忘记了首出祁山的失败。由上可见,诸葛亮"中华民族大一统"之志确实坚如磐石。

三十五、呕心沥血撰《后表》

本篇示要:诸葛亮的《后出师表》,自清人袁枚"发现"是"伪作"之后,200余年以来,不少名家"一拥而上"论

---

①蔡东藩:《中国历史通俗演义·前汉后汉》,安徽人民出版社1999年版,第648页。
②晋·陈寿撰,南朝宋·裴松之注:《三国志》(全五册),中华书局1975年版,第923页。

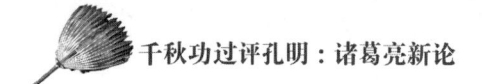

证之、附和之、"完善"之。更有甚者，说诸葛亮北伐是为了要当皇帝云云。把一个简单的问题搞得异常复杂，论证起来必然多费篇幅。直雄认为：大错特错，有诬前贤。有鉴于此，不得不分三个问题论证："呕心沥血撰《后表》，认定伪作理由多""呕心沥血撰《后表》，伪作之冤今昭雪""誓为大统撰《后表》，北伐辱作争宝座"。以此论证，还历史事实以真相。

议者问难：

臣非不自惜也，顾王业不得偏全于蜀都，故冒危难以奉先帝之遗意也，而议者谓为非计。①

又，群臣谓失一大将，不宜兴师，独诸葛亮锐意北伐，未肯中止。乃更上表奏闻。②

再，蜀建兴六年（228）正月攻魏，不料马谡失了战略要塞"街亭"，致使出师不利。这年十一月，诸葛亮闻曹休为吴所败，魏兵东下，关中虚弱，拟再出兵伐魏，然群臣以为疑。诸葛亮遂再次上表，请许北伐。此表是为《后出师表》。③

还有，"因为第一次北伐毕竟是在十分有利的情况下以失败告终的。刘禅甚至向诸葛亮发出这样的疑问：再次北伐，定能取胜否？"④

前面的"议者""群臣"之议及刘禅的发问，是指诸葛亮当不该北伐中原，故诸葛亮以《后出师表》为据论证之、答复之！

诸葛妙答：

亮闻孙权破曹休，魏兵东下，关中虚弱。十一月，上言曰："先帝虑汉、

---

① 晋·陈寿撰，南朝宋·裴松之注：《三国志》（全五册），中华书局1975年版，第923页。
② 蔡东藩：《中国历史通俗演义·前汉后汉》，安徽人民出版社1999年版，第648页。
③ 张习孔、田珏主编：《中国历史大事编年·第二卷》，北京出版社1997年版，第11页。
④ 朱大渭、梁满仓：《武侯春秋》，团结出版社1998年版，第577—578页。

贼不两立，王业不偏安，故托臣以讨贼也。以先帝之明，量臣之才，故知臣伐贼才弱敌强也；然不伐贼，王业亦亡，惟坐待亡，孰与伐之？是故托臣而弗疑也。臣受命之日，寝不安席，食不甘味，思惟北征，宜先入南，故五月渡泸，深入不毛，并日而食。臣非不自惜也，顾王业不得偏全于蜀都，故冒危难以奉先帝之遗意也，而议者谓为非计。今贼适疲于西，又务于东，兵法乘劳，此进趋之时也。谨陈其事如左：高帝明并日月，谋臣渊深，然涉险被创，危然后安。今陛下未及高帝，谋臣不如良、平，而欲以长计取胜，坐定天下，此臣之未解一也。刘繇、王朗，各据州郡，论安言计，动引圣人，群疑满腹，众难塞胸；今岁不战，明年不征，使孙策坐大，遂并江东，此臣之未解二也。曹操智计殊绝于人，其用兵也，仿佛孙、吴，然困于南阳，险于乌巢，危于祁连，偪于黎阳，几败北山，殆死潼关，然后伪定一时耳，况臣才弱，而欲以不危而定之，此臣之未解三也。曹操五攻昌霸不下，四越巢湖不成，任用李服而李服图之，委任夏侯而夏侯败亡，先帝每称操为能，犹有此失，况臣驽下，何能必胜？此臣之未解四也。自臣到汉中，中间期年耳，然丧赵云、阳群、马玉、阎芝、丁立、白寿、刘郃、邓铜等及曲长屯将七十余人，突将无前，賨叟、青羌，散骑武骑一千余人，此皆数十年之内，所纠合四方之精锐，非一州之所有；若复数年，则损三分之二也。当何以图敌：此臣之未解五也。今民穷兵疲，而事不可息，事不可息，则住与行劳费正等，而不及今图之，欲以一州之地与贼持久，此臣之未解六也。夫难平者，事也。昔先帝败军于楚，当此时，曹操拊手，谓天下以定。然后先帝东连吴、越，西取巴、蜀，举兵北征，夏侯授首，此操之失计而汉事将成也。然后吴更违盟，关羽毁败，秭归蹉跌，曹丕称帝。凡事如是，难可逆见。臣鞠躬尽瘁，死而后已，至于成败利钝，非臣之明所能逆睹也。"于是有散关之役。此表，亮集所无，出张俨默记。①

本篇的"议者"，还有一个不光是诸葛亮该不该北伐中原的问题，有些人竟然搬出1780余年前、被刘禅果断了结了的一个"旧案"——诸葛亮北伐图谋不轨，诸葛亮北伐实为一己之私，诸葛亮北伐"狼顾虎视"刘汉政权云云。

又有人说《后出师表》纯属子虚乌有！

---

①晋·陈寿撰，南朝宋·裴松之注：《三国志》（全五册），中华书局1975年版，第923—924页。

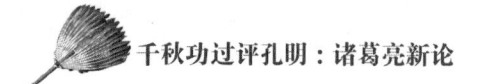

以上问题，直雄拟在"直雄补说"中一一论证皆是"伪命题"之所在。

作年略考：

此表写作时间的记载，十分明确：即公元228年十一月。

直雄补说：

诸葛亮这一次的答"议者"，就是有名的《后出师表》。之所说此表有名：一是此表为诸葛亮一生之生命所系，它与《隆中对》《前出师表》相辅相成，是诸葛亮一生生命中的一大闪光点；二是此表深蕴诸葛亮的军事辩证法和诸葛亮的人格魅力、道德情操，其影响至今；三是自清人袁枚始，将此表说成是假造，承此说者，大有名人在！惹得争议纷纷到如今。今人言《后出师表》是伪作者，当以刘逸生先生说得"简"而"全"且说得异常的"果断"，因而也最具代表性。为了论辩具有彻底性，有必要全引如下。刘逸生先生以《〈后出师表〉是一篇伪作》为题、这样写道：

> 诸葛亮的《前出师表》和《后出师表》都是同样著名的文章，以后又在《古文观止》这类选本中加以收录，《演义》又照抄不误，于是诵读的人就更多，也更深入人心了。
>
> 可是事情很蹊跷。陈寿的《三国志》只收《前出师表》而不录《后出师表》，后者只是裴松之作注时，才引《汉晋春秋》附加进去的；而且又解释说："此表，《亮集》所无，出张俨《默记》。"连诸葛亮的文集都没有收，却由吴国做过大鸿胪的张俨记录下来，这就够奇怪了。陈寿是蜀国人，他收集孔明的事迹和文章是很齐备的，不应该连这篇文章都遗漏了。这令人费解。
>
> 然而最奇怪的却是《后出师表》的内容。因为文章里充满一片失败的气氛，简直像一个被迫到绝路的人垂死挣扎的哀

鸣，同蜀国当时的情势全不相合。我们试把此文的内容细细推敲一下，就会发觉它不可能出于诸葛孔明的手笔。

此文有两句著名的话："鞠躬尽瘁，死而后已。"说得悲壮，不少人都曾引用过；但放在出师的表文里，就变成一句十分泄气的话。谁都知道，出兵讨伐敌国，是一件大事，"气可鼓而不可泄"，没有在打仗之前，就先散布失败议论的道理。而文中的"故知臣讨贼，才弱敌强也"；又"先帝每称操为能，犹有此失，况臣驽下，何能必胜"；又如"丧赵云"一段，说军中已少了许多勇将——那又何必急急打仗？又如"今民穷兵瘁而事不可息"——既然明知民穷兵瘁，敌人又不是大举来犯，有什么"事不可息"？在逻辑上也说不通。还有"成败利钝，非臣之明所能逆睹也"。岂不是把国家命运会之孤注一掷，这怎么是诸葛孔明平日的态度？

《前出师表》写于蜀汉建兴五年（公元227年），《后出师表》写于蜀汉建兴六年。中间这年经过了街亭的失败，这失败固然损失不轻，但说蜀国从此一蹶不振，只能在死亡中挣扎，则完全不是事实。因为蜀汉建兴六年冬天孔明又重出散关，围陈仓，因粮尽退兵，还击斩了王双，说明在整顿了半年之后，又有力量出兵进攻，一进一退，十分从容。第二年冬天，再遣陈式攻武都、阴平，收复二郡，魏国对此则束手无策。可见孔明此时依然意气风发，毫不气馁，哪像《后出师表》那副凄凉绝望的样子。当时孔明不过四十七八岁，正当盛年，街亭挫败，何足以使他悲观绝望。《后出师表》不是也说："曹操智计，殊绝于人，其用兵也，仿佛孙吴。然困于南阳，险于乌巢，危于祁连，逼于黎阳，几败北山，殆死潼关。"失败过这许多次，曹操还是统一了北方，那么，街亭一役，又何足使诸葛亮丧气如此？

《后出师表》引者有一句话说，孔明要北伐，"议者谓为非计"，因此孔明要反驳他们。但是《后出师表》中所举理由，却有不少是替反对派说了话。如"曹操五攻昌霸不下，四越巢湖不成，任用李服而李服图之，委夏侯而夏侯败亡。先帝每称操为能，犹有此失，况臣驽下，何能必胜"。这些话拿来解释街亭之败还勉强可以，拿来作出兵的理由，就不通了。《后出师表》又有一段说："刘繇、王朗，各据州郡，论安言计，动引圣人，群疑满腹，众难塞胸。今岁不战，明年不征，使孙策坐大，遂并江东。"用意是说，如果不北伐，使魏国逐步强大起来，就难以抵敌了。由弱小到强大谓之坐大，但是魏国那时已很强大了，决非孙策初起时的形势，引用刘繇、王朗的旧事，有何相似之点呢？这几句话如果是魏国伐蜀国的理由，倒还有点道理。诸葛亮是说不出这种歪理的。

诸葛一生唯谨慎，这是大家知道的。但《后出师表》却一再主张"危"。如说"况臣才弱，而欲以不危定之，此臣未解三也"，"故冒危难以奉先帝之遗意也"，"高帝……涉险被创，危然后安"。这些冒险的主张，也不像孔明生平的为人。

还有一个事实上的错误。赵云是蜀汉建兴七年逝世的，见于《三国志·赵云传》；而写于六年的《后出师表》，却说"丧赵云"，这就明明是后人伪作时，弄不清赵云死年所出现的漏洞。若是孔明，把未死的大将说成已死，真是个天大的笑话了。

《后出师表》是一篇伪作，那是无可置疑的。清代的袁枚便早已指出。至于作伪为谁？下文再说。①文中的"至于作伪为谁？下文再说"，直雄在后文中自有专论指出其说不妥。

说诸葛亮的《后出师表》是一篇伪作的文章不少，然没有一篇是如此之短、如此之精、如此之全，而又如此"果断与肯定"，也没有一篇如此大量借用《后出师表》中之文，以证明《后出师表》之伪。也许因是书的印数可观，而其影响较之一般论文的影响要大得多。直雄认为，刘逸生先生是一位著作等身的大家，他的这篇文章的影响，并不亚于袁枚称《后出师表》是伪作影响之大。有鉴如此，必须全文如实引之，并细而论之。

成语有云："差之毫厘，谬之千里"。从袁枚始到刘逸生先生，二百余年以

---

① 刘逸生：《三国小札》，广州出版社2001年版，第224—226页。

来的诸多进士、学者之所以说《后出师表》是一篇伪作，关键是忽视了对《后出师表》中两个字的理解问题：一个是"解"字；一个是"丧"字。由于对这两个字的忽略，由于对袁枚等大家的遵从，所以出现了一批学者将《后出师表》搞成了一篇伪作。由于《后出师表》是一篇伪作的说法影响太大，故必须细而论之；又由于刘逸生先生的《〈后出师表〉是一篇伪作》的主要内容，来自乾隆进士袁枚（1716—1797）的《〈后出师表〉辨》，故只要对《〈后出师表〉辨》进行透彻的分析，指出其错误之处，那么刘逸生先生的《〈后出师表〉是一篇伪作》的错误实质之问题，也就迎刃而解。

呕心沥血撰《后表》，认定伪作理由多

说诸葛亮的《后出师表》是伪作，有200余年的历史。这些"伪作"论者，绝非一般学者，他们多是大名人，其影响大矣！故须细致而论。

一、《后出师表》的由来及其文意。

蜀汉建兴六年（228）诸葛亮首出祁山（今甘肃省之礼县东）时，在魏、吴边境附近的夹石（今安徽省桐城县之北），孙吴大将陆逊大败曹魏大司马曹休，使曹魏的兵力，不得不关注东方，从而造成关中的军事力量出现空虚的有利情况。这对诸葛亮北伐，真可谓机不可失、时不再来。

于是在这年的十一月，拟再次北伐。但因首次出师不利，特别是大将赵云遭丧（直雄证之为或因伤或因病，不能上阵作战，赵云未死），故而遭到群臣反对，刘禅示疑。于是诸葛亮呈言刘禅，说明情况并答复群臣（议者），这就是有名的《后出师表》。

此表的写作异常精到，论点以"先帝"的名义破题而出，这对群臣和后主本身就是一种震撼，一种威摄，一种激励。然后有条不紊地论述之。

是先帝考虑到蜀汉和曹贼不能并存，大汉的帝王之业不能苟且偷安于益州一地，所以委任臣下去讨伐曹魏。以先帝那样的明察秋毫，估量臣下的才能，本来就知道臣下要去征讨敌人，是能力微弱而敌人强大。

读到到这里，不得不令人想到刘备托孤，嘱托诸葛亮要继"中华民族大一统"之业，真可谓既实事求是，又铿锵有力，令人慨然而起。

现实是，不去讨伐敌人，王业是要败亡的；是坐以待毙，还是主动去征伐敌人呢？因此，受托孤之重的臣下，不能坐以待毙，这是一点也不能犹疑的。

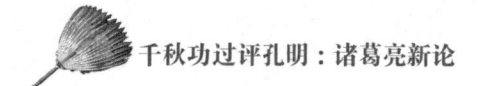

臣下接受重任之时，睡，不能安稳；食，没有滋味。

想到北伐，必须首先南征。故五月里渡过泸水，深入不毛之地，两天才能吃上一餐；臣下不是不知道要爱惜自己，而是看到帝王之业不可能局限在益州一地而得以保全，所以必须冒着危险，来执行先帝的遗愿，可是争议者说这不是上策。

怎么不是上策呢？又怎么不是战机呀？直雄以为，在曹魏、孙吴这两个政权还没有一方出现严重的腐败情况下，真可谓是面对"强魏""劲吴"，诸葛亮只能"钻曹魏战争失利的空子"，这是唯一的高明手段。

目前敌人恰好在西面疲于对付边境的叛乱，东面又要竭力去应付孙吴的进攻，兵法上说趁敌方劳困时发动进攻，当前正是赶快进军的时机呵！现在谨将下列问题陈述如下：

高祖皇帝的明智，可以和日月争光，他的谋臣见识广博，谋略深远，但还是要经历艰险，身受创伤，遭遇危难然后才得安定。现在，陛下不及高祖皇帝，谋臣也不如张良、陈平，而想用长期相持的战略来取胜、平定天下，既然不及先祖先贤，所以第一个问题是：臣下必须不懈地奋斗着；

刘繇、王朗，各自占据着州郡；在议论安守策略时，动辄引用古代圣贤的话，却疑虑满腹，胸中充斥着惧难；今年不出战，明年不征讨，让孙策安然强大起来，终于并吞了江东，前人的这些教训，所以第二问题是：臣下不得不不懈努力奋斗下去；

曹操的智能谋略出众，他用兵有如孙武、吴起那样神奇，即便如此，他在南阳遭受到窘困，在乌巢遇上危险，在祁山遭到厄难，在黎阳被敌困逼，几乎惨败在北山，差一点死在潼关，然后才得僭称国号于一时。何况臣下才能低下，而要平定天下，所以第三个问题是：我不得不不懈努力北伐；

曹操曾五次攻打昌霸不下。四次想占有巢湖而未成功。任用李服，而李服密谋杀他。委用夏侯渊，而夏侯渊却败死汉中。先帝常常称赞曹操有能耐，可还是要遭受这种种的挫败，何况臣下才能低劣，所以第四个问题是：我不得不不懈努力地以图进取；

自从臣下进驻汉中，期间一年之内，就丧失了赵云、阳群、马玉、阎芝、丁立、白寿、刘郃、邓铜等将领以及部曲将官、屯兵将官七十余人；突将、无前、賨叟、青羌、散骑、武骑等士卒一千余人。这些都是几十年内各地积集起来的精锐力量，不是一州一郡所能拥有的。如果再过几年，就会损失原有兵力的三分之二，那时拿什么去对付强敌呢？所以第五个问题是：我不得不不懈地努力奋斗着；

现在虽然百姓贫穷、兵士疲乏，但从全国来看，大一统的战争是不可能停息下来的。既然战争不能息止，而益州一地是难于和敌人长期相持的，那等待敌人来进攻再出去攻击敌人，其劳力费用正是相等的。为取主动，必须趁此有利时机去出击敌人，所以第六个问题是：我不得不不懈努力奋斗着。

战争的场面千变万化、是最难于判断的。当初先帝兵败于楚地，这时候曹操拍手称快，以为天下已经平定了。但是，后来先帝东面与孙吴联盟，西面得有巴蜀之地，出兵北伐，夏侯渊掉了脑袋；这是曹操的估计错误的后果。看来复兴汉室的大业快要成功了。但是，由于孙吴又违背盟约，关羽战败被杀，先帝又在秭归遭到重创，而曹丕就在此时称帝。有的事情就是这样，很难加以预料。臣下只有竭尽全力，乃至至死方休。至于伐魏兴汉究竟是成功是失败，是顺利还是困难，那是臣下的智力所不能事先预计的。

诸葛亮（181—234）归天仙逝已经1786年了，由诸葛亮的《后出师表》，引发到底该不该北伐争讼不已。到袁枚时起，竟然说《后出师表》纯属子虚乌有！现今有人竟然说诸葛亮北伐是为了要帝王的宝座，也有先生认为，"北伐，是诸葛亮治蜀的一大错误。"[①]

二、何时冒出一个《后出师表》非诸葛亮所作的问题？

《后出师表》自公元228年十一月撰成至清，据直雄所见，在袁枚以前，为诸葛亮所作，似未见有人提出异议。自清袁枚（1716—1798）始，即认定为伪作，由于"袁枚是清代中叶最负盛名、最有影响的诗人，居'乾隆三大家'之首，执诗坛牛耳近50年。他在考据成风的乾嘉时期，在重经学、重学问的诗坛上，以充满创造精神、洋溢着天才之气的诗作，独树一帜，非同凡响。"[②]

正是由于袁枚的非凡影响力，故持《后出师表》为"伪作"的议者数以十计，且多为名人名士（见本篇中之论）。

三、说诸葛亮根本就没有写过《后出师表》，这又是一种特殊的议者。

四、现今又冒出一个诸葛亮北伐"狼顾虎视"论的老问题。

[①]唐光钻：《略论诸葛亮北伐》，《西昌师专学报》1991年第1期，第44页。
[②]石玲：《论袁枚古体诗创作》，《文史哲》1999年第2期，第113页。

五、现今又出现一些更为特殊的议者,说诸葛亮的北伐是以自己登上帝王宝座为目的。

对于上述这些说法。是耶?非耶?我们不能唤起仙逝1786年诸葛亮于地下而问之!但是,直雄以为:诸葛亮的论著、诸葛亮的所作所为、千余年不少贤人对诸葛亮的评说,已经为我们作出了答复。而这里的"直雄补说",当是一种特殊的代"诸葛妙答"。

今试对应上述几个问题而论之,皆一一揭橥于后:

说《后出师表》是"伪作",是乃误读。

《后出师表》自习凿齿(328—412)的《汉晋春秋》所载,特别裴松之(372—451)的《三国志注》和后来罗贯中(约1330—1400)的《三国演义》中所引,从东晋至清乾嘉间,诸多典籍皆有载录,从无异议,可谓一片赞叹与钦佩之声。然自清人袁枚的《〈后出师表〉辨》发表之后,其文开笔即云:"《后出师表》非孔明作也。",由于袁枚是清朝乾嘉时期最具代表性诗人、散文家、文学评论家,其人为官为文均影响甚巨。他这么一说,有如"登高一呼、众山而应"。不少进士、学者为之附和呼应,《后出师表》似乎真是假的了,甚至当代最负盛名的文史大家范文澜等先生也赞同此说。致使《后出师表》是造假之作占据着相对"优势",影响至深。

其实,这是对诸葛亮的作为及其《后出师表》的误读至深所致。

鉴于《后出师表》的真假问题对诸葛亮其人其作、对后世的影响甚巨,直雄有必要补充材料,再次详细论证。①

曾经,有些中外学者预言:"在21世纪,中国古典小说能引起世界注目的非《三国演义》莫属,尤其是它的应用研究。'三国'的确是令人心驰神往的。"②要想有这样的结果,必须解决《后出师表》是否伪造这个问题,必须论证诸葛亮要不要、该不该北伐的问题。这两个问题,与习凿齿论著、诸葛亮的《后出师表》相关相切:

在《三国演义》的研究中,袁枚云:"《后出师表》非孔明作也。"③

---

①吴直雄:《习凿齿与他的〈汉晋春秋〉——兼论〈三国演义〉对习凿齿的承继关系》一书中,曾以《〈后出师表〉确系孔明所作之详证》作了论述,收入该书的附录一。今仍深感不足,有必要在此再次补论!

②阮中亮编著:《三国经典谋略全知道·前言》,当代世界出版社2010年版。

③袁枚:《〈后出师表〉辨》,载《袁枚文选》,作家出版社1997年版,第29页。

三十五、呕心沥血撰《后表》

此论影响极大，有一大批名人学者前贤时俊，在袁枚论说的基础上，找出了十四种理由，论证《后出师表》是伪作，致使不少经典权威的典籍编撰不敢将《后出师表》入选其中……《后出师表》始见于习凿齿的《汉晋春秋》，自此影响极大。

如是伪造，首先是诸葛亮与习凿齿其人其著难脱干系，整部《三国演义》亦将因之逊色。因此，系统论证《后出师表》的真伪，势在必行。

真金珠宝尘难掩；拂尽尘沙能见珍。

直雄研究认定：《后出师表》是诸葛亮的呕心沥血之作，是他"生命"中的重要组成部分；也是《三国演义》中的一大关键性内容，载录《后出师表》是习凿齿的重大贡献。

《后出师表》岂止是诸葛亮"生命"中的一个重要组成部分，它不仅是研究诸葛亮、研究习凿齿的重要历史文献，也是研究《三国志》《三国志注》《汉晋春秋》《三国演义》等著作所无法绕开的重要问题之一，同时亦是研究其载录者张俨与转录者习凿齿思想观点不可或缺的材料；也是研究诸葛亮、习凿齿政治思想观点不能绕开的问题。

从《三国志注》中可以推定：裴松之是看过张俨《默记》的，他未能直接从《默记》中引用《后出师表》，而是引自习凿齿的《汉晋春秋》。这就是说，张俨《默记》中根本就没有《后出师表》！或者裴松之所看到的张俨《默记》的这个版本中没有《后出师表》。而习凿齿所看到的《默记》与裴松之所见到的版本不同，则是载有《后出师表》的。故标明此表出自《默记》。或曰：张俨《默记》本无《后出师表》，是习凿齿造假？

有鉴于此，因为习凿齿特别尊崇诸葛亮，人们也会有理由怀疑就是习凿齿伪造。这样一来，考定《后出师表》的真伪显得十分必要。

再者，前后《出师表》，不仅是三国时代的名篇，亦是古今名著。它为历代政治家、军事家、史学家、文学家、评论家所激赏；尤为历代爱国志士所喜爱。岳飞读后"泪下如雨"，文天祥读后作《正气歌》中云："或为出师表，鬼神泣壮烈。"

还有，《后出师表》中的不少名言，它也是诸葛亮忠君爱国、一生为国家大一统事业奋斗精神的闪光之点，特别是其中的"鞠躬尽力，死而后已"一语，在不同的时代，均能赋予中华儿女慨然奋起之精神，化作其为时代为民族而奋勇前进的动力并注入大无畏的精神力量。

因此，考定《后出师表》是否为诸葛亮所作，这不仅仅是一个一般性的辨伪问题，它将有利于我们对《隆中对》《前出师表》《后出师表》的深入理解与进一步从宏观上把握诸葛亮一生的心路历程及其行动的轨迹。

如果说《后出师表》真的是他人假借诸葛亮之大名而附会为诸葛亮之作的话，上述这一切就无从谈起；如果说是伪作，则有必要说出系统的理由。

同样，如果说是诸葛亮之作，则有必要论证上述这些理由纯属牵强附会，当从根本上予以否定，为《后出师表》系诸葛亮作辩诬正名。

鉴于《后出师表》在《三国志》研究、在《三国演义》研究和诸葛亮研究中如此重要，有好心的研究者为了认定《后出师表》为诸葛亮所作，说：《资治通鉴》关于《后出师表》的记载有误。不是魏明帝太和二年（228）冬十一月，而是魏明帝太和四年（230）冬十二月。其理由是可以避开称《后出师表》是伪托的一系列问题。其关键的理由是："所谓'自臣到汉中，中间期年耳'，意思是自从诸葛亮到汉中，时间过去了一周年。根据《资治通鉴》的记载，魏明帝太和元年（公元227年）春'三月，蜀丞相亮率诸军北驻汉中'。从魏明帝太和元年春三月，到所谓写作后《出师表》的魏明帝太和二年冬十一月，前后起码有一年零七个月。魏明帝太和二年春，诸葛亮率师进行第一次北伐；即使将这个春季的三个月全部剔除，诸葛亮在汉中的时间仍然起码有一年零四个月。所有这些情况，都与'自臣到汉中，中间期年耳'之说无法吻合。"①

其实，《资治通鉴》所记的《后出师表》，不是司马光的发现，他是录自习凿齿的《汉晋春秋》。

韩亚光先生在这里的理解过于狭窄。诸葛亮文中用上"期年"一语，并非是指他到汉中才整整的一年。且看全文："《汉晋春秋》曰：'自臣到汉中，中间期年耳，然丧赵云、阳群、马玉、阎芝、丁立、白寿、刘郃、邓铜等及曲长屯将七十余人，突将、无前、賨、青羌散骑、武骑一千余人，此皆数十年之内所纠合四方之精锐，非一州之所有，若复数年，则损三分之二也，当何以图敌？'"②

---

①韩亚光：《破解〈后出师表〉之谜》，载《宝鸡文理学院学报（社会科学版）》2017年第4期，第80—84页。

②晋·陈寿撰，南朝宋·裴松之注：《三国志》（全五册），中华书局1975年版，第923页。

诸葛亮是说，在汉中的一年多的时间里，其中（中间）算来在整整的一年之内，就"丧赵云、阳群、马玉、阎芝、丁立、白寿、刘郃、邓铜等及曲长屯将七十余人，突将、无前。賨、叟、青羌散骑、武骑一千余人"。这"中间"二字就表明诸葛亮自到汉中一年多的时间里，其间整整的一年之内，就出现了这么大的损失。"中间"二字就表明了到汉中不是只整整一年。与"丧赵云"一语的用法一样，诸葛亮可谓"惜墨如金"！

也许，韩亚光先生会说，将时间推到"魏明帝太和四年（230）冬十二月"，特别可以避免与《三国志·赵云传》中言赵云死于229年相矛盾之处。其实，这七十余名战将中，还有多位死于230年之后的呢（见后）？能避免吗？显然不能。

自袁枚认为《后出师表》是伪作至今争论已经二百多年！这二百多年以来，说《后出师表》是伪作的、非伪作的争论不休，至今未见定论。甚至有专家说："后世人出于对诸葛亮的尊敬，一千多年，习焉不察，一直以为这个《后出师表》竟然是诸葛亮的作品。呜呼！诸葛知兵非好战，后人论史要深思！……这个《后出师表》只有一点功劳：说诸葛亮'鞠躬尽力，死而后已'，与诸葛亮的实际情况相符。后来《三国演义》改为'鞠躬尽瘁，死而后已'，广为流传，成了名言。但这点功劳不足以补过。"①

如果真如否定《后出师表》是诸葛亮所作的这些专家所言，当实事求是、不宜再冠之以诸葛亮之名；若非伪作，决不能再对诸葛亮这一千古名篇"说三道四"，称《后出师表》有什么"不可道破的玄机"，《后出师表》是"历史的尴尬"云云，以杜绝某些人借以矮化中华民族这一时代的千古伟人以口实。

鉴于称《后出师表》是伪作的先生，多有国家一流专家学者，故直雄必须较为详细地先胪列"《后出师表》伪作说之种种"，然后逐一"破解《后出师表》伪作说之种种"；必须先让这些一流专家的否定理由一一说尽，然后再将其理由逐条地否定之。只有这样，方能清楚明白地作出令人信服的"《后出师表》乃诸葛亮呕心沥血之作的客观而清楚的判定"。

---

①杨柄：《诸葛亮的〈出师表〉只有一个》，载《甘肃社会科学》1994年第5期，第109页。

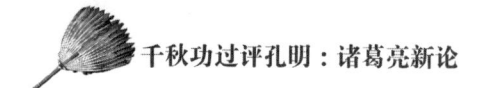

（一）视《后出师表》为伪作的十四大理由

除了上述列数世人对前后《出师表》的激赏之外，称赞前后《出师表》的文章为数众多，因为楹联内涵的高度浓缩性且表意极度明晰，往往是阅读"两行文学"（对联），实可拨动人生灵魂。为简省起见，只引几副名联说明之。

有直接称赞前后《出师表》的：

例如，"志见出师表；好为梁父吟。"①这是郭沫若为成都武侯祠的题联。高度评价了前后《出师表》中的大一统之志；

"两表酬三顾；一对足千秋。"②这是清人游俊为成都武侯祠所题的楹联。联语高度赞扬前后《出师表》与《隆中对》的永恒价值；

"三分谋一统；二表足千秋。"③此联深得前后《出师表》之精髓，先三分，之后的目的就是要实现"中华民族大一统"。

有直接引用《后出师表》中句子入楹联的：

例如，"淡泊以明志，宁静以致远；汉贼不两立，王业不偏安。"④上联引用诸葛亮的《诫子书》，下联出自《后出师表》，极写了诸葛亮的人格和矢志不移的大一统精神。又如："智谋《隆中对》，三分天下；壮烈《出师表》，一片丹心。"⑤这是1982年4月陆定一同志为襄阳隆中武侯祠撰写的楹联。上联讲刘备在三顾茅庐之后，在诸葛亮那里获得了深思熟虑的立国纲领，如实行之，则有了三国鼎立的局面；下联言诸葛亮接受刘备的托孤之后，为实现中华民族大一统之志奋斗不已，最后贡献出了一片赤胆忠心。如若继续搜集，仍有不少，仅以上诸联，就足以说明，诸葛亮的《后出师表》，读罢激动人心，其表为诸葛亮所作，有其不可动摇的真实存在。

然而，有数十位后人对于《后出师表》是诸葛亮所作，予以否定。

为了一见便知后人们否定《后出师表》要害之所在，故以否定者的口气拟出标题，并尽可能在题目上就能让读者一看即知否定者的旨意与"证据"之所在。

为了尽可能全面地展示否定者们的各种理由，文中尽可能地引用否定者的关

---

①吴直雄：《楹联巨匠毛泽东》，广东人民出版社2003年版，第555页。
②裴国昌主编：《中国楹联大辞典》，江苏科学技术出版社1991年版，第667页。
③马萧萧、刘人寿等著评：《当代佳联选评》，岳麓书社1999年版，第244页。
④吴直雄：《楹联巨匠毛泽东》，广东人民出版社2003年版，第734页。
⑤聂炎：《对偶的哲学基础》，《固原师专学报·社科版》1988年第3期，第88页。

键性话语。只有这样，才能有利于对《后出师表》真伪的客观判定和读者对《后出师表》确为诸葛亮所作的深入理解。

1. 《出师表后》中赵云的卒年与《三国志·赵云传》相矛盾

有一段时间以来，有的学者在讲学时，一有人提到《后出师表》，就一口咬定说这是伪作。特别是有一位学者在中央电视台文化类节目时讲到《后出师表》时，就毫不犹豫地说这是伪作，其影响甚大。其根本性的理由就是《后出师表》说赵子龙死了，实际上并未死，这是伪造《后出师表》的"铁证"。

细心查之，确有其证：

一是清代著名学者黄式三（1789—1862）在其《儆季居集》中云："世传诸葛亮武侯有前后出师之表……前表悲壮，后表衰飒。前表意周而辞简，后表意窘而辞缛。岂街亭一败，遂足以褫其魄而夺其气乎！以是知后表之为赝也……独不思《赵云传》乎！《云传》曰：'蜀汉建兴五年，随诸葛亮驻汉中，明年，亮出军扬声由斜谷道，曹真遣大众当之。亮令云与邓芝往拒……七年，卒。'而后表作于六年之十一月，已言赵云之丧，其谬著矣！"[①]

黄式三明确地指出：《三国志·蜀书·赵云传》中，记载赵云死于蜀汉建兴七年（229），而《后出师表》作于蜀汉建兴六年（228）十一月，载赵云已死。倘若《后出师表》真的为诸葛亮所撰，怎么会将赵云的卒年都搞错呢？在他看来，《后出师表》为伪作，铁定无疑！

二是清人黄以周认为："据《赵云传》：云卒于蜀汉建兴七年。六年出师，云尚未卒，不得云赵云之丧。"[②]

黄以周之所据，亦是抓住赵云未卒说成卒，所以是赝品也。

三是民国史学家陶元珍先生云：

"此表云：'自臣到汉中，中间期年耳，然丧赵云、阳群、马玉、阎芝、丁立、白寿、刘郃、邓铜等及曲长屯将七十余人……'案上述诸人，除赵云外，皆不见于陈志。阳群等若非重要将领，何必胪举其名，若为重要将领，何以陈志毫

[①] 咸文、陈宁宁：《诸葛亮前后〈出师表〉小考》，载《三国人物论》，东方出版中心2013年版，第196页。

[②] 卿三祥：《〈后出师表〉真伪考释》，载《成都大学学报（社会科学版）》2007年第6期，第26页。

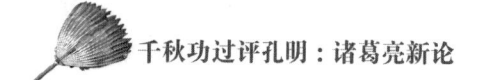

无记载，他书亦未述及？此可疑之点七。"①

陶元珍先生言《后出师表》为伪作，亦是强调赵子龙在228年未死，《后出师表》说成已死，这就是伪作者所露出的"马脚"。

四是近代大家"范文澜在《中国通史简编》中也说：'后出师是别人假托'。"②

范文澜（1893.11.15—1969.7.29），是我国著名的历史学家。曾在南开大学、北京大学、河南大学、北京师范大学、中国大学、辅仁大学、中原大学等校任教，主编《中国通史简编》，并长期从事该书的修订工作，还著有《中国近代史》（上册）、《文心雕龙注》、《范文澜史学论文集》等，这样的大学问家说了《后出师表》是伪作，虽未有更具体的论证，想必当是抓住"赵云未卒说成卒"这一要害问题。但不管具体说了还是没有说，他的话和袁枚一样，也是极具权威性的，令人不得不信！

五是我国大学者、教育大家缪钺在其《政治家诸葛亮散论》称："《后出师表》虽是他人依托，并非诸葛亮所作。"③

缪钺（1904—1995），字彦威，江苏溧阳人，生于河北迁安，居家保定。著名历史学家、文学家、教育家。诗词、书法亦堪称大家。缪钺先生曾任国务院古籍整理出版规划小组、中国魏晋南北朝史学会、中国唐史学会、中国唐代文学会、中华诗词学会等学术团体和学术机构的顾问。与人共同主编了《唐诗精华》《中国野史集成》等专书，出版有《元遗山年谱汇纂》、《诗词散论》、《杜牧诗选》、《三国志选》、《读史存稿》、《杜牧传》、《杜牧年谱》、《三国志选注》（主编）、《冰茧庵丛稿》、《灵溪词说》（合著）、《三国志导读》（主编）、《冰茧庵序跋辑存》、《冰茧庵剩稿》、《词学古今谈》（合著）等专著，发表论文120余篇，多数收入上述各论文集。另有旧体诗词集《冰茧庵诗词稿》行世。谬钺之说也是极具权威性的，令人不得不信！

六是称《后出师表》为伪作的刘逸生先生曰："还有一个事实上的错误。

---

①陶元珍：《世传诸葛亮后出师表辨证》，2007年8月24日，见http://vendus.blog.sohu.com/61112988.html。

②施宣圆、林耀琛、许立言：《千古之谜（中国文化史500疑案）》，中州古籍出版社1989年版，第760页。

③成都市诸葛亮研究会编：《诸葛亮研究》，巴蜀书社1985年版，第7页。

赵云是蜀汉建兴七年逝世的，见于《三国志·赵云传》；而写于六年的《后出师表》，却说'丧赵云'，这就明明是后人伪作时，弄不清赵云死年所出现的漏洞。若是孔明，把未死的大将说成已死，真是个天大的笑话了。"

七是称《后出师表》为伪作的林国赞曰："又据云自到汉中丧赵云等，又云于是有散关之役，然则此表作于蜀汉建兴五年，据云传云卒于七年，则此谬矣。……裴氏（裴松之）谓此表出张俨默记，亮集所无，张俨乃吴人，反记敌国文，宜未可信。"（《三国志》卷一，裴注）[①]

林国赞在这里不仅点破《后出师表》中的"硬伤"，而且称孙吴与刘汉政权是敌国，张俨不可能录记刘汉政权中的事。

八是今人马植杰云："《后出师表》所言'丧赵云'等事与史实不符合。《蜀志·赵云传》言赵云系'蜀汉建兴七年卒'。可是上于蜀汉建兴六年十一月的《后出师表》却说'然丧赵云……七十余人'。这显然是无可弥补的漏洞。"[②]

马植杰之语，可谓为言之凿凿，令人无可反驳！

九是杨柄说："这篇《后出师表》还提到这样一件事：'自臣到汉中，中间期年'，丧失了赵云等将领七十余人。作者是将这个表的时间定在228年冬十一月的。然而事实上这时候赵云还活着，他是第二年才病故的。赵云是蜀汉大将，对这样一位大将何时逝世这种起码的事实都搞错了，这个《后出师表》的真实性不值一提。"[③]

杨柄可谓一语击中要害，如果真若如此，《后出师表》的真实性确实不值一提。

十是黄瑞云也从赵云之死去论证《后出师表》是伪作。他说："《后出师表》说'自臣到汉中，中间期年耳，然丧赵云……等曲长屯将七十余人。'诸葛亮于蜀汉建兴五年（公元227年）'率诸军进驻汉中'，《汉晋春秋》说他建兴六年（公元228年）十一月上《后出师表》，'中间期年耳'，时间是相合的。然《蜀书·赵云传》明载蜀汉建兴六年赵云方与邓芝在箕谷抵抗曹军，'七年

[①] 陶元珍：《世传诸葛亮后出师表辨证》，2007年8月24日，见http://vendus.blog.sohu.com/61112988.html。

[②] 施宣圆、林耀琛、许立言：《千古之谜（中国文化史500疑案）》，中州古籍出版社1989年版，第761页。

[③] 杨柄：《诸葛亮的〈出师表〉只有一个》，载《甘肃社会科学》1994年第5期，第109页。

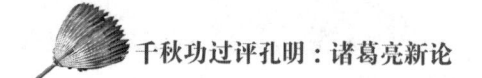

卒'，诸葛亮怎么会在先一年就说他死了呢？"①

黄瑞云在这里同样点出了《后出师表》中的"硬伤"所在，以论证自己的观点真可谓无可辩驳。

以上十位学者多是抓住《后出师表》上于228年11月，而且里面说到了赵云死了。可是史载赵云是死于229年，世人均无法解释这一问题，所以说《后出师表》是伪托之作，无疑。

2.《后出师表》与《前出师表》文气不一

文气，是指文章所体现的作者精神气质。这也是判别作品真伪的方法之一。认为《后出师表》是伪造者们，一般都会从《后出师表》有没有诸葛亮的精神气质着手。

首言《后出师表》之文气并借此认定《后出师表》是伪作者，是有清一代大儒袁枚也。他写道：

> 《后出师表》非孔明作也。夫兵，危事也；伐国，大谋也。张皇六师者有之，一鼓作气者有之，拊马而食、以肥应客者有之；未有先自危怯，昭布上下，而后出师者也。若果为亮作，是亮之气已馁，而其精已消亡矣。
>
> 其前表曰："兴复汉室，还于旧都"，"不效则治臣之罪"。何其壮也！后表曰："坐而待亡，不如伐之。""成败利钝，非臣所能逆睹。"何其衰也！当是时，街亭虽败，犹拔西县千家以归。蜀之山河，天险如故。后主任贤勿贰，非亡国之君。亮再举而斩王双、杀张郃；宣王畏蜀如虎，大势所在，有成无败，有利无钝，已较然矣。何至戚戚嗟嗟，遽以才弱敌强，民穷兵疲之语，上危主志，下懈军心。而又称难凭者事，以豫解其日后无功之罪；虽至愚者不为，而谓亮之贤为之乎？表中六难，屡言曹操之败，再言先帝之败，以归命于天。此日者家言也。将军出师，而为此言无谓；己不解而欲后主解无益。胸中抱六不解，而贸贸出师，悖矣！按此表上于蜀汉建兴

---

① 黄瑞云：《〈后出师表〉非诸葛亮所作》，载《职大学报》2008年第2期，第18页。

六年,亮此时年未五十,非当死时也。后死于十二年,天也,非亮之所当知也。诸贤死尽,而劝降之谯周老而不死,天也,又非亮之所当知也。亮不特知汉之必亡,且知己与诸贤之中年必死,岂理也哉?当邓艾入蜀时,使后主听姜维之言,早备阴平及阳安关口,则艾不能入;纵入后,其时罗宪、霍弋犹以重兵据要害。故孙盛以为乞师东国,征兵南中,则蜀不遽亡。将士在剑阁者,闻后主降,咸怒拔刀斫石。然则亮死后十余年,蜀犹未可亡。而亮出兵时,乃先云"坐而待亡"者,何耶?然则此表谁作?曰:此蜀亡后好亮者附会董广川明道不计功之说,以夸亮之贤且智,而不知适以毁亮也!裴松之称此表本集所无,出张俨《默记》。陈寿削之,真良史哉![1]

袁枚是有清一代的文学大家,也是非常尊崇习凿齿、曾写诗称赞习凿齿的大家,他这样一口认定《后出师表》非诸葛亮所作,引起了直雄的高度注意和不理解,因为他是言《后出师表》为伪作的始发论者,凡是称《后出师表》为伪作者,都与他的这篇论文有着千丝万缕的联系。故全文引之,留后品味,以定真伪。

二是清代著名学者黄式三在其《儆季居集》中又云:"世传诸葛武侯有前后出师之表……前表悲壮,后表衰飒。前表意周而辞简,后表意窘而辞缛。岂街亭一败,遂足以褫其魂而夺其气乎!以是知后表之为赝也。"[2]

黄式三在这里说到了前后两表的文气,言《前出师表》"悲壮",《后出师表》"衰飒"。还特别用了今人不大好解的"缛"字,称《后出师表》"意窘而辞缛",即《后出师表》表意"窘迫"而且"辞缛","窘迫"好理解,而"辞缛",即是用词纤柔如丝织品,以证明《后出师表》是赝品,即伪作。若遵此说,《后出师表》乃赝品无疑。

三是傅斯年称:"二十世纪中叶,受过'科学主义'洗礼的傅斯年也称,《后出师表》'若果决而实犹疑,若奋发而实不振',即使不算'败北主义',

---

[1] 清·袁枚著,高路明选注:《袁枚文选》,作家出版社1997年版,第29—30页。
[2] 戚文、陈宁宁:《三国人物论》,东方出版中心2013年版,第196页。

也脱不掉悲观论之嫌，诸葛亮伐魏，志当必胜，必无漫作此等泄气话的道理。"①

1941年傅斯年撰有《谁是〈后出师表〉之作者》一文，以自己的评论发问，肯定了后《出师表》非诸葛亮之作。

四是黄瑞云云："《前出师表》说：'今南方已定，兵甲已足，当奖帅三军，北定中原，庶竭驽钝，攘除奸凶，兴复汉室，还于旧都。'文辞气势充畅，对北定中原，兴复汉室，颇有信心。而《后出师表》却一再地说：'况臣驽下，何能必胜'，'至于成败利钝，非臣之明所能逆睹也。'文辞的力量和气势与前表不可同日而语，可以说相当泄气。表请出师，应振作主上，鼓舞士气，怎么可能写得如此衰飒呢？"②

黄瑞云从前后《出师表》的语气上作出对比分析，又一次肯定《后出师表》为伪作。

五是马植杰认为："《后出师表》语言变得十分沮丧，与诸葛亮生平怀抱全不相合。……《后出师表》的文辞、风格至为浅陋。与《前出师表》并不相类。"③

马植杰从诸葛亮的生平抱负上论说《后出师表》不属诸葛亮的人生风格，认定《后出师表》为伪作。

六是赵熠认为："前后表相隔仅一年，《前出师表》言辞恳切，充满热情与理想。如'则汉室之隆，可计日而待也。''兴复汉室，还于旧都。'昂扬向上的斗志溢于表文。而《后出师表》不仅绝口不提兴隆汉室之事，行文也不似前表那样气足语豪，全文都在主张出师，却又承认'至于成败利钝，非臣之所能逆睹也。'文气低迷悲观，况且出师之文应是鼓舞士气，怎会写得如此萧瑟呢？两表相隔一年，文气、风格表现出如此大的差异，实在让人难以信服同样出自诸葛亮之笔。"④

赵熠比照前后《出师表》的文气、风格，在这里得出《后出师表》就是伪作。

以上诸位专家，基本上与袁枚的说法一致，从《后出师表》的文气不振上去否定《后出师表》非诸葛亮所作。

---

① 刘慧儒：《〈后出师表〉的尴尬》，载《读书》2009年第9期，第51页。
② 黄瑞云：《〈后出师表〉非诸葛亮所作》，载《职大学报》2008年第2期，第27页。
③ 施宣圆、林耀琛、许立言：《千古之谜（中国文化史500疑案）》，中州古籍出版社1989年版，第761页。
④ 赵熠：《〈后出师表〉真伪之我见》，载《黑河学刊》2012年第2期，第84—85页。

3.《后出师表》中编造了史无记载的人物与事件

之所以说《后出师表》是伪造，有些人则从《后出师表》内容无的放矢，诸葛亮没有必要再上《后出师表》以证明之。

一是称《后出师表》为伪作的林国赞曰："又注（蜀注诸葛亮传注）引《汉晋春秋》载《后出师表》颇不可解。据'五攻昌霸不下'，案昌霸反东海唯一见先主传，陈志（指三国志）初无五攻事。……是年冬春两出师，前此后此，均未有谓讨贼为非计者也，而此表聒强不舍，辄刺刺于未解者六，亦深可疑。"（《三国志》卷一，裴注）[1]

林国赞论证《后出师表》为伪作，强调文中未出现有反对出师者，当属无的放矢之作，所举上述例证亦当深思。

二是黄瑞云称诸葛亮没有必要再上此表。他说："蜀汉建兴三年（公元225年）诸葛亮率众南征，南方平定后准备北伐中原，于建兴五年（公元227年）进驻汉中，向后主上《前出师表》。如果照《汉晋春秋》之说，建兴六年十一月诸葛亮又上《后出师表》，则两表相隔仅一年多。其时大军仍驻汉中，他有什么必要再上表文？而且同在这一年，诸葛亮失败之后，他一方面'上表自贬'，怎么可能一方面又上表出师？表文中还指责朝廷'今岁不战，明年不征'，诸葛亮怎么会如此荒唐？"[2]

黄瑞云从诸葛亮写作《后出师表》的必要与否，去否定《后出师表》的存在性，这也是一种思路。

三是钱大昭曰："按刘繇为豫章太守在兴平中，王朗为会稽太守在建安初，孙讨逆（策为讨逆将军）卒于建安五年，据魏春秋此疏上于孙权破曹休之时，盖建兴五年也（原注：'蜀建兴五年即魏太和元年'）。相隔二三十年，不必赘及（表云：'刘繇、王朗，各据州郡……'又云，'使孙策坐大，遂并江东'）。且云'任用李服而李服图之'。魏志亦无此人。窃疑此表后人伪撰，习凿齿（《汉晋春秋》著者）未之深考而载之耳。承祚（陈寿）不采此文，极有卓见"（《三国

---

[1] 陶元珍：《世传诸葛亮后出师表辨证》，2007年8月24日，见http://vendus.blog.sohu.com/61112988.html。

[2] 黄瑞云：《〈后出师表〉非诸葛亮所作》，载《职大学报》2008年第2期，第18页。

志辨疑》卷二）。①

按照钱大昭的推定，习凿齿未之深考而误载，《后出师表》当属伪作无疑！

四是马植杰说："《后出师表》所言曹操'困于南阳，险于乌巢，危于祁连，僵于黎阳，几败北山，殆死潼关'等一系列险遇，其中除了南阳、乌巢、潼关之役在史书上有记载外，其他都无确切依据。"②

《后出师表》作为向刘禅的疏奏，显然是要事事有据的，曹操历险不确，当然是《后出师表》之误。这也是马植杰先生的一大理由！

以上多位专家，皆是认为《后出师表》中的这些内容，于史无据，所以说《后出师表》是伪托之作。

4.《后出师表》是诸葛恪为出兵攻魏伪造的舆论工具

既然说《后出师表》是伪作，当然应当指出作伪者是何人。已有多位研究者认为作伪者是诸葛恪。找到了造假者，《后出师表》是赝品当无话可说。

一说作伪者是诸葛恪的有：今人马植杰在1983年6月出版的《文史》17辑上，发表《〈后出师表〉的作者问题》一文，又具一说，他称：

> 《后出师表》既非诸葛亮自作，也非张俨伪作，其作者乃是诸葛恪。……"我们只要仔细考察一下谕众论文，和当时吴国的政治情况，就可以看出《后出师表》是诸葛亮的胞侄诸葛恪假造的。"就诸葛恪而言，有伪造的必要。252年，孙权临死时，命新任大将军诸葛恪全权辅佐幼主孙亮。可是这时孙氏皇族与江南大族的势力非常强，诸葛恪对吴国政权并不能操纵自如。他为了树立自己的威望和掌握兵权，乃发动对魏战争。此年底诸葛恪与魏军战于东兴，打了一个大胜仗。于是诸葛恪便想大举出师攻魏。可是当时吴国众臣"同辞谏恪"，激烈反对诸葛恪出师，正符合《后出师表》中"议者谓为非计"的

---

① 陶元珍：《世传诸葛亮后出师表辨证》，2007年8月24日，见http://vendus.blog.sohu.com/61112988.html。

② 施宣圆、林耀琛、许立言：《千古之谜（中国文化史500疑案）》，中州古籍出版社1989年版，第761页。

话。诸葛恪在朝野哗然，举国反对的情况下，被迫发表论文以喻众，这篇论文的目的、内容以及说理用词都与《后出师表》极为相似。诸葛恪既需要"著论以喻众"，更需要伪制《后出师表》，以使自己的伐魏主张得到有力的旁证。再者，三国时代，尤其是吴国，政界人士为了达到某种目的，往往造假文章，此风盛行。例如鄱阳太守周鲂、大将陆逊、侍中胡综、吏部尚书陆喜都造过伪文。凡此为诸葛恪有目的的伪造《后出师表》，提供了旁证。[1]

这样看来，马植杰说作伪者是诸葛恪是有过认真分析的。

二说作伪者是诸葛恪的是陶元珍先生，他称《吴志·诸葛恪》传载所著论有云：

"每览荆邯说公孙述以进取之图，近见家叔父表陈兴贼争竞之计，未尝不喟然叹息也"。……或恪因同僚反对出师者众，遂漫谓见家叔父表陈云云，欲藉诸葛亮之名以增强己之意见，未必曾见此表也。余疑此表当系吴人之好事者本前出师表及恪所著论撰成。唯此种假设自难即成定论，本篇之作，实欲引起学人鉴定此表真伪之兴趣，有同抛砖引玉云尔。……余意所谓《后出师表》，当即诸葛恪所伪撰。据《吴志·诸葛恪传》，恪于孙亮建兴元年（公元253年）十二月大破魏军于东兴，次年春复欲出军。吴诸大臣以为数出罢劳，同辞谏恪，恪不听，中散大夫蒋延或以固争扶出，恪乃著论以谕众意。恪著论之外，当更伪撰此表，谬云亮作，以为己论根据。亮虽蜀臣，素为吴人所敬佩，假托亮之意见，足以折服众口，且亮死已久无对证，不忧众人不信也。恪所著论，大意可约为数点：（1）与敌不可两立；

---

[1] 施宣圆、林耀琛、许立言：《千古之谜（中国文化史500疑案）》，中州古籍出版社1989年版，第760—762页。

（2）不可任敌坐大致贻后悔；（3）应及己力尚强之时图敌；（4）不当惜目前劳费。此与所谓《后出师表》大意若合符节。如恪著论谓天无二日，土无二王，此即《后出师表》所谓汉贼不两立，王业不偏安之意也。恪著论谓六国之于秦，刘表之于曹操，吴之于越，均以纵敌致败，此即《后出师表》所谓刘繇、王朗，不事征战，使孙策坐大之意也。恪著论若不及早用众，端坐使老，复十数年，略当损半，此即《后出师表》所谓若复数年，则损三分之二之意也。恪著论谓众人或以百姓尚贫，欲务闲息，乃不知虑其大危而爱其小勤，即《后出师表》所谓今民穷兵疲而事不可息之意也。其出一手，至为显然。余曩撰辩证，疑此表？吴人之好事者本《前出师表》及恪所著论撰成，犹嫌未谛。张俨吴臣，卒于孙皓宝鼎元年（公元266年）见吴志孙皓传。俨撰默记时，此表业已传布，故被载入。默记首载此表，东晋时习凿齿撰《汉晋春秋》复载之，刘宋时裴松之撰《三国志注》，更据《汉晋春秋》引入注中，此表遂俨若真为亮作矣。[1]

陶元珍先生将诸葛恪力求伐魏的理由与《后出师表》相比较，确信《后出师表》就是诸葛恪所造之假，这就是他称《后出师表》是赝品的理由。这似乎也是说得通的。

5. 张俨为申《述佐篇》之意而造假《后出师表》

既然说是伪作，伪作者是谁呢？这又牵出伪造作者张俨张子节也。

一是说作伪者，张俨也。

"此外，尚有一些学者怀疑《后出师表》系撰写《默记》的吴国官吏张俨所伪造。"[2]

---

[1] 陶元珍：《世传诸葛亮后出师表辨证》，2007年8月24日，见http://vendus.blog.sohu.com/61112988.html。

[2] 施宣圆、林耀琛、许立言：《千古之谜（中国文化史500疑案）》，中州古籍出版社1989年版，第760页。

这是周朝民在其《〈后出师表〉是诸葛亮写的吗？》一文中，提及是吴张俨所伪造。但未详述理由。那么具体是谁说的呢？其目的何在？且看黄以周说。

二是说张俨为申己说而伪造：

> 清人黄以周以为：张俨为伸张己作《述佐篇》之说，而伪造《后出师表》。《三国志集解》卢弼注引黄以周说："武侯内治蜀，外征魏，其勋绩赫赫，昭人耳目。然当时好大言者，以武侯不能卒厥功，辄短其才。俨作《述佐篇》，尊诸葛，抑司马。而难者又谓：诸葛处孤绝之地，战士不满五万，不如闭关守险，无事空劳师旅。俨以为讨贼事不可息，成败利钝，非所逆睹。乃托其辞于诸葛，以为《后出师表》已自道之，其意欲为诸葛解嘲也。而后世愦军之将，反从此借口。昔吾先君子《儆居集》力辨此表之赝，与《前出师表》辞气迥别。且据《赵云传》：云卒于蜀汉建兴七年。六年出师，云尚未卒，不得云赵云之丧。《后出师表》不载武侯集。裴注引此表，而云：'出张俨《默记》。'则此表为张俨拟作，明矣。孙皓谓俨有出境才。俨亦自以皇华不辱命为言。俨有此学，自能拟此表。于赵云事，少有参错，亦无足怪也。"[①]

黄以周（1828—1899），本名元同，后改以周，以元同为字，号儆季。黄式三第四子。黄以周自幼承训家学，称《后出师表》为伪作，是其父观点的延续，这是无足不奇的。若不细考，也是说得通的。

6.《后出师表》类比唐突拼凑痕迹明显

要看一篇作品是不是伪作，从语言等方面进行详细考察，也是很有必要的。说《后出师表》是伪造的赝品，《后出师表》是伪作的认定者就是从这个角度去考察的。

[①] 卿三祥：《〈后出师表〉真伪考释》，载《成都大学学报（社会科学版）》2007年第6期，第26页。

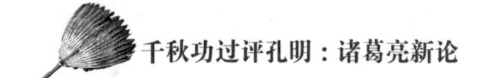

一是民国史学家陶元珍先生认为：

（1）《前出师表》（从俗称）已有"故五月渡泸深入不毛"二语，今此表复云"故五月渡泸深入不毛"，武侯何自好表白如此？此可疑点一。（2）《前出师表》但云深入不毛而已，此表更云'并日而食'，亦属可疑。（3）《前出师表》云："将军向宠，性情淑均，晓畅军事，试用于昔日，先帝称之曰能，是以众议举宠为督。"此表云："曹操智计，殊绝于人，其用兵也，仿佛孙吴。……先帝每称操为能，犹有此失……"疑此为后人故袭前表语气以饰其伪。（4）此表横插入"刘繇、王朗各据州郡"以下一段韵语，颇觉不伦。此可疑点之四。（5）《前出师表》谓后主"不宜妄自菲薄，引喻失义"，今此表以刘繇、王朗为喻，案刘繇名为刺史，所据不过一二郡，王朗则一太守耳，以繇为喻，真所谓引喻失义矣。此可疑之点五。（6）《前出师表》云："愿陛下托臣以讨贼兴复之效，不效则治臣之罪以告先帝之灵。"故街亭败后，亮即上书自贬，今此表博引曹操之事以自解，颇近护前。此可疑之点六。（7）此表云："自臣到汉中，中间期年耳，然丧赵云阳群马玉阎芝丁白寿刘郃邓铜等及曲长屯将七十余人……"案上述诸人，除赵云外，皆不见于陈志。阳群等若非重要将领，何必胪举其名，若为重要将领，何以陈志毫无记载，他书亦未述及？此可疑之点七。（8）孙策未定江东时，不过袁术之一将，未有寸土，势非甚强，当其渡江，众不过五六千，及既逐刘繇，势乃转盛。今此表云："刘繇、王朗，各据州郡，……今岁不战，明年不征，使孙策坐大，遂并江东。""使孙策坐大"颇非事实，此可疑之点八。（9）假定李服确为王服，王服之地位殊难与夏侯渊比，又四越巢湖指讨孙权，昌霸之地位更难与孙权比。疑伪撰此表者习为排比，故撷拾不重要之事以入文耳。（10）此表云："以先帝之明，量臣之才，故知臣伐贼才弱敌强也。"又始曰"偏安"，继曰"偏全"始曰"逆见",继曰"逆睹",殊觉遣词之窘,不类武侯手笔。此可疑之点十。①

陶元珍先生据《后出师表》中的语言,一一质疑。谁会说他没有道理呢?二是黄瑞云说:

> 《后出师表》云:"刘繇、王朗,各据州郡,论安言计,动引圣人。君疑满腹,众难塞胸。今岁不战,明年不征,使孙策坐大,遂并江东,此臣之未解之二也。"据《三国志·吴书·刘繇传》,刘繇于汉末"避乱淮浦,诏书为扬州刺史",因畏惮袁术,"不敢之郡"。后"汉命加繇为牧,振武将军",先后与袁术孙策作战,屡屡失败,"奔丹阳","保豫章","驻彭泽",从未在一个地方安定过,很难说他曾"驻州郡"。刘繇在汉献帝建安初年去世,年仅四十二岁,孙策曾"收载繇丧,善遇其家"。又据《三国志·魏书·王朗传》,王朗于汉献帝时为会稽太守,与孙策相抗。他于建安三年(公元198年)投奔曹操之后,不再成为独"据州郡"的割据势力。至于"孙策坐大,遂并江东"也是汉献帝建安初年的事,他于建安五年(公元200年)即已去世。因之刘繇、王朗"据州郡"也好,孙策"并江东"也好,到诸葛亮建兴六年(公元228年)北伐已相隔三十多年;诸葛亮怎么会把三十多年前的旧事(指刘繇、王朗、孙策之事)和几十年前即已去世的刘繇孙策当作当前的现实威胁而写入表文呢!三十多年前连刘备尚在徐州青州等地彷徨奔走,无容身之地,做梦也不曾想到会有诸葛亮北伐中原之举。这篇伪托文章的作者竟然不顾这些史实,以致留下明显的破绽。……"《前出师表》云:受命以来,夙夜忧叹,恐托付不效,以伤先帝之明。故五月渡泸,深入不毛。"

---

① 陶元珍:《世传诸葛亮后出师表辨证》,2007年8月24日,见http://vendus.blog.sohu.com/61112988.html。

《后出师表》又云："臣受命之日，寝不安席，食不甘味，思唯北征，宜先入南。故五月渡泸，深入不毛。"如果《后出师表》真是诸葛亮所作，他怎么会把说过的话再说一遍呢？①

黄瑞云则通过分析《后出师表》中的刘繇、王朗的实际情况，否定了《后出师表》为诸葛亮所作。又通过比对前后《出师表》，发现了《后出师表》对《前出师表》有如此重复之处，便断定《后出师表》乃伪作也。

以上专家据史而疑，看来，《后出师表》是伪作无疑。

7.《三国志》《诸葛亮集》均未录《后出师表》

陈寿在《三国志·诸葛亮传》《诸葛亮集》中未录《后出师表》，这也是"伪作说"者们的重要理由之一：

一是袁枚云："裴松之称此表本集所无，出张俨《默记》，陈寿削之，真良史哉！"②

袁枚，乃有清一代著名的文史大家诗人，其言当然有与一般研究者不同的分量。他云："陈寿削之，真良史哉！"就是说，陈寿见到过《后出师表》，因知其伪，故削之，所以是"真良史哉！"其言何其肯定也！

二是清人钱大昭："在《三国志辨疑》中说：'窃疑是表后人伪撰，习凿齿未之深考而载之耳。承祚不载此文，极有卓见。'"③

钱大昭是说，习凿齿未考证这是一篇伪作，就草率地收入《汉晋春秋》之中，陈寿不载此文入其《三国志》，显然是因《后出师表》乃伪作之故。

三是称《后出师表》为伪作的林国赞曰："裴氏（裴松之）谓此表出张俨默记，亮集所无，张俨乃吴人，反记敌国文，宜未可信。"（《三国志》卷一，裴注）④

林国赞称《后出师表》是伪作，其理由是陈寿书中不载，这是出自的刘汉政

---

① 黄瑞云：《〈后出师表〉非诸葛亮所作》，载《职大学报》2008年第2期，第18—27页。
② 清·袁枚著，高路明选注：《袁枚文选》，作家出版社1997年版，第29—30页。
③ 施宣圆、林耀琛、许立言：《千古之谜（中国文化史500疑案）》，中州古籍出版社1989年版，第760页。
④ 陶元珍：《世传诸葛亮后出师表辨证》，2007年8月24日，见http://vendus.blog.sohu.com/61112988.html。

权的敌国孙吴的东西，不可信。

四是杨柄先生说：

> 诸葛亮是不是有一个后《表》，首先要看陈寿奉晋武帝之命修撰的《三国志·蜀书·诸葛亮传》和编辑的《诸葛亮集》里面有没有这个《表》。因为陈寿（233—297）是巴西郡安汉人（今四川省南充市），父亲在诸葛亮军中供职，他本人仕蜀为观阁令史，还是蜀汉著名史学家谯周的学生，转晋后又是专职修史的，所以，他对诸葛亮的文献，对蜀汉的文献，是最熟悉的，最有发言权的。再者，他修史的态度又是很严谨的，例如他写到东吴历史的时候，得到一份据传为大臣陆凯上皇帝孙皓的一份表，指摘孙皓暴戾的二十件大事。真伪难辨，如何处理呢？调查研究。他"悄问吴人，多云不闻凯有此表。又按其文殊甚切直，恐非皓之所容忍也。或以为凯藏之箧笥，未敢宣行，病困，皓遣医理朝省问欲言，因以付之。虚实难明，故不著于篇。然爱其指摘皓事，足为后戒，故抄列于《陆凯传》的后面"。从这件事可以看出陈寿对待文献多么审慎。他对次要从物的文献尚且如此，何况对诸葛亮这一重要人物呢？陈寿奉命而为诸葛亮撰《传》编《集》。如果诸葛亮的确有一个后《表》，他不至于舍而不收，然而在《传》中也好，《集》中也好，不但不见后《表》的踪影，连提到都没有提到。这一事实雄辩证明历史上并不存在一个所谓的后《表》。[①]

杨柄在这里剖析《后出师表》根本就不存在，可谓有理又有据。《后出师表》乃子虚乌有，实成"铁案"！

五是黄瑞云先生在其《〈后出师表〉非诸葛亮所作》中云：

> 陈寿的《三国志·蜀书·诸葛亮传》中只有《前出师

[①] 杨柄：《诸葛亮的〈出师表〉只有一个》，载《甘肃社会科学》1994年第5期，第107页。

表》（应称《出师表》，为行文方便姑用《前出师表》这一名称），没有《后出师表》，陈寿生活年代与诸葛亮相衔接（陈寿生于蜀汉建兴十一年即233年，诸葛亮死于蜀汉建兴十二年即234年），他仕于蜀汉，蜀亡时年已三十，作为史学家肯定熟悉蜀汉历史和诸葛亮生平，而他在《三国志·蜀·诸葛亮传》中不录《后出师表》，只能说明诸葛亮没有写这篇表文。裴松之于南朝刘宋永嘉六年（公元429年）奉宋文帝之命为《三国志》作注，上距陈寿著《三国志》约一百五十年。他在《诸葛亮传》叙述蜀汉建兴六年还于汉中上表自贬之后，注中引用了《汉晋春秋》，说是年十一月，诸葛亮向后主"上言"，这就是所谓《后出师表》，裴松之在注中特别说明，"此表亮集所无，出张俨《默记》"。可见直到南朝宋时，所谓《后出师表》仍未收入诸葛亮集，说明当时诸葛亮集的编者知道此表非诸葛亮所作。[①]

黄瑞云先生据其所列举事实，断定《后出师表》就是伪作。

六是李宝淦曰：

> 诸葛亮《后出师表》，传既不见，集亦不载，仅见于裴注（指《三国志注》）中。案承祚于亮最为心折，且如周鲂七笺胡综三文之类，无不全录，既取前表，岂独遗此？必出后人伪托，非亮文也。（《三国志平议》卷二）[②]

李宝淦先生在这里将《后出师表》视为伪作，比黄瑞云说得还绝对。

[①] 黄瑞云：《〈后出师表〉非诸葛亮所作》，载《职大学报》2008年第2期，第18页。
[②] 陶元珍：《世传诸葛亮后出师表辨证》，2007年8月24日，见http://vendus.blog.sohu.com/61112988.html。

七是马植杰先生说：

> 陈寿在《三国志·蜀书·诸葛亮传》中只载有《出师表》一篇，是蜀汉后主建兴五年（公元227年）诸葛亮率军北伐前给刘禅上的疏。另外并无所谓《后出师表》。……梁昭明太子萧统所编《文选》，只选录《出师表》，未选《后出师表》。"①

马植杰先生认为：如果是诸葛亮所作，为什么这么多名家过手而不录载，当是伪作无疑。

八是赵熠先生说：

> 《后出师表》出处存在可疑之处。《后出师表》得以传世，是因为裴松之作注的《三国志》对其的全文引用，引文源于《汉晋春秋》，《汉晋春秋》又引用的是三国时期吴国的大鸿胪张俨所著的《默记》。陈寿所著的《三国志》以及后来编的《诸葛亮集》均未收录此表。陈寿是三国时期蜀地人，史学家谯周的弟子，谯周在蜀国刘备、刘禅两朝任职，蜀汉亡后，生活到晋泰始六年。他对蜀国的事情应该非常了解，对弟子陈寿的影响可想而知。且陈寿曾在蜀汉为官时就很注意搜罗故国旧事，如果诸葛亮有这样一篇陈述出师想法的表文，何以不是出自诸葛亮所在的蜀国文集，而是出自远在千里之隔的吴都人张俨的《默记》？……②

赵熠先生所言，当是指在陈寿一生期间，根本就没有什么《后出师表》。故知其伪势所必然。

以上八位专家主要理由都是说陈寿未录于其《三国志》，所以《后出师表》

---

① 卿三祥：《〈后出师表〉真伪考释》，载《成都大学学报（社会科学版）》2007年第6期，第23页。
② 赵熠：《〈后出师表〉真伪之我见》，载《黑河学刊》2012年第2期，第84页。

必为伪作。

8. 诸葛亮不会写错人名

从发现《后出师表》中的人名有错误，去论说《后出师表》是伪作，这也是一个有力的证据。

马植杰先生发现：

> 《后出师表》所引用其他人名也有错误。如把"王子服"写作"李服"，说明它不是出自诸葛亮的手笔。[①]

马植杰先生是说：诸葛亮是刘汉政权中的最高统帅，他对其手下战将、对敌国的统帅的情况，当是了然于胸的，他将"王子服"写成"李服"，一般来说是不可能的，只有造假者才能如此。故知为伪作。

9.《后出师表》中所记史实与《通鉴·汉纪》所载有异

《后出师表》是不是伪作，核查其中史实，亦能发现其真伪的问题。

马植杰先生还发现并断言道：

> 《后出师表》言："刘繇、王朗各据州郡，今岁不战，明年不征，使孙策坐大，遂并江东"这段引述与《通鉴·汉纪》所载实际情况不符。[②]

马植杰先生查《通鉴·汉纪》，发现《后出师表》有误，便得出了《后出师表》为伪作的结论。

10.《前出师表》与《后出师表》仅隔一年

要认定一篇文章是否造假，分析其写作时间，也是作出科学判定的依据之一。从这种角度去考察《后出师表》真伪，亦不乏其人。

[①] 施宣圆、林耀琛、许立言：《千古之谜（中国文化史500疑案）》，中州古籍出版社1989年版，第761页。

[②] 同上。

一是杨柄先生认为：

>所谓的后《表》是什么时候写的？张俨《默记》说是公元228年冬十一月，即一出祁山之后，二出祁山之前，上了这个后《表》才有二出祁山的行动。这样的时间安排尤其显出了破绽。因为，所谓出师，指的是从京城出师伐魏，所以诸葛亮需要向皇帝上一个表，表明实行基本国策的必要性和决心，交代他离京出师之后宫中、府中的事务如何处理，依靠哪些文武，等等。至于已经出师以后的某一个战役，并不需要在战役开始之前上一个什么《出师表》，这是常识范围以内的事情。如果说二出祁山之前需要上一个《出师表》，那么以后的几个出祁山同样有理由各来一个《出师表》，为什么又没有呢？①

杨柄先生所言，就是说上表的时间只隔一年，且在一出祁山之后二出祁山之前，这个时间的安排上，显现了将《后出师表》说成是诸葛亮所作的破绽。即《后出师表》是造假之作。

二是赵熠认为：

>《后出师表》的写作时间可疑。蜀汉建兴五年（公元227年），诸葛亮进驻汉中，临别之际向后主刘禅呈上《前出师表》。而《后出师表》按《汉晋春秋》的说法，则在蜀汉建兴六年（公元228年）十一月诸葛亮呈给后主的。两表写作时间相隔一年而已，大军仍驻扎在汉中，为何还要上表求出师？何以会"今岁不战，明年不征"？何以在《前出师表》中求自贬，劝后主"亲贤臣，远小人"，时隔一年就不顾黎民的死活而力争"出师"呢？②

---

①杨柄：《诸葛亮的〈出师表〉只有一个》，载《甘肃社会科学》1994年第5期，第108页。
②赵熠：《〈后出师表〉真伪之我见》，载《黑河学刊》2012年第2期，第84页。

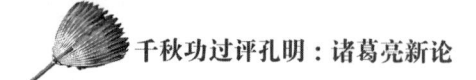

赵熠先生在这里肯定只隔一年，是没有必要再上一个《出师表》的。而且大军已驻军汉中，准备攻打曹魏，这"今岁不战，明年不征"何来之有？可知《后出师表》为伪作。

11.《后出师表》存在不合逻辑之处

论文尤其讲究逻辑性，判定论文是否为伪作，品味其逻辑性，也是判定其真伪的一个重要方法。

一是杨柄先生认为：

> 关键的一环，特别重要的问题，还在于借用诸葛亮名义的这个后《出师表》的内容根本不是诸葛亮的思想。其中心论点是，"臣伐贼才弱敌强"。"然不伐魏，王业亦亡。唯坐而待亡，孰与伐之？"诸葛亮居然说这样的话，实在莫名其妙。请回顾他在《正议》中说，"据道讨淫，不在众寡"，"况以数十万之众，据正道而临有罪"，取得胜利是必然的。他又在《出师表》中说，"今南方已定，兵甲已足，当奖率三军，北定中原，庶竭驽钝，攘除奸凶，兴复汉室，还于旧都"，只要陛下接受前、后汉的历史教训，"亲贤臣，远小人"，"则汉室之隆，可计日而待也"。两相对照，非常清楚地表明所谓后《出师表》的失败主义论调与诸葛亮的思想背道而驰。这个后《表》还有一个奇怪的逻辑："今民穷兵疲而事不可息，事不可息则住与行劳费正等。"住——养着军队，行——军队作战，它们的劳费怎么会"正等"呢？之所以提出这个奇怪的逻辑，无非是为了说明王业反正是要亡的。与其坐而待亡，不如伐而亡之。要伐，就要"及时图之"，不能"以专计取胜"，不要管什么"民穷兵疲"，不要计什么"成败利钝"。"先帝每称（曹）操为能"，尚且有失败，"况臣驽下，何能取胜"？这篇后《出师表》的作者把诸葛亮描绘成一个明知要败亡而不顾一切的军事冒险家。其目的纯然是希图证明连诸葛亮自己都说北伐"非计"，用诸葛亮驳诸葛亮。①

---

① 杨柄：《诸葛亮的〈出师表〉只有一个》，载《甘肃社会科学》1994年第5期，第108—109页。

杨柄先生从逻辑上论证《后出师表》逻辑怪异，是用"用诸葛亮驳诸葛亮"的造假之作。

二是赵熠先生认为：

> 《后出师表》文本本身存在不合逻辑之处。《后出师表》，全文都在为出师伐魏寻找理由。首先，强调这是先帝的遗命，不可违。其次，强调了六点出师的理由，即"六未解"。最后，申明自己的志向，"鞠躬尽瘁，死而后已"。仔细推敲表文，看似缜密构思的背后，实则漏洞百出。先帝遗命：众所周知，刘备晚年，对挺进中原已经没有什么信心了，托孤诸葛亮之意，也只是想保住自己的蜀汉小朝廷。况且刘备已死，遗命也没有说非得伐魏不可。《后出师表》把伐魏当成是先帝的遗命，是既定的国策来执行，其实是放弃了自己对这一战略的思考，撇清了自己的责任。这与一向心思细密，严谨负责的诸葛亮形象不符，也不合于前表中注重休养生息，"亲贤臣"的治国方针。至于出师的六条理由，不直接言出师，句句迂回，传递出来的信息就是：一定要出师，否则就是坐以待毙。言辞委婉，论证薄弱，行文看似谨严，实则草率鲁莽，完全不是诸葛亮风格。最后，说明世事难料，"至于成败利钝，非臣所能逆睹也。""鞠躬尽瘁，死而后已。"这纯粹是"知其不可为而为之"的自我激励以及对理想的追求。战争无论胜负都事关老百姓的生死，无论如何都要慎重权衡才可以定夺。这种草率的出师，理由牵强，与一向亲民的诸葛亮的做法不符。总之，综观全文，偏激之处颇多，难以服人，内在的逻辑思维经不起细致的推敲。从头到尾都不似诸葛亮风格，难以让人相信是出自一向行文严谨的诸葛亮之笔。[①]

赵熠先生称《后出师表》之逻辑如此之混乱，如若属实，当属伪作无疑！

[①] 赵熠：《〈后出师表〉真伪之我见》，载《黑河学刊》2012年第2期，第85页。

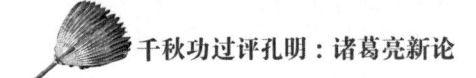

12.《后出师表》的出现实在反常

如果一篇论文出处可疑且其中多次出现称谓反常现象，也是认定其是伪作的重要条件。到目前为止，也有学者用此种说法去否定《后出师表》不是诸葛亮所作。

杨柄先生说：

> 那么这第二个《出师表》从何而来呢？来自东吴后期张俨的《默记》一书。蜀汉丞相呈给皇帝的正式文件蜀汉没有，反而是东吴有，这未免滑稽。陈寿之后一百多年，裴松之（372—451）给《三国志》作注，才把这个表录入。但他有一个说明："此表《亮集》所无，出张俨《默记》。"裴松之之后七八十年，梁朝昭明太子萧统（501—531）编《文选》，也只收《出师表》，与陈寿完全一致。待到裴松之之后将近九百年，罗贯中写《三国演义》，又将所谓"后表"全文录入，从此广为流播，以讹传讹直到今天……①

杨柄先生是从《后出师表》出自孙吴政权而非出自刘汉政权，并追溯其流播情况而判定《后出师表》非诸葛亮所作，这也是不无道理的。

13.《后出师表》多处直呼人名

从人物的称谓不妥或有误，也是可说明一篇文章是否造假的理由。

赵熠先生认为：

> 《后出师表》中的称谓存在诸多可疑之处。我们知道《后出师表》的主要内容是力排众议，出师伐魏，所以整个文章都洋溢着要将伐魏进行到底的凛然之气以及对曹魏强烈的批判精神。《前出师表》中对曹魏抨击的地方很少，只是在结尾处提到"愿陛下托臣以讨贼兴复之效"算是对曹魏比较严厉的抨击

---

① 杨柄：《诸葛亮的〈出师表〉只有一个》，载《甘肃社会科学》1994年第5期，第107—108页。

之语。而《后出师表》中，此类抨击之词，比比皆是，而且锋芒愈加尖锐，抨击更为强烈。诸如用"贼"字的地方就有六七处之多，如"先帝虑、汉贼不两立"，"托臣以讨贼也"，"量臣之才，固知臣伐贼，才弱敌强。然不伐贼，王业亦亡。""今贼适疲于西"……另外，表中还有直呼曹操、曹丕软肋的地方，如"曹操五攻昌霸不下，四越巢湖不成""曹丕称帝"。这些称呼在前表中是没有的，在现存诸葛亮的其他文集中，如此抨击曹魏也是不多见的。这一反常态，不合诸葛亮行文常规之语，的确让人生疑。另外，称刘禅"今陛下未及高帝"，实为荒诞。作为臣子向皇上上书，这种表述是极为不得体的。虽然刘禅才能不及刘备，但要受到臣下如此不敬的刺激，实在是有伤君主的尊严。熟知礼仪，行为谨严的诸葛亮无论如何都不会粗心大意到会这样对君主不敬，实属伪托之人在义愤填膺之时的激烈言辞。[①]

赵熠先生归纳了《后出师表》数处在他看来是对刘禅、对曹操、对曹丕大不敬之语，用以证明《后出师表》非诸葛亮所作。

14.《后出师表》中多处的表述离谱

我们平常说话，常会用到"靠谱"与"离谱"这两个词语。所谓"离谱"，就是说，事物的发展脱离了其应有的规律性。就是人们平常说的话语"不着调"，用语"不着调"，出言"不和谐"。经常用来比喻一个人在说话、办事等方面不遵循惯例、习惯和规则。如能从《后出师表》中找到离谱的表述，也是论证其为造假之作的"利器"。

此说主要是来自赵熠先生。他说：

> 表中存在的其他离谱的表述，更加证实了此表的伪托性。在《前出师表》中提到"以伤先帝之明，故五月渡泸，深入不毛。"《后出师表》中"臣受命之日，寝不安席，食不甘味。思唯北征。宜先入南。故五月渡泸，深入不毛。"如果真的都是

---

② 赵熠：《〈后出师表〉真伪之我见》，载《黑河学刊》2012年第2期，第85页。

出自诸葛亮之笔,何以用同一句"故五月渡泸,深入不毛"再说一遍?仔细想来,这并非他先前军旅生涯中最辉煌的一笔。另外,曹操"任用李服而李服图之","任用","图"都是封建时代的大事,这样的大事在其他的历史记载中都不到任何佐证,实在是让人生疑,想来该是伪托者没有诸葛亮的经历而造成的常识性错误。至于曹操"危于祁连"就更难理解了,曹操用兵一生,史籍中也不曾提到涉祁连之地。另外,对曹操的军事挫折,诸葛亮并不提及赤壁之战而拿这些伪造的边角料来说明,实在让人费解。比较合理的解释该是伪托者的漏洞。"[1]

赵熠先生在这里所言及的这些史料,虽与上面有的先生所运用的相同,但的角度不一样,他认为这是一些"离谱"的表述,故证其为伪托所造。所以《后出师表》就是伪造之作。

判定《后出师表》的真伪,它不仅仅是一个重要的学术问题,它同样是中国传统文化中必须要辩证清楚的一个问题,它也是涉及诸葛亮、习凿齿等人物的政治思想倾向的问题,亦关乎《三国演义》的创作主旨问题等诸多方面的问题。

上述这些理由既然有那么多一流学者所赞同,而直雄又不能苟同,就必须将其归纳分类胪列出来。为省去运用"论文"形式出现的一些笔墨,直雄采用"直雄破解"的方式直接运用史料指出袁枚、黄式三、刘逸生、杨柄等名人称《后出师表》是"伪托"的错误所在,以阐明自己的观点,以论证《后出师表》就是诸葛亮的呕心沥血之作。

呕心沥血撰《后表》,伪作之冤今昭雪:

前面诸多名人学者将诸葛亮的《后出师表》是"伪作"进行了穷尽性的"完善"。其实,当直雄以"穷尽"对"穷尽"予以论证后,便会发现,错矣!误也!附和之风实不妥也!

(二)昭雪《后出师表》是伪作的十四大理由

自前后《出师表》面世,世人激赏不已,文章赞之,诗词称之,楹联叹咏

---

[1] 赵熠:《〈后出师表〉真伪之我见》,载《黑河学刊》2012年第2期,第85页。

之，特别是在国家危难之时，前后《出师表》给予中华民族的优秀子孙以无穷的鼓舞力量。如宋代名将宗泽，在金兵大举南侵时，他在磁州（在今河北省磁县）募集义勇，勇抗金兵。但壮志难酬，忧愤成疾。将领们问候他时，他说："只要你们能够歼敌，则我死而无憾！"将领们从他的卧室出来时，他便吟诵杜甫赞颂诸葛亮"出师未捷"的诗句："出师未捷身先死，长使英雄泪满襟。"死前，他连呼"过河"者三，没有说一句有关自己家里的事。①

抗日英雄戴安澜，他率200师去缅甸抗击日寇，诸葛亮前后《出师表》中的"五月渡泸，深入不毛"的"中华民族大一统"精神激励着、鼓舞着他。他壮怀激烈地以"诸葛前身"自励，以抗日英烈之热血诠释前后《出师表》中所蕴含的"中华民族大一统"精神之内核，慨然赋诗曰：

> 万里旌旗耀眼开，王师出境岛夷摧。
> 扬鞭遥指花如许，诸葛前身今又来。
> 策马奔车走八荒，远征功业迈秦皇。
> 澄清宇宙安黎庶，先挽长弓射夕阳。②

作品的生命力源于读者的充分接受、理解与尽情地分享。

"诸葛前身今又来。……先挽长弓射夕阳。"当今的诸葛，小视狂妄不可一时的日寇为"落日"为"夕阳"，其气势是何等的豪迈！

然而，因前后《出师表》距今年代久远，加之史料的散佚，特别是《后出师表》，因陈寿未能将其录入《三国志》等等原因，自清代大文学家、大诗人袁枚称《后出师表》为赝品始，便让不少先生因迷信袁枚而搜肠刮肚找出各种理由去误读它、否定它，大有非要把《后出师表》钉死在赝品的"耻辱柱"上之势。

进而竟然有人这样"度量"诸葛亮道：

> 出师伐魏，就是他躲避刘禅的一步高招。一打起仗来，

---

① 《有"国而忘家""三呼渡河"故事的馆陶名宦——宗泽》，2015年2月6日，见 http://blog.sina.com.cn/s/blog_a515a1c70102vnke.html。
② 吴直雄：《毛泽东妙用典故精粹》（上册），人民出版社2009年版，第359页。

刘禅多少会有点危机感，不得不倚重诸葛亮。……既然打仗，就有败的可能。败了，刘禅更得抓住诸葛亮这根救命稻草不可。不管出于趋利还是避害的考量，刘禅都很难舍弃诸葛亮。……《后出师表》与诸葛亮的伐魏可谓有异曲同工之妙，内藏着不可道破的玄机。从这点看，此表也许确为诸葛亮所写：若系伪作，则作者对诸葛亮的尴尬处境和内心活动把握之准，令人叹绝。……这篇妙文保存了历史的尴尬，引起我们的疑问和追寻，让我们发现了诸葛亮隐秘的苦衷——就这个意义，它也许够得上一个"真"字了。①

刘先生对诸葛亮的误读，可谓深矣！乃至可以说这是对诸葛亮的矮化、丑化与侮辱！

历史事实是："刘禅曾有过二十三年的好皇帝生涯"，刘禅在这"二十三年中，正是诸葛亮、蒋琬、董允、费祎这"四英"在朝，他基本上做到了"亲贤臣"，为"克复旧都"鼎力而行。刘禅确曾有过二十三年继承父志当好皇帝的生涯。"四英"去世后，刘禅亲"奸佞"。从此，刘禅从明主变成昏君。刘禅最终的结果是："舆梓自缚"，当了个可耻的"安乐公"。年已40的刘禅违背了自己继承父志恢复大汉大一统的初心，明主变昏君后，贻笑千古！

历史事实是：诸葛亮在刘禅当皇帝时，根本就不存在为避刘禅而北伐，就是在诸葛亮指定当政的继任人蒋琬、费祎、董允主政时，也不存在避刘禅之祸的现象！即使是在姜维北伐之时，刘禅又何曾阻止？以姜维为首的将士们，也是继承着诸葛亮北伐中原大一统的遗志，千方百计蚕食中原。②

可见，借诸葛亮北伐与其所写的《后出师表》去丑化诸葛亮是何等的无力、无理与刻薄！

因此，针对上述言及《后出师表》是"诸葛亮的尴尬""是造假"之作作出辨析，实在刻不容缓。

---

①刘慧儒：《〈后出师表〉的尴尬》，载《读书》2009年第9期，第57—58页。
②吴直雄著《习凿齿和他的〈汉晋春秋〉——兼论〈三国演义〉对习凿齿的承继关系》，江西高校出版社2019年版，第815—825页。

现在直雄对应上述视《后出师表》为赝品的十四大理由,予以一一破解——否定之,以阐述、论证《后出师表》是诸葛亮的呕心沥血之作,是千真万确的真品、正品、珍贵品,是不可多得的佳构、是名垂千古、震撼世代人心的珍品与极品。

1. 破解《后出师表》中赵云的卒年的真相

破解"黄式三等人的'赵云卒年'之说":

当今多位学者在讲学之时以及黄式三、黄以周、陶元珍、范文澜、林国赞、马植杰、刘逸生、杨柄、黄瑞云等先生皆言《后出师表》是伪造。其关键性证据是,因《后出师表》中有云:"(建兴六年即228年)十一月,上言曰:'先帝虑汉、贼不两立……然丧赵云、阳群……'"而《三国志·赵云传》明载:"五年(公元227年),随诸葛亮驻汉中。明年(公元228年),亮出军,扬声由斜谷道,曹真遣大众当之。亮令云与邓芝往拒,而身攻祁山。云、芝兵弱敌强,失利于箕谷,然敛众固守,不至大败。军退,贬为镇东将军。七年(公元229年)卒,追谥顺平侯。"[①]

上述专家们的共同依据都集中在上面的两段记载中。故有下面的结论:"独不思《赵云传》乎!《云传》曰:'建兴五年,随诸葛亮驻汉中,明年,亮出军扬声由斜谷道,曹真遣大众当之。亮令云与邓芝往拒……七年,卒。'而后表作于六年之十一月,已言赵云之丧,其谬著矣!"

上述学者据此"过硬"理由,于是《后出师表》"伪造说"似是牢不可破矣!

仅凭这一点,《后出师表》是造假之作已成"铁案"。

然而,这个所谓"铁案",实乃"冤案"!

"知古人叙事,多不甚密,欲求一事之真,非互相校勘不可也。"[②]正是因为如此,所以也有研究者不同意《后出师表》是伪造之说。如:

何焯先生曰:"按赵云以建兴七年卒,散关之役乃在六年,后人或据此疑此表为伪(表云:"自臣到汉中,中间期年耳,然丧赵云……"),非也。以元

[①] 晋·陈寿撰,南朝宋·裴松之注:《三国志》(全五册),中华书局1975年版,第949—950页。
[②] 吕思勉:《三国史话》,中华书局2015年版,第187页。

逊（诸葛恪）传观之自明。第此表乃剧论时势之尽，非若发汉中时所陈，得以激励士众，不妨宣泄于外。失之蜀而传之吴，或伯松（诸葛乔）写留箱箧，元逊钩致之于身后耳。集不载者，益明武侯之慎，非由陈氏（陈寿）之疏。若赵云传"七年"字，当为"六年"，云本信臣宿将，箕谷失利，适由兵弱，既贬杂号将军以明法，散关之役，使其尚在，必别统万众使复所负，而不闻再出，其必殁于是冬之前矣"。（《义门读书记》）此信兹表真为亮作者也。殿本考证即据何氏之说。①

何焯先生之说颇有道理，但比较粗疏，多属推论。在不少人坚信《后出师表》是造假的情况下，何焯先生这样的理由是难以说服这些"持造假说"的专家学者们的。

直雄经过精雕细刻式的梳理，精心细致地比对、校勘，终于发现：

可以按如下甲、乙、丙三种情况，这三种情况足以说明：这个"铁案"，实乃为冤两百多年的"冤案"。何以如此？且看如下情况。

甲种情况是：

一曰：对"丧赵云"一语中"丧"字的理解偏窄以致误。

诸葛亮在《后出师表》中所言：228年11月"丧赵云"一语，与《三国志·赵云传》229年"赵云卒"之间根本就没有"不可调和"的矛盾，决不能被视为《后出师表》是伪造的依据。

作为传播中华文化的主要工具——汉字，"也是中国文化的重要组成部分，它的诞生距今已有七八千年的悠久历史。"②汉字汉语博大精深，其表意功能、组词功能、目视功能等异常丰富。因而，中国文字之妙，妙就妙在不能望文生义。

例如，"《水浒传》中出现几位带'病'字的人物绰号，如'病尉迟'孙立、'病关索'杨雄。有些文章望文生义，将'病'解释为'不健康''疾病'。其实，在宋代，'病'字的含义是'超过''胜过'的意思，'病关索'就是'超过关索'，'病尉迟'就是'赛过尉迟恭'。"③这就是说：假如当年的

---

①陶元珍：《世传诸葛亮后出师表辨证》，2007年8月24日，见http://vendus.blog.sohu.com/61112988.html。
②郝文彪：《汉字文化功能窥视》，《开封师专学报·社会科学版》1997年第3期，第52页。
③刘锴：《被误解的〈水浒〉人物绰号》，载《大家文摘报》2012年11月23日13版。

"尉迟恭"遇到孙立,当年的"关索"遇到杨雄,他们就会像得了病一样,不是孙立、杨雄的对手。你看孙立、杨雄够厉害了吧!

再如,《易经·系辞上》有云:"二人同心,其利断金;同心之言,其臭如兰。"唐人杜甫《自京赴奉先县咏怀五百字》中有云:"朱门酒肉臭,路有冻死骨。"这里的"臭"即"香"也!

就"丧"字而言:因为"丧",诸多辞书皆解为"失去"的意思。如"《尚书·舜典》:"帝乃殂落,百姓如丧考妣。"①

这里是说,因帝之殂落,致使老百姓有如失去了父母一般。在成语中用到"丧"的就很多。如"丧胆亡魂""丧胆销魂""丧魂落魄""丧家之犬""丧尽天良""丧权辱国""丧心病狂"。这均是当作失去的意思。

在诸葛亮时期,将"丧"字当失去意思是常见的。如《晋书·夏侯湛传》云:"当此之时,若失水之鱼,丧家之狗,行不胜衣,言不出口,安能干当世之务,触人主之威,适足以露狂简而增尘垢。""丧赵云",诸葛亮是说失去了名将赵云的意思。

丧赵云,也许是指赵云年老力衰体力不支不能上前线,或是患病在床,这都是可能的。如果不是如此,像赵云这样忠心为国的主将,怎么离得开北伐战场?怎么不会被诸葛亮派上战场?因此,此时的赵云,也许是病、也许是伤等特殊情况不能上阵杀敌。

故而"死扣"丧赵云就是赵云已死,说《后出师表》是造假之作是站不住脚的。

二曰:"丧赵云"与"亡黄权"相类。

同在《三国志》中,我们是可以找到相对应的人和事以及相类的句式,以佐证"丧赵云"即失去了赵云并不是赵云一定是"死了"的相类似证据。

《三国志·马忠传》中写道:"先主已还永安,见忠与语,谓尚书令刘巴曰:'虽亡黄权,复得狐笃,此为世之不乏贤也。'"②

这里的"亡黄权"与"丧赵云"在句式上是完全一致的。这里的"亡黄权"

---

①广东、广西、湖南、河南辞源修订组,商务印书馆编辑部编:《辞源》,商务印书馆1988年版,第288页。
②晋·陈寿撰,南朝宋·裴松之注:《三国志》(全五册),中华书局1975年版,第1048页。

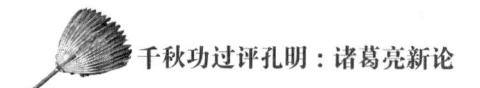

也是说失去了黄权这个人才而又得到了狐笃（马忠）这个人才。

这里的"先主已还永安"即刘备在夷陵之败后，"孙权闻先主住白帝，……三年春二月，丞相亮自成都到永安"①。即222年7月间刘备入白帝城。8月，黄权因刘备败退，在江北道绝，在没有任何办法回归到刘汉政权的情况下，不能降吴，只得率众降魏。

223年3月刘备托孤。刘备在托孤前与刘巴说到"亡黄权"一事。可这时的黄权还活得好好的。

《三国志·黄权传》："景初三年，蜀延熙二年，权迁车骑将军、仪同三司。明年卒，谥曰景侯。"②

黄权（？—240年4月，字公衡，今四川省阆中人），即刘备说的"亡黄权"中的黄权。刘备说的黄权，直到17年后的公元240年才去世。因为这个"亡"字的解释与"丧"字相类。"亡"和"丧"一样，有多义。

《辞源》中有"遗失、失去"之义。《易·旅》："射雉一矢亡。"③就是射雉而失去一箭的意思。"亡"字亦是当作未死亡之意，在成语中常见。如"亡魂丧胆""亡魂失魄""亡命之徒""亡羊补牢""亡戟得矛""亡羊得牛"等，均是失去之意，并无死亡之意。

故而"死扣""丧"就是死了，锁定赵云228年就一定死了，对"丧"字不作出全面的分析，便一口咬定《后出师表》是造假之作，是站不住脚的。

乙种情况是：

一曰："丧"字用得精妙绝伦。诸葛亮用此"丧"字，极其精准，有一字兼及数义、"扣合"数人情况之妙。"丧"字除了上面提及的"失去"一义之外，仍然包含有"死亡"之义。

《礼·檀弓》上："公仪仲子之丧，檀弓免焉。"④这里的"丧"就是死亡的意思。结合诸葛亮整句话："然丧赵云、阳群、马玉、阎芝、丁立、

---

①晋·陈寿撰，南朝宋·裴松之注：《三国志》（全五册），中华书局1975年版，第890—891页。

②同上书，第1044页。

③广东、广西、湖南、河南辞源修订组，商务印书馆编辑部编：《辞源》，商务印书馆1988年版，第80页。

④同上书，第288页。

白寿、刘郃、邓铜等及曲长屯将七十余人。"这就是说，这七十余人有自然老去的、有患病不能作战的、也许还有为敌所俘的、同时也免不了有战死沙场的等等情况。

据本人所掌握并尽可能作出核对的相关史料有：①

邓铜（184—232）三国蜀汉将领。在诸葛亮驻守汉中期间亡故；

阳群（179—231）三国蜀汉人物。曾为刘璋部将，刘备入蜀后归降。在诸葛亮驻守汉中期间亡故；

阎芝（180—232）三国蜀汉将领，巴西太守。刘备在夷陵败绩时，损失几万余人，他征集五千人，为刘备补充兵员，派马忠带兵前往；

白寿（179—229）三国时期蜀汉武将；

刘郃（187—230）三国时期蜀汉武将；

丁立（183—231）三国时期蜀汉武将。

据阳群、阎芝、丁立、白寿、刘郃、邓铜的生卒年可知，"然丧赵云、阳群、马玉、阎芝、丁立、白寿、刘郃、邓铜等及曲长屯将七十余人"一语，用一个"丧"字可知：阳群、阎芝、丁立、白寿、刘郃、邓铜的卒年皆是229年至232年之间。均晚于228年11月之后。

据此，直雄可以肯定地说，赵云、阳群、阎芝、丁立、白寿、刘郃、邓铜等，均是因伤病等种种情况而不能跟随诸葛亮上前线杀敌了。诸葛亮用一"丧"字，将上述七十余人不可能再上战场的和真正死亡了的诸种情况，用一"丧"字便囊括而尽，用语何其简练精准而又是何等的沉痛也！

这七十余人不能再上沙场了，它道尽了诸葛亮心中那无穷无尽的苦衷与心酸，也体现了诸葛亮大一统意志的是何等的坚定。

诸葛亮用的这一个"丧"字，是何等的精妙绝伦！

二曰：《后出师表》是真是假，与"刘汉政权未设史官"没有必然的逻辑关系。

刘汉政权"未设史官"一说，是陈寿在《三国志·后主传》中所言。但是唐人刘知幾在其《史通·外篇·史官建置》中，持反对意见云："至若偏隅僭国，

---

① 吴直雄：《习凿齿与他的〈汉晋春秋〉——兼论〈三国演义〉对习凿齿的承继关系》（下），江西高校出版社，2019年版，第887页。

夷狄伪朝，求其史官，亦有可言者。案《蜀志》称王崇补东观，许盖掌礼仪。又郤正为秘书郎，广求益部书籍。斯则典校无阙，属辞有所矣。而陈寿评云'蜀不置史官'者，得非厚诸葛乎？"①

刘备的刘汉政权完全承继汉制，按理当设有史官。刘知幾所说属实，陈寿之说有误。

刘汉政权的史料为何如此之缺失，也许因钟会、邓艾在蜀先后遭杀致乱等多种原因，导致刘汉政权的史料大量的佚失，就连吴壹、又写作吴懿（？—237），字子远。陈留（今河南省开封）人。三国时期蜀汉将领，蜀汉皇后吴苋的兄长。其官至车骑将军、雍州刺史、假节、封济阳侯也不见为之立传。

《三国志·蜀书·杨戏传》中提到的不少人物，陈寿也是只知其名，因材料缺乏，也难于形成"传略"之类的材料。

在吴国，虽置史官，首任丞相孙邵和末任丞相张悌皆未立传，可见陈寿是因为没有见到可以给他们立传的具体材料之故。

然而，在习凿齿的《襄阳耆旧记》中，张悌的材料还比较丰富，是可以立传的，很有可能是当时陈寿未能搜集到张悌的材料造成的。

诸葛亮在《后出师表》中所提及的"赵云、阳群、马玉、阎芝、丁立、白寿、刘郃、邓铜等及曲长屯将七十余人"，除赵云之处，余者难于见专门的具体史料事迹，当不足为怪。不能说因为刘汉政权未设史官，而《后出师表》就是伪造，这在逻辑上是说不通的。难道《后出师表》就不可以作为史料，提供诸葛亮北伐时的困难情况？

丙种情况是：

一曰：在本篇已经论证："《后出师表》乃孔明所作也！"

在本篇中，已就十四种认为《后出师表》是伪作的理由进行了破解，认为这些说《后出师表》是伪作的理由多系对《后出师表》的误读与误解。所以《后出师表》是诸葛亮所作无疑！

二曰：反证"《后出师表》乃孔明所作也！"亦是有理。

"《后出师表》作于建兴六年十一月，表中明明说那时已丧赵云，但《三国志·赵云传》却说赵云死于建兴七年，志、表说法不合。关于这一点，我们想，志、表不合，可以疑表，也可以疑志，而且应首先疑志。因为表是当时人说当时

---

① 唐·刘知幾撰，清·浦起龙通释：《史通通释》，上海古籍出版社2013年版，第289页。

事，而志作于赵云死后三十年的西晋初年，其错记的可能性当然要大于表。《三国志》中有关此类错误记载，屡见不鲜，钱大昭在《三国志辨疑》中指出很多，这里不列举了。再则《后出师表》所说赵云的卒年，若与《三国演义》相对照，则是符合的。当然《三国演义》是后出的小说，可能就是根据《后出师表》演义的，但也可能作者另有根据。同时，这一点也可反证《后出师表》并非后人伪作。因如系后人伪作，其作者为了不露作伪的马脚，避免读者发生疑窦，他写文章时，必定力求与《三国志》的记载相符合，怎么还能故意写出与《三国志》有出入的文字呢？"[1]

从这里，也可反证赵云可能是伤病在床，不能上前线作战，故而诸葛亮称为"丧"赵云。

如果持"伪造说"硬要坚持"丧"就是"死了"的话，是没有道理的。庞怀清的分析则是中肯的，是为定论。

赵云在三国中是一个极有影响力的人物，但不能认为，因为他影响大，陈寿就不会搞错，或曰资料的来源本身就有错，抑或曰后人抄错，这都是有可能的。

孙坚，是孙吴的"奠基"初祖，其影响远大于赵云。裴松之认为陈寿的孙坚初平三年死亡的记述有误，裴注在《三国志·孙匡传》记述孙匡的时候很确定地说是"且孙坚以初平二年卒"[2]。

孙坚亡故的时间，《三国志·吴书·孙破虏讨逆传》明载："初平三年……为祖军士所射杀。"[3]

然而王粲《英雄记》亦明载："（孙）坚以初平四年正月七日死。"[4]

王粲素为史学大师蔡邕所看重，后来逃难到荆州刘表麾下，他当有第一手材料知道孙坚死亡的情况，故记载年月日如此之确。足见陈寿所记载，并非绝对准确。

君不见，"二十五年，魏文帝称尊号，改年曰黄初。或传闻汉帝见害，先主乃发丧制服，追谥曰孝愍皇帝。"[5]试看，同在一个中国、同在一年之内，作为一

---

[1] 庞怀清：《论〈后出师表〉非伪作》，载《人文杂志》1983年第2期，第106页。
[2] 晋·陈寿撰，南朝宋·裴松之注：《三国志》（全五册），中华书局1975年版，第1213页。
[3] 同上书，第1100页。
[4] 同上。
[5] 同上书，第887页。

个政权的刘汉王朝，竟然也相信汉献帝遇害了，进而作出如此重大举措。难道当事人诸葛亮所记就一定是错而后辈陈寿所记就一定是对？世上竟然岂有此理？

赵云在诸葛亮街亭失败和发动散关之战期间，即在蜀汉建兴六年（228）三月至十一月之后，刘汉政权中这样的栋梁之将没有出现在前线，如果坚信《三国志·赵云传》中，其卒年是229年的话，《后出师表》中的赵云只能是卧病在床，让诸葛亮痛惜丧失这位舞枪杀敌于前线的名将。

对这个"丧"字理解为一定是"死了"，还有文史大家蔡东藩先生。如果说对《三国演义》是小说，其所全文采用《后出师表》入书尚有疑虑的话。那么请看：《中国历史通俗演义·后汉演义》载云："正要调动军马，不料镇军将军赵云病亡，亮大为恸惜，后主禅亦甚悲悼，追谥云为顺平侯，令云长子统袭封。群臣谓失一大将，不宜兴师，独诸葛亮锐意北伐，未肯中止。乃更上表奏闻道：'先帝虑汉贼不两立，王业不偏安，故托臣以讨贼也。……臣鞠躬尽力，死而后已。成败利钝，非臣之明所能逆睹也。'"①

对于《中国历史通俗演义》，出版者写道："蔡东藩治学严谨，务实求真，诚如他自己所说：'以正史为经，务求确凿；以轶闻为纬，不没跟虚诬。'"②

《中国历史通俗演义》是一部以历史事实为基础的历史小说，其中《后出师表》全文入书，是有历史事实为依据的。然赵云丧（死）于228年十一月以前，其记载又是明白无误的，但《后出师表》为诸葛亮所作同样是可信的，蔡东藩先生的作品不是考证论文，我们不能以赵云之"丧""死扣"一定是"死"了，不考虑还有"失去"意义的解释法去否定《后出师表》为诸葛亮所作的真实性是没有任何道理的。

但是，不管人们怎么去怀疑诸葛亮的"然丧赵云、阳群、马玉、阎芝、丁立、白寿、刘郃、邓铜等及曲长屯将七十余人"一语，诸葛亮在其中妙用的一个"丧"，将这"七十余人"的各种结局，统统地隐含在"生、老、病、死、残、伤的各种不能参战的情况之中"，这就令所有的质疑者无法将"七十余人在228年十一月之后，有的仍活着，有的确实死了"而误读《后出师表》是"伪造、伪托"的赝品。

---

① 蔡东藩：《中国历史通俗演义·后汉演义》，安徽人民出版社1999年版，第648—649页。
② 蔡东藩：《中国历史通俗演义·出版说明》，安徽人民出版社1999年版，第1页。

诸葛亮妙用一个"丧"字，真可谓惜墨如金、妙用价值抵千金！

诸葛亮不仅是大军事家、大政治家，也称得上不可多得的语言学家。君不见，"出师一表真名世"，一篇前《出师表》，不足700字，道尽人间古今情，"前后出师遗表在，令人一览泪沾襟。"（唐代白居易诗句）"或为出师表，鬼神泣壮烈。"（宋代文天祥诗句）这岂止是情？其中的"不毛之地""苟全性命""作奸犯科""感激涕零""不知所云""妄自菲薄""引喻失义""危急存亡""计日而待"等成语名言，至今仍为世人口口相传。

有人撰写55条"三国趣语"发表，其中涉及诸葛亮和诸葛亮首次创作的就达15条之多，占整个"三国趣语"的27%还多。[①]真是"千载谁堪伯仲间"？

故而即使不去怀疑陈寿《三国志·赵云传》中所载赵云卒于229年的记载。《后出师表》所载"然丧赵云、阳群、马玉、阎芝、丁立、白寿、刘郃、邓铜等及曲长屯将七十余人"，在任何情况下都不与《后出师表》作年相冲突，它与《赵云传》所载赵云卒年，没有什么"非此即彼"的逻辑上的矛盾。故抓住一个"丧"就是"死了"之意，并以此为据去否定《后出师表》的真实性是不能成立的，只能说明，人们对于"丧"的字理解与运用，确实难比诸葛亮，更不能以此否定"《后出师表》是诸葛亮的呕心沥血之作"，"《后出师表》非诸葛亮所作莫属"。

2. 破解《前出师表》与《后出师表》文气不一问题

文气，是指文章所体现的作者精神气质。这也是判别作品真伪的方法之一。认定《后出师表》是伪造的学者们，一般都会从《后出师表》有没有诸葛亮的精神气质着手。但是，如果不作精雕细刻式地梳理，不对前后两个《出师表》作出细致地比照，而认定《后出师表》是赝品的话，是站不住脚的。

细细品味袁枚、黄式三、傅斯年、黄瑞云、马植杰、赵熠诸人之论，几乎全是祖于袁枚的《后出师表》"文气衰之说"。只要将袁枚的不妥之说予以揭示，则黄式三、傅斯年、黄瑞云、马植杰、赵熠诸人的"文气"之论，便可基本廓清，便可还《后出师表》是诸葛亮所作的真实。故不得不再次引用袁枚关于《后

---

① 曹康：《三国趣语》，载《黑白》2018年第1期（总第21期），第7页。

出师表》文气衰之说，以便细心品析之。

破解"袁枚的"文气衰"诸说"：

首言《后出师表》之文气衰、并借此认定《后出师表》是伪作的学者，是有清一代大儒袁枚也。袁枚之说影响实在是大，此后不少进士、官吏等学者，皆以袁枚之说为"圭臬"，认定《后出师表》是伪作进而"讨伐之"。

直雄完全不同意袁枚的观点。故将其短论分为八段，一一指出其误读之处，只有这样做，才能确定《后出师表》非诸葛亮所作莫属。

袁枚是从八个方面去否定《后出师表》的，直雄拟就这八个方面以辩驳之。

其一，开篇一段即云："《后出师表》，非孔明作也。夫兵，危事也；伐国，大谋也。张皇六师者有之，一鼓作气者有之，拑马而食、以肥应客者有之；未有先自危怯，昭布上下，而后出师者也。若果为亮作，是亮之气已馁，而其精已消亡矣。"

袁枚这段话的意思是说：《后出师表》不是诸葛亮所作。因为，用兵是危险的事情，征伐别国不是一般的谋略。扩大六军者有之，一鼓作气者有之，以木衔马口使马不能食粟而有秣马之状，伪装成有蓄积，人人饱足、能固守的样子，从而迷惑敌方者有之。从来就没有自己一开始就以危险胆怯之状，明白地公布于上上下下，而再去出师征伐的。如果是诸葛亮所作的话，则诸葛亮的胆气已经馁堕、精亏神疲、精亡神散、其生命休矣。

袁枚何以发出如此之论？这是他没有真正把自己摆进去读《后出师表》所致，却大谈如若他自己写出师表，当是如何如何，而不会像《后出师表》那样"未有先自危怯，昭布上下"。在这里，袁枚将上疏与上言，完全等同。《前出师表》是上疏。是诸葛亮向刘禅呈进的奏章。

"上疏"是在朝官员专门上奏皇帝的一种文书形式，如京兆尹张敞上疏汉成帝，谏议他纠正为政过失，"忘车马之好，斥远方士虚语，游心帝王之术"。萧望之上疏谏说元帝"选明经术者为内臣，与参政事""纳谏忧政"；薛宣上疏成帝，斥责当时"吏多苛政，政教烦碎"等，皆是多被称道的史例。

《后出师表》是诸葛亮向刘禅进呈的言辞。《韩非子·外储说左上》："王登为中牟令，上言于襄王曰：'中牟有士曰中章、胥己者，其身甚修，其学甚博，君何不举？'"唐代韩愈《荐士》诗："上言愧无路，日夜唯心祷。"

从这些上疏与上言的实例来看，上疏确有"昭布上下"之效；而上言，就

《后出师表》而言，极具军事与政治、人事的机密性，当是诸葛亮仅对刘禅或少有的几个亲信所言。故称之为"上言"，这个"上言"，用现在的话来说，就是向刘禅作的情况"汇报"。

这个"上言"被后人称之为《后出师表》。正因为上言不能轻易"昭布天下"，所以诸葛亮向刘禅说出了刘汉政权当时的实际情况，以及反对北伐的群臣的意见（即"议者"）和自己为什么要不断北伐的原因与做法（即使是后来刘汉政权处境艰难，姜维"九伐中原"，刘禅也不曾反对过，可见刘禅对《后出师表》的领会是深刻的）。当算是诸葛亮向刘禅彻底而清清楚楚地"交了北伐中原的客观情况的底"。这些情况和做法，就是袁枚理解的所谓诸葛亮的"先自危怯"。

袁枚在其论文的开头，即将自己误读《后出师表》的看法写入，认为《后出师表》是"先自危怯"。

是"先自危怯"吗？非也！

《前出师表》主题重在内政的精心安排——从"宫府一体"到"贤臣议政"，再到"内行治军"三个层面，皆具有治国的指导性、治国的纲领性；而《后出师表》重在军事方略。故《前出师表》的语气多是规劝与陈情。《后出师表》的语气重在论辩。故而语气沉雄而刚毅，并非"先自危怯"也！

在军事斗争中是不能"务虚"的。《后出师表》一开笔，就讲出了敌我双方的差距，显现了斗争的必然性和严重性。这正是诸葛亮实事求是、坦坦荡荡、忠于"中华民族大一统"事业的忠心及敢于担当风格的展现。从这个角度看《后出师表》，只有诸葛亮这样的大手笔、大忠臣才敢于此落墨！

至于"而后出师者也。若果为亮作，是亮之气已馁，而其精已消亡矣"的说法，是没有任何实事为依据的，同样是袁枚对于《后出师表》所产生的误读的结果。特别是对《后出师表》中的"六不解"的误读所产生"先自危怯"的误读之果。

岂不知，正是诸葛亮对这"六不解"的阐释与对敌我的剖析，展现了他的磅礴大气与为了实现"中华民族大一统"而"鞠躬尽力，死而后已"的伟大精神力量之所在！正好说明《后出师表》为诸葛亮所作无疑！

其二，紧接着曰："'兴复汉室，还于旧都'，'不效，则治臣之罪。'何其壮也！后表曰：'坐而待亡，不如伐之。''成败利钝，非臣之明所能逆睹

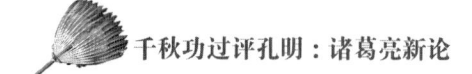

也。'何其衰也！当是时，街亭虽败，犹拔西县千家以归，蜀之山河，天险如故。后主任贤勿贰，非亡国之君。亮再举而斩王双，杀张郃；宣王畏蜀如虎，大势所在，有成无败，有利无钝，已较然矣。何至戚戚嗟嗟，遽以才弱敌强，民穷兵疲之语，上危主志，下懈军心。"

在这一段中，袁枚语浅意明地引用前后《出师表》中的语句，言《前出师表》"壮"而《后出师表》"衰"；同时，列举了诸葛亮首次北伐仍然是战绩斐然，但诸葛亮却"何至戚戚嗟嗟，遽以'才弱敌强，民穷兵疲'之语，上危主志，下懈军心"去说明《后出师表》非诸葛亮所作。

袁枚的这种说法，貌似有理，实则不审！不审者何？

一不审：袁枚不审"刘禅"其人也！袁枚称刘禅"任贤勿贰，非亡国之君"，误读深矣！

刘备与诸葛亮对刘阿斗是非常不放心的，正说明刘禅就是一个"亡国之君"，现引两则史实为证：《三国志·董允传》云："丞相亮将北征，住汉中，虑后主富于春秋，朱紫难别，以允秉心公亮，欲任以宫之事。"[1]

正是这位秉心公亮的董允，阻止了刘阿斗要求多纳后宫、贪婪迷恋女色搞腐败，让"残汉"多存世数年，可这个不知好歹的刘阿斗对董允死后犹记恨不已！这就是袁枚不知后主在"四英"去世后远贤臣、亲小人的贪腐本性，故而高看了这个腐败之君。袁枚误矣！

又，《三国志·刘封传》云："自立阿斗为太子以来，有识之人相为寒心。"[2]

这虽为孟达劝降刘封投魏时所言，但也确实是时人的普遍看法，不然，刘备托孤时，怎么会说出阿斗不济，亮可自取。为了自己辛苦打下的江山不落入他人之手，为了大汉大一统的实现，刘备已虑及刘禅的无能而会将江山捧手送人，不能不认为这是对诸葛亮说的一句心里话。而诸葛亮以其不失之虑，在《前出师表》中，处处打着"先帝"的牌子，给刘禅下了情词并茂的"宫府一体""贤臣议政""内行治军"的三套御君劝君之法，并一再强调："亲贤臣，远小人，此先汉所以兴隆也；亲小人，远贤臣，此后汉所以倾颓也。"由于诸葛亮及其所指

---

[1] 晋·陈寿撰，南朝宋·裴松之注：《三国志》（全五册），中华书局1975年版，第985页。
[2] 同上书，第991页。

定的蒋琬、费祎、董允等贤臣当朝，刘禅才当了几十年的"齐桓公"，等到诸葛亮及其所指定的蒋琬、费祎、董允等贤臣逝世后，陈祗、黄皓与刘禅成了一个腐败集团，只落得个"安乐公"的可耻下场。袁枚所说的"后主任贤勿贰，非亡国之君"，实在是只知其一不知其二的违背客观事实之说。

正是由于袁枚对刘禅一生的错误评估，所以产生了对诸葛亮给刘禅彻底"交底"让其警醒的话语，误认为诸葛亮是"何至戚戚嗟嗟，遽以'才弱敌强，民穷兵疲'之语，上危主志，下懈军心"。所以袁枚误判诸葛亮在《后出师表》中说出这样的话是不可能的，从而得出《后出师表》不是诸葛亮所作，这正是袁枚不了解刘禅其人后期的作为是他低劣人格本质的大暴露，也是袁枚将《后出师表》说成不是诸葛亮所作的必然之果。袁枚误矣！

二不审：《后出师表》中根本就没有"戚戚嗟嗟"之语和"戚戚嗟嗟"的语意，至于"才弱敌强，民穷兵疲"这是大实话，正是诸葛亮北伐中原一统全国的坚定意志的表现。袁枚何以如此误读诸葛亮，关键在于他对《后出师表》中的"六不解"的误读所致。袁枚又误矣！

三不审：袁枚又云："而又称难凭者事，以豫解其日后无功之罪；虽至愚者不为，而谓亮之贤为之乎？"袁枚是文学家，不是军事家，更无领兵打仗的经验，诸葛亮的"夫难平者，事也"，用现在的话来说，战争是千变万化的。世上的事，最难作出精准判断的是战事。诸葛亮举出了曹操正在志得意满下江南时，遭到赤壁大败，在汉中的战事中，又死了夏侯渊等当时的事例。直雄以为这是久经战阵且有着丰富作战经验的统帅的经典性名言。惜袁枚未能读懂。

袁枚由于对《后出师表》中"夫难平者，事也"的误读，导致误解此语是诸葛亮"豫解其日后无功之罪"，还说这是"至愚者不为"，意即诸葛亮是贤相，所以此语不是诸葛亮所说，所以《后出师表》是伪作。

袁枚此话是站不住脚的：只有智者诸葛亮才会对战事的走向作出最坏的打算，这是有经验的军事家要立于不败之地必须考虑到的问题，真是"诸葛一生唯谨慎"呀！而袁枚说成这是至愚者所不为。正是因为袁枚在误读了刘禅的同时，自己无军事斗争经验而产生误读诸葛亮的话语，因而得出《后出师表》不是诸葛亮所作的错误结论！袁枚在诸葛亮所举的铁的事实面前还是误读了！

四不审：袁枚又说："表中'六难'，屡言曹操之败，再言先帝之败，以归命于天，此日者家言也。将军出师而为此言，无谓；己不解而欲后主解，无益；

胸中抱'六不解'而贸贸出师。悖矣！"在这一大段中，袁枚有两大误读之处。这就是：

第一大误读：诸葛亮为了阐明"夫难平者，事也"。举出在刘备走投无路、曹操自以为他的天下已大定时，结果大败而造成了三国鼎立。这就是说难料的战事，有时可以通过主观努力而取胜，其引申之义，就是说此次北伐也是要主观努力。这本是对刘禅的勉励，鼓舞其信心，怎么是"无谓"之言？袁枚再误矣！

第二大误读：是对"六不解"的误读。"解"即"懈"。"解"通"懈"。

《诗·大雅·蒸民》："夙夜匪懈。"[1]"夙夜匪懈"就是"早晚勤勉不懈怠"之意。其实，这"六不解"就是"六不懈"。"读古书应该了解那时候所用的字，……解（懈）……"[2]胡三省云："解，读曰懈，言未敢懈怠也；后皆同。"[3]

如果"解"不作"懈"，"六不解"就无法解，就会产生"袁枚'将诸葛亮此语视为占卜者的家言邪学'式误读"，直至出现否定《后出师表》的恶果。我真怀疑袁枚大诗人未读元人胡三省注的《资治通鉴》而未考虑"解"作"懈"。

因为"解"字的问题与《后出师表》是否伪造，关系极大，且又是《后出师表》中的关键性话语。特别是有多位关于诸葛亮兵书的注释家也将"解"当理解之"解"，故其注释往往让人不知所云。鉴此，直雄觉得很有必要将六不解之本意，结合本人对《后出师表》的理解，简略其意解之。

一不解：其意就是说，高祖刘邦的明智可与日月相比，其多如云的谋臣、见识广博，尚且要历尽艰险才能成功。而刘禅不如高祖，刘汉朝手下的谋臣也不如张良、陈平，而刘汉政权要一统天下，要坚守北伐的国策，所以我必须不懈怠地奋斗呀！

二不解：刘繇、王朗，当时各人均占据着州郡，动辄引用着圣贤之语，大家

---

[1]辞海编辑委员会编：《辞海》，上海辞书出版社1979年版，第4535页。
[2]晋·陈寿撰，南朝宋·裴松之注：《三国志·出版说明》（全五册），中华书局1975年版，第6页。
[3]宋·司马光编著，元·胡三省注：《资治通鉴》（全十册），中华书局1976年版，第2247页。

满腹疑难，却不敢也不善于征战，让孙策安然日益强大，最终吞并江东。（这种教训）让我必须"时不我待"地不懈努力奋战！

三不解：曹操属于孙武、吴起这样的军事天才。但他也有南阳受困之日，乌巢遇险之时，他在祁山的厄难、黎阳的困逼、北山的惨败，差一点死在潼关。但通过努力，终于建国。我与之相比，才能可谓低下，而要想大一统获得成功，就必须不懈怠地奋斗！

四不解：像曹操这样的天才人物，也曾五攻昌霸不下，四越巢湖不成，任用李服而李服要杀了他，委任夏侯渊，渊又败亡，先帝称其为能人。这样的能人犹遭遇这么多的挫折。今天我要北伐成功，必须要不怕挫折、不懈努力才是呀！

五不解：我自从来到汉中征战，算来一年之间，丧失了赵云、阳群等主力战将七十余人……精锐损失惨重，随着岁月推移，还会有不断地消耗，"时不我待"，我必须奋战不懈、懈怠必亡！

六不解：其意就是说，因我不灭贼，贼就会灭我，仗必然是会要打起来的，既然打了起来，战争就不可能停息。等着敌人来攻打与主动出击相比较，劳力与费用相差不多，不如主动出击，如若不主动出击，却想用益州之地与敌持久相持，显然不行，所以我必须努力不懈而战！

"六不解"中的"解"，如不作"懈"，则真的会让后人"六不解"乃至永远不得其解；"六不解"作"六不懈"，则《后出师表》所显现的，正是诸葛亮那大一统的精神的坚定，那泣鬼神、震山岳跃然纸上的忠贞壮烈之精气神。

与"六不懈"丝丝入扣、融为一体的"鞠躬尽力，死而后已"，则有如永远不落的星辰，闪现着中华民族那种为实现国家大一统的倔强与坚定意志，这种意志，永远催人奋进，永远激励后昆。

五不审：袁枚还云："按此表上于蜀汉建兴六年，亮此时年未五十，非当死时也。后死于十二年，天也，非亮之所当知也。"

袁枚在这一小段中，称诸葛亮其时年未五十，不是当死之年，他是234年才死的，他怎么会知道自己234年会死呢？

由于袁枚误读误解刘禅与诸葛亮，又对"六不解"之"解"产生了误读误解，所以对《后出师表》所展现的诸葛亮的"精气神"的实质的理解便往往是"南辕北辙"，他越读误解就越深。

世上没有永远毫无半点错误的"圣哲"，袁枚虽是有清一代的诗文大家，但由于他没有军事斗争经验，疏忽了同样是语言学家用词用字高手诸葛亮的"六不解"实作"六不懈"的意蕴，所以发出了令后人为之可笑的"将军出师而为此言，无谓；已不解而欲后主解，无益；胸中抱'六不解'而贸贸出师。悖矣！"的错误叹息与无谓的质疑！

莫要说忠于刘汉政权的诸葛亮不敢拿自己不解的东西去"玩弄"皇上，即使造假者，也不敢如此"作弄"读者呀！

《后出师表》中的"鞠躬尽瘁，死而后已"，并不是说诸葛亮在计算着如何如何"死"的问题，这里的"死"，是一种为北伐中原、为大一统全国的一种态度和决心而已。

对于这个"死"字的理解，请袁枚等先生看看古俗语有云："士为知己者死，女为悦己者容。"这个"死"，就是为之效命的意思。袁枚诸先生于前将"六不解"的"解"字直解为"理解"的"解"。这里又将"死而后已"中的"死"，直解解成"死去"的"死"，是为片面！

六不审：袁枚先生又云："亮不特知汉之必亡，且知己与诸贤之中年必死，岂理也哉？当邓艾入蜀时，使后主听姜维之言。早备阴平及阳安关口，则艾不能入。纵入后，其时罗宪、霍弋犹以重兵据要害。故孙盛以为乞师东国，征兵南中，则蜀不遽亡。将士在剑阁者，闻后主降，咸怒，拔刀斫石，然则亮死后十余年，蜀犹未可亡。而亮出兵时，乃先云'坐而待亡'者，何耶？"

在这一段中，袁枚说了如下五个问题，以证《后出师表》乃造假之作，只要我们细心一读，读后在《后出师表》是赝品的这个问题上，令人对这位大名人不免有些失望。

一是说："亮不特知汉之必亡，且知己与诸贤之中年必死，岂理也哉？"

诸葛亮在《后出师表》中一开篇就"立论"说："汉、贼不两立"。这就是说，刘汉政权不去执行大一统，就会被曹魏政权大一统掉。

诸葛亮立论"汉、贼不两立"，这是最为正确且击中时政之论，这是你死我活的斗争，这是多么警醒而又合乎逻辑的立论。

以此立论并表示自己不惜一死的决心去激励自己、激励刘禅、激励将士要不懈怠地奋斗下去，用此论去警醒贪图享乐的刘禅，这有什么不可理解之处？至于"诸贤之中年必死"一语，直雄在《后出师表》中查之未见。袁枚前贤可谓不审！

二是说："当邓艾入蜀时，使后主听姜维之言。早备阴平及阳安关口，则艾不能入。纵入后，其时罗宪、霍弋犹以重兵据要害。故孙盛以为乞师东国，征兵南中，则蜀不遽亡。"

袁枚此语是不审刘禅自陈祗当权以后，以刘禅为首刘汉集团，已经成为一个贪婪腐败集团，刘禅已经走上了桓、灵老路，是一个地地道道的昏庸之主。如果刘备、诸葛亮在世，如果能立即委任北地王调兵遣将与邓艾决一死战，袁枚、孙盛那些的"假如、纵使"都当是没有必要出现的多余话语。

三是说："将士在剑阁者，闻后主降，咸怒，拔刀斫石，然则亮死后十余年，蜀犹未可亡。而亮出兵时，乃先云'坐而待亡'者，何耶？"

诸葛亮训练培养的将士是忠诚的，是一支骁勇善战生力军。在闻知刘禅不战而降后愤怒不已却又百般无奈，面对昏君刘禅的投降，个个气得"拔刀斫石"。袁枚发此问是不审刘禅之荒淫腐败所导致将士如此的愤怒。

"坐而待亡"一语，正是表示要主动进攻的意思，如果不主动进攻，只能坐而等死，这是一句合情合理的话，这就是诸葛亮大一统主动进取的精神的展现。有何不妥？

四是说："然则亮死后十余年，蜀犹未可亡。"这是袁枚不审这是诸葛亮苦心的人事安排所致。正是由于诸葛亮在《前出师表》等文献中安排了蒋琬、费祎、董允三贤把关刘汉政权的政治、经济、军事，抑制着刘禅的贪婪腐败，蒋琬、费祎、董允三贤在位，保障了"亮死后十余年，蜀犹未可亡"的局面，袁枚先生何以为怪哉！

三贤去世后，陈祗当政乱政，即与宦官黄皓相表里，刘禅、陈祗、黄皓狼狈为奸，走上了桓、灵的老路，导致姜维被羁绊于"沓中屯田"。致使司马昭轻而易举地灭了刘汉政权。而在完全可以一战的情况下，刘禅则不战而降。先贤难管几十年后的后人事，诸葛亮安排蒋琬、董允、费祎执掌刘汉朝政，已是"鞠躬尽瘁"地关注着刘阿斗政权安危几十年了。

陈祗、黄皓与刘禅在"三贤"逝世后腐败乱政，这一切，可以说与诸葛亮无关。诸葛亮作为一代贤相，对刘备所生的碌碌无为腐败之子已经尽力了，袁枚先贤竟然如此不理解诸葛亮，直雄奇怪之、遗憾之。

五是说："亮出兵时，乃先云'坐而待亡'者，何耶？"如前所述："汉、贼不两立"是《后出师表》立论的客观事实基础，也是刘汉政权国策的一种表

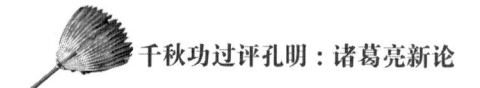

述。刘汉要大一统全国，或刘汉被曹魏、孙吴大一统掉，这是当时历史发展的总体趋势。诸葛亮说的"坐而待亡"，是与其立论相辅相成的，对于诸葛亮这种大一统精神，如能全面理解，袁枚先生当不会发出此怪问！

七不审：袁枚在论辩的最后下结论云："然则此表谁作？曰：此蜀亡后，好亮者附会董广川'明道不计功'之说，以夸亮之贤且智，而不知适以毁亮也！"

袁枚此语用了一个典故，得先解其典故，才好进一步明确其结论所指者何？

董广川者，何人也？——董仲舒也。董仲舒（前179—前104），广川郡（今河北省衡水市景县广川镇大董古庄）人，汉代著名的思想家、哲学家、政治家、教育家。古人好以郡望冠名。故董广川即董仲舒也。

"明道不计功"来自《汉书·董仲舒传》。其全句是："仁人者，正其谊不谋其利，明其道不计其功。"这是董仲舒的千古名句。"明道不计功"，就是"明其道不计其功"一语的概缩。

"仁人者，正其谊不谋其利，明其道不计其功。"人们统将其缩为"正谊明道"。它高度体现了董仲舒的哲学思想。"谊"通"义"，《汉书》"义"多作"谊"。"义者，宜也。"就是要"端正义理，不妄图眼前之利。讲究道德，不盘算非分的功业。"袁枚的本意是说崇尚诸葛亮的人（即喜好关心诸葛亮的造伪作者）践行董仲舒不计较自己所费之功力而假造一篇《后出师表》，以夸赞诸葛亮的贤良与智慧，却不知这样做，反而毁灭了诸葛亮的大名也！这既是惋惜当亦是重在讽刺！

这是袁枚先生所下的《后出师表》就是他人造假的结论，并无奈地发出了他人造假《后出师表》，却反而有损诸葛亮的声誉所发出的万般无奈的感慨乃至讽刺。

其实，袁枚先生哪里知道：正是自己误读了《后出师表》，下了一个大错大误的结论，还以为他为《后出师表》是赝品而"盖棺论定"了呢！

作为清代文学大家犯此错误，实在令人惊讶！岂不知，"毁亮"者，乃袁枚也！

八不审：袁枚为了补充其结论的所谓的正确性，在其《〈后出师表〉辨》中，还特意说："裴松之称'此表本集所无，出张俨《默记》'，陈寿削之，真良史哉！"

然此语犹有不审者二：

一是"裴松之称'此表本集所无，出张俨《默记》。'"

袁枚先生凭什么说此语是裴松之说的，而不是习凿齿说的呢？

只要略微细读此语就知，当是"习凿齿称'此表本集所无，出张俨《默记》'"。这是习凿齿对《后出师表》来源为读者所作的说明，而非"裴松之称'此表本集所无，出张俨《默记》'"。

其理由有二：

之一是，因为《三国志·诸葛亮传》中有："吴大鸿胪作《默记》，其《述佐篇》论亮与司马宣王书曰：汉朝倾覆，天下崩坏……虽古之管、晏，何以加之乎？"①由此可见，裴松之本人是见过并读到过张俨《默记》一书的，所以将其《述佐篇》作了引注。

如果裴松之所见到过的《默记》这一版本有《后出师表》的话，他当会直接引用，而不会引用来自《汉晋春秋》中所转引的《默记》中的这一内容。

之二是，袁枚读书不细所误。且看裴松之所写：

> 《汉晋春秋》曰：或劝亮更发兵者。亮曰："大军在祁山……功可蹻足而待矣。"于是考微劳……十一月，上言曰："先帝虑汉、贼不两立……非臣之明所能逆睹也。"于是有散关之役。此表，《亮集》所无，出张俨《默记》。②

裴松之在这里明明白白地记载："此表，《亮集》所无，出张俨《默记》"一语，显然是习凿齿说的，袁枚读书不细，说成是裴松之说的。袁枚此语一错，至今亦贻误不少读书人！并把它当成了《后出师表》是伪作的证据了。

二是袁枚说："'此表本集所无，出张俨《默记》'，陈寿削之，真良史哉！"袁枚先生此语，先入为主，他在这里，袁枚明明白白地告诉人们：陈寿见过此表，发现是伪作，故而削之，所以陈寿是良史。

据直雄有限的目力所及，没有任何史料证明陈寿见过或没有见过《后出师

---

① 晋·陈寿撰，南朝宋·裴松之注：《三国志》（全五册），中华书局1975年版，第935—936页。
② 同上书，第923—924页。

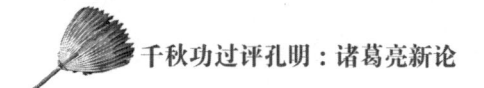

表》。在这种情况下，袁枚说"陈寿削之"！这就是说陈寿见过《后出师表》且知其伪而削之，此语未免武断！为学者所不取！

综上所述，由于袁枚先生不审刘禅自重用陈祗始，刘禅就变成了一个彻头彻尾的贪婪腐败昏淫之主；又不审诸葛亮"六不解"等系列话语的真实性，而导致对刘禅、诸葛亮的误读误解，因而在其《〈后出师表〉辨》中，误判《后出师表》是造假、是伪作。这一错误结论必须及时纠正过来才是。

破解"黄式三的'文气衰'之说"：

清代著名学者黄式三在其《儆季居集》中云："世传诸葛武侯有前后出师之表……前表悲壮，后表衰飒。前表意周而辞简……以是知后表之为赝也。"（前已载，故不再标示出处，下同）

黄式三在这里说到了前后两表的文气，言《前出师表》"悲壮"，《后出师表》"衰飒"。还特别用了今人不大好解的"缍"字，称《后出师表》"意窘而辞缍"，即《后出师表》表意"窘迫"而且"辞缍"，"窘迫"好理解，而"辞缍"，就是说诸葛亮用词有如纤柔的丝织品。以证明《后出师表》是赝品，是伪作。若遵从此说，《后出师表》乃赝品无疑。

黄式三的《后出师表》"文气衰"说来源袁枚，袁枚对《后出师表》文气的误读，前已澄清，此不多赘。《后出师表》当为诸葛亮所作，无疑。

破解"傅斯年先生的'文气衰'之说"：

傅斯年称："《后出师表》'若果决而实犹疑，若奋发而实不振'，即使不算'败北主义'，也脱不掉悲观论之嫌，诸葛亮伐魏，志当必胜，必无漫作此等泄气话的道理。"

由于袁枚不审，傅斯年亦跟着误读，故《后出师表》当为诸葛亮作，无疑。

破解"黄瑞云先生的'文气衰'之说"：

黄瑞云先生称："《前出师表》……文辞气势充畅，对北定中原，兴复汉室，颇有信心。而《后出师表》……文辞的力量和气势与前表不可同日而语，可以说相当泄气。表请出师，应振作主上，鼓舞士气，怎么可能写得如此衰飒呢？"

这也是袁枚"文气衰"说的延续，《后出师表》当为诸葛亮作，无疑。

破解"马植杰先生的'文气衰'之说"：

马植杰先生认为："《后出师表》语言变得十分沮丧，……《后出师表》的文辞、风格至为浅陋。与《前出师表》并不相类。"

这亦是袁枚的"文气衰"说的一种别样的延续，故《后出师表》当为诸葛亮之作，无疑。

破解"赵熠先生的'文气衰'之说"：

赵熠先生认为："前后表相隔仅一年，《前出师表》言辞恳切，充满热情与理想。……而《后出师表》不仅绝口不提兴隆汉室之事，行文也不似前表那样气足语豪，……实在让人难以信服同样出自诸葛亮之笔。"

这也是袁枚"文气衰"说的扩充，《后出师表》乃诸葛亮作，无疑。

3. 破解《后出师表》中编造史无记载的人物与事件问题

有的人之所以说《后出师表》是伪造，如有的先生则从《后出师表》内容无的放矢，以诸葛亮没有必要去再上《后出师表》证明之。

破解"林国赞先生的'编造史料'之说"：

林国赞先生提出了三个疑问：

一是林国赞先生承认有攻昌霸之事，怎么会有"五攻"？

这正是《汉晋春秋·〈后出师表〉》中的当事人诸葛亮补充了三国战事方面的资料，有何不好？以此否定《后出师表》的存在是不妥的；

二是林国赞先生言："是年冬春两出师，前此后此，均未有谓讨贼为非计者也，而此表聒强不舍。"其意是说，没有人反对北伐中原，还要絮絮叨叨说个没完。这是伪造者的"谎言"。

林国赞先生不审：因为北伐中原，恢复大汉大一统事业，是刘汉政权从不动摇的国策，冬春两出师是执行国策，"均未有谓讨贼为非计者也"，只能说明诸葛亮治下的刘汉王朝的君臣们，对于执行这一国策持异议者少。

所谓《后出师表》"聒强不舍"，林国赞先生此说不妥。"聒强不舍"，实作"强聒不舍"，意为别人不愿听，还要絮絮叨叨地说个不停。《庄子·天下》云："以此周行天下，上说下教，虽天下不取，强聒而不舍者也。"诸葛亮面对第二次北伐的"议者"（可视为反对者），不可能像当今的硕、博士论文一样一一列出"议者"的意见再驳之，而只是将"议者"的意见综合为六个方面辩驳之，这样简省精到的论辩，怎么叫"强聒不舍"呢？这正好说明诸葛亮北伐中原、一统全国的意志坚定如钢；再是诸葛亮行文异常精到简练。这有什么不可理解？

异议者少，是不是"均未有谓讨贼为非计者也"？不，在诸葛亮初出祁山不利，马谡败亡之际，特别是在曹魏据有中原等地12个州，而刘汉治下仅有益州而要北伐强魏的情况下，而刘汉政权又在"丧赵云、阳群、马玉、阎芝、丁立、白寿、刘郃、邓铜等及曲长屯将七十余人"等困难的情况下伐魏，没有"议者"或者"异议者少"，这是不可能的。直雄在有关著作中，指出的李邈即是。诸葛亮曾对这个李邈有救命之恩，在诸葛亮死后还攻击诸葛亮北伐，被刘禅气得将其处斩。

故《后出师表》中有"而议者谓为非计"之语，诸葛亮是何等的坦诚，用语是何等的精准。

对诸葛亮这次北伐发表过不同意见的官吏有谁呢？《中国历史通俗演义·后汉演义》中云："正要调动军马，不料镇军将军赵云病亡，亮大为悯惜，后主禅亦甚悲悼，追谥云为顺平侯……群臣谓失一大将，不宜兴师，独诸葛亮锐意北伐，未肯中止。"[①]

对于《中国历史通俗演义》，出版说明写道："蔡东藩治学严谨，务实求真，诚如他自己所说：'以正史为经，务求确凿；以轶闻为纬，不尚虚诬。'"[②]这是一部以历史事实为基础的小说，其中《后出师表》全文入书，是有其历史事实为依据的。"议者"是指刘汉政权中的"群臣"。这当是可以理解的客观事实，在诸葛亮作《后出师表》时，"议者"是张三还是李四或是王老五，刘汉朝诸臣当是心知肚明，故在《后出师表》中以"议者"一语统称之，实在省去了不少笔墨。

再是史载："上月，诸葛亮闻曹休为吴所败，魏兵东下，关中虚弱，欲出兵击魏，群臣以为疑。亮遂再次上表，请许北伐。"[③]

还有：如"众议""群臣""议者"之类的词语，当是泛指性质。

如"使将军陈智、郑绰讨元。众议以为元若不能围成都，当由越巂据南中"[④]这里的众议，当是泛指大家所议、所说。不具体到某某人。

"群臣"，也是泛指有一些臣子。也是不具体指是某某人。

---

①蔡东藩：《中国历史通俗演义·后汉演义》，安徽人民出版社1999年版，第648—649页。
②蔡东藩：《中国历史通俗演义·出版说明》，安徽人民出版社1999年版，第1页。
③张习孔、田珏主编：《中国历史大事编年·第二卷》，北京出版社1997年版，第11页。
④晋·陈寿撰，南朝宋·裴松之注：《三国志》（全五册），中华书局1975年版，第1013页。

"议者"，也是一个泛性词语，它也是不具体到某某人。它是泛指一些议论的人，也不是具体到某某人。

《三国志》中此语不在少数。《三国志·蜀书·来敏传》裴注：《亮集》有教曰："将军来敏……昔成都初定，议者以为来敏乱群，先帝以新定之际，故遂含容，无所礼用。后刘子初选为太子家令，先帝不悦而不忍拒也。后主〔上〕即位，吾暗于知人，遂复擢将军祭酒，违议者之审见……"①

这里的"议者"，就是泛指有一些人。

又如，《三国志·蜀书·诸葛亮传》裴注引《汉晋春秋》曰："是岁，孙权称尊号其群臣以并尊二帝来告。议者咸以为交之无益，而名体弗顺，宜显明正义，绝其盟好。亮曰：'权有僭逆之心久矣……今议者咸以权利在鼎足，不能并力……'乃遣卫尉陈震庆权正号。"②

这里出现"议者"两次，都属泛指一些人而已。

在刘汉政权的历史资料散失严重的情况下，在65卷的《三国志》中，蜀书仅有15卷、不及《三国志》的四分之一的情况下，在刘汉政权所谓"国不置史，注记无官，是以行事多遗，灾异靡书。诸葛亮虽达于为政，凡此之类，犹有未周焉"③，或曰虽有史却被兵乱遭毁灭的情况下，况且"而议者以为非计"一语，在《后出师表》中，仅仅是为了承前启后，所谓承前：就是北伐中原是先帝时定下的国策；所谓启后：就是遇到"今贼适疲于西，又务于东"的极好战机。而为了说明《后出师表》是造假，非要找出诸葛亮在上《后出师表》时中的"议者"是张三、李四、王老五……之类的一群人。或是诸葛亮用了"议者"一词，而未能一一坐实具体人，就否定《后出师表》非诸葛亮所作，未免苛求！

但是，如果硬要找出一位"议者"的话，虽事隔一千百余年，也不是没有一点可能的。曾被诸葛亮所救过性命的李邈，官至犍为太守、诸葛亮的参军、安汉将军李邈，在诸葛亮死后，"后主素服发哀三日，邈上疏曰：'吕禄、霍、禹未必怀反叛之心，孝宣不好为杀臣之君，直以臣惧其偪，主畏其威，故奸萌生。亮

---

① 晋·陈寿撰，南朝宋·裴松之注：《三国志》（全五册），中华书局1975年版，第1025—1026页。
② 同上书，第924—925页。
③ 同上书，第902页。

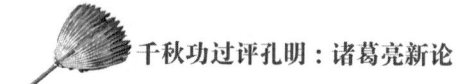

身仗强兵，狼顾虎视，五大不在边，臣常危之。今亮殒没，盖宗族得全，西戎静息，大小为庆。'后主怒下狱诛之。"①

此文所载，可见虽曾被诸葛亮救了一条命且不断受到诸葛亮提拔的李邈，却在诸葛亮死后，反而不放过诸葛亮，对诸葛亮身临前线伐魏，发起了恶毒的攻击。像这样曾在诸葛亮身边的参军，对诸葛亮的出师，当是可以算作"议者"之列的。

孙吴的张俨记下其时众多的所谓"议者"反对诸葛亮北伐的言论，称："诸葛丞相诚有匡佐之才，然处孤绝之地，战士不满五万，自可闭关守险，君臣无事。空劳师旅，无岁不征，未能进咫尺之地，开帝王之基，而使国内受其荒残，西土苦其役调。……非明哲之谓，海内归向之意也。"②由这段文字，可见"议者"之多，张俨是反对这些"议者"之论调的，故将其引用出来，后一一驳斥。

三是"辄刺刺于未解者六，亦深可疑。""六不解"即"六不懈"，这正诸葛亮为大一统全国"鞠躬尽瘁，死而后已"的崇高精神品质的展现。

故，林国赞先生论证《后出师表》为伪作，所举上述例证，宜自当深思其十分不妥。《后出师表》为诸葛亮所作，无疑。

破解"黄瑞云先生的'不必上表'诸说"：

黄瑞云先生认定《后出师表》是伪造。其理由同样不审：

一是称诸葛亮没有必要再上此表。他说："蜀汉建兴三年（公元225年）诸葛亮率众南征，南方平定后准备北伐中原，于建兴五年（公元227年）进驻汉中，向后主上《前出师表》。如果照《汉晋春秋》之说，蜀汉建兴六年十一月诸葛亮又上《后出师表》，则两表相隔仅一年多。其时大军仍驻汉中，他有什么必要再上表文？而且同在这一年，诸葛亮于失败之后，他一方面'上表自贬'，怎么可能一方面又上表出师？"

这一段话说明黄瑞云对《前出师表》与《后出师表》的性质和着重点不同的认识不足：

《前出师表》是上疏，其着重点主要落实到刘禅当如何修明内政的方式方法上；

---

① 晋·陈寿撰，南朝宋·裴松之注：《三国志》（全五册），中华书局1975年版，第1086页。
② 同上书，第935—936页。

《后出师表》是上言，其着重点则是在执行国策的军事策略上。

前后两个《出师表》在立论、申论、结论成篇的作用是不一样的。作为一国统帅出师，向皇帝及时作出报告是必要的、完全应该的。以因有前《出师表》而去怀疑、去否定《后出师表》为诸葛亮作，是站不住脚的，也是不合逻辑的。

上言是诸葛亮向刘禅汇报实情，一国之丞相，领兵在外作战，向君王汇报，属正常现象。黄瑞云先生却拿来证明《后出师表》是伪造。这是没有说服力的。

二是指摘"表文中还指责朝廷'今岁不战，明年不征'，诸葛亮怎么会如此荒唐"？

这是典型的误读。诸葛亮的"今岁不战，明年不征"指的是刘繇、王朗，还有刘表不听蒯良之言，在孙坚死时，不肯一举剪灭孙氏，让孙策有了喘息之机。

正是由于他们的"不作为"，导致孙策坐大。这是历史的经验教训。诸葛亮哪里指责了刘禅"今岁不战，明年不征"？所以黄瑞云先生从诸葛亮写作《后出师表》的必要性，去否定《后出师表》的存在性，这种思路与事实是不相符合的。

破解"陶元珍先生的'史不见载'诸说"：

陶元珍先生云："此表云：'自臣到汉中，中间期年耳，然丧赵云、阳群、马玉、阎芝、丁立、白寿、刘郃、邓铜等及曲长屯将七十余人……'案上述诸人，除赵云外，皆不见于陈志。阳群等若非重要将领，何必胪举其名，若为重要将领，何以陈志毫无记载，他书亦未述及？"

陶元珍先生的说法，不符合事实，也大苛求：

君不见《三国志·马忠传》中云："先主东征，败绩猇亭，巴西太守阎芝发诸县兵五千人以补遗阙，遣忠送往。"①

阎芝不就是一个吗？直雄前面列举的"阳群、马玉、丁立、白寿、刘郃、邓铜"不是吗？可见，陶元珍先生此语不确。不仅不确，而且苛求。难道《后出师表》中出现的人物，只能是《三国志》中提到的才能出现在《后出师表》之中，裴松之为《三国志》作注补充了那么多人物，就可以，难道诸葛亮就不行？这不是莫名其妙吗！

---

①晋·陈寿撰，南朝宋·裴松之注：《三国志》（全五册），中华书局1975年版，第935—936页。

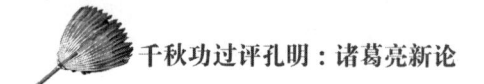

本来，《后出师表》提供了那么多逝去的英雄，是一个很好的可供参考的资料，现在只因在陈寿的《三国志》找不到这些人名，而用来否定《后出师表》的存在，这未免苛求。

君不见：陈寿撰《三国志》时，"当时魏、吴两国已先有史，官修的有王沈《魏书》、韦昭《吴书》，私撰的有鱼豢《魏略》，这三种书是陈寿所根据的基本材料。唯蜀国无史或有史遭战乱而毁……总的来说，因为陈寿见到的史料有限，所以三书的内容都还不够充实。《三国志》没有志表，正是因为材料不足；后来裴松之所以给它作注，就是要补救这个缺陷。"①现在裴松之补充了《后出师表》，又无端怀疑其伪造，这未免有苛求之嫌！

莫要说习凿齿《后出师表》中补充的这些英雄人物的史料难以一一找全，就是刘汉政权灭亡不久，陈寿奉司马炎之命，纂集诸葛亮的遗文，所"编成《诸葛氏集》，凡二十四篇。但根据《三国志·蜀志·诸葛亮传》所列载的篇目看，许多篇现已不复存在。今传各种诸葛亮集，系后人从史传中采辑而成"②。现在为了说明《后出师表》是造假之作，要求将《后出师表》诸葛亮所列举的这些风云人物因《三国志》未一一载列而否定《后出师表》是诸葛亮所作，实在是无理苛求。

所以，陶元珍先生说《后出师表》是伪作是难以成立的。

破解"钱大昭先生的'论说不妥'诸说"：

钱大昭先生以"刘繇为豫章太守在兴平中，王朗为会稽太守在建安初，孙讨逆（策为讨逆将军）卒于建安五年，据魏春秋此疏上于孙权破曹休之时，盖建兴五年也（原注：'蜀建兴五年即魏太和元年'）。相隔二三十年，不必赘及"（表云："刘繇、王朗，各据州郡……"又云，"使孙策坐大，遂并江东"）。

这是诸葛亮以史为鉴，引用时人所知的史实为证，以论说自己要毫不懈怠地进行北伐，以防止"坐而待亡"之不测。诸葛亮这样论说有何不妥？其实，早在孙坚死时，长子孙策年未及冠，如果刘表按照蒯良的意见，一举将孙氏斩草除根，但刘表不肯作为，孙策这才有了喘息之机，并日渐壮大。刘繇、王朗更不是其对手。诸葛亮以此来说明自己应吸取这些教训并以警示激励部下，这有什么不好？

---

① 晋·陈寿撰，南朝宋·裴松之注：《三国志》（全五册），中华书局1975年版，第1—2页。
② 钱伯城主编：《古文观止新编》，上海古籍出版社1989年版，第353页。

钱大昭先生又以"且云'任用李服而李服图之'。魏志亦无此人。窃疑此表后人伪撰，习凿齿（《汉晋春秋》著者）未之深考而载之耳。承祚（陈寿）不采此文，极有卓见"，以否定《后出师表》是诸葛亮作。

按照钱大昭先生的推定，《后出师表》当属陈寿见过且认定其是伪作，此语源于袁枚《〈后出师表〉辨》结尾的话，前面直雄已经说明这是毫无根据之语，钱大昭先生拾取此语来否定《后出师表》非诸葛亮所作，这也是不能成立的！

关于"李服"的问题，"李服，盖王服也，与董承谋杀操被诛。"[①]这皆是钱大昭先生不审，误认《后出师表》为伪作。

破解"马植杰先生的'新添载录'诸说"：

马植杰先生说："《后出师表》所言曹操'困于南阳，险于乌巢，危于祁连，僵于黎阳，几败北山，殆死潼关'等一系列险遇，其中除了南阳、乌巢、潼关之役在史书上有记载外，其他都无确切依据。"此亦属于无理苛求矣！

诚如陶元珍先生一样苛求《后出师表》一样，这是不现实的，自己也说其中南阳、乌巢、潼关之役在史书上有记载，而祁连、黎阳、北山一时在史书上找不到记载，就说《后出师表》是伪作，这是对一千七百年以后史籍的佚失的事实的不尊重，一时找不到，不等于当年这个作战的地方不存在。况且祁连、黎阳、北山的问题，胡三省已注云："逼于黎阳，谓攻袁谭兄弟时也。几败柏山，谓与乌桓战于白狼山时也。……危于祁连，当考；或曰围袁尚于祁山也。"[②]

"北山"，这里写作"柏山"，极有可能是司马光所采用的《汉晋春秋》的版本与裴松之所采用的《汉晋春秋》版本不一所致，故写法不一。而陶元珍先生要用这样的苛求去认定一千七百年前的这篇《后出师表》不存在是不对的，说得不好听的是：因为有名人袁枚、黄式三父子等名人说了《后出师表》是假的，就要千方百计地证其假，连《后出师表》提供资料都不行了，这不是对待"历史事实"与"历史资料"的应有态度。

4. 破解"诸葛恪为出兵攻魏伪造的舆论工具"说

既然说《后出师表》是伪作，当然会指出作伪者是何人。已有多位研究者认

---

①宋·司马光编著，元·胡三省注：《资治通鉴》（全十册），中华书局1976年版，第2248页。
②同上。

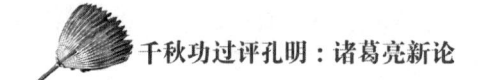

为作伪者是诸葛恪。找到了造假者,《后出师表》是赝品当然无话可说。

如果这些理由毫无立足的余地,则当是诸葛亮所作无疑。

破解"马植杰先生的'诸葛恪伪造'诸说":

今人马植杰先生称:"《后出师表》既非诸葛亮自作,也非张俨伪作,其作者乃是诸葛恪。……'我们只要仔细考察一下谕众论文,和当时吴国的政治情况,就可以看出《后出师表》是诸葛亮的胞侄诸葛恪假造的。'就诸葛恪而言,有伪造的必要。公元252年,孙权临死时,命新任大将军诸葛恪全权辅佐幼主孙亮。可是这时孙氏皇族与江南大族的势力非常强,诸葛恪对吴国政权并不能操纵自如。他为了树立自己的威望和掌握兵权,乃发动对魏战争。此年底诸葛恪与魏军战于东兴,打了一个大胜仗。于是诸葛恪便想大举出师攻魏。可是当时吴国众臣'同辞谏恪',激烈反对诸葛恪出师,正符合《后出师表》中'议者谓为非计'的话。诸葛恪在朝野哗然,举国反对的情况下,被迫发表论文以喻众,这篇论文的目的、内容以及说理用词都与《后出师表》极为相似。诸葛恪既需要'著论以喻众',更需要伪制《后出师表》,使自己伐魏的主张得到有力的旁证。再者,三国时代,尤其是吴国,政界人士为了达到某种目的,往往造假的文章,此风盛行。例如鄱阳太守周鲂、大将陆逊、侍中胡综、吏部尚书陆喜都造过伪文。凡此为诸葛恪有目的的伪造《后出师表》,提供了旁证。"

持《后出师表》是诸葛恪伪造的大学者还有刘逸生先生。刘逸生先生的观点与马植杰先生大同小异,所不同的是,他取用《后出师表》中的若干文字,与诸葛恪的《论征魏》相比照后结论道:"就举这四段吧。读者一定很奇怪,为什么彼此的口气,发挥的道理,所引用的例子,竟然如此相似呢?《后出师表》说不能让敌人坐大,诸葛恪说坐观敌人强大,后患不堪设想;《后出师表》说不能以一州之地与敌人持久,诸葛恪也说怀偷安之计是使人叹息的;《后出师表》说数年之后,国内精锐会损失大半,诸葛恪也说敌人人口日多,吴国壮丁日少;甚至引用汉高祖艰苦作战的例子,两者完全一样。为什么?只有这样理解才是合理的:诸葛恪为了驳倒反对伐魏的人,他除了亲自撰写这篇《论征魏》之外,还认为分量不够,还须找个更有力的帮手。……端出《后出师表》为证,真是欲盖弥彰,把自己的内心隐秘一下子泄漏出来了。"[①]

[①] 刘逸生著:《三国小札》,广州出版社2001年版,第229—230页。

马植杰先生与刘逸生先生均说作伪者是诸葛恪，看似有过认真分析。但大有疏忽：因为孙权在去世时，即把吴国的军政大权付与了诸葛恪。

《三国志·吴书·诸葛恪传》载云："久之，权不豫，而太子少，乃征恪以大将军领太子太傅，中书令孙弘领少傅。权疾困，召恪……属以后事。《吴书》：权寝疾，议所付托。时朝臣咸皆注意于恪。而孙峻表恪器任辅政，可付大事。权嫌恪刚愎自用，峻以当今朝臣皆莫及，遂固保之，乃征恪。后引恪等见卧内，家驹诏床下，权诏曰：'吾疾困矣，恐不复相见，诸事一以相委。'……权诏有司诸事一统于恪……人怀欢欣。……恪更拜太傅。于是罢视听，息校官，原逋责，除关税，事崇恩泽，众莫不悦。恪每出入，百姓延颈，思见其状。"①

史载明白可见，说"诸葛恪对吴国政权并不能操纵自如"是不符合事实的。

又，史载云：公元252年十二月，"魏三路攻吴……"②

由此可见，说诸葛恪"为了树立自己的威望和掌握兵权，乃发动对魏战争"，也是不符合历史真实的。

诸葛恪深受孙权信任、深获孙权重恩，一心想为孙吴出力，在反击魏国进攻的战争中，想再接再厉取得对魏战争的胜利是实事，当时有大臣谏阻也是实事，但是这是公元253年三月时的事。此时离诸葛亮所撰写的《后出师表》将近四分之一个世纪。与此同时，据《汉晋春秋》载云："恪使司马李衡往蜀说姜维，令同举，曰：'古人有言，圣人不能为时，时至亦不可失也。今敌政在私门，外内猜隔，兵挫于外，而民怨于内，自曹操以来，彼之亡形未有如仿者也。若大举伐之，使吴攻其东，汉入其西，彼救西则东虚，重东则西轻，以练实之军，乘虚轻之敌，破之必矣。'维从之。"③

诸葛恪的战略眼光是不错的，与给姜维的信属同一思路，同时撰有所谓《征魏论》。论中提到"近见家叔父表陈与贼争竞之计，未尝不谓然叹息也"④。

---

①晋·陈寿撰，南朝宋·裴松之注：《三国志》（全五册），中华书局1975年版，第1433—1434页。

②张习孔、田珏主编：《中国历史大事编年·第二卷》，北京出版社1997年版，第31页。

③晋·陈寿撰，南朝宋·裴松之注：《三国志》（全五册），中华书局1975年版，第1435页。

④同上书，第1437页。

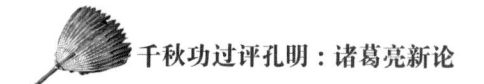

即诸葛恪读到的诸葛亮的《后出师表》后为之感慨。

诸葛恪"近见《后出师表》"，胡三省云："家叔父，谓诸葛亮。亮表见七十一卷明帝太和二年。"[①]是李衡从姜维那里带回的《后出师表》，还是从张俨那里得到的《后出师表》。可不必考。但是，如果认为："于是诸葛恪便想大举出师攻魏。可是当时吴国众臣'同辞谏恪'，激烈反对诸葛恪出师，正符合《后出师表》中'议者谓为非计'的话。诸葛恪在朝野哗然，举国反对的情况下，被迫发表论文以喻众，这篇论文的目的、内容以及说理用词都与《后出师表》极为相似。诸葛恪既需要'著论以喻众'，更需要伪制《后出师表》，以使自己的伐魏主张得到有力的旁证。"这不合逻辑：

一是"于是诸葛恪便想大举出师攻魏。可是当时吴国众臣'同辞谏恪'"，事在诸葛恪作《征魏论》之前，当其所作《征魏论》为众知晓后，"众皆以恪此论欲必为之辞，然莫敢复难。"[②]

这里，马植杰先生有将"同辞谏恪"与"然莫敢复难"相混同之嫌，而刘逸生先生说诸葛恪在作了《论征魏》还嫌不够而假托诸葛亮之名写了一篇《后出师表》，这实在是有点莫名其妙。马植杰先生还说这"正符合《后出师表》中'议者谓为非计'的话"，将25年前刘汉政权中的"议者"与25年后孙吴政权中的"众皆以恪此论欲必为之辞，然莫敢复难"的"议者"相混同，并以这样有混同之嫌的前后话语去说明《后出师表》为诸葛恪伪造，是不能令人信服的。

二是诸葛亮所作《后出师表》，尽管有军事机密性，但它毕竟至少在刘汉政权与孙吴政权高层流布约达25年之久。诸葛恪以诸葛亮之名，假造一个《后出师表》当作自己的舆论工具，岂不在张俨、李衡等众多大臣面前自取其辱，这是不可能的。

三是《后出师表》中所涉及如此多的刘汉政权及曹魏政权中的内容，只有诸葛亮才写得出来，让事隔近25年之久的诸葛恪写出这样的《后出师表》，是令人不可理解的。诸葛恪生于203年，《后出师表》作于228年11月，其时的诸葛恪才25岁左右，31岁才任骑都尉，《后出师表》中涉及刘汉政权中的诸多情

[①] 宋·司马光编著，元·胡三省注：《资治通鉴》（全十册），中华书局1976年版，第2404页。

[②] 晋·陈寿撰，南朝宋·裴松之注：《三国志》（全五册），中华书局1975年版，第1437页。

况，诸葛恪是不可能知晓的。即使如马植杰先生与刘逸生先生所说，是为了配合《征魏论》而伪造《后出师表》，此时的诸葛恪，虽说位高权重，《后出师表》中涉及刘汉政权中的诸多军事政治问题，他也是不可能知晓的。故说诸葛恪伪造《后出师表》，违背事实。

四是既然当诸葛恪所作《征魏论》为众知晓后，"众皆以恪此论欲必为之辞，然莫敢复难。"何须再假造一个《后出师表》去"著论以喻众"？

五是诸葛亮的《后出师表》的精神实质就是要北伐中原，它在精神实质上与诸葛恪的《征魏论》一脉相承，是诸葛恪伐魏主张的有力旁证。看到《后出师表》与《征魏论》的精神内核一致，就说是伪造。是为牵强附会。

六是将《后出师表》与三国时期吴国伪造之风相联系。例如，鄱阳太守周鲂、大将陆逊、侍中胡综、吏部尚书陆喜都造过伪文。凡此为诸葛恪有目的的伪造《后出师表》，提供了"旁证"。这种所谓"旁证"也是牵强附会。

试举一例：《三国志·吴书·周鲂传》载有周鲂作书诱骗曹魏大司马曹休一事，《三国演义》第九十六回以《孔明挥泪斩马谡　周鲂断发赚曹休》为题，将周鲂造假骗曹休写得出神入化。这与《后出师表》风马牛不相干，权倾朝野的诸葛恪还用得着借假造叔父诸葛亮的一个《后出师表》去骗同僚吗？在其时孙吴政权与刘汉政权交往频繁的情况下，诸葛恪要捏造一篇诸葛亮的《后出师表》，不是自取其辱吗？

七是诸葛恪自云近见家叔父《后出师表》。他已经将《后出师表》的"著作权"点明是诸葛亮。以直雄目力所及，诸葛恪并未在将士之中用《后出师表》为自己"助力"，诸葛亮在25年前的战况，与25年后孙吴攻魏的战况大不一样，诸葛恪借诸葛亮的《后出师表》为吴攻魏是起不了什么作用的。

马植杰先生与刘逸生先生坚持说这《后出师表》是诸葛恪伪造的。实有"栽赃"之嫌！

实事上，诸葛恪的《征魏论》足以折服朝野。在征新城一战中，才华横溢的诸葛恪，不幸"聪明反被聪明误"。在攻取新城快要取胜之时，要不是他一时疏忽，中了魏将张特的缓兵之计[①]，导致进攻新城功败垂成的话，恐无今日怀

[①] 宋·司马光编著，元·胡三省注：《资治通鉴》（全十册），中华书局1976年版，第2406—2407页。

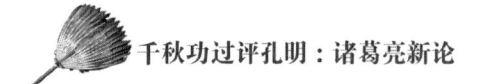

疑诸葛恪伪造《后出师表》之说。

破解"陶元珍先生的'好事者伪造'诸说"：

陶元珍先生称，吴志诸葛恪传载所著论有云："每览荆邯说公孙述以进取之图……此表遂俨若真为亮作矣。"①

陶元珍先生称《后出师表》为赝品，与马植杰先生有相同的理由，不必重复予以辨伪。只想就其与马植杰所不同之处予以辨析。陶元珍先生的"《后出师表》是伪作为'伪'之所在"有能站住脚的理由吗？

陶元珍先生云："近见家叔父表陈兴贼争竞之计，未尝不喟然叹息也。……或恪因同僚反对出师者众，遂漫谓见家叔父表陈云云，欲藉诸葛亮之名以增强己之意见，未必曾见此表也。"

"吴、蜀联盟"，仅断于刘备征吴的短短的一段时间，它作为刘汉政权与孙吴政权的国策。刘汉与孙吴在军事与政治上，相互密切配合攻魏已成常态。作为孙吴最高统帅的诸葛恪，读到25年前诸葛亮的前后《出师表》，我以为是轻而易举的事，有何理由可疑？再是《三国志·吴书·诸葛恪传》为陈寿所作，陈寿记有此言，自有所本。陶元珍先生却说诸葛恪"未必曾见此表也"？怎能如此武断。

陶元珍先生又云："余疑此表当系吴人之好事者本前出师表及恪所著论撰成。"

陶元珍先生此语，较袁枚的"好亮者"伪造，又进了一步，这就是说，《后出师表》是吴国的好事者综合诸葛亮的《前出师表》与诸葛恪的《征魏论》意思而伪造的。

"孙、刘联盟"的宗旨就是北伐中原。且看《三国志·邓芝传》载："乃遣芝修好于权。……芝乃自表请见权曰：'臣今来亦欲为吴，非但为蜀也。'……芝对曰：'吴、蜀二国四州之地，大王命世之英，诸葛亮亦一时之杰也。蜀有重险之固，吴有三江之阻，合此二长，共为唇齿，进可并兼天下，退可鼎足而立，此理之自然也。大王今若委质于魏，魏必上望大王之入朝，下求太子之内侍，若不从命，则奉辞伐叛，蜀必顺流见可而进，如此，江南之地非复大王之有也。'

---

①陶元珍：《世传诸葛亮后出师表辨证》，2007年8月24日，见http：//vendus.blog.sohu.com/61112988.html。

权默然良久曰：'君言是也。'遂自绝魏，与蜀连和，遗张温报聘于蜀。"

因此，不管是《前出师表》《后出师表》，还是《征魏论》，其写作的总体宗旨，就是北伐中原，这个"大同"是毋庸置疑的，甚至用语有相类之处，也不必过于挑剔。但是，这两表一论，在总体写作宗旨相同的情况下，其写作立意是却是大不一样的。此处不必一一剖析，一读即知。因此，陶元珍先生说《后出师表》是好事者综合《前出师表》与《征魏论》而写成的，也是站不住脚的！

陶元珍先生还云："亮虽蜀臣，素为吴人所敬佩，假托亮之意见，足以折服众口，且亮已死久无对证，不忧众人不信也。"

诚如前述，诸葛亮《后出师表》之写成，至诸葛恪攻打新城，为时约25年之久。这又不是诸葛亮一个人读的"私藏品"，孙吴与刘汉政权共同抗曹，刘汉政权刘禅及其主要谋臣知之，难道还会向孙权及其主要谋臣保密？25年之后《后出师表》还会冒出一个"死无对证"的问题来，难道像姜维、廖化等这些诸葛亮所亲信的人没有读过《后出师表》？刘禅还是《后出师表》的第一读者呢，诸葛恪伪造诸葛亮的《后出师表》，岂不令刘禅笑掉大牙？所以陶元珍先生这样的推定，只能是令人匪夷所思！

且陶元珍先生接着又说："张俨吴臣，卒于孙皓宝鼎元年（266）（《三国志·吴·志孙皓传》）。俨撰默记时，此表业已传布，故被载入。默记首载此表，东晋时习凿齿撰《汉晋春秋》复载之，刘宋时裴松之撰三国志注，更据汉晋春秋引入注中，此表遂俨若真为亮作矣。"

陶元珍先生之意是说作为赝品的《后出师表》，多经转载而弄假成真，俨然有如诸葛亮所作。吴国这个好事者，竟能如此洞悉刘汉政权？竟能如此洞悉诸葛亮北伐战争之内幕？竟能如此洞悉孙吴政权？这个吴人于诸葛恪作《征魏论》（约253）后，综合诸葛亮的《前出师表》与诸葛恪的《征魏论》而造假出一个《后出师表》？

这种说法，既与陈寿的《三国志·吴书·诸葛恪传》相抵牾，又与"张俨吴臣，卒于孙皓宝鼎元年（266）"实在是自相矛盾！

因为：如果《后出师表》真的是这个好事的吴人所造假的话，这个吴人只能是在这十三年之内（253—266）造假而成，且业已传布。刘汉政权是263年才被司马昭所灭的。其间十年，孙吴与刘汉两个政权交往频繁，好事的吴人居然假造了一个诸葛亮的《后出师表》，且流布于世。诸葛亮是汉相，如果《后出师表》是

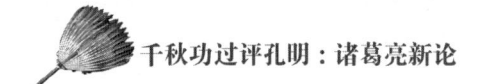

好事的吴人所假造，此人是要被砍头的，也是要被吴、蜀之人笑掉大牙的！陶元珍先生这样的结论，直雄不能苟同！

故陶元珍先生将诸葛恪力求伐魏的理由与《后出师表》相比较，确信《后出师表》就是诸葛恪所假造，确实是站不住脚的。

5. 破解"张俨为申《述佐篇》之意而造假说"问题

既说是伪作，伪作者是谁呢？周朝民、黄以周在这里又牵出伪造作者张俨张子节也。

破解"周朝民先生的'张俨伪造'之说"：

一说作伪者，张俨也："此外，尚有一些学者且怀疑《后出师表》系撰写《默记》的吴国官吏张俨所伪造。"[1]

这是周朝民先生在其《〈后出师表〉是诸葛亮写的吗？》一文中，提及是吴张俨所伪造。但未详述理由。只是乏乏一说而已，直雄也是知有其事而已。

此说另有黄以周说得详细，破解其说，也就是破解了"周朝民先生的'张俨伪造'之说"。

二说张俨为申己说而伪造："清人黄以周以为：……于赵云事，少有参错，亦无足怪也。'"[2]

破解"黄以周先生的'张俨伪造'诸说"：

黄以周（1828—1899），本名元同，后改以周，以元同为字，号儆季。黄式三第四子。黄以周自幼承训家学，称《后出师表》为伪作，与其父的观点一致，这是不足为奇的。但是，黄以周先生出论不审。

其不审者有五：

其一，恢复大汉大一统，是刘备、诸葛亮所定下的不可动摇的国策，《隆中对》及诸葛亮所作前后《出师表》，正是这种国策的具体实施的体现。前面已论，此不重赘。后来的蒋琬、费祎、董允、姜维一直执行这一国策不曾动摇。

---

[1] 施宣圆、林耀琛、许立言：《千古之谜〈中国文化史500疑案〉》，中州古籍出版社1989年版，第760页。
[2] 卿三祥：《〈后出师表〉真伪考释》，载《成都大学学报·社会科学版》2007年第6期，第26页。

"黄以周说：'武侯内治蜀，外征魏，其勋绩赫赫，昭人耳目。然当时好大言者，以武侯不能卒厥功，辄短其才。'"

此语实在牵强。《后出师表》确实功劳大，它展现诸葛亮那种意坚如钢的"中华民族大一统"精神。作为践行这种大一统精神的诸葛亮，他"鞠躬尽瘁"于前线"死而后已"。其精神永垂不朽，其战绩可歌可泣。我们不能以成败论英雄。"以武侯不能卒厥功，辄短其才"而作《后出师表》以"补之"，这实在是袁枚观点的重复，也是对诸葛亮人格的矮化与丑诋，非常不妥。

其二，诚如前述，"孙、刘联盟"除了短期遭到破坏之外，它几乎贯穿刘汉政权与孙吴政权的始终。张俨的《述佐篇》就载于《三国志·蜀书·诸葛亮传》，其文不长，其论诸葛亮与司马懿各自的战略策略，其战略眼光高远、持论可谓精到。黄以周先生说"张俨为伸张己作《述佐篇》之说，而伪造《后出师表》。"

张俨卒于公元266年，可谓与诸葛亮是同代之人，吴蜀交往密切，张俨假造一个《后出师表》于《默记》之中，岂不在吴蜀两国国人面前自取其辱！这种"想当然"的"实事"，实在令人匪夷所思。

其三，黄以周先生说"俨作《述佐篇》，尊诸葛，抑司马"。

此语不符合文章的实际情况。如果改成"俨作《述佐篇》，评诸葛，论司马"则合文章实情。

其四，黄以周先生说："而难者又谓：诸葛处孤绝之地，战士不满五万，不如闭关守险，无事空劳师旅。俨以为讨贼事不可息，成败利钝，非所逆睹。乃托其辞于诸葛，以为《后出师表》已自道之，其意欲为诸葛解嘲也。而后世愤军之将，反从此借口。"

细读张俨的《述佐篇》就会知道：《三国志·蜀书》中所载《述佐篇》并无《后出师表》中的"成败利钝，非所逆睹"之类的语言与语意。这是张俨为写作后文"答曰"中的内容、即为诸葛亮为什么还要这样不断北伐中原"蓄势"，进而论证诸葛亮北伐，如假以时日，不能说不会成功，赞诸葛亮乃"虽古之管、晏，何以加之乎？"[1]的大才！

---

[1] 晋·陈寿撰，南朝宋·裴松之注：《三国志》（全五册），中华书局1975年版，第936页。

作为"老教授"的黄以周先生,当是文章里手,怎么会不懂为文之"蓄势"?

说到这里,直雄尤为感慨:人呀!某些人呀!一旦有了错误观点,往往会"一叶障目,不见泰山"。黄以周先生就犯有此毛病,故有此误读!

其五,黄以周先生结论道:"《后出师表》不载武侯集。裴注引此表,而云:'出张俨《默记》。则此表为张俨拟作,明矣。孙皓谓俨有出境才。俨亦自以皇华不辱命为言。俨有此学,自能拟此表。于赵云事,少有参错,亦无足怪也。'"

这种结论,犯有逻辑上的错误:难道"《后出师表》不载武侯集",就一定不是诸葛亮作?难道"裴注引此表,而云:'出张俨《默记》。'俨拟作,明矣",张俨编辑的《默记》中有《后出师表》就一定是张俨所作?凭什么否定《默记》就不能收录《后出师表》?"俨亦自以皇华不辱命为言。俨有此学,自能拟此表。于赵云事,少有参错,亦无足怪也。'"难道因为张俨有才华,《后出师表》就一定是张俨所作?《后出师表》中的赵云卒一事,就一定是诸葛亮的错?就不会陈寿编误?或后人抄误?理解之误(前已证,为乃理解有误)?就不会是黄以周先生自己审读有误?这样的推定显然是没有道理的,也是不合逻辑的。

综上所述,《后出师表》当为诸葛亮所作无疑!

6. 破解"《后出师表》类比唐突,拼凑痕迹明显"说

看一篇作品是不是伪作,从语言等方面进行详细考察,也是很有必要的。说认定《后出师表》是伪造的赝品,从这个角度去考察当然是可以的。但不能误读而"以是为非"。

陶元珍先生因误读《后出师表》而误认为是一篇赝品。且看:

一是民国史学家陶元珍先生认为:"(1)前出师表……(6)前出师表云:……"[①]

破解"陶元珍先生'唐突拼凑'之说":

陶元珍先生云:"前出师表(从俗称)已有'故五月渡泸,深入不毛'二语,今此表复云'故五月渡泸,深入不毛',武侯何自好表白如此?此可疑点一。"

重复此语,一是重在表白北伐的策略:先稳定南方,再全力北伐;二是表示北伐已无南顾之忧;三是先南后北,这就是总体上在执行刘汉政权大一统之

[①] 陶元珍:《世传诸葛亮后出师表辨证》,2007年8月24日,见http://vendus.blog.sohu.com/61112988.html。

国策。

这有何可疑？因有这样两句话就可怀疑《后出师表》是伪造，令人匪夷所思！

陶先生又云："前出师表但云'深入不毛'而已，此表更云'并日而食'，亦属可疑。"

北伐中原，一统全国，是刘汉政权的国策，不北伐，就有坐以待毙之危，故必须"并日而食"不计较自己的身体而忘我奋斗，其用语亦紧切形势，有如看到了诸葛亮率部挥旗南进、急速平南为北伐，这样的形象语言，何疑虑之有？

陶先生再云："前出师表云：'将军向宠，性情淑均，晓畅军事，试用于昔日，先帝称之曰能，是以众议举宠为督'。此表云：'曹操智计，殊绝于人，其用兵也，仿佛孙吴。……先帝每称操为能，犹有此失……'疑此为后人故袭前表语气以饰其伪。"

诸葛亮在《后出师表》的中心部分中，连续论述六种要"不懈奋斗"的情况，都是在于激励、警示、督促自己和将士们，要毫不懈怠地为了兴复汉室，刘汉政权的将士们就要尽快地完成国家大一统而奋斗。《前出师表》是重"内"、重在用人；《后出师表》是重"外"、重在军事斗争取胜。怎么就是成了"后人故袭前表语气以饰其伪"？其伪又伪在何处？同样令人匪夷所思！

陶先生还云："此表横插入'刘繇、王朗各据州郡'以下一段韵语，颇觉不伦。此可疑点之四。"

此段是诸葛亮以史为鉴，警示自己、告诫同僚、诠释自己在北伐中原强敌时，不能有半点懈怠之意。怎么是不伦不类之语呢？这又令人难以理解！

陶先生五云："前出师表谓后主'不宜妄自菲薄，引喻失义'，今此表以刘繇、王朗为喻，案刘繇名为刺史，所据不过一二郡，王朗则一太守耳，以繇为喻，真所谓引喻失义矣。此可疑之点五。"

不能说引喻失义，别的不说，曹操、孙权，草创时，各方面的势力都不能与袁绍相比，最终成了"坐大"的国主，而刘备就更不用细说了。

诸葛亮以刘繇、王朗为喻，可谓精妙。这一事实不仅督促自己不能懈怠，此喻暗隐刘备是如何"起家"的，这对"妄自菲薄"的刘禅同样是警示与激励。用这些令时人都知晓的史实，重在不要忘记史实，用意蕴如此深邃的语言表述心声，精妙绝伦！何来疑虑？

陶先生六云："前出师表云：'愿陛下托臣以讨贼兴复之效，不效则治臣之

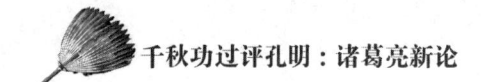

罪以告先帝之灵'。故街亭败后，亮即上书自贬，今此表博引曹操之事以自解，颇近护前。此可疑之点六。"

《前出师表》与《后出师表》的大目标皆是为实现恢复大汉的大一统事业而奋斗，近似"军令状"。

首次北伐因误用马谡致出师不利，刘禅不治其罪便自贬，这是诸葛亮品德高尚之处。而引曹操事的目的，就是在借曹操事，以激励自己要奋斗不懈，决不能气馁。陶元珍先生将风马牛不相及的两件事牵扯在一起而论，"罪"诸葛亮在"护前"，近似无理。

陶元珍先生之所产生那么多的疑虑以否定《后出师表》是诸葛亮所作，其关键之点是陷入了袁枚对"六不解"中"解"字之误读，导致自己疑虑重重，进而否定《后出师表》是诸葛亮所作。

二是黄瑞云先生说："《后出师表》云：'刘繇、王朗，各据州郡，论安言计，动引圣人。……如果《后出师表》真是诸葛亮所作，他怎么会把说过的话再说一遍呢？"[①]

破解"黄瑞云先生'用语不伦'之说"：

黄瑞云先生承陶元珍先生"此表横插入'刘繇、王朗各据州郡'以下一段韵语，颇觉不伦。此可疑点之四"的意思上小有发挥，通过分析《后出师表》中的刘繇、王朗的实际情况，否定了《后出师表》为诸葛亮所作。又通过比对前后《出师表》，发现了《后出师表》对《前出师表》有如此重复之处，便断定《后出师表》乃伪作也。

直雄在剖析陶元珍先生的疑虑时，已经说清楚，故不再重复而论。

综上所述，《后出师表》当为诸葛亮所作无疑！

7. 破解《后出师表》在《三国志·诸葛亮传》《诸葛亮集》未录的问题

陈寿在《三国志·诸葛亮传》《诸葛亮集》中未录《后出师表》，这也是"伪作说"者们的重要理由之一：

一是袁枚云："裴松之称'此表本集所无，出张俨《默记》'，陈寿削之，

[①] 黄瑞云：《〈后出师表〉非诸葛亮所作》，载《职大学报》2008年第2期，第18—27页。

真良史哉！"①

破解"袁枚先生'陈寿删《后出师表》'之说"：

袁枚，乃有清一代文史大家，其言当然有分量。他云："陈寿削之，真良史哉！"就是说，陈寿见到过《后出师表》，因知其伪，故而删削之。

此说直雄在前面已经指出是其误读误导误论。此不重赘。

二是清人钱大昭先生"在《三国志辨疑》中说：'窃疑是表为后人伪撰，习凿齿未之深考而载之耳。承祚不载此文，极有卓见。'"②

破解"钱大昭先生'陈寿不载即为假'之说"：

钱大昭先生是说习凿齿未考证这是一篇伪作，就草率地收入《汉晋春秋》之中，陈寿不载此文入其《三国志》，显然是因《后出师表》乃伪作之故。

这均是没有摆出事实的推论。

凭什么说习凿齿没有考证？

凭什么说陈寿见过《后出师表》而不收入其《三国志》？

以这样的推论去否定《后出师表》非诸葛亮所作是站不住脚的。

君岂知："'吾人今日可依据之材料，仅为当时所遗存最小之一部，欲借此残余断片，以窥测其全部结构，必须备艺术家欣赏古代绘画雕刻之眼光及精神，然后古人立说之用意与对象，始可以真了解。'这是陈寅恪先生在《冯友兰中国哲学史上册审查报告》中所说的，方诗铭先生多年来一直以此自勉。"③

陈寅恪先生之言，是为经验之谈，我们别以为有了《三国志》，三国的材料就全了，这是十分短视的。我们应向方诗铭先生学习才是。

三是称《后出师表》为伪作的林国赞先生曰："裴氏（裴松之）谓此表出张俨默记，亮集所无，张俨乃吴人，反记敌国文，宜未可信"（《三国志》卷一，裴注）。④

---

①清·袁枚著，高路明选注：《袁枚文选》，作家出版社1997年版，第29—30页。

②施宣圆、林耀琛、许立言：《千古之谜〈中国文化史500疑案〉》，中州古籍出版社1989年版，第760页。

③方诗铭：《论三国人物·方小芬〈方诗铭先生和《论三国人物》〉》，北京出版社2015年版，第5—6页。

④陶元珍：《世传诸葛亮后出师表辨证》，2007年8月24日，见http：//vendus.blog.sohu.com/61112988.html。

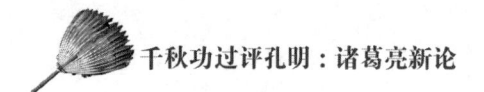

破解"林国赞先生的'刘汉与孙吴是敌国'之说":

曹魏、刘汉、孙吴三国,陈寿说唯有刘汉朝未设史官,此语仍待考证;长期以来,孙、刘联盟、唇齿相依对付曹魏,这怎能将孙吴与刘汉说成是敌国呢?刘汉政权中这样有名的著作,保存在吴国,这理所当然。所以林国赞先生的说法是错误的。

四是杨柄先生说:"诸葛亮是不是有一个后《表》,……这一事实雄辩证明历史上并不存在一个所谓的后《表》。"①

破解"杨柄先生的'《后出师表》根本就不存在'之说":

杨柄先生在这里剖析《后出师表》根本就不存在,然其理难立、其据不妥。

其一,杨柄先生说:"诸葛亮是不是有一个后《表》,首先要看陈寿奉晋武帝之命修撰的《三国志·蜀书·诸葛亮传》和编辑的《诸葛亮集》里面有没有这个《表》。因为陈寿(233—297)是巴西郡安汉人(今四川省南充市),父亲在诸葛亮军中供职,他本人仕蜀为观阁令史,还是蜀汉著名史学家谯周的学生,转晋后又是专职修史的,所以,他对诸葛亮的文献,对蜀汉的文献,是最熟悉的,最有发言权的。"

在刘汉政权中陈寿虽说不见设有史官,此事仍待考证,直雄曾据刘知幾之说提出过异议。但在刘汉政权没有被灭亡时、没有造成的战乱这样的大前提下,杨柄此语,也许还有些许道理。

尽管刘汉政权在灭亡时造成了战乱与屠杀,陈寿还是知有《后出师表》一事的,事见《三国志·吴书·诸葛恪传》。但有可能他并未见到《后出师表》的全文,他在《三国志·吴书》中,并无张俨传,只是在其《孙皓传》中提及张俨而已。可见陈寿不一定有为张俨作传的资料,也许他根本就没有见过《默记》,当然也就不可看到《后出师表》的全文,他对《后出师表》的"发言权"要打些折扣的。故而,杨柄这样推定《后出师表》根本不存在,是没有道理的。

再是陈寿的《三国志·蜀书·诸葛亮传》和编辑的《诸葛亮集》里面有没有《后出师表》,陈寿专修史,熟悉三国史实,故而他未将《后出师表》写入,就一定是没有《后出师表》,这样的话是武断的,是难以服人的。

其二,杨柄先生说:"再者,他修史的态度又是很严谨的,例如他写到东

---

①杨柄:《诸葛亮的〈出师表〉只有一个》,载《甘肃社会科学》1994年第5期,第107页。

吴历史的时候，得到一份据传为大臣陆凯上皇帝孙皓的一份表，指摘孙皓暴戾的二十件大事。真伪难辨，如何处理呢？调查研究。他'情问吴人，多云不闻凯有此表。又按其文殊甚切直，恐非皓之所容忍也。或以为凯藏之箧笥，未敢宣行，病困，皓遣医理朝省问欲言，因以付之。虚实难明，故不著于篇。然爱其指摘皓事，足为后戒，故抄列于'《陆凯传》的后面。从这件事可以看出陈寿对待文献多么审慎。他对次要人物的文献尚且如此，何况对诸葛亮这一重要人物呢？陈寿奉命而为诸葛亮撰《传》编《集》。如果诸葛亮的确有一个后《表》，他决不至于舍而不收，然而在《传》中也好，《集》中也好，不但不见后《表》的踪影，连提到都没有提到。这一事实雄辩证明历史上并不存在一个所谓的后《表》。"

杨柄所列举的陈寿治学是如此的谨严的实例，这是没有人不会相信的。但是，并不能据此而说，陈寿没有见过的《后出师表》全文，《后出师表》也就不存在呀！这就不合逻辑！

"说有易，道无难。"这是治学者们在认定一个文献有无时必须谨慎的警句。从陈寿所撰的《三国志·吴书·诸葛恪传》来看，陈寿当是知道诸葛亮撰有《后出师表》的。也许他在编撰《诸葛恪传》时，知诸葛亮还有一个《后出师表》，苦苦寻找，但"上穷碧落下黄泉，两处茫茫皆不见"（白居易《长恨歌》），陈寿有什么办法呢？

只是不知"藏"在张俨那儿罢了！就像《孙膑兵法》，因其久佚，人们因见不到《孙膑兵法》，就怀疑没有此书。直到1974年6月7日，山东临沂银雀山一号汉墓出土了竹简本的《孙膑兵法》。《孙膑兵法》重见天日后，持《孙子兵法》就是《孙膑兵法》论者才不得不面对事实。

再如岳飞的《满江红·写怀》中有："壮志饥餐胡虏肉，笑谈渴饮匈奴血。"有多少人对此名句予以误读误解，后来才查知这是《汉书》中的一个典故。像类似的情况还不会少。

因此，决不能说陈寿治学如何谨严，他没有看到的论著，就是不存在的，这近乎武断。

张俨、习凿齿、裴松之将《后出师表》录载并注录出来，在没有过硬的史料为理由去否定《后出师表》的客观存在时，我们决不能武断地推论它根本就不存在！

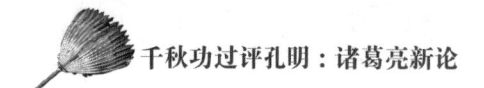

五是黄瑞云先生在其《〈后出师表〉非诸葛亮所作》中云："陈寿《三国志·蜀书·诸葛亮传》只有《前出师表》……说明当时诸葛亮集的编者知道此表非诸葛亮所作。"①

破解"黄瑞云先生的'《后出师表》根本就不存在'之说"

黄瑞云先生称《后出师表》是伪作的理由与杨柄相同的不再重复评述。但黄瑞云与上述诸说不同的是："裴松之于南朝刘宋永嘉六年（公元429年）奉宋文帝之命为《三国志》作注，上距陈寿著《三国志》约一百五十年。他在《诸葛亮传》叙述蜀汉建兴六年还于汉中上表自贬之后，注中引用了《汉晋春秋》，说是年十一月，诸葛亮向后主'上言'，这就是所谓《后出师表》，裴松之在注中特别说明，'此表亮集所无，出张俨《默记》'。可见直到南朝宋之时，所谓《后出师表》仍未收入诸葛亮集，说明当时诸葛亮集的编者知道此表非诸葛亮所作。"

此前说过，因为裴松之是见过张俨《默记》且引用过《默记》的，"此表亮集所无，出张俨《默记》"，当是习凿齿之语。裴松之所引《后出师表》出自《汉晋春秋》，可能他所见过的《默记》版本中没有《后出师表》，习凿齿年纪比他大得多，抑或是习凿齿能见到张俨《默记》的更好版本。

再是黄瑞云先生说："直到南朝宋之时，所谓《后出师表》仍未收入诸葛亮集，说明当时诸葛亮集的编者知道此表非诸葛亮所作。"

此语也是没有依据的。如果黄瑞云先生能引出某某之言说《后出师表》非诸葛亮作。这才是证据。否则，这仅仅是推测。而推测是不能为证的。

综上所述，黄瑞云先生根据一些推论再进行推论，就断定《后出师表》就是伪作。这是不能令人信服的。

六是李宝淦先生曰："诸葛亮后出师表，传既不见，集亦不载，仅见于裴注中。案承祚于亮最为心折，且如周鲂七笺胡综三文之类，无不全录，既取前表，岂独遗此？必出后人伪托，非亮文也"（《三国志平议》卷二）②。

---

① 黄瑞云：《〈后出师表〉非诸葛亮所作》，载《职大学报》2008年第2期，第18页。
② 陶元珍：《世传诸葛亮后出师表辨证》，2007年8月24日，见http://vendus.blog.sohu.com/61112988.html

破解"李宝淦先生的'《后出师表》史不载就不存在'之说"

李宝淦先生在这里将《后出师表》视为伪作,比黄瑞云先生还说得绝对。但直雄在上述诸多论述中,基本说清楚了,不再重复。认为李宝淦先生说《后出师表》是伪作是不能成立的。

七是马植杰先生说:"陈寿《三国志·蜀书·诸葛亮传》只载有《出师表》一篇,是蜀汉后主建兴五年(227)诸葛亮率军北伐前给刘禅上的疏。另外并无所谓《后出师表》。……梁昭明太子萧统所编《文选》,只选录《出师表》,未选《后出师表》。"①

破解"马植杰先生的'《昭明文选》不载即伪作'之说"

《昭明文选》是南北朝梁代文学家萧统(501—531)选。中国古代第一部文学作品选集,选编了先秦至梁以前的各种文体的代表作品,对后世有较大影响。其"所选作家,除无名氏外,共选一百二十九家,都是各个时代有代表性的人物。如屈原、宋玉、司马相如、司马迁、扬雄、班固、张衡、曹操父子、刘桢、王粲、陆机、潘岳以至任昉、沈约诸作家和他们的作品"。②

马植杰先生说:如果《后出师表》是诸葛亮所作的,这么多名家过手而不录载,当是伪作无疑。

诸葛亮是三国时期政治家与军事家,《文选》已选有《前出师表》,再选或不选《后出师表》,萧统自有考虑,但这并不能认为萧统未选《后出师表》入其《文选》,就是他认为《后出师表》是伪作。这是毫无根据推测之论。因此,马植杰说《后出师表》是造假之作,是没有根据的。

八是赵熠先生说:"《后出师表》出处存在可疑之处。……而是出自远在千里之隔的吴都人张俨的《默记》?"③

破解"赵熠先生的'《后出师表》根本就不存在'之说"

赵熠先生所言,当是指在陈寿一生之中,根本就没有什么《后出师表》的存在。故知其伪作势乃必然。

---

①聊三祥:《〈后出师表〉真伪考释》,载《成都大学学报"社会科学版"》2007年第6期,第23页。
②中国青年出版社:《中国古典文学名著题解》,中国青年出版社1988年版,第124页。
③赵熠:《〈后出师表〉真伪之我见》,载《黑河学刊》2012年第2期,第84页。

对于这个问题，赵熠先生只不过换了一个推论的表达方式而已。在给前面与之相似的说法中，皆已辩证清楚。故不重复。总之，用这样的推论说《后出师表》是造假之作，是没有实质性的依据的。

综上所述，"未见陈寿录《后出师表》，孔明创作亦当可。"

8. 破解"诸葛亮写错人名"的问题

发现《后出师表》中的人名有错误，去论说《后出师表》是伪作，这也是一个有力的证据。

马植杰先生发现："《后出师表》所引用其他人名也有错误。如把'王子服'写作'李服'，说明它不是出自诸葛亮的手笔。"①

破解"马植杰先生的'《后出师表》的人名错误'之说"

我们完全可以相信，诸葛亮是刘汉政权中握有实权的最高统帅，他对其手下战将、对敌国的统帅的情况，当是了然于胸的。他将"王子服"写成"李服"，一般来说是不可能的，只有造假者才能如此。故知为伪作。

马植杰先生其论不审之处有二：

其一，《后出师表》中根本就没有什么"王子服"。只有"李服"。"李服"何人？"李服，盖王服也，与董承谋杀操被诛。"②

又，"李服，建安四年（公元199年），车骑将军董承根据汉献帝密诏，联络将军吴子兰、王服和刘备等谋诛曹操，事泄，董承、吴子兰、王服等被杀。据胡三省云：'李服，盖王服也。'"③可见《古文观止新编》的编者是赞同胡三省之考证的。

再，"据《资治通鉴》胡三省注：'李服，盖王服也。'建安四年（公元199年），车骑将军董承受献帝衣带中密诏，与长水校尉种辑、将军吴子兰、王服和刘备等合谋诛操。事泄，董、吴、王被杀。"④

---

①施宣圆、林耀琛、许立言：《千古之谜：中国文化史500疑案》，中州古籍出版社1989年版，第761页。

②宋·司马光编著，元·胡三省注：《资治通鉴》（全十册），中华书局1976年版，第2248页。

③钱伯城主编：《古文观止新编》，上海古籍出版社1989年版，第366页。

④陈振鹏、章培恒主编：《古文鉴赏辞典》，上海辞书出版社1999年版，第413页。

可见，胡三省之考证，世人是认同的。

其二，李服即王服。这也没有什么奇怪的。因为各种原因，人名的变化也是常有之事。如"马忠即狐笃。"[①]"何平即王平。"[②]

综上所述，马植杰先生据上述理由说《后出师表》非诸葛亮作，是不能成立的。

9. 破解《后出师表》与《通鉴》所载有异的问题

《后出师表》是不是伪作，核查其中史实，确能发现其真伪。

马植杰先生发现："《后出师表》言：'刘繇、王朗各据州郡，今岁不战，明年不征，使孙策坐大，遂并江东'这段引述与《通鉴·汉纪》所载实际情况不符。"[③]

破解"马植杰先生的'《后出师表》的史实错误'之说"

这纯属马植杰先生理解有误。"策破刘繇事见六十一卷汉献帝兴平二年。破王朗事见六十二卷建安元年。"[④]

策破刘繇事见六十一卷汉献帝兴平二年（195）：该卷第1971—1972页，讲的是刘繇颇有势力，其势力并不亚于孙策，但对野心勃勃的孙策从不主动出击，连同郡的太史慈也不能让其充分发挥作用，结果是被动挨打，等着被孙策剿灭。诸葛亮说刘繇"据州郡，今岁不战，明年不征，使孙策坐大，遂并江东"，有什么不对？

破王朗事见六十二卷建安元年（196）：该卷第1985—1986页，载王朗坐守会稽不主动出击也不暂避其锋芒，结果为孙策所败。同样，诸葛亮说王朗"据州郡，今岁不战，明年不征，使孙策坐大，遂并江东"，有什么不对？

要知道，汉献帝兴平二年（195），孙策原在袁术手下，"术知其恨，而以刘繇据曲阿，王朗在会稽，谓策未必能定，乃许之，表策为折冲校尉。将兵千余人、骑数十匹。"[⑤]孙策就那么一点点势力起家，在短期内就破刘繇、王朗，这不

[①] 晋·陈寿撰，南朝宋·裴松之注：《三国志》（全五册），中华书局1975年版，第1048页。
[②] 同上书，第1049页。
[③] 施宣圆、林耀琛、许立言：《千古之谜：中国文化史500疑案》，中州古籍出版社1989年版，第761页。
[④] 宋·司马光编著，元·胡三省注：《资治通鉴》（全十册），中华书局1976年版，第2347—2348页。
[⑤] 同上书，第1970页。

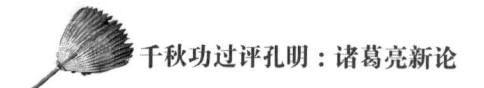

就是"刘繇、王朗各据州郡，今岁不战，明年不征，使孙策坐大"，致使其遂并江东吗？诸葛亮此说有什么不妥呢？

这段引述是诸葛亮概括与评论刘繇、王朗不作为、不敢作为的结果是：导致"孙策坐大，遂并江东"。以此说明必须不能有所懈怠地北伐中原，要吸取刘繇、王朗不作为的教训。因此，马植杰先生查《通鉴·汉纪》，因误读而误认为《后出师表》有误，便得出了《后出师表》为伪作的结论，显然是错误的。

10. 破解"《前出师表》《后出师表》仅隔一年"的问题

要认定一篇文章是否造假，分析其写作时间，也是作出科学判定的依据之一。从这种角度去考察《后出师表》真伪，亦不乏其人。

一是杨柄先生认为："所谓的《后出师表》是什么时候写的？……那么以后的几个出祁山同样有理由各来一个《出师表》，为什么又没有呢？"[①]

破解"杨柄先生的'《出师表》只有一个'之说"

杨柄先生认为："所谓的后《表》是什么时候写的？张俨《默记》说是228年冬11月，即一出祁山之后，二出祁山之前，上了这个后《表》才有二出祁山的行动。这样的时间安排尤其显出了破绽。因为，所谓出师，指的是从京城出师伐魏，所以诸葛亮需要向皇帝上一个表，表明实行基本国策的必要性和决心，交代他离京出师之后宫中、府中的事务如何处理，依靠哪些文武，等等。至于已经出师以后的某一个战役，并不需要在战役开始之前上一个什么《出师表》，这是常识范围以内的事情。如果说二出祁山之前需要上一个《出师表》，那么以后几次出祁山同样有理由各来一个《出师表》，又为什么没有呢？"

杨柄先生所言，有三个自设的"推定"，而三个推定的理由都是站不住脚的。

推定之一：就是说上表的时间只隔一年，且在一出祁山之后二出祁山之前，这个时间的安排上，显现了将《后出师表》说成是诸葛亮所作的破绽。

什么破绽？杨柄先生定义的这个破绽就是："所谓出师，指的是从京城出师伐魏，所以诸葛亮需要向皇帝上一个表。"

所谓出师，就是出兵的意思。没有从京城出兵叫什么出师，从其他地方出兵不叫出师。

[①] 杨柄：《诸葛亮的〈出师表〉只有一个》，载《甘肃社会科学》1994年第5期，第108页。

《左传·文公十六年》："夫麇与百濮，谓我饥不能师，故伐我也。若我出师，必惧而归。"

《后汉书·吴汉传》："每当出师，朝受诏，夕即引道，初无办严之日。"

唐代韩愈《元和圣德诗》："负鄙为艰，纵则不可，出师征之，其众十旅。"

明代冯梦龙《东周列国志》第十八回："臣奉命出师，行至猹山，得卫人宁戚。"

清代昭梿《啸亭杂录·缅甸归诚本末》："乙巳出师。会天大雨，三昼夜不绝。"

茅盾《喜剧》："那时上海还是孙传芳的势力，那时国民革命军还没有出师北伐。"

出师就是出兵，没有限定一定要在京城出兵就叫出师的，其他地方出兵就不叫出师，上述例句足以说明杨柄先生给"出师"下的定义太窄，不符合诸葛亮在汉中出师北伐的实际。

推定之二：诸葛亮约一年前已经上了一个《出师表》，就不该又有一个《后出师表》。

军事斗争，千变万化，将在外，虽说君命有所不受，但只要有必要，随时都可以向其上级（刘禅）上表报告。不能因此就说《后出师表》是伪造。

推定之三："如果说二出祁山之前需要上一个《出师表》，那么以后几次出祁山同样有理由各来一个《出师表》，又为什么没有呢？"

这个推定更是令人不可理解的。前后两表，诸葛亮就出师后对刘汉政权的内政、军事等均一一交代清楚了。可以说，他直到"鞠躬尽瘁"后的事情都说清楚了。没有必要三出一个表、四出一个表、五出一个表、六出一个表。其实，这个问题，毛纶、毛宗岗父子早就说得很清楚了。毛氏父子在其评改的《三国志通俗演义》第九十八回《追汉军王双受诛　袭陈仓武侯取胜》中写道：

武侯初出祁山而表一上，二出祁山而表再上，何至于三而表独阙焉？

曰：武侯之志决而言切，已尽在《后出师表》一篇中矣。志既决则不必多言，言既切则不必更赘之以言。非独三出祁山为然也，即至六出祁山之事，亦不过"死而后已"一语足以概之云。

毛纶、毛宗岗父子研究得十分深透，故能一语中的。

但是，一旦出现突发事件，还是要报告的。如诸葛亮的《临终遗表》史称

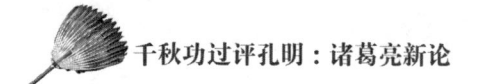

《自表后主》即是。

杨柄先生所设定的三个推定，认定《后出师表》是造假之作。这是不能成立的。

二是赵熠先生认为："《后出师表》的写作时间可疑。……时隔一年就不顾黎民的残害而力争'出师'呢？"[1]

破解"赵熠先生的'《后出师表》写作时间可疑'之说"

要认定一篇文章是否造假，分析其写作时间，也是作出科学判定的依据之一。从这种角度去考察《后出师表》真伪，当然很好，但是，如果不慎，就会出错。

赵熠先生认为："《后出师表》的写作时间可疑。蜀汉建兴五年（公元227年），诸葛亮进驻汉中，临别之际向后主刘禅呈上《前出师表》。而《后出师表》按《汉晋春秋》的说法，则在建兴六年（公元228年）十一月诸葛亮呈给后主的。两表写作时间相隔一年而已，大军仍驻扎在汉中，为何还要上表求出师呢？何以会'今岁不战，明年不征'？何以在《前出师表》中求自贬，劝后主'亲贤臣，远小人'，时隔一年就不顾黎民的残害而力争'出师'呢？"

赵熠先生有四大误读：

之一，诚如前述，《前出师表》重在内政，《后出师表》重在军事。不仅隔一年可上，就是隔几个月同样可上。不能在上表的时间上误读诸葛亮而否定《后出师表》非诸葛亮作；

之二，上表不全是要求出师，上表主要是在向后主交代内政、军事方针大计，把上表说成就是"求出师"，理解过于偏窄；

之三，"今岁不战，明年不征"，说的是刘繇与王朗，是讲历史教训，是激励将士要在苦战中求生存、恢复汉室求得大一统，不是全讲刘汉政权内部的事；

之四，诸葛亮斩马谡是执法，自贬也是执法。这是诸葛亮人格道德的闪光之处，除奸扫逆实现大一统，是刘汉政权的既定国策，执行大一统战争的国策就是"不顾黎民的残害而力争"，这实在是误读了诸葛亮。刘繇与王朗的不作为，结果被孙策所灭所逐，诸葛亮若不践行国策北伐，其结果就会为曹魏所灭，历史事实是无情的，后来的情况也确是如此。

---

[1] 赵熠：《〈后出师表〉真伪之我见》，载《黑河学刊》2012年第2期，第84页。

综上所述，由于赵熠先生由于误读了诸葛亮的语言与行动，而称《后出师表》为伪作是不当的。

11. 破解"《后出师表》存在'不合逻辑'的问题"

论文尤其讲究逻辑性，判定论文是否为伪作，品味其逻辑性，也是判定其真伪的一个重要方法。

一是杨柄先生认为："关键的一环，特别重要的问题，还在于借用诸葛亮名义的这个《后出师表》的内容根本不是诸葛亮的思想。……其目的纯然是希图证明连诸葛亮自己都说北伐'非计'，用诸葛亮驳诸葛亮。"①

杨柄先生从逻辑上论证《后出师表》逻辑怪异，是"用诸葛亮驳诸葛亮"的造假之作。

破解"杨柄先生的'《后出师表》是用诸葛亮驳诸葛亮'之说"

杨柄先生提出的这些问题，非常重要，最容易让人认为《后出师表》不是诸葛亮所作，为方便阅读，此说须全引，以利辨析、以利读者审视。

杨柄先生认为："关键的一环，特别重要的问题，还在于借用诸葛亮名义的这个《后出师表》的内容根本不是诸葛亮的思想。其中心论点是，'臣伐贼才弱敌强'。'然不伐魏，王业亦亡。唯坐而待亡，孰与伐之？'诸葛亮居然说这样的话，这叫作莫名其妙。请回顾他在《正议》中说，'据道讨淫，不在众寡'，'况以数十万之众，据正道而临有罪'，取得胜利是必然的。他又在《出师表》中说，'今南方已定，兵甲已足，当奖率三军，北定中原，庶竭驽钝，攘除奸凶，兴复汉室，还于旧都'，只要陛下接受前、后汉的历史教训，'亲贤臣，远小人'，'则汉室之隆，可计日而待也'。两相对照，非常清楚地表明所谓《后出师表》的失败主义论调与诸葛亮的思想背道而驰。这个《后出师表》还有一个奇怪的逻辑：'今民穷兵疲而事不可息，事不可息则住与行劳费正等'。住——养着军队，行——军队作战，它们的劳费怎么会'正等'呢？之所以提出这个奇怪的逻辑，无非是为了说明王业反正是要亡的。与其坐而待亡，不如伐而亡之。要伐，就要'及时图之'，不能'以专计取胜'，不要管什么'民穷兵疲'，

---

①杨柄：《诸葛亮的〈出师表〉只有一个》，载《甘肃社会科学》1994年第5期，第108—109页。

不要计什么'成败利钝'。'先帝每称（曹）操为能'，尚且有失败，'况臣驽下，何能取胜'？这篇《后出师表》的作者把诸葛亮描绘成一个明知要败亡却不顾一切的军事冒险家。其目的纯然是希图证明连诸葛亮自己都说北伐'非计'，用诸葛亮驳诸葛亮。"

归纳杨柄先生的话，其要害之处有四点，其错误之处也就在这四个方面：

一是所谓"诸葛亮会说这样的话，莫名其妙"：

这就是："'臣伐贼才弱敌强'。'然不伐魏，王业亦亡。唯坐而待亡，孰与伐之？'诸葛亮居然说这样的话，这叫作莫名其妙。"

诸葛亮的这些话语合情合理，一点也不莫名其妙。《后出师表》开篇立论第一句就是："汉、贼不两立，王业不偏安。"这个立论是天经地义的大实话，已为整部《三国志》《三国志注》《汉晋春秋》与《三国演义》等著作所阐明。此不必赘言。

下面的："'臣伐贼才弱敌强'。'然不伐魏，王业亦亡。唯坐而待亡，孰与伐之？'"这也是紧承立论的大实话。

刘汉政权与曹魏政权相比，在一般人看来，这是以卵击石。诸葛亮说出这样的话，也是为了后面之所以要做到无论从军事政治上，还是从文章的写作上的"六个方面的不能懈怠、必须以命相拼"，从而为"攘除奸凶，兴复汉室，还于旧都"的大一统乃至"鞠躬尽瘁，死而后已"的奋斗精神"蓄势"。

从这个意义上来说，《后出师表》与《前出师表》一脉相承，莫名其妙何来？

杨柄先生认为：怎么不是莫名其妙？其云："请回顾他在《正议》中说，'据道讨淫，不在众寡'，'况以数十万之众，据正道而临有罪'，取得胜利是必然的。他又在《出师表》中说，'今南方已定，兵甲已足，当奖率三军，北定中原，庶竭驽钝，攘除奸凶，兴复汉室，还于旧都'，只要陛下接受前、后汉的历史教训，'亲贤臣，远小人'，'则汉室之隆，可计日而待也'。两相对照，非常清楚地表明所谓《后出师表》的失败主义论调与诸葛亮的思想背道而驰。"

一点也不莫名其妙，更非背道而驰：

《正议》的写作背景是：刘备败亡、南中诸郡叛乱，刘汉政权处于摇摇欲坠之时，其时，魏司徒华歆、司空王朗、尚书令陈群、太史令许芝、谒者仆射诸葛璋各有书与亮，陈天命人事，欲使举国称藩。亮遂不报书，作《正议》曰："昔在项羽，起不由德，虽处华夏，秉帝者之势，卒就汤镬，为后永戒。魏不审鉴，

今次之矣；免身为幸，戒在子孙。而二三子各以耆艾之齿，承伪指而进书，有若崇、竦称莽之功，亦将偪于元祸苟免者邪！昔世祖之创迹旧基，奋赢卒数千，摧莽强旅四十余万于昆阳之郊。夫据道讨淫，不在众寡。……据正道而临有罪，可得干拟者哉！"[1]

而《前出师表》中（上已引）的这些语言，与《正议》一脉相承，面对刘汉政权最倒霉的时刻，曹魏五大名臣劝降，诸葛亮以《正议》答之，让曹魏死了"不战而屈人之兵"的心，表现诸葛亮恢复汉室江山的"中华民族大一统"精神坚不可摧。

《前出师表》中的这些语言，更是诸葛亮恢复汉室江山的大一统精神的践行。这真是"言必行，行必果"也。

孔明一出祁山因误用马谡出师不利，在斩了马谡、自贬之后，仍然上表出师，这一行动的本身就是大无畏的大一统的英雄主义的表现，何来"失败主义论调与诸葛亮的思想背道而驰"？

再是《后出师表》重在军事，面对强敌，为了实现"中华民族的大一统"事业，以"六不懈怠"乃至"鞠躬尽瘁，死而后已"的"一不怕苦二不怕死"的奋斗精神与强魏相抗，"失败主义论调与诸葛亮的思想背道而驰"何来之有？

故有专家云："《后出师表》剀切务实，有为而发，立论远大，文风晓畅，与《前出师表》如出一辙。但由于论说的题旨不一，它也形成了自身的特点。比如行文上不像前表那样娓娓陈说，舒卷自如，而显得辩难迭起，议论风发。这不仅使它在篇章结构上更为严密，更加条理分明，也使它在语言表达上更有气势，更见慷慨沉雄。尤其是驳论部分的六个'臣之不解'，但作反话，不下按断，在整篇的布局中寓有疏宕激越之气，逐层地引向高峰，这种表现形式是《前出师表》所未见的。所以，如果我们将前表看作'理'和'情'的完美结合，那么，后表则更多地显现为'理'和'气'的统一，即在说理充分的前提下所产生的气势健旺。当然，这是一种自然的气势，远不像后世文人的一味逞才使气。"[2]

这才是对《后出师表》的精准到位的评说，评者蒋哲伦先生有效地揭示了诸

---

[1] 晋·陈寿撰，南朝宋·裴松之注：《三国志》（全五册），中华书局1975年版，第918—919页。

[2] 陈振鹏、章培恒主编：《古文鉴赏辞典》，上海辞书出版社1999年版，第415页。

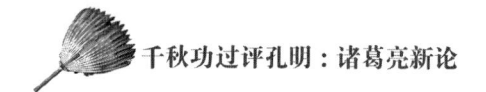

葛亮在《后出师表》中所展现的忠贞壮烈之气，这是反复品味精读《后出师表》的优秀成果。因此，视《后出师表》为"失败主义论调与诸葛亮的思想背道而驰"是误读误解，视《后出师表》为伪造之作更是一误再误。

二是所谓"逻辑奇怪"：

杨柄先生说："这个后《表》还有一个奇怪的逻辑：'今民穷兵疲而事不可息，事不可息则住与行劳费正等'。住——养着军队，行——军队作战，它们的劳费怎么会'正等'呢？"

上述内容是诸葛亮"六不解"中最后一不解。

我们只要联系其开篇的立论："汉、贼不两立，王业不偏安。"这就很好理解：就是说，仗是必须要打起来的，一打起来即不可停息，坐以待毙与主动出击其劳费相等，弱小的刘汉朝宜速战速决，这就是迫使我们不能有半点的懈怠。这六个"不解（懈）"与立论丝丝入扣，逻辑紧密，几如天衣无缝。

事实也是如此，诸葛亮每次北伐，都是主动出击；每次出击，都是有战机可寻，或是与盟国孙吴同时出击。老练的司马懿洞悉诸葛兵法，冷静以待，坚守不出，以其强大国力一心要"耗死"诸葛亮。诸葛亮则"应权通变"，为长久之计，最后采取屯田渭滨的办法对付司马懿。

诸葛千秋一统业，鞠躬尽瘁践行之！

诸葛亮与司马懿年龄相差无几，如假以时日，内政使刘禅杜绝腐败，军事上进取凉州，待中原有变（后来中原有易朝大变，王凌、毌丘俭、诸葛诞等曹魏握有兵权的重臣反对司马懿父子把持朝政。若这样的机会给了诸葛亮，"恢复高祖、光武时的'中华民族大一统'"实有可望），天下恐难归司马氏。

因此，从语言的逻辑上和诸葛亮北伐实践中，都不存在"逻辑奇怪"的问题。

三是所谓"奇怪逻辑有其因"：

杨柄先生说："之所以提出这个奇怪的逻辑，无非是为了说明王业反正是要亡的。与其坐而待亡，不如伐而亡之。要伐，就要'及时图之'，不能'以专计取胜'，不要管什么'民穷兵疲'，不要计什么'成败利钝'。'先帝每称（曹）操为能'，尚且有失败，'况臣驽下，何能取胜'？"

杨柄先生所引用的这些话，如果细心梳理第一段，得其主旨，就不会认为有什么逻辑问题。

首段："汉、贼不两立……才弱敌强也。然不伐贼，王业亦亡；唯坐而待亡，孰与伐之？是故托臣而弗疑也。"

三国鼎立，并不是三国就此永远各自独立。它们之间相互称贼称狗、相互攻伐，以求天下归一统，这是"中华民族大一统"的基因植入人心的必然结果。

就刘汉政权而言，就是要扫除奸凶，恢复大汉大一统。

就曹魏而论，就是要一扫六合。

就孙吴来看，立国始，就要称雄天下。

在这个大背景下，诸葛亮在《后出师表》中的"六不解（懈）"的所有语言①，都是在向刘禅及其将士们警示，不仅要不懈怠于内，同样要不懈怠于外的军事行动。

杨柄先生孤立地抽取其中的语言说其不合逻辑，这是一种误读。

四是所谓"用诸葛亮驳诸葛亮"：

杨柄先生称："这篇《后出师表》把诸葛亮描绘成一个明知要败亡而不顾一切的军事冒险家。其目的纯然是希图证明连诸葛亮自己都说北伐'非计'，用诸葛亮驳诸葛亮。"

李贽（1527—1602）曾自题联语云："诸葛一生唯谨慎，吕端大事不糊涂"。②这是李贽借赞扬诸葛亮和吕端处事谨慎，借机警示自己的一副妙联。

诸葛亮一生谨慎，乃古今定评，他从来就不会轻易去冒险的。《后出师表》中的"六不解"等语言，不仅不是"要去冒险"的话语，相反，正是他一生谨慎地积极进取的最为典型的表现。他是在向刘禅和将士们表明，弱小的刘汉政权经不起长期的战争的消耗，诸葛亮虽在《正议》中说"据道讨淫，不在众寡"③。但他深知曹魏"势众人强"，更深知刘汉之"寡"、之弱。故在整篇《后出师表》中，反复论证：要想执行刘汉政权大一统的既定国策，要想刘汉政权走出被灭亡之险途，就必须"六不解"，即在其《后出师表》中所列举的六个方面毫不懈怠地奋斗下去，其逻辑性是极其严密的，这哪里是"诸葛亮驳诸葛亮"？相反，而是"诸葛亮在激励诸葛亮"的同时，也在警示和激励刘禅和将士们。

故而蒋哲伦先生高屋建瓴地写道："种种迹象表明，战争宜于速决，不宜

---

① 含杨柄在这里所列举的这些内容。
② 吴直雄：《楹联巨匠毛泽东》，广东人民出版社2003年版，第300页。
③ 晋·陈寿撰，南朝宋·裴松之注：《三国志》（全五册），中华书局1975年版，第919页。

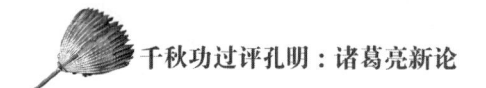

持久，这更是决策北伐的重要根据。从一般道理说到具体战役，再到当前国情，六件事实不是漫然征引，而是构成逐层深入的系列，显示出严谨的逻辑性。前人评议这段文字'顿挫抑扬，反复辩论，似是平列，而文义由浅入深，一气贯注'（清代余诚《重订古文释义新编》，是有见地的。"①

综上所述，杨柄先生从逻辑等方面，说诸葛亮是失败主义、冒险家云云，从而认定《后出师表》非诸葛亮作，确实是个大大的误解。

二是赵熠先生认为："《后出师表》文本本身存在的不合逻辑之处。……难以让人相信是出自一向行文严谨的诸葛亮之笔。"②

赵熠先生称《后出师表》之逻辑如此之混乱，如若属实，当属伪作无疑！

破解"赵熠先生的'《后出师表》是知其不可为而为之'诸说"

归纳赵熠先生之言，主要有下列三点。

一曰：《后出师表》有逻辑之误。

赵熠先生这个问题与杨柄相类，此不重赘。不是《后出师表》有逻辑之误，而赵熠先生误读所致。

二曰：《后出师表》"六不解"是放弃战略思考。

"六不解"的意蕴深邃，"六不解"就是要"六不懈怠"地进击中原，大一统全国。说"六不解"是放弃战略思考，是赵熠先生误读所致。前面多有论述，此亦不赘。

三曰："知其不可为而为之"。

对于这个问题，古今之人，对诸葛亮的误解深矣！如果从刘汉政权的国策这个角度来回答这个问题，也许时人觉得不够"新鲜"或曰"老调重弹"。

直雄拟从曹魏、刘汉、孙吴三国朝臣对其君王的劝谏角度说说此所谓"知其不可为而为之"，实际上就是曹魏、刘汉、孙吴三家各自皆"不得已皆必须而为之"。岂止是诸葛亮耶？

在曹魏方面，希求达到："吴贼面缚，蜀虏舆榇。"③这就是要灭吴灭蜀、大一统中华最为形象的表述；

---

① 陈振鹏、章培恒主编：《古文鉴赏辞典》，上海辞书出版社1999年版，第415页。
② 赵熠：《〈后出师表〉真伪之我见》，载《黑河学刊》2012年第2期，第85页。
③ 晋·陈寿撰，南朝宋·裴松之注：《三国志》（全五册），中华书局1975年版，第105页。

在刘汉方面，希求达到："不暇尽乐，先帝之志，堂构未成，诚非尽乐之时。"[①]用诸葛亮的话来说，就是要"灭魏斩叡，帝还故居"[②]。这就是刘备、诸葛亮要实现全国大一统的国策以完成"中华民族大一统"的誓言；

在孙吴与刘汉方面，各自最为直接表达则是："权谓芝曰：'若天下太平，二主分治，不亦乐乎！'芝对曰：'夫天无二日，土无二王，如并魏之后，大王未深识天命者也，君各茂其德，臣各尽其忠，将提枹鼓，则战争方始耳。'权大笑曰：'君之诚款，乃当尔邪！'"[③]

邓芝之意，就是对诸葛亮的"中华民族大一统"精神最为精到地理解与最为生动地表达。就是说，"中华民族大一统"之势不可阻挡！故孙权深以为然！

这就是三国时的大一统的总体趋势。《后出师表》实际上是诸葛亮对刘汉、曹魏、孙吴三方政权的军事、政治、经济等方面有了精准的分析后的杰作！

由于荆州陷落，猇亭丧师，刘汉政权的精锐之师几乎丧尽。失败使刘备恢复了"英雄"本色，他不肯回成都，而是驻守白帝城至死。在白帝城的10个月中，他痛定思痛地忏悔着，终于怀着诚恳之心将刘汉政权这个烂摊子交给了诸葛亮，诸葛亮要把握好与孙吴联盟这个重大国策，就必须先平南后北伐，先进占陇右继而占有关中拓土扩军，以使益州、南中、汉中、凉州结为一体。《后出师表》可以说是诸葛亮"中华民族大一统"的具体行动纲领和誓词。

要经营好汉中，就得蚕食雍凉。凉州兵劲，董卓就兴起于"边鄙"之凉州，有韩信、英布之勇的名将马超亦生自凉州。有了雍凉之地，便可达到有效进击曹魏逐步实现大一统的目的。这本是诸葛亮的战略构想，也是《隆中对》中"西和诸戎"以对付曹魏战略举措的实施，怎么能责怪诸葛亮的作为是"知其不可为而为之"呢？又凭什么说是"知其不可为而为之"？

后来拥有绝对优势的晋，羊祜等名将尤其担忧孙吴末帝孙皓一死，一旦孙吴出了明主，晋的天下可能归东吴呢？孙吴有了明主可以灭晋，难道假诸葛亮以时日，曹魏已灭，乘晋有内乱之机，就不可以实现"中华民族大一统"吗？

[①]晋·陈寿撰，南朝宋·裴松之注：《三国志》（全五册），中华书局1975年版，第1028页。

[②]同上书，第999页。

[③]同上书，第1072页。

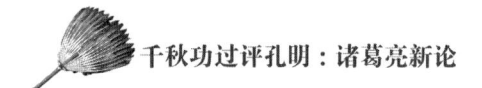

倘使诸葛亮如孙权、司马懿一样长寿，倘使后主不腐败，诸葛亮在《正议》中的抱负当不是没有实现的可能！"知其不可为而为之"一语，充其量是"马后炮"，是"事后诸葛亮评诸葛亮"而已！因为诸葛亮死了，刘禅腐败了，"知其可与不可为而为之"只能任人去"评说"了！

至于赵熠先生说："先帝遗命：众所周知，刘备晚年，对挺进中原已经没有什么信心了，托孤诸葛亮之意，也只是想保住自己的蜀汉小朝廷。况且刘备已死，遗命也没有说非得伐魏不可。《后出师表》把伐魏当成是先帝的遗命，是既定的国策来执行，其实是放弃了自己对这一战略的思考，撇清了自己的责任。这与一向心思细密，严谨负责的诸葛亮形象不符，也不合于前表中注重休养生息，'亲贤臣'的治国方针。至于出师的六条理由，不直接言出师，句句迂回，传递出来的信息就是：一定要出师，否则就是坐以待毙。言辞委婉，论证薄弱，行文看似谨严，实则草率鲁莽，完全不是诸葛亮风格。最后，说明世事难料，'至于成败利钝，非臣所能逆睹也。''鞠躬尽瘁，死而后已。'这纯粹是'知其不可为而为之'的自我激励以及对理想的追求。战争无论胜负都事关老百姓的生死，无论如何都要慎重权衡才可以定夺。这种草率的出师，理由牵强，与一向亲民的诸葛亮的做法不符。"

这样的观点，实在是对刘备、诸葛亮的一系列作为的误解与误读，对刘备、诸葛亮终生言行的无视；亦是对曹魏、孙吴两大政权作为的误读与误解，更是对当时中国大一统总体趋势的误解与无视。

不要说在刘备、诸葛亮时期北伐中原之战不可能中止，就是在诸葛亮之后，蒋琬、费祎亦在用各种手段应付着曹魏政权的进攻。

到姜维掌握军权之后，与诸葛亮一样，积极策应孙吴一道向曹魏发动进攻，当然，曹魏也不放过任何机会对刘汉政权与孙吴政权发起进攻。如：

237年七月，吴攻魏之江夏（今湖北省云梦西南）；

239年四月，吴遣将孙怡由海道击魏之辽东；

241年四月，吴四路大军攻魏；

242年一月，姜维率偏师自汉中（今陕西省南部、汉水流域）还屯涪县（今四川省绵阳）；

244年二月，魏帝诏曹爽攻蜀；5月，蜀将费祎据三岭（今陕西省中南山沈岭、衙岭、分水岭）击爽，曹爽苦战败回，损伤甚众。

245年十二月，蜀费祎至汉中充实兵员，加强防御；

246年二月，吴将朱然袭魏；

247年，蜀将姜维领兵出陇右（今甘肃省陇西），与魏将在兆西大战。胡王白虎文、治无戴等率部落归降姜维，并迁至蜀；

248年五月，蜀费祎出屯汉中（今陕西省南部、汉水流域）；

249年秋，蜀姜维攻魏雍州（今陕西省关中及甘肃省东部）；

250年十月，魏庐江太守文钦诈降诱吴，时吴将朱异知其有诈，遂与吕据督师两万至吴魏交界处防范，文钦见吴有备，遂不降。

250年十二月，魏征南将军王昶建议分道攻吴。魏帝遂命州泰袭巫（今四川省巫山）、秭归（今湖北省秭归），王基攻夷陵（今湖北省宜昌东南），王昶攻江陵（今湖北省江陵）。

250年，蜀将姜维攻魏西平（今青海省西宁）；

251年一月，魏将王基、州泰击吴，破之，归降者数千口；

252年十二月，魏三路攻吴：魏将王昶攻南郡（今湖北省汉水以西，江陵、当阳一带）。毋丘俭攻武昌（今湖北省鄂城）。胡遵、诸葛诞攻东兴。吴将诸葛恪领兵四万昼夜兼行往救。时大雪天寒，魏将胡遵等置酒高会。吴将丁奉见此，谓士卒曰："取封侯爵赏，正在今日！"乃使兵解铠著胄，持短兵，倮身沿堤前进。魏军望见，大笑之，不加防守。吴兵鼓噪而前，斩魏将韩综等，破魏军数万，获车乘、牛马、骡驴各以千数；

253年一月，蜀大将军费祎被魏降将郭循刺死；

253年三月，吴起兵二十万攻魏；

253年四月，姜维攻魏之南安（今甘肃省陇西东）；

253年五月，诸葛恪攻魏之新城（今湖北省房县）；

254年六月，蜀将姜维攻魏之陇西（今甘肃省陇西）；

254年十月，姜维攻陷魏之河关（今甘肃省临洮西）、临洮（今甘肃省岷县）等县，徙其民于绵竹（今四川省绵竹北）、繁县（今四川省新都北）。

255年八月，姜维领兵数万攻魏。在洮水之西大败魏将王经，斩杀士卒万计，进围狄道（今甘肃省临洮西南）；

256年七月，姜维率众出祁山，得知邓艾有备，乃回。行至上邽（今甘肃省天水东南），与邓艾战于段谷，死者甚众，败退；

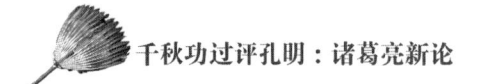

257年五月，魏征东大将军诸葛诞据寿春（今安徽省寿县），遣长史吴纲及少子诸葛靓至吴，称臣并请援救，魏司马昭领兵讨之。吴遣将领兵三万援救诸葛诞。

257年六月，魏军击败吴军，围诸葛诞于寿春。蜀将姜维乘魏内乱，领兵出骆谷（今陕西省周至西南）攻魏；

258年二月，司马昭攻破寿春（今安徽省寿县），诸葛诞突围出走，被胡奋部下所杀。吴援军被俘及死者数万；

262年十月，蜀将姜维攻魏小洮阳（今甘肃省临潭西南），被邓艾击败，遂退住沓中（今甘肃省舟曲以西、岷县以南）；

263年五月，魏诸大军大举攻蜀；

263年八月，在魏诸大军大举攻蜀的情况下，姜维退守剑阁（今四川省剑阁东北），并向与国孙吴告急；

263年十月，吴以蜀告急，遣将攻魏。邓艾自阴平（今甘肃省文县西北）行无人之地700里，取道江油，进克涪县（今四川省绵阳），破绵竹（今四川省德阳），斩杀诸葛瞻；

263年十一月，刘禅降魏，蜀亡。

自诸葛亮228年十一月上《后出师表》始，至263年十一月刘禅降魏止，这三十五年之内，249年一月司马懿发动"高平陵事变"，曹魏名存实亡；263年十一月，刘汉政权灭亡。这一切军事政治斗争的事实，足以充分证明诸葛亮《后出师表》对曹魏、刘汉、孙吴三大政权的必然发展趋势的总体把握是何等的精准，特别是其中的"先帝虑汉、贼不两立，王业不偏安"一语，又是何等的经典。

我们没有任何理由去责怪《后出师表》，没有任何理由去责怪"故知臣伐贼，才弱敌强也。然不伐贼，王业亦亡；唯坐而待亡，孰与伐之？……今民穷兵疲，而事不可息，则住与行劳费正等。而不及今民图之……夫难平者，事也。……臣鞠躬尽瘁，死而后已；至于成败利钝，非臣之明所能逆睹也"这样深含哲理的经典名言。

这样的经典名言，正是针对刘汉政权国土狭小，要瞅准一切对外开拓的机会以强盛国运，激励士气，以开展对曹魏这一场势力悬殊"极不对称"的战争。因为《后出师表》已经预见到了尔后事态发展大致规律！

所以，赵熠先生称《后出师表》是伪作，有违客观事实，亦是难于成立的。

综上所述,《后出师表》内在的"逻辑思维",是经得起细致推敲的。《后出师表》是一篇名垂千古的经典文献,是中华民族最可宝贵的历史文化遗产!

12. 破解"《后出师表》的出现实在反常"的问题

如果一篇论文出处可疑且其中多次出现称谓反常现象,也是认定其是伪作的重要条件。

杨柄先生说:"那么这第二个《出师表》从何而来呢?来自东吴后期张俨的《默记》一书。蜀汉丞相呈给皇帝的正式文件蜀汉没有,反而是东吴有,这未免滑稽。……罗贯中写《三国演义》,又将所谓'后表'全文录入,从此广为流播,以讹传讹直到今天……"[①]

破解"杨柄先生的'《后出师表》来路滑稽'之说"

杨柄先生是从《后出师表》出自孙吴政权而非出自刘汉政权,并追溯其流播情况而判定《后出师表》非诸葛亮所作,表面上看,这也是不无道理的。

杨柄先生说:"那么这第二个《出师表》从何而来呢?来自东吴后期张俨的《默记》一书。蜀汉丞相呈给皇帝的正式文件蜀汉没有,反而是东吴有,这未免滑稽。陈寿之后一百多年,裴松之(372—451)给《三国志》作注,才把这个表录入。但他有一个说明:'此表《亮集》所无,出张俨《默记》。'裴松之之后七八十年,梁朝昭明太子萧统(501—531)编《文选》,也只收《出师表》,与陈寿完全一致。待到裴松之之后将近九百年,罗贯中写《三国演义》,又将所谓《后出师表》全文录入,从此广为流播,以讹传讹直到今天……"

此说与马植杰先生之说大同小异,直雄在指出马植杰先生以此来否定《后出师表》是不能成立的论说中已说得比较清楚了,此不重赘。

值得指出的是,《后出师表》的传播并不是如杨柄先生所说:"待到裴松之之后将近九百年,罗贯中写《三国演义》,又将所谓《后出师表》全文录入,从此广为流播,以讹传讹直到今天。"

事实并非如此。《后出师表》在罗贯中的《三国演义》之前与之后,皆有典籍收录。且看:

[①] 杨柄:《诸葛亮的〈出师表〉只有一个》,载《甘肃社会科学》1994年第5期,第107—108页。

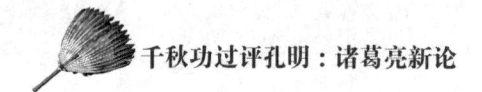

三国时吴国张俨《默记》始载有《后出师表》全文。①

东晋习凿齿的《汉晋春秋》载有《后出师表》全文。

南朝宋时裴松之《三国志注》载《后出师表》之后的传播情况是：

北宋时司马光的《资治通鉴》全文收录。

宋代胡寅《斐然集》卷二十四《诸葛孔明传》有载。

南宋时郑樵《通志》卷一百十八《诸葛亮传》中有载。

南宋时张拭《汉丞相诸葛忠武侯传》中有载。

南宋时萧常《续后汉书》卷七下《诸葛亮传》中有载。

元代胡三省《资治通鉴注》中为《后出师表》作注。

元代郝经《续后汉书》卷十五《诸葛亮传》中有载。

明代朱瞻基《历代臣赞》卷五《善可为法·三国·诸葛亮传》中有载。

明代李贽《藏书》卷四、五《忠诚大臣·诸葛亮》中有载。

明代李廷机《汉唐宋名臣录·东汉》卷一《诸葛亮》中有载。

明代谢陛《季汉书》卷八《诸葛亮传》中有载。

清代朱拭《诸葛丞相集》附录《汉丞相诸葛亮传》中有载。

清代王复礼《季汉五志》卷四《诸葛忠武侯传》中有载。

清代尹立皇《百将全集》卷九《汉丞相录尚书事假节领司隶校尉益州牧赐金拭钺曲盖羽葆武乡忠武侯诸葛亮》中有载。

清代张江《历代名臣传》卷九《诸葛亮》中有载。

清代章陶《季汉书》卷九《诸葛亮》中有载。

清代汤成烈《季汉书》卷二十八《诸葛丞相传》中有载。

清代吴楚材、吴调侯《古文观止》中有载。②

民国至今，人们尽管知有言《后出师表》为伪作之说，但亦多持不相信态度，照编不误！

至于"以讹传讹"，直雄已经尽行辩驳。此不一一。

以上足见，《后出师表》是伪造之说，难于成立。

---

① 裴松之所见之《默记》无《后出师表》，习凿齿所见之《默记》有《后出师表》全文。可能是各自所见的版本不同所致。

② 卿三祥：《〈后出师表〉真伪考释》，载《成都大学学报（社会科学版）》2007年第6期，第24—25页。

13. 破解"《后出师表》多处直呼人名"的问题

赵熠先生认为:"《后出师表》中的称谓存在诸多可疑之处。……实属伪托之人在义愤填膺之时的激烈言辞。"①

赵熠先生归纳了《后出师表》中数处在他看来是对刘禅、曹操、曹丕大不敬之语,用以证明《后出师表》非诸葛亮所作。

破解"赵熠先生的'《后出师表》用语大不敬'之说"

赵熠先生认为:"《后出师表》中的称谓存在诸多可疑之处。我们知道《后出师表》的主要内容是力排众议,出师伐魏,所以整个文章都洋溢着要将伐魏进行到底的凛然之气以及对曹魏强烈的批判精神。《前出师表》中对曹魏抨击的地方很少,只是在结尾处提到'愿陛下托臣以讨贼兴复之效'算是对曹魏比较严厉的抨击之语。而《后出师表》中,此类抨击之词,比比皆是,而且锋芒愈加尖锐,抨击更为强烈。诸如用'贼'字的地方就有六七处之多,如'先帝虑、汉贼不两立''托臣以讨贼也''量臣之才,固知臣伐贼,才弱敌强。然不伐贼,王业亦亡。''今贼适疲于西'……另外,表中还有直呼曹操,曹丕软肋的地方,如'曹操五攻昌霸不下,四越巢湖不成''曹丕称帝'。这些称呼在前表中是没有的,在现存诸葛亮的其他文集中,如此抨击曹魏也是不多见的。这一反常态,不合诸葛亮行文常规之语,的确让人生疑。另外,称刘禅'今陛下未及高帝',实为荒诞。作为臣子向皇上上书,这种表述是极为不得体的。虽然刘禅才能不及刘备,但要受到臣下如此不敬的刺激,实在是有伤君主的尊严。熟知礼仪,行为谨严的诸葛亮无论如何都不会粗心大意到会这样对君主不敬,实属伪托之人在义愤填膺之时的激烈言辞。"②

赵熠先生的三点质疑,实属误读。

一曰:《后出师表》多见"不敬"之词。曹魏、刘汉、孙吴三国,并不是希求永远独立苟安的三国,都是要将对方统一于自己的麾下,在称呼中用大不敬之言词,实属常理,这些所谓"不敬"之词,在《三国志》等史书和文献中实属常见。以此寻常之语去认定《后出师表》是伪作,非常不妥!

二曰:《后出师表》直击曹操、曹丕之软肋。细读原文,我们便会发现:

---

①赵熠:《〈后出师表〉真伪之我见》,载《黑河学刊》2012年第2期,第85页。
②同上。

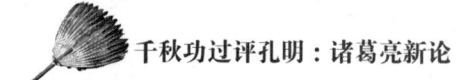

这是诸葛亮《后出师表》"六不解"中之语，其语的要害是说，曹操这样的军事家、政治家都有受挫的时候，我（诸葛亮）更应不怕受挫而不懈怠地努力伐贼。赵熠先生对《后出师表》中的这些话语完全作了误读。以此之误，去认定《后出师表》是造假之作，同样不妥！

三曰：《后出师表》中有不敬祖宗不敬君王的语言。特别是"称刘禅'今陛下未及高帝'，实为荒诞。"此语一点也不荒诞。

众所周知："天地君亲师"，乃国人由来已久的崇奉和祭祀的优良传统。它是国人对穹苍，对大地的一种感恩，是对国家，对国君，对社稷的敬重，是对父母、恩师的深情。是国人敬天法地、孝亲顺长、忠君爱国、尊师重教的价值取向的展现。说刘禅"未及高帝"，这正是刘禅敬祖、诸葛亮尊其祖的表现。怎么说成是荒诞？怎么是"粗心大意到会这样对君主不敬"？

所以说，赵熠先生归纳的《后出师表》数处在他看来是对刘禅，对曹操，对曹丕大不敬之语，用以证明《后出师表》非诸葛亮所作，是难以成立的。

由此可见，进呈《后出师表》实必要，充分展现了诸葛亮一统之志、志坚如钢。

14. 破解"《后出师表》中多离谱表述"的问题

赵熠先生说："表中存在的其他离谱的表述，更加证实了此表的伪托性。……比较合理的解释该是伪托者的漏洞。"①

赵熠先生在这里所言及的这些史料，虽与上面有的先生的相同，但是其角度不一样，他认为这是一些"离谱"的表述，足以说明《后出师表》为伪托者所臆造。所以《后出师表》就是伪造之作。

破解"赵熠先生的'《后出师表》表述离谱'之说"

赵熠先生说："表中存在的其他离谱的表述，更加证实了此表的伪托性。在《前出师表》中提到'以伤先帝之明，故五月渡泸，深入不毛。'《后出师表》中'臣受命之日，寝不安席，食不甘味。思唯北征。宜先入南。故五月渡泸，深入不毛。'如果真的都是出自诸葛亮之笔，何以用同一句'故五月渡泸，深入不

---

①赵熠：《〈后出师表〉真伪之我见》，载《黑河学刊》2012年第2期，第85页。

毛'再说一遍？仔细想来，这并非他先前军旅生涯中最辉煌的一笔。另外，曹操'任用李服而李服图之'，'任用'，'图'都是封建时代的大事，这样的大事在其他的历史记载中都不到任何佐证，实在是让人生疑，想来该是伪托者没有诸葛亮的经历而造成的常识性错误。至于曹操'危于祁连'就更难理解了，曹操用兵一生，史籍中也不曾提到祁连之地。另外，对曹操的军事挫折，诸葛亮并不提及赤壁之战而拿这些伪造的边角料来说明，实在让人费解。比较合理的解释该是伪托者的漏洞。"

赵熠先生在这一大段话中，有如下四个方面的误读：

一曰：重用了"故五月渡泸，深入不毛"，这是《后出师表》的伪托之证。

"故五月渡泸，深入不毛"的重复使用，正是诸葛亮对北伐策略的强调。"故五月渡泸，深入不毛"的终极目的，就是要执行最终国策，北伐中原，攘除凶顽，一统全国。这样的重复之语，正是对北伐中原的强调，正是紧扣《后出师表》的写作主旨。

再是重复运用了几句话，在写作中也不是绝对不行的事，《三国志·杨洪传》中有："亮与裔书曰：'吾之用心，食不知味；后流迸南海，相为悲叹，寝不安席；及其来还，委以大任……'"[①]

其中在诸葛亮给张裔的书信中也用了同《后出师表》相似地表述："食不甘味""寝不安席"，这和《后出师表》中的用语完全相同。我们不能以重复了几句话，就说《后出师表》有伪作之嫌！如果说诸葛亮在南征时"食不甘味""寝不安席"的话，那么面对比南征对象强数十倍的劲敌，诸葛亮更是"食不甘味""寝不安席"，这有什么不好理解？

二曰：南征不是诸葛亮军事生涯中的重要一笔，所以《后出师表》是伪托。

南征的胜利，是诸葛亮军事生涯中最为亮丽的一笔。没有南征的胜利，就不会有诸葛亮北伐的可能。平南，可以说是北伐"序幕"！

三曰：用词有常识性错误，所以《后出师表》是伪托。

赵熠先生说："曹操'任用李服而李服图之'，'任用'，'图'都是封建时代的大事，这样的大事在其他的历史记载中都不到任何佐证，实在是让人生

[①] 晋·陈寿撰，南朝宋·裴松之注：《三国志》（全五册），中华书局1975年版，第1014页。

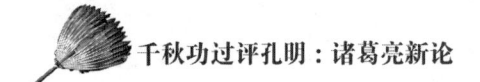

疑，想来该是伪托者没有诸葛亮的经历而造成的常识性错误。"

任用，在《后出师表》中就是信任重用的意思。

《荀子·成相》："上壅蔽，失辅埶，任用谗夫不能制。"

《后汉书·伏隆传》："任用贼臣，杀戮贤良，三王作乱，盗贼从横。"

唐代韩愈《凤翔陇州节度使李公墓志铭》："于是天子以公材果可任用，治人将兵，无所不宜。"

"图"在《后出师表》中，就是图谋的意思。

诸葛亮在《后出师表》用此两词，可谓言简意赅。诸葛亮在这里用曹操以往的挫折，说明自己要不怕挫折，要不懈怠地为大一统事业奋斗下去。赵熠先生说诸葛亮用了这样的词是常识性错误，实在令人匪夷所思！

四曰：在《后出师表》中提"祁连"而不提"赤壁"。故而《后出师表》是伪托。

赵熠先生说："至于曹操'危于祁连'就更难理解了，曹操用兵一生，史籍中也不曾提到涉祁连之地。另外，对曹操的军事挫折，诸葛亮并不提及赤壁之战而拿这些伪造的边角料来说明，实在让人费解。比较合理的解释该是伪托者的漏洞。"

"祁连"，胡三省注云："这里的'祁连'，据胡三省说，可能是指邺（在今河北省磁县东南）附近的祁山。当时（公元204年）曹操围邺城，险被袁将审配的伏兵所射中。"[①]像曹操在这样的地方遭伏击，为时一千七百余年了，史籍即使有记载，佚失也是常事，提及与不提及都不是什么怪事。

那诸葛亮为什么不提赤壁大战呢？

赤壁大战是名战，是孙、刘联盟之果，用以证明曹操失败当然可以，但它是孙刘两大"巨头"对付曹操一大"巨头"，其说服力就不如用曹操意外遭伏击有意外致死的可能更具有说服力。

再是诸葛亮撰写《后出师表》用什么事例，自有其考虑，一千七百余年后的今人想为其"捉刀"，并以此认定《后出师表》没有按"捉刀"之意行文就是造假伪托，这样的推理，实在有欠考虑。

故赵熠先生以上述这些理由认定《后出师表》乃伪托，实在难于成立。结论

[①] 钱伯城主编：《古文观止新编》，上海古籍出版社1989年版，第366页。

当是：《后出师表》的表述紧切题旨，足见就是孔明作。

综合上述，针对《后出师表》是"后人伪造、假托"的十四种理由的剖析批驳，结论当是：

《后出师表》是"后人伪造、伪托"的十四种理由皆难于成立；

《后出师表》确系孔明所作无疑。

誓为大统撰《后表》，北伐辱作争宝座

诸葛亮的《后出师表》，由于袁枚的不审，让后人争议200余年，但都是就《后出师表》作者的真伪而论。令直雄始料未及的是：今人说诸葛亮北伐就是逞"帝王之志"，其论证竟然是由《后出师表》切入，其是非令人不得不论。

对于诸葛亮北伐中原，近几年出现种种异想不到误解误读。竟然说这是诸葛亮的"帝王之志"的展现。如：有先生认为"北伐根源是皇帝梦"中称：

胡觉照认定诸葛亮"有称帝野心"的根据首先是北伐。诸葛亮的治国初衷是，利用曹丕的内忧外患，休养生息，等待时机再讨伐，可"一战而定"。之所以放弃初衷，多次北伐，根源就是他的皇帝梦。①

胡先生认为，诸葛亮本可一战而定中原，他这样多次北伐，就是有皇帝梦。

又如：洪卫中先生的《诸葛亮"帝王之志"新探》中云：

> 诸葛亮常以北伐而统一天下为己任，……其实，作为蜀汉丞相……再去北伐就已超出其职责范围。……诸葛亮这种做法合理的解释只能是借助北伐进一步擅权，就是帝王之志的呈现。……正因为有如此令人忌讳的帝王之志，所以诸葛亮一生从来不敢大意，在言语、处事、事君、待人等各方面无不小心谨慎。……诸葛亮名义上成了忠君报恩、鞠躬尽瘁的贤相，实际上却是隐蔽的'帝王'。事实上，对诸葛亮的野心不是没人觉察。蜀汉政权的李邈，曾面折刘备，以忠鲠称，在诸葛亮死后就曾上表指出：'吕禄、霍禹、未必怀反叛之心，孝宣不好

---

①思想理论动态参阅课题组：《诸葛亮是非功过辨》，《今日政坛》2008年第1期，第49页。

为杀臣之君，直以臣惧其逼，主畏其威，故奸萌生。亮身杖强兵，狼顾虎视，五大不在边，臣常危之。今亮殒没，盖宗族得全，西戎静息，大小为庆。'只是由于诸葛亮最终没有废掉刘禅，又一生谨慎从事，再加上他为蜀汉政权所作的贡献，因此，没人相信或人们不愿去相信他会有帝王之志罢了。……总之，诸葛亮能从'布衣'之身帮助刘备建立蜀汉政权，成为一个成功的政治家，实实在在是他千辛万苦凭着自己的机智与才能走出来的，他不甘心于沉沦，他不戚然于平庸，立'帝王'之志，这本身也无可厚非。"①

读罢全文，洪先生将诸葛亮一生的所作所为，都是在为其逞"帝王之志"而努力，只是因为其死了而已。为此，直雄深陷沉思，1780年前作为一位为了"中华民族大一统"事业而"鞠躬尽瘁、死而后已"的英雄人物诸葛亮，何以会落得如此冤枉的下场？

然无独有偶，有先生言："诸葛亮实是国家之奸佞、民族之罪人。其思想之遗毒仍在毒害现代，危及后人。"②而下面这部著作的诸多观点。其影响甚为巨大。如果将下面这一大著中的观点论说清楚了，胡觉照先生、洪卫中先生与董承兴先生所提出的问题也就说得清楚明白了。实可省却不少笔墨。

《后出师表》是诸葛亮继续北伐、实现"中华民族大一统"的誓言。然朱子彦先生从《后出师表》的首句入手，一边分析一边下结论道：

"汉贼不两立，王业不偏安"，对于蜀汉而言，不北伐必然坐以待毙，对于诸葛亮个人而言，不北伐就不能显示其军事才能，蜀中士人就不会心悦诚服，也无法树立起个人声望，最终也就不能达到登上帝王宝座的目的。诸葛亮前后《出师

---

① 洪卫中：《诸葛亮'帝王之志'新探》，《池州师专学报》2004年第1期，第66—69页。
② 董承兴：《千古系列之一：千古遗毒——诸葛亮》，《抗癌乐园》2008年5月31日，http://bbs.tianya.cn/post-no05-120572-1.shtml。

表》的主旋律就是两个字：北伐。这是诸葛亮执政后，举国上下推行的一以贯之、始终不变的政策……因为北伐一旦取得成功，诸葛亮将功高盖世，无人可与之颉颃。届时，其已功高不赏，他要废掉"不才"的刘禅而"自取"，就有雄厚的政治资本。……如果将桓温"欲立功河朔，还受九锡"与诸葛亮所云"若灭魏斩睿，帝还故居，虽十命可受，况于九（锡）邪"两相对照，可以清楚地发现，两人虽处于不同的朝代，但在大致相同的历史背景下，其言行何其相似乃尔。……与诸葛亮、桓温相比，南朝刘宋开国之君刘裕是幸运者，他的北伐在局部范围内获得了成功，从而加九锡，最终夺得司马氏江山。……那么，为何诸葛亮明知不可为而强为之呢？对此问题，陈寿倒是作了很好的诠释，寿云："亮之素志，进欲龙骧虎视，苞括四海，退欲跨陵边疆，震荡宇内，又自以为无身之日，则未有能蹈涉中原、抗衡上国者，是以用兵不戢，屡耀其武。"这就明白无误地告诉我们，诸葛亮想通过北伐来证明，蜀汉政权中能够"蹈涉中原"，与强敌曹魏争高低者，唯有其一人而已，这是其"自取"步骤上极其重要的政治砝码。[①]

这一大段评说诸葛亮的话语兼及直雄引文后面朱子彦先生给诸葛亮下的结论，朱子彦先生系统地提出了如下几个问题，以证诸葛亮志在"自取"帝王宝座，只是因为死了而已：

一曰：诸葛亮不北伐，就不能显其才能，就无法登上帝王宝座，有《后出师表》等材料为证。

二曰：诸葛亮想登上帝王宝座，有桓温等人为证；

三曰：诸葛亮想登上帝王宝座，有陈寿评说为证；

四曰：诸葛亮想登上帝王宝座，有白居易诗为证；

五曰：诸葛亮想登上帝王宝座，无损诸葛亮形象，有曹操、司马懿为证。

[①]朱子彦：《走下圣坛的诸葛亮——三国史新论》，中国人民大学出版社2006年版，第26—29页。

直雄认为，朱子彦先生对诸葛亮的误读，是全方位的。故被有关先生视为："……恶意诽谤，比如上海某教授的大作《走下圣坛的诸葛亮》，把诸葛亮描绘成一个专权误国的阴险小人，实在是有点哗众取宠。"①而这五大方面的内容，则是对诸葛亮最为全面的、最为主要的误读误解。为什么是误读误解？乃至被有关研究者视为"恶意诽谤"？

主要是这五大方面所展现的内容误读误解太深。为什么是误读误解太深？因为背离了历史事实。

其一本应当曰：诸葛亮北伐，是当时"中华民族大一统"形势发展的必然。故"诸葛亮不北伐，就不能显其才能，就无法为登上帝王宝座，有《后出师表》等材料为证"一说，总体上想象成分大多而有违历史事实，当属误读误解。

一是《后出师表》与刘备、诸葛亮一生的奋斗目标、要求是完全一致的，不存在"诸葛亮不北伐，就不能显其才能，就无法登上帝王宝座，有《后出师表》等材料为证"的问题。

《后出师表》开笔完整的第一句是："先帝虑汉、贼不两立，王业不偏安，故托臣以讨贼也。"

史载："章武三年春，先主于永安病笃，召亮于成都。谓亮曰：'君才十倍曹丕，必能安国，终定大事。若嗣子可辅，辅之；如其不才，君可自取。'亮涕泣曰：'臣敢竭股肱之力，效忠贞之节，继之以死！'先主又为诏敕后主曰：'汝与丞相从事，事之如父。'"②

这段史料意思毫无含糊，简而言之：

对刘备而言，就是要求诸葛亮安国定大事，要安国定大事，就必须首先北伐曹丕，如果刘禅不遵从此意，诸葛亮可以取而代之。你（诸葛亮）有这个权，你就当是他们的父亲一样，可以行使这样的权力。

对诸葛亮而言，为完成安国定大事，可以不要性命。整个《后出师表》所要表达的，用蒋哲伦先生的话来说，就是："……'鞠躬尽力（瘁），死而后已'二句，则成为诸葛亮竭尽心力的千古名言。……种种努力都是为了'奉先帝之遗志'，进一步说明北伐的势在必行。……《后出师表》剀切务实，有为而发，立

---

① 简慧君：《诸葛亮文学研究》，2012年重庆工商大学硕士学位论文，第4页。
② 晋·陈寿撰，南朝宋·裴松之注：《三国志》（全五册），中华书局1975年版，第918页。

论远大,文风晓畅,与《前出师表》如出一辙。但由于论说的题旨不一,它也形成了自身的特点。比如行文上不像前表那样娓娓陈说,舒卷自如,而显得辩难迭起,议论风发。这不仅使它在篇章结构上更为严密,更加条理分明,也使它在语言表达上更有气势,更见慷慨沉雄。尤其是驳论部分的六个'臣之不解',但作反话,不下按断,在整篇的布局中寓有疏看激越之气,逐层地引向高峰,这种表现形式是《前出师表》所未见的。所以,如果我们将前表看作'理'和'情'的完美结合,那么,本文则更多地显现为'理'和'气'的统一,即在说理充分的前提下所产生的气势健旺。当然,这是一种自然的气势,远不像后世文人的一味逞才使气。"[①]

从刘备"三顾茅庐"求得《隆中对》,从托孤之词到《前出师表》与《后出师表》的实际内容来看,这哪里是诸葛亮个人为了"显其才能"呢?这哪里是为了"登上帝王宝座"呢?

二是从当时的"天下大势"来看,刘汉政权、孙吴政权、曹魏政权,都是要实现"中华民族大一统"的。诸葛亮的南征北伐,实乃形势使然。不存在"诸葛亮不北伐,就不能显其才能,就无法登上帝王宝座,有《后出师表》等材料为证"的问题。

对于这个问题,直雄以为:

从三国打江山的开创人物的实际行动来看:刘备的艰难创业,曹操的一统中原,孙权的坐领江东,他们的终极目的,就是要消灭对方,力争在自己的有生之年,完成"中华民族大一统"的伟业;

从三国的众多谋臣来看:诸葛亮为刘汉政权大一统的"死而后已";荀彧、郭嘉等人为曹魏政权的大一统出谋策划;张纮、鲁肃等江东谋士为孙吴政权的大一统立国设计。他们的终极目的,就是要各为其主,消灭对方,以便在自己的有生之年,协助其主完成"中华民族大一统"的立国之策;

从三国的守江山人物的实际行动来看:曹叡在当政之初有其大一统之举,刘禅支持姜维北伐力图实现大一统之志,孙皓积极攻晋,他的终极目的,也是要消灭晋朝,力争在自己的有生之年,完成"中华民族大一统";

从司马懿祖孙三代来看:他们在巧妙地夺得曹魏政权的同时,仍然打着曹魏

[①] 陈振鹏、章培恒主编:《古文鉴赏辞典》,上海辞书出版社1999年版,第413—415页。

政权的旗号，施惠于民并在获得民心民意的同时，逐渐地消灭了曹魏在朝野的势力之后，积极策划与执行灭蜀灭吴的征战，最终实现了"中华民族大一统"。

以上，在《三国志》《晋书》《资治通鉴》等史籍中，有引之不尽的史料说明，现仅引一则如下：

《三国志》中写道："蜀复令芝重往，权谓芝曰：'若天下太平，二主分治，不亦乐乎！'芝对曰：'夫天无二日，土无二王，如并魏之后，大王深识天命者也，君各茂其德，臣各尽其忠，将提枹鼓，则战争方始耳。'权大笑曰：'君之诚款，乃当尔邪！'"[1]

邓芝代表刘汉政权所表达的大一统的决心，孙权对邓芝之言的评说亦表达了他要求大一统的心声。故因邓芝的坦诚深得孙权的赏识。北方的曹魏政权与后来的司马懿祖孙三代，又何尝不是在为实现中华民族大一统奋斗！

汉末三国时期，是一个由大一统王朝，因战乱造成了大分裂，到三国的逐步统一、最后大一统的时期。在中华民族要求大一统的总体趋势下，诸葛亮积极北伐与荀彧、郭嘉、张纮、鲁肃等谋臣各为其主的积极策划，皆当是其时大一统的形势使然。打仗是要死人的，这些人哪里是为了"显其才能"，为了自己"登上帝王宝座"呢？时势会允许他们为了表现自我而拿他人的性命去开玩笑吗？

其实，三国，是中国历史上一个英雄辈出的时代，三国中的不少英雄的事迹。诸葛亮就是其中之一，他的人格魅力、气度节操、英雄业绩，为"中华民族大一统"精神增添了新的内容、注入了其时"中华民族大一统"的精髓、独具永留千古的时代特色。

其二本应当曰：忠于大一统事业的诸葛亮与品行恶劣一心觊觎皇位的桓温等人有着天壤之别。故"诸葛亮想登上帝王宝座，有桓温为证"之说，亦属想象推理之论，有忠奸混淆之嫌，当属误读。

朱子彦先生从加"九锡"入手，以证诸葛亮与桓温等篡政者是一路货色。先生写道："诸葛亮前后《出师表》的主旋律就是两个字：北伐。这是诸葛亮执政后，举国上下推行的一以贯之、始终不变的政策，'若灭魏斩睿，帝还故居，与诸子并升，虽十命可受，况于九（锡）邪'！在我看来，诸葛亮这番话并无任何矫情饰伪，反倒是心中隐私的真情流露。因为北伐一旦取得成功，诸葛亮将功高

---

[1] 晋·陈寿撰，南朝宋·裴松之注：《三国志》（全五册），中华书局1975年版，第1072页。

盖世，无人可与之颉颃。届时，其已功高不赏，他要废掉'不才'的刘禅而'自取'，就有雄厚的政治资本。诸葛亮北伐的目的是为了受九锡，进而代汉称帝，并非骇人听闻之说，我们不妨以相似之例加以比较。……如果将桓温'欲立功河朔，还受九锡'与诸葛亮所云'若灭魏斩睿，帝还故居，虽十命可受，况于九（锡）邪'两相对照，可以清楚地发现，两人虽处于不同的朝代，但在大致相同的历史背景下，其言行何其相似乃尔。"[1]

直雄在《灭魏斩叡还旧都》一文中，就朱子彦先生误读"若灭魏斩睿，帝还故居，与诸子并升，虽十命可受，况于九（锡）邪！"作了全面的论说，此不重赘。朱子彦先生在自己误读的基础上，进而把获得过九锡的道德恶劣的权臣桓温与诸葛亮等同而视，显然是非常错误的。现就朱先生津津乐道的桓温与诸葛亮作一扼要的对比，真相便可知晓：

诸葛亮（181—234），字孔明，号卧龙，徐州琅琊阳都（今山东省临沂市沂南县）人，三国时期蜀国丞相，杰出的政治家、军事家、外交家、文学家、发明家。

桓温（312—373），字元子（一作符子），谯国龙亢（今安徽省怀远龙亢镇）人。东晋政治家、军事家、权臣，谯国桓氏代表人物，东汉名儒桓荣之后，宣城内史桓彝长子。

桓温与诸葛亮本来没有什么可比性的，现在朱先生在误读诸葛亮"十命"一语的基础上，强行将诸葛亮说成是桓温一类的人物，既没有立论的基础，更没有事实为根据。就让我们从下列几个最能说问题的几个方面来作一对比吧！

A. 在加九锡问题上，将诸葛亮与桓温混为一谈，是罔顾历史事实：

蜀汉建兴七年（229）：据《诸葛亮集》有严与亮书，劝亮宜受九锡，进爵称王。亮答书曰："吾与足下相知久矣，可不复相解！足下方诲以光国，戒之以勿拘之道，是以未得默已。吾本东方下士，误用于先帝，位极人臣，禄赐百亿，今讨贼未效，知己未答，而方宠齐、晋，坐自贵大，非其义也。若灭魏斩叡，帝还故居，与诸子并升，虽十命可受，况于九邪！"[2] 诸葛亮对李严劝其加九锡给予的讽刺与批评。

---

[1] 朱子彦《走下圣坛的诸葛亮——三国史新论》，中国人民大学出版社2006年版，第27页。
[2] 晋·陈寿撰，南朝宋·裴松之注：《三国志》（全五册），中华书局1975年版，第999页。

东晋宁康元年（373）二月：桓温带兵入朝，拜谒皇陵。当时，京中流言四起，都说他此次入京是要诛除王谢、颠覆晋朝。朝廷命谢安、王坦之率百官到新亭（今江苏省南京西）迎接，拜于道侧，朝中位望稍高者皆惊慌失措。但桓温却只以"卢悚入宫"一案，将尚书陆始收付廷尉。不久，桓温患病，返回姑孰，前后在京不过十四天。

桓温回到姑孰后，病渐沉重，但仍逼朝廷加其九锡之礼，并多次派人催促。谢安、王坦之见桓温病重，以袁宏所撰锡文不好为由命其修改，借此拖延。同年七月，桓温姑孰病逝，终年六十二，至此锡文仍未完成。朝廷追赠桓温为丞相，谥号宣武，丧礼依照安平献王司马孚、霍光旧例，又赐九旒鸾辂、黄屋左纛等物。①

当李严劝诸葛亮加九锡时，诸葛亮说李严与自己相处已久而不能深入了解自己忠心为国的一片苦心。进而责问李严自己刚刚教导后主要自我激励完成光复汉朝的一统大业，又妄言加九锡。诸葛亮在表白在"帝还旧都"的大前提之后，运用"接续式"讽刺之法，对李严以幽默地讽刺之；而桓温则是在临死之时仍然心怀鬼胎地不忘求加九锡。

B.在对待征战受挫的问题上，诸葛亮与桓温有着云泥之别：

蜀汉建兴六年（228），街亭之败，马谡下狱物故。……六年，亮出军向祁山，时有宿将魏延、吴壹等，论者皆言以为宜令为先锋，而亮违众拔谡，统大众在前，与魏将张郃战于街亭，为郃所破，士卒离散。亮进无所据，退军还汉中。谡下狱物故，亮为之流涕。良死时三十六，谡年三十九。……《襄阳记》曰："谡临终与亮书曰：'明公视谡犹子，谡视明公犹父，愿深惟殛鲧兴禹之义，使平生之交不亏于此，谡虽死无恨于黄壤也。'于时十万之众为之垂涕。亮自临祭，待其遗孤若平生。蒋琬后诣汉中，谓亮曰：'昔楚杀得臣，然后文公喜可知也。天下未定而戮智计之士，岂不惜乎！'亮流涕曰：'孙武所以能制胜于天下者，用法明也。是以杨干乱法，魏绛戮其仆。四海分裂，兵交方始，若复废法，何用讨贼邪！'"②

---

①李晓来、唐汉主编：《毛泽东读批〈资治通鉴〉》（缩印本），红旗出版社1998年版，第685页；张习孔、田珏主编：《中国历史大事编年·第二卷》，北京出版社1997年版，第168页。
②吴直雄：《破解〈习凿齿传〉〈汉晋春秋〉千年谜》，广东人民出版社2013年版，第561页。

晋太和四年（369）四月，桓温伐燕……七月，温至枋头（今河南省浚县西南），燕以慕容垂为南讨大都督以拒温，又遣使求救于秦，许赂以虎牢（今河南省荥阳汜水镇）以西之地。八月，秦遣将苟池、邓羌率步骑两万以救燕。九月，温与燕人战，不利，粮储复竭，又闻苻坚援军将至，遂焚舟，弃辎重、铠仗退兵。燕将慕容垂以八千骑追击，斩温军三万余人。秦苟池邀击温于谯（今安徽省亳县），又破之，死者复以万计。十月，桓温收散卒，屯于山阳（今江苏省淮安）。温深耻丧败，乃归罪于袁真，晋免真为庶人。真以温诬己，不服，据寿春（今安徽省寿县）反朝廷，降前燕，为燕扬州刺史。……桓温入建康，废晋帝为东海王，以丞相、会稽王司马昱为帝，是为太宗简文帝，改元咸安。桓温继而杀东海王三子，废武陵王晞、新蔡王晃，又杀庾倩、殷涓及其一族。……桓温降封东海王为海西（今江苏省连云港南）县公。①

由这两条史料可见：诸葛亮因马谡违反已定的战略计划而导致第一次北伐失败。桓温伐燕，因自己的指挥无能，而导致四万余众命丧黄泉。在如何处理自己错误的问题上：

首先是如何面对皇上：

诸葛亮是向皇上"自请降爵三等"。②

而桓温呢？本来是自己应对四万战死的"冤魂"负全责。但是，他为了给自己立威，居然废立皇帝如反掌，杀皇子、废皇族杀大臣，无所顾忌，居然就是一个暴君。

其次是如何面对部下：

诸葛亮按法行事，挥泪斩马谡，后还"亮自临祭，待其遗孤若平生。"

桓温呢？桓温的军事才能，实则平平，其道德品行可谓恶贯满盈。主要是手握重兵之权且搜罗了一批智勇之士，其幕府所搜罗的人才，于史籍中可考者50余人。③在这次伐燕时，他的心腹郗超就多次为其出谋策划：公元369年四月，桓温亲率步骑五万自姑孰（今安徽省当涂）出发开始北伐之时。郗超认为："道远，汴水又浅，恐漕运难通。"桓温不听。6月，桓温军至金乡（今山东省嘉祥南），适逢大旱，河床干涸，水运断绝。桓温派冠军将军毛虎生在钜野（今山东省巨野

---

① 张习孔、田珏主编：《中国历史大事编年·第二卷》，北京出版社1997年版，第163—166页。
② 同上书，第10页。
③ 参见林校生《桓温与玄学》，《中国史研究》1998年第4期。

北）开挖运河300里，引汶水和清水（古济水自钜野泽以下别名清水）会合。桓温率水军从清水进入黄河，船舰绵延几百里。《晋书·郗鉴附子愔 愔子超传》载：郗超又建议："清水入河，无通运理。若寇不战，运道又难，因资无所，实为深虑也。今盛夏，悉力径造邺城，彼伏公威略，必望阵而走，退还幽、朔矣。若能决战，呼吸可定。设欲城邺，难为功力。百姓布野，尽为官有。易水以南，必交臂请命。但恐此计轻决，公必务其持重耳。若此计不从，便当顿兵河、济，控引粮运，令资储充备，足及来夏，虽如赊迟，终亦济克。若舍此二策而连军西进，进不速决，退必愆乏。贼因此势，日月相引，俺俺秋冬，船道涩滞，且北土早寒，三军裘褐者少，恐不可以涉冬。此大限阁，非惟无食而已"。桓温仍不从，继续挥军伐燕。果然在枋头（今河南省浚县西南）为燕将慕容垂以八千骑，斩温军三万余众。逃至谯（今安徽省亳县），又为秦将苟池击败，丧师复以万计。此次北伐，总丧师四万余众。如遵从郗超之谋，可以稳操胜算。足见郗超有杰出的军事才能。①也说明桓温的军事水平一般而已。但自己犯下的滔天大罪，全部推给部下袁真，逼得部下无路可走而"谋反"。史载，就在北伐的369年10月，"温深耻丧败，乃归罪于袁真，晋免真为庶人，又免邓遐官。真以温诬己，不服，据寿春（今安徽省寿县）反朝廷，降前燕，为燕扬州刺史。"②桓温不但无能，而且道德又败坏到如此地步，将其与诸葛亮并论，是对诸葛亮的侮辱！

C.在临终时的表现上，诸葛亮与桓温有着天壤之别：

史载：公元234年二月，"诸葛亮领兵十万出斜谷攻曹魏，并遣使约吴共举。四月，亮军抵郿（今陕西眉县东北），进驻渭水南岸之五丈原（今陕西眉县西南），与北岸二十万魏军相对峙。诸葛亮因魏军坚壁不战，乃分兵屯田，为久驻之基。'耕者杂于渭滨居民之间，而百姓安堵，军无私焉。'八月，亮数挑战，并遣以巾帼妇人之服激怒司马懿，但魏军固守。诸葛亮积劳成疾，卒于军中，时年五十四岁。"③又载："诸葛亮于武功病笃，后主遣福省侍，遂因谘以国家大计。福往具宣圣旨，听亮所言，至别去数日，忽驰思未尽其意，遂却骑驰还见

---

①吴直雄：《习凿齿家族家风研究》，暨南大学出版社2017年版，第55页。
②张习孔、田珏主编：《中国历史大事编年·第二卷》，北京出版社1997年版，第163页。
③同上书，第16页

亮。亮语福曰：'孤知君还意。近日言语，虽弥日有所不尽，更来一决耳。君所问者，公琰其宜也。'福谢：'前实失不谘请公，如公百年后，谁可任大事者？故辄还耳。乞复请，蒋琬之后，谁可任者？'亮曰：'文伟可以继之。'又复问其次，亮不答。福还，奉使称旨。"①

诸葛将死吐心声，灭魏斩叡未成功，孔明命将归西去，为安社稷已尽忠。

桓温临死前的表现又怎样呢？史载：公元373年七月，"桓温（312—373）病危，以世子熙才弱，使弟桓冲以温遗命立温五岁少子桓玄为嗣，袭封南郡公。"②桓温将死心不甘，贼手牢牢握军权，篡晋未成身虽死，父子篡晋臭万年。

D.子孙在对待国家的态度上，诸葛亮与桓温忠奸冰炭不容：

六年冬，魏征西将军邓艾伐蜀，自阴平由景谷道旁入。瞻督诸军至涪停住，前锋破，退还，住绵竹。艾遣书诱瞻曰："若降者，必表为琅琊王。"瞻怒，斩艾使。遂战，大败，临阵死，时年三十七。众皆离散，艾长驱至成都。瞻长子尚，与瞻俱没。"③

公元403年九月，"晋帝以桓玄为相国，总百揆，封十郡，为楚王，加九锡。……十二月，桓玄称皇帝。楚王桓玄行天子礼乐，使临川王宝逼晋帝写禅让诏书。桓玄即皇帝位，国号楚，改元永始，废晋安帝为平固王，迁至寻阳（今江西省九江）。"④

我们将诸葛亮的子孙与桓温的后人相比较之后，可用下面两句话概括：一门忠烈诸葛亮，满门抄斩桓氏完。

以上，通过将诸葛亮与桓温的对比，可见，视诸葛亮为桓温之流，有失民心民意。

其三本应当曰：将陈寿评价诸葛亮北伐的目的，说成是觊觎皇位，是一种误读。故"诸葛亮想登上帝王宝座，有了陈寿的评说为证"，亦属想象推理之论，有忠奸混淆之嫌，实为不妥。

朱子彦先生写道："作为三国时期超一流政治家的诸葛亮知己知彼，他对形

---

① 晋·陈寿撰，南朝宋·裴松之注：《三国志》（全五册），中华书局1975年版，第1087页。
② 张习孔、田珏主编：《中国历史大事编年·第二卷》，北京出版社1997年版，第168页。
③ 晋·陈寿撰，南朝宋·裴松之注：《三国志》（全五册），中华书局1975年版，第932页。
④ 张习孔、田珏主编：《中国历史大事编年·第二卷》，北京出版社1997年版，第208页。

势的判断洞若观火，绝不可能看不到这一点。那么，为何诸葛亮明知不可为而强为之呢？对此问题，陈寿倒是作了很好的诠释，寿云：'亮之素志，进欲龙骧虎视，苞括四海，退欲跨陵边疆，震荡宇内，又自以为无身之日，则未有能蹈涉中原、抗衡上国者，是以用兵不戢，屡耀其武。'这就明白无误地告诉我们，诸葛亮想通过北伐来证明，蜀汉政权中能够'蹈涉中原'，与强敌曹魏争高低者，唯有其一人而已，这是其'自取'步骤上极其重要的政治砝码。"①

对于这个问题，直雄以为，陈寿这样评说诸葛亮是实事求是的，诚如在前面"从当时的'天下大势'来看，刘汉政权、孙吴政权、曹魏政权，都要实现'中华民族大一统'。诸葛亮的北伐，实乃形势使然。不存在'诸葛亮不北伐，就不能显其才能，就无法登上帝王宝座，有《后出师表》等材料为证'的问题"已有所论述。此不重赘。

所要补充的是：陈寿所说的"又自以为无身之日，则未有能蹈涉中原、抗衡上国者"，确为诸葛亮为了实现"中华民族大一统"而努力奋斗的实事求是的心里话，也是为当时历史事实所证实的大实话。

王连，字文仪，南阳人也。刘璋时入蜀为梓潼令。先主起事葭萌，进军来南，连闭城不降，先主义之，不强逼也。及成都既平，以连为什邡令，转在广都，所居有绩。迁司盐校尉，较盐铁之利，利入甚多，有裨国用，于是简取良才以为官属，若吕乂、杜祺、刘干，终皆至大官，自连所拔也。迁蜀郡太守、兴业将军，领盐府如故。建兴元年，拜屯骑校尉，领丞相长史，封平阳亭侯。时南方诸郡不宾，诸葛亮将自征之，连谏以为"此不毛之地，疫疠之乡，不宜以一国之望，冒险而行"。亮虑诸将才不及己，意欲必往而连言辄恳至，故停留者久之。会连卒。②这里所载，是说，本来在建兴元年（223），诸葛亮即要去南中平乱，但因王连这样的重臣劝谏，暂时中止此行。在这一小段文字中，王连称诸葛亮为"一国之望"，深恐出现异外的闪失，诸葛亮则顾虑到手下没有一个将领的才能达到自己的"档次"。直雄以为，陈寿之评、王连之谏、诸葛亮之虑，均是大实话，不必作过度的牵强"阐释"，更不必加以丰富的想象把一世忠贞的诸葛亮说

---

① 朱子彦：《走下圣坛的诸葛亮——三国史新论》，中国人民大学出版社2006年版，第29页。
② 晋·陈寿撰，南朝宋·裴松之注：《三国志》（全五册），中华书局1975年版，第1009—1010页。

成是野心家、篡政者!

又有录载:桓温征蜀即将得胜回朝之时,部下在民间访求发现了一个老头,非常之老。这个老头曾经在诸葛亮身边担任过文书工作。面对算来有130多岁曾在诸葛亮身边为吏的老头,桓温兴奋了。向老人家提出"诸葛丞相今谁与比"的问题。"桓温期待的答案是:桓将军您冠及当世,超迈古人,区区诸葛,不在话下。没想到这个小吏根本不吃这一套。一百多岁的人了,犯不着再看别人的脸色。所以他说了一句真话。怎么说的呢?百岁小吏嚅动了一下干瘪的嘴唇,慢悠悠地吐出一句话:'葛公在时,亦不觉异;自葛公殁后,正不见其比。'想当年,我在诸葛丞相身边工作的时候,也没有他有什么特别,和一般人也没有什么两样;但是,自从诸葛丞相死后,到现在一百多年了,我还没见过有谁能比得上诸葛亮的。仔细咂摸这句话,可以读出其中深蕴着'前不见古人,后不见来者'的历史孤独感。整个回答,和桓温没有半毛钱关系。那么,以上这个耐人寻味的故事,究竟是真是假呢?……没有真实性的民间传说是没有生命力的。……'葛公在时,亦不觉异;自葛公殁后,正不见其比。'这两句话说到中国人的心坎里去了,所以才能广为流传。"①

为了论说的简省,直雄继续引用秦涛先生的话语结束此段论述:"所以阅读诸葛亮,就是要破解'诸葛亮情结'背后所隐藏的中国特色的政治密码,就是要搞清楚中国人心目中最完美的政治家、中国人最向往的政治蓝图,到底应该是什么样子。简单来讲,我们要寻找'百岁小吏之问'的答案,在中国文化独特的评价标准之下,最完美的政治家应该是什么样子?诸葛亮为什么能够不朽?"②这就是说:诸葛一统精神悬日月;桓温分裂篡政臭万年。

其四本应当曰:将白居易评价王莽的诗套在诸葛亮头上十分不当,对诸葛亮北伐未成身先死,仍然要说成是觊觎皇位未成,是一种错误的推论。故"诸葛亮想登上帝王宝座,有了白居易诗为证",亦属想象推理之论,有亵渎白居易诗的主旨之嫌,实为不妥。

朱子彦先生写道:"诸葛亮自出隆中以来,政治道路可谓一帆风顺……在刘备'自取'的许诺下,诸葛亮离帝位仅咫尺之遥,然而'北伐'就像一座高不可攀的大山,挡住了诸葛亮登上九五之尊的道路。……一生谨慎持重的诸葛亮当然

---

① 秦涛:《诸葛亮之道》,中国民主法制出版社2017年版,第2—3页。
② 同上书,第7页。

不敢受汉禅。随着星落关中，诸葛亮病逝于五丈原，其'自取'的目标最终未能实现。为了北伐，诸葛亮确实做到了'鞠躬尽瘁，死而后已'，然而其真实目的又是什么呢？除了世人一致敬仰的'忠心'以外，是否还有极其隐蔽、不易识破察觉的'私心'？当然要揭开这层厚重神秘的面纱绝非易事，正如白居易在《放言五首·其三》诗中所云：

周公恐惧流言日，王莽谦恭未篡时。
向使当初身便死，一生真伪复谁知。

其实，人的欲望与追逐的目标是会随着主客观条件的变化而不断改变的。即如曹操'亦未遽有觊觎神器之心'，他在《让县自明本志令》中曰：其初起兵时，仅'欲为国家讨贼立功，欲望封侯作征西将军，然后题墓道言"汉故征西将军曹侯之墓"，此其志也'。操之'不逊之志'，是在其'三分天下有其二'时，才逐渐萌生的。诸葛亮遭逢乱世，幸遇明主，初必竭尽全力酬答刘备的知遇之恩。然'后主时，诸葛亮功德盖世'，又掌握了蜀汉全部的军政大权，其是否能心甘情愿地辅佐幼主，就很值得怀疑。汉魏之际，五德终始说盛行，皇权衰落到极点，君臣名分的纲常伦理亦遭到严重破坏，这就给权臣受九锡与禅代鼎革提供了政治土壤与舆论导向。在此历史背景下，一旦时机成熟，诸葛亮效仿'汉魏故事'，在蜀中筑起受禅台亦是极有可能的。"①

这里，朱子彦先生说了三个问题，以证诸葛亮一旦条件成熟，就一定会"自取称帝"，这样的推论，因是未来之事，谁敢对"无影无踪"的事作出否定或是肯定呢？

第一是刘备托孤诸葛亮时曾对诸葛亮说，如果刘禅不成器，诸葛亮可以"自取称帝"，所以诸葛亮一旦条件成熟，就一定会"自取称帝"，这样的推论，谁能作出否定？

要论证即使诸葛亮在条件"成熟"的情况下，仍然不会"自取称帝"，直雄不想费多少笔墨，现引一段以代为论证之："'白帝托孤'名垂千古、感人至

---

①朱子彦：《走下圣坛的诸葛亮——三国史新论》，中国人民大学出版社2006年版，第33—34页。

深,同时也是见仁见智、饱受争议。一切争议的源头,都来自于刘备临终前对诸葛亮说的那句话:'如其不才,君可自取。'这句话突破了一般的君臣伦理,是一句非常之言,所以引起了很大的争议。历史上对'白帝托孤'的态度,以正面评价居多。……历史上的批评意见,概括起来就是一句话:刘备托孤不是什么'真性情之流露',而是帝王的权谋术。具体而言,有三种不同的意见。第一种意见,试探诸葛亮的忠心。这种意见认为,刘备临死之前,拿不准诸葛亮到底会不会忠心辅佐幼主,所以故意对诸葛亮说:我儿子脑子不行,是烂泥扶不上墙,要不干脆你自己来做皇帝?以此来试探诸葛亮的忠诚度。……第二种意见,骗取诸葛亮的忠心。……第三种意见,逼出诸葛亮的忠心。……这三种意见,有没有道理呢。有人说,这都是阴谋论,把刘备看得太坏了。我倒是觉得,这三种意见最大的问题,并不是把刘备看得太坏了,而是把刘备、诸葛亮看得太傻了。你想,刘备是什么样的人物?刘备用人,眼光之毒辣,在汉末三国堪称一绝,从来没有看走眼过。他和诸葛亮共事这么多年,诸葛亮是什么样的人,忠不忠心,刘备不知道吗?用得着到临死之前再来试探吗?再说了,如果真被你试出来诸葛亮是个奸臣,你能骗取他的忠心吗?你能逼迫他的忠心吗?当然不能。我们来看一个反面的例子:魏明帝曹叡托孤。"[1]

直雄以为,秦涛先生之论,是为确论,他不仅举了"司马懿版白帝托孤"为明证,秦涛先生的分析,说明了一个人生的哲理:由此,我想到了唐人章碣的《焚书坑》诗。其云:"竹帛烟销帝业虚,关河空锁祖龙居。坑灰未冷山东乱,刘项原来不读书。"秦始皇是一个多么厉害的人物,可是毕竟见了阎王,祖龙!你还能把控"后事"吗?如果诸葛亮是一个司马懿式的人物,兵权早已在手,南征已有兵威,"自取"!还用得着等到北伐成功吗?

第二是刘备托孤诸葛亮时曾对诸葛亮说,如果刘禅不成器,诸葛亮可以"自取称帝",所以诸葛亮一旦条件成熟,就一定会"自取称帝",有白居易诗为证,谁能说不会?误矣!

白居易的"周公恐惧流言日,王莽谦恭未篡时。向使当初身便死,一生真伪复谁知。"白居易的全诗是:"赠君一法决狐疑,不用钻龟与祝蓍。试玉要烧三日满,辨材须待七年期。周公恐惧流言日,王莽谦恭未篡时。向使当初身便死,

---

[1] 秦涛:《诸葛亮之道》,中国民主法制出版社2017年版,第145—147页。

一生真伪复谁知?"其意是说:我们对人、对事要进行全面的考察,于人于事都要经得起时间的考验,应历史地去衡量、去判断,而不能只看到一时一事的现象下结论,否则就会把周公当成篡政者,把王莽当成谦恭的君子了。如果以白居易此诗中提到了周公与王莽,就一口咬定诸葛亮不死将成王莽的话,我以为是对白居易此诗主观的妄断与亵渎。

其实,白居易心中的诸葛亮就是周公。有其诗为证:白居易《咏史》诗云:"先生晦迹卧山林,三顾那逢圣主寻。鱼到南阳方得水,龙飞天汉便为霖。托孤既尽殷勤礼,报国还倾忠义心。前后出师遗表在,令人一览泪沾襟。"全诗妙在高度概括了诸葛亮辉煌璀璨的一生。前四句写诸葛亮遇明主而大展雄图,为刘备立国;后四句写诸葛亮负托孤之重,力挽狂澜、竭尽忠诚,为光复汉室至死方休!诸葛亮的政治路线是为"中华民族大一统"树旗,诸葛亮的一生是为"中华民族大一统"而奋斗!故"前人有言:'读《出师表》而不流泪者,其人必不忠;读《陈情表》而不流泪者,其人必不孝。'(元赵景良《忠义集序》)虽未必如此,然而可见《出师表》一文在后人心目中的定位。"①古人竟如此,今人多亦然!如果诸葛亮不是周公、伊尹一类的人物,而是篡贼,古今之人何能如此钦敬诸葛亮?

第三是诸葛亮可以"自取称帝",所以诸葛亮一旦条件成熟,就一定会"自取称帝",如同曹氏代汉、司马氏代魏一样,无损于诸葛亮的形象?怎么没有"无损于诸葛亮的形象"?先生的大著出版,仅在网站上就常见有对诸葛亮一片讨伐之声,有的先生甚至将诸葛亮说得一无是处。误矣!大误也!

朱子彦先生这样写道:"千百年来,人们几乎无一例外地把诸葛亮奉为中国古代社会忠臣贤相的圭臬,而笔者却通过上述分析得出诸葛亮可能'自取'的结论,这是否有损于诸葛亮的形象?我认为,倘若诸葛亮取代蜀汉王朝,自己登上九五之尊,即如同曹氏代汉、司马代魏一样,属于正常的易代更祚。在封建的纲常伦理、正统观早已被否定的今天,再去讨论所谓权臣'篡位'问题,已毫无意义。连古代有识之士都认为'天下非一人之天下,唯有德者居之''自古以来,能除民害为百姓所归者,即民主也',所以我们现在来评价王莽、曹操、司马昭等人的历史功过,都不会迂腐到再以其是否篡位作为评判的标准。对诸葛亮而

---

① 傅刚:《古朴真率,忠义自脏腑流出——读诸葛亮〈出师表〉》,《文史知识》2011年第4期,第44页。

言，当然亦应同理。客观地分析，诸葛亮代汉称帝，不仅不能视为罪状，反而应视为顺应了历史的潮流。'天厌汉德久矣'，《后汉书·孝献帝纪》'论'中的这句话，极其准确地显示出当时社会舆论的主流倾向：东汉王朝腐败透顶，已经没有存在的必要。'天下咸知汉祚已尽，异代方起'，这是大势所趋，是历史发展之必然，谁也阻挡不住。既然汉朝气数已尽，汉家天子还值得辅佐吗？既然不值得辅佐，取而代之又有何不可？自古以来，帝王宁有种乎，大凡乱世之际，定是自负雄才伟略者风云际会之时。东汉末年的形势是'郡郡作帝，县县自王'，诚如曹操所言：'设使国家无有孤，不知当几人称帝、几人称王。'袁绍、刘备、孙权等人皆骂曹操是汉贼，其实他们自己也不想当汉臣，也想称帝称王。诸葛亮才智谋略并不弱于曹操、孙权、司马懿等人，他手中又握有'自取'的先帝遗诏，若天假以年，诸葛亮长寿，且北伐成功，克复中原，诸葛亮本人，抑或其子孙，受九锡，登上皇帝宝座岂非顺理成章之事，我们又何必为之而惊讶呢！"[1]

朱子彦先生的这段文字，提出了令人深入思考的问题，故在引用时中间不用省略号而全文引出。

先生一言以蔽之曰："千百年来，人们几乎无一例外地把诸葛亮奉为中国古代社会忠臣贤相的圭臬，而笔者却通过上述分析得出诸葛亮可能'自取'的结论，这是否有损于诸葛亮的形象？"

直雄以为："千百年来，人们几乎无一例外地把诸葛亮奉为中国古代社会忠臣贤相的圭臬，是不容否定的！而先生却通过上述分析得出诸葛亮可能'自取'的结论属误读，这确实是有损于诸葛亮的形象！"

对于这些问题，前文多有涉及，基本上对这些问题多有答复。针对上述，直雄提出不能苟同的理由如下：

其一：诸葛亮在接受托孤重任以来，刘禅确实是有点"齐桓公"大胆放权的风度，这就是所谓："及禅立，以亮为丞相，委以诸事，谓亮曰：'政由葛氏，祭则寡人。'亮亦以禅未闲于政，遂总内外。"[2]这与诸葛亮"代汉称帝"风马牛不相及。

"政由葛氏，祭则寡人。"此乃实事求是之语，也正合托孤辅佐之意。关

---

[1] 朱子彦：《走下圣坛的诸葛亮——三国史新论》，中国人民大学出版社2006年版，第35—36页。

[2] 晋·陈寿撰，南朝宋·裴松之注：《三国志》（全五册），中华书局1975年版，第893—894页。

键的问题是诸葛亮辅佐刘禅行的是德政，就像管仲辅佐齐桓公一样。正如有一个故事所云：原在刘汉朝为官李密，即写有《陈情表》的作者。后来不得已在晋朝为官。晋朝有个宰相想羞辱他而向他提问曰："你的老主子刘禅是个什么样的人？"李密当然心知肚明这个宰相的意思。李密毕竟很有才华。他说："我给您打个比方吧，刘禅可以和齐桓公相比。"这个宰相一时反应不过来说：齐桓公可是春秋五霸之首呀！刘禅这个昏君怎能与之相比呢？李密说："齐桓公任用管仲，就能称霸；管仲死了以后，亲近小人，结果死无葬身之地。刘禅任用诸葛亮，就能抵抗曹魏；诸葛亮死了以后，亲近小人，结果国家灭亡。所以我说，刘禅可以和齐桓公相比。"这个比喻是颇为生动颇能说明问题的。

刘禅并不是可任意"染之"的"素丝"，而是他的意志在后来难以抗拒各种诱惑而有意跳进贪腐的"染缸"中而染之。这样的事例，古往今来多所见。"染缸"中"淹死"刘阿斗事小，可怜的是刘汉王朝的老百姓遭难，当为世人所鉴！[①]

这些客观的历史事实说明：正是有以诸葛亮为首的"四英"（蒋琬、董允、费祎）在朝的全力辅佐，刘汉政权的江山，才没有为孙权所夺、才没有为司马昭所灭！如果在误读诸葛亮"十命"一语的基础上，又以此误读立论，将诸葛亮这种披肝沥胆、竭诚尽智的辅佐，说成是诸葛亮一旦条件成熟就会如曹氏、司马氏一样篡政，通览三国史，难以找到"诸葛亮代汉称帝"的点滴事实，由此可见，说"诸葛亮效仿'汉魏故事'"之嫌，是完全背离了历史事实的。

其二：中国历史上确有过数千年的"正统论"之说，这就要历史地去看待"正统"之争。不能无视这个历史上曾长期的存在的观念，去分析看待当时的人和事。

朱子彦先生认为："在封建的纲常伦理、正统观早已被否定的今天，再去讨论所谓权臣'篡位'问题，已毫无意义。"

问题是历史有其继承性，今天的中国是历史中国的发展，以史为鉴，可以知兴替：先生说这话的目的是要说明"倘若诸葛亮取代蜀汉王朝，自己登上九五之尊，即如同曹氏代汉、司马代魏一样，属于正常的易代更祚"。那么，就有三个问题要进行研讨：

一是关于正统论的问题；

[①] 吴直雄：《习凿齿与他的〈汉晋春秋〉——兼论〈三国演义〉对习凿齿的承继关系》，江西高校出版社2019年版，第814—815页。

二是诸葛亮辅佐刘禅、曹氏篡汉、司马氏代魏是否属同一"档次"的问题；

三是"'天下非一人之天下，唯有德者居之''自古已来，能除民害为百姓所归者，即民主也'"的问题。

关于正统论的问题：

从宏观的角度看，三国史事，起于东汉灵帝光和末年（184），止于西晋灭吴（280），历经近百年的逐鹿争正统，最后终于由晋实现了"中华民族大一统"。

由于正统实质上是一个政权是否具有合法性的政治大问题，从名义上来说，正统是一个政权赖以存在与延续的重要表征之一。

在曹魏、刘汉、孙吴三国争正统的激烈斗争中，作为曹魏的重臣司马懿父子，比曹操父子高明之处在于：在撑着曹魏这块牌子与刘汉、孙吴相互兼并的战争中，悄然而且彻底地灭了曹魏，继而灭了一直致力于大一统事业只因后来腐败了的刘汉集团。此后，司马炎在大一统即将成功的情况下，才干脆甩了曹魏这块牌子。登基做了国号为晋的皇帝。

然而，自从习凿齿的"皇晋宜越魏继汉，不应以魏后为三恪"论出来后，曹魏是否可为正统？晋当继曹魏还是当继刘汉？诸多问题应时而生，有如"一石激起千层浪，自此至今论不休"。

既然《三国志》《三国志注》《汉晋春秋》《资治通鉴》《资治通鉴纲目》《三国演义》等都紧贴着有关"正统"之类的这一问题，而且各书对正统的解说、谁当为正统的问题观点不一，这样一来，正统问题就必须辨析清楚。

"正统"与否，是质疑一个政权权力是否合法的重要理论，它涉及儒家文化，涉及以民为本的德治等等方面的问题。"正统"问题，可以说，它是贯穿于整个中国封建社会始终的一个重要的政治命题。

所谓"正统"，其实是一种在一个长的历史时期的各个方面起着统一的规范作用的力量，其中包括政治、法律、文化、教育、哲学、宗教、道德、伦理等上层建筑各个方面。这种力量贯穿着历史文化的传统精神，不仅影响着这一时期，也影响着后代。正统的问题，当然直接关系到统一天下王朝的承绪，但又不仅仅是用王朝的承绪来作回答的。[1]

---

[1] 李星、刘昌安：《莫将成败论三分——三国正统与历史文化传统辨》，载《汉中师范学院》1997年第1期，第47页。

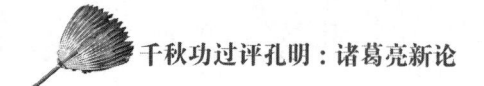

李星、刘昌安所道及的"正统"问题，不仅指出了"正统"的关键是天下大一统的问题，而且道及了"正统"的方方面面。故而元人吴漳《题武侯庙》诗中有名句曰："正统不惭传万古，莫将成败论英雄。"品味吴漳全诗，诗的要旨颇富哲理地、颇能发人深省地告知世人：刘备、诸葛亮所铸就的"中华民族大一统"精神永传万古。①

因此，我们研究三国中的所谓争正统问题，历史地看，它是有着十分重要意义的。

关于诸葛亮辅佐刘禅、曹氏篡汉、司马氏代魏是否属同一"档次"的问题：

简而言之，曹氏篡汉，主要是缘于东汉桓、灵之腐败所致。司马氏代魏，主要是缘于曹叡政权后期，因其腐败由明主变了昏君，在即将见阎王之际，稀里糊涂地将大权付与了司马懿，加之曹爽的腐败无能，在公元249年，曹氏的天下就已经归了司马懿父子三人。

刘备、诸葛亮则完全不同，他们一直痛恨桓、灵腐败，在诸葛亮辅佐刘禅时期，一直是警示刘禅勿走桓、灵老路，诸葛亮颁布了可行的法律，设计了可行的制度。在"四英"当朝之时，刘禅曾有过二十三的好皇帝生涯。②诸葛亮将刘汉政权治理好，并坚定不移地执行"中华民族大一统"的初衷——北伐中原统一全国，这就是顺应历史的潮流。

待"四英"谢世之后，主要是刘禅破坏了诸葛亮拟订的法律制度，与陈祗、黄皓结成腐败集团，仍走桓、灵老路，最终为司马昭所灭！

如果把"诸葛亮辅佐刘禅与曹氏篡汉、司马氏代魏划归同一'档次'"，这是"铸冤"诸葛亮！将有失民心民意！

君不见，武侯祠有联云："伯仲之间见伊吕；指挥若定失萧曹。""文章与伊训说命相表里；经济自清心寡欲中得来。""伊吕允堪俦，若定指挥，岂仅三分兴霸业；魏吴偏并峙，永怀匡复，犹余两表见臣心。""肃容昭日月，虽伊吕萧曹，仲父乐公，千秋宰辅，皆当让位；神算饱经纶，纵刘关张赵，汉升孟起，百战元戎，何敢争功？"

---

① 吴直雄：《习凿齿与他的〈汉晋春秋〉——兼论〈三国演义〉对习凿齿的承继关系》，江西高校出版社2019年版，第305—308页。
② 同上书，第799—854页。

这些楹联中的提及的伊尹、姜子牙、萧何、曹参、管仲、乐毅等，都是辅佐其主的大功臣，如果按照朱子彦先生的理论，这些人都早就变成了曹氏、司马氏了？这样"铸冤"诸葛亮，只能令人匪夷所思！

关于"'天下非一人之天下，唯有德者居之''自古已来，能除民害为百姓所归者，即民主也'"的问题。

为了问题的简单明白，直雄先引用一段论述于后：

在中国封建社会，皇帝不腐官吏廉，国家兴旺国祚长；反之，皇帝腐败奸佞多，国家衰败国必亡。

陈理先生对此有过一针见血、通俗而精到地论述："'大一统'这套制度的另一个显著的特点，就是'制度循环'中国历史发展的一个规律，就是历朝历代都有一个开国君主和以他为中心的一批精明强干的开国将相，相应地也都有一个昏庸的末代皇帝和他身边一群祸国殃民的'佞臣集团'。这种现象的一个根本成因，就是封建专制体制必然形成的封建官僚制度。官僚体制既是维护统一的工具，又往往是制造动乱的推动器。实际上，真正能毁灭'大一统'统治秩序的根本力量，往往并不是来自极端困苦条件下揭竿而起的农民起义，而是来自官僚体制本身。我们不难发现，在中国长期的封建社会历史过程中，存在一个'统一——分裂——再统一'的'王朝怪圈'或者叫'周期率'。……如今我们已身处21世纪，在民族学研究上，一个还没有引起学界足够重视的问题是需要发现'大一统'传统理念与现代民族——国家理念之间的关系。"①

陈理先生提出的问题，就《三国志》与《三国演义》而言，前人已有涉猎：习凿齿在说到司马炎立国时，可以说是用"开乱将来"一语点破：晋王朝也难逃"依样画葫芦"这个"历史周期率"！面对这样的"历史周期率"，杨慎则用诗的语言，发出了"是非成败转头空""惯看秋月春风""都付笑谈中"一声声无可奈何的叹息！而罗贯中及后来的毛氏父子，则借助《三国演义》一书，依据习凿齿"晋宜越魏继汉中华民族大一统""腐败开乱将来"的理念，形象而生动地展现了"汉末腐败天下乱""以民为本三国兴""嗣君腐败晋一统""开乱将来司马炎"这一段历史"怪圈"的来龙去脉，只能是"后

---

① 陈理：《"大一统"理念中的政治与文化逻辑》，载《中央民族大学学报（哲学社会科学版）》2008年第2期，第8—9页。

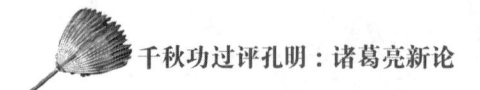

人凭吊空牢骚"了。①

由此可见，什么"天下非一人之天下，唯有德者居之"，什么"自古已来，能除民害为百姓所归者，即民主也"，什么"天厌汉德久矣"，什么"天下咸知汉祚已尽，异代方起"云云，这是桓、灵腐败昏庸的必然趋势，这正是"真正能毁灭'大一统'统治秩序的根本力量，往往并不是来自极端困苦条件下揭竿而起的农民起义，而是来自官僚体制本身"的形象写照。

反观诸葛亮所治理的刘汉政权，在诸葛亮治蜀期间和诸葛亮与刘禅所确定的"接班人"治蜀期间。情况又怎么样呢？

如果说，诸葛亮的《前出师表》所表明的是：北伐中原、一统天下，是刘汉政权既定方针的话，则刘禅所下的诏书与前后《出师表》紧相表里，亦是刘禅的执政纲领和他当国时要实现国家大一统的决心的展现。特别是其中的"六合壅否，社稷不建，永唯所以，念在匡救，光载前绪，未有攸济，朕甚惧焉"，以表示其"夙兴夜寐，不敢自逸"的"中华民族大一统"的坚定意志。

刘禅又是怎么做的呢？诏书中的"是以夙兴夜寐，不敢自逸，每从菲薄以益国用，劝分务穑以阜民财，授方任能以参其听，断私降意以养将士。愿奋剑长驱，指讨凶逆"，这就是刘禅对自己要有所作为的表态。

首先表现在君臣之间，是十分的融洽与信任：刘禅赞曰："诸葛丞相弘毅忠壮，忘身忧国，先帝托以天下，以勖朕躬。今授之以旄钺之重，付之以专命之权，统领步骑二十万众，董督元戎，龚行天罚，除患宁乱，克复旧都，在此行也。"细细体会，敢于将国家军政大权托付于一人，谁有此胆略？谁能说刘禅是"扶不起的阿斗"？

所以，当"四英"在朝的二十三年（约数）中，刘禅对诸葛亮制订"孙、刘联盟"这样的大政方针，从未有过动摇；

在这二十三年之中，刘汉政权治下的蜀汉，"外连东吴，内平南越，立法施度，整理戎旅，工械技巧，物究其极，科教严明，赏罚必信，无恶不惩，无善不显，至于吏不容奸，人怀自励，道不拾遗，强不侵弱，风化肃然也。"

又，"诸葛亮之为相国也，抚百姓，示仪轨，约官职，从权制，开诚心，布

---

① 吴直雄：《习凿齿与他的〈汉晋春秋〉——兼论〈三国演义〉对习凿齿的承继关系》，江西高校出版社2019年版，第853—854页。

公道；尽忠益时者虽仇必赏，犯法怠慢者虽亲必罚，服罪输情者虽重必释，游辞巧饰者必戮；善无微而不赏，恶无纤而不贬；庶事精练，物理其本，循名责实，虚伪不齿；终于邦物之内，咸畏而爱之，刑政虽峻而无怨者，以其用心平而劝诫明也。可谓识治之良才，管、萧之亚匹也。"

正因为有诸葛亮如此治蜀，可以说，为刘汉政权奠定了大一统中华之基础；

在这二十三年之中，能开创"亮率众南征，其秋悉平。军资所出，国以富饶，乃治戎讲武，以俟大举"北伐中原的新局面！

在这二十三年之中，方能有"街亭之役，咎由马谡，而君引愆，深自贬抑，重违君意，听顺所守。前年燿师，馘斩王双；今岁爰征，郭淮遁走；降集氐、羌，兴复二郡，威镇凶暴，功勋显然。方今天下骚扰，元恶未枭，君受大任，干国之重，而久自挹损，非所以光扬洪烈矣。今君复丞相，君其勿辞"这样对诸葛亮败后仍下此诏策以褒奖；

在这二十三年之中，当诸葛亮不幸卒于军中时，即行下诏予以高度评价云："唯君体资文武，明叡笃诚，受遗托孤，匡辅朕躬，继绝兴微，志存靖乱；爰征六师，无岁不征，神武赫然，威镇八荒，将建殊功于季汉，参伊、周之巨勋。如何不吊，事临垂克，构疾陨丧！朕用伤悼，肝心若裂。夫崇德序功，纪行命谥，所以光昭将来，刊载不朽。今使使持节左中郎将杜琼，赠君丞相武乡侯印绶，谥君为忠武侯。魂而有灵，嘉兹宠荣。呜呼哀哉！呜呼哀哉！"

这是对诸葛亮一生为了"中华民族大一统"事业，"鞠躬尽瘁，死而后已"的客观评价！

在这二十三年之中，当诸葛亮临终之时，仍能百般信任诸葛亮，托付国家大事由诸葛亮定夺。

史载云："诸葛亮于武功病笃，后主遣福省侍，遂因谘以国家大计。福往具宣圣旨，听亮所言，至别去数日，忽驰思未尽其意，遂人却骑驰还见亮。亮语福曰：'孤知君还意。近日言语，虽弥日有所不尽，更来一决耳。君所问者，公琰其宜也。'福谢：'前实失不谘请公。如公百年后，谁可任大事者？故辄还耳。乞复请，蒋琬之后，谁可任者？'亮曰：'文伟可以继之。'又复问其次，亮不答。福还，奉使称旨。"这样去征求一个即将"驾鹤西去"者对其继任人的建议，并认真执行之。这在中国历史上是不多见的。

当李邈在诸葛亮死后即攻击诸葛亮时，刘禅将其毫不犹豫地斩之。这是何等

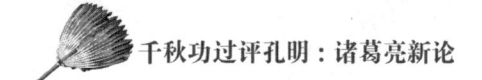

的果决与英明！

　　对于诸葛亮所推荐给朝廷的重臣或诸葛亮所称许之贤良，刘禅均一一重用之。是他们，承诸葛亮之品德，继诸葛亮之遗志，撑起了刘汉政权在西南的半壁璀璨蓝天。

　　对于诸葛亮推荐的重臣蒋琬，早在蜀汉建兴八年（230），"亮每言：'公琰托志忠雅，当与吾共赞王业也。'密表后主曰：'臣若不幸，后事宜以付琬。'"刘禅对蒋琬则是信任有加。

　　诸葛亮在刘备、刘禅面前多次称赏蒋琬。刘禅对诸葛亮与蒋琬皆是言听计从。史载："亮卒，刘禅即任'琬为尚书令，俄而加行都护，假节，领益州刺史，迁大将军，录尚书事，封安阳亭侯。……又命琬开府，明年就加大司马'。"

　　蒋琬亦不负所望，"时新丧元帅，远近危悚。琬出类拔萃，处群僚之右，既无戚容，又无喜色，神守举止，有如平日，由是众望渐服。"

　　当时的刘禅，并未如有的专家所说："诸葛亮一去世，就人亡政息了。"在联吴的政策上，从未动摇，要与吴东西相呼应，为"复兴汉室"、实现"中华民族大一统"的意志并未有所减退。

　　蜀汉延熙元年（238）即对蒋琬下诏曰："寇难未弭，曹叡骄凶，辽东三郡苦其暴虐，遂相纠结，与之离隔。叡大兴众役，还相攻伐。曩秦之亡，胜、广首难，今有此变，斯乃天时。君其治严，总帅诸军屯住汉中，须吴举动，东西掎角，以乘其衅。"[①]

　　蒋琬则奉其命令，于这年冬十一月出屯汉中。遵照刘禅的旨意，蒋琬在治蜀和对付曹魏的进攻中，多有策划，多有主见，多取主动。惜积劳成疾，蜀汉延熙九年（246）病亡！其间，秉心公亮的董允亦曾在朝为尚书令，惜亦不幸与蒋琬同年而亡！

　　蒋琬因病曾推荐费祎代己之任。蒋琬死后，刘禅按照诸葛亮、蒋琬之意，诏费祎代蒋琬为尚书令，迁大将军，录尚书事。蜀汉延熙十五年（252）"命祎开府。……祎雅性谦素，家不积财，儿子皆令布衣素食，出入不从车骑，无异凡人"。

　　就是这样一位忠体为公、处事多方、深为刘禅所信任的贤臣，不幸在蜀汉延熙十六年（253）遭魏降将郭循刺杀而亡！

[①] 晋·陈寿撰，南朝宋·裴松之注：《三国志》（全五册），中华书局1975年版，第1058页。

刘禅在诸葛亮、蒋琬、费祎、董允四位贤相辅佐下的二十三年，不忘继承刘备、诸葛亮恢复大汉大一统的雄心壮志，有言有行，做到了《出师表》中的"宫府一体""贤臣议政""内行治军"等施政方略，可称为当了二十三年的明主！故而有研究者云："后主建兴元年至十二年（223—234）诸葛亮执政时期似无问题，且政治清明。亮逝世后，蒋琬、董允执政十二（建兴十三年至延熙九年，235—246）。琬、允是诸葛亮方略的衷心拥护者，能力虽有差别，政局还是清明安泰的。"此等评论是为的评。[1]

在"四英"当政的下刘汉政权，刘禅不是桓、灵，倒是有点"齐桓公"积极进取的风度，诸葛亮所事之主，与曹氏、司马氏所事腐败之主是两码事。因此，硬要将诸葛亮拉扯到与曹氏、司马氏逼主禅让同一"档次"的篡政者，实属"空穴来风"！

正因为诸葛亮是一位忠于国家、忠于民族、忠于"中华民族大一统"的杰出政治家、军事家。所以，他在中国人民和世界人民的心目中有着崇高地位，所以，即使在2006年《走下圣坛的诸葛亮——三国史新论》出版发行7年之后，在网上不少人大骂诸葛亮的背景下，仍然无法撼动历史的真实，当然也无法撼动诸葛亮在人民心目中忠臣良相的光辉形象。

中国的数据与外国的数据排名，就是最好的说明："2012年，法律史学家俞荣根先生在全国范围内进行了一次问卷调查，想要了解中华民族最受崇拜的人物是谁。最后收回12280份有效问卷，排名第一的是孔子，排名第二的就是诸葛亮。第二个数据，是外国的。日本的《文艺春秋》在1999年搞了一次大规模的民意调查，主题是最有影响的中国人排名，排在前六位的依次是：孔子、毛泽东、诸葛亮、周恩来、蒋介石、邓小平，其中古人只有孔子与诸葛亮。2005年，日本的《周刊文春》也对当代日本人最崇拜的100个名人作了一次调查，中国只有两个人入选，一个是孔子，排名第87位，一个是诸葛亮，排名第28位。从这些例子和数据可以看到，无论是中国人，还是深受中国文化影响的外国人，在他们心目中最完美的政治家，就是诸葛亮。……唐朝曾设置了一座武庙。中国有文庙，是祭祀孔子的；武庙，祭祀的中国历史上最杰出的十二个军事家。整个魏晋南北朝

---

[1] 吴直雄：《习凿齿与他的〈汉晋春秋〉——兼论〈三国演义〉对习凿齿的承继关系》，江西高校出版社2019年版，第816—820页。

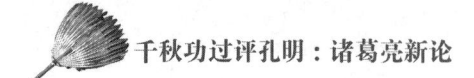

三四百年的时间，只有诸葛亮一个人入选，由此可以看出诸葛亮的军事水平确实非常高。"[1]

由此可见，历史事实中那真实的诸葛亮，在中国人民和深受中国文化影响的外国人心目中的地位是不可动摇的。

苏东坡赞诸葛亮曰："西汉之士多知谋，薄于名义；东汉之士尚风节，短权略。兼之者，三国名臣也。而孔明巍然三代王者佐，殆未易以世论。""密如神鬼，疾若风雷。进不可当，退不可追。昼不可攻，夜不可袭。多不可敌，少不可欺。前后应会，左右指挥。移五行之性，复四时之令。人也、神也、仙也，吾不知之真卧龙也。"[2]苏轼的这两篇短文，可谓将诸葛亮一生智慧与事业作了典型化的高度概括，是为精妙！

郁达夫在鲁迅去世后不久，曾说过一段精辟的话："没有伟大的人物出现的民族，是世界上最可怜的生物之群；有了伟大的人物，而不知拥护、爱戴、崇仰的国家，是没有希望的奴隶之邦。"让我们永远爱戴诸葛亮，永远崇仰诸葛亮"淡泊明志，宁静致远"的崇高精神，并使其与时俱进，发扬光大。[3]

（三）"诸葛亮北伐是治蜀的一大错误说"，亦是纯属误读

公元228年，诸葛亮亲率10万大军与曹魏开展了长达6年之久的北伐战争。唐光钻先生指出：北伐，是诸葛亮治蜀的一大错误。这是对诸葛亮北伐持否定性意见的一篇比较系统而全面的文章，先生写道：

> 第一，诸葛亮北伐，纯属轻举盲动。……关羽的荆州毁败，刘备的丧师夷陵，使刘备以后的诸葛亮集团的发展急剧逆转，成为这个集团由盛而衰的转折点。……就在这种蜀国一再遭到消弱的极其不利的条件下，自号谨慎的诸葛亮，却大兴北伐之师，进攻强敌，这显然是极不谨慎的举措，是盲动的行为。
>
> 第二，诸葛亮决计北伐，回避了蜀国统治者内部的尖锐矛

---

[1] 秦涛：《诸葛亮之道》，中国民主法制出版社2017年版，第6—188页。
[2] 宋·苏轼：《赞孔明（佚文二篇）》，《常州工学院学报》2003年第5期，第23页。
[3] 刘诚言：《从〈淮南子〉到〈诫子书〉——"淡泊明志，宁静致远"解读》，《襄樊学院学报》2007年第10期，第81页。

盾。……人们实在很难想象，本来就弱小的蜀国，统治集团内部又不能上下团结、同心同德怎么能在攻伐强敌的战争中取得重大胜利？诸葛亮无视这些矛盾的存在，率领一帮心怀异志的属僚，并与之共主北伐大计，又怎么可能运筹于帷幄之中，决胜千里之外？怎么可能实现成就霸业、兴复汉室的远大目标？

第三，诸葛亮北伐，是不识时务之举。……诸葛亮北伐有一个既定的、始终如一的目标，就是："奖率三军，北定中原。庶竭驽钝，攘除奸凶，兴复汉室，还于旧都。"……诸葛亮的这个既定目标，在"隆中对"中开始提出，在《前出师表》中，以上述那段文字作了非常明确的表述，在《后出师表》中，又以"王业不偏安""王业不可偏于蜀都"的语言再度重申。诸葛亮的这个既定目标，是要用武力推翻一个政权实体，要歼灭一个国家，从根本上超出了一般的攻城略地的范围，因而是一个既宏大，又带有全局性的目标。诸葛北伐，就是为了实现这个既定目标的军事行动。……由于蜀国地小人少、兵微将寡，且又"民穷兵疲"，处境非常艰难。在这样极为不利的条件下，诸葛亮居然兴师北伐，主动去进攻强大的魏国，无异于春秋时期宋襄公之伐楚，实属盲失之举，是不识时务之所为。[①]

唐光钻先生在这篇文章中提出了不少问题，也代表了不少专家和学者的看法。总而言之，他对诸葛亮的北伐是予以全盘否定的。

对此，直雄不以为然，但要一一详细辨析，将要用一本小册子的篇幅。限于篇幅，直雄只是简单归纳本书中有关所论及拙著《习凿齿与他的〈汉晋春秋〉——兼论〈三国演义〉对习凿齿的承继关系》（江西高校出版社2019年版）一书中观点，这就是说，无论是曹魏，也无论是孙吴，从一立国开始，即要实现"中华民族大一统"。

对于刘汉政权而言，也是如此。这正如唐光钻先生所说"在'隆中对'中开

[①] 唐光钻：《略论诸葛亮北伐》，《西昌师专学报》1991年第1期，第44—47页。

始提出，在《前出师表》中，以上述那段文字作了非常明确的表述，在《后出师表》中，又以'王业不偏安''王业不可偏于蜀都'的语言再度重申。诸葛亮的这个既定目标，是要用武力推翻一个政权实体，要歼灭一个国家，从根本上超出了一般的攻城略地的范围，因而是一个既宏大，又带有全局性的目标。诸葛亮北伐，就是为了实现这个既定目标的军事行动。"所以，诸葛亮如若不积极南征北伐，就要为曹魏所灭或孙吴所吞并。因此，对于诸葛亮的南征北伐，实乃三国时期"中华民族大一统"的形势使然。我们明白了这一点，对诸葛亮的北伐予以指摘，显然是不对的。

至于诸葛亮在北伐中的各种情况，并非如唐光钻先生所论说的那个样子。正如有关研究专家通过对诸葛亮精心研究后指出："为了转弱为强，为了重建新的两路夹攻中原的钳形攻势，也为了实现兴复汉室，重返旧都的理想，诸葛亮从蜀汉建兴六年（公元228年）起一直到蜀汉建兴十二年（公元234年）逝世，进行了五次北伐曹魏的战争。以弱攻强，以征对守……总之，诸葛亮面临种种不利和挫折。但诸葛亮没有退缩，而是北伐出兵不已。若不是天年不永，诸葛亮肯定会仍将北伐继续进行下去。有人认为，诸葛亮《后出师表》中'鞠躬尽瘁，死而后已，至于成败利钝，非臣之明所能逆睹也'的说法调子低沉，情结悲观。其实不然，这正表现了他自强不息，知难而进，百折不挠、锲而不舍的道德情操，前继屈原'亦余心之所善兮，虽九死其犹未悔'的精神，后启王安石'殚吾力而不能臻者，可以无悔矣'的情怀。诸葛亮表现的自强不息，知难而进，百折不挠，锲而不舍，鞠躬尽瘁，死而后已的道德情操，一直被后世之人所赞诵。……最后看看诸葛亮的功业……首先表现在他在三国形成中所起的重要作用。人们常将功德二字联用，大德者建大功，大功者现大德。诸葛亮的大功，体现了他政治家高瞻远瞩，以天下为己任的品德。……诸葛亮在军事上也是有功可述的。……诸葛亮的美德，深入研究起来又有三个特点。第一，它充满了凛然正气。；第二，诸葛亮的品德表现为一种宏仁大义；第三，诸葛亮的美德具有一种循名责实的躬行特点。……高尚的品德甚至在人已亡故的情况下长驻人间。诸葛亮就是如此。"①

朱大渭、梁满仓先生对于诸葛亮北伐的评说，直雄以为，这是对诸葛亮精准到位的客观评价。诸葛亮的高尚品德确实是长驻人间，这恰如今人王文德先生的

---

① 朱大渭、梁满仓：《武侯春秋》，团结出版社1998年版，第694—703页。

《沁园春·过襄阳怀武侯》所云："汉祚艰难，四起群雄，虎视帝京。看董卓乱国，王纲不振，民于水火，地陷天倾。喜有隆中，卧龙待出，济世胸怀百万兵。匡先主，更连吴抗魏，众志成城。南征北伐劳形，上两表宏文荡激情。叹鞠躬尽瘁，死而后已，无私无畏，千古豪英。六出祁山，呕心沥血，禳斗营中殒巨星。千秋后，吊武侯不朽，万载流馨。"[①]此处未能查到王文德先生的原作。读朱大渭、梁满仓先生所引。反复品味，觉得有三处排误。故斗胆补正。朱大渭，梁满仓先生于词后品评云："这是对诸葛亮匡世济民人生价值取向的肯定，对诸葛亮聪明睿智的钦敬，对诸葛亮知难而进、自强不息、鞠躬尽瘁、死而后已情操的景仰。"精彩而独到的阐释，妙哉！诸葛大名垂广宇；武侯不朽永流芳。

三十六、孔明有吞魏之志

本篇示要：由于郭冲所记载的史料的出入，造成裴松之难于吃透诸葛亮在第一次攻魏、第二次攻魏与第三次攻魏的实际内容的情况下，产生了落注的错误，和评说姜维的错误。把姜维说成是天水一个有勇无谋的平常之人，还说获之则于魏何损？这样小视姜维是一种偏见。诸葛亮在第三次攻魏时，"攻陷魏武都（今甘肃省徽县、成县）、阴平（今甘肃省文县西）二郡。后主刘禅复拜亮为丞相"，难道不应当相贺吗？而有先生又将诸葛亮体贴人民疾苦、存恤百姓、为拯救百姓而尽快结束战乱的贴心话，视为想当皇帝，这实在是对"普天之下，莫非汉民，国家威力未举，使百姓困于豺狼之吻。

[①]朱大渭、梁满仓：《武侯春秋》，团结出版社1998年版，第695页。

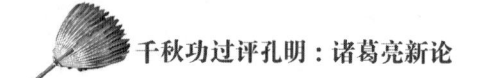

一夫有死，皆亮之罪，以此相贺，能不为愧"这一道德高尚的金玉良言的亵渎！

松之问难：

裴松之问难曰：亮有吞魏之志久矣，不始于此众人方知也，且于时师出无成，伤缺而反者众，三郡归降而不能有。姜维，天水之匹夫耳，获之则于魏何损？拔西县千家，不补街亭所丧，以何为功，而蜀人相贺乎？[①]

诸葛妙答：

亮出祁山，陇西、南安二郡应时降，围天水，拔冀城，虏姜维，驱略士女数千人还蜀。人皆贺亮，亮颜色愀然有戚容，谢曰："普天之下，莫非汉民，国家威力未举，使百姓困于豺狼之吻。一夫有死，皆亮之罪，以此相贺，能不为愧。"于是蜀人咸知亮有吞魏之志，非惟拓境而已。[②]

又，《谢贺者》"普天之下，莫非汉民……以此相贺，能不为愧。"注：见《三国志·诸葛亮传》裴注引《郭冲五事》之四。按：此条裴松之驳曰："且于时师出无成，伤缺而反者众，三郡归降而不能有……以何为功，而蜀人相贺邪？"故有疑诸葛亮此言发于228年拔武都、阴平后。[③]

[①] 晋·陈寿撰，南朝宋·裴松之注：《三国志》（全五册），中华书局1975年版，第922—923页。
[②] 同上书，第922页。
[③] 王瑞功主编《诸葛亮研究集成》（上、下册），齐鲁书社1997年版，第307页。

作年略考：

这个作年的具体时间有如下说法：

一是228年说：如上，王瑞功先生以为"故有疑诸葛亮此言发于228年（直雄按：当是229年）拔武都、阴平后"。

又，"本文作于蜀汉建兴六年（公元228年）。"[①]

再，宋人胡寅《诸葛孔明传》载：

> 六年春，使赵云、邓芝据箕谷，魏大将曹真举众拒之，云、芝兵弱失利。亮身率诸军攻祁山，戎阵整齐，赏罚肃而号令明，南安、天水、安定三郡叛魏应蜀，关中震响。魏明帝西镇长安，命张郃长拒亮。亮使马谡督诸军在前，与郃战于街亭。谡违亮节度，举动失宜，为郃所破。亮拔西县千户，还于汉中。蜀人咸以此贺亮者，亮愀然有戚曰："普天之下，莫非汉民，国家威力未举，使百姓坠于涂炭。一夫有死，皆亮之罪，以此相贺，能不愧乎？"由是蜀人悉知亮有吞魏之志。[②]

这里十分明确地记下了诸葛亮的《谢贺者》之言是228年春之事。宋人郑樵的《诸葛亮传》，元人郝经的《诸葛亮传》亦将"普天之下，莫非汉民，国家威力未举，使百姓坠于涂炭。一夫有死，皆亮之罪，以此相贺，能不愧乎？"之语记于事在228年春。然元、明、清三朝，为诸葛亮作传者不少，他们宁可不载此语，也不敢将此语载于228年春。

二是229年说：何兆吉先生云："本文见于陈寿《三国志》卷35《诸葛亮传》裴松之注。后主建兴七年（公元229年），诸葛亮派陈式率军攻武都（今甘肃省成县）、阴平（今甘肃省文县），拔二郡，蜀人祝贺诸葛亮。诸葛亮

[①]张连科、管淑珍：《诸葛亮集校注》，天津古籍出版社2008年版，第183页。
[②]王瑞功主编：《诸葛亮研究集成》（上、下册），齐鲁书社1997年版，第20页。

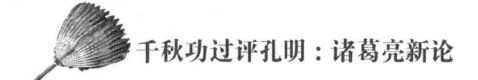

以此信相谢。"①

又，宋人张栻的《汉丞相诸葛忠武侯传》载：

> 七年春，亮遣将军陈式攻武都、阴平二郡，魏雍州刺史郭淮引兵救之，亮次建咸〔威〕，淮退遁，遂拔二郡。蜀人皆以贺亮，亮愀然曰："普天之下，莫非汉民，国家威力未举，使百姓坠于涂炭。一夫有死，皆亮之罪，以此相贺，能不愧乎？"①

这里十分明确地记下了诸葛亮的《谢贺者》之言是229年春之事。清人朱璘的《汉丞相诸葛亮传》，清人王复礼的《诸葛忠武侯传》亦将"普天之下，莫非汉民，国家威力未举，使百姓坠于涂炭。一夫有死，皆亮之罪，以此相贺，能不愧乎？"之语记于事在229年春。元、明、清三朝，为诸葛亮作传不少，宁可不载此语，也不敢将此语载于229年春。

诸葛亮此语的记载时间"针锋相对"地相差一年。到底以何年为准？很有必要考证之。

既然要考证，首先就要看看陈寿又是如何记载此语的。且看陈寿写道：

> 六年春，扬声由斜谷道取眉，使赵云、邓芝为疑军，据箕谷，魏大将军曹真举众拒之。亮身率诸军攻祁山，戎陈整齐，赏罚肃而号令明，南安、天水、安定三郡叛魏应亮，关中响震。魏明帝西镇长安，命张郃拒亮，亮使马谡督诸军在前，与郃战于街亭。谡违亮节度，举动失宜，大为郃所破。亮拔西县千余家，还于汉中，戮谡以谢众。上疏曰："臣以弱才，叨窃非据，亲秉旄钺以历三军，不能训章明法，临事而惧，至有街亭违命之阙，箕谷不戒之失，咎皆在臣授任无方。臣明不知人，恤事多暗，《春秋》责帅，臣职是当。请自贬三等，以督厥咎。"于是以亮为右将军，行丞相事，所总统如前。

---

① 何兆吉，任真译注：《诸葛亮兵法》，江西人民出版社1996年版，第245页。
② 王瑞功主编：《诸葛亮研究集成》（上、下册），齐鲁书社1997年版，第47—48页。

……

冬，亮复出散关，围陈仓，曹真拒之，亮粮尽而还。魏将王双率骑追亮，亮与战，破之，斩双。七年，亮遣陈式攻武都、阴平。魏雍州刺史郭淮率众欲击式，亮自出至建威，淮退还，遂平二郡。①

陈寿根本就没有写到"亮愀然曰：'普天之下，莫非汉民，国家威力未举，使百姓坠于涂炭。……'"此事。

问题是：裴松之在"亮拔西县千余家，还于汉中"之后落注云："郭冲四事曰：亮出祁山，陇西、南安二郡应时降，围天水，拔冀城，虏姜维，驱略士女数千人还蜀。人皆贺亮，亮颜色愀然有戚容，谢曰：'普天之下，莫非汉民，国家威力未举，使百姓困于豺狼之吻。一夫有死，皆亮之罪，以此相贺，能不为愧。'于是蜀人咸知亮有吞魏之志，非惟拓境而已。难曰：亮有吞魏之志久矣，不始于此众人方知也，且于时师出无成，伤缺而反者众，三郡归降而不能有。姜维，天水之匹夫耳，获之则于魏何损？拔西县千家，不补街亭所丧，以何为功，而蜀人相贺乎？"②

裴松之记载此语的目的，就是要说明诸葛亮"拔西县千余家，还于汉中"得不偿失，"以何为功，而蜀人相贺乎？"故而落注于此，他哪里会想到：他注诸葛亮说这句话时，会留给后人"一年之误"！

直雄以为，要消除此误，并非难事。只要查一下诸葛亮在228年与229年的战事情况记载，便知分晓。

查之史料：蜀汉建兴六年（228），正月，诸葛亮第一次攻魏：

诸葛亮从汉中出师，扬言由斜谷道（今陕西省眉县西南）取郿（今陕西省郿县东北），使赵云、邓芝据箕谷（今陕西省太白）为疑兵，实则亲率大军攻祁山（今甘肃省礼县东）。魏

---

① 晋·陈寿撰，南朝宋·裴松之注：《三国志》（全五册），中华书局1975年版，第923—924页。
② 同上书，第922—923页。

天水（今甘肃省天水、秦安一带）、南安（今甘肃省陇西西南）、安定（今甘肃省平凉、固原、泾川 一带）三郡背魏降蜀。……街亭失守，诸葛亮进无所据，遂拔西县（今甘肃省天水）千余家还汉中。亮自请降爵三等，奖励王平，进位讨寇将军，挥泪斩马谡。

……

……诸葛亮闻曹休为吴所败，魏兵东下，关中虚弱，欲出兵击魏，群臣以为疑。亮遂再次上表，请许北伐。是月，亮引兵散关（今陕西省宝鸡西南），围陈仓（今陕西省宝鸡东），攻战二十余日，因粮尽而退，斩魏追将王双。[①]

又，蜀汉建兴七年（229）春，诸葛亮第三次攻魏：

诸葛亮攻陷魏武都（今甘肃省徽县、成县）、阴平（今甘肃省文县西）二郡。后主刘禅复拜亮为丞相。[②]

比对诸葛亮在228年与229年的征战情况可知：裴松之的落注是错误的。其注不当落在228年"亮拔西县千余家，还于汉中"之后，而当落在229年的"七年，亮遣陈式攻武都、阴平"之后。

除了上述史实可证之外，228年"诸葛亮进无所据，遂拔西县（今甘肃省天水）千余家还汉中。亮自请降爵三等"，这正是诸葛亮出师不利、处于拟斩马谡而又有重臣蒋琬等反对斩马谡的"煎熬"时刻，后又自贬三等的"艰难"处境之下，蜀人怎会相贺乎？而229年诸葛亮第三次攻魏，旗开得胜又复丞相之位，这正是可喜可贺之时。因此，裴松之注当落于"诸葛亮攻陷魏武都（今甘肃省徽县、成县）、阴平（今甘肃省文县西）二郡"之后。

再是刘禅的《策复诸葛丞相诏》的内容，也充分说明了诸葛亮的"普天之下，莫非汉民，国家威力未举，使百姓困于豺狼之吻。一夫有死，皆亮之罪，以

[①] 张习孔、田珏主编：《中国历史大事编年·第二卷》，北京出版社1997年版，第10—11页。
[②] 同上书，第12页。

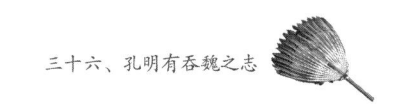

此相贺,能不为愧"的话语,是在229年。且看:

> 七年,亮遣陈式攻武都、阴平。……前年耀师,馘斩王双;今岁爰征,郭淮遁走;降集氐、羌,兴复二郡,威镇凶暴,功勋显然。方今天下骚扰,元恶未枭,君受大任,干国之重,而久自抑损,非所以光扬洪烈矣。今复君丞相,君其勿辞。"《汉晋春秋》曰:"是岁,孙权称尊号,其群臣以并尊二帝来告。"①

上文中的七年即蜀汉建兴七年(229),这里明摆着有三大史实证实是229年:

一是"亮遣陈式攻武都、阴平。魏雍州刺史郭淮率众欲击式,亮自出至建威,淮退还,遂平二郡"的战绩就在229年;

二是刘禅的诏书明确地指出228年斩王双,229年春兴复二郡;

三是孙权称尊号就是229年。

综上所述可见,诸葛亮在大喜之日接受相贺者之贺辞时,发出心存愧疚之言当在229年春比较合情合理的。

直雄补说:

郭冲这段话的意思是说:蜀汉建兴六年(228),诸葛亮出祁山征讨曹魏,魏之陇西郡、南安郡均投降,接着围攻天水,攻克了冀城,生擒了姜维,俘虏数千人还成都。蜀汉建兴七年(229),诸葛亮攻取武都与阴平,且复丞相之位。人人皆向诸葛亮道贺,但是诸葛亮却严肃而不愉快且脸露悲戚之容回复道贺者们说:"普天下的百姓,莫不是我大汉子民……即使有一个人罹难,都是我本人的罪过,拿百姓的苦难来祝贺,我实在愧不敢当。"于是蜀国的人都知道诸葛亮意在剿灭魏国,而不仅仅是拓宽疆土。

郭冲四事中云:"亮出祁山,陇西、南安二郡应时降,围天水,拔冀城,

---

① 晋·陈寿撰,南朝宋·裴松之注:《三国志》(全五册),中华书局1975年版,第924页。

虏姜维，驱略士女数千人还蜀。"这个记载与陈寿所载的："南安、天水、安定三郡叛魏应亮，关中响震。"①两相比照，是有出入的。由于这个记载有出入，使裴松之落注失据。但姜维是228年降亮的，于是裴松之又只好以此为据落注。

对此，也许裴松之是因为郭冲将虏姜维降亮事一并写入该段话语之中，便将这些内容错误地落注在"拔西县千余家，还于汉中"之后进而错误地发出质疑说：诸葛亮很早就有灭魏的志向，不至于到此时众人才有所知，而且当时出祁山没有什么重大战果，将士多有伤亡，三郡虽然归降但最终未能据有。姜维，也就是天水的一介匹夫罢了，招降他对魏国有什么损失呢？即便攻克西县生擒数千人，仍然不能弥补丧失街亭的军事过错，这凭借的是什么功劳，而蜀人又怎么可能去祝贺呢？

直雄以为：由于裴松之的落注不当，致使问难质疑不妥，造成了罔顾事实与混淆事实的嫌疑。

一是裴松之在没有吃透诸葛亮在第一次第二次攻魏与第三次攻魏的实际内容的情况下，由于自己落注之误，致使评说出错。诸葛亮在第三次攻魏时，"攻陷魏武都（今甘肃省徽县、成县）、阴平（今甘肃省文县西）二郡。后主刘禅复拜亮为丞相"，难道不应当相贺吗？

二是即使裴松之将"注"落错，仅就郭冲所言之事的本身，也没有什么矛盾的地方。说的是即使是有马谡失街亭之败。诸葛亮仍能指挥若定，取得"拔西县千余家"的胜利。这是对马谡街亭之败的小小"弥补"。蜀人敬重自己的统帅，予以庆贺，以抚平诸葛亮因"失街亭"的苦痛，这有什么不可以的呢？

三是将失街亭之败与"拔西县千余家"之胜混淆一起。街亭之败，诸葛亮自责自贬且斩爱将马谡。"拔西县千余家"之胜，并不见其沾沾自喜之态，而是自责不已。其执法之严，其律己之严，是为军中表率，这有何可以指摘的呢？

四是"亮有吞魏之志"，在《隆中对》《出师表》等系列讲话和文献中，这确实早有明载，但是，真正令人信服的是：诸葛亮在"街亭之败""拔西县千余家"获胜之后，将诸葛亮当众说出了掏心窝的话——"普天之下，莫非汉民，国家威力未举，使百姓困于豺狼之吻。一夫有死，皆亮之罪，以此相贺，能不

---

① 晋·陈寿撰，南朝宋·裴松之注：《三国志》（全五册），中华书局1975年版，第922页。

为愧。"蜀人在看到诸葛亮的实际行动和听到其感人肺腑的话语，才真正体味到——"亮有吞魏之志，非惟拓境而已"，这有何怪哉？行动重于言论，又有什么不妥吗？

五是所谓"姜维，天水之匹夫耳，获之则于魏何损"。此语未免轻率地抹杀史实，无视刘汉政权后期姜维是刘汉政权的栋梁之柱的历史事实。其实，"诸葛亮首出祁山，得陇右人姜维，这对于进占陇右，以陇右之兵壮大蜀汉军事力量无疑是如虎添翼。"[①]

姜维自诸葛亮死后的主要战斗经历充分说明裴松之如此评姜维之无稽：

是姜维真正地继承了诸葛亮北伐中原实现中华民族大一统遗志，最终用自己的热血和生命，与灭汉名将邓艾、钟会偕尔而亡，这在中国古代军事史上实为罕见。

且看姜维是如何继承诸葛亮联吴抗魏、北伐中原一统全国之志的，在大一统之志不济的凄惨情况下，为了复国，又是如何与灭汉名次将邓艾、钟会一同而亡的。

延熙元年（238），姜维随大将军蒋琬进驻汉中御敌；

延熙五年（242），姜维率偏师自汉中（今陕西省南部、汉水流域）还屯涪县（今四川省绵阳）；

延熙六年（243），姜维迁镇西大将军，领凉州刺史，是继诸葛亮蚕食雍凉战略的要地的真正执行者；

延熙十年（247），姜维出陇西（今甘肃省之陇西）、南安（今甘肃省陇西西南）、金城（今甘肃省兰州市东），与魏大将郭淮、夏侯霸等战于洮西（今甘肃省洮河之西）。胡王治无戴降，徙其部落以还；

延熙十二年（249），姜维攻魏之雍州（今陕西省关中及甘肃省东部），复出西平（今青海省西宁）驻守；

延熙十三年（250），姜维攻魏之西平（今青海省西宁）；

延熙十六年（253），费祎被刺杀身亡之后，姜维即率领数万人出石营，围攻南安，拟攻雍州刺史陈泰；

延熙十七年（254），姜维率军出陇西，狄道长李简举城降。姜维进围襄武，

[①] 朱大渭、梁满仓：《武侯春秋》，团结出版社1998年版，第594页。

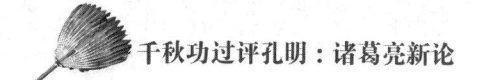

杀败魏将徐质并斩其首。姜维先后攻破河间、河关、临洮等地，拔其县民还蜀；

延熙十八年（255），姜维率领车骑将军夏侯霸出狄道，于洮西大破魏国雍州刺史王经，王经死伤数万，退保狄道城，姜维围住狄道城攻打，魏国派征西将军陈泰前来解围，姜维退军驻扎钟题；

延熙十九年（256）春，姜维进位大将军。姜维与镇西将军胡济两路出兵，约定在上邽会合，但胡济未到，导致姜维在段谷被魏将邓艾击败，姜维死伤甚多，百姓因此埋怨姜维，而陇西也躁动不安。姜维自贬为后将军，行大将军事；

延熙二十年（257），姜维趁魏关中空虚率兵出秦川，又率领万人出骆谷。与魏大将军司马望、邓艾苦战；

景耀元年（258），引兵回成都，刘禅恢复姜维大将军的职位。

景耀五年（262），姜维率军攻魏之洮阳（今甘肃临潭西南），被邓艾所击败，时宦官黄皓弄权，更想废掉姜维而培植右将军阎宇。姜维退驻沓中。姜维请求将黄皓斩杀，但刘禅不肯，致使姜维不敢回成都，为避杀身之祸，屯田沓中种麦。为了继承武侯北伐中原实现"中华民族大一统"之遗志，姜维自其掌握兵权之后，真可谓是人不卸甲，马不卸鞍。

景耀六年（263），危机来临了：姜维探得钟会治兵关中，上表刘禅，遣张翼、廖化分别驻守阳安关口、阴平桥头防患于未然。但黄皓用鬼神迷惑刘禅，让蜀汉群臣毫不知情。

司马昭指挥伐蜀，当钟会向骆谷，邓艾入沓中时，刘禅才派廖化支援沓中，张翼与董厥支援阳安关口。姜维被邓艾所牵制，退驻阴平。钟会围攻汉、乐二城，又另派军进攻关口，蜀将傅佥力战至死，而蒋舒却开城投降。钟会见关口已经攻下，于是长驱直入，姜维和廖化只好放弃阴平，与张翼、董厥会合，退保剑阁。钟会写信劝降姜维，但姜维未做回应，钟会久攻不下，于是商议，准备撤还。而当此之时，邓艾却由景谷道偷渡，进兵至绵竹，击破诸葛瞻，刘禅开城投降，并敕令姜维投降。这一令诸将不可接受的噩耗传来，众将的态度如何呢？

《三国演义》第一百一十八回《哭祖庙一王死孝 入西川二士争功》和第一百一十九回《假投降巧计成虚语 再受禅依样画葫芦》两回中，将习凿齿《汉晋春秋》中"会阴怀异图，姜维见而知其心，谓可构成扰乱以图克复也。乃诡说会曰：'闻君自淮南已来，算无遗策，晋道克昌，皆君之力。今复定蜀，威德振世，民高其功，主畏其谋，欲以此安归乎！夫韩信不背汉于扰攘，以见疑于既平,大夫种不从范蠡于五湖,卒伏剑而妄死,彼其暗主愚臣哉?利害使之然也。今君大功既立,大德已著,何不法陶朱公泛舟绝迹,全功保身,登峨嵋之岭,而从赤松子游乎?'会曰:'君言远矣,我不能行,且为今之道,或未尽于此也。'维曰:'其他则君智力之所能,无烦于老夫矣。'由是情好欢甚"①这段话将姜维及其战友的态度予以形象化描绘云:"维大惊失语。帐下众将听知,一齐怨恨,咬牙怒目,须发倒竖,拔刀砍石,大呼曰:'吾等死战,何故先降耶!'号哭之声,闻数十里。蜀中有如此之将,如此之兵,而天子甘心面缚,可发一叹。维见人心思汉,乃以善言抚之曰:'众将勿忧。吾有一计,可复汉室。'众皆求问。姜维与诸将附耳低言,说了计策。以下无数文字皆在附耳低言之内,此处妙在不即叙明。即于剑阁关遍竖降旗,先令人报入钟会寨中,说姜维引张翼、廖化、董厥等来降。会大喜,令人迎接维入帐。会曰:'伯约来何迟也?'维正色流涕曰:'国家全军在吾,今日至此,犹为速也。'既来诈降,又偏说不肯便降,乃是善于用诈。会甚奇之,下座相拜。待为上宾。维说会曰:'闻将军自淮南以来,算无遗策,司马氏之盛,皆将军之力。维故甘心俯首。如邓士载,当与决一死战,安肯降之乎?'如此口气便是姜维用诈处,读者当自知之。会遂折箭为誓,与维结为兄弟,情爱甚密,为上宾则犹疏,为兄弟则甚密矣。仍令照旧领兵。维暗喜,遂令蒋显回成都去了。"

姜维军士各个都拔起刀剑挥砍石头发泄心头的愤怒。这愤怒,是因"扶不起的阿斗"腐败无能而起,是由刘汉政权数十年铸就的大一统事业将就此终结而发。但无可奈何,姜维为最后一搏,不得不率军向钟会投降。

魏景元五年、咸熙元年(264)正月,姜维与钟会结交,起兵成都。时姜维欲借钟会之手,杀尽北来诸将,谋复刘阿斗政权,与钟会密谋。姜维为什么这样干呢?因为他预知钟会必有谋反之心,于是劝说钟会设法杀害魏将,所以钟会一方面陷害邓艾,一方面准备起兵造反。谋泄,钟会、姜维及蜀将张翼等都被杀害,邓艾也被田续杀害。

对此,毛氏父子在第一百一十九回的回首评说道:"姜维欲先杀诸魏将,然后杀钟会,而重立汉帝,其计不为不深,其心不为不苦矣。且将除邓艾,而假手于会;将除卫瓘,而又假手于艾。是谋杀诸将者姜维,谋杀邓艾者亦姜维也;谋

---

① 吴直雄:《破解〈习凿齿传〉〈汉晋春秋〉千年谜》广东人民出版社2013年版,第606页。

杀钟会者姜维，谋杀卫瓘者亦姜维也。然而会灭而诸将不灭，艾灭而卫瓘不灭，则天下未可强也。论者往往以多事责姜维，然则陆秀夫之航海、张世杰之瓣香、文天祥之崖山流涕，皆得谓之多事耶？李陵之不即死，或犹虚谅其得当报汉之言；而姜维之不即死，岂得实没其设谋报汉之志？元人有诗曰：'诸葛未亡犹是汉。'予请更下一语以对之曰：'姜维不死尚为刘。'庶不负其苦心云。"

对于《三国演义》中的这段描写。其缘有自，习凿齿的《汉晋春秋》中亦还有内容载之甚详。

> 会阴怀异图，姜维见而知其心，谓可构成扰乱以图克复也。乃诡说会曰："闻君自淮南已来，算无遗策，晋道克昌，皆君之力。今复定蜀，威德振世，民高其功，主畏其谋，欲以此安归乎！夫韩信不背汉于扰攘，以见疑于既平，大夫种不从范蠡于五湖，卒伏剑而妄死，彼其暗主愚臣哉？利害使之然也。今君大功既立，大德已著，何不法陶朱公泛舟绝迹，全功保身，登峨嵋之岭，而从赤松子游乎？"会曰："君言远矣，我不能行，且为今之道，或未尽于此也。"维曰："其他则君智力之所能，无烦于老夫矣。"由是情好欢甚。[①]

《三国演义》中的这段激动人心的情节，正是依据上述史料而改写而成的。

姜维等一批为刘汉政权实现"中华民族大一统"而斗争的英雄们，他们一生所铸就的"中华民族大一统"的精神永存千古！

《庄子·盗跖》中有云："自古风云多变幻，不以成败论英雄。"在封建专制的旧社会，以刘备、诸葛亮、姜维等一批为刘汉政权实现"中华民族大一统"而斗争的英雄们，他们坚持"以民为本""亲贤臣，远小人"等一系列的政策，力求尽快地实现国家大一统，但是，刘禅重走桓、灵腐败的老路，导致刘汉政权的灭亡，其责任，是不能让诸葛亮等一批贤臣来承担的。他们一生的所作所为，仍不愧为实现"中华民族大一统"战争中的英雄！

[①] 吴直雄：《破解〈习凿齿传〉〈汉晋春秋〉千年谜》，广东人民出版社2013年5月版第984—985页。

直雄不想细细罗列姜维在整个蜀汉帝国末期的巨大作用与贡献。只是说，一部《三国志》所展现诸葛亮的"中华民族大一统"之志的接续和发扬，若没有姜维这个人物，将会为之失色！

又有一说则云："'普天之下，莫非汉民，国家威力未举，使百姓困于豺狼之吻。一夫有死，皆亮之罪。'这一切无不表明在诸葛亮的意识和思想里，他时刻都以'包括四海'拓定天下为自己的志向，而并不满足三国鼎立的局面。……诸葛亮这种做法合理的解释只能是借助北伐进一步擅权，就是帝王之志的呈现。……从他的言行中仍能窥略其帝王之志一二：'普天之下，莫非汉民，国家威力未举，使百姓困于豺狼之吻。一夫有死，皆亮之罪。'这里诸葛亮以天下主人自居。"①

洪卫中先生为了证明诸葛亮的这段话是想当皇帝的表现，有意删除"皆亮之罪"后面的"以此相贺，能不为愧"，这是很不严肃的。因为此语所要表达的是诸葛亮的爱民爱国之情而并非是为了自己当上"皇帝"！

对于洪卫中先生这样曲解误解诸葛亮之语，笔者现仅引用石国辉先生对"……皆亮之罪"的评说如下："诸葛亮南征，从战略上看，固然是为了北伐曹魏时免除后顾之忧；可是从政治上看，则寄寓着'除患宁乱'，以安百姓的深衷。他正式出师北伐就明确宣告了自己的拯救人民于危难之境的心情说：'普天之下，莫非汉民'，而百姓困于豺狼之吻，'皆亮之罪'。凡此，俱强烈地表达了诸葛亮以天下事为己任，治国'以安民为本'的思想。"②很显然，将诸葛亮体贴人民疾苦、存恤百姓、为拯救百姓而尽快结束战乱的贴心话，视为想当皇帝，这实在是对"普天之下，莫非汉民，国家威力未举，使百姓困于豺狼之吻。一夫有死，皆亮之罪，以此相贺，能不为愧"这一道德高尚的金玉良言的亵渎！

---

① 洪卫中：《诸葛亮'帝王之志'新探》，《池州师专学报》2004年第1期，第66页。
② 石国辉：《斯人已去，遗爱犹存——诸葛亮思想略探》，2009年兰州大学硕士学位论文，第15页。

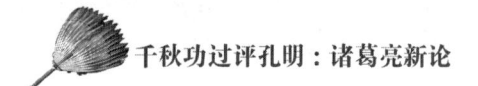

三十七、灭魏斩叡还旧都

本篇示要：诸葛亮妙答李严之词，本来是诸葛亮心中坦诚无私的真情流露，是对李严别有用心"劝进"的讽刺，却被说成是诸葛亮有篡夺之心，这是令人惊讶、令人匪夷所思的误解误读抑或是对诸葛亮高尚人格的亵渎：故曰：李严得知诸葛亮命丧五丈原痛哭而死；刘禅面对李邈诬蔑诸葛亮"怒下狱诛之"，这就是对诸葛亮忠心为国的褒奖，也是对李邈在诸葛亮死后还要妄加推论、诋毁的斩钉截铁的答复！

李严问难：

《诸葛亮集》有严与亮书，劝亮宜受九锡，进爵称王。[①]

诸葛妙答：

亮答书曰："吾与足下相知久矣，可不复相解！足下方诲以光国，戒之以勿拘之道，是以未得默已。吾本东方下士，误用于先帝，位极人臣，禄赐百亿，今讨贼未效，知己未答，而方宠齐、晋，坐自贵大，非其义也。若灭魏斩叡，帝还

[①] 晋·陈寿撰，南朝宋·裴松之注：《三国志》（全五册），中华书局1975年版，第999页。

故居，与诸子并升，虽十命可受，况于九邪！"①

又，《答李严书》"吾与足下相知久矣……虽十命可受，况于九邪！"注：见《三国志·李严传》裴注引《诸葛亮集》。当是建兴七年（公元229年）恢复诸葛亮丞相职务后，李严劝诸葛亮加九锡，诸葛亮作此书答之。②

作年略考：

史载："四年，转为前将军。以诸葛亮欲出军汉中，严当知后事，移屯江州，留护军陈到驻永安，皆统属严。严与孟达书曰：'吾与孔明俱受寄托，忧深责重，思得良伴。'亮亦与达书曰：'部分如流，趋舍罔滞，正方性也。'其见贵重如此。……《诸葛亮集》有严与亮书，劝亮宜受九锡，进爵称王。亮答书曰：'吾与足下相知久矣，可不复相解！足下方诲以光国，戒之以勿拘之道，是以未得默已。吾本东方下士，误用于先帝，位极人臣，禄赐百亿，今讨贼未效，知己未答，而方宠齐、晋，坐自贵大，非其义也。若灭魏斩叡，帝还故居，与诸子并升，虽十命可受，况于九邪！'八年，迁骠骑将军。以曹真欲三道向汉川，亮命严将二万人赴汉中。"③

在这段文字中的"四年"，即蜀建兴四年（226），八年即蜀建兴八年（230）。从这段文字中可见，在226年至230年之间，是李严与诸葛亮关系由好逐渐转差的过程。细细品味李严的这封信，可以说是对诸葛亮政治态度的一种试探，也可以说是要让诸葛亮"在炉火上烤"！这样的信，对诸葛亮是不怀好意的。裴松之将此信落注于"八年"之前"四年"之后，是有其道理的，故知诸葛亮此信的作年当是229年。

---

①晋·陈寿撰，南朝宋·裴松之注：《三国志》（全五册），中华书局1975年版，第999页。
②王瑞功主编：《诸葛亮研究集成》（上、下册），齐鲁书社1997年版，第311—312页。
③晋·陈寿撰，南朝宋·裴松之注：《三国志》（全五册），中华书局1975年版，第999页。

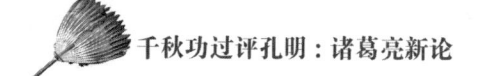

直雄补说：

　　上面这段话的意思是说：在《诸葛亮集》中载有李严写给诸葛亮的信，信中劝说诸葛亮应当接受九锡的赏赐，[1]进爵称王。诸葛亮回信说："我与你当是老相识了，可惜相互了解仍然不深！足下[2]刚才还教诲我要光大本国、告诫我处事不要拘泥的道理，因此我也不能沉默，而要表达我的意见：我本来就是东方一个没有学问的下等士人，误被先帝不拘一格地予以提拔，达到了臣子中的最高地位，俸禄，赏赐多多，[3]现在讨伐曹魏篡贼还未见成效，先帝的知遇之恩还没有报答，却要我效法当年齐国的田氏，晋国的韩、赵、魏三卿，[4]便利用国家的信任与给予的恩惠反而去谋取私人的利益，那是不讲道义的。如果能够剿灭曹魏、斩杀曹叡，让皇帝陛下能够还居故都，[5]然后与诸位同僚一道升迁，到那时候就算是十命的赏赐也可能接受何况是九命呢？"[6]

　　对于诸葛亮答复李严之辞，有先生称："'若灭魏斩叡，帝还故居，与诸子并升，虽十命可受，况于九邪！'（假如能灭掉魏国，杀了魏明帝曹叡，迎皇帝回洛阳，我和你们共同升迁，十锡也敢接受，何况九锡！）受九锡之人，已是君

---

　　[1] "九锡"亦即"九赐"。有一个演变的过程，后来渐渐地成了篡逆的代名词。汉武帝就首先议论过"九锡"之礼。后来曹操接受过汉献帝所赐予的"九锡"，具体内容是：衣服、朱户、纳陛、车马、乐则、弓矢等。本是皇帝赐给大臣的荣誉物品。东晋太和三年（368）十二月，加大司马桓温殊礼，位在诸侯王之上。东晋安帝元兴二年（403）九月，以桓玄为相国，总百揆、封十郡、为楚王、加九锡。所谓"九锡"，王莽，曹操等都接受过；后来宋、齐、梁、陈四朝至隋、唐两朝的开国皇帝都曾受过"九锡"，加"九锡"，实乃"篡夺"皇权的开始。

　　[2] 足下：是旧时交际用语，下称上或同辈相称的敬词，是对对方的尊称。与今多见用词"您"相似。

　　[3] 以百亿比喻赏赐之重。

　　[4] 三家分晋、田氏篡齐，为春秋至战国大事。三家分晋是指春秋末年，晋国被韩、赵、魏三家瓜分的事件。田氏篡齐，指战国初年陈国田氏后代取代齐国姜姓吕氏成为齐侯（齐威王始称齐王）的事件。

　　[5]《前出师表》云："今南方已定，兵甲已足，当奖率三军，北定中原，庶竭驽钝，攘除奸凶，兴复汉室，还于旧都。此臣所以报先帝而忠陛下之职分也。"

　　[6] 此话是针对九锡而言的。就是说，陛下赐给我们的九种器物，即九锡，在九锡之外再加一物，即"十命"，这是皇帝陛下对我们能完成天下大一统的卓著功勋的最高奖赏，我们当是可以领受的。

主的半成品。"①

洪卫中先生云:"'今讨贼未效,知己未答,而方宠齐、晋,坐自贵大,非其义也。若灭魏斩叡,帝还故居,与诸子并升,虽十命可受,况于九邪。'这是诸葛亮答李严劝他'宜受九锡,进爵称王'的话,这些话表明,只要能统一天下,莫说九锡,那么十锡呢?诸葛亮的'帝王'之志岂不昭然?"②

朱子彦先生云:"诸葛亮曾言:'若灭魏斩(曹)睿,帝还故居,与诸子并升,虽十命可受,况九(锡)邪。'这番话实可视做诸葛亮心中隐私的真情流露。(注:九锡是权臣夺取皇位的工具,自王莽讫五代十国,权臣篡位,必先受九锡,然后皇袍加身,此为改朝换代的惯例。)"③在其书中的16至17页写道:"李严亦是刘备临终时的托孤重臣,难道他的天良'牿亡已尽',会容忍异姓篡夺刘氏江山?他敢于冒天下之大不韪,劝诸葛亮受九锡,只有一种解释合乎常理,即表面上尊崇诸葛亮功高盖世,当赐以殊礼,而实际上是在试探诸葛亮是否将走王莽、曹操的道路,加九锡,建国封王,进而代蜀汉称帝。按理来说,作为托孤重臣的诸葛亮对此应表示极大的愤慨,除严厉斥责李严外,也应郑重表明自己一心事主,效忠汉室的心迹。但诸葛亮的答书却并非如此,……诸葛亮云'十命',乃指'九锡'之外再加'一锡',可见其'十命'之谓比李严劝进九锡更上一层。我认为诸葛亮这番话的口气相当大,完全不像出自一个自诩'鞠躬尽瘁,死而后已'的人之口,说得难听一些,反倒像一个乱臣贼子所言。"又在26—27页中云:"在我看来,诸葛亮这番话并无任何矫情饰伪,反倒是心中隐私的真情流露。因为北伐一旦取得成功,诸葛亮将功高盖世,无人可与之颉颃。届时,其已功高不赏,他要废掉'不才'的刘禅而'自取',就有雄厚的政治资本。诸葛亮北伐的目的是为了受九锡,进而代汉称帝,并非骇人听闻之说。(直雄按:进而将诸葛亮说成是桓温式人物,因大长,限于篇幅。不引。)"

先生误之大矣!据直雄有限的目力和所掌握的史料所及,读到李严的劝进书和诸葛亮的答词,都认为是诸葛亮对刘汉朝廷一片忠贞之情的流露。而洪卫中先

---

① 思想理论动态参阅课题组:《诸葛亮是非功过辩》,《今日政坛》2008年第1期,第49页。
② 洪卫中:《诸葛亮'帝王之志'新探》,《池州师专学报》2004年第1期,第66—67页。
③ 朱子彦:《走下圣坛的诸葛亮——三国史新论》(绪言),中国人民大学出版社2006年版,第2页。

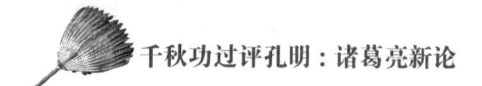

生与朱子彦等先生如此评说诸葛亮拒绝李严劝其"加九锡",却说成是诸葛亮想当皇帝之心的展露,尚属不多见之例。

对于此种说法,因为有违事实,故直雄不以为然。其理由于下:

诸葛亮一生所秉持的人生准则正如他在《诫子书》中所说:"夫君子之行,静以修身,俭以养德。非淡泊无以明志,非宁静无以致远。"

李严这个人,虽有才华,然为人自私、古怪、不大老实。正当诸葛亮积极北伐时,便"以小人之心,度君子之腹",用自己卑劣的非分想法去推测试探诸葛亮北伐的目的,大有将诸葛亮置于"炉火上烤"的味道。

诸葛亮可谓开诚布公,谈了自己对所谓加"九锡"的看法。特别是在信的末尾,以"若灭魏斩叡,帝还故居,与诸子并升,虽十命可受,况于九邪!"此语,既是为天下大一统而奋斗终生的严肃正义之词,又是对李严以含蓄而辛辣讽刺之语!这种讽刺,妙在以幽默的、出人意料的方式出现,因而产生了强烈的幽默讽刺之感,这就远远强于怒斥。

整段答词,先是心平气和推心置腹地解释着为什么不能有"加九锡"的非份之想,在表明要使"帝还故都"的大前提下,"绵里藏针"地说出了"十命可受况九命乎?"一语,是以问话的语气出现的,世间本来只有"九命""九锡"一说,而"十命""十锡"一说则是根本不存在的,显然这是诸葛亮在李严心怀歹意这一特定的语境中的故意"创用"。这种故意"创用",使语意产生了突变,这"十命"是对李严劝加"九命"的一种嘲弄式蔑视,是一种"顺意式"反驳,在与李严关系尚未破裂的情况下,为了刘汉政权内部的团结,对李严是不宜训斥的,而是对李严耍弄这种"小手段","幽默地讽刺"了一把,确有幽默、讽刺、规劝之妙。

这种"顺意式"反驳的表达方式,如果从幽默的技巧上来分析,当属"借题发挥"。李严的"九命"(九锡)是诸葛亮"借题发挥"的基础,而"十命"则是离开了"九命"这个话题,初听使人不知所云,看似离题万里,却直刺李严所谓"九锡"的话题,使李严隐隐地感觉那种浓烈的讽刺味。

这种交际手法,至今仍然是人际关系中口语交际时一种十分常见的现象,说话人(诸葛亮)承续交际对象(李严)的话语并将其任意引到"子虚乌有"的话语上,给交际对象以反驳、以拒绝、以指责。

出门看天色,进门看脸色。听话听音,锣鼓听声。看菜吃饭,量体裁衣。

五千年的中国语言艺术无穷无尽。李严不是个大傻瓜,诸葛亮先是向他解释他们之间是好友,相处已久,应是了解他对汉室的忠诚,进而说到他这个"下士"已经受到很高的待遇了,只有尽心辅佐皇上的份,继而接过李严的话题,以莫名其妙"十命"一语"借题发挥"之,此语有让李严读后心里火辣辣的却又有无处发泄之妙!这比"严厉斥责李严,郑重表明自己一心事主,效忠汉室"的表达效果要好十倍。朱子彦先生的"这番实可视做诸葛亮心中隐私的真情流露",当改为"这番实可视做诸葛亮心中坦诚无私的真情流露"!

当然,朱子彦先生还有其"充足"的理由是:"汉魏之际,五德终始说盛行,皇权衰落到极点,君臣名分的纲常伦理亦遭到严重破坏,这就给权臣受九锡与禅代鼎革提供了政治土壤与舆论导向。诸葛亮遭逢乱世,幸遇明主,初必竭尽全力酬答先主的知遇之恩。然'后主时,诸葛亮功德盖世',又掌握了蜀汉的全部军政大权,刘禅昏庸无能,诸葛亮是否能心甘情愿地辅佐幼主,就很值得怀疑。'天下咸知汉祚已尽','天下厌汉德久矣',这是大势所趋,是历史发展之必然,谁也阻挡不了。在此背景之下,一旦时机成熟,诸葛亮效仿'汉魏故事',在蜀中筑起受禅台亦不无可能。当然,'诸葛一生唯谨慎',在功业未建的情况下,他断然不敢冒天下之大不韪而轻举妄动。可以试想一下,倘若北伐成功,汉室'光复',诸葛亮本人,抑或其子孙极有可能凭借盖世之功,实现易代更祚,登上帝位。"[①]

朱子彦先生经过一番推论后,结论是"可以试想一下,倘若北伐成功,汉室'光复',诸葛亮本人,抑或其子孙极有可能凭借盖世之功,实现易代更祚,登上帝位。"

这样的结论,恐怕让当代任何学者难于"驳倒"!因为朱子彦先生推论说"之后""是这样"的,其他学者就很难说"之后""不是这样"的!而其影响只能是:是啊!诸葛亮有了权之后或是北伐成功之后,他,抑或他的子孙就要做王莽或曹操了!

然而,客观事实是不是朱子彦先生所说的那样?还是可以请到证人李严与皇帝刘禅"出庭"作证的。

[①] 朱子彦:《走下圣坛的诸葛亮——三国史新论》(绪言),中国人民大学出版社2006年版,第2页。

李严是个才华横溢、精明强干而又自私的枭将，也是刘备的"托孤大臣"之一。如果他对诸葛亮的"若灭魏力（曹）睿，帝还故居，与诸子并升，虽十命可受，况九（锡）邪"的理解与朱子彦先生的理解是一样的话，当他得知诸葛亮病死五丈原时，他会痛哭而死吗？（本书中另有所论，此不赘）

与朱子彦先生持大同小异看法的，刘汉王朝就有。曾被诸葛亮所救过性命的李邈，官至犍为太守、诸葛亮的参军，且身为安汉将军，在诸葛亮死后，"后主素服发哀三日，邈上疏曰：'吕禄、霍、禹未必怀反叛之心，孝宣不好为杀臣之君，直以臣惧其偪，主畏其威，故奸萌生。亮身仗强兵，狼顾虎视，五大不在边，臣常危之。今亮殒没，盖宗族得全，西戎静息，大小为庆。'后主怒下狱诛之。"①

"后主怒下狱诛之"一语，就是刘禅面对李邈因仅仅挨过诸葛亮的批评，就借机诬蔑诸葛亮忠心为国，人死后还要罔顾事实，对诸葛亮妄加推论、诋毁的斩钉截铁的答复！

与此同时，亦有东晋大史学家习凿齿为数代忠心为国的诸葛亮作"旁证"。他充满激情地写道："昔管仲夺伯氏骈邑三百，没齿没齿：犹言没世，一辈子之意。人们常说"没齿不忘"，就是一辈子也不会忘记的意思。而无怨言，没齿而无怨言：实出《论语·宪问》："没齿无怨言。"圣人以为难。诸葛亮之使廖立垂泣，李平致死，岂徒无怨言而已哉！夫水至平而邪者取法，镜至明而丑者亡怒，水、镜之所以能穷物而无怨者，以其无私也。水镜无私，犹以免谤，况大人君子怀乐生之心，流矜恕之德。法行于不可不用，刑加乎自犯之罪，爵之而非私，诛之而不怨，天下有不服者乎！诸葛亮于是可谓能用刑矣，自秦汉以来未之有也。"②

今人又是怎样看待诸葛亮的呢？"据最近在广大青少年中进行的'您最崇拜的风云人物'的调查中，诸葛亮、刘备的名字都名列前茅。"③毛泽东是最尊崇"办事兼传教之人"的，他称赞诸葛亮就是这样的人物时写道："为生民立道，

---

①晋·陈寿撰，南朝宋·裴松之注：《三国志》（全五册），中华书局1975年版，第1086页。

②吴直雄：《破解〈习凿齿传〉〈汉晋春秋〉千年谜》，广东人民出版社2013年5月版第881页。

③伊力主编：《诸葛亮智谋全书·"千古人龙"诸葛亮》，中州古籍出版社2003年版，第2页。

相生相养相维相治之道也；为万世开太平，大宗教家之心志事业也。有办事之人，有传教之人。前如诸葛武侯范希文，后如孔孟朱陆王阳明是也。"[1]由此可见毛泽东对诸葛亮的评价是很高的。

习凿齿在其"旁证"材料中，称数代忠心为国"鞠躬尽瘁、死而后已"的诸葛亮为"圣人"。"圣"者，谓"无所不通"也；"圣"者，谓"道德极高"也；"圣"者，谓"所专长之事造诣至于极顶"也；"圣人"者，谓"道德智能极高之人"也。[2]从这样的角度来权衡诸葛亮的一生，称其为"圣"，个人认为实不为过！

三十八、遣陈震庆权正号

本篇示要：诸葛亮反对搞独立，孙权也是反对搞独立。他们意在共同灭曹之后，双方的君臣各自为民积德，臣子各自为君王尽忠，重起争斗，为实现"中华民族大一统"而"鞠躬尽瘁、死而后已"！我们怎能说诸葛亮"庆权称尊号"是搞分裂呢？说诸葛亮实是国家之奸佞、民族之罪人呢？此说于史失据！诸葛亮不愧为大政治家、大军事家和出色的外交家，即使他后来因寿年不永，病逝五丈原。但因孙、刘联盟政策的确立，刘汉政权与孙吴政权不断在东西方向，对曹魏政权发起攻击，致使司马懿父子的军事、政治势力日渐坐大。公元249年，

---

[1] 中共中央文献研究室、中共湖南省委《毛泽东早期文稿》编辑组编：《毛泽东早期文稿》，湖南出版社1990年版，第591页。
[2] 《辞海》，上海辞书出版社1979年版，第1109页。

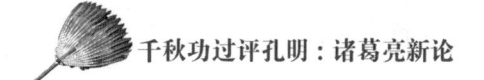

司马懿发动"高平陵事变",从此,司马懿父子牢牢地秉持着曹魏政权,曹魏政权实际上已经名存实亡。

议者问难:

是岁,孙权称尊号,其群臣以并尊二帝来告。议者咸以为交之无益,而名体弗顺,宜显明正义,绝其盟好。①

又,近代著名史家蔡东藩先生写道:"嗣闻吴主称帝,遣使至蜀,拟与蜀平分中原。蜀臣聚讼纷纭,多主绝交……后主正因吴事未决,向亮谘问。"②

诸葛妙答:

亮曰:"权有僭逆之心久矣,国家所以略其衅情者,求掎角之援也。今若加显绝,雠我必深,便当移兵东伐,与之角力,须并其土,乃议中原。彼贤才尚多,将相缉穆,未可一朝定也。顿兵相持,坐而须老,使北贼得计,非算之上者。昔孝文卑辞匈奴,先帝优与吴盟,皆应权通变,弘思远益,非匹夫之为忿者也。今议者咸以权利在鼎足,不能并力,且志望以满,无上岸之情,推此,皆似是而非也。何者?其智力不侔,故限江自保;权之不能越江,犹魏贼之不能渡汉,非力有余而利不取也。若大军致讨,彼高当分裂其地以为后规,下当略民广境,示武于内,非端坐者也。若就其不动而睦于我,我之北伐,无东顾之忧,河南之众不得尽西,此之为利,亦已深矣。权僭之罪,未宜明也。"乃遣卫尉陈震庆权正号。③

又,"亮仍拟和吴,入都觐见后主……亮陈议道:'孙权意图僭号,非自今

---

①晋·陈寿撰,南朝宋·裴松之注:《三国志》(全五册),中华书局1975年版,第924页。

②蔡东藩:《中国历史通俗演义·前汉后汉》,安徽人民出版社1999年版,第650页。

③晋·陈寿撰,南朝宋·裴松之注:《三国志》(全五册),中华书局1975年版,第924—925页。

始，我朝与他修好，无非为声援起见；今若加显绝，仇我必深，更当移兵东戍，与彼角力，彼贤才尚多，将相辑睦，划江自固，守御有余，我却屯兵上游，坐而待老，反使北贼得计，甚非良图；故不仍与周旋，俟北伐得志，东略未迟。'"①

再，《绝盟好议》"权有僭逆之心久矣……权僭之罪，未宜明也。"注：见《三国志·诸葛亮传》裴注引《汉晋春秋》。②

作年略考：

史载："七年，亮遣陈式攻武都、阴平。魏雍州刺史郭淮率众欲击式，亮自出至建威，淮退还，遂平二郡。诏策亮曰：'街亭之役，咎由马谡，而君引愆，深自贬抑，重违君意，听顺所守。前年耀师，馘斩王双；今岁爰征，郭淮遁走；降集氐、羌，兴复二郡，威镇凶暴，功勋显然。方今天下骚扰，元恶未枭，君受大任，干国之重，而久自挹损，非所以光扬洪烈矣。今复君丞相，君其勿辞。'《汉晋春秋》曰：是岁，孙权称尊号……乃遣卫尉陈震庆权正号。"③文中的"七年"，即建兴七年（229）。

又，建兴七年（229）四月，"吴王孙权即皇帝位，改元黄龙。立子孙登为皇太子，以诸葛恪为太子左辅，张休为右弼，顾谭为辅正，陈表为翼正都尉。……六月，蜀遣陈震使吴……"④

由上可知：诸葛亮发表当庆权正号的讲话，并遣卫尉陈震庆权正号，其事当在建兴七年（229）六月。

---

①蔡东藩：《中国历史通俗演义·前汉后汉》，安徽人民出版社1999年版，第650页。
②王瑞功主编：《诸葛亮研究集成》（上、下册），齐鲁书社1997年版，第312—313页。
③晋·陈寿撰，南朝宋·裴松之注：《三国志》（全五册），中华书局1975年版，第924—925页。
④张习孔、田珏主编：《中国历史大事编年·第二卷》，北京出版社1997年版，第12页。

直雄补说：

　　这两段文字均出自习凿齿的《汉晋春秋》。其大概意思是说：公元229年四月孙权即皇帝位。并派遣他的大臣来向刘汉通报信息，目的是希望刘汉政权能够予以正式承认。刘汉朝众臣在讨论此事时，相当多的人认为承认孙权为帝并与东吴交好，是对刘"汉"的冒犯，还要与之交好没有多大的好处，"天无二日，土无二王"，况且一旦承认孙权的帝位，就会使我大汉政权变得名号不正，体例不顺。提议应当申明大义，与东吴断绝关系。

　　这看似一个政治外交问题，但马上就牵涉一个重大的军事问题。这时，诸葛亮以最为清醒的头脑指出道："孙权早就有篡逆称帝之心，朝廷之所以没有过分注重这个问题，就是为了牵制曹魏，以求得东吴的援助。现在如果明确地与孙吴绝交，他们必将与我们结下冤仇，我们就必须派军队进行防御或讨伐，只有打败了孙吴才能进军中原。如今孙吴的贤能之士众多，将相和睦相处，难以在短时间内消灭他们。如果与他们展开长期对峙，就会使曹魏有机可乘，这绝非上策。当初孝文皇帝以谦卑的口气与匈奴议和，①先帝宽宏大量地与东吴结盟。②这都是顺应时势、善于变通的深谋远虑的做法，并不泄一时之忿。如今大家都认为孙权只求三足鼎立，不想与我们一起共同讨伐曹魏，这个看法看起来有道理但实际上却不是事实。只是因他的才智和实力不如曹魏，所以才依据长江自保。孙权无法越过长江北上，就像曹魏无法渡过汉水进攻我们一样，并不是有这等实力，而是不愿意承担其沉重的代价。如果我们派兵征讨曹魏，孙吴既可以同时出兵进攻

---

　　①公元前179年，刘邦中子代王刘恒为帝，是为汉孝元皇帝。公元前177年五月，匈奴入寇，掠上郡（今陕西省榆林东南），文帝遣丞相灌婴将兵击走之。公元前174年十月，匈奴冒顿单于致书文帝请复故约，文帝许之。未几，冒顿死，老上单于立，文帝复遣宗室女翁主为单于阏氏，入匈奴和亲。公元前162年六月，匈奴连岁入边，杀掠甚众；云中、辽东最甚。文帝使人致书单于，单于亦遣使报谢，复与匈奴和亲。

　　②公元208年十月，刘备与孙权联盟，并取得赤壁之战大胜。公元222年二月，刘备猇亭大败之后，这年十一月，刘备与吴复通好。据夏日新《湖北地名与三国文化》《襄樊学院学报》2008年第4期，第71页载："猇亭：今宜昌市猇亭区。其地险峻，为兵家必争之地。魏黄初二年（221），孙吴争夺荆州后，刘备为替关羽报仇，亲率10万大军东出三峡，沿江南缘山推进，前锋进至猇亭。自巫峡至夷陵结营数百里。孙吴派将军陆逊率军迎击，并乘蜀军疲惫之际，火烧蜀军，蜀军全线瓦解。在猇亭周围，留下了赵望山、逃出冲、滚钟坡、上马墩、下马槽、将军垴、红血港等许多与夷陵之战相关的地名。"

曹魏，掳掠曹魏的百姓，扩大自己的地盘。即使他们按兵不动，只要能与我们友好，我们北伐曹魏就无后顾之忧，而曹魏据守黄河以南的部队，就不敢调到西北以对付我军。这对我们的好处已经很大了。孙权僭越称帝的罪名，我们以不公开指责为妥。"这一席话，闪耀着诸葛亮远见卓识的外交智慧之光！

然而有董承兴先生云："诸葛亮实是国家之奸佞、民族之罪人……八年后即公元229年，孙权称帝。诸葛亮竟上表予以承认，并决定二帝并尊，一向自诩正统，王道的儒生诸葛亮终结了中国历史二千多年的天子时代，开创了中国的孔子时代。此后，只要尊儒尊孔，不论男女，不论汉族胡人，都可以自称天子，南面而尊，并且可以多个天子并尊。此后八王之乱，五胡十六国、直接引爆了中华民族的灾难大循环。从此，中国进入了一个战乱频繁，动荡频率最高、民族内耗最严重的时代。"①

董先生误矣：误在曲解了诸葛亮话语的全文。诸葛亮的遣"陈震庆权正号"这一段，不管你怎么去读，都是诸葛亮反对孙权称帝，但是，当时诸葛亮想要做到全国大一统，在刘汉政权其时的历史条件下，只有坚持与孙吴联盟，才能避免两面受敌。"孙、刘联盟"是诸葛亮北伐中原的重要政策。只有坚持与孙吴联盟，才能在东方牵制曹魏的军力。于是，在公元229年六月，诸葛亮便派遣卫尉陈震前往孙吴称贺："蜀遣陈震使吴，贺权称帝，约中分天下，以豫、青、徐、幽属吴，兖、冀、并、凉属汉，司州以函谷关②为界。"③

孙吴、刘汉是否就这样各自永远独立呢？他们的终极目的，就是要实现中华民族大一统。史载曰："蜀复令芝重往，权谓芝曰：'若天下太平，二主分治，不亦乐乎！'芝对曰：'夫天无二日，土无二王，如并魏之后，大王未深识天命者也，君各茂其德，臣各尽其忠，将提枹鼓，则战争方始耳。'权大笑曰：'君之诚款，乃当尔邪！'权与亮书曰：'丁厷掞张，阴化不尽；和合二国，唯有邓芝。'"④

诸葛亮反对搞独立，孙权也是反对搞独立。他们意在共同灭曹之后，双方的君臣各自为民积德，臣子各自为君王尽忠，重起争斗，为实现中华民族大一统而

---

①董承兴：《千古系列之一：千古遗毒——诸葛亮》，《抗癌乐园》2008年5月31日，http://bbs.tianya.cn/post-no05-120572-1.shtml。
②今河南陕县至灵宝间崤山山区，为入关中要道。
③张习孔、田珏主编：《中国历史大事编年·第二卷》，北京出版社1997年版，第12页。
④晋·陈寿撰，南朝宋·裴松之注：《三国志》（全五册），中华书局1975年版，第1072页。

"鞠躬尽瘁、死而后已"！我们怎能说诸葛亮"庆权称尊号"是搞分裂呢？先生之论，是乃于史失据！

　　诸葛亮不愧为大政治家大军事家和出色的外交家，即使他后来因寿年不永，病逝五丈原。但因孙、刘联盟政策的确立，刘汉政权与孙吴政权不断在东西方向，对曹魏政权发起攻击，致使司马懿父子的军事、政治势力日渐坐大。公元249年，司马懿发动"高平陵事变"，从此，司马懿父子牢牢地秉持着曹魏政权，曹魏政权实际上已经名存实亡。

三十九、张惠恕清浊太明

　　本篇示要：典籍俱在记善恶。诸葛亮"吾已得之矣，其人于清浊太明，善恶太分"一语虽说简单，却击中了"张温之死"的问题之要害！因为诸葛亮看透了孙权为人专横、狡诈的内心世界，故而说出了在孙权这样的人的面前，不能"清浊太明，善恶太分"，而"清浊太明，善恶太分"，这既是张温冤死之因，亦是要不致于被冤死，以对付孙权这样专制、跋扈而又猜忌帝王的妙法。此语虽说简短，然细细品味，却让人感觉到，它充分地表达了诸葛亮对"孙、刘联盟"有过贡献张温被无辜冤死，所寄与的无限同情与内心隐含着的愤懑。

亮自问难：

　　《会稽典录》曰：余姚虞俊叹曰："张惠恕才多智少，华而不实，怨之所聚，有覆家之祸，吾见其兆矣。"诸葛亮闻俊忧温，意未之信，及温放黜，亮乃叹俊之有先见。亮初闻温败，未知其故，思之数日。①

诸葛妙答：

（亮）曰："吾已得之矣，其人于清浊太明，善恶太分。"②

臣松之以为庄周云"名者公器也，不可以多取"，张温之废，岂其取名之多乎！多之为弊，古贤既知之矣。是以远见之士，退藏于密，不使名浮于德，不以华伤其实，既不能被褐韫宝，挫廉逃誉，使才映一世，声盖人上，冲用之道，庸可暂替！温则反之，能无败乎？权既疾温名盛，而骆统方骤言其美，至云"卓跞冠群，炜晔曜世，世人未有及之者也"。斯何异燎之方盛，又撛膏以炽之哉！

《文士传》曰：温姊妹三人皆有节行，为温事，已嫁者皆见录夺。其中妹先适顾承，官以许嫁丁氏，成婚有日，遂饮药而死。吴朝嘉叹，乡人图画，为之赞颂云。③

又，《评张温》"吾已得之矣，其人于清浊太明，善恶太分。"注：摘自《三国志·张温传》裴注引《会稽典录》。张温（193—230），字惠恕，吴郡吴（今江苏省吴县）人，曾以辅义中郎将使蜀，后被孙权囚于狱，六年后去世。此言当发于张温去世之年。④

作年略考：

史载：吴黄武三年（224）四月，"吴使张温至蜀，蜀又使邓芝至吴，吴蜀信

---

① 晋·陈寿撰，南朝宋·裴松之注：《三国志》（全五册），中华书局1975年版，第1333—1334页。
② 同上书，第1334页。
③ 同上。
④ 王瑞功主编：《诸葛亮研究集成》（上、下册），齐鲁书社1997年版，第316—317页。

417

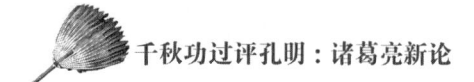

使往来不绝。"①

又,"时年三十二,以辅义中郎将使蜀。……权既阴衔温称美蜀政,又嫌其声名大盛,众庶炫惑,恐终不为己用,思有以中伤之……后六年,温病卒。"②

据上述史料可知,黄武三年,32岁的张温使蜀遭到孙权的忌恨,找莫须有的罪名将张温关押六年,让其死于狱中,其时正是230年。又据王瑞功先生的上述史料,可以确信:诸葛亮发此叹息之语,事在230年。

直雄补说：

这是一则帝王滥施淫威、爱才又忌才乃至迫害人才致死的悲剧故事。

张温的父亲张允,轻视钱财重视贤士,因而声名显扬州郡,为孙权的东曹掾,然不久去世。孙权听说张温从小就修养节操,容貌奇异伟岸,就询问朝中大臣说:"张温可比当今何人？"大司农刘基说:"可与全琮同等。"太常顾雍说:"刘基未详细了解到张温为人。张温当今无人可比。"孙权说:"若是这样,则张允就算没有死！"于是召见张温。

张温的才华让孙权为之改容加礼。老臣张昭握着张温的手说:"老夫把心意托付你,你当明白。"于是孙权任命张温为议郎、选曹尚书,又迁为太子太傅,很受信任重视。

黄武三年(224),32岁的张温以辅义中郎将身份出使蜀国。成功地完成了孙权的任务,刘汉朝廷也颇为赏识张温的才干。然而,令张温始料未及的是:孙权竟然既暗恨他出使蜀汉时赞赏过蜀汉政治,又嫌忌他显赫声名,发展到担心他最终不能为己所用,就思虑着对其中伤陷害！

欲加之罪,何患无辞。一手罗织罪名将其关押。即使骆统将军为张温一一辨诬也毫无效果。为使孙权纳谏,骆统作最后表态,其意为:我与张温久未联系。

---

① 张习孔、田珏主编:《中国历史大事编年》(五卷本之第二卷),北京出版社1997年版,第6页。

② 晋·陈寿撰,南朝宋·裴松之注:《三国志》(全五册),中华书局1975年版,第1330—1333页。

他既不是我新近的朋友，也不是我对他怀有有什么特别的感情，只不过是共事的同僚，都是君王的臣子。如果君王能细加辨析、核实，什么嫌疑都能解开。今天我为张温陈情抗辩，我也并不对自己抱有多大的指望。张温已受坐获罪，独行在前；我也愿受耻，罢官革职在所不惜。[1]孙权最终还是拒听骆统的忠言，将张温关押致死。

张温的冤死，《文士传》载有还牵及其一家人亦蒙冤受害的惨事。孙权的作为，影响极其恶劣。见之文字的有虞俊、诸葛亮、裴松之之评。

今人将张温之案"严查细考"，余全介先生搜集了下列一些研究者的观点，并多有自己的看法：

一、胡守为先生认为，张温、暨艳等人检核郎署，善恶过于分明，虽然实有改革孙吴吏政的意图，"但由于不体恤君主'忘过记功'以笼络群臣固守江南的方针，因而得不到支持。虽然他们向贪鄙污卑者开刀并不错，但往往夸大别人的缺点，打击面过宽"，因而招致"怨愤之声"和"浸润之谮"。

二、田余庆先生认为，孙权严惩张温、暨艳，是为了维护江东大族特别是吴四姓的仕宦特权，满足孙吴政权对人才的需求，巩固孙吴政权江东化这一进程。田先生认为暨艳澄清郎署，受到损害的不只是一群倖进的年青人物，而是一个急于在社会政治中上升到统治地位的阶层。孙吴政权庇护这个阶层，是为了求得他们的卫护。孙权急速地扶植了后来在江东历史上长久地起作用的吴四姓，培育了一大批有用的人才。在田先生看来，张温、暨艳案只有放到孙吴政权江东化进程中进行观察，才会具有更为深刻的意义。

三、王永平先生认为，张温、暨艳案的实质，是孙权与儒学士大夫之间的斗争，是孙权对儒学士大夫开战的第一炮。王先生认为张温和暨艳都是儒学清议之士，此案只有从儒学世族与孙权法术之治及其用人之道相冲突的角度去认识，才能比较接近历史的真相。

四、方北辰先生则从地域角度论述此事之性质，以为孙吴政权内部始终存在着江北地主集团与江东本土地主集团间的斗争，张温、暨艳等人代表江东地方势力攻击北方人，而孙权支持江北势力。[2]

---

[1] 晋·陈寿撰，南朝宋·裴松之注：《三国志》（全五册），中华书局1975年版，第1331—1333页。
[2] 余全介：《三国孙吴张温案考论》，《浙江社会科学》2010年第10期，第71页。

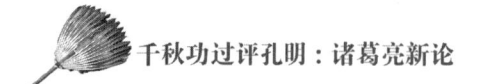

余全介先生对上述四种观点一一进行评说后，提出了自己的观点：以"张温所犯实为结党之罪"与"废黜张温是党锢的延续"进行了论说。①

直雄以为，先贤虞俊与裴松之之评，大同小异。都是说人有才当不轻易露才为妙。所不同的是，裴松之还认为骆统之谏，有火上浇油的意味，反面加速了张温的死亡。虞俊、裴松之要求有才而不露，这是封建专制社会士大夫的避祸之道，这几乎成了封建专制制度下，中国知识分子行世不得不要患下此等"通病"，否则，遇上孙权这样的专制帝王，随时都有可能送命！然而，裴松之对骆统的仗义执言，说成是火上浇油，这未免不妥。

直雄以为，即使中国封建专制皇帝是如何的专横，总还是会有光明正大的封建知识分子敢于"万马齐喑叫一声"，还冤者以清白之身，骆统敢于为张温事苦谏孙权，实是难能可贵的。

而当今学者胡守为、田余庆、王永平、方北辰、余全介诸先生对于张温之案，作了全面的分析，无疑是各自从不同的角度击中了孙吴政权所存在的弊端，是深刻的中肯之论。

直雄细细品味堪称千古智圣诸葛亮"自我问难"且"思之数日"得出的结论是：张温之冤死，其原因是："吾已得之矣，其人于清浊太明，善恶太分。"这句话看似简单，实则深含哲理。大有古俗语"察见渊鱼者不详，智料隐慝者有殃"（《列子·说符》）之深层意蕴！

典籍俱在记善恶。此语虽说简单，却同样击中了问题的要害！因为诸葛亮看透了孙权为人专横、狡诈的内心世界，故而说出在孙权这样的人的面前，不能"清浊太明，善恶太分"，这既是张温冤死之因，亦是不致冤死以对付孙权这样专制、跋扈而又猜忌帝王的妙法。

诚如前述，早在张昭要将诸葛亮推荐给孙权时，诸葛亮给予了婉拒，其语击中孙权的要害："孙将军可谓人主，然观其度，能贤亮而不能尽亮，吾是以不留。"对于一个外表气度非凡、内心度量实则不时窄小、干出玩弄人才甚至残害人才于股掌之上的孙权，对付办法只有清浊不宜太明、善恶不必分得太清！否则，必招致杀身之祸！这是诸葛亮的经验之谈，这也是诸葛亮对张温不幸的一种同情与婉惜！也许，这正是诸葛亮处处以"先帝"的名份对付刘阿斗的原因所在！

---

① 余全介：《三国孙吴张温案考论》，《浙江社会科学》2010年第10期，第71—75页。

四十、空城计却司马懿

本篇示要：裴松之落注"空城计"于："遂行，屯于沔阳。（五）"实属不当，是造成千余年以来否定"空城计"和导致戏剧《失空斩》（《失街亭》《空城计》《斩马谡》）史实严重错误的主要根源所在。"空城计"当实有其事。无论是从小说创作或是从历史的真实来看：足以说明，以裴松之为首的一大批持"空城计"一事为子虚乌有者，皆因未细读裴松之有违历史事实之质疑，对其论述未作任何悉心的考证，就凭空对诸葛亮的"空城计"予以否定，这是欠道理的。

松之问难：

亮屯于阳平，遣魏延诸军并兵东下，亮惟留万人守城。晋宣帝率二十万众拒亮，而与延军错道，径至前，当亮六十里所，侦候白宣帝说亮在城中兵少力弱。亮亦知宣帝垂至，已与相逼，欲前赴延军，相去又远，回迹反追，势不相及，将士失色，莫知其计。[①]

松之难曰：案阳平在汉中。亮初屯阳平，宣帝尚为荆州都督，镇宛城，至曹真死后，始与亮于关中相抗御耳。魏尝遣宣帝自宛由西城伐蜀，值霖雨，不果。此之前后，无复有于阳平交兵事。就如冲言，宣帝既举二十万众，已知亮兵少力

[①] 晋·陈寿撰，南朝宋·裴松之注：《三国志》（全五册），中华书局1975年版，第921页。

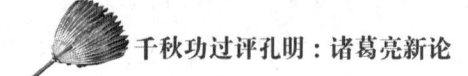

弱，若疑其有伏兵，正可设防持重，何至便走乎？案魏延传云："延每随亮出，辄欲请精兵万人，与亮异道会于潼关，亮制而不许；延常谓亮为怯，叹己才用之不尽也。"亮尚不以延为万人别统，岂得如冲言，顿使将重兵在前，而以轻弱自守乎？且冲与扶风王言，显彰宣帝之短，对子毁父，理所不容，而云"扶风王慨然善冲之言"，故知此书举引皆虚。①

诸葛妙答：

亮意气自若，敕军中皆卧旗息鼓，不得妄出庵幔，又令大开四城门，埽地却洒。宣帝常谓亮持重，而猥见势弱，疑其有伏兵，于是引军北趣山。明日食时，亮谓参佐拊手大笑曰："司马懿必谓吾怯，将有强伏，循山走矣。"候逻还白，如亮所言。宣帝后知，深以为恨。②

作年略考：

因这是一个古今争议甚多的问题，人们在争议这个问题时，皆未关注其作年。而其作年在探讨这个问题时，却又至关重要。故直雄依据张习孔、田珏主编的《中国历史大事编年》（五卷本之第二卷）、《三国志·诸葛亮传》、《魏书·曹真传》、《晋书·宣帝纪》等史料，兼及于后详考，其事当在230年八月。

直雄补说：

诸葛亮的"空城计"，是一个争议千数百年、至今仍争讼不止、令人津津

---

① 晋·陈寿撰，南朝宋·裴松之注：《三国志》（全五册），中华书局1975年版，第921—922页。
② 同上书，第921页。

乐道、家喻户晓的故事。人们对于"空城计"的探讨,"一方面学者们对小说中'空城计'的真实性进行了考证。20世纪九十年代以来,学者们一致赞成小说中的'空城计'是虚构的。褚殷超《'空城计'考略》、赵建伟《'空城计'考辨》两篇文章都对《三国演义》中的'空城计'的真实性及其创作的雏形来源进行了考证;孙启祥《汉末三国时"空城计"刍议》一文将《三国演义》中的'空城计'和历史上三国时期真实存在的'空城计'进行了比较探究;另一方面则是对司马懿是否识破了诸葛亮的'空城计'的争论。21世纪以来,越来越多的学者赞成司马懿识破了诸葛亮的'空城计'这一观点,而他退兵只是为了自身的长久利益。伍俊华《'空城计'的另一种悬念》、朱艳平《〈三国演义〉'空城计'探析》、佘欣未《论〈三国演义〉中西城楼的博弈》、吴景泰《'空城计'双赢博弈分析》等文章均持这种观点。也有学者认为司马懿根本未有识破诸葛亮的'空城计',如潘家乐《武侯何以退仲达——探〈三国演义〉中'空城计'的奥妙》一文就认为诸葛亮'空城计'的成功是因为其神机妙算,司马懿则因对诸葛亮智慧的畏惧和决策失误败兵而归。沈伯俊教授在其《说三国》中也持这种观点。"[①]"空城"一计虚言乎?事实耶?仍值得深入研究。

直雄认为,这个问题不能久讼不息,必须论证清楚才是。先来了解一下争论文字的文意。

这段话的意思是:诸葛亮率部驻扎于阳平,派遣魏延等合兵向东,只留下不足一万人守城。司马懿亲率大军20万抵挡诸葛亮,恰好与魏延军队错道,直接开赴阳平,在距离阳平60里路时,其侦查兵说诸葛亮在城中兵少力弱。而诸葛亮也得知司马懿马上就要来攻打阳平城了。

大战在即,与魏延为主帅的军队合兵,已是来不及了,派人令部队回防,也是等不到了,当此危机之时,将士们为之大惊失色,不知道如何是好。这一异乎寻常的突发军事形势是对诸葛亮的最大考验与"问难"!

面对这突如其来的情况,诸葛亮神态自若,命令军中偃旗息鼓,不得随意出动,又命令打开四个城门,派出几个人在城门前扫地。司马懿一贯认为诸葛亮谨慎持重,但是从未见到过诸葛亮竟然如此"示弱",怀疑一定有伏兵引他上钩,

---

[①] 石欣:《21世纪〈三国演义〉军事谋略研究应用综述》,《湖北文理学院学报》2016年第4期,第16页。

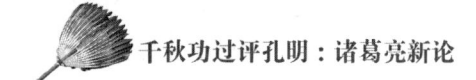

于是领着部队向北依山而退。

等到第二天吃饭时，诸葛亮对身边的参谋拊手大笑道："司马懿必然以为我故意示弱，应该有埋伏，所以循山而逃。"魏军方面，等到侦察兵将这一情况回复司马懿时，他是后悔莫及。

对上述情况：裴松之问难郭冲，实际是问难诸葛亮，表示这不是事实。

裴松之认为，按历史记载，阳平在汉中。诸葛亮在阳平时，司马懿只是荆州都督，镇守宛城，直到曹真死后，才与诸葛亮作战。据此，毋庸置疑，郭冲在这里所说的"空城计"，理所当然根本就不是历史事实。

裴松之认为，魏明帝曾经派遣司马懿从宛城途经西城伐蜀，正值大雨，未成。这前后，在阳平根本没有战争记载。

即便如郭冲所言，司马懿既然统领的是这么多的军队，已经探知诸葛亮兵少力弱，如果怀疑有伏兵，正可以设防慢攻，何至于迅速撤退？

裴松之继续质疑道：根据历史记载，"魏延每次随诸葛亮出征即请兵万人，与其分道在潼关相会，诸葛亮也并不会答应；魏延认为诸葛亮怯弱，感叹自己才不尽其用。"裴松之在这里说的是诸葛亮不让魏延率万人走子午谷攻长安一事。

诸葛亮既然不让魏延率兵万人独自统率，怎么可能如郭冲所说，突然将重兵交予魏延，而自己领弱兵独自守城？况且郭冲与扶风王说的话，彰显的是司马懿的劣迹，作为人子的扶风王司马骏，去揭父亲的短处，理所不容，居然说"扶风王慨然赞同郭冲所说"，由此，就可以知道该叙事为子虚乌有。

对于诸葛亮的这个"空城计"，相当多的人赞同裴松之一说，认为诸葛亮的"空城计"实乃子虚乌有。但也有史家认为确有其事。

如，宋人郑樵的《诸葛亮传》中载有诸葛亮的"空城计"。[①]

又如，明人李贽的《诸葛亮传》中，载有诸葛亮的"空城计"。[②]

再如，清人朱轼的《诸葛亮传》中，载有诸葛亮的"空城计"。[③]

尽管有上述史家肯定诸葛亮的"空城计"实有其事，但不见论证。说诸葛亮的"空城计"为子虚乌有赞同裴松之说者，占绝对多数。

[①]王瑞功主编：《诸葛亮研究集成》（上、下册），齐鲁书社1997年版，第33页。
[②]同上书，第88页。
[③]同上书，第114页。

如，名人易中天先生等。特别刘再复先生，其否定诸葛亮的"空城计"之说，影响极大。直雄以反对有"空城计"一说者的诸种理由展开研究。

关于"空城计"一事，在《三国演义》也中是十分形象生动的一回，其影响极大。其真假问题，历来认为罗贯中造假，是真是假，破解这个千年"老案"，也是破解刘再复"诸葛亮智慧的伪形"[1]的一个重要方面，亦实有必要一辩。

今引一段西晋初和当下之人对诸葛亮使"空城计"一说的评价如下：

> 王隐的《蜀记》记叙西晋初年扶风王司马骏镇守关中时，与僚属刘宝、桓隰等人共论蜀相诸葛亮，在坐的多数人讥讽诸葛亮托身非所，劳困蜀民，力小谋大，不能度德量力。而参与清谈的郭冲独排众议，认为诸葛亮权智英略，有逾管晏，只因功业未济，才使论者产生了惑乱。为了说明自己的论点，他论列了如下五事：
>
> 其一，法正谏亮……
>
> 其二，曹操遣刺客欲杀刘备……
>
> 其三，诸葛亮遣诸军东下，惟留万人守阳平，魏司马懿率二十万大军逼近，蜀军将士失色，莫之所措，而诸葛亮镇静自若，设空城之计，使司马懿疑有伏兵，引军北上。可见诸葛亮之智略。
>
> 其四，诸葛亮出祁山……
>
> 其五，魏明帝以三十万大军征蜀……[2]

以上是郭冲五事中关于"空城计"的史料，对于小说创作者而言，可以不去考证其中的真伪而运用于小说之中，况郭冲乃诸葛亮逝世后，为时并不久远之

---

[1] 刘再复在其《双典批判》（生活·读书·新知三联书店2010年版）第151—159页写道："在复杂的政治环境中，为了战胜对手，他无法逃脱三国时期'能装才能赢''能骗才能生'的时代总逻辑，也把智能化作权术。……竭力掩盖诸葛亮的弱点，即使在北伐的大失败中，也用'空城计'来显示他的神奇。"

[2] 陈周昌：《〈三国志通俗演义〉形成过程论略》，《社会科学研究丛书》编辑部、四川省社会科学院文学研究所编《三国演义研究集》，四川省社会科学出版社1983年版，第309页。

人，郭冲说出"空城计"一事之后，其余的人并未持相反的意见，而后人裴松之视其为假，而他视其为假之说，又多有错误之处，实有必要进一步考证裴松之的批驳是否有理有据。

百余年之后的裴松之对郭冲所说的"空城计"予以彻底否定，但用兵的诡诈，也难说不会有司马懿大军的出现，在《三国演义》成书前，中国历史上用"空城计"的事不少，如宋·司马光的《资治通鉴》、唐·李延寿的《南史》、唐·李百药的《北齐书》等史籍中，甚至三国时期的赵云，皆载有"空城计"的运用。罗贯中将其挪用到诸葛亮身上，用于小说创作，有何不可？即便是有些描绘与史实有出入，作为小说《三国演义》的创作，为了表现诸葛亮为了实现"中华民族大一统"，竭尽人谋，"鞠躬尽瘁，死而后已"，又有什么可过多指摘的呢？作为小说，将"空城计"写入《三国演义》无可厚非。但是作为历史事实，绝大多数先生还是持否定态度的。

如易中天先生，他在肯定裴松之的说法后生动形象地发挥云：

> 但这个故事不是事实，也不合逻辑。第一，司马懿不敢进攻，无非是害怕城中有埋伏。那么，派一队侦察兵进去看看，行不行？第二，司马懿"果见孔明坐于城楼之上，笑容可掬"，距离应该不算太远，那么，派一个神箭手把诸葛亮射下城楼，来个"擒贼先擒王"，行不行？第三，按照郭冲的说法，当时司马懿的军队有二十万人，诸葛亮只有一万人；按照《三国演义》的说法，当时司马懿的军队有十五万人，诸葛亮只有二千五百人。总之是敌众我寡。那么，围他三天，围而不打，行不行？何至于掉头就走呢？所以裴松之作注时，就断定郭冲所言不实。裴松之说："就如冲言，宣帝（司马懿）既举二十万众，已知亮兵少力弱，若疑其有伏兵，正可设防持重，何至便走乎？"所以，空城计是靠不住的。[①]

---

① 易中天：《品三国》（上），上海文艺出版社2015年版，第6页。

以上主要是从小说《三国演义》言"空城计"当属子虚乌有。纯粹从史实上否定"空城计",除了裴松之之外,至今仍大有人在:

> 裴松之的质疑是很有说服力的,三国历史上诸葛亮总共五次北伐都是在曹魏国境内作战,蜀汉建兴八年(公元230年)虽然曹魏军三路欲攻取汉中,也就是裴松之所说的司马懿讨伐蜀汉,但是诸葛亮是在汉中的城固赤坂(陕西省洋县东)防御,而不是阳平关,曹魏军遇秋霖退兵,双方并未交战,所以司马懿不可能在蜀汉国境内的阳平关与诸葛亮交兵。这个故事很有可能是将赵云拒曹操的故事附会到诸葛亮身上,《三国志·卷三十六·蜀书六·赵云传》裴注引赵云别传叙述赵云遇曹操大军,往来冲突敌阵,接应同僚:"公(笔者案:曹操)军追至围,此时沔阳长张翼在云围内,翼欲闭门拒守,而云入营,更大开门,偃旗息鼓。公军疑云有伏兵,引去。云雷鼓震天,惟以戎弩于后射公军,公军惊骇,自相蹂践,堕汉水中死者甚多。先主明旦自来至云营围视昨战处,曰:'子龙一身都是胆也。'"[①]

再如徐珊先生写道:

> 郭冲三事中记录了一则诸葛亮大开城门退敌的故事,内容就颇具传奇色彩:……故事中的诸葛亮面对司马懿大军的兵临城下,在敌军数倍于己的情况下,淡定自若、从容应对,最终成功使敌军撤退,表现出超乎常人的智慧和勇气。……故事,在《三国志》正文中均未提及,可见并非真实的历史故事。[②]

以上是关于"空城计"的史料争论的大致情况。特别是贯井正先生。他在充分肯定裴松之对"空城计"的彻底否定的基础上,还将"空城计"的由来说成

[①] 日·贯井正:《〈三国演义〉诸葛亮形象生成史》,2002年中国社会科学院博士学位论文,第26页。
[②] 徐珊:《诸葛亮形象神化》,2014年陕西理工学院硕士学位论文,第18—19页。

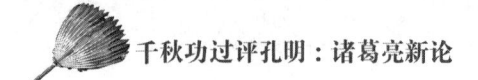

是赵云使用"空营计"的张冠李戴所致。徐珊先生则干脆将其说成是一个民间传说,主要理由是《三国志》中正文不曾刊载。

对此,直雄对于"空城计"不是事实之说是完全否定的。

对于"空城计"的历史事实,直雄拟先引用李悔吾之论,再引用张淑蓉与徐子健所进行的详细的考证,然后再行补说,指出否定"空城计"的错误之所在,结论是"空城计"乃当有其事。

李悔吾先生论证云:

> 古人曾经评伊尹放太甲之事说:"有伊尹之志则可,无伊尹之志则篡也。""空城计"用在有胆有识、用兵如神的诸葛亮身上,是完全符合人物性格逻辑的。再说"空城计"的成功,并不是完全"不合情理"。首先,"诸葛一生惟谨慎"。"谨慎"是诸葛亮性格的特征之一。诸葛亮正是利用了司马懿相信他"平素谨慎仔细"这一点。对此,小说作了反复强调。他不从子午谷出兵径取长安,就把这一点写得很突出。司马懿也说他不是"无谋",而是"不肯弄险",说明他对诸葛亮"谨慎"的印象十分深刻。正因为一贯谨慎,那么偶然一次"不谨慎",就有可能骗过对方。其次,诸葛亮利用了司马懿当时的处境。由于魏国统治集团内部的矛盾,所以曹叡才轻信"流言",贬谪司马懿。这次刚刚被起复,他不得不小心谨慎,步步为营。街亭之捷,无疑加强了他在魏国的地位,如偶在西城失败,不仅前功尽弃,而且后果难以想象。小说描写他见空城而退。不能说没有这种心理影响。第三,"兵不厌诈",自古皆然。"虚则实之,实则虚之",是兵家惯用的战术。这种战术,往往是在非常的情况下为了应付急剧的变化形势采用的。其成功与否,则决定主帅才能的高下。用兵如神的诸葛亮,在当时万分紧急的情势中使用"空城计"并取得成功,不能说纯粹是出于侥幸。"空城计"确实是十分惊险的,但作者不是故作惊人之笔,它是书中故事情节发展的必然。当时在"汉中咽喉"已掐断,敌我力量极度悬殊的情况下,

打、守、走都是行不通的。诸葛亮急中生智，才使用了"空城计"。可以说，"空城计"是形势"逼"出来的。正如诸葛亮所云："吾非行险，盖因不得已而用之。"虽然它有一定的赖以成功的因素，但并非有足够的把握。诸葛亮令"诸军各守城铺"，就是准备在万一败露之后，只好拼死一战。司马懿撤退后，诸葛亮说："吾若为司马懿，必不便退也。"这不正是裴松之说的"正可设防持重，何至便走乎"一语的翻版吗？司马懿得知中计，"悔之不及，仰天叹曰：'吾不如孔明也！'"看来，他虽受骗，还是佩服诸葛亮的。[①]

李悔吾先生从理论上、从心理上、从军事上、从人事上、从当时的形势上、从敌我双方的力量上等等方面，指出诸葛亮是在迫不得已的情况下，弄一次险而使用了"空城计"乃势在必行！

张淑蓉与徐子健先生在他们的《论"空城计"的历史真实性》中，摆出事实后指出：

> 对于诸葛亮设空城计一事，"裴松之的'随违矫正'失之偏颇。"他们言称：最早将"空城计"记载入书的是王隐。他在其《蜀记》中记下了此事。而王隐的父亲王铨，曾出任过西晋的参军，平生有"有著述之志，每私录晋事及功臣行状，未就而卒"；王隐"博学多闻，受父遗业，西都旧事，多所谙究。"在元帝太兴初年，被召"为著作郎，令撰《晋史》"。王隐奉诏撰史，他受家庭及时代因素影响，他对这段历史颇为谙熟，其《蜀记》所载应当不虚。

直雄以为，王铨、王隐，就是当时的人证。可信无疑！具体而言，张淑蓉与

[①] 李悔吾：《历史事实与小说艺术——谈"失街亭"和"空城计"的"实"与"虚"》。载河南省社会科学院文学研究所选编《〈三国演义〉论文集》，中州古籍出版社1985年版，第337—338页。

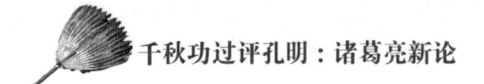

徐子健先生写道：

  首先，裴松之的质疑存在着疏漏和偏颇。……裴松之的这一小段评论，初看似乎颇有道理，但细加推敲，就会发现明显漏洞有二：一是裴松之对司马懿举兵伐蜀时间理解有误。……这两处记载，显然是同一时间的同一件事：即魏太和四年、蜀建兴八年（公元230年），曹真和司马懿分头出发，共攻汉中。以此而论，怎能说"至曹真死后"，司马懿"始与亮于关中相抗御"呢？而且就是在这次魏军出兵蜀国的过程中，司马懿和诸葛亮在阳平相遇了。只不过是因为司马懿中了诸葛亮的"空城计"，而没有交兵罢了。二是裴松之对司马懿轻易退兵的质疑失之孤立片面。"宣帝即举二十万众，已知亮兵少力弱，若疑其有伏兵，正可设防持重，何至便走乎？"这一问的确击中了要害！试想：司马懿也是三国时期少有的智谋之士，在这儿为什么会犯这么简单的错误？须知，《三国志》多处写到曹真、司马懿寇蜀时，因雨被朝廷诏回的事儿，如上文所引《曹真传》便是其中之一。我们不妨大胆推断，即使诸葛亮不用"空城计"，司马懿也可能会因为朝廷降诏而被召回。那么，司马懿这次回军，到底是因为中了诸葛亮的"空城计"，还是因为受诏还军？抑或是兼而有之？……其次，裴松之对郭冲的批评难以令人信服。……一是裴松之对《魏延传》中"顿使将重兵在前"的这句话理解有误。……二是裴松之对郭冲、司马懿的评论有失妥当。司马骏是司马懿的儿子。司马炎称帝后，封这位叔叔为扶风王。因此他才带领刘宝、桓隰"官属士大夫"出镇关中，因与已故诸葛亮镇守过的汉中比邻，触景生情，便对当年魏、蜀之间的关系展开了议论。因为司马骏、刘宝、桓隰等都是中原人，听到的只是官方的片面宣传，因而对当时的实际情况缺乏全面的了解，便认为诸葛亮"力小谋大，不能度德量力"；而郭冲是金城人（今甘肃省永靖）人，距汉中较近，对当年的实际情况比较熟悉，便借机高谈阔论，给他们讲了包括"空城计"在内的、鲜为人知的五件事,证明诸葛亮"权智英略,有逾管、晏"。这次谈论不过是他们一时兴起的一场闲侃而已,怎么能说这是"显彰宣帝之短,对子毁父",而且达到了"理所不容"的程度呢?因为郭冲所说的这五件事,扶风王、刘宝等一干人,以前从来没有听说过,自然感到十分新鲜,"宝等亦不能复难,扶风王慨然善冲之言",也是自然而然的事,怎么会由此"故而此书举引皆虚"呢?《晋书·扶风王骏传》说司马骏少年聪明,长大开明,他的"善冲之言"与他的"开明"秉性倒是十分吻合。①

直雄以为,张淑蓉与徐子健的考证是有理有据的,实事求是地论证了"空城计"于史有据,是令人信服的。直雄还补充下列六件史事为证:

一、公元230年七月,确有"魏诏大司马曹真、大将军司马懿分道攻蜀"事。史载:公元230年七月,"魏诏大司马曹真、大将军司马懿分道攻蜀。"②由此可见,裴松之的"亮初屯阳平,宣帝尚为荆州都督,镇宛城,至曹真死后,始与亮于关中相抗御耳"一语不是事实!

二、公元230年八月,"诸葛亮屯军成固。蜀闻魏兵至,诸葛亮屯军成固(今陕西省成固西北),严阵以待。会大雨三十余日,栈道断绝,九月,魏帝诏曹真等回师。"③

这说明张淑蓉与徐子健的考证是于史有据的。裴松之之说实属搞错了"空城计"的发生时间。

三、公元230年,司马懿升任大将军,加大都督、假黄钺,配合大司马曹真伐蜀。司马懿消极怠工、曹真遇雨受挫。④"司马懿以这种实际行动,蔑视着曹真的蠢计。"⑤在这样的情况下,司马懿是不会过多地考虑此时诸葛亮是否用的

---

①张淑蓉、徐子健:《论"空城计"的历史真实性》,《广西师范学院学报·哲学社会科学版》2016年第1期,第132—134页。
②张习孔、田珏主编:《中国历史大事编年》(五卷本之第二卷),北京出版社1997年版,第13页。
③同上。
④秦涛:《老谋子司马懿(最新修订版)》,重庆出版集团、重庆出版社2017年版,第377页。
⑤同上书,第195页。

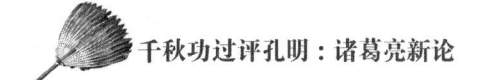

"空城计"。

司马懿的阴险歹毒远在曹操之上,他是不会为曹真出力卖命击破诸葛亮的。况且,"空城"并不"空",尚有近万人。所谓的"空城计"并不是"空而无人"呀!司马懿要是真的杀进去,诸葛亮会使万箭穿其心。其代价如何?狡猾的司马懿是要反复掂量的,其掂量的结果是:也许城中伏兵让他伤亡惨重,也许他可能会得胜,但他绝对不会将俘获诸葛亮的战果奉献给总指挥曹真,留着劲敌诸葛亮对他是有用的。特别是为后来的历史事实所证实:当曹真之子曹爽伐蜀之时,据秦涛的《老谋子司马懿》一书所载,司马懿深知诸葛亮、魏延死后,蜀汉再无名将可用;司马懿也知蜀汉蛮夷叛服不定,有数万蜀兵在南中泥足深陷;司马懿洞见蒋琬上任后,企图改变诸葛亮的北伐路线,率大军改驻涪陵,汉中空虚;亦了解到这时的孙、刘联盟略有松动,蜀汉在巴丘驻兵防备东吴。曹爽此时攻蜀,必胜无疑。于是他极力阻止伐蜀。阻止不行,便借曹爽要司马昭一同伐蜀之机,将司马师挤进禁军之中任中护军,同时指使司马昭与自己的老部下郭淮、杨伟等给曹爽伐蜀制造麻烦。他与子司马昭暗中串通,从中破坏曹爽攻蜀,使其无法得胜归朝。"司马昭一门心思琢磨着怎样实现父亲的意图,在曹爽军中大肆破坏。……司马懿不但不出兵,还给曹爽兜头泼了一瓢冷水。他暗中授意世族代表钟繇的长子钟毓给曹爽写了封信,劝他索性退兵。朝廷之中,众多老臣得了司马懿的暗示,也一起唱衰调。……魏军根本不是被蜀汉的区区三万人给挡住的,而是被远在东方的老狐狸司马懿和现在军中的司马昭给撂进了泥潭。"[1]司马懿、司马昭父子有意破坏攻蜀,这就是明证。

四、据本人所掌握的史料,司马炎虽然腐败,但对诸葛亮是很敬佩的。他的祖父司马懿也称赞诸葛亮曰:"天下奇才也!"[2]司马炎还曾表示希望有诸葛亮这样的人物来辅佐他。史载:"樊建为给事中,晋武帝问诸葛亮之治国,建对曰:'闻恶必改,而不矜过,赏罚之信,足感神明。'帝曰:'善哉!使我得此人以自辅,岂有今日之劳乎!'"[3]这是西晋泰始九年(273)司马炎与诸葛亮的旧臣

---

[1] 秦涛:《老谋子司马懿》,重庆出版社集团、重庆出版社2017年版,第300—307页。
[2] 方北辰:《出师未捷身先死 长使英雄泪满襟〈三国志·诸葛亮传〉选读》,中华书局1999年《中华活页文选》第22期,第18页。
[3] 吴直雄:《破解〈习凿齿传〉〈汉晋春秋〉千年谜》,广东人民出版社2013年5月版第619页。

樊建的一次谈话时，仍然十分关注着已经离世39年诸葛亮，对诸葛亮的为人和治国，司马炎竟是如此的钦佩不已。陈寿撰《诸葛亮集》，就是奉司马炎之命而为。

对于这些情况，司马骏显然是了解的。司马炎尚能如此，这就不存在裴松之说的"显彰宣帝之短，对子毁父"的问题。所以张淑蓉，徐子健的分析是可信的。

五、裴松之言："案《魏延传》云：延每随亮出，辄欲请精兵万人，与亮异道会于潼关，亮制而不许；延常谓亮为怯，叹已才用之不尽也。'亮尚不以延为万人别统，岂得如冲言，顿使将重兵在前，而以轻弱自守乎？"①

这里，裴松之说得貌似有理，实则错矣！因为郭冲说的是"遣魏延诸军并军东下"②，郭冲那里说了只有魏延万人？显然是裴松之老先生对郭冲之言没有看清楚而发论！"遣魏延诸军并军东下"，其中并不是说"遣魏延一军并军东下"。"诸军"，"诸"就是"众"与"许多"之意。"遣魏延诸军并军东下"，就是遣以魏延为首的众多军队之意。

六是：裴松之落注"空城计"于："遂行，屯于沔阳。"③实属不当，是造成千余年否定"空城计"和戏剧搞了个《失空斩》史实错误的主要根源。

《前出师表》作于魏明帝曹叡太和元年，刘汉政权建兴五年（227）。史载：这年三月，"诸葛亮上出师表，指出：'今南方已定，兵甲已足，当奖帅三军，北定中原。'遂率诸军北驻汉中，筹备攻魏。"④这里的"遂率诸军北驻汉中，筹备攻魏"与"遂行，屯于沔阳"一语，意思完全一致，即只是"筹备攻魏"，根本就没有发生过任何战事。何来运用"空城计"之理？何来什么"失、空、斩"（《失街亭》《空城计》《斩马谡》）之事？显然，裴松之落注于此是完全错误的。

那么，裴松之此注当落于何处呢？此注当落于"九年，亮复出祁山"与"以木牛运"⑤之间的某处，岂料陈寿在这里惜墨如金，其载录极为简单，将

---

① 晋·陈寿撰，南朝宋·裴松之注：《三国志》（全五册），中华书局1975年版，第922页。
② 同上书，第921页。
③ 同上书，第920页。
④ 张习孔、田珏主编：《中国历史大事编年》（五卷本之第二卷），北京出版社1997年版，第9页。
⑤ 晋·陈寿撰、宋·裴松之注：《三国志》（全五册），中华书局1975年版，第925页。

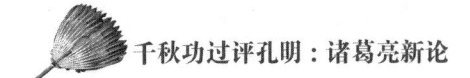

曹真与司马懿围攻诸葛亮之事全部省去，让裴松之无处落注，结果将注错植于根本就未攻魏之前。

裴松之因其落注之误，竟然一误误千余年矣！

"九年，亮复出祁山"与"以木牛运"的战事，在《魏书·曹真传》传中明载曹真与司马懿合攻诸葛亮时遇大雨而回军曰："四年，朝洛阳，迁大司马，赐剑履上殿，入朝不趋。真以'蜀连出侵边境，宜遂伐之，数道并入，可大克也'。帝从其计。真当发西讨，帝亲临送。真以八月发长安，从子午道南入。司马宣王泝汉水，当会南郑。诸军或从斜谷道，或从武威入。会大霖雨三十余日，或栈道断绝，诏真还军。"①这里记载的是曹真与司马懿合力攻诸葛亮，遇雨而还军。

在《晋书·宣帝纪》中，亦载司马懿与曹真合攻诸葛亮事："四年，迁大将军，加大都督、假黄钺，与曹真伐蜀。帝自西城斫山开道，水陆并进，泝沔而上，至于朐胁，拔其新丰县。军次丹口，遇雨，班师。"②

这里所记，与记曹真和司马懿合攻诸葛亮的战事可相印证。其间，出现诸葛亮用"空城计"对付司马懿大军一事是完全可能的，而城府极深的司马懿遇雨得令班师或是着意留下诸葛亮这个对手，以利朝廷日后有求于他，也不是不可能的。

以上，无论是从小说创作或是从历史的真实来看：足以说明，以上持"空城计"一事为子虚乌有者，皆因不细读裴松之有违历史事实之论，对其论述不作任何考证，就凭空对诸葛亮的"空城计"予以否定，这是毫无道理的。

---

①晋·陈寿撰，南朝宋·裴松之注《三国志》（全五册），中华书局1975年版，第281—282页。

②唐·房玄龄等撰：《晋书》（全十册），中华书局1974年版，第10页。

四十一、郭冲之言非乖剌

　　本篇示要：郭冲在这里记载了诸葛亮用兵是如何省兵省粮的一条重要的军事原则，揭示了"蜀之所以强者"，乃"以孔明不尽用之"之故也。同时，还具体生动地记载了诸葛亮"统武行师，以大信为本"的用兵实例。尽管其记载尚有值得推敲考证之处，但总体上是可信的，而参佐及后来裴松之的多处问难，于理无据，其自有疏忽多处。记下诸葛亮"十二更下"的用兵之法，这是郭冲为研究诸葛亮者提供一条重要史料所作的一种贡献。

参佐问难：

　　参佐咸以贼众强盛，非力不制，宜权停下兵一月，以并声势。松之亦问难曰：臣松之案：亮前出祁山，魏明帝身至长安耳，此年不复自来。且亮大军在关、陇，魏人何由得越亮径向剑阁？亮既在战场，本无久住之规，而方休兵还蜀，皆非经通之言。孙盛、习凿齿搜求异同，罔有所遗，而并不载冲言，知其乖剌多矣！[①]

[①] 晋·陈寿撰，南朝宋·裴松之注：《三国志》（全五册），中华书局1975年版，第926页。

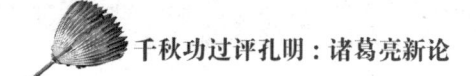

诸葛妙答：

魏明帝自征蜀，幸长安，遣宣王督张郃诸军，雍、凉劲卒三十余万，潜军密进，规向剑阁。亮时在祁山，旌旗利器，守在险要，十二更下，在者八万。时魏军始陈，幡兵适交，参佐咸以贼众强盛，非力不制，宜权停下兵一月，以并声势。亮曰："吾统武行师，以大信为本，得原失信，古人所惜；去者束装以待期，妻子鹤望而计日，虽临征难，义所不废。"皆催遣令去。于是去者感悦，愿留一战，住者愤踊，思致死命。相谓曰："诸葛公之恩，死犹不报也。"临战之日，莫不拔刃争先，以一当十，杀张郃，却宣王，一战大克，此信之由也。[1]

作年略考：

史载："九年，亮复出祁山，以木牛运，粮尽退军，与魏将张郃交战，射杀郃。（直雄按：与"诸葛妙答"同，从略）"[2] "九年"即蜀汉建兴九年（231）。

又，蜀建兴九年（231）二月，"诸葛亮领兵攻魏，围祁山（今甘肃省西和北祁山堡），造木牛运粮。魏因曹真有疾，命司马懿领兵抵御。三月，诸葛亮至上邽（今甘肃省天水）挑战，司马懿坚守不战，蜀军遂还卤城（今甘肃省天水及甘谷之间）。五月，蜀魏王两军交战，蜀军斩杀魏军三千人，大胜。六月，诸葛亮因粮尽退军。魏将张郃追击，至木门谷（今甘肃省天水西南九十里）遇伏，飞矢中膝而死。"[3]

由上述两条史料可知：上述张郃之死，正是诸葛亮信守自己诺言所获的战果。其事约在公元231年六月。

---

[1]晋·陈寿撰，南朝宋·裴松之注：《三国志》（全五册），中华书局1975年版，第926页。
[2]同上书，第925—926页。
[3]张习孔、田珏主编：《中国历史大事年·三国两晋南北朝隋唐》，北京出版社1997年版，第13—14页。

直雄补说：

上述两段的大概意思中含有双重问难之意。一为诸葛亮手下的"参佐"们面对强大的魏军，向诸葛亮提出处置办法，等待诸葛亮回答，这也是一种问难，二是后人裴松之的问难。

整段话其意是说：曹叡亲自征讨蜀国，到了长安，派遣司马懿总督张郃等诸路人马，雍州、凉州精锐士卒共计三十余万，军队秘密前进，有秩序地向剑阁进军。诸葛亮当时在祁山，整顿战旗和兵器，守在山势险要的地方，十分之二的人换防休息，处在自身岗位的有八万人。其时魏国军队刚刚列成阵势，双方战旗临近、士兵正好要交锋。部下们都以为："敌方人数众多，兵力强盛，单靠蛮力难以抵抗，最好权且停止换岗制度一个月，来消磨敌众的声势。"

诸葛亮回答说："我统帅军队作战，靠诚信作为根本，得到原国却失去信义，那又靠什么来指挥士兵呢，这是古人也珍惜的；轮到自己返回家乡的士兵收拾好行李等待归期，他们的妻子像鹤一样伸长脖子等待丈夫的归来，虽然时下我们面临被征讨的困难，但却不能因此而废了信义。"诸葛亮仍然催促调遣士兵回乡。于是轮岗回乡的战士都感到高兴，愿意留下一战，驻扎在阵地上的士兵都精神踊跃，想用死来报答。战士们互相说："诸葛丞相的恩德，我就算是战死也无法报答。"等到战斗的时候，没有谁不是拔刀争取向前，凭借一人抵挡敌方数人的意志与勇气。在这次战争中杀死了张郃，杀退了司马懿，打退了魏军，这是因为讲诚信所致。

对此，裴松之质疑道："根据我的推断：诸葛亮前出祁山，魏明帝曹叡自己就在长安啊，而他这一年未率军前来。并且诸葛亮率领大队人马驻扎在关中、陇山一带，魏国军队凭借什么得以越过诸葛亮的军队径直奔向剑阁？诸葛亮既然在战场，本来就没有长久居住的规矩，而当罢兵还蜀，都不是通常的话。孙盛和习凿齿所搜寻的史料很少有遗漏，却不记载郭冲所说的此事，是因为知道他的错误太多了啊！

直雄以为：张郃是三国名将，张郃之死，在三国时期，是一件大事。各种辞书记载其死年皆为公元231年，如：《辞海》记述，[①]张郃之死，当是公元231年的

[①]《辞海》，上海辞书出版社1979年版，第2489页。

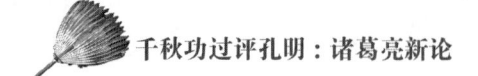

2—6月间诸葛亮第四次伐魏时。

史载:"诸葛亮领兵攻魏,围祁山(今甘肃省西和北祁山堡),造木牛运粮。魏因曹真有疾,命司马懿领兵抵御。三月,诸葛亮至上邽(今甘肃省天水及甘谷之间)。五月,蜀魏两军交战,蜀军斩杀魏军三千人,大胜。六月,诸葛亮因粮尽退军。魏将张郃追击,至木门谷(今甘肃省天水西南九十里)遇伏,飞矢中膝而死。"[1]

又据《三国志·诸葛亮传》载:"六年春,扬声由斜谷道取郿……关中响震。魏明帝西镇长安,命张郃拒亮,亮使马谡督诸军在前,与郃战于街亭。"[2]帝王坐镇一方出征,也不是小事。稽之史料,魏明帝坐镇长安指挥前线作战,也仅此一次而已。"六年春",即公元228年春。

依据上述史实,可见郭冲言在张郃死的公元231年"魏明帝自征蜀,幸长安"是值得裴松之质疑的。在没有新的史料证明"231年'魏明帝自征蜀,幸长安'"之前,可以断言可能是郭冲记忆有误,当然也不能完全排除《三国志》失载,我们无法取"参佐"与诸葛亮于地下而问之。

然而,裴松之称"亮大军在关、陇,魏人何由得越亮径向剑阁?亮既在战场,本无久住之规,而方休兵还蜀,皆非经通之言",则是欠考虑的。关、陇之广大,穿越一支突然袭击的部队有何不可?在遇到如此突发情况下,诸葛亮仍然讲求信义,坚持自己的一贯政策,实乃事实。近代著名史学家蔡东藩先生写道:

> 张郃闻懿兵败,却也退还,两下又相持旬月。魏将郭淮调集雍凉劲卒,拟从间道往袭剑阁,偏被蜀营探卒侦知,飞报大营,诸葛亮便派兵守险,使姜维、马岱等,带领前去。长史杨仪报称现存八万人,四万人应该更替,现因兵未到,新旧难继,只得暂从权变,留屯一月,方可遣归。亮微笑道:"我自统兵以来,未曾失信,今既到了更替的时候,理应如约遣还,

---

[1] 张习孔、田珏主编:《中国历史大事年·三国两晋南北朝隋唐》,北京出版社1997年版,第13—14页。

[2] 晋·陈寿撰,南朝宋·裴松之注:《三国志》(全五册),中华书局1975年版,第922页。

且应归军士,想已整束装待返,家中父母妻子,并皆悬望,就使大敌当前,我却不能临危失信,乃令他们如朝归去便了!"欲留故纵。仪出传亮命,军中偏不愿速行,共称丞相大恩,死且难报,愿留营再战,誓扫魏兵。……将士们都想再战……巴不得杀敌多人,借报恩遇;所以军令一下,齐声相应。亮复说道:"诸君肯努力杀敌,还有何说?但死战也是无益,我当诱彼至木门道,并力围攻,就使他有千军万马,也不能逃脱了。"……懿目视张郃道:"将军意见,莫非是不宜追去?"郃答说道:"兵法有言:'归军勿追'。"语见《张郃传》。懿微哂道:"公亦未免前勇后怯了。"为此一语,激得张郃性起,竟奋然道:"郃临阵至今,向不落后,要追就追,岂肯怯敌?"懿复语道:"公为前驱,我为后应,但教兵多将奋,不怕诸葛诡计。"……郃亦恃有后军接应,放心再赶。延驰入木门道中,道路逼狭,佯作人马蹂乱情形,诱郃追来。郃骤马急进,已入窄径,两旁统是高阜,一声炮响,万矢齐下,可怜张郃不及回马,已被飞矢射中右膝,倒毙车下。……蜀兵如熊如虎,锐不可当……[①]

仅此可见,裴松之对郭冲的这则史实的否定,是欠考虑的。

史学家王鸣盛对这则史料也是充分肯定的。他评说"十二更下在者八万"道:"裴注:'亮在祁山,十二更下,在者八万。'……曹操谓崔琰曰:'昨按户籍,可得三十万众,故为大州。'是皆以实数调发,惟孔明不然。一蜀之大,兵多不过十二万,孔明所用八万,常留四万,以为更代。蜀之强,以孔明不尽用之,乃其它尚有十万二千,数年之间所折不过二万耳。"[②]

由此可知,裴松之对郭冲的这则史实的否定,是欠考虑的。

裴松之为了进一步否定郭冲之说,以"孙盛、习凿齿搜求异同,罔有所遗,

[①] 蔡东藩:《中国历史通俗演义·前汉后汉》,安徽人民出版社1999年版,第654—655页。
[②] 清·王鸣盛著黄曙辉点校:《十七史商榷》(卷四十一)世纪出版集团上海书店出版社2005年12月版,第298页。

而并不载冲言,知其乖剌多矣!"为佐证,就是说,孙盛、①习凿齿(328—412,东晋著名文史学家)②均未载此事,便认为郭冲之说多有乖谬、即有违史实,所以孙盛、习凿齿不予收录。

难道孙盛、习凿齿不曾收录的史料,王隐收之,就一定是有乖谬的吗?这未免有代前贤发言之谬!

其实,《蜀记》,是公认的晋朝史学家王隐(约284—354或357—381)③所著的一部记载三国时蜀汉的史书。王隐、孙盛、习凿齿,几乎是同时代人,王隐的《蜀记》已载有"郭冲五事"。孙盛、习凿齿在公元346年曾随同桓温征蜀,他们何必去犯"掠美""抄袭""剽窃"的嫌疑?他们不否认,也许正好说明有其事呢!据此,裴松之借孙盛、习凿齿未录而否定郭冲之说,我看也是站不住脚的,甚至是没有什么道理的。

对于郭冲所讲述的第五件事,朱大有先生在其《诸葛亮隐没五事辨析》对此有过全面的论述,指出其中确实出现过不妥当的说法,但认为:诸葛亮采取"十二更下"的办法,正是要与魏军持久而战,不能说诸葛亮无"无久住之规"。④

综上所述,直雄认为,郭冲在这里记载了诸葛亮如何省兵省粮用兵的一条重要的军事原则,揭示了"蜀之所以强者",乃"以孔明不尽用之"之故也。同时,还具体而生动记载了诸葛亮"统武行师,以大信为本"的用兵原则。尽管其记载尚有值得推敲考证之处,但总体上是可信的,这就是郭冲的一大贡献。

故而有研究专家李兆成在其《徭役和战争影响下的蜀汉社会经济》中说:"裴松之引'郭冲五事'为《三国志·诸葛亮传》作注,曾随事一一驳难,均以为伪。但'郭冲五事'实真伪杂揉,清代以来辑《诸葛亮集》者,多由其中辍录

---

①孙盛(302—373),字安国。太原郡中都县(今山西省平遥)人。东晋中期史学家、名士、官员。其生卒年问题主要据王建国《孙盛若干生平事迹及著述考辨》,《洛阳师范学院学报》2006年第3期,第71页等资料确定。

②关于习凿齿的生卒年,史学界传统的认定是(?—383或384年),直雄费10年之功,出版350余万的论著,对习凿齿作了系统的研究,在其生卒年的问题上,用史实将唐人许嵩《建康实录》中的习凿齿条的生卒(?—384年十月说)作了全面的否定,考证习凿齿的生卒年为328—412年。

③曹书杰:《王隐家世及其〈晋书〉》,《史学史研究》1995年第2期,第28页。

④成都市诸葛亮研究会编:《诸葛亮研究》,巴蜀书社1985年版,第61—66页。

《答法正书》《谢贺者》《喻参佐停更》等篇，现代注家亦不以为伪。"①直雄一一辨析之，认为可信。

四十二、平事稽留将致祸

> 本篇示要：将李严废为庶民，流放梓潼郡。不存在这是诸葛亮无所顾忌、不遗余力地打击、排斥李严的问题。于李严而言，确实触犯了刑律；于诸葛亮而言，处理李严，有法所依，刻不容缓。习凿齿评价诸葛亮对李严的处理，总结了诸葛亮在处理李严事件中表现完美并有巨大影响，较陈寿评说诸葛亮更高、更具体化，是为确评，至今仍不乏为现实执法用法者以资借鉴。

李平问难：

九年春，亮军祁山，平催督运事。秋夏之际，值天霖雨，运粮不继，平遣参军狐忠、督军成藩喻指，呼亮来还；亮承以退军。平闻军退，乃更阳惊，说"军粮饶足，何以便归"！欲以解己不办之责，显亮不进之愆也。又表后主，说"军伪退，欲以诱贼与战"。亮具出其前后手笔书疏本末，平违错章灼。平辞穷情竭，首谢罪负。②

---

①成都市诸葛亮研究会编：《诸葛亮研究》，巴蜀书社1985年版，第88页。
②晋·陈寿撰，南朝宋·裴松之注：《三国志》（全五册），中华书局1975年版，第999页。

诸葛妙答：

于是亮表平曰："自先帝崩后，平所在治家，尚为小惠，安身求名，无忧国之事。臣当北出，欲得平兵以镇汉中，平穷难纵横，无有来意，而求以五郡为巴州刺史。去年臣欲西征，欲令平主督汉中，平说司马懿等开府辟召。臣知平鄙情，欲因行之际逼臣取利也，是以表平子丰督主江州，隆崇其遇，以取一时之务。平至之日，都委诸事，群臣上下皆怪臣待平之厚也。正以大事未定，汉室倾危，伐平之短，莫若褒之。然谓平情在于荣利而已，不意平心颠倒乃尔。若事稽留，将致祸败，是臣不敏，言多增咎。"乃废平为民，徙梓潼郡。十二年，平闻亮卒，发病死。平常冀亮当自补复，策后人不能，故以激愤也。丰官至朱提太守。[①]

又，《弹李平表》"自先帝崩后，平所在治家……是臣不敏，言多增咎。"注：见《三国志·李严传》。公元230年，李严改名平，故本篇题作《弹李平表》。作于231年。[②]

作年略考：

史载："九年春，亮军祁山，平催督运事。秋夏之际，值天霖雨，运粮不继，平遣参军狐忠、督军成藩喻指，呼亮来还；亮承以退军。平闻军退，乃更阳惊，说'军粮饶足，何以便归'！欲以解己不办之责，显亮不进之愆也。又表后主，说'军伪退，欲以诱贼与战'。亮具出其前后手笔书疏本末，平违错章灼。平辞穷情竭，首谢罪负。于是亮表平曰：'自先帝崩后，平所在治家，尚为小惠，安身求名，无忧国之事。……言多增咎。'亮公文上尚书曰：'平为大臣，

[①] 晋·陈寿撰，南朝宋·裴松之注：《三国志》（全五册），中华书局1975年版，第999—1000页。

[②] 王瑞功主编：《诸葛亮研究集成》（上、下册），齐鲁书社1997年版，第319—320页。

受恩过量，不思忠报，横造无端……辄解平任，免官禄、节传、印绶、符策，削其爵土。'乃废平为民，徙梓潼郡。"①

又，蜀建兴九年（231）八月，"诸葛亮因李平（原名李严）在围祁山中运粮不继，事后又加祸于人，开脱罪责，遂免李平官爵，徙梓潼郡（今四川省梓潼）。"②

由此可见：其事当在231年8月。

直雄补说：

这里所叙述的一段内容，是刘汉政权中一件非同小可的大事，它是一切自私自利、玩弄政治手段、栽赃他人者的可悲下场，也是诸葛亮生命史上执法用法的一大亮点。

为何说是刘汉政权中的一件大事呢？因为李平不是一般的大臣，他是刘备钦定的颇有权势却又自私诡异的"顾命大臣"。李平事件，有如一颗"定时炸弹"，对于这种人，若处理不当，随时会给刘汉政权造成"颠覆性"的打击。所以，处理好李平一事，是刘汉政权中的一件大事。

为什么又说它是诸葛亮生命史上知法用法的一大亮点呢？原因有之，诸葛亮面对李平这样一个可与自己"平起平坐"的却又随时可能成为刘汉政权中的"定时炸弹"的"顾命大臣"。他该怎么办呢？这从李平在对待诸葛亮北伐时的极端作法及诸葛亮的处理方式中，可以看到诸葛亮的仁厚、智慧与果断。是为历代从政者鉴。

现在让我们先看看这一段话的具体内容。这段意思是说：

在蜀汉建兴九年（231）春，诸葛亮北伐兵出祁山，李平负责督运粮草。在夏秋，正当阴雨连绵之时，粮草运输遇到困难乃至难以及时供应，李平便派参

---

①晋·陈寿撰，南朝宋·裴松之注：《三国志》（全五册），中华书局1975年版，第999—1001页。
②张习孔、田珏主编：《中国历史大事年·三国两晋南北朝隋唐》，北京出版社1997年版，第14页。

军狐忠、督军成藩告诉诸葛亮,要他撤军,诸葛亮得到李平的信后只能退军。当军队已撤退时,李平却故作惊讶道:"军粮充裕,您怎么退军了呢?"以此解脱自己督办粮草不力之责,而是诸葛亮自误战机。并恶人先告状上奏后主道:"军队伪装撤退,目的是为了引诱敌人决战。"面对李平的这种恶劣手段,诸葛亮只有将李平前前后后的书疏原本手迹递上去,李平的罪过便暴露无遗。李平在事实面前只有叩头认罪。

刘汉政权自有《蜀科》这部法典以来,诸葛亮便据法上奏弹劾李平说:"自从先帝驾崩后,李平的心思全想着家庭,且爱施小恩小惠,一心平稳处世求名,从不忧虑国家大事。为臣北伐出兵,希望他能带兵镇守汉中,他再三找借口推辞,而是想把五郡连并起来,让自己作巴州刺史。去年为臣打算西征,让李平主管镇守汉中,他却说司马懿等在那边开府招聘士人作大官。为臣心里明白他鄙陋的心理,是想借我临行之机逼我给他不该有的利益,于是为臣上表奏任他儿子李丰主管江州事宜,给他以破格待遇,以解一时之急务。李平上任后,为臣将大小事权全部委付于他,朝廷上下都奇怪我为什么如此地厚待他。这正是因为国家大事未定,汉室处于危机之时,与其揭批他的短处,不如对他采取褒扬鼓励。满以为李平不过是为了得到一些荣誉、利益而已,岂料他竟然存有颠倒是非之心,以致如此。如果这种人和事任其存在下去,必将导致国家祸败。这是为臣的愚暗,说多了徒增愧咎之情。"朝廷便废李平为民,将其流放到梓潼郡。而对其儿子李丰,官却提至朱提太守。

蜀汉建兴十二年(234),当李平听到诸葛亮去世的消息,随即发病而死。李平生前常指望诸葛亮会再次起用他,想到以后再也无人起用他了,因而激愤发病致死。

李平由于私欲膨胀,由不断要权要利而向诸葛亮问难发难,最后发展到陷害诸葛亮的地步。

诸葛亮鉴于李平是顾命大臣,是东州本土势力派的代表人物,为了北伐实现"中华民族大一统"的目的,对李平一贯采取团结退让的态度。但是,诸葛亮为人处事是有底线的。这条底线就是:决不影响北伐中原实现"中华民族大一统"这个大原则。没有想到的是,为了个人利益,本有一定智慧、能力的李平,变成了无知可恶的李平,他竟然要将诸葛亮置之无理退军的死地。迫使诸葛亮不得不用铁的事实以定是非，诸葛亮的上疏，也就是他对李平的"答疑解难"。透过诸葛亮的疏文和对李平儿子的提拔，我们可以看到诸葛亮的仁爱之心的高尚人格和为人处世那种公平正义的准则。

如果说，李平陷害诸葛亮与诸葛亮为了不致使国家"将致祸败"上疏文字是陈寿归纳概括出来的话。那么，裴松之补充的文字，则更为具体，因而，更能展现诸葛亮为人处世的光明正大与对人充满仁爱之心高尚情操。

对于对廖立、李平的处理，后人时有不同观点。如有人说："廖立、李严等很多蜀汉将领和官员，他们都是有才干也有缺陷的人，如何扬长避短，因才施用，诸葛亮做得有失当之处。"①

对于李平的处理，目前出现有一种影响颇大而又让人们一时难以辨析清楚的观点。该观点认为：

> 实际上，刘备永安托孤不是一人，而是两人。章武三年，"先主疾病，严与诸葛亮并受遗诏辅少主，以严为中都护，统内外军事，留镇永安"。可见，李严地位相当显赫，执掌着蜀汉的军事大权。按刘备的策划，由诸葛亮主政，李严主军，一文一武，共同辅佐蜀汉政权。然而这只能是刘备的一厢情愿，这种政治格局诸葛亮是绝对不可能接受的。诸葛亮苦心经营，殚精竭虑谋划的大事，就是要由他一人独揽大权。刘备在世时，诸葛亮对付关羽和法正的"手段"还比较隐蔽，不敢公开化，只能用"权术"，刘备去世后，诸葛亮就无所顾忌，他打击、排斥李严可谓不遗余力，最后将李严废为庶民，流放梓潼郡。②

---

① 日·贯井 正：《〈三国演义〉诸葛亮形象生成史》，2002年中国社会科学院博士学位论文，第13页。

② 朱子彦：《走下圣坛的诸葛亮——三国史新论》，中国人民大学出版社2006年版，第20—21页。

或曰：

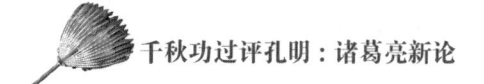

李严因受诸葛亮的排挤，怨气很大，甚至公开拒绝朝廷的命令。①

对于这些观点，直雄不以为然。因为它不是历史真实。

朱子彦先生这大一段话说了两件大事。一是诸葛亮只能主政，李严主军，一文一武。诸葛亮主军，就是越权；二是诸葛亮废李严为庶民，就是打击排挤行为。朱子彦先生的观点论证清楚了，则范文琼先生的观点便不辩自破。

关于由李严"执掌蜀汉军事大权"的问题。

纯属朱子彦先生误读。

其误读的关键问题是将"以严为中都护，统内外军事"误认为是李严受命掌管刘汉政权的最高军事权力。而李严却要受诸葛亮的调遣，没有掌管全国的军事大权，因而作出"刘备去世后，诸葛亮就无所顾忌，打击、排斥李严可谓不遗余力，最后将李严废为庶民，流放梓潼郡"的错误结论。

因此，搞清楚"以严为中都护，统内外军事"的实际含义就显得十分重要。

"以严为中都护，统内外军事"，就是只能负责对吴的军事事务而非统领刘汉政权的全国军事。在这个问题上，白帆先生的《李严"统内外军事"考》说得最为详尽而明白。白帆先生是从以下三大个方面进行详细论证的。

一是从刘备托孤之前，诸葛亮与李严任职情况的对比来看，只有诸葛亮具备了执掌全国军事政治大权的资历与资格，且为朝野所普遍认可。而李严则一直做地方官且未"参与过中枢事务"，"而诸葛亮于章武元年即以丞相录尚书事，因此李严之为尚书令，亦不过具名而已，其实权与诸葛亮无法相比。"②

白帆先生在列举了三国时期不少例证作出说明后，结论道："与上述诸人相比，李严的情况则是'以严为中都护，统内外军事'，以区区之中都护，统领掌管最高军事权力，职权殊为不符，实在与常理不合。"③我以为白帆先生的结论是中肯的、实事求是的。"中都护"，东汉光武帝时设都护将军，三国魏沿置。蜀

---

① 范文琼：《重评诸葛亮的历史功过》，2005年华中师范大学硕士学位论文，第3—14页。
② 白帆：《李严"统内外军事"考》，《湖北文理学院学报》2017年第10期，第11页。
③ 同上。

有中都护李严、行都护之号，职权如大都督，总领内外诸军事。但一句"留镇永安"，则明确地点明了李严只有"总领永安的内外诸军事"，李严的军事之权是明白无误的。而诸葛亮则是丞相录尚书事，有如曹操之权而可以总揽朝政的军政大权，而李严，不过主管永安的军事而已。诸葛亮是有权调遣他的。他无法与诸葛亮平起平坐。这就不存在诸葛亮排挤他的问题。

二是刘备托孤时的遗诏原文也说明李严没有掌管全国军事。

白帆先生写道："联系上下文来看，'统内外军事'并非一句孤立的记载，要加上其后紧随的'留镇永安'方能完整。然而，如果李严身为全国军事事务最高负责人，按照常理自然应该居于国都，或屯驻水陆交通发达之战略要地，以便统揽全局，指挥调度。如……但永安既非国都，又显然不具备交通便利，便于应急的条件。如果刘备既令李严统领全国军事，同时又令其留镇永安，颇觉自相矛盾。永安蕞尔小城，地处边陲，临于国境，若使军事统帅驻于如此山难水险偏僻闭塞之地，又如何履行其统领调度三军的职责？"[①]此乃令人信服的实事求是的分析。

三是从《三国志》的书法惯例上论证"统内外军事"并不是总领全国军事事务的表述方法。

白帆先生从《三国志》选取了多个例证证实后结论道："因此，'中外军事'之'中外'，系指中军与外军，而由中军与外军引申而来的'中外军事'自然就代指国家军事事务的最高权力。而称为'内外'，显然与当时军制不合，所以李严之'统内外军事'，必不为统领全国军事事务之意。"[②]无疑，这种分析是得体的，也是令人信服的。

紧接前文，白帆先生从《三国志》中表达主管全国军事事务的用语习惯、当时孙吴政权与刘汉政权在永安这一战略要地的明争暗斗情况、以及李严任地方官时所表现出来的军事斗争才能，去说明："刘备召其前来并将永安托付于他，是一个合理的选择。……《李严传》中'以严为中都护，统内外军事，留镇永安'的真实意思应该是：以李严为中都护，统领对吴一线国境内外的军事，留镇永安。"[③]

---

①白帆：《李严"统内外军事"考》，《湖北文理学院学报》2017年第10期，第12页。
②同上。
③同上书，第13页。

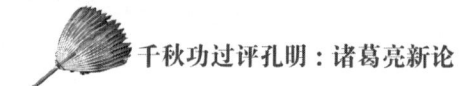

白帆先生还从李严是东州集团的代表人物这一角度去说明刘备在章武三年"之召李严前来与诸葛亮（除了身为先主的心腹股肱之外，诸葛亮无疑也是荆襄士人的代表）并受遗诏辅佐少主，这托付的不仅仅是李严这个人，更有可能隐含了希望东州集团能够与荆襄人士为了蜀汉政权的稳固而和衷共济的意义"[1]。

在上述论说的基础上，白帆先生最后总结道：

> 古往今来许多研究三国史的研究者，涉及李严的相关问题时往往征引"统内外军事"的描述来说明其曾为受命掌管蜀汉最高军事权力、与掌管政务方面最高权力的诸葛亮分庭抗礼的托孤重臣，而谈及其废黜，也往往认定为诸葛亮为夺取军权而对李严进行打压的结果，属于蜀汉的内部倾轧、权力斗争。但这些研究者们却忽略了《三国志》在措辞上的处理方法，未曾仔细体察'内外'与'中外'的细微之别，因此造成了误解。其实如本文所论，李严确实是一位才干出众而身受重托的大臣，但他由始至终也并未取得过总领全国军事事务这样的权力，更从未获得过与诸葛亮分庭抗礼的政治地位。[2]

直雄以为，白帆先生的最终结论是科学的，史料支撑也是充裕的。鉴于李严"以严为中都护，统内外军事"一语造成如此大的误读误解。直雄有必要再补充三个史实支撑白帆先生的观点。

其一，在《三国志》中，李严自始至终没有"开府"的权力，如前所述，他一直向诸葛亮要求得到"开府"的权力。这足以说明他只是一个"留镇永安"不能与诸葛亮平起平坐的"顾命大臣"，诸葛亮完全有调遣他的权力，不能将诸葛亮对他的正常调动视为打压！

其二，史载："二十四年，先主为汉中王，徵立为侍中。后主袭位，徙长水校尉。立本意，自谓才名宜为诸葛亮之贰，而更游散在李严等下，常怀怏怏。……《亮集》有亮表曰：'立奉先帝无忠孝之心，守长沙则开门就敌，领巴

---

[1] 白帆《李严"统内外军事"考》，《湖北文理学院学报》2017年第10期，第13页。
[2] 同上。

郡则有闇昧阘茸其事，随大将军则诽谤讥诃，侍梓宫则挟刃断人头于梓宫之侧。陛下即位之后，普增职号，立随比为将军，面语臣曰："我何宜在诸将军中！不表我为卿，上当在五校！"臣答："将军者，随大比耳。至于卿者，正方亦未为卿也。且宜处五校。"自是之后，怏怏怀恨。'"①在这一段文字中，两次出现李严，史书中明载，李严连"卿"②都不是，廖立还与他相比相争，何来李严有资格与诸葛亮平起平坐？又何来李严有统领刘汉政权的军事事务之权力？

其三，史载："建兴元年，封都乡侯，假节，加光禄勋。四年，转为前将军，以诸葛亮欲出军汉中，严当知后事，移屯江州。留护军陈到驻永安，皆统属严。严与孟达书曰：'吾与孔明俱受寄托，忧深责重，思得良伴。'亮亦与达书曰：'部分如流，趋舍罔滞，正方性也。'其见贵重如此。八年，迁骠骑将军。以曹真欲三道向汉川，亮命严将二万人赴汉中。亮表严子丰为江州都督督军，典严后事。亮以明年当出军，命严以中都护署府事。"③从李严"留镇永安"之后的官职提拔情况来看，建兴四年（226）才转为边防屯警的前将军，他统属的是驻永安的陈到。建兴八年（230），才升为二品或从一品的骠骑将军。而诸葛亮则是丞相与北伐的主帅，说明李严只是统属永安内外军事属诸葛亮手下调遣的一员主将，仅此而已。

诚如上述：由李严"执掌着蜀汉的军事大权"不是事实。不存在"诸葛亮无所顾忌、不遗余力地打击、排斥李严"的问题。

关于"诸葛亮打击李严，废其为庶民"的问题。

这可不是一件小事，诸葛亮似乎意识到会引起后人的误会，且看他是如处理李严事件的，而李严又是如何违反军纪和陷害诸葛亮的，最终诸葛亮又是如何对其宽大为怀的。则"诸葛亮打击李严"便为子虚乌有，而"废其为庶民"则是对其作宽大为怀的处理。

---

①晋·陈寿撰，南朝宋·裴松之注：《三国志》（全五册），中华书局1975年版，第997—998页。

②秦汉以后，中央机构府寺中有九卿。即中央政府中的九个高级官职。秦以奉常、郎中令、卫尉、太仆、廷尉、典客、宗正、治粟内史、少府为九卿。汉改奉常为太常、郎中令为光禄勋、典客为大鸿胪、治粟内史为大司农。历代因之。刘汉王朝承汉制。参见徐连达主编的《中国历代官制词典》，安徽教育出版社1991年版。

③晋·陈寿撰，南朝宋·裴松之注：《三国志》（全五册），中华书局1975年版，第999页。

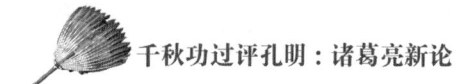

且看本书中诸葛亮对杜微、刘巴等人的处理，足见诸葛亮并无不当之处。特别是对廖立、李平的处理，更无不当之处！诸葛亮依法办事，但又富于人性富于人情味。

对李平的处理，诸葛亮似乎预计到了会有后人借此质疑发难，且看其处理之文即知。

诸葛亮的公文上写道："平为大臣，受恩过量，不思忠报，横造无端，危耻不办，迷罔上下，论狱弃科，导人为奸，狭情（情狭）志狂，若无天地。自度奸露，嫌心遂生，闻军临至，西向讬疾还沮、漳，军临至沮，复还江阳，平参军狐忠勤谏乃止。今篡贼未灭，社稷多难，国事惟和，可以克捷，不可苞含，以危大业。辄与行中军师车骑将军都乡侯臣刘琰，使持节前军师征西大将军领凉州刺史南郑侯臣魏延、前将军都亭侯臣袁綝、左将军领荆州刺史高阳乡侯臣吴壹、督前部右将军玄乡侯臣高翔、督后部后将军安乐亭侯臣吴班、领长史绥军将军臣杨仪、督左部行中监军扬武将军臣邓芝、行前监军征南将军臣刘巴、行中护军偏将军臣费祎、行前护军偏将军汉成亭侯臣许允、行左护军笃信中郎将臣丁咸、行右护军偏将军臣刘敏、行护军征南将军当阳亭侯臣姜维、行中典军讨虏将军臣上官雝、行中参军昭武中郎将臣胡济、行参军建义将军臣阎晏、行参军偏将军臣爨习、行参军裨将军臣杜义、行参军武略中郎将臣杜祺、行参军绥戎都尉盛勃、领从事中郎武略中郎将臣樊岐等议，辄解平任，免官禄、节传、印绶、符策，削其爵土。"[①]

这篇公文的可贵之处在于，对李严的错误事实，它不是由诸葛亮一人所认定，对李严的错误性质，也不是由诸葛亮所作出的结论，它还有刘琰、魏延、袁綝、吴壹、高翔、吴班、杨仪、邓芝、刘巴、费祎、许允、丁咸、刘敏、姜维、上官雝、胡济、阎晏、爨习、杜义、杜祺、盛勃、樊岐等计22位了解情况的将军作证并共同商议的处分结果。这足见对李严处理的公正公平。也许，诸葛亮似乎预计到了后人会有发难质疑，故列22位大臣为证，可谓有"先见之明"矣！

诸葛亮又与严子丰教曰："吾与君父子戮力以奖汉室，此神明所闻，非但人知之也。表都护典汉中，委君于东关者，不与人议也。谓至心感动，终始可保，

---

①晋·陈寿撰，南朝宋·裴松之注：《三国志》（全五册），中华书局1975年版，第1000—1001页。

何图中乖乎！昔楚卿屡绌，亦乃克复，思道则福，应自然之数也。愿宽慰都护，勤追前阙。今虽解任，形业失故，奴婢宾客百数十人，君以中郎参军居府，方之气类，犹为上家。若都护思负一意，君与公琰推心从事者，否可复通，逝可复还也。详思斯戒，明吾用心，临书长叹，涕泣而已。"①

这段话的意思是说：诸葛亮在处分了李严的罪过之后，又任命李严的儿子李丰为中郎将、参军事，并且写信告诫他说："我和你父子二人，同心力辅佐汉室，向皇上推荐你父亲主管汉中大事，委任你镇守东关，自以为真心可感，自始至终可依可靠，怎么也想不到你父会中途背离呢？假若你父亲能认罪悔过，一心为国效忠，你与蒋琬（字公琰）推心置腹，同心共事，那么闭塞的可能通泰，失去的仍可得到。请思考一下我的劝诫，明白我的良苦用心，提笔长叹息，哭泣复泪流。"

李严犯法遭贬，其子未受任何牵连，而是重用有加。诸葛亮宅心仁厚的崇高形象，呼之欲出！

习凿齿读罢李严、廖立传后，感慨而曰：昔管仲夺伯氏骈邑三百，没齿而无怨言，②圣人以为难。③诸葛亮之使廖立垂泣，李严致死，岂徒无怨言而已哉！夫水至平而邪者④取法⑤，镜⑥至明而丑者无怒，水镜之所以能穷物⑦而无怨者，以其

---

①晋·陈寿撰，南朝宋·裴松之注：《三国志》（全五册），中华书局1975年版，第1001页。
②《诸子集成·论语正义》第368页注云："孔曰：伯氏，齐大夫。骈邑，地名。齿，年也。伯氏食邑三百家，管仲夺之，使至疏食，而没齿无怨言，以其当理也。"
③《诸子集成·论语正义》第368页注云："正义曰：习凿齿《汉晋春秋》：昔管仲夺伯氏骈邑三百，没齿而无怨言，圣人以为难。焦氏循《补疏》谓习氏所引，连下贫而无怨为一章（直雄按：即'子曰："贫而无怨，难；富而无骄，易。"'此解说甚是）。若然，则无怨、无骄谓使之无怨无骄也。孟子谓制民之产，仰足事父母，俯足畜妻子，然后驱而之善，故民之从之也轻。驱而之善，则无骄也。轻者，易也。言此者，明在位者当知小人之依，先其难者，后其易者，富之而后教之也。"没齿：犹言没世，一辈子。《论语·宪问》："没齿无怨言。"
④邪，在这里指不正当、不正派之意。《书·大禹谟》："去邪勿疑。"邪者，即不正派之人。
⑤取法：取法即采取、选取之意。
⑥镜：鉴也，这里当作古代器名。青铜制，形似大盆，盛行于东周。古时没有镜子，古人常盛水于鉴，用来照影。战国以后大量制作青铜镜照影，因此铜镜也称作鉴。《新唐书·魏徵传》："以铜为鉴，可以整衣冠。"
⑦穷物：据上下文之意，当是穷尽物相、展现其客观面目的意思。

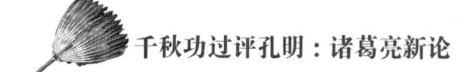

无私也。水镜无私，犹以免谤，况大人①君子怀乐生之心，流矜恕②之德，法行于不可不用，刑加乎自犯之罪，爵之③而非私，诛之而不怒，天下有不服者乎！诸葛亮于是可谓能用刑矣，自秦、汉以来未之有也。④

　　习凿齿的意思是说：从前管仲夺了伯氏在骈地的采邑三百多家，伯氏终生没有怨言而已！圣人都认为是件难事。诸葛亮去世使廖立流泪哭泣，李严发病而死，岂只是没有怨言而已！水最平正，倾斜的物体会取以为准；镜最明亮，丑陋的人会忘记发怒。平水、明镜所以能使万物原形毕现而不招致怨恨的原因，是由于它们无私。水、镜无私，还可以因此免遭毁谤，何况大人君子心怀怜惜众生的爱心，广布体恤宽恕的恩德，法只有到了不得不用时才使用，刑罚加于罪犯自己所犯下的罪行，不因怒而诛杀，天下还会有不顺服的人吗？诸葛亮真可谓擅长运用刑法矣，这是自从秦、汉以来未之有的先例啊。世上有这样的"做得有失当之处"的吗？上尘碧落下黄泉，试请"贯井""子彦"找找来看！

　　习凿齿之评诸葛亮，总括了诸葛亮在处理李平事件时的完美无缺及其巨大影响，较陈寿评诸葛亮更高、更具体化，仍不乏其现实执法用法者以借鉴意义。

---

　　①大人：在这里当指德行高尚的人。《易·乾》："夫大人者，与天地合其德。"《荀子·解蔽》："明参日月，大满八极，夫是之谓大人。"

　　②矜恕：体恤宽恕。《后汉书·郭躬传》："躬家世掌法，务在宽平，及典理官，决狱断刑，多依矜恕。"

　　③爵之：爵即爵位。《礼·王制》："王者之制禄爵，公、侯、伯、子、男凡五等。"《注》："禄，所受食；爵，秩次也。"爵之，就是给予以爵位的意思。

　　④晋·陈寿撰，南朝宋·裴松之注：《三国志》（全五册），中华书局1975年版，第1001页。

四十三、千里请战找借口

本篇示要：对于老谋深算的司马懿用"狐假虎威"之法压制要求与诸葛亮决一死战众将士的这一作法，朱熹揭示道："'司马懿甚畏孔明，便使得辛毗来，遏令不出兵，其实是不敢出也。'斯言当矣。盖懿自审战则必败，畏蜀如虎，故惟深沟高垒以自保。然以坐拥大军而显露怯弱之形，群情愤激，怨谤纷然，乃不得不累表请战以弭谤。叡心知其然，遂使辛毗至军，假君命以威众。君臣上下，相与为伪，设为此谋，以老蜀师。佐治之仗节当门，装模作样，不过傀儡登场，听人提掇耳。司马懿甚畏孔明，便使得辛毗来，遏令不出兵，其实是不敢出也。"

姜维问难：

《汉晋春秋》曰："亮自至，数挑战，宣王亦表固请战，使卫尉辛毗持节以制之。姜维谓亮曰：'辛佐治仗节而到，贼不复出矣。'"①

又，魏主叡见了表文，询及卫尉辛毗，毗谓懿志在拒守，恐将佐违言，欲得诏旨压服，方免群议，叡也以为然，统是司马知己。乃令毗持节传诏，只准守，

---

①晋·陈寿撰，南朝宋·裴松之注：《三国志》（全五册），中华书局1975年版，第926页。

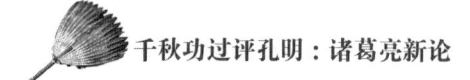

不准战。事为蜀护军姜维所闻,入告诸葛亮道:"敌营内有辛毗到来,定是如懿所愿,不复战了。"①

诸葛妙答:

亮曰:"'彼本无战情,所以固请战者,以示武于其众耳。将在军,君命有所不受,苟能制吾,岂千里而请战耶?'"②

又,亮叹息道:"懿本无战志,不过佯为请战,借此服众;古称将在外,君命有所不受,若能制我,何必千里请战呢?"③

再,《答姜维》"'彼本无战情……苟能制吾,岂千里而请战耶?'"注:见《三国志·诸葛亮传》裴注引《汉晋春秋》,是公元234年事。④

作年略考:

史载:"亮每患粮不继,使己志不申,是以分兵屯田,为久驻之基。耕者杂于渭滨居民之间,而百姓安堵,军无私焉。……《汉晋春秋》曰:亮自至,数挑战,宣王亦表固请战,使卫尉辛毗持节以制之。姜维谓亮曰:'辛佐治仗节而到,贼不复出矣。'亮曰:'彼本无战情,所以固请战者,以示武于其众耳。将在军,君命有所不受,苟能制吾,岂千里而请战耶!'相持百余日。其年八月,亮疾病,卒于军,时年五十四。"⑤

又,蜀汉建兴十二年(234)二月,"诸葛亮领兵十万出斜谷攻曹魏,并遣使

---

①蔡东藩:《中国历史通俗演义·前汉后汉》,安徽人民出版社1999年版,第658页。
②晋·陈寿撰,南朝宋·裴松之注:《三国志》(全五册),中华书局1975年版,第926页。
③蔡东藩:《中国历史通俗演义·前汉后汉》,安徽人民出版社1999年版,第658页。
④王瑞功主编:《诸葛亮研究集成》(上、下册),齐鲁书社1997年版,第325—326页。
⑤晋·陈寿撰,南朝宋·裴松之注:《三国志》(全五册),中华书局1975年版,第925—926页。

约吴共举。四月,亮军抵郿(今陕西省眉县东北),进据渭水南岸五丈原(今陕西省眉县西南),与北岸二十万魏军相对峙。诸葛亮因魏军坚壁不战,乃分兵屯田,为久驻之基。'耕者杂于渭滨居民之间,而百姓安堵,军无私焉。'八月,亮数挑战,并遗以巾帼妇人之服激怒司马懿,但魏军固守。诸葛亮积劳成疾,卒于军中,时年五十四岁。"[1]

据以上的史料,时间均比较清楚:其事当在公元234年七月。

直雄补说:

这几段文字,虽越千余年,至今读来仍清楚明白。其中用了一个典事:"将在军,君命有所不受。"此语出自《孙子兵法·九变篇》的开篇。孙子曰:"途有所不由,军有所不击,城有所不攻,地有所不争,君命有所不受。"其意是说:在行军打仗时,常常遇到有的路不能走,有的敌人不能打,有的城池不能攻占,有的地方不能夺取,遇到这种主观客观上都不能办到的事,有时连君王的命令也不能执行照办。

姜维凭着他深厚的军事素养,料定辛毗去了司马懿的军营,一定会不肯出战了。姜维向诸葛亮报告了军情之后,作出了带有猜测性探问式的判断。

对此,诸葛亮则作出了一针见血的回答:这就是,司马懿本来就是不肯与我方作战的,在受到我军百般的耻辱与挑战后,他就是坚守不出,他精到地算计到了,若出军与我野战,他没有胜算。但他又要顾及自己和"颜面"与压制被我军激怒的将领,为求得其所统之军完全折服于他,他便使出了以"曹叡的御旨压制主战的将领"的高招。诸葛亮此语,这真可谓"知己知彼",洞穿了司马懿的内心深处。

司马懿的这一招,其实诸葛亮早就领教过了的。司马懿在处理孟达的问题时,司马懿只求成功,真正做到了"将在外,军命有所不受"。

孟达是在关羽败亡后投降曹魏的,且得到了曹丕的赏识。曹丕死了之后,孟达怀疑会被朝中的权贵排挤,整日坐卧不安。此情被诸葛亮侦知,除了自己亲

---

[1] 张习孔、田珏主编:《中国历史大事编年·第二卷》,北京出版社1997年版,第16页。

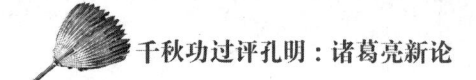

自给孟达写信外，还请孟达的老朋友李严写信劝孟达重归于汉。孟达和李严一向交好，就答应了李严。孟达镇守的房陵、上庸、新城三郡地处荆州和益州的交汇处，地理位置及其重要。此地若重归刘汉，无疑是对曹魏重大一击。但孟达反叛一事被司马懿侦知后，先写信稳住孟达。他根本来不及先请示曹叡，就日夜兼程带兵去讨伐孟达。

诸葛亮曾提醒过孟达，此事宜从速！但孟达根本就不懂"将在外，君命有所不受"的精髓是：只要有利于君，只要能取得有利于君的成就，将就会"君命有所不受的。"诸葛亮、司马懿均深知此话的精髓之处。而孟达不懂，他一心在算计着：司马懿所在的宛城距离自己1200百里，距离洛阳800百里。他即便听到反叛的信息，一定会先上奏曹叡，一个来回得1600里得花一个多月，自己有的是时间加固城池，备足粮草，届时来了又何妨。他做梦也没想到，司马懿来了个"将在外，君命有所不受"。先吃了孟达再说。司马懿只费了八天时间就杀到了房陵城下。其结果是孟达弃城而逃，最终被杀。

对于这段历史，朱熹评云："'司马懿甚畏孔明，便使得辛毗来，遏令不出兵，其实是不敢出也。'斯言当矣。盖懿自审战则必败，畏蜀如虎，故惟深沟高垒以自保。然以坐拥大军而显露怯弱之形，群情愤激，怨谤纷然，乃不得不累表请战以弭谤。叡心知其然，遂使辛毗至军，假君命以威众。君臣上下，相与为伪，设为此谋，以老蜀师。佐治之仗节当门，装模作样，不过傀儡登场，听人提掇耳。司马懿甚畏孔明，便使得辛毗来，遏令不出兵，其实是不敢出也。"[①]

[①]宋·黎靖德：《朱子语类》一百三十。

四十四、司马懿诡诳如此

本篇示要：无风不起浪。在孙权被迫退军的情况下。这年八月间，诸葛亮仍然率部与司马懿大军对峙于渭滨之际。司马懿便利用孙权退军的机会"攻心为上"，制造谣言，让其士卒高呼"万岁"，说是孙吴派出了使者，向魏投降。企图扰乱诸葛亮大军的军心。"孙、刘联盟"，是刘汉政权与孙吴政权的外交暨军事基石，而离间吴、蜀间的联盟关系，则是曹魏政权的一以贯之的策略。当诸葛亮得知这个信息之后，坚信这个基石不可动摇，也不会动摇。立刻揭破这个谣言说："孙吴决不可能投降曹魏！"并以鄙视的口气骂司马懿年纪一大把，何须还要这样诡秘狂欢、蛊惑人心、干着欺骗迷惑的勾当！

仲达问难：

《通典》卷一百五十《兵三》云：司马宣王使二千余人就军营东南角，大声称万岁。亮使问之，答曰："吴朝有使至，请降。"[1]

又，杜佑《通典》：司马宣王使二千余人，就军营东南角大声称万岁。亮使问之，答曰："吴朝有使至，请降。"[2]

---

[1]《通典》卷一百五十《兵三》，中华书局1988年12月第1版。
[2] 伊力主编：《诸葛亮智谋全书》，中州古籍出版社2003年版，第202页。

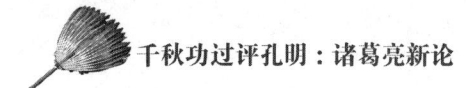

诸葛妙答：

亮谓曰："计吴朝必无降法。卿是六十老翁，何烦诡诳如此！"[①]

又，亮曰："计吴朝必无降法，卿是六十老翁，何烦诡诳如此！"懿与亮相持百余日，亮卒于军。[②]

作年略考：

细读以上史料，时间均比较清楚："懿与亮相持百余日，亮卒于军。"

又，孙权退兵，在青龙二年（234）七月。此时，诸葛亮与司马懿在渭南相持已久。吴蜀既是联兵而出，则孙权退兵对西线战场多少会有些影响。杜佑《通典》载：

> 司马宣王使二千余人，就军营东南角大声称万岁。亮使问之，答曰："吴朝有使至，请降。"亮曰："计吴朝必无降法，卿是六十老翁，何烦诡诳如此！"懿与亮相持百余日，亮卒于军。[③]

其事当在234年8月。

直雄补说：

这则故事是诸葛亮大军与司马懿大军在对峙中的一个小插曲："公元234年五月，吴应蜀约攻魏，吴主自领兵十万入居巢湖口，向合肥新城；又遣陆逊领兵万

[①]《通典》卷一百五十《兵三》，中华书局1988年12月第1版。
[②] 伊力主编：《诸葛亮智谋全书》，中州古籍出版社2003年版，第202页。
[③] 同上。

余入江夏沔口（今湖北省汉口），向襄阳（今湖北省襄樊一带）；孙韶等向广陵（今江苏省淮南地区）、淮阴（今江苏省淮阴）。七月，魏明帝亲率水师，东征孙权。魏将满宠烧吴攻具，射杀孙泰，吴遂退兵。"①

无风不起浪。在孙权被迫退军的情况下。这年八月，诸葛亮率部与司马懿大军对峙于渭滨之际。司马懿便利用孙权退军的机会"攻心为上"，制造谣言，让其士卒高呼"万岁"，说是孙吴派出了使者，向魏投降。企图扰乱诸葛亮大军的军心。

"孙、刘联盟"，是刘汉政权与孙吴政权的外交基石，而离间吴、蜀间的联盟关系，则是曹魏政权的一贯策略。当诸葛亮得知这个信息之后，坚信这个基石不可动摇，也不会动摇。立刻揭破这个谣言说："孙吴决不可能投降曹魏！"并以鄙视的口气骂司马懿年纪一大把，何须还要这样诡秘狂欢、蛊惑人心、干着欺骗迷惑的勾当！

这里出现一语曰："卿是六十老翁"。司马懿（179—251），诸葛亮（181—234），司马懿比诸葛亮还大了两岁。其时司马懿也不过是56岁。"人生七十古来稀"，从一个人的心理成熟度上和比诸葛亮年长两个年头来讲，诸葛亮以君王的口气称司马懿为"卿"，视其为像60岁的老年男人、就像以巾帼侮辱司马懿为妇人一样以藐视之，实有鄙视司马懿、安定军心之妙！

再有，《汉仪注》云："未二十为弱，过五十六为老。"②汉代既有"过五十六为老"的习俗，那么，诸葛亮鄙视56岁的司马懿竟然像60岁的老年男人，是说得过去的。

又，《天平广记》卷252引唐人高彦休《唐阙史·俳优人》："《金刚经》云'敷座而坐。'或非妇人，何烦夫坐然后儿坐也？"《金刚经》是公元前994年（中国西周穆王时期）成书于古印度的作品。诸葛亮的"计吴朝必无降法，卿是六十老翁，何烦诡诳如此！"一语，其意思是说：估计孙吴必然不会投降，也没有投降的道理！你，司马懿，何烦就像一个60岁的老泼妇，骋诡诳之辩，以中伤于人。诸葛亮用上"何烦"一词，隐含着以老年泼妇为喻，在用"诡诳"锐嘴中

---

①张习孔、田珏主编：《中国历史大事编年·第二卷》，北京出版社1997年版，第15页。
②宋·司马光编著，元·胡三省注：《资治通鉴》（全十册），中华书局1976年版，第320页。

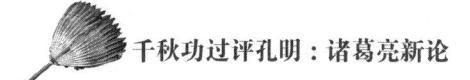

伤孙吴与刘汉政权之意。诸葛亮的"卿是六十老翁,何烦诡诳如此!"一语可谓言简意赅、犀利如刀。

四十五、孔明让孙权释疑

本篇示要:曹魏的重臣刘放将缴获孙吴使者给诸葛亮的信改为孙权投魏,并以巧妙的手段让诸葛亮得知此信的内容。正是因为吴、蜀曾有过一时难以释怀的矛盾,后来,"孙、刘联盟"虽然恢复了,但相互之间多少还是不时有所提防。这便成了曹魏政权用以挑拨吴、蜀关系的"事实依据"。千古智绝自有法,解铃自有系铃人:诸葛亮面对这样的事件,他没有发怒、也没有发表任何言辞。他只费腾写之功,原原本本地腾抄一份。送谁?送孙权吗?不!送孙吴大将步骘诸人。先让为孙吴拼死而战的将官们自己去"揭破庐山真面目"!当然,此信最终必然要落到孙权手上。"权惧亮自疑,深自解说。"诸葛亮的目的达到了!刘放的诡计也就不攻自破了!

刘放问难:

青龙初,孙权与诸葛亮连和,欲俱出为寇。边侯得权书,放乃改易其辞,往往换其本文而傅合之,与征东将军满宠,若欲归化,封以示亮。[①]

[①] 晋·陈寿撰,南朝宋·裴松之注:《三国志》(全五册),中华书局1975年版,第457页。

诸葛妙答：

亮腾与吴大将步骘等，骘等以见权。权惧亮自疑，深自解说。①

作年略考：

依据上述史料可知，其事在青龙初。青龙是魏明帝曹叡的年号，为时是公元233—237年之间。诸葛亮死于蜀建兴十二年、魏青龙二年（234）八月。而青龙元年（233），诸葛亮与曹魏之间没有发生战事，只是诸葛亮在造"木牛流马"，准备攻魏，而与吴之间，没有发生什么矛盾，吴对曹魏也没有采取什么大的举动。

史载：蜀建兴十二年、魏青龙二年（234）二月，诸葛亮第五次攻魏。"诸葛亮领兵十万出斜谷攻曹魏，并遣使约吴共举。四月，亮军抵郿（今陕西省眉县东北），进据渭水南岸五丈原（今陕西省眉县西南），与北岸二十万魏军相对峙。诸葛亮因魏军坚壁不战，乃分兵屯田，为久驻之基。'耕者杂于渭滨居民之间，而百姓安堵，军无私焉。'八月，亮数挑战，并遗以巾帼妇人之服激怒司马懿，但魏军固守。诸葛亮积劳成疾，卒于军中，时年五十四岁。"②

这里的"诸葛亮领兵十万出斜谷攻曹魏，并遣使约吴共举"，当与"青龙初，孙权与诸葛亮连和"相吻合。在这二月至八月间，诸葛亮的使者与孙权的使者，肯定是有往来的。在这期间，发生孙权的使者被曹魏的刘放所扣留、从而被搜出孙权与诸葛亮的信被刘放修改之事。

所以，其事当在公元234年2—8月间。

---

①晋·陈寿撰，南朝宋·裴松之注：《三国志》（全五册），中华书局1975年版，第457页。

②张习孔、田珏主编：《中国历史大事编年·第二卷》，北京出版社1997年版，第16页。

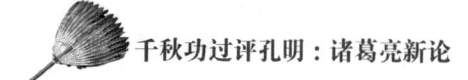

直雄补说：

鉴于孙吴政权与刘汉政权曾经有过较长时间的荆州之争，特别是汉献帝二十四年（219）十二月，孙权称臣于曹操。"曹操表孙权为骠骑将军，假节，领荆州牧。权上书称臣于操，称说天命。"[①]

到蜀昭烈帝刘备章武元年（公元221年）七月，"刘备忿孙权之袭关羽，率诸军攻吴。"八月，"孙权向魏称臣，并释于禁还魏。初于禁为关羽所俘，建安二十四年（公元219年）孙权攻关羽，南郡得于禁，今送魏。文帝嘉之，即拜孙权为吴王，加九锡。"[②]

至章武二年（222）二月，蜀、吴猇亭大战。为时达数月之久，刘备几丧老命。

正因为吴、蜀曾有这些一时难以释怀的矛盾，"孙、刘联盟"虽然恢复了，但相互之间多少还是不时提防着。这便成了曹魏政权用以挑拨吴、蜀关系的"事实依据"。

千古智绝自有法：诸葛亮面对这样事件，他没有发怒、没有发表任何言辞。他只费腾写之功，原原本本地腾抄一份。送谁？送孙权吗？不！送孙吴大将步骘诸人。先让为孙吴拼死而战的将官们自己去"揭破庐山真面目"！当然，此信最终必然要落到孙权手上。"权惧亮自疑，深自解说。"诸葛亮的目的达到了！刘放的诡计也就不攻自破了！

[①] 张习孔、田珏主编：《中国历史大事编年·第一卷》，北京出版社1997年版，第721页。
[②] 同上，第3—4页。

四十六、蒋琬岂是百里才

本篇示要：蒋琬确实是社稷之器，非百里之才也！他的人格，他的道德，他的作为，完全继承了诸葛亮北伐曹魏，实现"中华民族大一统"的遗志。同时也应该看到：当时以刘禅为帝的刘汉政权，实现"中华民族大一统"之志亦未减退，这不仅是诸葛亮挑选"接班人"的成功。也是我们在研究刘汉政权时应当注意的。不能对刘禅的一生予以"全盘否定"。

李福问难：

诸葛亮于武功病笃，后主遣福省侍，遂因谘以国家大计。福往具宣圣旨，听亮所言，至别去数日，忽驰思未尽其意，遂却骑驰还见亮。[1]

诸葛妙答：

亮语福曰："孤知君还意。近日言语，虽弥日有所不尽，更来一决耳。君所问者，公琰其宜也。"福谢："前实失不谘请公，如公百年后，谁可任大事者？

---

[1] 晋·陈寿撰，南朝宋·裴松之注：《三国志》（全五册），中华书局1975年版，第1087页。

故辄还耳。……"①事在234年八月。

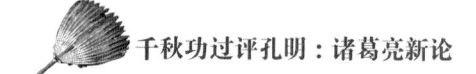

又，《称蒋琬》"蒋琬，社稷之器，非百里之才也。其为政以安民为本，不以修饰为先，愿主公重加察之。"注：见《三国志·蒋琬传》。……蒋琬入蜀先任广都长，政绩不佳，刘备不满。此系诸葛亮劝刘备之语。系215年。

作年略考：

史载："十二年春，亮悉大众由斜谷出，以流马运，据武功五丈原，与司马宣王对于渭南。亮每患粮不继，使己志不申，是以分兵屯田，为久驻之基。耕者杂于渭滨居民之间，而百姓安堵，军无私焉。相持百余日。其年八月，亮疾病，卒于军，时年五十四。"②"十二年春"即建兴十二年（公元234年）春。

又，蜀建兴十二年（公元234年）"诸葛亮领兵十万出斜谷攻曹魏，并遣使约吴共举。四月，亮军抵郿（今陕西眉县东北），进据渭水南岸五丈原（今陕西省眉县西南），与北岸二十万魏军相对峙。诸葛亮因魏军坚壁不战，乃分兵屯田，为久驻之基。'耕者杂于渭滨居民之间，而百姓安堵，军无私焉。'八月，亮数挑战，并遗以巾帼妇人之服激怒司马懿，但魏军固守。诸葛亮积劳成疾，卒于军中，时年五十四岁。"③

由上可知，诸葛亮答李福之言，事在234年八月。

直雄补说：

公元234年八月，三国时期著名政治家、军事家诸葛亮病倒在五丈原军中。诸葛亮病势沉重，气息奄奄、人命危浅、朝不保夕即将别离人世之际，刘禅遣李福

---

①晋·陈寿撰，南朝宋·裴松之注：《三国志》（全五册），中华书局1975年版，第1087页。
②同上书，第925页。
③张习孔、田珏主编：《中国历史大事编年·第二卷》，北京出版社1997年版，第16页。

前往诸葛亮的病床前,听取其关于谁可充当其接班人的最后指示。

这是一段颇为动情的关于交接班的遗言。其意思是说:诸葛亮已经病重在身,汉后主刘禅派遣尚书仆射李福前去问候,同时询问国家大事。李福来到诸葛亮的病榻前谈话已毕,匆匆辞别而去,过了几天后又返了回来。诸葛亮就说道:"我知道你返回来的意图,我们虽然整天谈话,有些事情还没有个交待,你又来听取决定了。你所要问的接任大事当以蒋琬比较适合。"李福连忙道歉说:"我确实不曾询问过这件大事,如您百年之后,谁可以肩负如此重任,所以我又返了回来。再请问蒋琬之后,谁可承担这一重任呢?"诸葛亮说:"费文伟可以继任。"当又问到费文伟之后又当怎么样?诸亮没有回答。

诸葛亮不愧为出色的政治家、军事家。人近临终,说到国家大事,头脑尤为冷静。这时,他一定想到:刘备曾经要处分蒋琬,是他,发现了蒋琬的才能和忠直。史载:"琬以州书佐随先主入蜀,除广都长。先主尝因游观奄至广都,见琬众事不理,时又沉醉,先主大怒,将加罪戮。军师将军诸葛亮请曰:'蒋琬,社稷之器,非百里之才也。其为政以安民为本,不以修饰为先,愿主公重加察之。'先主雅敬亮,乃不加罪,仓卒但免官而已。……先主为汉中王,琬入为尚书郎。蜀汉建兴元年,丞相亮开府,辟琬为东曹掾。举茂才,琬固让刘邕、阴化、庞延、廖淳,亮教答曰:'思惟背亲舍德,以殄百姓,众人既不隐于心,实又使远近不解其义,是以君宜显其功举,以明此选之清重也。'迁为参军。五年,亮住汉中,琬与长史张裔统留府事。八年,代裔为长史,加抚军将军。亮数外出,琬常足食足兵以相供给。亮每言:'公琰讬志忠雅,当与吾共赞王业者也。'密表后主曰:'臣若不幸,后事宜以付琬。'"[1]

这段话的意思是说,早就有名望的蒋琬,凭借任州书佐的身份跟随刘备入蜀,被任命为广都县令,有一次刘备游览视察突然来到广都,看到蒋琬什么政事也不处理,且又喝得酩酊大醉,大怒,要判罪杀了他。在旁的军师将军诸葛亮求情说:"蒋琬是治理国家大事的大才,不是治理一县的小才,他处理政事是以安定百姓为根本,而不追求表像,希望主公您要重新加以考察。"刘备一贯敬重诸葛亮,于是不加罪于蒋琬,只是在匆忙中罢官了事。没有多久,蒋琬被任命为

---

[1] 晋·陈寿撰,南朝宋·裴松之注:《三国志》(全五册),中华书局1975年版,第1057—1058页。

什邡令。刘备称汉中王，召蒋琬为尚书郎。蜀汉建兴元年（223），丞相诸葛亮主政，开设官署，召蒋琬为东曹掾。后来被举荐秀才，蒋琬坚决要让给刘邕、阴化、庞延、廖淳，诸葛亮告谕他说："想想你离开家乡亲朋，放弃侍奉父母的义务，就是为了老百姓而这样做，你这样推让，大家又都不愿意，倒会使远近的人不理解，因此，你应该向天下人显示你是因功而被举荐，以此来表明这次所选者是清高而有声望的。"后又升任为参军。蜀汉建兴五年（227），诸葛亮率部进驻汉中，蒋琬和长史张裔一道统管丞相府中之事。蜀汉建兴八年（230），蒋琬替代张裔为长史，升迁为抚军将军。诸葛亮多次带兵在外，蒋琬则以足够的粮饷与兵力供应前线。诸葛亮常称道："公琰的志向在于忠正清雅报效国家，他是辅佐我一道共同完成统一大业之人。"他曾秘密上表后主刘禅说："假若为臣不幸去世，后事应托付蒋琬。"

诸葛亮临终推荐蒋琬代替自己接任朝中大事，仅凭上述史实，就足以说明：诸葛亮对蒋琬的接班任事，是经过实事求是的反复考察的。

蒋琬也不负众望、不负诸葛亮所荐。史载："亮卒，以琬为尚书令，俄而加行都护，假节，领益州刺史，迁大将军，录尚书事，封安阳亭侯。时新丧元帅，远近危悚。琬出类拔萃，处群僚之右，既无戚容，又无喜色，神守举止，有如平日，由是众望渐服。延熙元年，诏琬曰：'寇难未弭，曹叡骄凶，辽东三郡苦其暴虐，遂相纠结，与之离隔。叡大兴众役，还相攻伐。曩秦之亡，胜、广首难，今有此变，斯乃天时。君其治严，总帅诸军屯住汉中，须吴举动，东西掎角，以乘其衅。'又命琬开府，明年就加为大司马。

东曹掾杨戏素性简略，琬与言论，时不应答。或欲构戏于琬曰：'公与戏语而不见应，戏之慢上，不亦甚乎！'琬曰：'人心不同，各如其面；面从后言，古人之所诫也。戏欲赞吾是耶，则非其本心，欲反吾言，则显吾之非，是以默然，是戏之快也。'又督农杨敏曾毁琬曰：'作事愦愦，诚非及前人。'或以白琬，主者请推治敏，琬曰：'苟其不如，则事不当理，事不当理，则愦愦矣。复何问邪？'后敏坐事系狱，众人犹惧其必死，琬心无适莫，得免重罪。其好恶存道，皆此类也。

琬以为昔诸葛亮数闚秦川，道险运艰，竟不能克，不若乘水东下。乃多作舟船，欲由汉、沔袭魏兴、上庸。会旧疾连动，未时得行。而众论咸谓如不克捷，还路甚难，非长策也。于是遣尚书令费祎、中监军姜维等喻指。琬承命上疏曰：

'芟秽弭难，臣职是掌。自臣奉辞汉中，已经六年，臣既暗弱，加婴疾疢，规方无成，夙夜忧惨。今魏跨带九州，根蒂滋蔓，平除未易。若东西并力，首尾掎角，虽未能速得如志，且当分裂蚕食，先摧其支党。然吴期二三，连不克果，俯仰惟艰，实忘寝食。辄与费祎等议，以凉州胡塞之要，进退有资，贼之所惜；且羌、胡乃心思汉如渴，又昔偏军入羌，郭淮破走，算其长短，以为事首，宜以姜维为凉州刺史。若维征行，衔持河右，臣当帅军为维镇继。今涪水陆四通，惟急是应，若东北有虞，赴之不难。'由是琬遂还住涪。疾转增剧，至九年卒，谥曰恭。"①

蒋琬接任诸葛亮之职，其为人处事的风格，实可为后人典范，将其意译，是有价值的。其意为：诸葛亮去世后，朝廷即任命蒋琬为尚书令，不久就升为都护、假节，兼任益州刺史，升为大将军，录尚书事，封安阳亭侯。其时元帅诸葛亮刚死，人们无不忧心忡忡。然其才干出类拔萃，处在百官之首，他既无悲戚的表情，又无欢悦的声色，神态举止，一如既往，于是人们心底渐渐佩服。

蜀汉延熙元年（公元238年），后主诏命蒋琬说："贼寇大乱未除，曹叡凶狠骄横，辽东三郡人民处于水深火热之中，于是相互连结与魏分离。曹叡又大举兴兵征伐镇压。以往秦朝灭亡，陈胜、吴广首先发难，如今有此变故，正是天赐良机。你应严整治军，总率各军屯驻汉中，待东吴举兵北进，两国构成东西犄角之势，伺机进击。"又命蒋琬成立相府，次年加官为大司马。

东曹掾杨戏性格素来简略，蒋琬与之谈话，他有时不大理睬。于是便有人想在蒋琬面前诬陷他，便对蒋琬说："您与杨戏讲话而他不答理，这样傲慢上级，不是太过分了吗？"蒋琬回答说："各人心性不一，就像人的容貌有差异，当面应承背后非议，这是古人告诫人们注意之事。杨戏想要赞成我，但不是他的本心，想要不赞成我，又怕暴露我的不是，所以默然不应，这正是他的诚实之处啊！"

又有督农杨敏曾经毁谤过蒋琬说："做事昏昏然，确实不如前人。"有人以此话向蒋琬"打小报告"，主管官员请求推究其事治罪杨敏，蒋琬说："我确实不如前人，有什么可推究杨敏的呢？"主管官员再次陈说而蒋琬也不允许推究。

---

①晋·陈寿撰，南朝宋·裴松之注：《三国志》（全五册），中华书局1975年版，第1058—1059页。

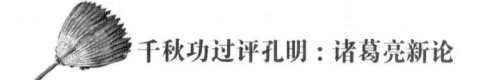

主管官员则请蒋琬去责问杨敏说他昏昏糊糊的情状。蒋琬说:"若不如前人,则处事不合理,处事不合理,则昏昏糊糊。还有什么好问的呢?"后来杨敏犯罪坐牢,人们担心他必死无疑,而蒋琬心中不存成见,故杨敏得以免除重罪。蒋琬就是这样好恶爱憎均合乎道义的一个人。

蒋琬考虑到诸葛亮以往数次出兵秦川,因路途险恶运输艰难,最后都没有什么大的成果,不如改从水路顺势而下击魏。于是多造战船,拟从汉、沔地区袭击魏国的魏兴、上庸一带。恰逢他旧病发作,未能及时去做。而大家议论一致认为:如若不能迅速取胜,退路将会十分艰难,此并非长远之计。于是派尚书令费祎与中监军姜维等前去见蒋琬陈述这种意见。蒋琬接受大家意见上疏后主说:"消灭曹魏平息国难,这是为臣的职责。自为臣奉命驻守汉中,已过六年,为臣既蠢愚不明,又身患多病,规划方略不能实现,昼夜忧虑不安。如今曹魏跨据九州之地,根深蒂固,清除他们很不容易。如果吴、蜀东西合力,首尾成犄角之势,虽说不见得就能迅速实现成功的意愿,尚可对魏国进行分割蚕食,先翦除它的羽翼。然而吴国约定出兵时间一再拖延,几次未能实现,确实左右为难,令人寝食不安。每与费祎等人商议,认为凉州胡人地区是为边塞要地,进退有据,曹魏很重视这块地盘,况且羌、胡民族都十分思念汉朝,过去偏军入羌,郭淮失败逃走,考虑事情的得失,认为攻取凉州是最重要的事情,应当以姜维为凉州刺史。如果姜维出征,与敌人对峙河右之地,为臣则统领大军为姜维后援。如今涪地水陆四通,可以应急,如果东北一线有战事,奔赴救援也不难。"于是蒋琬退还驻守涪县。不料病情加剧,至蜀汉延熙九年(246)去世,谥号为"恭"。

直雄以为,蒋琬的作为,完全继承了诸葛亮北伐曹魏,实现"中华民族大一统"的遗志。同时也应该看到:当时以刘禅为帝的刘汉政权,实现"中华民族大一统"之志亦未减退,这不仅是诸葛亮挑选"接班人"的成功。也是我们在研究刘汉政权时应当必须注意的。不能对"刘阿斗"当政"全盘否定"。

四十七、推荐费祎失深察

本篇示要：费祎上有承诸葛亮、蒋琬事业之功，也下有毁诸葛亮、蒋琬事业之责。他有负诸葛亮对他的重托：一是他对诸葛亮器重的姜维，是压制的；二是他对诸葛亮"官府一体"政策的破坏应承担一定的责任；三是对佞臣陈祗的提拔应担全责。陈祗、黄皓这两个奸佞，立刻形成了以刘禅为首的难以拆散的腐败集团。让刘汉小王朝在"桓、灵腐败的死亡之路"上渐行渐近；四是破坏诸葛亮一手制造的法制政策一味"烂赦"；五是不听张嶷之劝，为曹魏降将所杀，给刘汉政权造成了沉痛的打击。不管费祎多么有才华，也不管费祎个人是何等的廉洁清明，但用人不察，让一个奸佞轻易地进入刘汉政权的中枢，且立刻与刘禅、黄皓沆瀣一气肆行贪腐；对"降将"不失防，宴会上为郭循所杀。刘汉政权的"亡国史"，始于费祎，应对其"追责"。诸葛亮在李福问及费祎之后刘汉政权的接班人是谁时，诸葛亮不肯再言。何者？蔡东藩先生结论道："汉祚已终，不消再说。"这不能不说是对诸葛亮"无可奈何花落去"的一种解说，也不能不说是蔡东藩先生对费祎的用人不审的批判，这也确实是能力超强的费祎的终生之憾！然深而思之，诸葛亮推荐费祎亦有失深察之过。

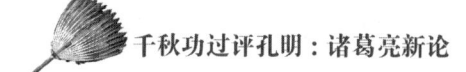

李福问难：

诸葛亮于武功病笃，后主遣福省侍，遂因谘以国家大计。福往具宣圣旨，听亮所言，至别去数日，忽驰思未尽其意，遂却骑驰还见亮。亮语福曰："孤知君还意。近日言语，虽弥日有所不尽，更来一决耳。君所问者，公琰其宜也。"福谢："前实失不谘请公，如公百年后，谁可任大事者？故辄还耳。乞复请，蒋琬之后，谁可任者？"①

诸葛妙答：

亮曰："文伟可以继之。"又复问其次，亮不答。福还，奉使称旨。福为人精识果锐，敏于从政。②

作年略考：

宋人张栻《汉丞相诸葛忠武侯传》载云："十二年二月，亮悉大众十万由斜谷出……四月，至郿，军于渭水之南，据武功五丈原……相持百余日。会秋，亮有疾日侵，密表帝曰：'臣若不幸，后事宜以付蒋琬。'时帝亦遣尚书仆射李福省侍，因谘以国家大计。别去数日，复还。亮曰：'知君还意，近言语虽弥日，有所不尽，更来求决耳。所问者公炎（琰）其宜也。'福复请，亮曰：'文伟可以继之。'又问其次，亮不答。"③

宋人萧常的《诸葛亮传》（即王瑞功主编：《诸葛亮研究集成》上下册，第66页。以下的"同上书"皆指此书），明人李贽的《诸葛亮传》（同上书的

---

①晋·陈寿撰，南朝宋·裴松之注：《三国志》（全五册），中华书局1975年版，第1087页。
②同上书。
③王瑞功主编：《诸葛亮研究集成》（上、下册），齐鲁书社1997年版，第50页。

90页），清人朱轼的《诸葛亮传》（同上书的116页），清人朱璘的《汉丞相诸葛亮传》（同上书的127—128页），清人王复礼的《诸葛忠武侯传》（同上书的138页），清人佚名的《诸葛亮传》（同上书的169页）等，所载皆与张栻《汉丞相诸葛忠武侯传》相同。

综合上一题"作年略考"中的史料，可以肯定：诸葛亮遗言可付继任大事者的作年当是在234年8月。

直雄补说：

费祎这个人物，在蒋琬之后，是刘汉政权中一个很值得一论的关键性人物。他有承诸葛亮、蒋琬事业之功，也有毁诸葛亮、蒋琬事业之责。

费祎之所以为诸葛亮所看重，主要是以其外交才能和协调才能为诸葛亮有所感动所致。史载："费祎，字文伟，江夏鄳（máng）人也。少孤，依族父伯仁。伯仁姑，益州牧刘璋之母也。璋遣使迎仁，仁将祎游学入蜀。会先主定蜀，祎遂留益土，与汝南许叔龙、南郡董允齐名。时许靖丧子，允与祎欲共会其葬所。允白父和请车，和遣开后鹿车给之，允有难载之色，祎便从前请先上。及至葬所，诸葛亮及诸贵人悉集，车乘甚鲜，允犹神色未泰，而祎晏然自若。持车人还，和问之，知其如此，乃谓允曰：'吾常疑汝与文伟优劣未别也，而今而后，吾意了矣。'先主立太子，祎与允俱为舍人，迁庶子。后主践位，为黄门侍郎。丞相亮南征还，群僚于数十里逢迎，年位多在祎右，而亮特命祎同载，由是众人莫不易观。亮以初从南归，以祎为昭信校尉使吴。诸葛恪、羊衟等才博果辩，论难锋至，祎辞顺义笃，据理以答，终不能屈。权甚器之，谓祎曰：'君天下淑德，必当股肱蜀朝，恐不能数来也。'还，迁为郎中。亮北住汉中，请祎为参军。以奉使称旨，频烦至吴。建兴八年，转为中护军，后又为司马。值军师魏延与长史杨仪相憎恶，每至并坐争论，延或举刃拟仪，仪泣涕横集。祎常入其坐间，谏喻分别，终亮之世，各尽延、仪之用者，祎匡救之力也。亮卒，祎为后军师。顷之，代蒋琬为尚书令。琬自汉中还涪，祎迁大将军，录尚书事。延熙七年，魏军次于兴势，假祎节，率众往御之。光禄大夫来敏至祎许别，求共围棋。于时羽檄交驰，人马擐甲，严驾已讫，祎与敏留意对戏，色无厌倦。敏曰：'向聊观试君耳！君信可人，必能办贼者也。'祎至，贼遂退，封成乡侯。琬固让州职，祎复领益州刺史。祎当国功名，略与琬比。十一年，出住汉中。自琬及祎，虽自身在外，庆赏刑威，皆遥先咨断，然后乃行，其推任如此。……十六年岁首大会，魏降人郭循在坐。祎欢饮沉醉，为循手刃所害，谥曰敬候。"①

上述这段文字，直雄只截取相关内容作出分析：

一是费祎为人坦畅有胆略。

如上文所载：当许靖的儿子死了之后，和他齐名董允打算一同去参加许子的葬礼。董允向父亲董和说要一辆车子，董和便给他们派了一辆从后面开门的鹿车，这时董允面有难色不愿上车，费祎却抢先登上去。等到达安葬地，诸葛亮等显贵人物都到场了，他们的车辆装饰很漂亮，董允下车后的神色很不好意思，而费祎却泰然自若。驾车的人返回后，董和向他询问此行的情况，知道了两人的表现，就对董允说："我常常疑心自己还没有分辨出你和费文伟的高下，从今以后，我清楚了。"

再是，在大战即将来临之际，如延熙七年（244），魏军驻扎在兴势，后主授予费祎符节，率军前往抵御。光禄大夫来敏到费祎府上为他送行，请求和他下围棋。当时军书往来传递，人马均已披上甲衣，严整待令出发，费祎与来敏专心下棋，毫无厌倦的神色。来敏说："刚才只是试一试您罢了！您确实让人放心，此次前往一定能打败敌人。"费祎赶到前线，魏军就撤退了②，费祎被封为成乡侯。

二是有外交才能，为诸葛亮所看重、为孙权所赞赏。

刘备立太子之后，费祎与董允都做了太子的门客，被提升为庶子。刘禅即位后，费祎为黄门侍郎。丞相诸葛亮南征回朝，群官到都城外几十里处迎接。其中大多数官员年岁和官位都比费祎高，而诸葛亮却特地让费祎与自己同坐一辆车，从这件事起大家改变了对他的看法。诸葛亮考虑到刚从南方征战回来，任命费祎为昭信校尉出使东吴。诸葛恪、羊衒等才学都很渊博，才能十分卓越，尤其是很

---

①晋·陈寿撰，南朝宋·裴松之注：《三国志》（全五册），中华书局1975年版，第1060—1063页。

②其实，曹爽十万大军进攻兴势，要不是司马懿、司马昭父子暗中大肆破坏、不停地捣鬼，故意让曹爽失利无奈退军。也许，刘汉政权将会面临着一场生死存亡的大战。费祎是绝对占不到这个便宜的，费祎下棋再沉着也无用，来敏这样要腐儒的脾气要误大事，当斩。曹爽与司马懿父子的内斗，司马懿父子使尽其解数让曹爽10万大军败归，这只能是费祎的"运气"而已。

有辩才，论辩责问言辞锋利，而费祎与他们谈论时却言辞舒畅、含义深刻，据理作答，对方最终不能使他服输。孙权十分器重费祎，对他说："你是天下有美德的人，一定能成为蜀国的得力大臣，恐怕不能常来东吴了。"费祎返归蜀国后，被升为郎中，诸葛亮率军北上驻守汉中，请费祎为参军。费祎因为奉命出使办事符合皇帝旨意，多次出使吴国。

三是善于调解矛盾，为人"宽济而博爱"。

蜀汉建兴八年（230），费祎被调任中护军，后又调任司马。其时魏延与杨仪两人矛盾加剧，发生争吵，魏延甚至还举刀向杨仪比划，杨仪则涕泪横流。费祎常常坐在他们中间，直言劝谏，分别予以劝解，这种情况，直到诸葛亮当政时代结束，让魏、杨两人能够各尽其才，全靠费祎补救调解的力量。

以上足以说明，费祎确有上承诸葛亮、蒋琬事业之功。

既然费祎确有上承诸葛亮、蒋琬事业之功，怎能说他也有毁诸葛亮、蒋琬事业之责呢？

对于这个问题，它关系着日后刘汉政权的兴亡，而人们关注不多，很值得一论。

一是费祎（？—253）的纵酒与过分"大度"且不听劝告，作为刘汉政权的栋梁之臣，正当壮年，[①]本当正是为朝廷出力的时候，就是因为他的"宽济而博爱"[②]过度而付出了生命的代价——遇刺身亡，国家中途丧横梁，这无疑是对刘汉政权的重大打击。

蜀汉延熙十六年（253）的岁首大会，魏国降将郭循也在座。费祎畅饮沉醉，被郭循亲手持刀所害。其实，识断明果的张嶷早在蜀汉延熙六年（243）十一月，蒋琬从汉中回来，入驻涪县。任命费祎为大将军时，就写信规劝过费祎要自警防害。史载："张嶷初见费祎为大将军，恣性汎爱，待新附太过，嶷书戒之曰：'昔岑彭率师，来歙杖节，咸见害于刺客。今明将军位尊权重，宜鉴前事，少以为警。'后祎果然为魏降人郭循[③]所害。"[④]其意思是说：张嶷初见费祎为大将

[①]据《三国志·费祎传》及他与董允、蒋琬等同一辈人的活动情况推测，他属壮年而亡。
[②]晋·陈寿撰，南朝宋·裴松之注：《三国志》（全五册），中华书局1975年版，第1069页。
[③]本文为郭修，遵《三国志·费祎传》改为循。
[④]晋·陈寿撰，南朝宋·裴松之注：《三国志》（全五册），中华书局1975年版，第1053页。

军，任性泛爱，对待新归附的人过于信赖，就去信对他规劝："过去岑彭率领军队，来歙假节持钺，都被害于刺客之手。①现在大将军位高权重，应当借鉴往事，稍有警觉。"后来费祎果然为魏国投降过来的人郭循所杀害。

费祎是刘汉大厦中诸葛亮、蒋琬、董允号称"四英"中最后一"英"，也是刘汉大厦最后一棵撑天大树。费祎的意外死亡，谁可承继刘汉政权一隅江山的重任也无从交代！从此刘汉政权日薄西山！刘汉政权之所以日薄西山，与费祎不无干系。

二是破坏诸葛亮制定的法制。《三国志·孟光传》载云："蜀汉延熙九年秋，大赦，（孟）光于众中责大将军费祎曰：'夫赦者，偏枯之物，非明世所宜有也。衰弊穷极，必不得已，然后乃可权而行之耳。今主上仁贤，百僚称职，有何旦夕之危，倒悬之急，而数施非常之恩，以惠奸宄之恶乎？又鹰隼始击，而更原宥有罪，上犯天时，下违人理。老夫耄朽，不达治体，窃谓斯法难以经久，岂具瞻之高美，所望于明德哉！'祎但顾谢踧踖而已。"②

对于蜀汉延熙九年（246）是费祎进行的第一次大赦，蜀汉官员孟光立刻指出，大赦这种事都是不得已的情况下才进行的，但是当下的蜀汉国泰民安，这种时候大赦，非但让蜀汉百姓得不到实际的恩惠，反倒让罪犯逍遥法外，危害社会，是有损江山社稷的行为。

费祎这个人，是个博爱的聪明人，却听不进真言，从他没有反驳孟光可以看出，孟光的话，费祎多少是认同的，这当中的利害关系他也应该是知道的，但是他却没有因此而停止大赦，反而继续将他的博爱"发扬光大"之，连续无故大赦，让有罪行的人，继续危害社会。

蜀汉的灭亡，很多人都责怪姜维频繁北伐消耗国力，但实际上，作为蜀汉治理内政的重要人物，费祎已经在用他的"博爱"慢慢的将刘汉政权推向灭亡的边

---

① 公孙述（？—36）灭亡在即，但他不甘心被岑彭（？—35）打败，当岑彭大军驻扎在彭亡这个地方时。岑彭听了这个地名，心中不悦，本来想移营，但因天黑未果。结果当夜公孙述派了一名刺客，谎称是逃亡之人，前来投降，乘人不备，于夜间将岑彭刺死。来歙（？—35）奉命征讨公孙述，与猛将盖延大破公孙述军。公孙述又来暗招，派刺客刺杀来歙，命中要害而亡。

② 晋·陈寿撰，南朝宋·裴松之注：《三国志》（全五册），中华书局1975年版，第1023—1024页。

缘，而姜维在费祎执政期间，不过是用不到万人的队伍在作战，所消耗的国力非常有限，费祎死后，姜维还从羌、胡手中获得非常多的战略资源来支持北伐，因此姜维北伐对国力没有大的影响。

诸葛亮当初北伐，动辄十几万大军，但是他还能做到让蜀汉"田畴辟，仓廪实，器械利，蓄积饶，朝会不华，路无醉人"，可见，只要将诸葛亮的治国方略进行到底，在发动战争的同时，保持国库充裕，是可以办到的。

纵使费祎的才能比不上诸葛亮，但是他却将诸葛亮治国方略的最关键的地方进行改动，频繁大赦导致国家法礼崩坏，内政不稳，逐渐使蜀汉走向衰败。

蒋琬在世时未能意识到大赦的危害，费祎大赦时孟光也没有办法阻止，致使费祎之后，蜀汉的大赦越来越频繁，最终，诸葛亮辛苦治理的蜀汉，逐渐崩溃。

费祎在有人点醒的情况下还不以为然，仍然大赦，其罪过远超于蒋；最后又不听张嶷的劝告被郭循刺杀。费祎因为自己的博爱误了国家，让人痛心；又因为自己的博爱害了自己，却是活该。[①]

三是由于费祎的"宽济而博爱"。他用人不审且不慎提拔了奸佞陈祗，史载："陈祗代允为侍中，与黄皓互相表里，皓始预政事。祗死后，皓从黄门令为中常侍、奉车都尉，操弄威柄，终至覆国。蜀人无不追思允。及邓艾至蜀，闻皓奸险，收闭，将杀之，而皓厚赂艾左右，得免。祗字奉宗，汝南人，许靖兄之外孙也。少孤，长于靖家。弱冠知名，稍迁至选曹郎，矜厉有威容。多技艺，挟数术，费祎甚异之，故超继允内侍。吕乂卒，祗又以侍中守尚书令，加镇军将军，大将军姜维虽班在祗上，常率众在外，希亲朝政。祗上承主指，下接阉竖，深见信爱，权重于维。景耀元年卒，后主痛惜，以言流涕，乃下诏曰：'祗统职一纪，柔嘉惟则，干肃有章，和义利物，庶绩允明。命不融远，联用悼焉。夫存有令问，则亡加美谥，谥曰忠侯'。赐子粲爵关内侯，拨次子裕为黄门侍郎。自祗之有宠，后主追怨允日深，谓为自轻，由祗媚兹一人，皓构间浸润故耳。"[②]

可以说陈祗这个人是刘汉政权中的一大蛀虫，很有必要分析一下他对刘汉政权的危害。让我们先看一看上述这段文字的意思：

[①] 参见趣历史：《费祎是什么人？为什么说要为蜀汉灭亡负有责任？》2018年9月24日，http://www.qulishi.com/article/201809/297507.html（有的地方直雄小有改动）。
[②] 晋·陈寿撰，南朝宋·裴松之注：《三国志》（全五册），中华书局1975年版，第987页。

陈祗字奉宗，汝南人，是司徒许靖哥哥的外孙。他从小就失去父亲，在许靖家长大。陈祗20岁就有名气，不久被任命为选曹郎；陈祗矜持严厉、相貌威武，擅长多种技艺，仗着懂些阴阳五行生克制化的数理，费祎便对他另眼相待，故而破格擢升他接替董允任内侍。吕乂死后，陈祗又以侍中守尚书令，加封镇军将军，大将军姜维虽说职位居于陈祗之上，但因为他经常率兵在外，朝中大政过问得不多。陈祗上迎逢刘禅所好，下勾结宦官佞臣，从而深受刘禅的宠信，权力竟超过姜维。蜀汉景耀元年（258）陈祗死后，刘禅悲痛惋惜，一提到他就痛哭流涕，还下诏书说："陈祗在他的职任上，以柔顺温和为行为准则，处理事务有条不紊，和气忠义有利诸般事物，故此政绩公允辉煌。可惜其寿苦短，朕深深痛悼。给他追加美好的谥号，谥为'忠侯'。"此外还赐封陈祗之子陈粲的爵位为关内侯，提升陈祗次子陈裕为黄门侍郎。自从陈祗得宠后，刘禅便日益追恨董允，说董允自以为是、高傲轻人。这都是陈祗阿谀媚上、黄皓挑拨离间渐渐使后主形成这种认识。

陈祗接替董允之后，干了些什么呢？蔡东藩先生的评说足以说明问题。他写道：

> 尚书令陈祗与中常侍黄皓，在内用事，扰乱国政。……皓累承宠眷，蒙蔽后主，伐异党同，右将军阎宇，与皓亲善，皓欲黜去姜维，以宇为代。维察知阴谋，入白后主道："皓奸巧专恣，将败国家，请陛下速诛此人。"后主笑答道："皓一趋走小臣，有何能为？从前董允嫉皓，朕常以为过甚，卿幸勿介意。"……黄皓遂乘间进谗，请令阎宇代维，后主虽未依言，心下却有疑意。维在途中，得知消息，乃自请种麦沓中，不复还都。才阅两月，即得魏人窥蜀消息，上表后主，……后主接得此表，乃与黄皓计议，皓复奏道："这又是姜维贪功，故有此表。臣料蜀中天险，魏人亦未必敢来，陛下如尚怀疑，都中有一师巫，能知未来，可传旨问明。"后主遂令皓往问师巫，未几返报，谓巫已请得神言，说陛下后福无穷，何来外寇？后主信以为真，乐得耽情酒色，坐享太平，所有姜维表文，置诸不理。适有都乡侯胡琰妻贺氏，美丽绝伦，因入宫朝

见皇后，被留经月，方许还家。琰疑贺氏与后主私通，竟呼家卒至贺氏前用履挞面差不多有数百十下。……琰俟家卒挞罢，将妻驱出。可怜贺氏哭哭啼啼，竟至宫中面诉冤情，后主见她面目青肿，不禁大怒，立命左右拘琰下狱，饬有司从重定谳，谳文有云："卒非挞妻之人，面非受履之地，罪当弃市！"于是琰处斩。时人因琰罪轻法重，越生疑议，遂致舆情失望，怨谤交乘，后主似痴聋一般，全无知觉。且姜维上表后，过了半年，并不见魏兵入境，益觉得黄皓忠诚，远过姜维。谁知霹雳一声，震动全蜀，魏兵竟三路杀到，势如破竹，管教那岩疆失守，全蜀沦亡。①

陈祗与黄皓结党徇私、朋比为奸、害民误国之事，在《三国志》《中国历史通俗演义》等书稿中还多有十分生动而形象地描绘。

直雄在这里批判了一通陈祗与黄皓乱政导致刘汉政权的灭亡，这与费祎有什么关系呢？

大有关系，"宽济而博爱"，本来是一个人的美德，可以说：费祎的"宽济而博爱"过了头，前面说他"宽济而博爱"失去了对曹魏降将的警惕性而丢了性命，让刘汉王朝失去了一根"擎天之柱"！

又由于"宽济而博爱"过了头，将诸葛亮《前出师表》中"宫中府中，俱为一体"化为"宫府分开"并超级提拔奸佞陈祗。我们只要冷静细心地算一算：董允，公元246年死，陈祗从公元246年到258年，为奸12年。费祎，公元253年去世，就是说陈祗在费祎当政其间，为相达五年之久。

这五年之内，为费祎所器重所提拔的陈祗干了些什么呢？史载：

……蜀人称诸葛亮、蒋琬、费祎、董允为四圣相，亦号四英，至是惟祎尚存。祎用曹选郎陈祗为侍中，祗多技巧，好行小智，与黄门丞黄皓相昵。皓素来便佞，见宠后主，唯畏一公忠体国的董休昭；休昭即董允字。董殁后，皓无所忌惮，又由

---

①蔡东藩：《中国历史通俗演义·后汉演义》，安徽人民出版社1999年版，第697—699页。

陈祗入侍，遂得朋比为奸。且后主从此亲政，擢皓为中常侍，亲小人、远贤臣，诸葛公苦口垂箴，终成空论，免不得日就倾颓了。令人三叹。①

同样在这5年之内，为诸葛亮所器重的姜维，费祎又是怎样对待他的呢？姜维曾积极要求北伐曹魏，却为费祎所阻。史载：

延熙十二年，姜维出西平，不克。每欲大举。……（建兴）十二年，亮卒，维还成都，为右监军辅汉将军，统诸军，进封平襄侯。延熙元年，随大将军蒋琬住汉中。琬既迁大司马，以维为司马，数率偏军西入。六年，迁镇西大将军，领凉州刺史。十年，迁卫将军，与大将军费祎共录尚书事。是岁，汶山平康夷反，维率众讨定之。又出陇西、南安、金城界，与魏大将军郭淮、夏侯霸等战于洮西。胡王治无戴等举部落降，维将还安处之。十二年，假维节，复出西平，不克而还。维自练西方风俗，兼负其才武，欲诱诸羌、胡以为羽翼，谓自陇以西可断而有也。每欲兴军大举，费祎常裁制不从，与其兵不过万人。《汉晋春秋》曰："费祎谓维曰：'吾等不如丞相亦已远矣！丞相犹不能定中夏，况吾等乎！且不如保国治民，敬守社稷，如其功业，以俟能者，无以为希冀徼幸而决成败于一举。若不如志，悔之无及。'"②

由上可知，费祎对诸葛亮器重的姜维，是压制的，而由他超拔的奸佞陈祗则春风得意。陈祗、黄皓这两个奸佞，在刘汉朝廷，形成了以刘禅为首的难以拆散的腐败团伙。刘汉王朝正在"桓、灵腐败的死亡之路"上渐行渐近。不管费祎多么有才华，也不管费祎个人的品格是何等高尚廉洁清明，但用人不察，让一个奸

---

①蔡东藩：《中国历史通俗演义·后汉演义》，安徽人民出版社1999年版，第670页。
②吴直雄：《破解〈习凿齿传〉〈汉晋春秋〉千年谜》，广东人民出版社2013年5月版，第589页。

佞轻易地进入刘汉政权的中枢，且立刻与刘禅沉瀣一气肆行贪腐，最终灭亡，费祎难辞其咎。

诸葛亮在李福问及费祎之后刘汉政权的接班人是谁时，诸葛亮不肯再言。何者？蔡东藩先生结论道："汉祚已终，不消再说。"[①]这只能说是诸葛亮对刘汉政权的前景有"无可奈何花落去"之感的一种解说，也不能不说是蔡东藩先生对费祎的用人不审的批判，这也确实是费祎的终生遗憾、终生之罪责！

[①]蔡东藩：《中国历史通俗演义·后汉演义》，安徽人民出版社1999年版，第658页。

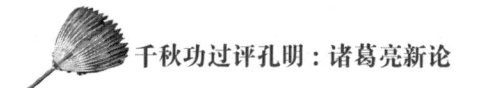

灭魏兴汉大一统　鞠躬尽瘁五丈原——诸葛亮行年暨其时要事纪年新谱

新谱示要：

  自明清以来，为诸葛亮作年谱者甚多。然伴随诸葛亮出生至死，其时所发生的大事和诸葛亮的主要事迹暨相关考证成果皆入其谱者甚少。鉴于汉末三国时时政腐败，战事频繁，直雄略入其要，以有利于反映诸葛亮在时事艰难岁月中的思想变化。故为之。

  本谱将诸葛亮一生分为两个时段，扼要地将其时的政治风云变幻及其主要作为入谱，从而直观地显现诸葛亮一生为"中华民族大一统"而"鞠躬尽瘁、死而后已"，为直雄所仅见。故取题为《灭魏兴汉大一统　鞠躬尽瘁五丈原——诸葛亮行年暨其时要事纪年新谱》。

  本谱依据诸葛亮生于乱世、平生"为恢复高祖、光武时期大汉大一统而奋斗"的理念与精神实质，将"新谱"分为"桓灵腐败天下乱，择主而仕应时出""灭魏兴汉为一统，鞠躬尽瘁五丈原"两大部分。资料来源，均见"参考文献"。

  这些历史事实，见证了诸葛亮一生"淡泊""宁静""观时变的第一个人生阶段"；"明志""致远""为一统的第二个人生阶段"。"淡泊明志，宁静致远"的思想，和为了恢复"中华民族大一统"事业而"鞠躬尽瘁、死而后已"的奋斗精神，贯穿着诸葛亮流芳千古的一生。展现了诸葛亮的高尚情操、廉洁奉公、实事求是、雷厉风行的行事风格及其独有的人格魅力所在。通过新谱中那些活生生的历史人物和历史事实,让我们看到诸葛亮那异乎寻常的成长历程及其对"中华民族大一统"的巨大贡献,实可给人们以深深的启迪。

此谱充分说明:诸葛亮用自己的一举一动,写就了光辉璀璨的一生,而那些称诸葛亮是"儒毒""分裂中国的罪魁祸首"之论,实属无稽。

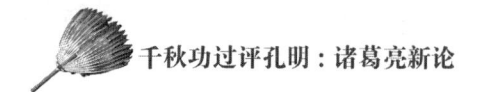

附录一：灭魏兴汉大一统　鞠躬尽瘁五丈原
——诸葛亮行年暨其时要事纪年新谱

诸葛亮生卒行年	主要活动暨其时要事
	桓、灵腐败天下乱　择主而仕应时出
汉灵帝光和四年 （181） 1岁	诸葛亮之降生，其时可谓"桓灵之倾圮已深，操、权之窃亦固"。 　　诸葛亮，复姓诸葛，名亮，字孔明。是西汉元帝曾任司隶校尉、以刚正不阿而闻名的诸葛丰之后。父，名珪，字君贡，东汉末为泰山郡丞。亮出生于琅琊国阳都县（今属山东省沂南县）。其兄诸葛瑾八岁。 　　亮有二姊，生年不详。亮之诞辰，据浙江省兰溪市诸葛大公堂所存之《诸葛氏宗谱》记为四月十四日；清道光九年所修之《昭烈忠武陵庙志》引《谈荟》作七月二十三日。录以备考。（参见大扬：《诸葛亮年表》《诸葛亮生平大事年表》） 　　十月，灵帝作列肆于后宫，使诸采女贩卖。更相盗窃争斗。灵帝着商贾，饮宴为乐。又于西园弄狗。着进贤冠，带绶。又驾四驴，灵帝躬自操辔，驰驱周旋，京师转相仿效，驴价遂与马齐。灵帝又好私蓄天下珍宝，每郡国贡献，令于常例外别有所输于中署，名为"导行费"。 　　是岁：诸葛亮（181—234年十月八日）出生；汉献帝刘协生（181年四月二日—234年四月二十一日）出生；曹操（155—220年三月十五日）26岁；刘备（161—223年六月十日）20岁；孙坚（155—192年）26岁；司马懿（179—251年九月七日）2岁。

续表1

诸葛亮生卒行年	主要活动暨其时要事
汉灵帝光和五年 （182） 2岁	正月，诏公卿举刺史、二千石为民蠹害者。太尉许彧、司空张济受取货赂，其宦者子弟、宾客，虽贪污秽浊，皆不敢问，而虚纠边远小郡清修有惠化者二十六，吏民诣阙陈诉。是岁，何休死。何休注有《论语》《孝经》，而最著者则为《春秋公羊解诂》；孙权（182—252年五月二十一日）；以灾异博问得失，议郎曹操上书切谏。
汉灵帝光和六年 （183） 3岁	初，钜鹿张角以妖术，分遣弟子转相诳诱。遂置三十六方，大方万余人，小方六七千。方犹将军也，各立群帅。讹言"苍天已死，黄天当立"。以中常侍为内应，约明年甲子，内外俱起。
汉灵帝光和七年 中平元年 （184） 4岁	春，张角弟子唐周上书告之，诏三公、司隶实验楼验有事角道者，诛杀千余人，下冀州逐捕。角等驰敕诸方，一时具起，皆著黄巾，故谓"黄巾贼"。黄巾起义自二月爆发至十一月主力失败。曹操拜骑都尉，参与镇压黄巾军。刘备起兵镇压黄巾军，除安喜县尉（今河北省定县东南）。孙坚随朱儁镇压黄巾，拜别部司马。其间：五月，皇甫嵩败黄巾军波才。六月，交趾作乱，贾琮抚定交趾。八月，黄巾首领张角病死；十月，黄巾首领张梁战死；十一月，黄巾首领张宝战死。十二月，改元中平。
汉灵帝中平二年 （185） 5岁	二月，张角起义后，博陵（今河北省蠡县南）张牛角、常山（今河北省元氏西）褚飞燕及黄龙、左校、于氐根、张白骑、刘石、左髭丈八、平汉大计、司隶缘城、雷公、浮云、白雀、杨凤、于毒、五鹿、李大目、白绕、眭固、苦蝤等同时奋起，大者二三万，小者六七千人。张牛角于战斗中中流矢而亡。褚飞燕代为帅，改姓张，据黑山（今河北省沙河北），众至百万。张飞燕寻降，拜平难中郎将，使领河北诸山谷事。十一月，鲜卑攻扰幽、并二州。

483

续表2

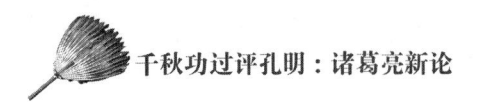

诸葛亮生卒行年	主要活动暨其时要事
汉灵帝中平三年 （186） 6岁	二月，江夏兵赵慈等起事，杀南阳太守秦颉。十二月，鲜卑攻扰幽、并二州。太尉张温还京师。是岁，前太尉张延为宦人所谮，下狱死。谏义大夫刘陶言"天下大乱，皆由宦官"。宦官谮陶，下狱死。前司徒陈耽忠正，宦官患之，陷死狱中。
汉灵帝中平四年 （187） 7岁	四月，韩遂杀边章及北宫伯玉，拥兵十万，攻陇西，败凉州刺史兵，进围汉阳，太守傅燮战死；扶风人马腾，汉阳人王国与韩遂合，共扰三辅。十月，孙坚为长沙太守。是岁，大司农曹嵩为太尉。是岁，诸葛亮父亲诸葛珪（？—约187）死，诸葛亮及其弟弟姐姐由叔父诸葛玄抚养。
汉灵帝中平五年 （188） 8岁	一月，屠各胡攻西河（今山西离山），杀郡守邢纪。二月，黄巾余众郭大等起义于西河白波谷，攻太原、河东（今山西省夏县西北）。三月，太常刘焉欲求益州牧，建议以为："四方兵寇，由刺史威轻，既不能禁，且用非常人以致离叛。宜改置牧伯，选清名重臣以居其任。"朝廷从焉议，选列卿、尚书为牧，以焉为益州牧，太仆黄琬为豫州牧，宗正刘虞为幽州牧。州任之重，自此始。八月，初置西园八校尉：其中议郎曹操为典军校尉。
汉灵帝中平六年 汉献帝永汉元年 （189） 9岁	四月，灵帝卒。皇子辩即位，是为少帝。何太后临朝，大将军何进秉政。何进杀上军校尉蹇硕。八月，何进谋诛宦官，为张让等所杀。袁绍尽诛宦官。董卓进京，诱使执金吾丁原部将吕布杀丁原，并其众。九月，董卓废少帝，立陈留王协为帝，是为献帝；自任相国，独专朝政。袁绍奔冀州，旋任法渤海太守。曹操不愿依附董卓，东归陈留，准备起兵。刘备起兵讨董卓。

续表3

诸葛亮生卒行年	主要活动暨其时要事
汉献帝初平元年（190）10岁	一月，关东州郡起兵讨董卓，推袁绍为盟主，曹操行奋武将军。高唐令刘备、长沙太守孙坚参与讨董之役。袁术表孙坚行破虏将军。二月，董卓逼献帝迁都长安，焚烧洛阳。曹操进兵荥阳，败退。兖州刺史刘岱杀东郡太守桥瑁，军阀混战开始。刘表任荆州刺史。这年冬，董卓以公孙度为辽东太守。度到官，自为辽东侯、平州牧。是岁，刘备依公孙瓒，为平原相（治今山东省平原西南），关羽、张飞为别部司马。
汉献帝初平二年（191）11岁	一月，孙坚破董卓军，斩其都督华雄。二月，入洛阳，得传国玺于城南西起甄宫（官署名）井中。七月，袁绍夺韩馥冀州，自领冀州牧。曹操为东郡太守。十月，董卓杀卫尉张温。
汉献帝初平三年（192）12岁	一月，袁术遣孙坚于襄阳击刘表，表将黄祖部曲射杀孙坚（155—192）。孙坚子孙策时年十七，欲复仇，至寿春见袁术，术以策父兵千余还策，表为怀义校尉。袁绍大败公孙瓒于界桥（今河北省威县东）。四月，司徒王允与吕布诛董卓。王允录尚书事，总揽朝政；吕布为奋武将军，封温侯。青州黄巾军攻杀兖州刺史刘岱。曹操击败黄巾，领兖州牧。蔡邕被杀。六月，董卓部将李傕等攻入长安，杀王允（137—192），吕布出逃关东，李、郭遂独专朝政。十二月，曹操收降青州黄巾，得卒三十万，号青州军。

续表4

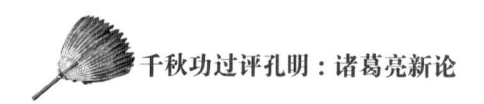

诸葛亮生卒行年	主要活动暨其时要事
汉献帝初平四年 （193） 13岁	这年秋，徐州牧陶谦部将杀曹操父嵩。曹操攻陶谦，拔十余城，坑杀男女数十万，攻其三县皆屠之，鸡犬亦尽。是岁，公孙瓒杀大司马、幽州牧刘虞，并其地。曹操如此嗜杀无辜，充分暴露了曹操"生性残酷"惨无人道可言的本质，也隐示了其帝业不得久长的历史必然（后来果然为魏太尉王凌之子王广与吴国丞相张悌所不幸言中）。也许，从此在诸葛亮幼小的心灵深处埋下了他将一生反曹灭魏的"火种"！
汉献帝兴平元年 （194） 14岁	春，刘备救陶谦，屯小沛（今江苏省沛县），谦表备为豫州刺史。夏，曹操再攻陶谦。陈留太守张邈与陈宫叛曹迎吕布，郡县皆应，操乃退兵。曹操攻吕布于濮阳（今河南省濮阳西南），相持百余日，各引去。益州牧刘焉卒，子璋嗣位。陶谦（132—194）卒，刘备领徐州牧。孙策依袁术，为怀义校尉。败刘繇据江东，自领会稽太守。
汉献帝兴平二年 （195） 15岁	二月，李傕与郭汜相攻。傕劫持献帝，汜拘执公卿。曹操大败吕布，重新控制兖州。吕布投奔刘备。七月，献帝出长安东归，李傕、郭汜追之。孙策离袁术南下，开拓江东基业。十月，曹操为兖州牧。 是岁，诸葛亮早孤，从父诸葛玄为袁术所署豫章太守，将诸葛亮及弟均之官。会汉更选朱皓代玄，玄素与荆州牧刘表有旧，往依之。诸葛亮偕弟均寓南阳襄、邓间。亮家于南阳之邓县。在襄阳城西二十里，号曰隆中。
汉献帝建安元年 （196） 16岁	刘备与袁术相攻，吕布乘虚袭取徐州。备向吕布求和，屯小沛。七月，献帝至洛阳，困顿不堪。九月，曹操迎献帝都许（今河南许昌东），为司空，行车骑将军，控制朝政；始兴屯田。袁术大将纪灵攻刘备，吕布救备，以辕门射戟解之。吕布攻刘备，备奔曹操，操表备为豫州牧。是岁，诸葛亮仍寓南阳襄、邓间。

续表5

诸葛亮生卒行年	主要活动暨其时要事
汉献帝建安二年（197）17岁	一月，袁术称帝于寿春（今安徽省寿县）。九月，曹操攻袁术，术走淮南。十一月，曹操攻张绣，拔湖阳（今河南省唐河）、舞阴（今河南省泌阳）。是岁，江淮饥，民相食。是岁，韩暹、杨奉寇略徐、杨间，刘备邀击，斩之。 是岁，从父玄（？—197）卒，亮躬耕陇亩，好为《梁父吟》。身长八尺，每自比于管仲、乐毅，时人莫之许也。惟博陵崔州平、颖川徐元直谓为信然。 建安初，与颖川石广元、徐元直、汝南孟公威等俱游学，三人务于精熟。亮独观其大略。每晨夜，从容抱膝长啸，而谓三人曰："卿三人仕进可至刺史、郡守也。"三人问其所至，笑而不答。 同县庞德公素有重名，司马徽兄事之（徽字德操，小德公十岁，故兄事之）。德公子山民娶亮小姊，夫妻相敬如宾（山民为魏黄门吏部郎，子涣，字世文，晋太康中为牂牁太守）。亮每至其家，独拜床下。德公初不令止，其从子统，少时朴钝，未有识者，惟德公与徽重之。德公尝谓诸葛为卧龙，统为凤雏，徽为水镜。
汉献帝建安三年（198）18岁	三月，曹操攻张绣于穰（今河南省邓县），不克，退兵时击败张绣、刘表军。九月，曹操东征徐州，至十二月擒杀吕布，布将张辽等降；表刘备为左将军。周瑜、鲁肃渡江依孙策。 是岁，亮仍躬耕南阳，过着耕读生活。

续表6

诸葛亮生卒行年	主要活动暨其时要事
汉献帝建安四年 （199） 19岁	三月，袁绍攻杀公孙瓒，据有冀、青、幽、并四州。刘备与车骑将军董承等谋诛曹操，未发，自请率兵截击袁术，借机重据徐州。四月，曹操遗将击破眭固于射犬（今河南省沁阳东北）。六月，袁术病死。袁绍出兵将攻许。曹操进军黎阳（今河南省浚县东），旋还许，分兵守官渡（今河南省中牟东北）。八月，袁绍图攻许昌，曹操进军黎阳（今河南省浚县东北）。十一月，张绣降曹操。曹操遗司空长史刘岱、中郎将王忠攻刘备，不克。孙策破庐江太守刘勋，据有会稽、吴、丹阳、豫章、庐陵、庐江六郡。十二月，刘备攻据徐州，东海郡县多叛操从刘备。是岁，荆州牧刘表不修职贡，多行僭伪，郊祀天地，拟斥乘舆，诏班下其事。刘备在曹操攻打陶谦时，虽说势力弱小，但敢于出手救陶谦，在曹操不可一世之时，又敢于挺身而出谋诛曹操，这一切行动，都为诸葛亮所钦敬，这不能不说是诸葛亮之所以投奔刘备的事实基础。
汉献帝建安五年 （200） 20岁	一月，董承、王服、种辑诛曹操事泄，被杀并夷三族。曹操亲征徐州，刘备大败，奔袁绍，关羽降操，拜偏将军。二月，袁绍遣大将颜良攻白马（今河南省滑县东）。四月，曹操救白马。关羽斩颜良，封汉寿亭侯。曹操击斩袁绍大将文丑。关羽逃归刘备。孙策谋袭许都，未发，遇刺而死。弟孙权领其众。曹操表权为讨虏将军，领会稽太守。十月，曹操夜袭乌巢（今河南省封丘西北），烧袁军粮草辎重，大败袁军。是岁，郑玄（127—200）死。是岁，诸葛亮仍在襄、邓间过着耕读生活，从其后来的《隆中对》来看，他无不关注时势走向。

续表7

诸葛亮生卒行年	主要活动暨其时要事
汉献帝建安六年（201）21岁	春，作《留侯祠铭》，其文曰："亮携元直，建安六年春，踏贤宗，观地势不严，然清静秀逸，乃龙凤之地。拜留侯，仰其像不威，然运筹帷幄，决胜千里成帝王之师。吾辈叹之、敬之、效之！"四月，曹操扬兵河上，破袁绍军于仓亭津。九月，曹操击刘备于汝南（今河南省上蔡东南），备奔刘表，表益其兵，使屯新野（今河南省新野）。诸葛亮所关注的刘备终于来到了"眼前"，这更有利于诸葛亮对刘备集团的"近距离"观察。
汉献帝建安七年（202）22岁	一月，曹操治睢阳渠（在今河南省商丘附近）。六月，袁绍（？—202年六月二十八日）卒。子谭与尚争立。少子尚嗣位。长子谭自称车骑将军，屯黎阳。是岁，曹操责孙权任子，权引周瑜定议，遂不送质。是岁，在襄阳隐居的好友孟建北归，亮在荆州。后公威思乡里，欲北归。亮谓之曰："中国饶士大夫，遨游何必归故乡邪！"此语隐示了诸葛亮的拒曹意向。
汉献帝建安八年（203）23岁	二月，曹操围攻邺，至八月攻克，领冀州牧。袁绍甥高干以并州降曹操。袁谭攻袁尚，尚败，投其兄幽州刺史袁熙。曹操击袁谭，入平原，谭退守南皮（今河北省南皮北）。九月，曹操渡河攻袁谭，屡败。袁谭、袁尚争冀州，自相攻击。谭败，守平原，被尚围困，求救于曹操。十月，曹操至黎阳，袁尚退还邺城（今河北省磁县南）。孙权攻刘表江夏太守黄祖，破其水军，还军镇压山越。是岁，著名医学家华佗（约141—203）死。是岁，诸葛亮过着耕读生活的同时，无不关注时势，逐渐形成暂时不能与曹操抗衡而要联合江东的观点。

续表8

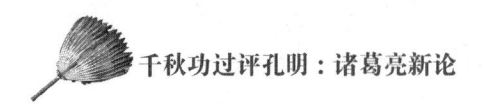

诸葛亮生卒行年	主要活动暨其时要事
汉献帝建安九年（204）24岁	一月，曹操攻破南皮，杀袁谭。袁熙大将焦触、张南叛熙，熙、尚奔辽西乌桓。焦触以幽州降曹操。四月，黑山军张燕率众降曹操。高干复叛。十二月，孙权部将妫览等杀丹阳太守孙翊，欲附曹操；览欲逼娶翊妻徐氏，为徐氏定计所杀。是岁，诸葛亮在襄、邓间过着耕读生活的同时，仍然关注曹操与江东势力的消长。
汉献帝建安十年（205）25岁	官渡之战，袁绍使陈琳檄书，丑诋曹操。曹操获陈琳，赦之，使其与阮瑀俱管记室。辽西乌桓首领蹋顿欲助袁尚兄弟，屡入塞侵扰。是岁，诸葛亮并非完全在襄、邓间耕读隐居，从刘备三顾茅庐见诸葛亮时，诸葛亮立即发出了惊世骇俗的《草庐对》来看，这时，他在如何抗曹如何联合孙权的观点完全成熟。
汉献帝建安十一年（206）26岁	一月，曹操自将击高干，围壶关（今山西省长子西）。三月，高干败死，并州平定。哲学家、政论家仲长统著《昌言》，凡三十四篇，十余万言。书中批判天命观和谶纬迷信，提出"人事为本，天命为末"的论点。原书久佚，《后汉书·本传》中载有《理乱》《损益》《法诫》三篇及《述志》诗两首。七月，武威太守张猛杀雍州刺史邯郸商；州兵讨诛之。八月，北海（今山东省昌乐）管承攻陷郡邑，曹操遣将击破之，承走入海岛。昌豨复起事，曹操遣将击斩之。刘备自公元201年九月来到荆州，荆州豪杰归之者日众，刘表疑其心，阴御之。使拒夏侯惇、于禁等于博望。刘备设伏，自烧屯伪遁，惇等追之。伏发大败。刘备在荆州的所作所为，显现了其英豪气象，这是刘备能请动诸葛亮的原因之所在。 　　是岁，袁熙、袁尚结辽西乌桓蹋顿屡扰边塞，曹操谋击之，凿平虏渠，泉州渠，以通粮运。是岁，诸葛亮的《草庐对》早已成竹在胸，只待明主到来，拟尽快出山相辅佐，以光复高祖、光武时的大汉大一统之业。
灭魏兴汉为一统　　鞠躬尽瘁五丈原	

续表9

诸葛亮生卒行年	主要活动暨其时要事
汉献帝 建安十二年 （207） 27岁	夏，曹操北征乌桓，大破之，斩蹋顿。袁熙、袁尚奔辽东，太守公孙康斩其首，献曹操。刘备仍屯新野，因徐庶所荐而三顾茅庐（今湖北省襄阳西），诸葛亮提出《隆中对》，出山辅佐刘备。 　　这是诸葛亮一生的转折之点，更是刘备帝业的开启之时。故为后人多所注重多所评说：如，宋人朱熹《资治通鉴纲目》书："刘备见诸葛亮于隆中。"宋人刘友益《书法》曰："特笔也。入《纲目》未有书见贤者，于是特书，交予之也。备之业定于隆中。终《纲目》，书见贤一而已。"宋人尹起莘《发明》曰："自三代衰，王政废，士人随世就功名者多矣。当汉之末，群雄云扰。凡一智一能之士，莫不乘时奋发，蕲以自见。孰谓一世人龙如孔明者，方且高卧隆中，抱膝长吟，略无意于当世，而又以管、乐自许者哉？向使昭烈不垂三顾之勤，则将槁死岩穴，与草木俱腐耳。及其一起，则功名事业，彪炳显著，不可得而泯没，亮岂大言无当者。彼其择理甚精而处己甚明。谓枉己不可以直人也，故不苟合以求售；谓托身不可以非所也，故不肯苟仕僭窃。时乎未遇，则高蹈邱园；道苟可行，则奋志事业。君臣既合，鱼水相欢，则声大义于天下，使兴衰继绝，翊扶正统之志，昭如日星，然后篡窃之徒，其罪如暴白而不可掩。是岂区区一智一能之士随世就功名者可同日语哉！书'刘备见诸葛亮于隆中'，其与聘莘野、访渭滨者，越千载如出一辙。呜呼！三代而后，孰谓出处之正有如孔明者哉！不有君子表而出之，则孔明一后世人物耳。噫！" 　　是岁，刘禅降生。刘禅（207—271）。 　　是岁，备访世事于司马德操。德操曰："儒生俗士，岂识时务？识时务者在乎俊杰。（其间）自有伏龙、凤雏。"问为谁，曰："诸葛孔明、庞士元也。"

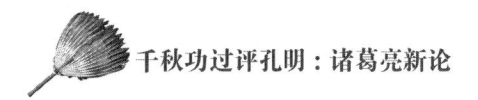

诸葛亮生卒行年	主要活动暨其时要事
	是岁，刘备屯新野。徐庶见之，荐亮曰："诸葛孔明者，卧龙也。将军岂愿见之乎？"备曰："君与俱来。"庶曰："此人可就见，不可屈致也。将军宜枉驾顾之。"备遂诣之，凡三往，乃见。因屏人曰："汉室倾颓，奸臣窃命，主上蒙尘。孤不度德量力，欲信大义于天下，而智术浅短，遂用猖獗，至于今日。然志犹未已，君谓计将安出？"亮以《隆中对》答之。备曰："善！"于是与亮情好日密。 何学士焯曰："隆中对昭烈语，《通鉴》裁截失当。三分天下乃天不祚汉，若其君臣本谋，岂但欲跨有梁、益，闭门须老已哉！故其云：'天下有变，则命一上将将荆州之众以向宛、洛，将军身率益州之众以出秦川。'盖一捣其中，以击其首。而结好孙权又可向合肥缀其尾，隆中之对犹是固陵解鞍数数语。厥后关羽攻曹仁于樊，而操至欲迁都以避此，即所谓上将向宛、洛者。但昭烈不能乘奄有汉川之势急趋关中，权又败盟于后，遂无成功。而异日之攻祁山、围陈仓、上五丈原，犹欲出秦川以争天下也。《通鉴》悉皆削去，使昔人雄才大略抑没不彰。" 是岁，曹操赎回流落南匈奴的蔡邕之女琰（文姬）。

续表11

诸葛亮生卒行年	主要活动暨其时要事
汉献帝 建安十三年 （208） 28岁	春，孙权复征黄祖，斩之。刘表长子琦，亦深器亮。表受后妻之言，爱少子琮，不悦于琦。琦每欲与亮谋自安之术，亮辄拒塞，未与处画。琦乃将亮游观后园，共上高楼，饮宴之间，令人去梯，因谓亮曰："今日上不至天，下不至地，言出子口，入于吾耳，可以言未？"亮答曰："君不见申生在内而危，重耳在外而安乎？"琦意感悟，阴规出计。会黄祖死，得出，遂为江夏太守。六月，罢三公官曹操为丞相。马腾入京为卫尉。七月，曹操南征刘表。七月，《魏略》曰：……备知亮非常人也，……亮遂言曰："将军度刘镇南孰与曹公邪？"备曰："不及。"亮又曰："将军自度何如也？"备曰："亦不如。"曰："今皆不及，而将军之众不过数千人，以此待敌，得无非计乎！"备曰："我亦愁之，当若之何？"亮曰："今荆州非少人也，而著籍者寡，平居发调，则人心不悦；可语镇南，令国中凡有游户，皆使自实，因录以益众可也。"备从其计，故众遂强。备由此知亮有英略，乃以上客礼之。八月，刘表（142—208）卒，少子琮继位，旋降曹操。曹操杀孔融（153—208）。 九月，征刘备。刘备自樊城南走，败于当阳（今湖北省当阳东北），乃渡汉水，与刘琦会合，同致夏口（今湖北省汉口）。十月间，诸葛亮出使江东。孙权决计联刘抗曹，命周瑜、程普为左右督拒曹军于赤壁（今湖北省赤壁市西北）。冬，东吴军火烧赤壁，大破曹军。曹操自华容道北归，留曹仁守江陵（今湖北省荆州市），乐进守襄阳。周瑜攻江陵，与曹仁相持。刘备以诸葛亮为军师中郎将，表刘琦为荆州刺史，占据荆州江南四郡：武陵、长沙、零陵、桂阳。十月间，张子布荐亮于孙权，亮不肯留。人问其故。

续表12

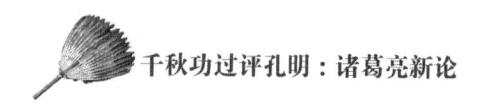

诸葛亮生卒行年	主要活动暨其时要事
	（亮）曰："孙将军可谓人主，然观其度，能贤亮而不能尽亮，吾是以不留。"十二月，零陵先贤传云：巴往零陵，事不成，欲游交州，道还京师。时诸葛亮在临烝，巴与亮书曰："乘危历险，到值思义之民，自与之众，承天之心，顺物之性，非余身谋所能动动。若道穷数尽，将托命于沧海，不复顾荆州矣。"亮追谓曰："刘公雄才盖世，据有荆土，莫不归德，天人去就，已可知矣。足下欲何之？"巴曰："受命而来，不成当还，此其宜也。足下何言邪！"
汉献帝建安十四年（209）29岁	周瑜攻占江陵，孙权以其为南郡太守。曹操遣蒋干说周瑜，瑜不为所动。刘琦卒。刘备表孙权行车骑将军，领徐州牧；自领荆州牧，屯公安（今湖北省公安西北）。孙权以妹嫁刘备。刘备南征武陵等，四郡皆降。庐江雷绪率部曲数万口来归。刘备使诸葛亮驻临烝，督零陵、桂阳、长沙三郡，调其赋税，以充军实。是岁，著名政论家、史学家荀悦（148—209）死。
汉献帝建安十五年（210）30岁	春，曹操下《唯才是举令》。周瑜（175—210）卒。鲁肃代其领兵。孙权以妹妻刘备，刘备自诣孙权，求都督荆州。鲁肃劝孙权以南郡借刘备。孙权以步骘为交州刺史，岭南始属孙氏。冬，曹操建铜雀台于邺。十二月，孙权以荆州借刘备。是岁，刘备以庞统为治中，与诸葛亮并为军师中郎将。

续表13

诸葛亮生卒行年	主要活动暨其时要事
汉献帝 建安十六年 （211） 31岁	三月，关中马超、韩遂等十部起兵反曹，屯潼关。七月，曹操率军西征，大破之，超、遂奔凉州。操留夏侯渊屯长安而还。益州别驾张松劝刘璋迎刘备。十二月，刘璋遣法正将4000人迎刘备入蜀，欲使其攻汉中张鲁。诸葛亮、关羽留守荆州。刘璋至涪城（今四川绵阳）会刘备，欢饮百余日。璋还成都，备屯兵葭萌（今四川广元西南）。孙权闻刘备西征，遣舟迎孙夫人归吴。
汉献帝 建安十七年 （212） 32岁	一月，汉献帝加曹操赞拜不名，入朝不趋，剑履上殿，如萧何故事。五月，曹操杀马腾（？—212）。九月，孙权作石头城，移治秣陵，改名建业（今江苏南京）。十月，曹操南征孙权。荀彧（163—212）因反对曹操加九锡，为曹操所不满，饮药卒。刘璋杀张松（？—212）。刘备借故擒斩刘璋白水军督杨怀、高沛，袭取涪城。是岁，建安七子之一阮瑀（约165—212）死。 是岁，诸葛亮与关羽镇守荆州。
汉献帝 建安十八年 （213） 33岁	一月，曹操进军濡须口，号步骑四十万，攻破孙权江西营，获其都督公孙阳。权率七万御之，相持月余操见权舟船器杖军伍整肃，叹曰："生子当如孙仲谋！"操撤军还。四月，曹操还邺城。五月，曹操封魏公，加九锡。刘备攻占绵竹（今四川省德阳黄许镇）诸县，围雒城（今四川省广汉），刘璋将吴懿、李严等先后降备。马超攻占冀城（今甘肃省天水西北），旋为杨阜、姜叙等所败，投奔张鲁。 是岁，诸葛亮与关羽镇守荆州。

续表14

诸葛亮生卒行年	主要活动暨其时要事
汉献帝 建安十九年 （214） 34岁	三月，魏王曹操进位诸侯王上。五月，廖立，字公渊，武陵临沅人。先主领荆州牧，辟为从事，年未三十，擢为长沙太守。先主入蜀，诸葛亮镇荆土，孙权遣使通好于亮，因问士人皆谁相经纬者。亮答曰："庞统、廖立，楚之良才，当赞兴世业者也。"庞统（179—214）率众攻雒城中流矢而亡。诸葛亮留关羽镇荆州，与张飞、赵云引兵入蜀，分定郡县。夏，刘备攻破雒城，进围成都。马超入蜀降刘备。刘璋出降，刘备领益州牧，以诸葛亮为军师将军、益州太守。先主进围成都，靖欲城出降，先主薄之；定蜀后，益无意于靖。亮谏曰："靖人望，不可失也。借其名以竦动宇内。"于是稍尊之，寻拜司徒。零陵先贤传曰：张飞尝就巴宿，巴不与语，飞遂忿恚。诸葛亮谓巴曰："张飞虽实武人，敬慕足下。主公今方收合文武，以定大事；足下虽天素高亮，宜少降意也。"巴曰："大丈夫处世，当交四海英雄，如何与兵子共语乎？"备闻之，怒曰："孤欲定天下，而子初专乱之。其欲还北，假道于此，岂欲成孤事邪？"备又曰："子初才智绝人，如孤，可任用之，非孤者难独任也。"亮亦曰："运筹策于帷幄之中，吾不如子初远矣！若提枹鼓，会军门，使百姓喜勇，当与人议之耳。" 羽闻马超来降，旧非故人，羽书与诸葛亮，问超人才可谁比类。亮知羽护前，乃答之曰："孟起兼资文武，雄烈过人，一世之杰，黥、彭之徒，当与益德并驱争先，犹未及髯之绝伦逸群也。"羽美须髯，故亮谓之髯。羽省书大悦，以示宾客。诸葛亮以严治蜀。以正为蜀郡太守、扬武将军，外统都畿，内为谋主。一餐之德，睚眦之怨，无不报复，擅杀毁伤己者数人。或谓诸葛亮曰："法正于蜀郡太纵横，将军宜启主公，抑其威福。"

续表15

诸葛亮生卒行年	主要活动暨其时要事
	亮答曰:"主公之在公安也,北畏曹公之强,东惮孙权之逼,近则惧孙夫人生变于肘腋之下;当斯之时,进退狼跋,法孝直为之辅翼,令翻然翱翔不可复制,如何禁止法正使不得行其意邪!"……亮又知先主雅爱信正,故言如此。但在这一年的闰五月制定了《蜀科》之后,情况就不一样了。亮刑法峻急,刻剥百姓,自君子小人咸怀怨叹,法正谏曰:"昔高祖入关,约法三章,秦民知德,今君假借威力,跨据一州,初有其国,未垂惠抚;且客主之义,宜相降下,愿缓刑弛禁,以慰其望。"亮答曰:"君知其一,未知其二。秦以无道,政苛民怨,匹夫大呼,天下土崩,高祖因之,可以弘济。刘璋暗弱,自焉已来有累世之恩,文法羁縻,互相承奉,德政不举,威刑不肃。蜀土人士,专权自恣,君臣之道,渐以陵替;宠之以位,位极则贱,顺之以恩,恩竭则慢。所以致弊,实由于此。吾今威之以法,法行则知恩,限之以爵,爵加则知荣;荣恩并济,上下有节。为治之要,于斯而著。"孙权攻占皖城(今安徽省潜山)。七月,先主为汉中王,欲用忠为后将军。诸葛亮说先主曰:"忠之名望,素非关、马之伦也。而今便令同列。马、张在近,亲见其功,尚可喻指;关遥闻之,恐必不悦,得无不可乎!"先主曰:"吾自当解之。"遂与羽等齐位,赐爵关内侯。10月,曹操平陇右。十一月,伏皇后与伏完谋诛曹操,事泄被杀。
汉献帝 建安二十年 (215) 35岁	七月,曹操攻汉中。张鲁降。孙权向刘备索还荆州诸郡,未果,乃发兵强取。刘备率军至公安以拒,旋因曹操取汉中,与权议和。双方以湘水为界,中分荆州。八月,孙权攻合肥(今安徽省合肥市),为张辽所败。曹操大将张郃进兵宕渠,为张飞击败。十二月,曹操自南郑(今陕西省汉中)还,留夏侯渊镇守汉中。是岁,诸葛亮在成都为军师将军,益州太守。

续表16

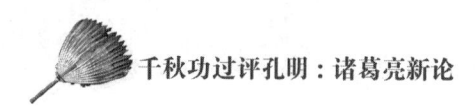

诸葛亮生卒行年	主要活动暨其时要事
汉献帝 建安二十一年 （216） 36岁	四月，曹操晋爵魏王。七月，匈奴南单于呼厨泉朝魏，被留居邺。八月，魏以钟繇为相国。冬，曹操南征孙权。 　　是岁，诸葛亮在成都为军师将军，益州太守。
汉献帝 建安二十二年 （217） 37岁	二月，曹操攻孙权。十月，刘备进兵取汉中，曹操遣曹洪拒之，诸葛亮用从事杨洪策，急发益州兵入汉中。鲁肃（172—217）卒，亮为之发哀。吕蒙代其领兵。是岁，曹操设天子旌旗，出入称警跸。京兆金祎与少府耿纪、司直韦晃、太医令吉本、本子邈、邈弟穆，谋挟天子以攻操。是岁，建安七子王粲（177—217）、徐干（170—217）、陈琳（？—217）、应玚（177—217）、刘桢（180—217）皆疫死。
汉献帝 建安二十三年 （218） 38岁	一月，少府耿纪、司直韦晃、太医令吉本等于许都起事反曹，失败被杀。曹洪击败吴兰，张飞、马超退走。七月曹操西征刘备，至长安，刘备屯阳平。九月，曹彰破乌桓。十月，南阳苦于劳役，宛守将侯音起事，逐南阳太守。 　　是岁，诸葛亮居守成都，足食足兵。

续表17

诸葛亮生卒行年	主要活动暨其时要事
汉献帝 建安二十四年 （219） 39岁	一月，曹仁屠宛，侯音败死。刘备进兵定军山，黄忠击斩夏侯渊（？—219）。三月，曹操至汉中，与刘备相持月余，退回长安。刘备遂据有汉中。七月，刘备自称汉中王，上还左将军、宜城亭侯印绶，立子刘禅为王太子还治成都。八月，关羽北上至樊城，攻曹仁、擒于禁、斩庞德（？—219），威镇华夏。曹操命徐晃救樊城，与关羽相持。九月，魏相国西曹掾魏讽谋袭邺，事泄被杀，连坐者数千人，相国钟繇免官。十月，陆浑（今河南省嵩县东北）民孙狼等起兵应关羽。关羽威震华夏，曹操议徙许都以避之。孙权命吕蒙袭取荆州，虏关羽将士家属。十二月，关羽（约160或162年—219）退保麦城被擒杀。孙权称臣于曹操，称说天命。操以权书示外曰："是儿欲踞吾著炉火上邪！"侍中陈群等皆言曹操宜正大位。操曰："若天命在吾，吾为周文王矣。"是岁，著名医学家张仲景（约150—219）死，曾撰有《伤寒杂病论》十六卷存世；吕蒙（178—219）死。 是岁，诸葛亮留守成都，足食足兵。
汉献帝建安二十五年 魏文帝黄初元年 （220） 40岁	一月，曹操病死，曹丕嗣位为丞相、魏王。二月，魏立九品官人法。五月，西平（今青海省西宁一带）麴演与帝郡相结，抗拒曹丕新命凉州刺史邹岐。张掖（今甘肃省张掖北）张进、酒泉（今甘肃省酒泉东）黄华等各执太守以叛。武威（今甘肃省民勤东北）三种胡复叛。金城太守、护羌校尉苏则领兵击张进，诱斩之，黄华降，河西（今甘肃省西部河西走廊一带）遂平。七月，蜀将孟达降曹。孟达、徐晃攻刘封。刘封兵败回成都，刘备杀之。十月，曹丕代汉立魏、改元黄初，是为魏元帝封汉献帝为山阳公。共历14帝的东汉亡。十一月，魏复三公官。十二月，魏以洛阳为京师，长安、谯、许昌、邺城、洛阳为五都。是岁，郑浑任阳平、沛郡二太守，修筑陂田，连年丰收，民感其恩，刻石颂之，名陂遏为"郑陂"。是岁，法正（176—220）死。是岁，诸葛亮留守成都，足食足兵。

续表18

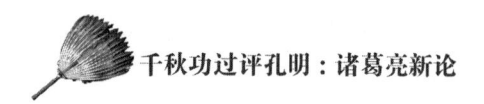

诸葛亮生卒行年	主要活动暨其时要事
魏文帝黄初二年 汉昭烈帝章武元年 （221） 41岁	四月，曹公遣刺客见刘备，方得交接，开论伐魏形势，甚合备计。稍欲亲近，刺者尚未得便会，既而亮入，魏客神色失措。亮因而察之，亦知非常人。须臾，客如厕，备谓亮曰："向得奇士，足以助君补益。"亮问所在，备曰："起者其人也。" 亮徐叹曰："观客色动而神惧，视低而忤数，奸形外漏，邪心内藏，必曹氏刺客也。"追之，已越墙而走。刘备称帝，国号汉，示汉未亡。史称蜀汉、季汉。以诸葛亮为丞相（按司马光的称呼曰：汉），假节，录尚书事。孙权都鄂（今湖北省鄂州），改名武昌。五月，刘备立皇太子刘禅。六月，张飞（165—221）被杀，诸葛亮领司隶校尉。七月，刘备执意东征，并不许孙权遣使求和，群臣暨诸葛亮皆谏不从。孙权命陆逊为大都督，率军抵御。八月，孙权向魏称臣，封吴王，加九锡。
魏文帝黄初三年 汉昭烈帝章武二年 吴王黄武元年 （222） 42岁	闰六月，陆逊在夷陵之战中大败汉军，刘备退入白帝城（今重庆市奉节东）。九月，魏诏，此后群臣不得奏事太后，后族之家不得当辅政之任，违者，天下共诛之。魏发兵攻吴，吴军拒之。十一月，孙权遣使郑泉来聘，刘备使太中大夫宗玮报之。自此，孙权与刘备通好。是岁，诸葛亮留守成都。

续表19

诸葛亮生卒行年	主要活动暨其时要事
魏文帝黄初四年汉昭烈帝章武三年后主建兴元年吴王黄武二年（223） 43岁	二月，诸葛亮至永安。三月，刘备在永安城痛定思痛10个月，深感诸葛亮智足心忠可嘉可信，病笃托孤于亮，以尚书李严为副。曹仁（168—223）死。四月，刘备死。魏复立太学。五月，刘禅继位，封丞相诸葛亮为武乡侯、兼领益州牧，政事皆决于亮。邓芝使吴。夏，孙权遣张温使汉通好。谯周，字允南，体貌素朴，无造次辩论之才。亮领益州牧，周为劝学从事，初见，左右皆笑。既出，有司请推笑者。亮曰："孤尚不能忍，况左右乎！"《华阳国志》曰："丞相亮时，有言公惜赦者。"亮答曰："治世以大德，不以小惠，故匡衡、吴汉不愿为赦。先帝亦言吾周旋陈元方、郑康成间，每见启告，治乱之道悉矣，曾不语赦也。若刘景升、季玉父子，岁岁赦宥，何益于治！"八月，曹彰（189—223年八月一日）死、贾诩（147—223年八月十一日）死。曹丕率军攻吴，至广陵（今江苏省扬州），临江而还。十月间，魏华歆、王朗、陈群、许芝、诸葛璋各有书于诸葛亮，欲使称藩。诸葛亮作《正议》以绝之。是岁，支谦译出佛经88部、118卷。是岁，益州大姓雍闿反，流太守张裔于吴。牂牁太守朱褒拥郡反，越巂帅高定亦叛。诸葛亮以新遭大丧，未便加兵，惟遣龚禄（195—225）住安上县遥领郡从事。

501

续表20

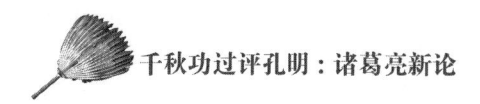

诸葛亮生卒行年	主要活动暨其时要事
魏文帝黄初五年 汉建兴二年 吴王黄武三年 （224） 44岁	一二月间，丞相亮领益州牧。选迎皆妙简旧德，以秦宓为别驾，五梁为功曹，微为主簿。微固辞，舆而致之。既致，亮引见微，微自陈谢。既致，亮以微不闻人语。（亮）于坐上与书曰："服闻德行，饥渴历时，清浊异流，无缘咨觐。王元泰、李伯仁、王文仪、杨季休、丁君干、李永南兄弟、文仲宝等，每叹高志，未见如旧。猥以空虚，统领贵州，德薄任重，惨惨忧虑、朝廷（主公）今年始十八，天姿仁敏，爱德下士。天下之人思慕汉室，欲与君因天顺民，辅此明主，以隆季兴之功，著勋于竹帛也。以谓贤愚不相为谋，故自割绝，守劳而已，不图自屈也。"四月，魏复立太学。吴使张温至汉，汉又使邓芝至吴，吴与汉信使往来不绝。七月，曹丕大举攻吴，惧而退兵。八月，曹丕攻吴，至广陵，临江而还，孙权遣将袭之。是岁，诸葛亮事无巨细，咸决于亮。亮务农植谷，闭关息民。
魏文帝黄初六年 汉后主建兴三年 吴王黄武四年 （225） 45岁	春，（建安二十年，权遣吕蒙奄袭南三郡，立脱身走，自归先主。先主素识待之，不深责也，以为巴郡太守。二十四年，先主为汉中王，徵立为侍中。后主袭位，徙长水校尉。）立本意，自谓才名宜为诸葛亮之贰，而更游散在李严等下，常怀怏怏。后丞相掾（李郎）〔李邵〕、蒋琬至，立计曰："军当远出，卿诸人好谛其事。昔先（主）〔帝〕不取汉中，走与吴人争南三郡，卒以三郡与吴人，徒劳役吏士，无益而还。既亡汉中，使夏侯渊、张郃深入于巴，几丧一州。后至汉中，使关侯身死无孑遗，上庸覆败，徒失一方。是羽怙恃勇名，作军无法，直以意突耳，故前后数丧师众也。如向朗、文恭，凡俗之人耳。恭作治中无纲纪；朗昔奉马良兄弟，谓为圣人，今作长史，素能合道。中郎郭演长，从人者耳，不足与经大事，而作侍中。

诸葛亮生卒行年	主要活动暨其时要事
	今弱世也，欲任此三人，为不然也。王连流俗，苟作掊克，使百姓疲弊，以致今日。"（郃）〔邵〕、琬具白其言于诸葛亮。亮表立曰："长水校尉廖立，坐自贵大，臧否群士，公言国家不任贤达而任俗吏，又言万人率者皆小子也；诽谤先帝，疵毁众臣。人有言国家兵众简练，部伍分明者，立举头视屋，愤咤作色曰：'何足言！'凡如是者不可胜数。羊之乱群，犹能为害，况立托在大位，中人以下识真伪邪？"又，《亮集》有亮表曰："立奉先帝无忠孝之心，守长沙则开门就敌，领巴郡则有暗昧阘茸其事，随大将军则诽谤讥诃，侍梓宫则挟刃断人头于梓宫之侧。陛下即位之后，普增职号，立随比为将军，面语臣曰：'我何宜在诸将军中！不表我为卿，上当在五校！'……""臣答：'将军者，随大比耳。至于卿者，正方亦未为卿也。且宜处五校。'自是之后，怏怏怀恨。"诏曰："三苗乱政，有虞流宥，廖立狂惑，朕不忍刑，亟徙不毛之地。"三月，诸葛亮南征四郡。五月，诸葛亮渡泸水，所在战捷。七月，七擒孟获，平定南中。皆即其渠帅而用之，遂至滇池。改益州为建宁郡，以李恢为太守；分建宁、越巂地为云南郡，以吕凯为太守；王伉为永昌太守。移南中劲卒青羌万余人于蜀，为五部，所当无前，号曰"飞军"。出其金银、丹漆、耕牛、战马给军赋之用。十月，曹丕攻吴，兵马临江。是时天寒，吴人又严兵固守。曹丕叹曰："嗟乎，固天所以限南北也！"遂还师。十二月，诸葛亮知孟达有回归刘汉王朝之意，并拟去信劝其回归。

续表22

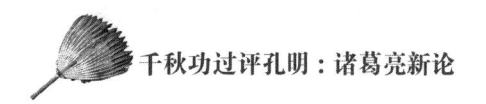

诸葛亮生卒行年	主要活动暨其时要事
魏文帝黄初七年汉后主建兴四年吴王黄武五年（226）46岁	岁首，诸葛亮给孟达信云："往年南征，岁（未及）[末及]还，适与李鸿会于汉阳，承知消息，慨然永叹，以存足下平素之志，岂徒空托名荣，贵为乖离乎！呜呼孟子，斯实刘封侵凌足下，以伤先主待士之义。又鸿道王冲造作虚语，云足下量度吾心，不受冲说。寻表明之言，追平生之好，依依东望，故遣有书。"达得亮书，数相交通，辞欲叛魏。一月，吴始屯田。约在三月，在李严与孟达书"吾与孔明俱受寄托，忧深责重，思得良伴"信的同时，诸葛亮与孟达书中有"部分如流，趋舍罔滞，正方性也"的内容。六月，曹丕（187—226年六月二十九日）卒。子曹叡继位，是为魏明帝。曹真、陈群、曹休、司马懿受遗诏辅政。八月，孙权亲率军攻魏江夏郡，不克而还。是岁，吴分交趾为交州、广州。吴朱应、康泰出使扶南等地。凡经历、途闻之国一百数十个。归国后，朱应著《扶南异物志》，康泰著《吴时外国传》。是岁，诸葛亮治兵讲武，以俟北征。是岁，有客问予曰："夫汉二帝，高祖、光武，俱为受命拨乱之君，比时事之难易，论其人之优劣，孰者为先？"予应之曰："昔汉之初兴，高祖因暴秦而起，官由亭长，身自亡徒，招集英雄，遂诛强楚，光有天下。……将则难比于韩、周，谋臣则不敌于良、平。"诸葛亮曰：曹子建论光武：将则难比于韩、周，谋臣则不敌良、平，时人谈者，亦以为然。吾以此言诚欲美大光武之德，而诬一代之俊异。何哉？追观光武二十八将，下及马援之徒，忠贞智勇，无所不有，笃而论之，非减曩时。所以张、陈特显于前者，乃自高帝动多阔疏，故良、平得广于忠信，彭、勃得横行于外。语有"曲突徙薪为彼人，焦头烂额为上客"，此言虽小，有似二祖之时也。光武神略计较，生于天心，故帷幄无他所思，六奇无他所出，于是以谋合议同，共成王业而已。光武称邓禹曰："孔子有回，而门人益亲。"叹吴汉曰："将军差强吾意，其武力可及，而忠不可及。"

续表23

诸葛亮生卒行年	主要活动暨其时要事
	与诸臣计事，常令马援后言，以为援策每与谐合。此皆明君知臣之审也。光武上将非减于韩、周，谋臣非劣于良、平，原其光武策虑深远，有杜渐曲突之明；高帝能疏，故陈、张、韩、周有焦烂之功耳。
魏明帝太和元年 汉后主建兴五年 吴王黄武六年 （227） 47岁	三月，《亮集》有教曰："将军来敏对上官显言：'新人有何功德而夺我荣资与之邪？诸人共憎我，何故如是？'敏年老狂悖，生此怨言。昔成都初定，议者以为来敏乱群，先帝以新定之际，故遂含容，无所礼用。后刘子初选以为太子家令，先帝不悦而不忍拒也。后主〔上〕既位，吾闇于知人，遂复擢为将军祭酒，违议者之审见，背先帝所疏外，自谓能以敦厉薄俗，帅之以义。今既不能，表退职，使闭门思愆。"诸葛亮上《前出师表》，北驻汉中，营沔北阳平、石马，伺机伐魏。四月，《襄阳记》曰：杨颙字子昭，杨仪宗人也。入蜀，为巴郡太守，丞相诸葛亮主簿。亮尝自校簿书，颙直入谏曰："为治有体，上下不可相侵，请为明公以作家譬之。今有人使奴执耕稼，婢典炊爨，鸡主司晨，犬主吠盗，牛负重载，马涉远路，私业无旷，所求皆足，雍容高枕，饮食而已，忽一旦尽欲以身亲其役，不复付任，劳其体力，为此碎务，形疲神困，终无一成。岂其智之不如奴婢鸡狗哉？失为家主之法也。是故古人称坐而论道谓之三公，作而行之谓之士大夫。故邴吉不问横道死人而忧牛喘，陈平不肯知钱谷之数，云自有主者，彼诚达于位分之体也。今明公为治，乃躬自校簿书，流汗竟日，不亦劳乎！"亮谢之。后为东曹属典选举。颙死，亮垂泣三日。六月，魏以司马懿都督荆、豫二州诸军事，屯宛城。七月，长子诸葛瞻（227年七月—263年十一月）出生。十二月，魏新城（今湖北省房县）太守孟达谋归汉，司马懿率军骤至，围孟达。

续表24

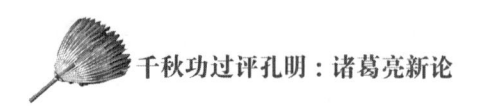

诸葛亮生卒行年	主要活动暨其时要事
魏明帝太和二年 汉后主建兴六年 吴王黄武七年 （228） 48岁	孟达回归，犹豫不决、迁延日久，终为司马懿所乘。一月，司马懿攻破新城，斩孟达。春，诸葛亮首次北伐，《魏略》：夏侯楙为安西将军，镇长安，亮于南郑与群下计议，延曰："闻夏侯楙少，主婿也，怯而无谋。今假延精兵五千，负粮五千，直从褒中出，循秦岭而东，当子午而北，不过十日可到长安。楙闻延奄至，必乘船逃走。长安中惟有御史、京兆太守耳，横门邸阁与散民之谷足周食也。比东方相合聚，尚二十许日，而公从斜谷来，必足以达。如此，则一举而咸阳以西可定矣。"亮以此为悬危，不如安从坦道，可以平取陇右，十全必克而无虞，故不用延计。诸葛亮率部兵出祁山（今甘肃省礼县东北）。天水、南安、安定三郡叛魏应亮。收姜维。魏命大将军曹真、右将军张郃拒汉军。汉军先锋马谡败于张郃，失守街亭（今甘肃省庄浪东南）。因马谡（190—228）违亮节度至败而斩。乃拔西县千余家还汉中，并上疏请自贬三等。为右将军，行丞相事。五月，魏三路攻吴。八月，魏大司马曹休攻吴，至石亭（今安徽省潜山东北），被陆逊击败。十一月，诸葛亮上《后出师表》。12月，诸葛亮第二次伐魏，围陈仓（今陕西省宝鸡东），粮尽而还。回军杀王双。

续表25

诸葛亮生卒行年	主要活动暨其时要事
魏明帝太和三年 汉后主建兴七年 吴大帝黄龙元年 （229） 49岁	春，诸葛亮第三次伐魏，攻取武都、阴平二郡。诏复为丞相。人皆贺亮，亮颜色愀然有戚容，谢曰："普天之下，莫非汉民，国家威力未举，使百姓困于豺狼之吻。一夫有死，皆亮之罪，以此相贺，能不为愧。"四月，孙权即帝位，改元黄龙，是为吴大帝。六月，汉遣卫尉陈震贺孙权即位。吴、汉约盟，共分天下，《诸葛亮集》有严与亮书，劝亮宜受九锡，进爵称王。亮答书曰："吾与足下相知久矣，可不复相解！足下方诲以光国，戒之以勿拘之道，是以未得默已。吾本东方下士，误用于先帝，位极人臣，禄赐百亿，今讨贼未效，知己未答，而方宠齐、晋，坐自贵大，非其义也。若灭魏斩叡，帝还故居，与诸子并升，虽十命可受，况于九邪！"九月，孙权由武昌迁都建业。这年冬，诸葛亮徙府营于南山下原上，筑汉、乐二城。
魏明帝太和四年 汉后主建兴八年 吴大帝黄龙二年 （230） 50岁	吴遣将军卫温、诸葛直率甲士万人，航海求夷洲（今台湾省）、亶洲。春，诸葛亮以杨仪为长史，加绥远将军；迁姜维护军、征西将军。秋，魏大司马曹真、大将军司马懿率军攻汉。八月，诸葛亮屯军成固用空城计退司马懿大军。表进江州都护李严为骠骑将军，赴汉中。令魏延入西羌，破郭淮于阳溪。留李严于汉中，署留府事。是岁，吴筑东兴（今安徽省含山西南）堤，以拦阻巢湖水。《会稽典录》曰：余姚虞俊叹曰："张惠恕才多智少，华而不实，怨之所聚，有覆家之祸，吾见其兆矣。"诸葛亮闻俊忧温，意未之信，及温放黜，亮乃叹俊之有先见。亮初闻温败，未知其故，思之数日。（亮）曰："吾已得之矣，其人于清浊太明，善恶太分。"

续表26

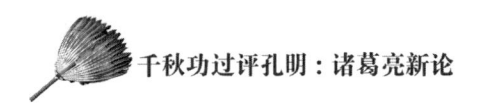

诸葛亮生卒行年	主要活动暨其时要事
魏明帝太和五年 汉后主建兴九年 吴大帝黄龙三年 （231） 51岁	二月，诸葛亮第四次出祁山攻魏，围祁山，以木牛运粮。司马懿督张郃、费耀、郭淮等，留兵四千守上邽，余众悉出。亮自逆于上邽，郭淮、费耀邀战，亮大破之，懿敛军依险，兵不得交。懿使张郃攻无当监，自案中道趋战，亮使魏延、高翔、吴班赴拒，大破之。获甲首三千级、玄铠五千领、角弩三千一百张。懿还保营。六月，魏明帝遣宣王督张郃诸军，雍、凉劲卒三十余万，潜军密进，规向剑阁。亮时在祁山，旌旗利器，守在险要，十二更下，在者八万。时魏军始陈，幡兵适交，参佐咸以贼众强盛，非力不制，宜权停下兵一月，以并声势。亮曰："吾统武行师，以大信为本，得原失信，古人所惜；去者束装以待期，妻子鹤望而计日，虽临征难，义所不废。"皆催遣令去。于是去者感悦，愿留一战，住者愤踊，思致死命。相谓曰："诸葛公之恩，死犹不报也。"临战之日，莫不拔刃争先，以一当十，杀张郃，却宣王，一战大克，此信之由也。又因承李严指，以粮尽退兵。八月，汉都护李严被废，徙梓潼郡（治今四川省梓潼）。
魏明帝太和六年 汉后主建兴十年 吴大帝嘉禾元年 （232） 52岁	九月，魏第一次讨伐公孙渊。十月，魏辽东太守公孙渊遣使向吴称臣。十一月，曹植（192—232）死。曹植字子建，是三国时期杰出诗人。是岁，诸葛亮在黄沙（今陕西省勉县东）休士劝农，教兵讲武，作流马、木牛毕，以俟伐魏。是岁，华歆（157—232）死。

续表27

诸葛亮生卒行年	主要活动暨其时要事
魏明帝青龙元年 汉后主建兴十一年 吴大帝嘉禾二年 （233） 53岁	三月，孙权遣使航海至辽东，封公孙渊为燕王。渊斩吴使，送其首至魏，魏以渊为大司马、乐浪公。孙权攻魏合肥，遣将军全琮攻六安，皆不克而还。冬，诸葛亮劝农讲武，作木牛、流马，使诸军运米集斜谷口（今陕西省眉县西南），治斜谷邸阁（粮仓），准备攻魏。是岁，南夷刘胄反，遣使马忠破斩之。是岁，司马懿在雍、凉修渠筑陂，溉田千顷。
魏明帝青龙二年 汉后主建兴十二年 吴大帝嘉禾三年 （234） 54岁	二月，诸葛亮第五次伐魏，由斜谷出，始以流马运，为久住计，乃分兵屯田。四月，献帝刘协（181年四月二日—234年四月二十一日）死。亮遣使约吴同时大举。亮至郿，军于渭南。司马懿引军，背水为垒以拒之。亮屯五丈原（今陕西省祁山南），与司马懿相持于渭滨，亮数挑战，乃遗懿巾帼妇人之服。懿忍之、仍敛兵不战，相持百余日。《汉晋春秋》曰："亮自至，数挑战，宣王亦表固请战，使卫尉辛毗持节以制之。姜维谓亮曰：'辛佐治仗节而到，贼不复出矣。'"亮曰：" '彼本无战情，所以固请战者，以示武于其众耳。将在军，君命有所不受，苟能制吾，岂千里而请战耶？'"杜佑《通典》：司马宣王使二千余人，就军营东南角大声称万岁。亮使问之，答曰："吴朝有使至，请降。"亮谓曰："计吴朝必无降法。卿是六十老翁，何烦诡诳如此！"青龙初，孙权与诸葛亮连和，欲俱出为寇。边候得权书，放乃改易其辞，往往换其本文而傅合之，与征东将军满宠，若欲归化，封以示亮。亮腾与吴大将步骘等，骘等以见权。权惧亮自疑，深自解说。8月，诸葛亮于武功病笃，后主遣福省侍，遂因谘以国家大计。福往具宣圣旨，听亮所言，至别去数日，忽驰思未尽其意，遂却骑驰还见亮。亮语福曰："孤知君还意。"

续表28

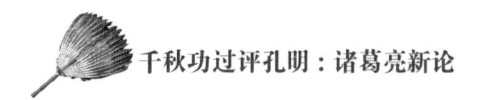

诸葛亮生卒行年	主要活动暨其时要事
	近日言语，虽弥日有所不尽，更来一决耳。君所问者，公琰其宜也。"福谢："前实失不谘请公，如公百年后，谁可任大事者？故辄还耳。乞复请，蒋琬之后，谁可任者？"亮曰："文伟可以继之。"不久仙逝，年五十四。（诸葛亮去世日期，兰溪《诸葛氏宗谱》作八月二十八日，清人王复礼《诸葛忠武侯传》作八月二十一日，录以待考。直雄研究习凿齿〔？—383或384〕为时数十年。事实上，通过《晋史》《明史》《清史》及大量的方志史料证实，还是《白梅习氏族谱》所载习凿齿〔328—412八月十三日〕准确无误。因此，直雄以为：诸葛亮去世，兰溪《诸葛氏宗谱》所载八月二十八日当是准确的。诸葛家族对于自己家这样一位非同一般的祖宗，修谱代代相传，当是不会记错出生年月和去世时日的）。遗命长史杨仪、司马费祎、护军姜维等为退军节度。司马懿追之，仪反旗鸣鼓若向懿者，懿惧不敢逼。入谷然后发丧。长史杨仪率军撤退。大将魏延与仪不和，举兵相攻，被杀。军还成都。诸葛亮葬汉中定军山，冢足容棺，敛以时服，谥曰忠武侯。吴军三路攻魏。魏明帝亲自率军救合肥，吴军退走。汉以丞相留府长史蒋琬为尚书令，总统国事。是岁，刘晔（？—234）死。
魏明帝青龙三年 汉后主建兴十三年 吴大帝嘉禾四年 （235）	一月，魏以司马懿为太尉。四月，汉以蒋琬为大将军，录尚书事，费祎为尚书令。魏明帝大兴土木，作洛阳宫。八月，魏明帝立曹芳为齐王。

附录二：国乱常思诸葛亮　一统基因入人心
——百副评价诸葛亮的楹联要义语译品鉴[①]

如果说附录一《灭魏兴汉大一统　鞠躬尽瘁五丈原——诸葛亮行年暨其时要事纪年新谱》，是诸葛亮自己一步一个脚印地构建了令人钦敬的、为"中华民族大一统"而"鞠躬尽瘁，死而后已"智圣人生的话，那么，附录二《国乱常思诸葛亮　一统基因入人心——百副评价诸葛亮的楹联要义语译品鉴》，则是名士圣贤在真正读懂读通诸葛亮的基础上，给诸葛亮的智慧、廉洁、忠诚、勇敢，为实现"中华民族大一统"能"鞠躬尽瘁，死而后已"的崇高精神品质以公正客观的评价。毋庸讳言，这是借用前贤时俊的联语对诸葛亮最公正的评价！

百副评价诸葛亮的楹联，绝大多数取自蜚声全国的著名文化圣地和有关刊物，实为楹联中的珍品、精品。名士圣贤在尊重历史事实的基础上，表达了对诸葛亮一生事业的尊敬与崇拜，这是我国社会普遍存在的一种文化现象。这些联语的作者，绝大多数都是超越了其生活时代、为世世代代各族人民所普遍崇敬的历史人物，还有我党我军不少的领导人物对诸葛亮的关注、关爱的文字材料与联语，亦是诸葛亮文化极为重要的组成部分。

[①] 原为"300副评价诸葛亮的楹联要义语译品鉴"，因限于篇幅，只能是压缩至130副楹联，名为"百副评价诸葛亮的楹联要义语译品鉴"。在这些评价诸葛亮的联语中，有五副分别是评周瑜、鲁肃、姜维、史可法、左宗棠的。这看似与诸葛亮楹联无关。其实不然，这更能说明诸葛亮的深远影响。故连类而及地纳入。这些评价诸葛亮的楹联，保留了《习凿齿与他的〈汉晋春秋〉——兼论〈三国演义〉对习凿齿的承继关系》中的部分成都武侯祠楹联。特此说明。

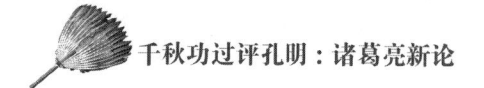

经过千余年历史文化的培养，这些诸葛亮文化圣地的建筑、园林、藏品等，积聚了丰富的文化内涵。而这一切，人们一旦身临其境，即会有真切的感受，并受到深刻的教育。

除此之外，这些文化圣地，还有其最为显著的一大特点，当是其楹联文化之盛，亦可以给人们以深深的启迪，它毋需人们跋涉千里，只要将其收集整理，借助简略的品评鉴赏后予以出版，人们通过阅读，同样可以从中领悟其的丰富文化底蕴，从而得到教益。

名士圣贤的这些楹联，多是以弘扬祖国优秀民族文化遗产为主旨。这些楹联，多是宣扬诸葛亮的雄才大略和"鞠躬尽瘁、死而后已"的高尚人格精神；或是赞扬习凿齿对诸葛亮"中华民族大一统"精神的阐述；或是称颂杜甫的爱国主义精神和人本思想。

这些楹联，与诸葛亮一生的业绩，与习凿齿"'晋宜越魏继汉''中华民族大一统'"精神，与杜甫一生的事迹和诗作，均有着十分紧密的联系。

从某种意义上说来，这些关涉诸葛亮的楹联，它们是诸葛亮高尚人格精神和习凿齿尊崇诸葛亮的"中华民族大一统"的奋斗精神及杜甫诗作精华、特别是"中华民族大一统"精神的精髓，在各个不同时期、不同历史条件下的进一步的延续与发扬光大，是历代读者和历代联语作者关心国计民生情感的折射，与此同时，它们也是我国祠文化、庙文化、墓文化最富于典型性和代表性的作品。

系统收集品评涉及诸葛亮的楹联并对其要义语绎并品鉴之，这在中国楹联史上尚属首次。由于种种原因，人们对涉及诸葛亮的楹联作品，曾断断续续地有所选评选析，惜未能系统收集释义，至今未见有相关专著面世，至于将其全面地联系《三国志》《汉晋春秋》《三国志注》《三国演义》的创作主旨的要义予以语译、予以品鉴，则至今所未见。

实际上，这"百副评价诸葛亮的楹联"与本书关系十分密切，从某种意义上来说，它是《三国志》《汉晋春秋》《三国志注》《三国演义》与本书《千秋功过评孔明——诸葛亮新论》写作观点的一个重要补充，特别是有的楹联，记载诸葛亮的"中华民族大一统"精神对姜维、习凿齿、岳飞、史可法、左宗棠等的深刻影响和这些仁人志士在其时的历史条件下，对诸葛亮的"中华民族大一统"精神的承继、弘扬与践行。

基于上述，直雄觉得很有必要予以系统收集整理并予以简单释义，故而收集涉及诸葛亮的联语总计上百副。这是本书填补这一空白之尝试，具有积极意义。

历览古今诗联，人们对于诸葛亮的赞颂、对于诸葛亮的"中华民族大一统"精神的弘扬、对于诸葛亮成败经验的评说和总结，当首推习凿齿，他不仅在遭受政治打击后，立刻前往诸葛亮的襄阳故宅凭吊赋诗，而且著《汉晋春秋》（因佚失，现只有《汉晋春秋辑佚本》），仅据这辑佚本可知：习凿齿身在司马氏王朝的统治之下，却直击司马懿祖孙三代之种种秽行。他敢于发前人所未发，发前人所不敢发（直雄在赠出版的相关"习凿齿论著"给友人时，曾撰有一联"一代史家习凿齿，千古直笔写春秋"以为互勉）地重申"晋宜越魏继汉不应以魏后为三恪"的"拥刘抑曹的正统论"即"中华民族大一统"论。至杜甫，则以诗将这种观念予以最为突出最为生动地彰显。回味自三国、两晋、南北朝、隋、唐、宋、元、明、清、民国乃至今天，品析这"百副涉及诸葛亮的楹联要义"，从某种意义上来说，习凿齿"晋宜越魏继汉不应以魏后为三恪"论即"中华民族大一统"论，就是这些楹联作者的创作指导思想。而这些楹联作品的本身，则是习凿齿这一理论观点的精妙阐释，亦是对诸葛亮高尚人格精神的称颂！

涉及诸葛亮的这些楹联，多是与习凿齿之论和杜甫之诗相关相切，多是与按照习凿齿理论观点撰成的《三国演义》暨杜甫的事迹相关相切，多是与诸葛亮一生的军事、政治、言论、治蜀的成功经验和失误的教训相关相切，亦多是与中国近千年以来的社会历史的发展变化相关相切。

借用习凿齿《汉晋春秋》中的理念，运用罗贯中《三国演义》中的精髓暨杜甫赞颂和评论诸葛亮所创作的联语，无论在见解的深度上和数量的多少上，均可谓首屈一指，这些前贤时俊所创作的"诸葛亮楹联"的内容，说明他们也是与习凿齿一样，他们是诸葛亮最为衷挚的异代知己，也是诸葛亮人格力量和精神品德的延续与光大。

莫砺锋先生在《长使英雄泪满襟——论杜甫对诸葛亮的赞颂》[①]一文中所言："杜甫歆慕刘备、诸葛亮的明良相标，赞颂诸葛亮尽忠王事，既是自抒怀抱，也是对国家命运的一种希望。安史之乱以后的唐帝国，虽然具体的形势与

---

① 莫砺锋：《长使英雄泪满襟——论杜甫对诸葛亮的赞颂》，载《杜甫研究学刊》2000年第1期。

三国时有很大差别，但同属国家多难，时局动荡的艰难时世。时代和国家都需要有才德如诸葛亮者出来力挽危局，重整河山。杜甫作为时代的歌手，当然会最强烈地体会到这种需要，他屡屡作诗吟咏诸葛亮，其实就是呼唤这样的英雄人物重新出世。陆游说杜甫'落魄巴蜀，感汉昭烈、诸葛丞相之事，屡见于诗，顿挫悲壮，反复动人，其规模志意岂小哉！'这种感受非常准确。杜甫的'规模志意'当然不仅是个人的人生事业，也肯定包含着对国家命运的深切关怀在内。事实上两者也是完全朝着同样的方向的：漂泊西南的老诗人悲叹自己没有得到诸葛亮那种实现人生理想的机会，也悲叹眼前没有刘备、诸葛亮那样的贤君良相出来挽救大唐帝国。他在《诸将五首》中大声呼唤：'炎风朔雪天王地，只有忠良翊圣朝。''西蜀地形天下险，安危须仗出群才！'诸葛亮正是他心目中千载难逢的'出群才'，杜甫对诸葛亮的反复吟咏，正是他代表时代对历史发出的呼唤。正因如此，这些诗篇具有特别深沉的历史感，它们凝重、沉郁，不绝地回响在历史的长河里。北宋末年，忧国成疾的爱国名将宗泽临终前再三长吟'出师未捷身先死，长使英雄泪满襟'，可见这些诗作已经成为民族精神的一种象征，它们是诸葛亮与杜甫这两位异代知己共同用生命铸成的黄钟大吕之声，永远值得我们珍视。"挪移时空聚焦多被人们忽略的习凿齿，习凿齿的诗与论著，又何尝不是如此？诸多前贤时俊所创作的诸葛亮楹联，又何尝不是如此？

人是历史舞台上活动的主体，时代会造就出该时代的伟大人物。杜甫之前的诸葛亮、习凿齿等，杜甫之后的罗贯中等，又何尝不是其时代的著名人物？每逢国家有难之时，中华民族的优秀儿女又何尝不是如此？故而："正如历史学家钱穆先生所云：'有一诸葛，已可使三国照耀后世。'诸葛亮之道，点点滴滴往下延续，每当历史的暗夜，总能够照亮人心，激发有志气的人不计利害，不计成败，践行道义，虽九死其犹未悔。这就是历史的希望，也是诸葛亮之道的价值所在。"[①]本书中提及的岳飞、文天祥、史可法、左宗棠等，无不如此！

无论是在廊庙之中还是在民间村野，诸葛亮、习凿齿、杜甫、宗泽、岳飞、文天祥等人的品格精神，都是深入人心的，并且影响了一代又一代的中华儿女。"权贵政客们以赐庙封王的方式在复现他的形象：晋时，朝廷封他武兴王；南齐时，给他在成都修了武侯祠；唐时，皇上封他武灵王；宋朝，被赐以'英惠

[①] 秦涛：《诸葛亮之道》，中国民主法制出版社2017年版，第221页。

庙',还加号'仁济';明初,朱元璋钦定'帝王庙'……"①

清代长寿天子乾隆皇帝还在其《题琅琊五贤祠》诗中赞颂云:

> 孝能竭力王详览,忠以捐躯颜杲真。
> 所遇由来殊出处,端推诸葛是全人。

至于在民间村野,诸葛亮的英名和事迹更是到了家传户颂、妇孺皆知的地步。"三个臭皮匠,合成一个诸葛亮"的俗语,世世代代成了人们的口头禅。诸葛亮的形象,真可谓上至君王下至黎民百姓,得到了人们普遍的崇敬,千百年来影响着一代又一代有志为国为民之士,也同时影响着历朝历代为关涉诸葛亮的楹联创作的作者以及欣赏这些楹联作品的广大读者。

事实也正是如此。诸葛亮、习凿齿和杜甫那种追求全国统一的人格精神和忧国忧民的爱国主义精神品质,这正如严晓琴先生在《杜诗全集》(今注本,天地出版社1999年版)的前言中所说:"在维系中华民族大一统的局面上,在促成知识分子与国家命运密切相结合上,不仅对当时而且对后世、乃至对当今都具有深刻的意义,也必将照耀中华民族的未来。"

严晓琴先生的这几句话是有其丰富内涵的,其中包含许多生动事例。如民族英雄文天祥,在生死存亡的关键时刻,在他身上闪现出了诸葛亮、习凿齿与杜甫的人格精神。他一生酷爱杜诗,在元大都坐牢三年时,专读杜诗,以激励自己,并集杜诗为五言绝句200首。以明其不畏强虏,为国尽忠,死而后已的爱国之志;他在被元军俘获押往元大都的途中,以诸葛亮的人格精神激励自己,写下了这样感人心魄的诗句:

> 至今《出师表》,读之泪沾巾。
> 汉贼明大义,赤心贯苍穹。

全诗在赞颂诸葛亮的同时,抒发了自己坚定不移的爱国志向。民族英雄

---

①曹海东:《诸葛亮:智圣人生》,长江文艺出版社1995年版,第12页。

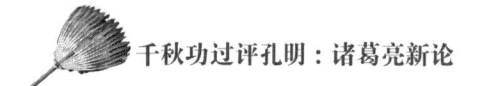

史可法祠中有清代道光时期文人严问樵撰写的联语是：

生有自来文信国，死而后已武乡侯。

这副联语的上联来自一个传说：相传，史可法的母亲因梦见文天祥（1236—1283，南宋末政治家、文学家，爱国诗人，抗元名臣、民族英雄）而生下史可法（1601—1645，明末抗清名将、民族英雄）。文天祥曾被封为信国公，作者借此传说，歌颂与称赞史可法那种英勇抗敌、坚贞不屈风采；下联则直接将史可法比作诸葛亮，赞美他像诸葛亮一样，具有"鞠躬尽瘁、死而后已"的牺牲精神。[①]

诸葛武侯、习凿齿与杜甫等人的精神力量，在新的历史条件下，已经化作为了祖国的繁荣富强，为了祖国的统一，为了祖国人民和子孙后代的幸福，而只要生命不息，就要奋斗不止的巨大力量。诸葛亮、习凿齿与杜甫等人的品格精神影响巨大，古往今来，受其影响的生动事例举目可见、数不胜数。

所有涉及诸葛亮的某些联语进行释义时，直雄发现，这些楹联，不论是古代的还是现当代的，在对其进行分析品评时，如能更好地领会《汉晋春秋》与《三国演义》再去分析这些楹联作品，就能得到比较完美的解说。综览涉及诸葛亮的楹联，均有如下四个方面的特色：

一是承传了诸葛亮的那种为了祖国的统一而"鞠躬尽瘁、死而后已"的人格精神，和习凿齿、杜甫等英雄人物那种反对分裂、反对割据、坚持一统、忧国忧民的民族精神。展现了中华民族自强不息的精神和中国知识分子的理想人格以及中华民族最为完美的传统美德；

二是糅进了对于诸葛亮、刘备、习凿齿、杜甫、罗贯中、岳飞、文天祥、史可法、左宗棠等诸多人物和事件评价的全新的学术观点；

三是在具体写作方法和写作内容上，目前所收集到关涉诸葛亮的楹联，一般皆是：

或是颂扬诸葛亮以及承继诸葛亮"中华民族大一统"事业的姜维、习凿齿、杜甫、史可法、左宗棠等人物的精神、品格、学识；

或是颂扬他们一生的功业与文学成就；

[①] 盛星辉：《民族英雄史可法祠对联》，《对联》1991年第6期，第21页。

或是对他们寄以深切的缅怀之情；

或是品析他们一生的经验教训，用以劝世励人；

或是描绘他们所处景点的风貌与特色，以唤起人们对以诸葛亮为首的先贤崇敬之感；

或是对于他们一生业绩与文学成就在楹联中予以评价；

或是为了突显他们的事功、而借古今名人贤士予以比照；

或是直接引用他们以及历代名人的名言、名诗、名句入联以颂扬与评说这些前贤……

细析涉及诸葛亮的楹联的作者，他们均是学问高深、阅历丰富，见识广博，才华横溢且多是诗词高手、联坛名将和书法大家。故而他们在关涉诸葛亮的楹联内容与书写中，均能各逞巧思，用各自的生花妙笔，结合各自时代特点和各自丰富的社会实践经验，以种种新颖的创作手法，写出那味之无穷、永铭后世、价值连城的楹联珍品，这是值得我们要特别珍重的。

关涉诸葛亮的楹联珍品，从某种意义上来说，它们均是从楹联这样一个侧面，集武侯、集《三国》、集习凿齿、集诗圣杜甫、集罗贯中《三国志通俗演义》事迹等之大成，也是集全国各地的关涉诸葛亮联语创作手法之大成，同时也是全国数处武侯祠联语和所有关涉诸葛亮联语最为基本的内容的总揽。直雄以为可以撰用一副联语来概括，这就是：

武侯楹联传千古，诸葛佳对留万家。

涉及诸葛亮的这些名联，千百年以来，影响着一代又一代的中华儿女。他们从这一名言名联中体味着人生，感悟着其中的深奥哲理，指导着自己的行为规范，并从中受益匪浅。这正如王华超先生在2000年八月二十六日《人民日报》所发表的《人生贵淡泊》中所写：

梁漱溟以诸葛孔明的"非淡泊无以明志，非宁静无以致远"来勉己勉人。……人生贵淡泊，淡泊是古今许多人一生之所求。……淡泊是人生的一种坦然，是对人生的一种珍惜。淡泊可以放飞心灵，淡泊可以还原人的本性。淡泊可以使你真正地享受人生，在努力中体会欢乐，在淡泊中充实自己。拥有淡泊的人是幸福的，淡泊使人心更加纯净，事业更加辉煌。淡泊是远离名利，远离喧嚣和

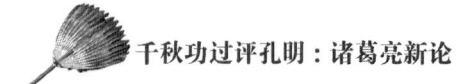

纠缠，走向超越。淡泊是在遭受挫折时仍有与花相悦的从容，淡泊是别人都忙于趋本逐利时仍然保持宁静。淡泊是一种修养，一种气质，一种境界。

淡泊可以长寿，宁静可以益智。

有鉴于此，直雄将"百副诸葛亮的楹联要义语译品鉴"一一彰列于后。

1. 四字联

（1）宁静致远
　　 淡泊明志

出自1996年十月成都武侯祠博物馆编的《成都武侯祠匾额对联注释》一书第15页。在诸葛亮殿屋脊，无名氏题写。

这副联语仅仅八个字，却精妙异常。

一是全联的概缩之妙。诸葛亮的《诫子书》中有名言："夫君子之行，静以修身，俭以养德，非淡泊无以明志，非宁静无以致远。"此语上承《文子·上仁》中的"非淡漠无以明德，非宁静无以致远，非宽大无以并覆，非正平无以制断"的语意，"宁静致远，淡泊明志"就是这一名言的高度概括与浓缩，有言简意深之妙；

二是全联有宣扬做人道理之妙。这就是说，作为一个人，要以恬淡、清静之态去对待名利，不能过于热衷名利地位，但不是说不要有抱负、不要有志向，而是要志存高远，要道德高尚，要能担当起时代所赋予的重任。

三是全联有"一击多鸣"之妙。这就是既赞扬了诸葛亮教子有方，值得人们效法，又赞扬了诸葛亮本人的修身养性的成功之道，同时也是对于后人游览这一处名胜后，能有睹联思贤之效。

（2）书以明理
　　　德能立名

白帝城武侯祠毛书贤先生所题，收录于1994年五月梁石、梁栋先生主编的《中国对联宝典》一书第1135页。

这是毛书贤先生的一副集秦碑联。"秦碑"，当指秦始皇时期立石刻歌颂秦德所建的石碑。"书以明理"，即读书学习便可以明白人世间的道理，可以辨别"美、善、真"。读书与德有着相辅相成的关系。借助读书可以修身，可戒贪痴嗔，可以提高道德修养。养成了好的道德，就会有好的名声。

"书以明理；德能立名"，看似简单的四个字，其实深含哲理。撰写此联挂于武侯祠，隐指诸葛亮的德高望重，其来有自。

2. 五字联

（3）淡泊以明志
　　　宁静以致远

悬于河南省南阳西郊卧龙岗的宁远楼。这副联语仅仅比第一幅联语多了一个"以"字，如果说联语应避免重字相对的话，宁远楼的这一副联语却是打破了这一"基本要求"，但它却以表意见长。

（4）志见出师表
　　　好为梁父吟

出自荣斌主编的《中国名联辞典》，是郭沫若先生1965年春为武侯祠诸葛亮殿前过厅内撰书的一副联语。这副对联言简意明，道出谋略的重要。《三国志·蜀志·诸葛亮传》有云："亮躬耕陇亩，好为梁父吟。"

这一副联语十分精妙，寥寥10个字，道出了诸葛亮一生之大概。

一是道出了诸葛亮出仕前隐居生活之情况，取"好为梁父吟"这一典型的事

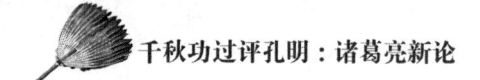

例表现之，相当精妙；

二是道出了诸葛亮出仕后一生所立下要实现"中华民族大一统"之志，即其一生奋斗的主要内容，这就是如《出师表》所写："汉贼不两立，王业不偏安""庶竭驽钝，攘除奸凶，兴复汉室，还于旧都。"

三是这一副联语的剥用之妙，即将旧句"出师表""梁父吟"化为新联。

（5）将相本无种
　　 帝王自有真

载于梁石、梁栋主编的《中国对联宝典》一书第1131页，由无名氏题写。

这副联语的作者不详，待考。这副联语的精妙之处在于，作者擅长于概缩名言精义及诗联联意入联。陈胜、吴广起义时，在号召人民起义的一句名言就是："王侯将相宁有种乎？"这一副联语的上联，就是概缩这一句名言而成，颇富哲理之妙。亦可以说是取成句而集为上联，明代高则诚《琵琶记》第十出中有诗云：

朝为田舍郎，暮登天子堂；
将相本无种，男儿当自强。

杜甫在其《哀王孙》一诗中有联语云：

高帝子孙尽隆准，
龙种自与常人殊。

下联的"帝王自有真"，当是概缩此联句句意而成。而这"帝王自有真"，本来纯是无稽之谈，但是作者用在这里的目的，显然是用以歌颂刘备有如刘邦在开国之初一样，虽"屡战屡败"，但为了成就帝王大业，仍然"坚韧不拔"的精神，如果从这一角度来理解这一下联，当然也是有一定意义的。

（6）万里桥西宅
　　　百花潭北庄

载于荣斌主编《中国名联辞典》一书第311页。这副联语的作者为无名氏，书写者是马公愚。万里桥：在成都的南门外，跨锦江上。《元和郡县志》有云："万里桥架大江水，在县南八里。蜀使费祎聘吴，诸葛亮祖之。叹曰：'万里之路，始于此桥。'因以得名。"杜甫《狂夫》诗中有联语云：

> 万里桥西一草堂，
> 百花潭水即沧浪。

由此可见，杜甫草堂位于万里桥之西。百花潭：是浣花溪相接的一个深潭。唐时的百花潭，依《太平寰宇记》所记，应在浣花溪的上游，今龙爪堰一段，早已湮塞。今之所见，是清人黄云所假定之潭。

这副联语未见为谁所作，据直雄推断，既是大门之联，当为最早。此联贴于大门，自有其妙。联语出自杜甫的《怀锦水居止》二首其二，诗云：

> 万里桥西宅，百花潭北庄。
> 层轩皆面水，老树饱经霜。
> 雪岭界天白，锦城曛日黄。
> 惜哉形胜地，回首一茫茫。

杜甫因崔旰之乱离成都至四川云阳，岁暮感怀旧居而作此诗。诗的首句十分准确地点出了草堂所在的方位，摘得十分之巧。

就诗而言，出语就扣住了旧居最为显著的特点，最能体现对旧居的怀念之情；就门联而言，开门就见"万里桥""百花潭"，最能体现门联之妙；就对联的艺术水平而言，名词、数词、方位词的对仗，有工稳贴切之妙。读完这副门联，令人遥想当年诸葛亮为恢复孙、刘联盟对费祎使吴的高度重视与良苦用心。

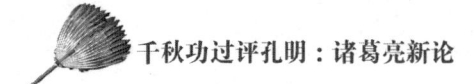

（7）两表酬三顾
　　一对足千秋

载于裴国昌主编《中国楹联大辞典》一书第667页，由清人游俊题写。

是联之妙有二：一是高度概括之妙。它几乎概括了诸葛亮一生的事业。我们按此联的内容，可以简述诸葛亮一生的奋斗经历。二是用字有惜墨如金之妙。上联一个"酬"字，道出了诸葛亮报刘备的知遇之恩；下联一"足"字，道出了"隆中对"的分量、意义之所在。

（8）三分谋一统
　　二表足千秋

载于马萧萧、刘人寿先生等著评的《当代佳联选评》一书第244页，由潘力生先生题写。

上联赞颂诸葛亮授命于危难之际，终使刘备在蜀立国，为求中华民族大一统，进而前后两出师，直至"鞠躬尽瘁，死而后已"，歌颂了诸葛亮追求统一那种百折不挠的民族精神。下联赞叹诸葛亮前后出师表的意义和价值。诸葛亮的二表不仅仅是脍炙人口的名篇，同样是中华民族追求统一、不畏强权的精神体现。短短的十字，有相辅相成之妙。

冯鸣先生评此联时，云："尝读前人咏韩信联：'荣枯一知己，生死两妇人'，叹为观止，今阅此联觉可与之媲美。"此言极是。

（9）功盖三分国
　　名成八阵图

载于1993年第4期的《对联》杂志所刊范立芳先生的文章《咏怀诸葛亮对联辑述》。

刘备在未得诸葛亮之前，可以说是屡战屡败，无立足之地，被曹操追着打。而自从得到诸葛亮的辅佐之后，则形势大变，他取荆州，占四川，北拒曹操，东连孙吴，而成鼎立之势。作者以"功盖三分国"一联，赞诸葛亮之功，何止如此，在此高起点上，将诸葛亮的功劳地位又大大地提高了一步。"功盖"二字用得绝妙！

下联"名成八阵图"更妙。一是赞诸葛亮在兵战的阵法上的创造性，他的八阵图战法为历代兵家所效法、景仰；二是赞诸葛亮的远见性，在陆逊要乘胜击蜀，蜀国处在危机之时，就是这个八阵图，迫使陆逊退兵。这个石头阵是诸葛亮入蜀时所设之防御工事。

诸葛亮入蜀后一直坚持联吴抗曹，但他对于东吴并未失去警惕性，真乃"神"人。对于诸葛亮摆的这个"八阵图"，是表现诸葛亮智慧的重要一环，故而在《三国演义》中写得生动异常，在电视剧《三国演义》更是绚丽多彩的一幕。

这副联语之妙，还在于摘杜甫的绝句《八阵图》中的诗句成联。因为杜甫的这首绝句人所共知，是杜诗中的名篇。《八阵图》全诗是：

功盖三分国，名成八阵图。
江流石不转，遗恨失吞吴。

这是一首怀古绝句，首联是对诸葛亮的称颂，次一联是对刘备攻吴的批评，同时也是进一步对诸葛亮的赞颂，它隐含着因刘备的短视，导致诸葛亮大一统事业未能实现的惋惜之情。

（10）天与三台座
　　　名成八阵图

载于梁石、梁栋先生主编的《中国对联宝典》一书第1140页，由慕少棠先生为兰州五泉山武侯祠所题。

这是一副集句联语。

"天与三台座"出自唐人张九龄（678—740）的《奉和圣制送尚书燕国公赴朔方》诗。其诗云："宗臣事有征，庙算在休兵。天与三台座，人当万里城。朔南方偃革，河右暂扬旌。宠锡从仙禁，光华出汉京。山川勤远略，原隰轸皇情。为奏薰琴唱，仍题宝剑名。闻风六郡伏，计日五戎平。山甫归应疾，留侯功复成。歌钟旋可望，衽席岂难行。"此诗为两大部分。前一部分主要写张说巡边的

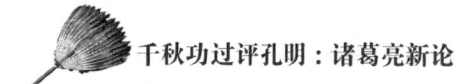

历史背景，写出了出京时张说的光彩。表达了对友人的一种慰籍与赞赏。后一部分主要赞扬张说的政治才能以及对他建功立业的期望。其中"天与三台座"中的"三台"，曾是曹操驻军之地，由铜雀台、冰井台和金虎台组成。"万里城"即万里长城。其句意为：铜雀台、冰井台和金虎台为上天赐与，后人筑成了万里长城，这些都是国家重要的军事设施。

"名成八阵图"出自唐人杜甫（712—770）的《八阵图》诗。由于《三国演义》中引用了这一首诗，遂使这首诗家喻户晓。其中的"名成八阵图"，意为诸葛亮建立了三分天下的功业，又创建了著名的八阵图。

知晓这两句诗的本意，即知慕少棠先生这副集句联之妙。就妙在赞诸葛亮所创造的"八阵图"有如上天的赐与，他的"八阵图"遗址，与"铜雀台""冰井台""金虎台""万里城"一样万古留名。当然，"八阵图"的创造者诸葛亮同样不朽，这就使联语很好地契合了"兰州五泉山武侯祠"建祠的旨意。

3. 六字联

（11）六经而外二表
　　　三代以下一人

出自成都武侯祠博物馆所编的《成都武侯祠匾额对联注释》一书第24页，由无名氏为成都武侯祠"听鹂苑"所题一副联语。此联有三妙：

一是取诸葛亮的前后《出师表》与"六经"相并列，由此突出诸葛亮的文学、艺术之才和"中华民族大一统"之志不移；

二是取我国夏、商、周三代的名臣贤相与诸葛亮相匹，由此突出诸葛亮的开国、治国之才；

三是"听鹂苑"是原武侯祠的藏书之处，这一副联语以著作和名臣贤相去表现诸葛亮这样一个人物与这一藏书处有紧相扣合之妙。

4. 七字联

（12）三分割据纡筹策
　　　万古云霄一羽毛

荣斌主编的《中国名联辞典》一书第316页载有这副联语。

这是一副摘句联语。上下联均是摘自杜甫的《咏怀古迹五首》（其五）中的额联。欲知这一副摘句联之妙，且先看杜甫之诗。其诗云：

> 诸葛大名垂宇宙，宗臣遗像肃清高。
> 三分割据纡筹策，万古云霄一羽毛。
> 伯仲之间见伊吕，指挥若定失萧曹。
> 运移汉祚终难复，志决身歼军务劳。

全诗高度地赞扬诸葛亮的才与德，惜其大功未成。沙孟海所摘之联，言诸葛亮之所以从容地策划而成的三国鼎立之势，是当时众英雄均用尽心思之所想，而在这众多的英雄人物之中，唯见诸葛亮有如鸾凤、能独步青云，远远地高于众多的英雄人物。三分天下的功业，他犹如展翅翱翔在云端的鸾凤。诸葛亮的才智是何等的高妙！

杜甫用这种类比式的赞誉之法，将诸葛亮功劳、才智、品德……推向一个新的高度。由此可见，这副联语之妙，在于对诸葛亮的评价高而且角度新颖，妙在联语的表现手法之奇特。

（13）梁父吟成高士志
　　　出师表见老臣心

载于顾平旦、常江、曾保泉主编的《中国对联大辞典》第479页。广西灵川县漓江畔甘棠镇诸葛亮祠中的一副对联。

品味该联之意，对照郭沫若一联，郭沫若有可能是剥用点化该联而成，但剥得更为简练，剥得精妙。

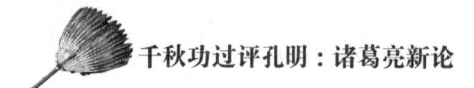

（14）三分天下四川地
六出祁山五丈原

梁石、梁栋主编的《中国对联宝典》一书第1131页载，出自武侯祠无名氏。

六出祁山：指诸葛亮曾六出祁山攻魏。一是蜀汉建兴六年（228），诸葛亮攻祁山（今甘肃省西北），战于街亭（今甘肃省秦安东北）；二是同年冬，出散关（今陕西省宝鸡西南），围陈仓（今陕西省宝鸡东）；三是蜀汉建兴七年，遣陈式拔武都（今甘肃省成县西）、阴平（今甘肃省文县西北），诸葛亮率军至建威（今甘肃省成县西北）；四是蜀汉建兴八年秋，魏攻汉中（今陕西省汉中），诸葛亮屯军于城固、赤阪（今陕西省洋县），魏军旋即撤退；五是蜀汉建兴九年春，再出祁山；六是蜀汉建兴十二年，诸葛由斜谷（今陕西省眉县西南）出，同年，积劳成疾病死于五丈原（今陕西眉县西南）军中。

这六次战役中，一次是防御战，故诸葛亮攻魏实为五次，出祁山仅两次，但作为北伐中原的"象征点"，统称为"六出祁山"还是可以的。

这一副联语之妙，妙在其取典型事例，以表现诸葛亮之功勋。

上联"三分天下四川地"，赞扬诸葛亮以刘备的弱小之力，而占有四川，以成三国鼎立之势的功劳；

下联赞扬诸葛亮坚持全国一统的决心和意志，以并不强大的军力，六攻强魏直到病死于五丈原军中。

诸葛亮这种坚持全国大一统的精神和百折不挠的意志，为历代爱国志士所赞颂。

（15）运筹帷幄三分国
尽瘁鞠躬五丈原

出自梁石、梁栋先生所主编的《中国对联宝典》一书，第1716页。

让人仰慕不已的诸葛亮，令人们从多个角度去赞颂他。

上联嵌入"运筹帷幄"，让人们自然而然地想起刘邦赞张良之语，张良为刘邦出谋策划，遂有刘邦的天下；诸葛亮为刘备创立刘汉政权，其功高矣！

下联嵌入"鞠躬尽瘁"于"五丈原"之前，诸葛亮的忠诚、勇敢、道德……

则尽纳其中!

全联言简意丰,读罢令人想起楚汉相争、想起六出祁山、想起前后《出师表》、想起《隆中对》……这一切不尽之思,如潺潺流水,滋润着读者的心田!

(16) 三代有儒者气象
　　　诸葛真名士风流

出自梁石、梁栋主编的《中国对联宝典》一书,第1131页。

这是一副描写性的联语,其妙在于这位无名氏作者以描绘的方式,去表现诸葛亮这一智圣人物。

上联赞诸葛亮是夏、商、周三代以来的一位出色的有风度的儒将;

下联颂诸葛亮有名士气概。作者在"名士风流"之前加一个"真"字,这一字之加,就大大地有别于那些一般的名士或虚有其名的名士。这就是说,诸葛亮是一个集政治、军事、经济、文学、道德于一身的非常之人才。

读罢此联,令人不禁想起诸葛亮那传奇般的一生……这一切的一切,有如电视剧一样,一幕又一幕地在人们的头脑中闪现,不断地启迪着人们的智慧!

(17) 千古文章出师表
　　　一腔忠义八阵图

出自1993年第4期《对联》杂志所刊登范立芳先生的《咏怀诸葛亮对联辑述》(下)一文。

这副联语之妙,在于取材典型、赞语剀切。诸葛亮的前后《出师表》,是诸葛亮鞠躬尽瘁道德文章的最集中的展现,在古今中外光彩永耀,确称得上千古文章!

诸葛亮是一位军事家,其军事谋略、生动战例不少。而其所创设的八阵图,曾迫使东吴大将陆逊退兵。

《三国演义》第八十四回将八阵图之利害描绘得生动形象:"陆逊听罢,上马引数十骑来看石阵,立马于山坡之上,但见四面八方,皆有门有户。逊笑曰:'此乃惑人之术耳,有何益焉!'……逊方欲出阵。忽然狂风大作,一霎时,飞

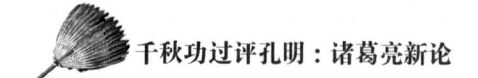

沙走石，遮天盖地。但见怪石嵯峨……急欲回时，无路可出。……每日每时，变化无端，可比十万精兵。临去之时，曾吩咐老夫道'后有东吴大将迷于阵中，莫要引他出来。'……"

这里虽是小说描写，但诸葛亮在"八阵图"中，所隐含对蜀汉的一腔忠义之心确是令人感慨！

（18）旁人错比扬雄宅
　　日暮聊为梁甫吟

载于陈家铨、阙宗仁著《成都名胜古迹楹联》一书，作者为无名氏。这里的《梁甫吟》，当是指杜甫在空怀济世之心，报国无门的情况下，效仿前贤诸葛亮诵以诗文自遣。这在杜甫的诗作中，是多处可见的。如杜甫在其《初冬》诗中有联语云：

日有习池醉，
愁来梁甫吟。

又如杜甫的《上后园山脚》诗中有联语云：

敢为苏门啸，
庶作梁父吟。

这是一副集句联语，所集之句各具其妙。"旁人错比扬雄宅"，出自杜甫《堂成》诗。其诗云：

背郭堂成荫白茅，缘江路熟俯青郊。
桤林碍日吟风叶，笼竹和烟滴露梢。
暂止飞鸟将数子，频来语燕定新巢。
旁人错比扬雄宅，懒惰无心作《解嘲》。

杜甫在唐肃宗乾元二年（759）年底到成都后，即着手营建草堂，到次年春末建成时，遂作此诗。《堂成》一诗写草堂清幽之景与作者之心绪。而"旁人错比扬雄宅"正是杜甫在草堂建成之后表达其心绪的佳句，它蕴含着极为丰富的内容。杜甫的草堂落成后，因扬雄宅又名草玄堂，故址与杜甫之草堂有着地理上的联系，故人们将其与扬雄宅相比；再是杜甫到成都后，友人高适在赠其诗中将他与扬雄著书立说相比，而杜甫到蜀，只是暂时避乱而已，其心境、其做法与扬雄完全不同。故有此蕴涵深邃之联。

下一联出自杜甫的《登楼》名篇。其诗是：

北极朝廷终不改，西山寇盗莫相侵。
可怜后主还祠庙，日暮聊为梁甫吟。

杜甫作这一首《登楼》诗时，已经客居蜀地第五个年头了。诗人登楼而赋，以乐景赋所思、所想之哀情。而末尾两联，表面上只是说后主刘禅与诸葛亮，实乃讽喻当朝君王似刘后主，而更为可叹的没有诸葛亮这样的贤相。才大不为所用的杜甫就只好聊为梁甫吟了！此联寄慨之深之妙，可谓至极矣！

这一副集句联的作者不仅在于集句的构思精当，而且贴联选位亦与众不同。他将这一副集句联贴于草堂的神龛之上，这就将最能表达杜甫居于草堂时的心理活动置于草堂中这一特别显著的位置，这是对杜甫居蜀时忧国忧民心理情结的绝妙展现。

（19）日月同悬出师表
　　　风云常护定军山

选于顾平旦、常江、曾保泉主编的《中国对联大辞典》一书第461页，出自成都武侯祠，无名氏作。

这一副联语，在钱剑夫主编的《中国古今对联大观》中写作："日月双悬出师表；风云常护定军山。"此联之妙，妙在写进了《三国演义》中的神话传说。

上联赞诸葛亮的《出师表》可与日月同悬，这种评价充分地表达了作者对于《出师表》中追求统一精神的尊崇与赞颂。

下联"风云常护定军山"，将《三国演义》第一百一十六回《钟会分兵

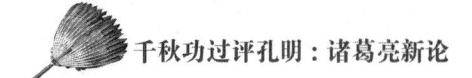

汉中道　武侯显圣定军山》中的神话入联，大大地增强联语的趣味性和可读性。在这一回中，写魏军大将钟会得了阳安关后，是夜，魏兵宿于阳安城中，忽然西南上空喊声大震。钟会出帐视之，绝无动静。魏军一夜不敢睡。次夜三更，西南上空喊声又起……会闻之，怅然不乐，遂勒马而回。转过山坡，忽然狂风大作，背后数千骑突出，随风杀来。……由于有武侯在定军山的风云相护，致使钟会不得不"传令前军，立一白旗，上书'保国安民'四字；所到之处，如妄杀一人者偿命"这样，方能顺利进军前行。

这一副联语，由于有此神话故事入联，更加进一步地宣扬了诸葛亮"死尚遗言保蜀民"的忠诚与可敬。

此联之妙，就妙在将中国历史中的诸葛亮与中国民间神话中的诸葛亮有机地结合起来所创作的联语，因而更具可读性。

（20）映阶碧草自春色
　　　隔叶黄鹂空好音

载于1996年成都武侯祠博物馆所编的《成都武侯祠匾额对联注释》一书。出自杜甫名篇《蜀相》。

这是一副写景联，就联语的创作形式而言，是一副摘句联。这副联语出自杜甫的名篇《蜀相》。因这副联语在诗中作用不小，故全引该诗，以分析之。其诗云：

丞相祠堂何处寻，锦官城外柏森森。
映阶碧草自春色，隔叶黄鹂空好音。
三顾频烦天下计，两朝开济老臣心。
出师未捷身先死，长使英雄泪满襟。

这首名诗是通过写景抒情的方式来怀念诸葛亮的。诗中之联承续首联写景，描写武侯祠的春色之美，但掺以"自""空"表示祠宇之荒春草自长黄鹂空叫，它们不会理解对于祠宇主人的凭吊与否，有利于作者对于创作下一段的过渡，因而此二字用得绝妙。这正如《杜诗解》卷二载金圣叹所言："碧草春色，黄鹂好

音,入一'自'字、'空'字,便凄清之极。"它揭示出了杜甫内心的苍凉落寞感受。

这副联语书于武侯祠的茶厅。随着时间的飞逝,时过境迁,人事沧桑。作联者将该联从《蜀相》中摘出,从某种意义上说,它也可以看成是独立的风景联语。它可以这样理解:任凭那碧草春色、黄鹂好音。人们来到武侯祠内,所欣赏的,所倾心的是武侯一生的功业和人格精神。将这副联语摘出并书于茶厅,这个茶厅内设有一"听鹂馆",亦有情景相宜、令人回味之妙。

(21) 山当好处湖增艳
　　 梅正开时雪亦香

载于1996年十月成都武侯祠博物馆所编的《成都武侯祠匾额对联注释》一书,联语为清代大书法家何绍基撰写并书。

这副联语书于武侯祠的"静香径"的入口处。"静香径"是一处雅静幽香的小径,此处回廊小径系新修,内有盆景花卉,幽静芬芳。这一副联语悬贴于此处,上联描绘湖光山色交相辉映之美,下联赞赏梅开白雪飘香之趣。杜甫《西郊》诗中有联语云:

　　　　市桥官柳细,
　　　　江路野梅香。

这副联语写出了湖畔青山与碧波交相辉映,寒冬梅开、雪梅飘香的意境,大有扣合此处景物和这一首诗中联语之妙。

(22) 隆中一日风云会
　　 剑外千秋草木香

载于1996年十月成都武侯祠博物馆所编的《成都武侯祠匾额对联注释》一书,作者为无名氏。风云会:即是"风云际会"的概缩而用。风云本谓风云各有所从。《易·乾》:"云从龙,风从虎。"际会,即遇合。比喻有才能之士遭逢

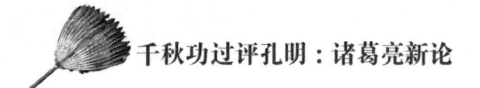

时会。亦指君臣际遇、英雄之际合。杜甫《谒先主庙》诗中有联语云：

> 惨澹风云会，
> 乘时各有人。

在这副联语中，显然是指后者。剑外：即剑南，这里代指蜀地。

这一联语言简意深，颇有特色。上联"隆中一日风云会"，叙写了诸葛亮与刘、关、张诸位英雄人物的风云际会，乃有"定三分隆中决策"之大举；

下联"剑外千秋草木香"，说明诸葛亮为了刘氏基业"鞠躬尽瘁"，病逝于五丈原军中，死葬于勉县定军山下。这一联的特点是以"千秋草木香"比喻诸葛亮追求统一的精神永垂不朽。这种赞誉的方式，一扫他人一味地赞赏诸葛亮的窠臼。这副联语书于武侯祠的"静香径廊"，由于有"千秋草木香"一句，因而使联语与悬挂的地点相得益彰。

定军山下武侯墓陵园的大门两侧，有一副清人所创作的对联。这副联语的下联用了"草木香"三字，读后别有一番妙趣。现录于后，以便人们与武侯祠的"隆中一日风云会，剑外千秋草木香"互为参读。定军山武侯墓陵园大门的联语是：

> 水咽波声一江天汉英雄泪
> 山无樵采十里定军草木香

（23）诸葛大名垂千古
　　　元戎小队出郊坰

载于裴国昌主编的《中国楹联大辞典》一书第665页，出自成都武侯祠。这是一副集句式联语。欲知其妙，且先看其所出之诗。"诸葛大名垂千古"实出自杜甫的《咏怀古迹五首》（其五）的首句，作者仅仅是换了"诸葛大名垂宇宙"中两个字而已。赞誉了诸葛亮的业绩名满环宇。

下联出自杜甫的《严中丞枉驾见过》。其诗云：

> 元戎小队出郊坰，问柳寻花到野亭。
> 川合东西瞻使节，地分南北任流萍。
> 扁舟不独如张翰，皂帽还应似管宁。
> 寂寞江天云雾里，何人道有少微星。

联语作者将杜甫用以表现严武之诗句集来用以表现诸葛亮的儒将风度，实有恰如其分之趣。

（24）诸葛大名垂宇宙
###　　　宗臣遗像肃清高

载于陈家铨、阙宗仁所著的《成都名胜古迹楹联》一书第39页，由大书法家沈尹默（1883—1971）撰书于成都武侯祠。

这是一副摘句联，作者摘自杜甫的《咏怀古迹五首》（其五）。诗云：

> 诸葛大名垂宇宙，宗臣遗像肃清高。
> 三分割据纡筹策，万古云霄一羽毛。
> 伯仲之间见伊吕，指挥若定失萧曹。
> 运移汉祚终难复，志决身歼军务劳。

大书法家沈尹默先生所摘之联为这一首诗的首联。联的首句在全诗中有异峰突起、笔力雄奇之妙。次句写人们进入祠堂见诸葛亮之遗像时的心绪，这就是一种肃然起敬之感与无限崇仰之情，大有总领全诗之妙。以此联来表达作者对于诸葛一生事迹的赞叹，是最妙不过的。

（25）伯仲之间见伊吕
###　　　指挥若定失萧曹

载于荣斌主编的《中国名联辞典》一书第317页，由四川现代已故国画家冯灌父先生83岁时为成都武侯祠撰书。

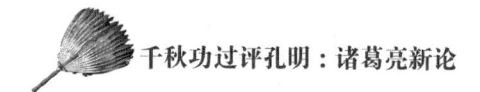

这是一副摘句联语，其妙在于将诸葛亮与前朝最为知名的将相对比，借助与前贤的对比评说，从而赞扬诸葛亮在文治武功方面超人的才智与胆略。

联语所列举的四位先贤，均是事业的成功者，而诸葛亮则是"出师未捷身先死"，然，杜甫却意指诸葛亮的成就不在四大前贤之下，大有不以成败论英雄之妙，此亦高人一着之见。

（26）青山绕郭宜龙卧
　　　翠柏参天有鹤来

载于裴国昌主编的《中国对联大辞典》一书第666页，出自成都武侯祠。

这副联语之妙有二：

一是景物描写之妙。联语以"青山绕郭"描绘了武侯祠的大环境之美；以"翠柏参天"再现了武侯祠在那"锦官城外柏森森"之处的意境。

二是象征之妙。联语以"宜龙卧"，象征武侯祠正是帝王刘备与丞相诸葛亮的最理想的埋葬之地；以"有鹤来"，象征武侯祠祥瑞之处。联语的作者通过对武侯祠环境的描写及其象征意义歌颂与缅怀诸葛亮。

（27）已知天定三分鼎
　　　犹竭人谋六出师

载于梁石、梁栋主编的《中国对联宝典》一书第1131页，出自成都武侯祠，无名氏作。

"鞠躬尽瘁，死而后已"，这是诸葛亮的名言，也是诸葛亮为了追求国家的统一的献身精神的具体体现。

这副联语之妙，在于通过对当时客观情况的分析，高度评价和赞颂了诸葛亮这种竭尽全力谋求统一的可贵精神。对诸葛亮积极进取、自强不息、为了"中华民族大一统"百折不挠精神的称颂。

同时，这副对联也浓缩了若干史实和《三国演义》中的若干内容。

比如《三国演义》第三十七回"司马徽再荐名士　刘玄德三顾草庐"中有言："徽出门仰天大笑曰：'卧龙虽得其主，不得其时，惜哉！'"民间传说

曰：曹魏得天时，孙吴占地利，蜀汉主人和。天下终归晋一统。诸葛亮亦深知其时天下大势。这在《三国演义》的第三十八回中已有详细记述。

为报刘备的知遇之恩，诸葛亮为了刘汉大一统的事业而殚精竭虑，积劳成疾，直至病逝。这在《三国演义》第一百零四回中有着形象的描绘：诸葛亮在上方谷火烧劲敌司马懿父子不死的情况下，已经病入膏肓。仍然视察前线："孔明强支病体，令左右扶上小车，出寨遍观各营；自觉秋风吹面，彻骨生寒，乃长叹曰：'再不能临阵讨贼矣！悠悠苍天，曷此其极！'叹息良久。"诸葛亮一生浓重的悲剧色彩，可以说是"犹竭人谋六出师"最为典型的概括。

（28）一诗二表三分鼎
　　　万古千秋五丈原

载于梁石、梁栋主编的《中国对联宝典》一书第1131页，由孙墨佛（1884—1987）创作。

这副联语之妙有二。

一是数字相对的运用之妙。作者用"一、二、三、五"四个数字将诸葛亮一生的成就勾连起来，以"万、千"言时间之长久，影响之深远，赞诸葛亮之成就，语短而意深；

二是所选用的材料富于典型意义。"诗""表""五丈原"，在诸葛亮一生中占有显著的地位，以这几件大事去歌颂诸葛亮，足以表现诸葛亮的精神、品格和学识。

（29）异代相知习凿齿
　　　千秋同祀武乡侯

载于《成都武侯祠匾额对联注释》一书第24页。

（30）异代相知习凿齿
　　　千秋共祀武乡侯

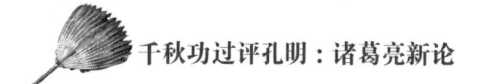

载于裴国昌主编的《中国楹联大辞典》一书第667页。

直雄以为,这两副联语仅有一字之别。作者孙墨佛尤为有名气。钟瀚与孙墨佛谁先创作谁后作,是谁"代用"谁还是属"智慧的碰撞",有待来人考证。但这是武侯祠众多联语中非常特别的一副,故两存之,有引起读者关注的好处。可视为另一版本参考留用。

关于作者,有两种说法,一是《成都武侯祠匾额对联注释》只留有六字:"近人钟瀚撰书。"据习根珠先生发表在《袁河》杂志上的文章考证:钟瀚(1884—1956),又名开瀚,字子沧,成都郫县大和场水巷子人。二是文史研究家、书法家孙墨佛(1887—1987)所题。异代:即不是同一代。唐代杜甫《咏怀古迹五首》中有联云:

怅望千秋一洒泪,
萧条异代不同时。

异代相知:这里有其特别意义。即指习凿齿对诸葛亮"鞠躬尽瘁,死而后已"地辅佐蜀汉满怀敬仰之情。他曾专程凭吊诸葛亮故居,并撰有《诸葛武侯宅铭》就是"异代相知"的最好说明。习凿齿,字彦威,号半山,东晋史学家。原籍湖北襄阳,徙居江西省新余市欧里镇白梅村,遂为赣人。

习凿齿博学能文,尤有史才。曾为东晋安西将军、荆州刺史桓温幕僚,升为别驾。后桓温图谋篡夺帝位,习凿齿不相与谋,被外调为衡阳太守,任满,迁为荥阳太守。前秦王苻坚寇晋,为避苻坚逼用,偕妻、子南迁隐居。先至江西万载书堂山,再徙居江西新余白梅。

习凿齿是一位饱学之士,正直有气节,既反对国家分裂又反对外敌寇晋。他甘于寂寞,潜心学问,著有《汉晋春秋》54卷、《襄阳耆旧记》5卷、《逸人高士传》8卷、《习凿齿集》5卷、《魏武帝本纪》4卷等。惜均佚失,至今仅辑佚有《襄阳耆旧记》和《汉晋春秋》而已。

《汉晋春秋》所记起自东汉光武帝至东晋孝武帝,纵横近三百六十年史事,极具史学价值和文学价值而且影响深远。

书中提出晋应以汉为正统,而视魏为篡逆的"晋宜越魏继汉不应以魏后为三恪"宏论。这一宏论,当是其对外族入寇中原的反抗意识和抵制分裂国家势力的

思想行为熔铸其史著中的必然反映,实乃罗贯中《三国志通俗演义》尊刘汉政权为正统"拥刘贬曹"之创作主旨与写作提纲之渊源。所以人们称其为诸葛亮的异代相知。

习凿齿不仅人格气节高尚,其对中国史学、文化的贡献不仅"名重千秋",影响至今,而且子子孙孙繁衍不息,江山代有才人出。

这副联语联意自然,用语顺畅,语意十分明确。

此联悬挂于诸葛亮殿,其妙在于"千秋共祀武乡侯"一联紧相扣合诸葛亮殿这一场景。

在赞颂诸葛亮的手法上,更有其创新之妙。这就是作者借史学家习凿齿提出以刘汉政权为正统、追求为国家大一统应公正无私、严明执法,要有"鞠躬尽瘁,死而后已"的精神。联语全面地称颂这一史家的史实主张入联,从而使得作者自己在联语中赞扬诸葛亮显得有史、有据、有分量。

此联在遣词造句上也别有新意。如"共祀"一语,既隐含了诸葛武侯与昭烈帝刘备"等同"共祀,更凸显了民意——即世人更看重的是诸葛亮在中国历史上的贡献,故将他与帝王刘备一同而祀。"共祀"一词,囊括了"三顾频繁天下计,一体君臣祭祀同"的丰富内蕴。

此联还有一击两鸣之妙:世人读罢此联,多是将着眼点放在称颂诸葛亮上,岂不知作者也在称赞习凿齿,能与名垂千古的诸葛亮为"异代交""异代相知"者,当然绝非等闲之辈,习凿齿就是这样的非凡人物!这副联语,是作者对诸葛亮的颂歌,同样也是他对习凿齿"越魏继汉"宏论的充分肯定!

(31) 群雄此日争逐鹿
大地何时起卧龙

载于1993年《对联》杂志第3期所刊范立芳先生的文章《咏怀诸葛亮对联辑述》上,作者为无名氏。

这副联语之妙,在于其化用杜甫诗中联意及句式,而又不着痕迹。表示了对军阀混战的不满,和对百姓能安居乐业地渴求。这位无名氏作者题联于武侯祠,在歌颂诸葛亮的同时,表达自己希望有诸葛亮一样的人物尽快地结束这种混乱不堪的局面。

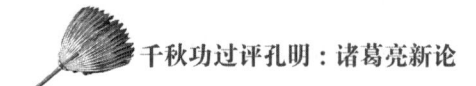

（32）兴亡天定三分局
　　　今古人思五丈原

　　载于顾平旦、曾保泉生生所著《对联欣赏》一书第183页，清人赵藩为武侯祠撰写。

　　联坛高手赵藩的这副联语，看似简省。实则蕴涵丰富。上联叹当时的天下兴亡的大势，只能是三分的局面。然而作者在下联猛然一转，写到今古之人皆思"五丈原"，人们所想到的是：诸葛亮为追求全国统一，以攻为守，储积力量，要兴复汉室，扫荡中原……为达此目的，诸葛亮劳于军政，积劳成疾，直至病死五丈原军中。这副联语，有历史经验的总结，有劝世警人的忠告，有史论结合的评说，更有对诸葛亮的深切缅怀之情的坦露！

（33）时艰每念出师表
　　　日暮如闻梁父吟

　　载于荣斌主编《中国名联辞典》一书第318页，清人瞿朝宗撰。原联为赵藩所书，已佚。由今人舒同补书。

　　这副由瞿朝宗所创作的联语，因一时无法考证其作年及其作者的身份，故联语之妙只能据其字面探索，要说其妙，就妙在十分微妙地表达了作者的一种心绪。时势艰难之时，每爱念及出师表，感伤当今国无诸葛亮。也许，作者是以诸葛亮在出师表中所显现的那种奋斗不懈的精神在激励着自己吧？

　　下联"日暮如闻梁父吟"，是作者剥用杜甫《登楼》中"日暮聊为梁甫吟"而成的佳句。顺其思路，作者是在说，每当日暮黄昏之时，因思诸葛，仿佛听见吟诵《梁父吟》之声。也许，作者在面对他所处的清王朝如落日黄昏的艰难时局，发出他有如杜甫当年那样关注国是，而又无能为力的也只能如此却又不甘如此的慨叹吧！

（34）三顾频烦天下计
　　　一番晤对古今情

载于1996年10月成都武侯祠博物馆编《成都武侯祠匾额对联注释》一书，由董必武撰书。

这一副联语之妙有二。

一是半集句之妙。上联出自杜甫《蜀相》诗中的联句：

三顾频烦天下计，
两朝开济老臣心。

"三顾频烦天下计"讲的是刘备，实则凸现了诸葛亮的重要地位，因为他是"天下计"的献计者，是称赞诸葛亮的妙语。

二是续句之妙。下联"一番晤对古今情"并没有顺着杜甫诗的句意写下去，而是从三顾之后，君臣之情下笔，写从此之后，君臣二人结下了深厚的情谊，是古今君臣关系、人际关系的典范，这种关系被传为美谈。下联之续对有别开生面之妙。

（35）千秋治蜀无双士
　　　三国论才第一人

载于梁石、梁栋主编的《中国对联宝典》一书第1540页，由刘宝和先生（1922—?）为成都武侯祠所题。

刘宝和先生的这副联语简明易懂。然其最大的特点和精妙之处在于：

众所周知，蜀地人杰地灵，治蜀之士，人才众多；三国之时，英雄辈出，人才济济。联语总领治蜀之才与三国之才，妙用对比之法，以"无双士""第一人"这样肯定的和富于情感的断语称赞诸葛亮，缅怀诸葛亮，确能给读者以十分深刻的印象。

（36）南阳诸葛真名士
　　　天下英雄唯使君

载于陈家铨、阙宗仁先生所著的《成都名胜古迹楹联》一书第54页。

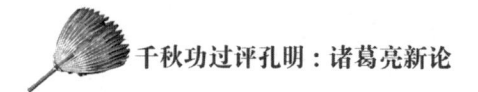

南阳诸葛：诸葛亮在其前《出师表》中有："臣本布衣，躬耕于南阳……"。故有"南阳诸葛"之称。使君：在这时里是特指刘备。

《三国演义》第二十一回"曹操煮酒论英雄 关公赚城斩车胄"中有云："操以手指玄德，后自指，曰：'今天下英雄，唯使君与操耳！'"

这副联语之妙，妙在赞臣为主连及赞君，妙在赞颂君臣二人在创建蜀汉政权事业时的配合之妙。

上联赞诸葛亮，下联赞刘备。道出了刘备自得诸葛亮之后能成大事的奥妙。毛泽东说："刘备得了孔明，说是'如鱼得水'，确有其事，不仅小说上那么写，历史上也那么写，也像鱼跟水的关系一样。群众就是孔明，领导者就是刘备。一个领导，一个被领导。……尽管刘备比曹操所见略逊，但刘备这个人会用人，能团结人，终成大事。"

再是联语的截句之妙。下联赞刘备而不直道刘备之名，而是截用曹操夸赞刘备的话语入联。

《三国演义》第二十回《曹操煮酒论英雄 关公赚城斩车胄》中，曹操执意要刘备说出天下之英雄。刘备实不得已，只好试为道之：袁术、袁绍、刘表、孙策、刘璋、张绣、张鲁、韩遂，这些人物，皆被曹操一一否定了。最后，曹操给英雄下了一个定义。曹操曰："夫英雄者，胸怀大志，腹有良谋，有包藏宇宙之机，吞吐天地之志者也。"玄德曰："谁能当之？"操以手指玄德，后自指，曰："今天下英雄，唯使君与操耳！"作者在创作这副联语时，截用曹操的话赞颂刘备之语。使联语具有历史的真实感和论说的力量感。

（37）忆昨路绕锦亭东
先主武侯同閟宫

载于陈家铨、阙宗仁所著《成都名胜古迹楹联》一书第29页，作者是无名氏。

据《成都名胜古迹楹联》一书载称："此系长方形木刻，悬于武侯祠大门。刘孟伉临石刻字。"又据《成都武侯祠匾额对联注释》一书载称："先主武侯同閟宫"一句是清人完颜崇实书。锦亭：即成都锦江亭。锦亭东：成都杜甫草堂有"野亭"，严武有《寄题杜二锦江野亭》诗。从草堂看，武侯祠在其东面。故云。閟宫：閟，深闭之意。閟宫，语出《诗经·鲁颂·閟宫》。其中有句云：

"閟宫有侐，实实枚枚。"即指祠庙。成都的先主（刘备）庙与武侯（诸葛亮）祠是连在一起的，故云"同閟宫"。

这是一副摘句联。摘自杜甫《古柏行》中的一副诗联为联语。但这并非一般的摘句联，自有其诸多精妙之处：

就诗联的作者杜甫而言，他在这一诗联之中，将先主与武侯同列于诗联之中，这在封建社会这是有违"纲常"的。可见杜甫对于武侯的推崇程度；

再是这一位无名氏作者为何要摘此诗联为联，也许还妙在反映了人民的情绪。君尊臣卑，是为封建纲纪。在这一座殿宇的建筑上，表现尤为突出的是前高后低，并且在大门上高悬"汉昭烈庙"的金字大匾。然而，人民偏不吃这一套，仍然以"武侯祠"呼之。有人还赋诗曰：

门额大书昭烈庙，世人都道武侯祠。
由来名位输功烈，丞相功高百代思。

摘"忆昨路绕锦亭东，先主武侯同閟宫"为联，并悬挂于这座祠庙的大门，在表达人民群众心声方面，实有"借花献佛"之妙。

（38）君臣一体风云会
对表双悬日月光

载于梁石、梁栋主编的《中国对联宝典》一书第1630页，这副联语由诗人林从龙（1928—2019）先生作。

这副联语言简意明。上联道出刘备得贤臣、诸葛亮遇明主，君臣一体如鱼水关系之妙；下联称颂诸葛亮的《隆中对》、前《出师表》、后《出师表》有如日月高悬，永放光芒。

（39）真人白水生文叔
名士青山卧武侯

载于钱剑夫主编的《中国古今对联大观》一书第416页，这副对联悬于南阳城楼。

联语的文叔，是指南阳蔡阳（今湖北省枣阳）人刘秀，文叔是他的字。真人即天子之别称。《后汉书·光武纪论》中有："及王莽篡位，忌恶刘氏，以钱有金刀，故改为货泉，或以货泉文字为白水真人。"这一句话有一点谜语味道。王莽篡汉改汉钱为货泉。由于王莽篡汉不得人心，老百姓便拆"货泉"二字为"白水真人"，真人，即奉天命降生人世的真命天子。唐人杜光庭《虬髯客传》："尝识一人，愚谓之真人也；其余，将帅而已。"《三国演义·第三一回》："后五十年，当有真人起于梁、沛之间。"以寄托光武中兴。

下联的"名士青山卧武侯"，指的是诸葛亮隆中隐居。

全联之妙在于以两个典故写歌颂汉光武帝刘秀三国刘汉政权中的诸葛亮。他们都为"中华民族大一统"有过巨大贡献。

刘秀成功地再造大汉江山，诸葛亮为恢复高祖、光武大汉大一统事业，"鞠躬尽瘁，死而后已"。联语将诸葛亮与刘秀并一联时，大大提升了诸葛亮的知名度。

（40）羲之五字增声价
　　　诸葛三军听指挥

载于钱剑夫主编的《中国古今对联大观》一书第853页，悬于王星记扇庄，由无名氏作。

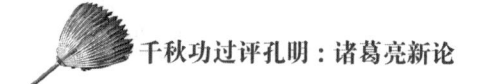

钱剑夫先生注云："扇庄亦为旧称，上海王星记扇庄，即甚为有名。"此联妙而幽默。其妙在于由诸葛亮"羽扇纶巾"的形貌以切"扇庄"之"扇"，其联想可谓丰富。又由王羲之题扇的故事以切"扇庄"之"扇"，有此二"切"，即此联功力不凡。

《晋书·王羲之传》有云："又尝在蕺山见一老姥，持六角竹扇卖之。羲之书其扇，各为五字。姥初有愠色。因谓姥曰：'但言是王右军书，以求百钱邪。'姥如其言，人竞买之。他日，姥又持扇来，羲之笑而不答。其书为世所重，皆此类也。"首联概缩其意，极具故事性。

下联言诸葛亮带兵，令行禁止，挥军如用扇，一位大军事家的形象跃然纸上。

（41）巫山峡锁全川水
　　 白帝城排八阵图

载于梁石、梁栋主编的《中国对联宝典》一书第1135页，悬于白帝城武侯祠由刘心源书写。

上联"巫山峡锁全川水"，"巫山峡"在这里实指长江三峡中的瞿塘峡、巫峡、西陵峡，它西起四川省奉节县的白帝城，东迄湖北省宜昌市的南津关，跨奉节、巫山、巴东、秭归、宜昌五县市，全长约200公里。三峡以地形险峻、风光绮丽、气势磅礴称著于世。联的表层意思是说，出川之水都要经过"巫山峡"，实际上是隐示"巫山峡"之险要；下联"白帝城排八阵图"中的"白帝城"表面并非仅仅写城，白帝城位于重庆奉节县瞿塘峡口的长江北岸，奉节东白帝山上，山上之城，实乃居险。"八阵图"是三国时期蜀汉丞相诸葛亮推演兵法而创设的一种可让敌人有来无回的一种阵法。全联虽说简短，但雄关扼守之势跃然纸上。

（42）全才岂限三分国
　　 大势难支五丈原

载于梁石、梁栋先生所主编的《中国对联宝典》一书第1139页，悬于岐山五丈原武侯祠，作者为无名氏。

这副联语言简意赅，上联写《隆中对》的精髓是先立足，有了根据地之后，要大一统全国。下联写诸葛亮病逝五丈原，以"大势难支"委婉地表示"病体难支"而逝。

（43）卧龙祠宇同遗像
　　 骑鹤仙人在上头

载于梁石、梁栋先生所主编的《中国对联宝典》一书第1168页，悬于泸州忠山武侯祠，作者为无名氏。

这副联语言简意赅，作者登堂入室，写在祠中所见的诸葛亮遗像与绘画或雕刻，以此象征着诸葛亮永垂不朽和作者对诸葛亮敬仰之情。

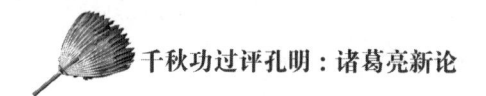

（44）世外风云争入眼
　　　汉家兴废总关情

载于梁石、梁栋主编的《中国对联宝典》一书第1630页，由林从龙先生创作，悬于南阳武侯祠。

这副联语可以说是一首精美的"两句诗"。上联"世外风云争入眼"，实际上写诸葛亮隐居隆中，并非远离尘世、不关心国家大事，而是对汉末的战争风云走向看在眼里，记在心头；下联的"汉家兴废总关情"便上对上联的补充。就是说，"高祖、光武时期大一统"的大汉王朝不时在牵动着诸葛亮的情怀。

这副联语看似平常，其实，它精准地解释了诸葛亮的"先三分，后恢复高祖、光武时期的大汉大一统"的《隆中对》其来有自。

5. 八字联

（45）臣本布衣，一生谨慎
　　　君真名士，万古云霄

载于梁石、梁栋主编的《中国对联宝典》一书第1168页，由无名氏为泸州忠山武侯祠所撰。

这副联语的最大特点是：句句有来历，截句成联赞诸葛。"臣本布衣"出自诸葛亮《出师表》中"臣本布衣，躬耕于南阳"；"一生谨慎"出自明代思想家李贽的自题联语：所谓"诸葛一生唯谨慎，吕端大事不糊涂"；"君真名士"《世说新语》中有"真名士自风流"；"万古云霄"出自唐人杜甫《咏怀古迹五首·其五》中的"三分割据纡筹策，万古云霄一羽毛"。

全联所有重点，都落实到最后一句：意思是说，诸葛亮有如鸾凤高翔，独步青云。三分霸业，这是了不起的功绩，而对诸葛亮来说不过轻若一羽。

（46）隐居以求，行义以达
　　　临事而惧，好谋而成

载于梁石、梁栋主编《中国对联宝典》一书第1131页，悬于成都武侯祠，作者为无名氏。

这副联语之妙，在于比较客观地反映了诸葛亮一生中的某些特点。同时也包含一定的哲学道理。

上联写诸葛亮在隐居期间，同样关心天下大事，分析天下形势。而一旦走出茅庐，则为三国鼎立而奋斗，行仁义之师，以图恢复汉室，不达目的，决不罢休。大有"穷则独善其身，达则兼济天下"（《孟子·尽心上》）之妙趣。

读罢上联中的"隐居以求"，使人不禁回想起《三国演义》第三十七回中的一首歌：

> 凤翱翔于千仞兮，非梧不栖；
> 士伏处于一方兮，非主不依。
> 乐躬耕于陇亩兮，吾爱吾庐；
> 聊寄傲于琴书兮，以待天时。

这是刘备初顾草庐时所听到的一首歌。"隐居以求"，可以说是这一首诗歌内容的高度浓缩。

林则徐曾作联云：

> 为学日益为道日损；
> 大勇若怯大智若愚。

这副联语中深藏着辩证法，勇者往往看似怯弱，智者往往看似愚昧。

下联中的"临事而惧"，实则亦似此联，由"惧"而至有谋，一生谨慎，这就是诸葛亮的特点，也是诸葛亮成功的条件之一。这副联语有如格言，又如座右铭，有令人冷静之妙。

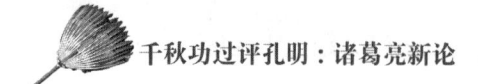

（47）三代下有儒者气象
　　　诸葛君真名士风流

载于陈家铨、阙宗仁先生所著的《成都名胜古迹楹联》一书，悬于成都武侯祠，与前面的"三代有儒者气象，诸葛真名士风流"这副联语颇为近似，只不过是在上下联中各添了一个字而已。

6. 九字联

（48）只手挽残局，常归谈笑
　　　鞠躬悲尽瘁，剩有讴歌

载于裴国昌主编的《中国楹联大辞典》一书第665页，由清人瞿朝宗创作、当代著名画家关山月书写。

这副联语有三妙：

一妙在于记录刘备屡战屡败的史实，以突出诸葛亮的才智与能力。刘备自桃园三结义之后，尽管有雄心壮志，但屡战屡败，有如丧家之犬。他先投靠袁绍，受到公孙瓒的节制；依附曹操时，几乎被杀；依赖宗亲刘表，自身难保……这就是联语中所说的残局。但自得诸葛亮之后，只在谈笑之间，即使曹军大败。这就是谈笑间"只手挽残局"的部分内容；再是猇亭一战，刘备几乎输尽了老本，白帝城托孤诸葛亮时，又何尝不是将一副残局交付与诸葛亮？诸葛亮收拾好这副残局之后，先平南，后北伐，又何尝不是只手挽残局。

二妙在于暗用前人关于"谈笑"的诗意、句意，使联语富于形象性。《三国演义》多处用诗形象地描绘诸葛亮"谈笑"间取胜的情景。如该书第三十九回有诗云：

　　　博望相持用火攻，指挥如意笑谈中。
　　　直须惊破曹公胆，初出茅庐第一功。

又如《三国演义》第一回卷头词有云：

　　白发渔樵江渚上，惯看秋月春风。
　　一壶浊酒喜相逢：古今多少事，都付笑谈中。

以上诗中的"笑谈""谈笑"，都隐含有诸葛亮笑谈用兵、潇洒自如的英雄形象。再如苏轼的《念奴娇·赤壁怀古》中有云："羽扇纶巾，谈笑间、樯橹灰飞烟灭。"

这里写的虽然是周瑜，但亦有诸葛亮儒将风度的形象。上联"只手挽残局，常归谈笑"中的"谈笑"，均隐含了上述诗中"谈笑"或"笑谈"的丰富内容。

三妙在于盛赞诸葛亮一生追求"中华民族大一统"的不懈精神，道出了凭吊者深感悲戚、惋惜之心。

如果说上联是赞诸葛亮的才智的话，那么，下联则是称颂诸葛亮高尚人格与道德。诸葛亮为了汉室的一统，实践了他"鞠躬尽瘁，死而后已"之言，赢得的是千秋颂歌。

这副联语展现了诸葛亮为了国家的一统，每次在危难时刻挽残局的重要作用与贡献，凸现了诸葛亮崇高的精神品格与道德智慧。

（49）自任以天下之重如此
　　　是知其不可而为之欤

载于成都诸葛亮研究会《成都武侯祠匾额对联注释》一书第32页，由无名氏创作。

这副联语之妙，在于作者取诸葛亮在后《出师表》中所指出的敌强我弱之势而诸葛亮仍然要攻魏的分析，以同情的笔调写下了上联，这真是"自任以天下之重如此"；下联则以感慨的口气对诸葛亮出兵伐魏提出质疑。这代表了相当一部分人的观点。

其实，诸葛亮的头脑是十分清醒的。他在其后《出师表》的结尾明确地写道："凡事如此，难可逆料。臣鞠躬尽力，死而后已。至于成败利钝，非臣之明所能逆睹也。"

547

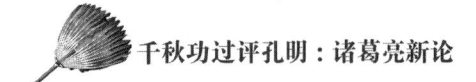

在当时敌强的情况下，从诸葛亮执行恢复大汉大一统的国策和追求大一统的精神来看，是他积极进取的表现，他这样做是理所当然的；

再是从战略策略上来看，诸葛亮这种以攻守得体、开辟雍凉的做法，是一种可取的选择，也是《隆中对》中"西和诸戎"蚕食雍凉的妙策的践行；

其三是事物是发展变化的，诸葛亮一统全国的愿望在刘备犯下大错误而重挫刘汉政权元气的情况下，虽说恢复大汉大一统的事业困难重重，但决不能裹足不前。

正如羊祜伐吴，吴将团结、据守坚牢时决不可伐，而待吴主孙皓昏庸不可救药时必伐。因为他最担心的是吴国有了明主，则伐吴就失去机会。

诸葛亮为相时，如果刘禅开明，如果是由刘谌这样的人物当政，如果诸葛亮寿年延长，如果曹魏内乱得不到控制，怎能说诸葛亮就不会获得"中华民族大一统"的成功？

（50）智谋隆中对，三分天下
　　　壮烈出师表，一片丹心

载于梁石、梁栋主编的《中国对联宝典》一书第1122页，由陆定一同志为襄樊古隆中武侯祠所撰。

这副联语言简意赅，上联写出了诸葛亮的《隆中对》对于刘汉王朝建立的巨大贡献；下联言及前后《出师表》，展现了诸葛亮"鞠躬尽瘁，死而后已"的一片壮烈赤诚之心。大有唤起人们对于历史的追索和对诸葛亮人格精神的崇敬！

7. 十字联

（51）淡泊以明志，宁静以致远
　　　汉贼不两立，王业不偏安

载于裴国昌主编的《中国对联大辞典》一书第666页，悬于成都武侯祠，由无名氏创作。

这副对联是一副截句联。

上联出自诸葛亮的《诫子书》。诸葛亮的《诫子书》中有名言云："非淡泊无以明志，非宁静无以致远。"作者只是略加删减而已，便将诸葛亮教子勉己话语中的精华纳入联语之中。

下联出自诸葛亮的后《出师表》。后《出师表》中开篇就是："先帝虑汉、贼不两立，王业不偏安，故托臣以讨贼也。"作者只是去掉"先帝虑"三个字，便将诸葛追求大一统、鞠躬尽瘁、死而后已的雄心壮志尽纳联中。

这种截句成联的创作方法在这副联语中运用得十分成功，展现了诸葛亮的人格和精神品质。

（52）文章与伊训说命相表里
　　　经济自清心寡欲中得来

载于顾平旦、常江、曾保泉主编的《中国对联大辞典》一书第461页，由清朝时贵阳人陈矩创作、清人赵藩书写。

这一副联语之妙有三：

其一妙在上联用前贤的名篇与诸葛亮的著作相互发明、相提并论，以称颂诸葛亮文才与韬略；

其二有暗用《伊训》《说命》中的内容之妙。《伊训》是伊尹在太甲嗣位后的训导之辞；《说命》是高宗命傅说之言。以此二篇之意状武侯训刘禅，可谓妙绝。

其三下联赞诸葛亮的修养，并点明其修养与经世之才之间的辩证关系。

这一联语的创作角度，有令人耳目一新之感。

（53）沥胆披肝，六经以来二表
　　　托孤寄命，三代而下一人

载于曾伯藩先生所著的《对联做法》一书第180—181页，无名氏为成都武侯祠撰写。

六经：即《诗》《书》《礼》《易》《春秋》《乐经》这六部儒家经典。二

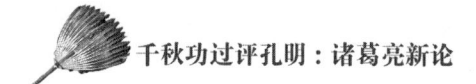

表：即诸葛亮的前后《出师表》。托孤寄命：《论语·泰伯》："可以托六尺之孤，可以寄百里之命。"又《三国志·蜀志·先主传》："先主病笃，托孤于丞相亮。"三代：即夏、商、周三个朝代。

这副联语之妙，在于着重赞扬了诸葛亮的忠诚、才智与献身精神。

上联不仅言其忠诚，而且赞其才智。诸葛亮的"二表"，有选才用人的政策、有整饬吏治的建议、有北伐曹魏的战略。实可与六经相提并论；

下联写诸葛亮再次临危受命的忠诚与胆略，这就更进一步地将诸葛亮的献身精神推向一个更高层次。

（54）忠肝义胆，六经以来二表
　　　托孤寄命，三代而后一人

载于钱剑夫主编的《中国古今对联大观》一书第570页，作者为无名氏，悬于岐山武侯祠。

这副无名氏联语，与上一副无名氏联语，只是四个别字词有变，其意义基本相同。但这副联语指出了其所在地点是"岐山武侯祠"。在刘汉政权的建兴十二年（234），诸葛亮伐魏病逝于岐山县五丈原。元代建有武侯祠，明清间屡有增扩。祠中的献殿有用46块青石刻成的岳飞手书之《出师表》。前面有"异代相知习凿齿，千秋同祀武乡侯"，与"异代相知习凿齿，千秋共祀武乡侯"，均分别是同代的"钟瀚"与"孙墨佛"。这两位在当时皆有一定名气，尤其是孙墨佛，寿高名气大。这两副对联属"智慧的碰撞"可能性极大。而这两副武侯祠联，虽有四字不同，但当属"化用"之作的可能性最大。成都武侯祠肇始于公元223年修建刘备惠陵之时，而岐山武侯祠，元代始建，两个"武侯祠"相距千年，视为"化用"之作为妥。

（55）成大事以小心，一生谨慎
　　　仰流风于遗迹，万古清高

载于陈家铨、阙宗仁著《成都名胜古迹楹联》一书第40页，由冯玉祥将军为成都武侯祠撰写。

这副联语，为诸多著作所录载，然其字句多有不同。直雄反复揣测，冯玉祥将军在成都武侯祠和陕西勉县武侯祠都撰有这样同一内容的联语。这两处的内容是一致的，觉得取这一副为妥。

这是一副悬挂于成都武侯祠"过厅"的联语，联语的上联写诸葛亮生前的处事风格，下联述诸葛亮死后的影响。全联通过评论、借用他人的联意与诗意，将诸葛亮的精神品格和作者的仰慕之情作了全面的展现。其精妙之处在于：

上联纳明人李贽联语"诸葛一生唯谨慎，吕端大事不糊涂"联意为联，赞诸葛亮之品格高尚，使联语的蕴涵十分丰富；

下联纳杜甫《咏怀古迹》（其五）前四句"诸葛大名垂宇宙，宗臣遗像肃清高。三分割据纡筹策，万古云霄一羽毛"的诗意入联，以再现祠宇遗迹肃穆气氛及塑像的清高神情，以增添人们对于诸葛亮的景仰之情。

（56）自来宇宙垂名，布衣有几
　　　能使山川生色，陋室何妨

载于钱剑夫主编的《中国古今对联大观》一书第418页，由单家驹先生为南阳武侯祠撰写。

此联之妙，在于取诗文之句意入联，言简意赅而又意蕴丰厚。

上联"自来宇宙垂名，布衣有几"，其"自来宇宙垂名"出自杜甫《咏怀古迹》诗之五中的"诸葛大名垂宇宙，宗臣遗像肃清高。""布衣有几"则出自《前出师表》"臣本布衣，躬耕于南阳……"

下联"能使山川生色，陋室何妨"，妙用了刘禹锡整篇《陋室铭》中的文意。其《陋室铭》云："山不在高，有仙则名。水不在深，有龙则灵。斯是陋室，惟吾德馨。苔痕上阶绿，草色入帘青。谈笑有鸿儒，往来无白丁。可以调素琴，阅金经。无丝竹之乱耳，无案牍之劳形。南阳诸葛庐，西蜀子云亭。孔子云：何陋之有？"这些文字的描绘，几近诸葛亮隐卧隆中的"隐士"生活状况！

整副联语的特点是：暗用语典，以展现诸葛亮出自平凡而贡献不凡。实属精妙之联。

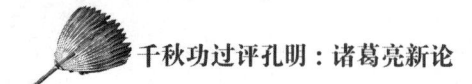

8. 十一字联

（57）春日百花潭，淘尽郑公辙迹
　　　秋风一茅屋，经过丞相祠堂

载于梁石、梁栋主编的《中国对联宝典》一书第1133页，由清人陈逢元所撰悬于杜甫草堂。

这副联语之妙，在于借助联想的方式去缅怀诗圣杜甫。上联叙写春日来到与百花潭相近的杜甫草堂，遥想当年严武驾车前来草堂之情景……这真是往事越千年，春日百花潭依旧，而辙迹淘尽，如烟如云难寻……

下联遥想杜甫当年的茅屋及其名篇《茅屋为秋风所破歌》，也许飘散各处，也许飘至武侯祠堂……在这一联里，将杜甫忧国忧民、盼望国家早日结束战乱与诸葛亮一生为追求一统的精神紧密联系在一起。这，也许就是这副联语的特别之处吧！

（58）背郭堂成，锦里溪山千古在
　　　缘江路熟，青郊草木四时新

载于杜甫草堂博物馆编，郭世欣执笔的《草堂楹联语粹》一书第100页，由清人何宇度创作。

溪山：可理解为浣花溪畔的山。又因杜甫尊崇诸葛武侯的"中华民族大一统"精神，抑或泛指远在卧龙岗一带的山间小溪和山脉。《三国演义》第三十七回《司马徽再荐名士，刘玄德三顾茅庐》有诗云：

　　　一天风雪访贤良，不遇空回意感伤。
　　　冻合溪桥山石滑，寒侵鞍马路途长。
　　　当头片片梨花落，扑面纷纷柳絮狂。
　　　回首停鞭遥望处，烂银堆满卧龙岗。

诗的第二联写到山间小溪上的石桥积雪冻结，致使马过桥也不时打滑。联中的"溪山"可当是此句的概缩，以代指卧龙岗。

这副联语的最大成功之处在于，截用杜甫诗中联语的主体部分，重组新联，用以描绘杜甫草堂、缅怀杜甫和遥想诸葛亮之卧龙岗"溪山"之妙。

这副联语的主要"部件"则是取自杜甫的《堂成》诗。诗中有云：

背郭堂成荫白茅，缘江路熟俯青郊。
桤林碍日吟风叶，笼竹和烟滴露梢。

诗的首联是写用白茅盖成的草堂，背向城郭，邻近锦江，坐落于沿江大路的高地之上。故而从草堂可以俯瞰郊野的青葱之景。作者在构思成联时截取杜甫这一诗联的主要部分，这就基本上保留了这一诗联的意境与所描绘的草堂之景。

在此基础上，作者添加新词，赞美草堂旧时风光，也隐含了杜甫关心民瘼、崇尚诸葛武侯的统一精神，有如成都的锦水长流、浣花溪畔的青山、抑或是卧龙岗的溪山一样常驻人间；而更为可喜的是，草堂不仅风光依旧，而且四时景色常新，这隐示着杜甫的巨大成就和杜甫的人格精神已经日益为人们所尊崇。从而使这副联语较之所截用的杜甫诗中的原有诗联更富创新意义。

（59）水咽波声，一江天汉英雄泪
　　　山无樵采，十里定军草木香

载于梁石、梁栋主编的《中国对联宝典》一书第1139页，由徐通久为陕西勉县武侯祠所撰。

这副联语中的词句，在其他相关联语中多有解说，直雄不再赘言。联意直解为，武侯祠下无尽的江水波涛声不绝于耳，有如汉丞相诸葛亮因大一统事业未成而流下泣泪呜咽之声。由于后人对武侯的崇敬，定军山下武侯墓十里之地的一草一木被人为地呵护着，因而草木永远散发出馨香。

（60）数亩疏筠，山光犹似南阳卧
　　　一林翠柏，鹃血常啼蜀道难

载于梁石、梁栋主编的《中国对联宝典》一书第1139页，由徐通久为陕西勉县武侯祠撰写。

这副联语上联的大意是说，在武侯墓四周，那数亩稀疏的竹林四季常青。这一带山光明媚，风景好像诸葛亮先生当年在南阳卧龙岗躬耕时期一样，宁静淡泊。

下联的"鹃血常啼"则是化用成语"杜鹃啼血"而成。杜鹃即布谷鸟，又名子规、杜宇、子鹃。春夏之季，总爱彻夜不停地啼鸣，啼声清脆而短促，唤起人们多种情思。因这种鸟口腔上皮和舌部都为红色，故而古人误以为它啼叫时满嘴流血，凑巧杜鹃高歌之时，正是杜鹃花盛开之际，人们见杜鹃花那样鲜红，便把这种颜色说成是杜鹃啼的血。下联的"蜀道难"，虽说是唐代大诗人李白的诗题。联作者的本意当并非全指蜀道的峥嵘、突兀、强悍、崎岖等奇丽惊险和不可逾越的磅礴气势，借以歌咏蜀地山川的壮美，显示出祖国山河的雄伟壮丽。其联意是强寇攻取我蜀国之难，给人留下无穷的想象余地。①

(61) 心在朝廷，原不论先主后主
　　　名高天下，何必辨襄阳南阳

载于顾平旦、常江、曾保泉主编《中国对联大辞典》一书第461页。

现在，四川成都诸葛亮殿、湖北襄阳诸葛亮故居以及河南的南阳诸葛亮故居，均有此联，可见这一副联语之妙和学术蕴含量非同一般。

一是其评述事件的公允之妙：

这一副联语事有起因：顾嘉蘅是湖北襄阳人，在河南南阳做知府。因诸葛亮名高天下，故而两省为了诸葛亮的故居之所在地争执不已。顾嘉蘅当时为官于南阳，如果断诸葛亮的故居在南阳，就要承担出卖桑梓之名；如果断故居地为襄阳，就要开罪于南阳豪绅。在此处于两难之际的时候，他撰此妙联，以抹平两省之争。从这一角度来说，这是一副公允的妙联。

二是联语所含的哲理式含蓄批评之妙：

上联赞诸葛亮一生，不仅因先主之贤和对于他有知遇之恩而忠心耿耿，也不

---

①实地标示，该联为清嘉庆年间沔县知县马允刚所撰。

因后主之昏庸而改其鞠躬尽瘁、死而后已之志。下联承上联之意，用富于哲理式的推理：正因为诸葛亮能够这样忠心不二和追求大一统的意志百折不挠，故而能够名高天下，你们又何必争辩其故居地在襄阳还是南阳呢？

（62）昨夜倾颓，胸内空存兵百万
　　　今朝尊仰，阶前何止士三千

载于梁石、梁栋主编《中国对联宝典》一书第1570页，由陈衡（1924—？）先生创作悬于成都武侯祠。据《中国对联宝典》第1569页介绍，陈衡先生1924年5月生，南京人。上海中国新闻专科学校毕业，从教多年，担任《江南诗词》编辑，中国楹联学会会员，其对联作品在省内外公开发表并数次获奖。此联亦非同凡响。

胸内空存兵百万：即是"胸中十万兵""胸中隐甲兵"的变用。宋代杨万里《送广帅秩满官丹阳》诗中有：

> 北门卧护要耆英，
> 小试胸中十万兵。

《三国演义》第三十三回中有：

> 腹内藏经史，胸中隐甲兵。
> 运谋如范蠡，决策似陈平。

这副联语，较之于以往的联语，自有其独特之妙。

作者挪近时空，巧做对比。遥想后主之昏庸，致使刘氏基业一朝倾颓，作者反用"胸中十万兵""胸中隐甲兵"的典意说，纵使诸葛亮乃至后来的姜维有胸存百万精兵的谋略，刘汉江山亦将化为乌有！展示了作者对于昏君的憎恶之情，和对于虽有诸葛亮雄才大略、最终还是不能成就一番事业的惋惜！上联只有11个字，然尽纳《三国演义》第一百一十八回中两首诗的诗意。该回中有诗云：

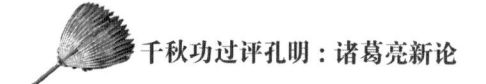

> 魏兵数万入川来，后主偷生失自裁。
> 黄皓终存欺国意，姜维空负济时才。
> 全忠义士心何烈，守节王孙志可哀。
> 昭烈经营良不易，一朝功业顿成灰。

又有诗云：

> 徒令上将挥神笔，终见降王走传车。
> 管乐有才真不忝，关张无命欲何如！
> 他年锦里经祠庙，梁父吟成恨有余！

读罢此诗，回味上联，不禁令人扼腕而叹！

当你面对刘汉王朝这段历史进行深深思考之时，作者在下联突然笔锋一转，以"阶前何止士三千"一语，描绘的是人们对于诸葛亮缅怀瞻仰之盛况，这是表面的一层意思。更有其深层意思是：孔圣人有"贤人七十，弟子三千"的教育成就。作者借用此典，暗指受诸葛亮人格和智慧熏陶出来的人才何止三千，实是多得不可估量。以此来赞扬诸葛亮的人格魅力和品格力量，大有不以成败论英雄之妙。

（63）扶帝烛曹奸，所见在荀彧上
侍吴亲汉胄，此心与武侯同

载于钱剑夫主编的《中国古今对联大观》一书第373页，由无名氏创作悬于湖南岳阳鲁肃墓。

鲁肃（172—217），字子敬，临淮郡东城县（今安徽省定远）人，汉末三国初杰出战略家、外交家。

上联写鲁肃扶助孙吴大帝孙权的同时，善于洞察曹操之奸心，而曹魏的大名士、大谋主对曹操"不察"，却献计曹操"挟天子以令诸侯"，后曹操终有篡帝位之心，因心有不同而为曹操所害。可见，鲁肃的政治远见实在荀彧之上。

下联写鲁肃在侍吴的同时能亲汉，是孙吴政权中"孙、刘联盟"的主导者，他的这一战略眼光和其斗争策略，与诸葛亮可谓"英雄所见略同"。

这副联语之妙，妙在借写鲁肃一生的主要事迹之时，凸显诸葛亮一生光辉的之时，写出了鲁肃不平凡的一生。

（64）汉祚难延，忠魂痛裂三分鼎
　　　军山在望，高冢灵通八阵图

载于钱剑夫主编的《中国古今对联大观》一书第570页，为陕西省汉中勉县诸葛亮墓所作。

这是诸葛亮的墓联。在勉县的定军山西约三里之所，诸葛亮六出祁山，病逝五丈原。姜维遵嘱，将其遗体葬于此地。墓自建成，即受到保护。上联之意是说：刘汉政权的国统难以延续，诸葛亮忠烈之魂仍痛心不已，未能统一全国，天下仍然三分！

下联之意重在表明诸葛亮因未能统一全国，在其墓的所在地"定军山"不远处，仍有其所推演的"八阵图"阵法。这实在是诸葛亮要实现"中华民族大一统"意志的展现。

全联蕴含了唐人杜甫《八阵图》"功盖三分国，名成八阵图。江流石不转，遗恨失吞吴"之诗意。

（65）铜雀台荒，七二座疑冢安在
　　　定军山古，百千载血祀常新

载于钱剑夫主编的《中国古今对联大观》一书第571页，为陕西省汉中勉县诸葛亮墓所作。

上联之意，是说曹操奢侈享乐的铜雀台已经荒废，为其死后怕世人盗挖其墓所设的72座"疑冢"也杳然不存。

下联之意，是说坐落在定军山的诸葛亮之墓，就像定军山一样久远永存，千百年以来所奉承祭祀年年不断且出新意。

这副联语的最大特点是：借助这两大丞相的墓的对比，演绎了一段又一段褒诸葛亮骂曹操"历史话剧"。

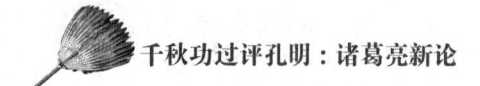

（66）新米饭香，蜀中风雨催秋雁
**　　　故关兵净，汉氏河山着井蛙**

载于梁石、梁栋主编的《中国对联宝典》一书第1135页，由刘心源为白帝城武侯祠所撰。

这副联语，看似与白帝城武侯祠无关，让人想象无穷，似乎不着边际，实则是副妙联。上联用"新米饭香"与"秋雁凌空"之景，写出了蜀中一派大好山河之美，人民富足安康的景象；下联关键点在"井蛙"二字，"井蛙"即"井底之蛙"比喻见闻狭隘、目光短浅之人。这与宋人孙应时的《剑门行》中的"井蛙未识河山广，分明到此生狂想。岂知天险乃误人"有千丝万缕的联系。其诗云："两崖夹道立削铁，涧水悲鸣浅飞雪。上有石城连天横，剑戟相磨气明灭。出门下瞰山盘纡，石磴斗落十丈饮。敌来仰首不得上，百万渠能当一夫。井蛙未识河山广，分明到此生狂想。岂知天险乃误人，祸首子阳终衍昶。渭水秦川指顾中，剑门空复老英雄。传檄将军真得意，落星愁杀卧龙翁。" 诗的前八句极写剑门地势之险，然而这只是铺垫，其诗作主旨却是讲天险误人。诗人回顾历史，用西汉末公孙述在蜀称帝为证、用五代十国时期的前后蜀主王衍、孟昶为证，只是昙花一现而已。剑门天险、长江天险皆不足恃。不是吗？一世枭雄刘备老死蜀中。诸葛亮也只是在蜀中建功而已，他六出祁山功败垂成。

知此诗意，则全联之意自明。这就是说，蜀中自是天府之国与天险之地，若以"是天府之国与天险之地"自恃，则是井底之蛙一样见闻狭隘、目光短浅，误事矣！将此联悬于险地"白帝城武侯祠"，实另有一番教益！

（67）望重萧曹，三分业就才难尽
**　　　功输管乐，八阵图成鼎已摇**

载于梁石、梁栋主编的《中国对联宝典》一书第1544页，羊春秋（1922—2000）教授为武侯祠所撰。

这副联语的上联说：诸葛亮的名望大，可与西汉初的丞相萧何和曹参相比肩。他让三国鼎立，可惜其才华并未用尽；下联中的"管乐"即管仲与乐毅。《三国志·蜀书·诸葛亮传》中记载：亮躬耕陇亩，好为《梁父吟》。身高八

尺，每自比于管仲、乐毅，时人莫之许也。惟博陵崔州平、颍川徐元直与亮友善，谓为信然。故而羊春秋有"功输管乐"之语。"八阵图"在《三国志通俗演义》的第一百六十八回《八阵图石伏陆逊》中写道："却说陆逊大获全功，引得胜之兵，直往西追袭。前离夔关不远，逊在马上看见前面临山傍江，一阵杀气冲天而起，遂勒马回顾众将曰：'前面必有埋伏，三军不可进矣。'即倒退十余里，于地势空阔去处摆成阵势，以御敌军；即差哨马前去探视。回报曰：'无军屯在此。'逊不信，遂下马登高望之，杀气复起。逊再令人仔细观之。回报曰：'一骑之迹也无。'逊见日将西沉，杀气越加，心中犹豫，又令人探之。回报曰：'江边止有乱石八九十堆，并无人马。'逊大疑，寻土人问之。须臾，引数十人到。逊问曰：'乱石作堆者，何也？'土人曰：'此石乃诸葛丞相入蜀之时，驱兵到此，取石排成阵势，乃于沙滩之上常常有气如云，从内而起。此处地名渔腹浦也。'陆逊听罢，上马引数十骑来看石阵，立马于山坡之上，但见四面八方，皆有门有户。逊笑曰：'此乃惑军之术也，有何益焉！'遂引从骑下山坡来，直入石阵观看。部将曰：'日暮矣，请都督早回。'逊方要出阵，忽然狂风大作，飞砂走石，遮天盖地，但见怪石嵯峨，槎枒似剑；横沙立土，重叠如墙；江声浪涌，有如剑鼓之声。逊大惊曰：'吾中诸葛亮之计也！'急欲回时，无路可出。正惊疑之间，忽见一老人立于马前，笑曰：'将军欲出此阵乎？'逊曰：'愿老者引出之。'老人策杖徐徐而行，径出石阵，并无所碍，送至山坡之上。逊问曰：'老者何人也？'老人答曰：'老夫乃黄承彦也。昔小婿诸葛孔明入蜀之时，于此布下石阵，名"八阵图"。反复八门，按遁甲休、生、伤、杜、景、死、惊、开。每日每时，变化无穷，可比十万之精兵也。临去之时，曾分付老夫道：'后有东吴大将迷于阵中，莫引而出之。'老夫隐于此山，专学道义。却才在于山岩之上，忽见将军从"死门"而入，料想不识此阵，必然迷矣。老夫不忍，特自"生门"引出也。'逊曰：'公曾学否？'黄承彦曰：'变化无穷，不能学也。'逊慌忙下马，拜谢而回。左右问曰：'此人何不杀之？'陆逊曰：'此仁者之人也。'"

此"八阵图"是何等之神奇！为何羊春秋教授却说"八阵图成鼎已摇"呢？此乃真言也！关羽被杀，张飞被害，刘备大败，刘汉王朝的精锐部队遭到致命的打击，可谓动摇了刘汉王朝之国本。说"八阵图成鼎已摇"，实乃真知灼见！

不过羊春秋教授的上下联的首句，直雄并不认同，此联当改为"望重超萧曹，三分业就才难尽；功业过管乐，八阵图成鼎已摇。"因为萧曹与管乐皆未能像诸葛

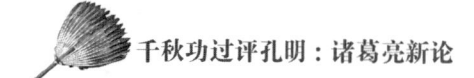

亮那样独掌国政，都未能像诸葛亮那样平南扫北，并与当时的最强手、大政治家、大军事家曹操、司马懿一较上下，而独显其才智人格超过曹操并压倒司马懿！如若假以时年，天下难说定归司马氏。

9. 十二字联

（68）鞠躬尽瘁兮，诸葛武侯诚哉武
　　　公忠体国兮，出师两表留楷模

载于荣斌所主编《中国名联辞典》一书第316页，由郭沫若为成都武侯祠撰写。

公忠体国：指秉公而又真诚地治理国家。《周礼·天官·序言》："体国经野。"体为划分之意。国即国都。经乃丈量之意。其本意是划分国都区域供"国人"居住；丈量田野，以分给"野人"耕作。后来泛指治理国家。

这副联语悬于成都武侯祠楹柱之上，是影刻郭沫若《蜀道奇》手迹。可谓一副妙联。

其妙之一是联语中的语气助词"兮""哉"运用得十分得体，使人读起来有一种特殊的韵味，有利于人们加强对于联语的理解。

其妙之二是联语副词"诚"的运用，亦使联语能产生一种新奇感，有味之无限的妙趣。这一句"诸葛武侯诚哉武"中的"二武"各具意味，具有诱人思索之妙。从而加深读者对诸葛亮军事成就的进一步认识。

其妙之三是凸现了诸葛追求大一统中国的坚强决心与意志，诸葛亮一生"鞠躬尽瘁"，精于军事、政治，"公忠体国"等等优秀品格和人格精神，都集中地体现在前后《出师表》之中，历代爱国志士，一旦国家出现分裂时，都爱把诸葛亮这一种追求统一的精神当作典范、当作楷模。这是对诸葛亮的赞扬，也是对历代爱国主义精神反对分裂维护统一精神的歌颂。

（69）异姓胜同胞，应不数曹氏昆季
　　　丹心昭日月，能再延汉室河山

载于成都诸葛亮研究会所编撰的《成都武侯祠匾额对联注释》一书第28页，悬于三义庙拜殿，作者无名氏。

这副联语之妙，在于强调刘、关、张三结义的团结精神及其巨大作用。正因为刘备集团以三义士的精诚团结，得以开创刘汉政权，诸葛亮则延续了大汉的部分河山。

其二之妙是运用对比手法，从大处着眼，一赞刘、关、张虽为异姓，却能"同生死，共患难"，从而延续了大汉江山。而曹丕上台，对同胞诸弟却是同根相煎，用权力和阴谋手段大开杀戒，导致朝中乏人、曹操所开创的基业而最终为司马懿子孙所篡夺。刘、关、张为延续汉室，他们为国尽忠之心可谓光昭日月，而曹氏同胞兄弟则骨肉相残，最终只能是落得个"再受禅依样画葫芦"的可悲结局！

从精诚团结与骨肉相残这两种不同的结局来看，这副联语有着深远的现实教育意义！

（70）遗庙近昭陵，问魏吴而今安在
　　　万年垂汉统，看英雄此日何如

载于成都诸葛亮研究会所编撰的《成都武侯祠匾额对联注释》一书第29页，由无名氏题于三义庙大殿。

这副联语之妙，妙在以对比手法，展现三义士及诸葛亮的遗庙与昭陵一样生辉重光，因为在他们的努力下，大汉朝的威仪得以接续传播、动人的业绩千古流芳，故而时至今日，他们仍然受到世人的景仰与祭祀。而曾与刘汉鼎立争权的魏、吴，则遗迹难寻。这样一做对比，那么，作者以魏、吴为叛逆、刘汉为正统的观点便凸显在世人的眼前。特别是"万年垂汉统"，隐示了诸葛亮一生为恢复"高祖、光武时期的大汉大一统"的英雄志向将永垂后世。

（71）顾曲有闲情，不碍破曹真事业
　　　饮醇原雅量，偏嫌生亮并英雄

载于钱剑夫主编的《中国古今对联大观》一书第416页，无名氏为湖南岳阳

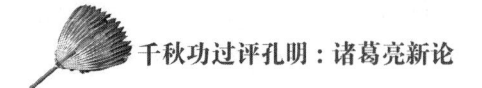

周瑜墓创作。

周瑜（175—210），字公瑾，庐江舒人。东汉末年孙吴名将。在湖南的岳阳市，有其墓。

上联中的"顾曲"，出自《三国志·吴书·周瑜传》："瑜少精意于音乐，虽三爵之后，其有阙误，瑜必知之，知之必顾，故时有人谣曰：'曲有误，周郎顾。'"意为周瑜精通音乐，曲有误者，必顾而视之。"不碍破曹真事业"意指建安十三年（208），于赤壁大破曹军。后病死巴丘（今湖南省岳阳），终年36岁。

下联中的"饮醇"，出自《周瑜传》裴注引《江表传》：程普敬服看重周瑜"乃告人曰：'与周公瑜交，若饮醇醪；不觉自醉。'""饮醇"有"饮醇自醉"之意。醇：浓厚的美酒。比喻与宽厚人交，不觉心醉，令人敬服。"偏嫌生亮并英雄"，《三国演义》第五十七回撰有周瑜非常忌妒诸葛亮的才华，想加害诸葛亮，却又连连失策受挫。临死之时，仰天而叹曰："既生瑜，何生亮！"大叫数声而亡。

这副联语之妙，就妙在历史事实与小说资料的结合运用，在先颂周瑜的同时，重在凸显诸葛亮之才远在周瑜之上。与其说是写周瑜，倒不如说是借写周瑜之才而凸显诸葛亮之雄才大略。

（72）大业定三分，伊吕洵堪称伯仲
　　　　奇才真十倍，萧曹未许比经纶

载于钱剑夫主编的《中国古今对联大观》一书第571页，无名氏为陕西省汉中勉县诸葛亮墓创作。

此联为光绪戊寅（1878）仲冬（十二月），长安信士潘矩墉题。上联言诸葛亮全力辅佐刘备，得已与魏、吴形成三分天下势态，这一业绩与功名，实在可以与伊尹、吕望比肩而论；

下联的"奇才真十倍"，意用刘备托孤时，称诸葛亮的才学是曹丕的十倍一语的语意，诸葛亮"受任于败军之际，奉命于危难之间"，其才能实在萧何与曹参二人之上。

（73）先生本天下才，世人莫之许也
　　　数语备当时事，将军岂有意乎

载于梁石、梁栋主编的《中国对联宝典》一书第1120页，顾嘉蘅为南阳武侯祠所题。

这副楹联之妙，在于高度概括典事入联。上联"世人莫之许也"，乃出自《三国志·蜀书·诸葛亮传》："每自比于管仲、乐毅，时人莫之许也。"就是诸葛亮将自己比之于管仲、乐毅，当时的人是不赞同的。

下联的"数语备当时事，将军岂有意乎"，出自《三国志·蜀书·诸葛亮传》中的亮答曰："自董卓已来，豪杰并起，跨州连郡者不可胜数。曹操比于袁绍，则名微而众寡，然操遂能克绍，以弱为强者，非惟天时，抑亦人谋也。今操已拥百万之众，挟天子而令诸侯，此诚不可与争锋。孙权据有江东，已历三世，国险而民附，贤能为之用，此可以为援而不可图也。荆州北据汉、沔，利尽南海，东连吴会，西通巴、蜀，此用武之国，而其主不能守，此殆天所以资将军，将军岂有意乎？"

上联写庸俗之人难识诸葛亮之大才，下联的"数语备当时事"，概括诸葛亮对刘备言天下大势的中肯分析，以"将军岂有意乎"启迪刘备据荆州取益州。上下联写得幽默风趣而又轻松自如。

（74）德深于众，名垂青史，江河行地
　　　功高于世，声震寰宇，日月经天

载于梁石、梁栋主编的《中国对联宝典》一书第1120页，由顾嘉蘅为南阳武侯祠所题。

这副联语之妙，在于用成语赞诸葛亮的功德。上联"德深于众"，这本来就将诸葛亮的高尚道德写到了极致。再以成语名言"名垂青史，江河行地"加深之，则诸葛亮之德就非同一般；

下联"功高于世"，其功莫大焉！再以成语名言"声震寰宇，日月经天"形容之，则诸葛亮之功就是非同寻常了。

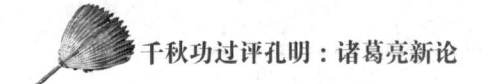

(75) 跃马意何长，峡坼云霞龙虎卧
东江崖欲合，古木苍藤日月昏

载于梁石、梁栋主编的《中国对联宝典》一书第1136页，由无名氏为重庆市奉节县武侯祠所撰。

这是一副集杜甫、范成大诗的集句联。上联首句"跃马意何长"，出自唐人杜甫《上白帝城》有诗云："城峻随天壁，楼高更女墙。江流思夏后，风至忆襄王。老去闻悲角，人扶报夕阳。公孙初恃险，跃马意何长。"其中"公孙初恃险，跃马意何长。"言公孙述跃马恃险何用？终竟灭亡。次句"峡坼云霞龙虎卧"，出自杜甫《白帝城最高楼》："城尖径昃旌旆愁，独立缥缈之飞楼。峡坼云霾龙虎卧，江清日抱鼋鼍游。扶桑西枝对断石，弱水东影随长流。杖藜叹世者谁子，泣血迸空回白头。"其中的"峡坼云霾龙虎卧，江清日抱鼋鼍游。"是写杜甫在楼头所见：时而江峡若裂，云气昏晦，怪石纵横有如虎踞龙盘，横卧于波心之中；时而江水清澈，日照当空，滩石于粼粼光影隐耀之中，又如鼋鼍怡然嬉游，阴晴气象殊异，其动人之处各具千秋，楼头观景的倏忽万变真是活龙活现。

下联的"东江崖欲合"，出自宋人范成大的《初入巫峡》诗。其诗云："钻火巴东岸，摐金峡口船。束江崖欲合，漱石水多漩。卓午三竿日，中间一罅天。伟哉神禹迹，疏凿此山川。"写作者乘船过巫峡所见之奇异景色。其中的"束江崖欲合"，极写了江之两旁山崖似乎将要合拢，中间江水从欲合之山崖中奔流而出。这是何等的险峻，何等的形象。集句者将"束江崖欲合"改为"东江崖欲合"，切合联语之写景，因为作者不是乘船，而是站在奉节县的武侯祠所见，改得十分切景切题。下联下句"古木苍藤日月昏"，出自唐人杜甫的《白帝》诗：其诗云："白帝城中云出门，白帝城下雨翻盆。高江急峡雷霆斗，古木苍藤日月昏。戎马不如归马逸，千家今有百家存。哀哀寡妇诛求尽，恸哭秋原何处村？"这首诗是写战乱惨状目不忍睹，其中的"古木苍藤日月昏"，是说峡江急流的吼声好似雷霆在轰击，翠树苍藤所笼罩的烟雾使日月为之昏暗。

就这副集句联而言，当是作者亲见白帝庙与武侯祠，由眼前之景遥想当年战乱之惨，表现了集联者一种忧国忧民的心绪。

10. 十三字联

（76）地无论宛襄，有诸葛庐自堪千古
　　　统并存吴魏，读隆中对早定三分

载于钱剑夫主编的《中国古今对联大观》一书第422页，悬于南阳武侯祠，无名氏创作。

这是黄剑三先生题河南省南阳卧龙岗武侯祠的联语。因南阳是古宛县的治所，故称"宛"。诸葛亮的《前出师表》中有"躬耕于南阳"句，又，在湖北襄阳，其隆中山，有诸葛亮出山佐刘备的隐居之所。故上联称，只要有"诸葛庐"即堪称千古之地。

下联赞诸葛亮在《隆中对》中的中华民族大一统精神。其步骤是先定三分，然后一统吴、魏。

作者所创作之联，深得《隆中对》之精髓所在。

（77）纵论三分天下，审势通策佐先主
　　　长怀一统江山，辅国连治启后人

载于梁石、梁栋主编的《中国对联宝典》一书第1120页，由顾嘉蘅为南阳武侯祠所题。

这副联语通俗易懂，但是有一个"亮点"即"长怀一统江山"。可谓顾嘉蘅先生深得诸葛亮奋斗一生的要旨之所在，这就是诸葛亮一生的"中华民族大一统"精神。这种精神的基因，可谓植入了先生的脑际，值得广大读者深入领悟。

（78）扶汉心坚，惟谨慎方能担当事业
　　　伏龙誉早，必深潜而后腾踔云霄

载于梁石、梁栋主编的《中国对联宝典》一书第1139页，由徐通久先生为陕西省勉县武侯祠所题。

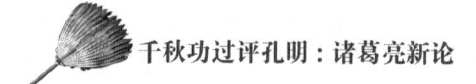

这副联语看似明白如话，实则深含隐意。上联其深层意思是说，诸葛亮恢复大汉大一统事业坚定不移。但对手强魏劲吴，所以他必须一生谨慎才能挑起这付重担；

下联有个"誉"字，古同"豫"，而"豫"又同"预"。作形容词时有预先、事先的意思。就是说，诸葛亮面对当时的军阀混战及稍后出现的强魏劲吴，必须事先磨砺自己，然后方能像潜龙一样跳起，凌空于九霄之上。

细细体味全联，极富哲理之妙。

（79）慷慨誓出师，论古今文，当推两表
　　　忠诚期报国，事先后主，原是一心

载于梁石、梁栋主编的《中国对联宝典》一书第1140页，由慕少棠先生为兰州五泉山武侯祠所题。

这副联语语意简明，上联言诸葛亮北伐，留下了两篇名垂不朽的《出师表》；下联言诸葛亮用其忠贞报国、一心杀敌力的一生，事奉先主刘备后主刘禅。

（80）赤胆忠心，使天下名臣千秋魄动
　　　青山白水，招人间雅士万古神驰

载于梁石、梁栋主编的《中国对联宝典》一书第1541页，由刘宝和先生为南阳武侯祠所题。

这副联语上联之意为，诸葛亮的真纯忠诚，让天下所有的名臣永远为之振奋；下联之意为南阳卧龙岗的山山水水，令有学问和处事修养孤高的文人雅士，世世代代为之思念，为之殷切神往。

这副联语的妙趣在于囊括了唐人刘禹锡《陋室铭》"山不在高，有仙则名。水不在深，有龙则灵。斯是陋室，惟吾德馨。苔痕上阶绿，草色入帘青。谈笑有鸿儒，往来无白丁。可以调素琴，阅金经。无丝竹之乱耳，无案牍之劳形。南阳诸葛庐，西蜀子云亭。孔子云：何陋之有？"的所有意境。

11. 十四字联

（81）竭尽忠心扶弱主，问天下千秋有几
　　　支撑危局答先朝，算人间百世无多

载于梁石、梁栋主编的《中国对联宝典》一书第1540页，由刘宝和先生为南阳武侯祠所题。

上联言：诸葛亮赤胆忠心扶持刘禅这个平庸的皇帝，这在全天下是少有之事、少有之人；下联言：刘备谢世，刘汉政权内部不稳、多处造反，曹魏虎视眈眈、五大臣逼降，孙吴觊觎南中诸地，刘禅政权危急。当此之时，诸葛亮再次受命于危难之时，首先稳定内部，和好孙权，兵伐南蛮，为北伐曹魏打下基础。这样的贤相，中华数百年以来，世无多见。

此联的最大特点是，从宏观的角度、不可否认的历史事实赞颂诸葛亮。

12. 十五字联

（82）能攻心，则反侧自消，自古知兵非好战
　　　不审势，即宽严皆误，后来治蜀要深思

1958年春，毛泽东来到成都，在参观武侯祠时，他看了许多楹联。武侯祠有楹联数十副，他对赵藩的这副楹联看得特别仔细。当时，毛泽东还要求把武侯祠的全部楹联都收集起来，因为武侯祠的楹联多是对诸葛亮一生事业的总结，可为后世之鉴。据路安波先生《风骚长留天地间——毛泽东同志鉴赏对联录》一文载："直到晚年，他老人家还提议四川领导同志好好读一读这副对联。"

成都武侯祠的楹联颇多，尤以清人赵藩之联脍炙人口而又发人深省。故被历代有眼光的政治家视为做官的警语、施政的箴言。

这副楹联的上联，高度概括了诸葛亮用兵的特点，赞叹其文治武功。诸葛亮

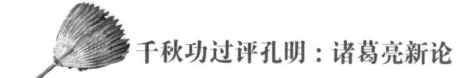

所运用的、最为典型的"攻心"战,当数225年讨伐彝族首领孟获的叛乱,为了能长期安定南方,诸葛亮制定了"攻心为上,攻城为下"的战略战术原则,曾经七擒七纵孟获,终于使其心服,从而归顺汉蜀,从此不再反叛。

下联总览了诸葛亮治理四川的特点,借此提出了自己的政治见解,警醒当时的当政者,给予人们以十分深刻的启迪。

这副楹联之妙,还妙在语意简略明白,文采照人,叙事寓情,颇富哲理;怀古喻今,感时叹世,抒情寄意,均能深深地打动每一个读者的心,向历代当政者阐述治军治国的道理。

这副楹联之妙,还在于有其故事性,这一故事情节,能够给人们理解联意以裨益。相传赵藩在创作这副楹联时,是确有所指的。作者当时任四川代理盐茶道使。光绪二十八年(1903)九月,他的学生岑春煊任四川总督。此人一上任就行大肆镇压之权,万民痛恨,但是作者深知其人的内心世界,觉得不便正面劝阻,乃作此联悬于诸葛亮的祀殿前,待岑春煊去武侯祠上香之机,再行当面点破。不料,赵藩的这一番好意,反而惹恼了岑春煊,并将赵藩撤职。岑春煊在四川因镇压民众有功,不久就升任了两广总督,仍然用治蜀之法去治理两广,导致民怨沸腾,并且触怒了清廷的贵戚,结果被削职为民。于是,岑春煊才开始悟出赵藩楹联的精髓之所在。

宣统三年(1911),岑春煊又被起用到四川去平息保路风潮。他终于从赵藩的楹联中领悟出了正反、宽严、和战、文治、武功诸方面的深邃哲理,从而避免在两广任上的可悲下场。

(83)唯德与贤,可以服人,三顾频烦天下计
如鱼得水,昭兹来许,一体君臣祭祀同

载于荣斌主编《中国名联辞典》一书第318页,由蒋攸铦(1766—1830)为成都武侯祠撰写。

这是一副称颂诸葛亮的妙联。其联之妙表现在下列两个方面:

一是作者集用杜甫赞颂诸葛亮的诗句入联,用以称颂诸葛亮。上联中的"唯德与贤,可以服人",是对"勿以恶小而为之,勿以善小而不为。唯贤唯德,能服于人"的化用。上联中的"三顾频烦天下计",出自杜甫《蜀相》诗

中的：

> 三顾频烦天下计，
> 两朝开济老臣心。

杜甫诗中的"三顾频烦天下计"，写的是刘备知人善用，始终不渝。而在这副联语中，用以解释和承接联语前面赞扬诸葛亮的"唯德与贤，可以服人"，有天衣无缝之妙。

下联中的"一体君臣祭祀同"，出自杜甫《咏怀古迹五首》（其四）中的：

> 武侯祠屋长邻近，
> 一体君臣祭祀同。

诗中的"一体君臣祭祀同"，所表达的是诗人杜甫对于诸葛亮死后能与刘备同祀香火的兴奋、赞赏、喜悦的情怀。联语的作者集用这一句于联语之中，既承接了下联中的"如鱼得水，昭兹来许"，这就使整副联语溶于一体，有水乳交融之妙。

二是作者集用《诗经》中的诗句和化用现有成句入联，用以称颂诸葛亮。

下联中的"如鱼得水"，出自《三国志·诸葛亮传》："（先主）曰：'孤有孔明，犹鱼之有水也'。"这就是"一体君臣祭祀同"的基础；"昭兹来许"，出自《诗·大雅·下武》：

> 昭兹来许，
> 绳其祖武。

作者集用首句用以赞赏这样一种君臣关系可以显扬后世，亦是与"一体君臣祭祀同"的诗意相表里的。这也是联语作者创作楹联的高明之处。

（84）将相俱全才，恰同潞国勋名，汾阳威望
军民怀旧德，忍见武侯遗垒，太傅丰碑

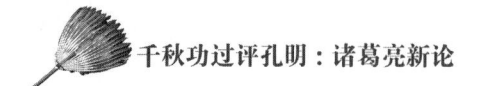

载于钱剑夫主编的《中国古今对联大观》一书第686页，由张振荣为左宗棠撰写的联语。

左宗棠（1812—1885），汉族，字季高，一字朴存，号湘上农人。湖南湘阴人。晚清军事家、政治家，湘军著名将领，洋务派代表人物之一。与曾国藩、李鸿章、张之洞并称"晚清中兴四大名臣"。由于历史的原因，左宗棠镇压过太平军起义。但他作为洋务派领袖，开办了福州船政局，讨伐阿古柏叛乱，收复乌鲁木齐及和田诸地，抗击了英、俄的侵略、参与中法之战，他在中国历史上自有其贡献和地位。

上联之妙，妙在以中国历史上两位重量级人物文彦博、郭子仪映衬左宗棠确为"将相全才"。

文彦博（1006—1097），字宽夫，号伊叟。汾州介休（今山西省介休市）人。北宋时期著名政治家、书法家。天圣五年（1027），文彦博进士及第，历任殿中侍御史、转运副使、枢密副使、参知政事等职。因讨平王则起义之功，升任同平章事（宰相）。皇祐三年（1051）被劾罢相，出知许、青、永兴等州军。至和二年（1055）复相。嘉祐三年（1058），出判河南等地，封潞国公。宋神宗时，出判大名、河南府，累加至太尉。元丰六年（1083）以太师致仕。宋哲宗即位后，经宰相司马光举荐，起授平章军国重事。元祐五年（1090），再次致仕。绍圣四年（1097），降授太子少保，同年去世，年92岁。宋徽宗时，与司马光等并入元祐党人碑，后追复太师，谥号"忠烈"。清康熙六十一年（1722），从祀历代帝王庙。

文彦博历仕仁、英、神、哲四朝，荐跻二府，七换节钺，出将入相五十年。任殿中侍御史期间，秉公执法。为相期间，大胆提出裁军八万之主张，为精兵简政，减轻人民负担，被世人称为贤相。有《文潞公集》四十卷。《全宋词》录其词一首。

郭子仪（697—781），字子仪，华州郑县（今陕西省渭南市华州区）人。唐朝名将，政治家、军事家。早年以武举中第，入仕从军，累迁九原太守，未受重用。安史之乱爆发后，拜朔方节度使，率兵勤王，收复河北和河东地区，拜兵部尚书、同平章事。至德二年（757），辅佐广平王李俶收复两京，迁司徒，封代国公。乾元元年（758），拜中书令。乾元二年（759）五月，承担相州兵败之责，罢职赋闲。宝应元年（762）初，河东兵变后，封为汾阳王，起兵平定叛乱，事后解除兵权。广德元年（763）冬天，吐蕃攻破长安后，奉命调兵遣将，驱逐吐蕃敌军。广德二年（764），仆固怀恩引领吐蕃和回纥入侵时，单骑说服回纥，合兵大破吐蕃。大历十四年（779），唐德宗即位后，拜太尉、中书令，充皇陵使，赐号"尚父"，增加食邑，剥夺实权。建中二年（781）去世，享年85岁，追赠太师，谥号忠武，配飨代宗庙廷，陪葬建陵。

用这样两位在中国历史上对中华民族有过如此重要贡献的重量级人物为映衬，左宗棠那"将相俱全才"一语，便显得丰满充实，给人以深刻的印象。

下联之妙，妙在以汉晋两位顶级大政治家、大军事家为衬，以表现"军民怀旧德，忍见武侯遗垒，太傅丰碑"一语分量。但在表现方法上与上联有别。其别在于只选诸葛亮与羊祜的典型事例为证，一为诸葛亮的"八阵图"遗垒，一为羊祜太傅的"堕泪碑"。这两大典型事例，都足以说明诸葛亮与羊祜之德在人民中间影响千古，让左宗棠之德与之比肩。这种写法，妙绝千古。

左宗棠一生以诸葛亮的人格道德激励自己，常以"老亮""今亮"自励，他不愧为诸葛亮的真实"信徒与继起者"。如果我们能够辩证地看待左宗棠的一生，他于国于民的其功其德，以文彦博、郭子仪、诸葛亮、羊祜与之相比，实不为过。

（85）万壑风回，问何时唤醒潜龙，恐偷珠去
　　一亭云净，好趁此招回野鹤，还有诗来

载于梁石、梁栋主编的《中国对联宝典》一书第1140页，赵希潜先生为兰州五泉山武侯祠所题。

上联：言千山万壑之风啊！请问你什么时候唤醒沉睡的"潜龙"，唯恐有人将其"珠"偷去！"潜龙"本比喻圣人在下位，隐而未显。这里的"潜龙"，既有民间所谓的"潜龙戏珠"之趣，又含贤人在下位受到压制之意。因联语重在写武侯祠，当然亦有隐指卧龙诸葛亮之意！

下联：大有雨过云亭净，天高水镜平的韵味。借此大好的天时，招回那些闲云野鹤般的隐士，一起兴来赋诗。

这副联语多含幽默之趣。

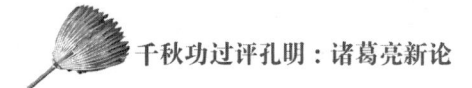

13. 十六字联

（86）望重南阳，想当年羽扇纶巾，忠贞扶季汉
　　　泽周西蜀，爱此地浣花濯锦，香火拥灵祠

载于余德泉、贾国辉等著《奇联妙对故事》一书第391页，博尔济吉特氏、清满州正蓝旗人鄂润泉（1770—1838）为成都武侯祠创作。

这副联语写得颇有特色，因而显现其诸多的妙处。

一是借用古诗词入联：

将诸葛亮的形象写得富于形象性。宋人苏轼《念奴娇·赤壁怀古》中有："遥想公瑾当年……羽扇纶巾。"历史上周瑜是否"羽扇纶巾"的打扮难找实证，而诸葛亮"羽扇纶巾"的形象却有所载，故而联作者将其截用入联，将诸葛亮手持羽扇，风雅而闲散、胸罗雄兵百万的儒将风度展现在读者的眼前。

二是概缩成句句意入联：

在描绘诸葛亮的形象时，使联语有深度和力度之感。毛纶、毛宗岗在其《全图绣像三国演义·三国志读法》中有言："其处而弹琴抱膝，居然隐士风流；而出羽扇纶巾，不改雅人深致。"在《三国演义》第三十八回"定三分隆中决策　战长江孙氏报仇"中，诸葛亮的出场是这样的："玄德见孔明身长八尺，面如冠玉，头戴纶巾，身披鹤氅，飘飘然有神仙之概。"每次临战，诸葛亮不是横刀立马，而是手执羽毛扇，端坐在四轮车上。联语将诸葛亮的这些潇洒风度，经过概缩，全然纳入，极为传神。

三是全联在勾勒古迹风貌时，有其独到之妙：

这里与浣花溪、濯锦楼相邻，祠宇香火缭绕，颇具地方特色。

四是在赞颂诸葛亮时，也与其他联语有其独特之处：

作者不仅写出了诸葛亮鞠躬尽瘁扶保蜀汉，而且其恩惠遍及整个西蜀、声望远播各地，点出了诸葛亮能以民为本治理刘汉政权。

五是联语借助一个"想"、一个"爱"，生动形象地表达了联语作者对武侯一生事业的崇敬以及对武侯祠环境的看重。

全联将作者自己的思想感情也写入了联语之中，这也是此联的一大特色。

(87) 三顾感殊知，西取东和，远谟早定三分鼎
　　　两川臻大治，南征北伐，遗表长留两出师

载于苏渊雷主编《绝妙好联赏析辞典》一书第294页，梁伯言先生为成都武侯祠题写。

这是一副很有特色的联语。其精妙之处主要表现在下列方面。

一是作者概括史实入联：上联基本上是概括下面典实而成联语的。诸葛亮在其前《出师表》中言："先帝（刘备）不以臣卑鄙，猥自枉屈，三顾臣于草庐之中，咨臣以当世之事。"这就是"三顾感殊知"的实际内容；诸葛亮在其《隆中对》言："今操已有百万之众，挟天子而令诸侯，此诚不可与争锋。孙权据有江东，已历三世，国险而民富，贤能为之用，此可以为援而不可图也。……西和诸戎，南抚夷越，外结好孙权……"在整篇的《隆中对》中，诸葛亮对于"西取东和"，确定暂时三分天下，均有其透彻的分析。这副联语的上联，可以说是对于前《出师表》和《隆中对》中主要内容的高度浓缩。

二是作者综合史实入联：下联基本上是综合诸葛亮在入川之后的主要业绩。这就是以法治治理两川，巩固刘备在四川的统治地位。刘备死后，佐刘禅治蜀，以征讨和安抚手法处理好与西南各少数民族之间的矛盾，后又以攻信守国策，六出祁山、北伐中原，与曹魏争锋。这就是下联所综合的诸葛亮入川后的业绩。

三是这副联语对仗十分精妙：尤其联语中"三""两"两次相对，有天衣无缝、匠心独具之妙。

(88) 讨贼竭忠贞，沥胆披肝，天下文章唯两表
　　　奇才根静学，清心寡欲，隆中计策定三分

载于陈家铨、阙宗仁所编注的《成都名胜古迹楹联》一书第51页，成都武侯祠的一副联语。

此联看似平平，细细品味，实有诸多妙处。

一是联语的对仗之妙：这就是上下联之间的成语"沥胆披肝"与"清心寡欲"对仗之妙，以及数字"两"与"三"的对仗之妙。

二是联语所勾勒的诸葛亮的形象之妙：上联的沥胆披肝与竭忠讨贼，表现了

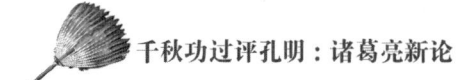

诸葛亮的英武形象；下联的清心寡欲与静学，表现了诸葛亮的学者形象；上联的"天下文章唯两表"与下联的"隆中计策定三分"，展现诸葛亮的儒将风度；可谓妙绝。

三是联语深含辩证法之妙：联语揭示了一种辩证关系，即便是诸葛亮这样的奇才，也必须清心寡欲和一心向学，唯有静学，才能学到"家"，才能干出联语所说的那种轰轰烈烈的事业。这就是"非淡泊无以明志，非宁静无以致远"的真谛所在。

（89）伊吕允堪俦，若定指挥，岂仅三分兴霸业
**　　　魏吴偏并峙，永怀匡复，犹余两表见臣心**

载于陈家铨、阙宗仁所编著的《成都名胜古迹楹联》一书第54页，无名氏为武侯祠题写的联语。

此联是成都武侯祠的一副旧联。这一副联语之妙在于巧用以前贤与诸葛亮相匹，以凸现诸葛亮的才华和有一统全国之能力。即上联中"岂仅三分兴霸业"所示之内蕴。

这副联语之妙还在于赞颂诸葛亮一生追求"中华民族大一统"的雄心与壮志。诸葛亮所面对的是强魏与强吴，长期与之对峙。但他匡复中原、一统中华的大志不减，直至病死于五丈原军中。

巨星虽陨落，然前后《出师表》的大一统之精神永在，它永远激励着世世代代的中华儿女，要反对分裂，为维护"中华民族大一统"而斗争！

（90）万里桥西，草堂佳句如新，宛见卜居之兴
**　　　百花潭上，水槛苍波依旧，长留怀古之思**

载于丁浩、周维扬编选的《杜甫草堂匾联》一书第115页，明人何宇度创作。

这副联语之妙在于联语的作者由诸葛亮送费祎临别时"万里之路，始于此桥"之感叹语起笔，借游草堂而生发出无限的感慨以赞颂杜甫。

联语作者在此仿佛又想到了，诸葛亮的大一统精神之坚韧，在激励着杜甫，使其草堂诗句句如新，其生命力之无穷；想到了杜甫草堂的不断兴盛；想到了水槛保

存之完好……这是诗人诗作生命力的展示，这是诗人承继诸葛亮大一统精神与忧国忧民精神为后人所敬仰的表现，这就是后人对于杜甫这一伟大诗人的最好缅怀。

（91）九伐竟无成，心师武侯，能继祁山六出志
三分不可恃，计诛邓艾，已复阴平一败仇

载于钱剑夫主编的《中国古今对联大观》一书第507页，悬于剑门关姜伯约祠。

这副联语是剑门关的姜维祠联。剑门关地处四川省广元市剑阁县城南15公里处。剑门关有剑阁道、七十二峰、小剑山、姜公祠、姜维墓、邓艾墓、钟会故垒、金牛道、后关门、石笋峰、梁山寺、雷霆峡、翠屏峰、仙峰观、古剑溪桥、志公寺等组成。剑门关因唐代大诗人李白《蜀道难》中"剑阁峥嵘而崔嵬，一夫当关，万夫莫开"而闻名。

姜维（202—264），字伯约，天水冀县（今甘肃省甘谷东南）人。三国时蜀汉名将，官至大将军。姜维初为魏将，诸葛亮北伐时，姜维被曹魏怀疑有异心，姜维不得已投降蜀汉，被诸葛亮重用。诸葛亮去世后姜维在蜀汉开始崭露头角，费祎死后姜维开始独掌军权，继续率领蜀汉军队北伐曹魏，与曹魏名将邓艾、陈泰、郭淮等多次交手，互有胜负。宦官黄皓操弄权柄，姜维杀黄皓不成，前往沓中屯田避祸，后司马昭五道伐蜀，姜维摆脱牵制自己的邓艾等人，退守剑阁，阻挡住钟会大军，但邓艾却从阴平偷袭成都，刘禅投降后敕令姜维向魏军投降。姜维忠汉之心坚定不移，假意投降魏将钟会，企求利用钟会反叛曹魏以实现恢复汉室的愿望，但最终钟会反叛失败，姜维与钟会一同被魏军所杀。

下联中的"三分不可恃"，正是这副联语的闪光点之所在。作者是从当时魏（已是司马的"晋"了，曹魏实际上已灭亡矣）、蜀、吴都在积极进行大一统的战争，对他们的任何指摘，都是对当时全国大一统这个宏观形势缺乏深刻深入的理解所致。而姜维北伐又为什么会失败呢？关键点是：司马懿父子三人无一腐败，且在灭了曹魏这个腐败政权后，牢牢地掌控着政治军事大权（司马炎的腐败是后话），司马懿父子三人皆是足以与诸葛亮较量的军事政治大家，而刘阿斗政权自公元246年后，走上了桓、灵式的腐败之路，孙吴政权中末帝孙皓则有如董卓式的残酷与司马炎式的腐败！腐败政权是要灭亡的。故刘汉政权与孙皓政权灭亡乃必然。司马炎这个腐败皇帝虽然侥幸地坐拥了一统江山，也难逃导致中华大分

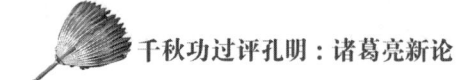

裂近400年之罪责！

这副联语中所写到的"姜维死、邓艾亡"在《三国志》《汉晋春秋》《资治通鉴》《三国演义》等著作中，均有形象生动的描绘！姜维、邓艾等将军，各为其主、各为其民、各为"中华民族大一统"而浴血奋战，永远值得后人钦敬。而"各为其主"的"主"，一旦贪婪腐败，联系为其战死的将士，读后令人心寒，令人恼怒，令人沉思，令人不时想到黄炎培提到的"周期率"和应当如何"跳出历史周期率"讲话精神深刻意蕴。

全联用历史事实写姜维，紧切了"剑门关姜伯约祠"的"祠旨"，知晓历史事实，则读之明白如话，而联中的"三分不可恃"，则在联中独特地闪光！

（92）将相本全才，陈寿何人，也评论先生长短
**　　　帝王谁正统，文公特笔，为表明当日怀忠**

载于钱剑夫主编的《中国古今对联大观》一书第417页，悬于南阳武侯祠，由顾嘉蘅（清道光进士）创作。

西晋史学家陈寿是《三国志》的作者。陈寿的父亲是诸葛亮的部属，曾任马谡的参军。陈寿在其所著《三国志》中，因晋遵从曹魏为正统，陈寿便不得不以曹魏为正统。故在其《进〈诸葛亮集〉表》中，称诸葛亮是"治戎为长，奇谋为短，理民之干，优于将略"。在解释谁为正统即谁是汉王朝的合法继承者时，顾嘉蘅说成是"文公"。即南宋史学家朱熹。朱熹作《紫阳纲目》斥曹魏为篡逆尊蜀汉为正统。其实，顾嘉蘅先生误矣。"帝王谁正统"者，乃东晋著名史学家习凿齿也，而非朱熹也。朱熹只不过遵从习凿齿之说而已！"朱熹作《紫阳纲目》斥曹魏为篡逆尊蜀汉为正统"，非也，是"习凿齿作《汉晋春秋》斥曹魏为篡逆尊蜀汉为正统"也！习凿齿的《汉晋春秋》中的"皇晋宜越魏继汉，不应以魏后为三恪论"，就是斥曹魏为篡逆尊蜀汉为正统也。怀忠：即是对忠心耿耿的臣子诸葛亮的深切怀念之情。

这副联语用语虽然精妙，但史实有误。

一是顾嘉蘅对陈寿的批评过于偏激。陈寿对诸葛亮一生事迹的记载，大体上是比较客观的，他符合大历史学家的水准；二是顾嘉蘅对于习凿齿的《汉晋春秋》一书，几乎没有什么了解，特别中对其中的"皇晋宜越魏继汉，不应以魏后

为三恪论",就是斥曹魏为篡逆尊蜀汉为正统的观点一无所知,故不审之误。

(93) 抱膝此安居,觉异日桑种成都,殊非本念
长吟谁与和?问当年曲赓梁甫,可有遗音

载于钱剑夫主编的《中国古今对联大观》一书第417页,悬于南阳武侯祠,由顾嘉蘅创作。

起首一句"抱膝此安居",就将《三国志·诸葛亮传》中"亮躬耕陇亩,好为《梁父吟》。……魏略曰:亮在荆州,以建安初与颖川石广元、徐元直、汝南孟公威等俱游学,三人务于精熟,而亮独观其大略。每晨夜从容,常抱膝长啸,而谓三人曰:'卿三人仕进可至刺史郡守也。'"[1]的内容与诸葛亮安居草庐之前的形象与娴适的生活状况展现在读者的眼前,紧切"诸葛草庐"的场景。而"觉异日桑种成都",可谓穿越时空至临终,将《三国志·诸葛亮传》中诸葛亮自表刘禅"'成都有桑八百株,薄田十五顷,子弟衣食,自有余饶。至于臣在外任,无别调度,随身衣食,悉仰于官,不别治生,以长尺寸。若臣死之日,不使内有余帛,外有赢财,以负陛下。'及卒,如其所言"[2]的语意尽纳其中。这里指诸葛亮拜相治国,官高权重。实在不是他本来愿望。将诸葛亮廉洁为官为公的崇高人格展现在读者的眼前,妙绝千古!

下联则别具情趣:情趣何来?顾嘉蘅连用两个问号,"长吟谁与和?问当年曲赓梁甫,可有遗音?"这似乎又紧扣"诸葛草庐",如果认为顾嘉蘅只是说当年诸葛亮长吟梁甫之曲无人唱和与无人赓续,这只是表层意思,其深层意思是说:诸葛亮的淡泊、诸葛亮的远大志向、诸葛亮的廉洁奉公、诸葛亮高尚人格精神……今有人唱和吗?有人赓续吗?没有!没有!此时的清王朝,已是江河日下,腐败不堪,外寇将要大举入侵了,洋枪洋炮在向中华民族日益逼近……这难道不是顾嘉蘅在民族危亡即将到来之际在思诸葛亮吗?

---

[1] 晋·陈寿撰,南朝宋·裴松之注:《三国志》(全五册),中华书局1975年版,第911页。
[2] 同上书,第927页。

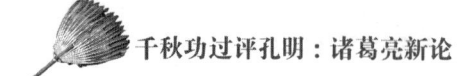

14.十八字联

（94）诗有千秋，南来寻丞相祠堂，一样大名垂宇宙
　　　桥通万里，东去问襄阳耆旧，几人相忆在江楼

　　载于成都市群众艺术馆编，张少成、李泽一整理的《对联选》一书第36页。关于这一副联语的作者，还有一段故事。诸多著作记为沈葆桢。然据丁浩、周维扬选编《杜甫草堂匾联》第43页载：此联原刻署名为清四川总督丁宝桢，但四川省文史馆馆员陈月舫先生《玉笙楼笔记》所言，联文实际上是由丁宝桢的幕僚海昌（今浙江省海宁）人沈寿榕、江夏（今湖北省武昌）人彭毓松合撰。光绪年间，丁宝桢游览草堂，嘱幕僚沈寿榕代制佳对，沈寿榕写好上联后，一时竟未能拟出令人满意的下联，而在场的另一位幕僚彭毓松却出人意料地对出了下联。沈、彭合撰的对联受到大家的称赞，丁宝桢亦很高兴，即令刻制，并署上自己的大名悬挂于草堂。沈、彭合撰对联，亦成就了关于草堂楹联的一段共创佳联佳话。

　　这副联语的作者究竟是沈葆桢，还是丁宝桢、沈寿榕与彭毓松？有待详考。但这一段文字颇具故事性，其他著作所说的作者颇有针对性，故录出，以引起人们的关注。

　　这是副妙联。上联写杜甫赞颂诸葛亮的诗与诸葛亮的业绩一样永垂不朽；下联以虚写实，借"寻丞相祠堂"与"问襄阳耆旧"为衬，表达了人们对于杜甫难归故里、难会耆旧、难见故交老友的同情之心与缅怀之情。

　　这副联语的内容十分丰富，更为具体地说，有如下诸多精妙之处，以展现全联最为丰富的内涵。

　　其最为精妙之处是：联语中的主要词句多是出自杜甫和唐代其他诗人的诗句，这有利于增强联语的表现力。

　　"大名垂宇宙"，出自杜甫的《咏怀古迹》（其五）诗中的"诸葛大名垂宇宙，宗臣遗像肃清高。""襄阳耆旧"，出自杜甫的《遣兴》诗中的"襄阳耆旧间，处士节独苦。""几人相忆在江楼"，出自唐人罗邺《雁》诗中的"想得故园今夜月，几人相忆在江楼。"

这些诗中的词句，均有十分丰富的内容，用于联语之中，极大地增强了联语的表现力，使联语的蕴含更加丰富。

（95）天府古益州，剧邻五丈荒原，出师遗恨终巴蜀
　　　汉家旧陵寝，赢得三分正统，望帝魂归拜杜鹃

载于裴国昌主编的《中国楹联大辞典》一书第667页，悬于武侯祠中的刘备殿中。

天府：即四川。因其有天府之称。故常以天府代指四川。诸葛亮《隆中对》云："沃野千里，天府之土，高祖因以之成帝业。"益州：郡名。汉元封二年置。三国蜀建兴二年为建宁郡。剧邻：当是快要邻近的意思。望帝：当是指传说中的古代蜀国国王。周代末年，在蜀始称帝，号曰望帝。魂归：即指魂的归来。当是杜甫《杜鹃行》诗中联语的缩用。其联语云：

　　　　古时杜宇称望帝，
　　　　魂作杜鹃何微细。

杜鹃：当是指"杜宇"。传说中言望帝后来归隐，让位于其相开明。时适二月，子规鸟鸣，蜀人怀之，因呼鹃为杜鹃。一说望帝通于其相之妻，惭而亡去，其魂化为鹃。后因称杜鹃为"杜宇"。《西厢记》第五本第四折：

　　　　不信呵去那绿杨影里听杜宇，
　　　　一声声道不如归去。

拜杜鹃：当是杜甫《杜鹃》诗中联语的概缩。其《杜鹃》诗中有联句云：

　　　　杜鹃暮春至，哀哀叫其间。
　　　　我见常再拜，重是古帝魂。

望帝魂归拜杜鹃：当是"命归黄泉"的一种艺术的说法。

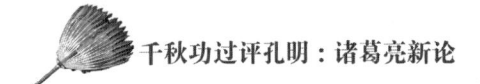

这一副联语之妙有三：一是妙在既写刘备又写诸葛亮，二者有得兼之妙：诸葛亮与刘备入蜀之后，虽说治蜀有方，但最终诸葛亮在六出祁山的伐魏战争中，因劳累过度而病死于五丈原军中；刘备为报关羽之仇，一意孤行伐吴，其结果是命丧白帝城。这就是上联的具体内容。

二是妙在运用神话传说，既写刘备又写望帝，二者同样具有得兼之妙：刘备在诸葛亮的辅佐下，毕竟有其汉家陵寝，毕竟赢得了三分天下。但最终因不听劝阻坚持伐吴而丧命，有如"望帝魂归拜杜鹃"。

三是妙在全联具有极强的故事性：联语中提到的刘备、诸葛亮，在《三国演义》中就是具有极强艺术性和故事性的人物，此且不论。而"望帝魂归拜杜鹃"一句，本身就可写成一篇动人心魄的"望帝化鹃的故事"：

事言古蜀国曾有三代名君，深得百姓爱戴。他们相继退位之后，皆仙化不死，许多百姓也跟着他们归隐而去。未能归隐化仙的老百姓多么的盼望蜀国再出明君呀！就在老百姓期盼明君之际，有一个叫杜宇的人从天而降，自立为蜀王，称为"望帝"，意为"人心所向、众望所归"。其妻名"利"，这个"利"生自一眼古井，聪明异常，二人同心协力，把蜀国治理得人人满意。

百余年之后，怪事又发生了，楚国有个叫鳖灵的人，死后从长江倒流入蜀，至望帝都城后，如梦而醒地复生了。并要求拜见这位明君。望帝见此人如此神异，便让他任相国。鳖灵在蜀大显其能，深得民心，有一次鳖相国外出治水，要求望帝照顾其妻室。其美丽的妻子因与望帝相处日久，日久而生情，情生而欲难自禁乃至私通。望帝毕竟是一个有道德的贤君，深感内疚，便将王位让与鳖灵，悄然归隐而去。但他又难以割舍与蜀民的无限情意，便化而为鹃，以其声声哀鸣抒发着自己对蜀国人民的情怀。

全联通过对历史事实、神话传说和英雄成败的叙写，给人们以深深的思考和无穷的启迪。

（96）心悬八阵图，初对策，再出师，共仰神明传将略
　　　　目击三分鼎，东连吴，北拒魏，常怀谨慎励臣躬

载于任喜民所著的《对联艺术》一书第71页，悬于诸葛亮殿中。

这副联语，勾勒了诸葛亮一生事业的轨迹，有如诸葛亮"小传"之妙。

联语从诸葛亮走出茅庐写起,一直写到他达到三国鼎立的目的之后,一直坚持联吴抗击曹魏。在这副联语中,写到了诸葛亮的才干、写到了他的治蜀经验、写到了他贯彻始终的战略策略、写到了他"鞠躬尽瘁,死而后已"奋斗精神、写到了他大致生平、经历、功绩和优点。为诸葛亮一生勾画了一幅颇为感人的人生"素描"之图。

(97) 勤王事大好儿孙,三世忠贞,史笔犹褒陈庶子
　　　出师表惊人文字,千秋涕泪,墨痕同溅岳将军

载于成都市群众艺术馆编,张少成、李泽一整理的《对联选》一书第33页,由刘咸荥为成都武侯祠撰写。

三世忠贞:诸葛亮为了蜀汉的事业,鞠躬尽瘁、死而后已,最后病逝于五丈原军中;其子诸葛瞻、孙诸葛尚。在邓艾伐蜀(263)时,瞻于涪陵兵败,退至锦竹,艾遣使谓瞻:"若降者,必表为琅琊王。"瞻怒斩来使,复战而阵亡,时年37岁。其子尚亦同时遇难。陈庶子:即陈寿(233—297),字承祚,巴西安汉(今四川省南充县)人。撰《三国志》,时人称其善叙事,有良史之才。晚岁起用为太子中庶子。未拜而卒。故有陈庶子之称。陈寿之父为马谡参军,谡因街亭之败为诸葛亮所诛,寿父亦因此而被髡;诸葛瞻又轻视陈寿。而当陈寿作《三国志》时,不计私怨,能够秉笔直书,记亮、瞻、尚三代忠贞的事迹。故用"犹褒"一词。墨痕同溅:南宋抗金名将岳飞,以前后《出师表》为题材,于南阳武侯祠挥毫作书。今成都武侯祠有其墨迹上石、西湖岳王庙也有其石刻手迹。《出师表》中有"今当远离,临表涕泣,不知所云"句。岳飞的墨迹又撰有跋云:"绍兴戊午(1138)秋八月望前,过南阳,谒武侯祠,遇雨,宿于祠内。更深秉烛,细观壁间昔贤所赞先生文词、诗赋及祠前石刻'二表',不觉泪下如雨。是夜,竟不成眠,坐以待旦。道士献茶毕,出纸索字,挥涕走笔,不计工拙,稍舒胸中抑郁耳。岳飞并识。"

这一副联语有诸多精妙之处。

一是,联语不是一般地赞颂诸葛亮,而将其生前的事迹与死后的社会反映结合起来写。写到了诸葛亮本人及其儿子与孙子、写到诸葛亮的作品、写到了史学家对他客观评价、写到了他对于后代将领的影响。给人们深刻地教育与影

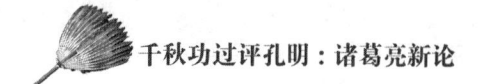

响。二是，将诸葛亮一生追求统一的精神与岳飞一生为扫除外患收复山河的精神巧妙地结合起来，这从一个侧面反映了诸葛亮追求"中华民族大一统"的精神影响之深以及岳飞收复山河决心之大，最终以死殉志。三是，字字用得精当精妙。尤其是联语"出师表惊人文字，千秋涕泪"，在写世人在读《出师表》都会感动得流泪时，紧接着举岳飞为例，特别是一个"溅"字用得最妙。联语之中虽然没有出现岳飞书写《出师表》的文字，也不曾说明诸葛亮追求一统的精神与岳飞收复河山的精神有什么关联之处。但是一个"溅"字的运用，"溅"出了岳飞的内心世界，"溅"出了岳飞手书《出师表》的形象，"溅"出诸葛亮与岳飞的人格精神与胸罗百万兵的气度和力量。读后细细体会，有一石激起千层浪之妙。

（98）巾扇任逍遥，试看抱膝长吟，高卧尚留名士隐
　　　井庐空眷念，可惜鞠躬尽瘁，归耕未慰老臣心

载于梁石、梁栋主编的《中国对联宝典》一书第1120页，顾嘉蘅先生为南阳武侯祠所题。

这副联语上联先写诸葛亮出山之前形貌，他"高卧自在，抱膝长吟"，好一副看淡名利的隐士形象。下联用"井庐空眷念"，暗指刘备三请诸葛亮，诸葛亮为实现"中华民族大一统"之志，"鞠躬尽瘁"而死于北伐前线，没能实现自己"平定天下后学张良'淡泊名利'隐居"的愿望。这副联语可谓尽得《三国演义》第37回"司马徽再荐名士 刘玄德三顾草庐"和第38回"定三分隆中决策 战长江孙氏报仇"中的部分语意，亦可说是对这两回部分内容的高度精炼。特别是"归耕未慰老臣心"一语，可以说是对第38回中"次日，诸葛均回，孔明嘱付曰：'吾受刘皇叔三顾之恩，不容不出。汝可躬耕于此，勿得荒芜田亩。待吾功成之日，即当归隐。'"一段话的概括与变用。给人以回味以深沉的思考。

（99）筹策在攻心，当年化洽宾羌，冠带百蛮归典属
　　　安边曾叱驭，此日风清瓯脱，云霄万古仰宗臣

载于梁石、梁栋主编的《中国对联宝典》一书第1136页，由无名氏为奉节县武侯祠所题。

这副联语重在赞赏诸葛亮的民族政策及其深远影响。上联言诸葛亮在平定南中时，能以攻心为上，七擒七纵孟获，安定南中。他在北代时能教化宾服羌部落各族，团结各少数民族，使各少数民族习礼仪返还到大汉帝国的典属国的位置。诸葛亮当年为报效国家，不畏艰险，致使国家边境安静，"云霄万古仰宗臣"一语，囊括了杜甫《咏怀古迹·诸葛大名垂宇宙》中前四句"诸葛大名垂宇宙，宗臣遗像肃清高。三分割据纡筹策，万古云霄一羽毛"的语意，也是对全联的总结。

15. 十九字联

（100）曰宫、曰殿、曰幸且曰奔，诗史留题，千古犹存正统
　　　　书吴、书魏、书汉不书蜀，儒臣持笔，三分岂是偏安

载于龚联寿《中华对联大典》一书第250页，蒋砺堂所撰的成都武侯祠联语。

这一副联语还是颇有一些特别之处的。这就是说它自有其独到之妙。

其一，这一副联语中的重字间隔运用之妙：上联中的"曰"字与下联中的"书"字，各自间隔重用四次，但却能使联语顺而不乱，令读者百读而不生其厌。这是因为这一种重复，每重复一个"曰"或"书"字，在其后面都"带"出了新的内容，"带"出了新的节奏感和美感，将联语的意思表达得淋漓尽致。

其二，这一副联语之妙，在于强调正统观念的联意十分突出：武侯祠为君臣合庙体制，宫、殿齐全。千百年以来，人们习惯称呼其为武侯祠。上联言武侯祠叫作宫，叫作殿，武侯一生有幸为"中华民族大一统"而奔走操劳，为诗、为史留下了不尽的话题，使"以人为本""以仁义治国""立国当正"的正统观念千古犹存。

下联言及史家作史时，书吴、书魏、书汉不书蜀，正是因为三分不是偏安。我们知道，三国的鼎立时，并没有"蜀"，只有"汉"。"蜀"是陈寿为了避开司马炎钦定曹魏为正统而改"汉"为"蜀"的。三国鼎峙只能是暂时的，作为汉丞相的诸葛亮，一直是要一统全国的，其人虽亡，然而他用自己的生命所铸就的"中华民族大一统"的精神长存。从这一角度来看，联语作者的看法是有一定道

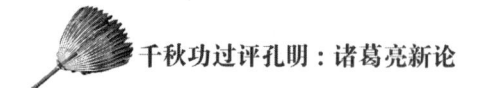

理的。下联是对上联内容的再次强调，从而使"中华民族大一统"精神的联意突显出来。

（101）亲贤臣国乃兴，当年三顾频烦，始延得汉家正统
**　　　济大事人为本，今日四方靡骋，愿佑兹蜀部遗黎**

载于顾平旦、常江、曾保泉主编《中国对联大辞典》一书第462页，冯煦（1842—1926）为成都武侯祠所撰写的一副联语。

这副联语的上联从总结历史经验入手，谈刘汉政权得以建立的原因；下联即从上联生发出去，以警示当局，要吸取历史上的经验教训。这副联语之妙有三：

一是化用成句或诗句入联，使联语内容丰富、用语精练而且富有警示作用："亲贤臣国乃兴"，语出诸葛亮前《出师表》中的"亲贤臣，远小人，此先汉所以兴隆也"，这是具有警示作用的历史经验教训；"济大事人为本"，语出《三国志·先主传》中的"夫济大事必以人为本"，这也是具有警示作用的历史经验教训；"三顾频烦"，出自杜甫《蜀相》诗中的"三顾频烦天下计，两朝开济老臣心"；"四方靡骋"，语出《诗·小雅·节南山》中的"我瞻四方，蹙蹙靡所骋"。在这副联语中，涉及的成句与诗句，是不少的，它大大地丰富了这副联语的内容、精练了楹联的用语。由于有几个成句本身就具有警策作用，因而使全联具有极强的警策作用。

二是联语具有针对社会现实、有感而发之妙：作者并没有仅就"始延得汉家正统"停笔，而是就此历史经验教训生发开来，直指当时"四方靡骋"的社会现实，感慨地写下了愿蜀地的老百姓在这样的社会里能够得到诸葛神灵的保佑，以此抒写了自己的心愿。

三是全联揽古思今、立论精到：用历史经验教训去阐释用人之道，颇为令人信服。

（102）六出驱虎奔，仰宗臣，节钺旌旗，肯任铜台移汉室
**　　　三分起龙卧，拜遗像，纶巾羽扇，长留锦里作祠堂**

载于梁石、梁栋主编的《中国对联宝典》一书第1459—1460页，王体诚

为成都武侯祠所题。

虎奔，当改"虎贲"更好。虎贲，喻指勇士。汉代潘元茂《册魏公九锡文》："是用锡君虎贲之士三百人。"元末，中原红巾军起义之初，写在战旗上的"联语"就是：

虎贲三千，直抵幽燕之地；
龙飞九五，重开大宋之天。

上联赞诸葛亮为了兴复汉室、一统全国而与强魏相抗争；下联言诸葛亮自建立蜀汉政权之后，最后为国捐躯，后人为其人格精神所感而立祠祭祀。

这副联语之妙，在于上下联在组词造句上蕴藉含蓄，妙在有对诸葛亮事迹的记述，有对诸葛亮遗像形象的描绘，从而使联语的内涵十分丰富且具有韵味；妙在上下联各自用不同的方式：上联用直述其奋斗实迹，下联借后人对其立祠祭祀，赞颂诸葛亮一生为"中华民族大一统"的奋斗精神。总之，这副联语在创作上有独具一格之妙。

（103）宫府一身肩，倘将星不落前军，江山未必归司马
乾坤群盗满，叹邻境几无净土，雷雨何曾起卧龙

载于梁石、梁栋主编的《中国对联宝典》一书第1140页，慕少棠先生为兰州五泉山武侯祠所题。

这副联语的上联，可谓有深得前《出师表》中的精髓。前《出师表》有"宫中府中，俱为一体，陟罚臧否，不宜异同"，正是这样，诸葛亮在世之时，刘禅政权实行的是"宫中府中，俱为一体"，保障了刘禅政权不会腐败，刘汉政权足以与强魏较量，与劲吴"周旋"。这正如作者所说，若诸葛亮健在，大一统中华的任务，当不会由司马氏去完成。从下联来看，作者作联时，当是清末民初时，军阀混战，表达了人民思诸葛、盼太平的心愿。联中的"叹邻境几无净土"，原为"叹邻境几为净土"。直雄据多副联语对照，当是"叹邻境几无净土"为妥。

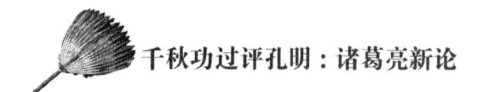

（104）江上鹤飞迟，记岳阳三醉朗吟，明月金樽人宛在
　　　　祠中龙卧冷，对海观一声长啸，梅花玉笛我归来

　　载于梁石、梁栋主编的《中国对联宝典》一书第1169页，由无名氏为泸州忠山武侯祠所题。

　　要解此联，先得了解其中的一些典事："记岳阳三醉朗吟"一语，来自民间传说中的一首诗："朝游北越暮苍梧，袖里青蛇胆气粗。三醉岳阳人不识，朗吟飞过洞庭湖。"2019年君山区政府门户网站的《吕洞宾朗吟过洞庭》的故事中有详细记载。"明月金樽人宛在"，句意出自唐代大诗人李白的《将进酒》，其中有："人生得意须尽欢，莫使金樽空对月。""人宛在"即人的声音和容貌仿佛还在。"龙卧"，本指喻高士隐居。在这里特指卧龙先生诸葛亮。宋人王安石《诸葛武侯》诗中有："武侯当此时，龙卧独摧藏。"清人王士禛《定军山诸葛公墓下作》诗中有："知公抱遗憾，龙卧成千古。""对海观一声长啸"中的"海观"有两处。一即古时泸州城墙东北角围敌上方的台观，遗址在今馆驿嘴。二为长江南岸的海观楼，故址在今日茜草坝的长挖厂区。民国《泸县志》："海观楼，在（泸）县城东对岸，有水一泓，经冬不竭，夏秋水涨，两江环合，弥漫浩渺，若大海然。""一声长啸"宋代李瓘的《水龙吟·腰刀首帕从军》中有"眼底山河，胸中事业，一声长啸"句。"梅花玉笛我归来"。唐人李白《春夜洛城闻笛》诗中有："谁家玉笛暗飞声，散入春风满洛城。"宋人辛弃疾《临江仙·醉宿崇福寺》词中有："莫向空山吹玉笛，壮怀酒醒心惊。"

　　此联有如此多的语典和事典。综合其意，上联是说：泸州忠山武侯祠边江上的白鹤缓缓地飞起，不禁令人想起仙人吕洞宾三醉岳阳、朗吟过洞庭的往事，那金樽对明月的形象如在眼前；下联则言：武侯独居祠中冷清乎？抱憾乎？面对海观，一声长啸，手持"梅花玉笛"我来也！此联虽联意朦胧，但能令人生发出无穷想象！

16. 二十字联

（105）可托六尺之孤，可寄百里之命，君子人与？君子人也
隐居以求其志，行义以达其道，吾闻其语，吾见其人

载于荣斌主编的《中国名联辞典》一书第319页，由无名氏为成都武侯祠撰写。

据陈家铨、阙宗仁所著《成都名胜古迹楹联》一书载，这副联语是成都武侯祠的一副旧联。六尺之孤：指幼儿。这里指刘禅。古代尺短。六尺约合今之市尺四尺一寸。故而身长六尺仍是幼儿。百里之命：泛指国家的命脉。

这副联语十分特别。作者开首下笔就抓住诸葛的德行入联，因而其表现方式与其他评说诸葛亮的联语相比，大有独辟径溪之妙。具体而言：

这副联语的最大妙处是集引成句之妙。这些成句，均属经典，有问有答，有感慨，有评说，且完全切合诸葛亮的实际情况，因而其说服力和论证力特别强、特别令人信服。

上联主要出自《论语·泰伯》，其中有云："可以托六尺之孤，可以寄百里之命，临大节而不可夺也，君子人与？君子人也。"而上联之所集，又完全符合诸葛亮的历史与实际。《三国志·蜀志·先主传》中云："先主病笃，托孤于丞相亮。"又陈寿《诸葛亮传》载云："章武三年（223）春，先主于永安宫疾笃，召亮于成都，属以后事，谓亮曰：君才十倍曹丕，必能安国，终定大事。若嗣子可辅，辅之，如其不才，君可自取。"然诸葛亮是"鞠躬尽瘁，死而后已"，其道德品质之高，令人叹服。

下联集自《论语·季氏》，其中有云："孔子曰：'见善如不及，见不善如探汤。吾见其人矣，吾闻其语矣。隐居以求其志，行义以达其道。吾闻其语矣，未见其人也。'"这就是说："孔子言：看见好的行为，就怕赶不上；看见不好的行为，就好像用手伸进开水之中一样地赶快避开。我见到过这种人，也听到过这种话。以隐居来保全自己的志愿，用行义来贯彻自己的主张。我听到过这种话，但没有见到过这种人。"集引者调整孔子这一段话的次序，称诸葛亮就是这种孔子都没有见到过的高尚之人。

下联"隐居"两句同样也完全契合诸葛亮的实际。诸葛亮在其前后《出

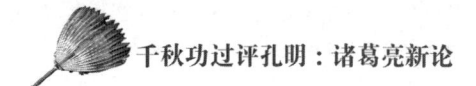

师表》中言："臣本布衣，躬耕于南阳，苟全性命于乱世，不求闻达于诸侯。""受任于败军之际，奉命于危难之间。""庶竭驽钝，攘除奸凶，兴复汉室""鞠躬尽力，死而后已。"取前贤的名言与诸葛亮自己的名言以评论诸葛亮，其赞仰之法，实高于诸多评论诸葛亮的联语一筹。值得一提的是，因是集引之联，联语中的"人"字难免相重，这只得仍之。

（106）立品于莘野渭滨之间，表读出师，两朝勋业惊司马
结庐在紫峰白水以侧，曲吟梁父，千载风云赴卧龙

载于钱剑夫主编的《中国古今对联大观》一书第419页，悬于南阳城武侯祠，由无名氏创作。

这副楹联颇有特色：一是以地名代指名人名贤。首联的"莘野"，即"有莘"，古国名，在山东曹县北。相传伊尹始耕于有莘之野，商汤三聘之后乃出，佐商汤以灭夏桀兴汤。联以"莘野"代指伊尹；"渭滨"乃吕尚隐居之所，吕尚在"渭滨"为周文王所请出，后佐周武王一举而灭商。"立品于莘野渭滨之间"，就是说，诸葛亮的品德才干属伊尹、吕尚一流的人物；二是选取典型事件表现诸葛亮的才干。"表读出师，两朝勋业惊司马"，就是说前后《出师表》，乃惊人文字，诸葛亮辅佐刘备刘禅两朝的功勋卓著，让司马懿为之惊异。这里暗隐《三国志》《汉晋春秋》《三国演义》等著作记述司马懿"案其营垒处所，曰：天下奇才也"和"死诸葛走生仲达"等诸多丰富的内容；三是回顾诸葛亮在出山前的隐居情景：他结庐于南阳城北三十里的紫峰之下，前有源出伏牛山经南阳东入于襄阳并入汉水的白河，诸葛亮在如此景色极佳、人称"卧龙岗"之地，"躬耕陇亩，好为《梁父吟》"过着悠哉娴适的隐居生活。然而，汉末的风云并没有"放过"这清静之所，刘备知晓诸葛亮之才后，三顾而请，诸葛亮出山辅佐刘备，此后乃有"天下三分"，大一统战争的风云骤起。

整副联语虽说是以倒写的方式表现诸葛亮，但显得错落有致。

17. 二十一字联

（107）生不愧武侯，整师五万里，电掣雷轰，手挈边疆归版籍
**　　　殁犹思破敌，遗表数百言，风凄雨泣，魂依大海撼波涛**

载于钱剑夫主编的《中国古今对联大观》一书第687页，是黎培质挽左宗棠的联语。

左宗棠一生以诸葛亮为楷模，自称"今亮"。这个"今亮"平生事业中最得人心的莫过于在清政府腐败无能、摇摇欲坠、敌寇瓜分抢劫中国之际，他能卓然屹立于朝廷，主张抗击敌寇的入侵，并不顾年老亲自带兵杀敌。

上联写清同治四年（1865），叛军阿古柏率中亚浩罕军入侵喀什哎呀噶尔。1867年入侵南疆，伪立"哲德沙尔汗国"。1870年侵犯我乌鲁木齐。英、俄帝国对新疆垂涎已久，立刻承认哲德这个伪政权。1871年7月，俄军悍然占领伊犁。祖国西陲告急，其时左宗棠64岁，遂于光绪元年（1875）毅然督办新疆军务，率军出征。历经四年征战，全歼阿古柏叛军，收复伊犁以外失地。光绪六年（1880），年近70的左宗棠抬着棺木，出玉门关，屯哈密，与沙俄决一死战、并收复伊犁，收复了祖国的领土。左宗棠出征之远、临战之勇、决战之速、意志之坚，这就是"整师五万里，电掣雷轰，手挈边疆归版籍"的实际内容。而不使"金瓯缺"的大一统精神，则正是诸葛亮"中华民族大一统"精神基因的延续，这就是"生不愧武侯"的蕴含所在；下联写在国家遭受外寇入侵之际，朝廷的投降派主张放弃祖国的大好河山。左宗棠予以痛斥之，认为"要盟宜防，防兵难撤"。同时奏请改台湾为行省。惜时在福建前线的左宗棠不幸病逝，真是"出师未捷身先死，殁亦犹思破强寇，魂依大海撼波涛"！

细读全联，追思当年，令人悲歌慷慨，热血沸腾。诸葛亮"中华民族大一统"精神永不朽！左宗堂接续大一统的丰功伟绩足千秋！

（108）在三国中，论时会，论遭逢，壮志未酬，天运早归司马晋
**　　　从西汉后，数经纶，数学识，真才难得，人间只有卧龙岗**

载于梁石、梁栋主编的《中国对联宝典》一书第1140页，冯继洵为兰州五泉

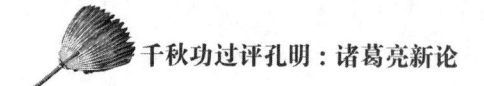

山武侯祠所撰写联语。

上联言：在魏、蜀、吴三国时期，论当时的机遇和特殊情况，使诸葛亮大一统的远大志向没有实现。是因为所谓"天运"，早就为司马氏的晋王朝所有了。

下联言：从西汉王朝到三国以来，在筹划治理国家大事上，在学术的知识和修养上，这样的真才，只有诸葛亮。

细读这副联语有两大特点一个误区。

特点之一，以"词语"代人名。上联以"壮志未酬"代诸葛亮。因为杜甫的名句"壮志未酬身先死，长使英雄泪满襟"，几乎成了诸葛亮的专有名词，人们只要一读上联，就知"壮志未酬"是指诸葛亮。

特点之二，以"地名"代人名。下联以"卧龙岗"代诸葛亮。因为人们只要一读下联，就知"卧龙岗"是指诸葛亮。

这样妙用代指，不仅能使联语通俗、简洁、易懂，而且内容异常丰富。

一大误区是："天运早归司马晋"。直雄在本书和已出版的相关著作中，如《习凿齿与他的〈汉晋春秋〉——兼论〈三国演义〉对习凿齿的承继关系》一书中，专门研究了不是什么"天运早归司马晋"的问题，而是曹魏最先腐败，便最先为司马懿父子所灭；刘禅政权自费祎当政以来，开始腐败，结果为司马昭所灭；孙吴末帝孙皓，残暴如董卓、腐败超过司马炎，结果，坐拥晋江山严重腐败的司马炎，灭了更为严重腐败且残暴的孙皓政权。严重腐败的司马炎虽说一统天下，但其腐败之风不能遏止，于是有"八王之乱"，从此祸乱华夏数百年。因此"天运早归司马晋"之说是一误区！

（109）凭栏纵远观，叹东方大陆，风起云飞，欲请卧龙作霖雨
　　　寻壑恣幽赏，值西域胡氛，烟销火灭，且容立马看河山

载于梁石、梁栋主编《中国对联宝典》一书第1140页，由冯继洵为兰州五泉山武侯祠撰写。

上联言作者凭栏纵眼远眺，只见中国大陆"风起云飞"天下大乱，实在令人触景伤情，思念诸葛亮，期盼着他广施霖雨，恩泽被天下！下联称作者沿着婉蜒溪水进山谷，无拘无束、舒服自在地欣赏着山野美景、畅叙幽怀！有如此好心情，这正是我国的西部地区异族的凶焰气氛已是烟消火灭，让我们从容地驻马欣赏祖国的大好河山吧！这副联语以上下联相对比的手法写出。上联写"请卧龙作霖雨"的背景和焦虑心态。下联可以说是写"卧龙作霖雨"后，边疆稳定，人民安居。表达了作者的一种爱国情怀。

18.二十二字联

（110）古来得君为难，托孤为难，尽瘁贯初衷，非大儒谁能了此
　　　　斯时躬耕不易，高卧不易，长吟徒抱膝，问先生何以教之

载于《对联》杂志，1993年第3期所刊范立芳先生《咏怀诸葛亮对联辑》，由无名氏为成都武侯祠创作的联语。

这副联语的妙处在于：一是借用问话的形式，列举诸葛亮平生中的大事，用以刻画大儒者、大学问家、大军事家诸葛亮那种临危不惧、独当一面、一柱撑天的风度。上联写刘备与诸葛亮的鱼水关系，暗隐了刘备三顾茅庐、刘备临终托孤、诸葛亮的《隆中对》以及一生为实现《隆中对》中的目标，不改一统中原的初衷，直至病死五丈原军中等诸多事件，以展现出诸葛亮的光辉形象。

二是作者以学生和崇拜者的身份入联，在描绘诸葛亮高卧于茅庐之中、勤耕于南阳之野、淡泊以明志、尝抱膝长吟等举动的同时，作者对此中蕴含进行了深入的思考。以向诸葛亮请教的方式，借以表现诸葛亮的大儒风度。

三是词语的间隔重复妙用，起到了突出诸葛亮这一人物形象的作用。

上联中的两个"为难"，突显了诸葛亮遇明君之不易和受命于危难之中的情景；下联中的两处"不易"，突显了未出茅庐之前淡泊明志的大学问家的形象。

（111）此老不工画，不善书，不精杂诗，压倒魏蜀吴中几多伪士
　　　　其人可托孤，可寄命，可临大节，算来夏商周后一个纯臣

载于梁石、梁栋主编《中国对联宝典》一书第1132页，由冯煦为成都武侯祠撰写。

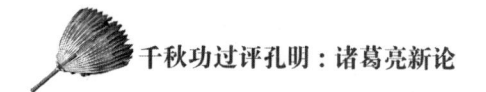

这是一副赞颂与缅怀诸葛亮的妙联。联语之妙,妙在表现手法独到。

一是联语中的重字运用之妙:上联中的三个"不"字的重复,起到了突出和强调诸葛亮与那些附庸风雅、只会空谈的伪士截然不同的作用;下联中的三个"可"字的重,起到了强调诸葛亮在关键时刻那种高尚人格的作用。

二是联语中的对比手法的妙用,颇有特色,有针锋相对、相反相成之妙:这副联语中的对比手法颇有特色,这就是说,其中的对比方式与一般的对比方式不同。上联用的是排除暗比之法。作者排除了诸葛亮无暇于工诗、书、画,暗比那些只会吟风咏月、"客里空"式、空有其名的文人伪士。这样的人物,在《三国演义》中均可找到典型的人物形象。这样的人物与诸葛亮是不可比拟的,从而突出了诸葛亮这一与众不同的人物形象;下联则列举诸葛亮平生中的几件最能展现其人格精神的大事,并以此与夏商周三代中的前贤相比,从而突出诸葛亮这一典型的人物形象。

(112)肃容昭日月,虽伊吕萧曹,仲父乐公,千秋宰辅,皆当让位
　　　神算饱经纶,纵刘关张赵,汉升孟起,百战元戎,何敢争功

载于梁石、梁栋所主编的《中国对联宝典》一书第1819页,由宫宝安先生为成都武侯祠撰写。

伊吕萧曹:伊,即商朝贤相伊尹;吕,即周朝开国大臣吕尚(姜太公);萧,即西汉初名臣萧何;曹,即西汉初名臣曹参。仲父乐公:仲父,即当指春秋初杰出的政治家管仲;乐公,当指战国时的著名军事家乐毅。《三国演义》中称诸葛亮曾自比管仲、乐毅。

宰辅:指辅政的大臣,一般都是指宰相。羊祜《让开府表》:"全臣忝窃虽久,未若今日兼文武之极宠,等宰辅之高位也。"神算饱经纶:神算,即神妙的计谋,智算如神。亦即妙算。《三国演义》第九十八回中有:

　　　　孔明妙算胜孙庞,耿若长星照一方。
　　　　进退行兵神莫测,陈仓道口斩王双。

这副联语之妙,妙在作者纳诸葛亮前代与同代名贤、名相、名将于一联,与

诸葛一一相比，在比较中肯定、赞颂、缅怀诸葛亮。

上联开首一句"肃容昭日月"，从诸葛亮肃穆令人恭敬的遗像仪容下笔，肯定诸葛亮的业绩和形象光昭日月，然后列举六位名震海内外的大政治家、大军事家，并将他们一一比下去，从而突出了诸葛亮的丰功伟绩。上联重在以诸葛亮这一"宰辅"与千秋"宰辅"同列相比，条理清晰，比出了特色。

下联开首一句"神算饱经纶"，从诸葛亮的"智圣"人生落墨，突出了诸葛亮的神妙奇谋来自饱学经纶，故而在军事上、政治上均称得上是经世奇才。然后重在从军事韬略方面列出刘备以及其帐下的"五虎上将"，就是这样一些有百战之功的大将，也难以与诸葛亮之功相争。

读罢此联，不禁令人想起刘邦之言："运筹于帷幄之中，决胜千里之外，吾不如子房也。"可以说这是参观成都武侯祠后感悟极深的一副联语。

（113）用之则行，舍之则藏，溯尼山邹峄而还，五百年必生名士
为一不义，杀一不辜，虽千驷万钟弗受，三代下尤见斯人

载于钱剑夫主编的《中国古今对联大观》一书第421页，悬于南阳武侯祠，由刘镇华撰写。

上联"用之则行，舍之则藏"，语出《论语·述而》："子谓颜渊曰：'用之则行，舍之则藏，唯我与尔有是夫。'""行"即出仕，"舍"即不用。"藏"即退隐。"溯"即上溯之意。"尼山"即山东曲阜东南，是孔子的出生地，代指孔子其人。"邹峄"即邹山，在山东邹县之东南，乃孟子的出生地，以代指孟子其人。"而还"即以来之意。"五百年必生名士"，语意出自《孟子·公孙丑下》："王百年必有王者兴，其间必有名世者。"朱熹注："名世，谓其人德业闻望，可名于一世者，为之辅佐。"上联联意是：当自己的政治主张和才能得到任用时，就尽情地施展自己的政治抱负和才华，假若不被任用，则退隐潜藏而归。孔子和孟子就是这样的圣人，五百年后诸葛亮也是这样的伟人。不是吗？刘备三顾之前，他在卧龙岗"苟全性命于乱世，不求闻达于诸侯"地生活着，明君刘备三请之后，他帮助刘备建立了蜀汉政权。

下联中的"为一不义，杀一不辜，虽千驷万钟弗受"，其语意出自《孟子·公孙丑上》："行一不义，杀一不辜，而得天下，皆不为也。""虽千驷

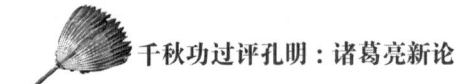

万钟弗受",语意出自《论语·季氏》:"齐景公有马千驷。"《孟子·告子上》:"万钟则不辨礼义而受之,万钟于我何加焉。"下联的大意是:如果做了一件不道义之事,杀了一个无辜之人,就是给千辆由四匹马拉着的车子,一万钟粮食(64斗为一钟)如此丰厚的俸禄也不能答应。夏、商、周三代以后,这样清正廉洁、品德高尚的人就只有诸葛亮了。

这副楹联的特点是:借助圣贤书中的名言与圣贤的出生地名,来表现诸葛亮道德之高尚、人格之伟大,是五百年间才出的大名士。

(114)三足鼎安在哉,我来寻丞相遗迹,剩沔水汤汤流千古恨
　　　五大洲多事矣,谁能挽先生复起,奋天威赫赫攻百蛮心

载于梁石、梁栋主编《中国对联宝典》一书第1139页,杨调元为陕西勉县武侯祠所撰写的联语。

要解该联,必须先了解作者:杨调元(1855—1911),字孝羹,一字和甫,清朝贵州贵筑(今贵州省贵阳市)人。幼随父在四川任中读书,清光绪三年(1877)进士。历官户部主事、陕西长安、紫阳、华阳、宝鸡、沔县、富平等县知县,华州知州。平生嗜书史,勤纂述,擅长篆书,古朴典雅,刊有《驯纂堂丛书》。1911年,任渭南县令时值辛亥革命,因变起殉难。杨调元生活的这个时段,正是清政府贪婪腐败、摇摇欲坠、国家多灾多难之际。故而作者在首联发出寻诸葛不见,只见诸葛亮祠不远处的沔水,水势浩大、水流湍急,却流不尽至今诸葛难寻的千载遗恨!

下联紧承上联之意,叙写世界多事,列强入寇,中国多难,希求有诸葛亮式的人物复起,奋起赫赫天威灭贼,让帝国主义列强心胆俱寒。

全联表达了作者忧国伤时思诸葛亮之情与世事的感慨。

19. 二十三字联

（115） 此地籍卧龙以传，看丹江西抱、白水东还，祇许长留名士隐

斯人超周雏而上，即莘野币交、渭滨车载，何如亲见使君来

载于钱剑夫主编的《中国古今对联大观》一书第421页，悬于南阳武侯祠，由顾嘉蘅撰写。

这副联语的上联写景，写源出陕西秦岭，经紫荆关入河南，于南阳西南注入汉水的丹江西抱、白水东环的"山岗"，因诸葛亮筑庐于此而得名"卧龙岗"，因诸葛亮在此隐居而闻名于世。

下联对于上联而言，有答复上联"祇许长留名士隐"之妙：因为诸葛亮超过凤雏先生庞统先投孙权不用而再投刘备，超过商汤用钱从有莘氏手中买来的伊尹，超过周文王亲自驾车从渭滨接来的吕尚。何者？这三个大名士，没有一个像诸葛亮，是刘备三请而去的。

这种对比手法作联，立意新颖，颇具妙趣。

（116） 吕磻溪、伊莘野，王佐其才乎？继以宛琅邪，得主有常，经纶丕焕

齐鲍叔、郑子皮，圣门所许也，合之徐元直，见贤能举，豪杰奋兴

载于钱剑夫主编的《中国古今对联大观》一书第420页，悬于南阳武侯祠，田沛先生撰写。

这副联语的上联，以地名代人名。其意是说，吕尚、伊尹乃王佐之才，继之以在南阳隐居的琅邪诸葛亮，其得到明主自有其规律（运气），得以大展政治才华。

下联追索贤才要有贤人荐举。齐国鲍叔能荐举管仲为相，郑国的子皮（即罕虎）代父为上卿，知子产贤，即荐举子产为相，致使国家大治，他们为公荐贤，为圣道之门所称许，加上徐元直见贤能举，将诸葛亮举荐给刘备，自此豪杰奋兴，人才蔚起。

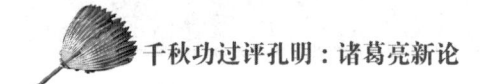

（117）孙曹固一世雄也，何以吴宫魏殿，转眼邱墟？怎若此茅屋半间，
　　　　遥与磻溪而千古
　　　　将相岂先生志乎，讵知羽扇纶巾，终身军旅，剩这些松涛满径，
　　　　如闻梁父之长吟

　　载于钱剑夫主编的《中国古今对联大观》一书第420页，悬于南阳武侯祠。

　　上联中的"孙曹"：实含孙坚、孙策、孙权父子和曹操、曹丕父子。"何以"即为什么。"邱墟"即土堆废墟。"怎若此"即怎能比这。其意是说，孙曹乃雄视一代之豪杰，他们所营造的吴宫魏殿，随着时间的飞逝，转眼成了一片废墟。怎能与诸葛之庐、吕尚磻溪垂钓之所那样的胜迹留名千古！

　　下联的"志"即志向。"讵知"即怎料到。"羽扇纶巾"即羽扇是翎毛做的扇，纶巾是用青绶织成的帽子。此指诸葛亮的儒雅风度。裴启《语林》载："武侯与司马懿在渭滨，将战，懿戎服莅事，使人密觇武侯，乃乘素舆，葛巾。持白羽扇，指挥三军，众军随其进止。"明王圻、王思义《三才图绘·衣服一》："诸葛武侯常服纶巾，执羽扇，指挥军事。"其意是说，哪一位将相有诸葛亮先生那大一统的远大志向呢？虽说风流儒雅岂料自如地指挥着军事，为了完成大一统之志而不幸病逝于军中！如今的诸葛庐啊！唯有风入森森松柏似有人在不停地轻吟，令人联想，也许这是诸葛先生《梁父吟》的余音吧。

　　这副长联是清同治十一年（1872）二月南阳县知县刘世勋撰书。这位老知识分子充分地发挥了想象力，在这副称颂诸葛亮的联语中，将自己尊刘骂曹鄙吴的观点发挥到了极致。

（118）天所废谁能兴，追念龙骧虎视，未了臣心，凭吊那禁碑下泪
　　　　神之来不可度，闻道风马云旗，犹寒贼胆，英灵常护沔阳人

　　载于梁石、梁栋主编的《中国对联宝典》一书第1247页，杨龢父为勉县定军山武侯墓所撰。

　　这副联语的作者杨龢父，即"杨调元"。上联之意是说，刘汉政权不为天所护佑，有谁能够兴汉？诸葛亮一生志气高远，顾盼自雄，兴汉灭曹是他一生没有了却的心事。今来凭吊英灵，难禁对着那墓碑洒泪！

下联之意是说，诸葛公平生用兵，有如鬼神来临，让劲敌不可测度！

接下来的"闻道风马云旗，犹寒贼胆，英灵常护沔阳人"，是对"神之来不可度"作了具体的补充与描绘，更是对诸葛亮这位仁人志士死后仍施仁惠于民的歌颂，其办法是概括妙用了《三国志通俗演义》第二百三十二回《姜维大战剑门关》中的一段有趣的神话故事。此段故事在民间影响极大，亦是全联联意之由来，更是诸葛亮用兵如神的形象写照，故详而引之。

其云："于是钟会得了阳安关。关内所积粮草军器极多，会见之大悦，遂犒三军。是夜，魏兵宿于阳安城中，忽闻东北上喊声大震。会慌忙出帐视之，绝无动静。是夜，军不敢睡，天明无事。会心中甚疑，一日不敢动兵。当夜，三军不敢解甲。夜至三更，东北上喊声又起。会大惊，向晓，使人探之，回报曰：'远哨十余里，并无一人。'连三五夜，皆如此喊声不绝。是夜，又从东北上呐喊。钟会惊疑不定，次日自引数百骑，俱全装惯带，望东北巡来。前至一山，只见杀气四面突起，愁云布合，雾锁山头。会勒马回顾向导官曰：'此何山也？'向导官曰：'此乃定军山也。昔日夏侯渊殁于此处。'会闻之，怅然不乐，遂勒马而回。转过山坡，忽然狂风大作，背后数千骑突出，随风杀来。会大惊，引众骑纵马而走。诸将坠马者，不计其数。及奔到阳安关时，不曾折了一人一骑，只跌损面目，失了头盔。皆言曰：'但见阴云中人马杀来，比及近身，却不伤人，只是一旋风而已。'会问降将蒋舒曰：'定军山有神庙乎？'舒曰：'并无神庙，惟有诸葛武侯之墓。'会惊讶曰：'此必武侯显圣也。吾当亲祭之！'

次日，钟会备祭礼，宰太牢，自到武侯坟前再拜祭之。其文曰：

'维大魏景元四年秋八月，镇西将军钟会，致祭于故汉丞相、诸葛忠武侯之灵曰：惟帝王之传纪兮，有盛有衰；得将相之扶持兮，以安以危。昔先生之隐居兮，遁世无闻；遇昭烈之三顾兮，欲平四夷。向先帝之托孤兮，继之以死；出祁山而耀武兮，神鬼莫知；屯雄师于五丈原兮，长星忽坠；此天意已绝于刘氏兮，大数难移。今后主荒迷于酒色兮，朝纲顿废；诚社稷崩摧兮，月盈则亏。天子命予为大将兮，保民全国；先生照耀乎肝胆兮，决不敢诒。谨拜陈辞于墓下兮，愿垂听纳；三军肃恐而仰慕圣德兮，无不伤悲。望息神威于风云兮，以符天命；安清气于山岳兮，以顺天时。呜呼！尚飨！'

钟会祭祀毕，狂风自息，愁云四散。忽然清风习习，细雨纷纷，一阵过后，天色晴朗。魏兵大喜，皆弃甲丢盔，拜谢回营。

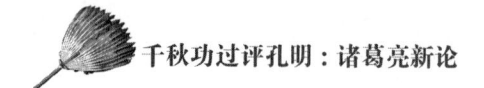

是夜，钟会在帐中伏几而寝，忽然杀气凛凛，只见一人，纶巾羽扇，深衣鹤氅，素履皂绦，面如冠玉，唇若抹朱，眉聚江山之秀，胸藏天地之机，身长八尺，飘飘然当世之神仙也。其人步行上帐，会起身迎之曰：'公何入耶？'其人曰：'今早重承将军见顾，吾有片言可伸：虽然汉祚已衰，天命如是，益州生灵，大罹兵革，肝脑涂地，诚可怜也。汝入境之后，不可妄害生灵，当以严加禁治。'言讫，拂袖而去。会欲赶上问之，踏空惊觉，乃是一梦，遂唤诸将问时，方知是武侯之灵也。钟会虽然仕魏，未识武侯形容。于是钟会传令，前军立白旗，上书'保国安民'四字，凡到之处，如妄杀一人者偿命。因此汉中人民，皆出城拜迎。会抚慰人民，赏劳三军。自此所到之处，军民安堵，秋毫无犯。"

杨调元先生不愧为一名有真才实学的进士，将这一段极富趣味性、故事性、思想性的文字精炼成一副妙联，实为高手。

20. 二十五字联

（119）誓欲龙骧虎视，以扫荡中原，惊风雨，泣鬼神，前出师表，
　　　　后出师表
　　　　时当地裂天崩，求缵继正统，失萧曹，见伊吕，西汉功臣，
　　　　东汉功臣

载于1993年第3期《对联》杂志所刊范立芳先生《咏怀诸葛亮对联辑述》一文，清人陈逢元为成都武侯祠所题。

这副联语在赞扬诸葛亮的才德、作为方面，写得笔酣墨饱，有气势恢宏之妙。具体有二：一是联语的气势之妙，妙在来自作者对于诸葛亮的名著——前后《出师表》的评说。作者取杜甫评李白作诗——笔落惊风雨，诗成泣鬼神。用此诗意评说前后出师表那种龙骧虎视扫荡中原的气魄，其妙异常。二是联语赞诸葛亮的丰功伟绩之妙，妙在作者用前代名贤与诸葛亮比对，赞其在追求一统的伟大事业中，能够力挽危局，在整个汉代堪称为第一功臣。

这副联语有如一篇短论，先摆出事实与观点，后下一个中肯的结论。

21. 二十六字联

（120）布衣引啸足千秋，草庐频顾，收起潜龙，蜀丞相尽瘁鞠躬，
　　　非得已也
　　　竹帛勋名垂两代，汉祚将终，霄沉羽鹤，杜少陵酸心呕血，
　　　有由来哉

载于梁石、梁栋主编的《中国对联宝典》一书第1133页，清人吴耀斗为成都武侯祠所撰。

引啸：即引而长啸。指发出舒长而清脆之声。如猿啼虎吼皆可曰啸。是古人表示胸襟豪迈、意志踌躇的一种行为。左思《咏史》诗中有联语云：

　　　长啸激清风，
　　　志若无东吴。

这是一副抒发作者无限感慨的联语。联语之妙，妙在作者在联语中探索其所述事件之源，以表明自己对事件的看法。

上联讲诸葛亮由过隐居生活到被刘备请出茅庐，有如潜龙出海，为建立刘汉政权立下了汗马功劳，为一统江山而尽力奋斗，为报刘备的知遇之恩，最终"出师未捷身先死""鞠躬尽瘁，死而后已"，这真是"非得已也"！

下联言诸葛亮之勋名永垂两汉青史，只因汉王朝的寿运已尽，"时不利兮"，诸葛亮之才再大，最终也只能是有如"羽鹤沉于云霄""长使英雄泪满襟"而已，杜甫为这位失败（为刘汉一统全国而失败）而又成功（完全地展现了自己自强不息的人格精神）的英雄人物能遇明主施展才华，费尽心血地撰写诗文，赞其君臣为了一统江山而奋斗的人格精神，阐释其历史经验，实在是有其由来的啊！

全联在扼要地举出有关事例入联后，所发之感慨，实能引人进行深入的思索。

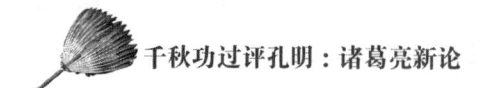

（121）闲时抱膝，梁父成吟，吴宫魏阙半消磨，眷念真王，
　　　九州幸有先皇帝
　　　尽瘁鞠躬，佳儿足继，裴注陈书多刺谬，凭谁假托，
　　　两表常疑后出师

载于裴国昌主编《中国楹联大辞典》一书第666页，万慎子为成都武侯祠所撰。

这副联语之妙，在于作者表达了自己的正统观点，即"中华民族大一统"的观点，妙在作者在表达自己的正统观点时，对于前人评说诸葛亮的观点有所评价。毛纶、毛宗岗在《全图绣像三国演义·三国志读法》中有云："其处而弹琴抱膝，居然隐士风流；而出羽扇纶巾，不改雅人深致。"

上联一是写诸葛亮出山前和即将出山的情景，表达了作者对于诸葛亮这一位历史人物崇敬。二又似是写作者在对诸葛亮的崇敬程度，以至一有闲时亦学诸葛亮吟诵着诸葛亮所作之《梁父吟》、凭吊吴宫魏阙，感慨着刘备能够三顾隆中，发现并请出诸葛亮这一位隐居于林泉的人才；下联赞颂诸葛亮祖孙三代（诸葛亮、诸葛瞻、诸葛尚）均为国尽瘁鞠躬、一门忠烈、死而后已。

陈寿的《三国志·诸葛亮传》在其传中所附《诸葛氏集目录》中有："然亮才于治戎为长，奇谋为短，理民之干，优于将略。"在其传后总评中，陈寿又云："（诸葛亮）可谓识治之良才，管、萧之亚匹矣。然连年动众，未能成功，盖应变将略，非其所长欤？"裴松之与陈寿是持同一观点的，及其对于《后出师表》也提出了一些具有批评性的看法。对此，联语的作者认为这是荒谬的。

我们说裴松之与陈寿均未贬损诸葛亮，只是个别句子中比较辩证在谈了自己在上述问题的一点看法而已，但是作者为了表达自己强烈的"中华民族大一统"观念，强调诸葛亮坚持既定国策的情况下，必须执行"北伐中原"的国策，为实现"中华民族大一统"再度出师，联作者从这些情况出发，对裴注陈书提出了批评，作为一种观点的表达，作为对于有人否定《后出师表》是诸葛亮所写提出质疑，同样也是可以理解的，也是有道理的。

（122）一生唯谨慎，七擒南渡，六出北征，何期五丈崩摧，
　　　　九代志能遵教受
　　　　十倍荷褒荣，八阵名成，两川福被，所合四方精锐，
　　　　三分功定属元勋

载于顾平旦、曾保泉所著的《对联欣赏》一书第123页，由无名氏为成都武侯祠题写。

九代：亦即九世。《宋书·乐志》（四）中有：

　　　　庙胜敷九代，神谟洞七德。

这是一副很有特色的妙联，联语之妙有二：一是有诸葛亮一生事业、性格特点和丰功伟绩总结之妙。上联言诸葛亮一生谨慎的性格和其军功以及对于世世代代的影响，下联言诸葛亮创建刘汉王朝和治理刘汉王朝的功勋，全联令人读后肃然起敬，缅怀赞颂之情顿生。二是以数字入联，有效应神奇、诗趣盎然、别开生面之妙。在这副联语中，实际上包含有一到十，10个数字，这10个数字，有如一根根闪光耀眼的丝线，将诸葛亮的功业、性格、战例等等有机地而生动地串联起来，似给连环画页编码，令人读后回味无穷。

（123）收二川，排八阵，七擒六出，五丈原中，四十九盏星灯，
　　　　一心只为酬三顾
　　　　抱孤子，出重围，匹马单枪，长板桥边，数百千员上将，
　　　　独我犹能保两全

这是一副诸葛亮与赵云的合庙联，其中的数字运用，也是别有情趣。

（124）取二川，排八阵，六出七擒，五丈原明灯四十九盏，
　　　　一心只为酬三顾
　　　　平西蜀，定南蛮，东和北拒，中军帐变卦土木金爻，
　　　　水面偏能用火攻

601

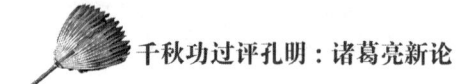

载于梁石、梁栋主编的《中国对联宝典》一书第1120页，刘世勋为南阳卧龙岗武侯祠所撰写。

这两副二十六字联语与下面的二十八字联语，形式虽说大同小异，但内容有别。第123副既写诸葛亮，又写赵子龙，二者事迹凸显于联。如要求解，且见下面一联的解说，有了下面一联的解说，则这两副数字联语亦即解也。

22. 二十八字联

（125）收二川，排八阵，六出七擒，五丈原前，点四十九盏明灯，
一心只为酬三顾
定西蜀，伏南蛮，东和北拒，中军帐内，卜金木五行爻卦，
水里偏能用火攻

载于梁羽生著的《名联趣话》一书第172页，由无名氏为成都武侯祠撰写。

"点四十九盏明灯"出自《三国演义》一书之中。《三国演义》第一百零三回"上方谷司马受困　五丈原诸葛禳星"中有："姜维在帐外引四十九人守护。孔明自于帐中设香花祭物，地上分布七盏大灯，外布四十九盏小灯，内安本命灯一盏。"

"一心只为酬三顾"在第一百零三回中，描述诸葛禳星时写道："孔明拜祝曰：'亮生于乱世，甘老林泉；承昭烈皇帝三顾之恩，托孤之重，不敢不竭犬马之劳，誓讨国贼。不意将星欲坠，阳寿将终。谨书尺素，上告穹苍：伏望天慈，俯垂鉴听，曲延臣算，使得上报君恩，下救民命，克服旧物，永延汉祀。非敢妄祈，实由情切。'拜祝毕，就帐中俯伏待旦。"这里将"一心只为酬三顾"作了形象的描述。

这副联语是依据正史《三国志》和小说《三国演义》而写的。构思十分精妙和富有情趣。联语的精妙之处在于：

全联镶嵌了一至十的十个数目字和东西南北中五个方位词以及巧将五行入联。这样便像多条金丝之链，将诸葛亮一生中的主要谋划、主要战功、小说家所构思的特别有趣的故事情节统统地纳入联语之中，特别是诸葛亮"鞠躬尽瘁、死

而后已"一生追求一统江山的人格精神,凸显于全联之中,有如一幅壮丽和历史画卷,展现在读者的眼前。

(126)取二川,排八阵,六出七擒,五丈原上点四十九盏明灯,
　　　一心只为酬三顾
　　　平西蜀,定南蛮,东和北拒,中军帐里演金木土课爻卦,
　　　水面偏能用火攻

载于梁石、梁栋主编的《中国对联宝典》一书第1120页,是刘世勋为南阳卧龙岗武侯祠撰写的联语。

这副联语也是歌颂诸葛亮的数字联,与上几联虽说大同小异,但均有细微不同之处,细细品味,精心欣赏,自得其乐,均可借鉴。从这几副联语的"大同小异""同而又不同",可见中国楹联在流传的过程中,写作者不断"揉入"自己的理解于联语之中,是"点铁成金"还是"点铁成银"抑或是"点铁成土",读者心中自有定见。在诗词中也常见这种现象,在联语中就更为普遍。如孙髯(?—1774)题的昆明大观楼长联,上下联各90字,被誉为海内外第一长联,也是全国重点保护文物之一。被《清史稿》称为"身历乾嘉文物鼎盛之时,主持风会数十年"的云贵总督阮元(1764—1849)予以修改。时人大为不满,题诗讥讽之曰:"软烟袋不通,萝卜韭菜葱,擅改古人对,笑煞孙髯翁。"诗以"软烟袋"谐"阮芸苔"(阮云字芸苔)。毛泽东很细心地将修改前后的两副楹联作了对照,将阮元改过的几处都用着重线标了出来。在另一本1935年商务印书馆出版的平装本《楹联丛话》中,毛泽东又对这一长联和其改动的地方作了圈划、标记,还写下了批注。《楹联丛话》的作者梁章钜说,这一联多至一百七十余言,毛泽东在这段话旁批注:"一百八十字"。作者梁章钜认为,此联"究未免冗长之讥也"。毛泽东在书的头和行间批注:"从古未有,别创一格,此译不确。"在阮元改过的长联处,毛泽东批注:"死对,点金成铁。"[1]

---

[1]吴直雄著:《楹联巨匠毛泽东》,广东人民出版社,2003年版,第881—892页。

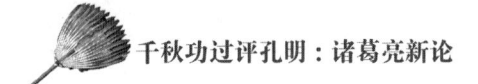

23.三十四字联

（127）振衣千仞岗，看大江东去，拾秋色西来。无端风景正愁人，
　　　　茫茫河山，故国可为，新亭莫泣
　　　　凭栏一杯酒，问黄鹤何之，呼卧龙不起。自古英雄造时势，
　　　　悠悠天地，匹夫有责，健者其谁

载于梁石、梁栋主编的《中国对联宝典》一书第1136页，由无名氏为重庆市奉节县武侯祠撰写。

这是一副特点颇多的联语，其最大的特点是用语多集用、化用，而集用、化用皆能出新。上联"振衣千仞岗"语出晋代左思的咏史诗。全句是："振衣千仞岗，濯足万里流。"其句意是在极高的山岗上整饬衣服，抖落衣服上的灰尘；又在长河中洗涤去脚上的污浊。这是一种何等放任自由的人生态度！"大江东去"出自宋代苏轼《念奴娇·赤壁怀古》中的"大江东去，浪淘尽，千古风流人物"。这"大江东去"又与"濯足万里流"有暗连之妙趣。读"无端风景正愁人"大有令人不禁想起宋人辛弃疾的《菩萨蛮·书江西造口壁》。其词云尔："郁孤台下清江水，中间多少行人泪。西北望长安，可怜无数山。青山遮不住，毕竟东流去。江晚正愁余，山深闻鹧鸪。"二者皆见景而愁，愁什么？忧什么？国也！收尾的"新亭莫泣"，是成语"新亭对泣"的反用，此典出自《世说新语·言语》："过江诸人，每至美日，辄相邀新亭，籍卉饮宴。周侯中坐而叹曰：'风景不殊，正自有山河之异。'皆相视流泪。"此时北国已失，渡江之人相思中原而泣，比喻对故国的怀念。作者用"莫泣"，其实心更痛，思之更切，有泪吞于心，思之更苦唉！

国乱思良相，国乱思孔明。下联的主旨即此。首句"凭栏一杯酒"出自清人汪为霖《庚戌仲春因公乘传道出巴陵暮登岳阳楼感赋》中的"凭栏一杯酒，余醉枕湖眠"，次句"问黄鹤何之"几乎全是唐人崔颢《黄鹤楼》诗的化用。其诗云："昔人已乘黄鹤去，此地空余黄鹤楼。黄鹤一去不复返，白云千载空悠悠。晴川历历汉阳树，芳草萋萋鹦鹉洲。日暮乡关何处是？烟波江上使人愁。"面对国家的败势，人生能有几多愁？楹联作者借酒浇愁愁更愁，此时此刻，他思念起诸葛亮了，惜今无诸葛！此时此刻，作者呼出了"自古英雄造时势"的观点，

"悠悠天地"实乃对宋人文及翁的《山中夜坐》中"悠悠天地间"的截用。《山中夜坐》诗云:"悠悠天地间,草木献奇怪。投老一蒲团,山中大自在。"在楹联中指作者面对寥廓而深远的天地,发出了"天下兴亡,匹夫有责"的呐喊,而"健者其谁?"大有《孟子·公孙丑下》中的"如欲平治天下,当今之世,舍我其谁也?"的味道。

这副联语上联看似写景,但其重点是落在国家遭乱而不要悲观上,下联的主旨则是落在"国乱思良相,国乱思孔明"的同时,作者奋然而起,发出"天下兴亡,匹夫有责"的呐喊,表达了拯救国家之难,具备雄才大略,舍我其谁的坚定与自信!

24.三十七字联

(128)公本识字耕田人,为感殊遇驱驰,以三分始,以六出终,
统一古今难,效死不渝,遗恨功名存两表
世又陈强古冶子,应笑同根煎急,谁开诚心,谁广忠益,
安危天下系,先生已往,缅怀风义拂残碑

载于1993年《对联》杂志第3期中所刊范立芳先生的文章《咏怀诸葛亮对联辑述》,悬于成都武侯祠内,由近人王天培所撰。

王天培(1888—1927),贵州省天柱县织云乡人,侗族。原名王伦忠,字植之,号东侠。民国三年(1914年)毕业于保定陆军军官学校,曾参加北伐,历任国民革命军第10军军长,左翼军代总指挥。1921年被孙中山任命为讨陆(荣廷)军第1旅旅长,不久升任为师长。两年之后,在军阀的混战国为刘湘等所败,在此艰难之处境下,缅怀风义谒武侯,一泄衷情。后因战功授国民革命军陆军中将衔。

1927年九月二日,"一代名将"被秘密杀害于杭州西湖。1929年10月贵州省天柱县有佚名联挽王天培云:"叱咤一声惊万马,风波千里哭长亭。"1931年八月五日被国民政府追授为国民革命军陆军上将衔。有《革命格言》《宁归歌》《遗书》等传世。

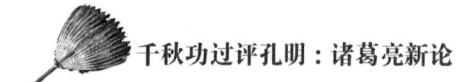

陈强即田开疆，他与古冶子、公孙接原来均为齐国的武士，且相处都很好，后因争功而相互残杀，演出一出"二桃杀三士"的悲剧故事。事见《晏子春秋·谏下》。诸葛亮的《梁父吟》中有诗叹咏此事。这一联中语意是：而今又出现了用"二桃"之类的阴谋之事。

在探索这副联语的精妙之处之前，为了更好地理解联意，有必要录出作者为该联所写的跋。因为联语的跋道出了联语的创作缘由。跋云："武侯治蜀，千古一人，于君臣僚友外内之间，风义尤著。记称人存政举，非号言法治者所能易也。民国以来，蜀中多故，抚影沧桑，恻怆今昔，乙丑战后，因川省会议来成都，瞻拜先祠，执鞭忻慕。诗曰：虽无老成人，尚有典型。今乃茫然四顾，有天地寂寥之感，所谓不到才智俱穷，不足以见道之变也。谨识数语，永矢生平。中华民国十有四年冬十一月，王天培敬题。"

我们只要细读上述跋语，就会理解到这副联语非同一般之处，这副联语在缅怀诸葛亮的同时，紧扣了当时的社会现实，是一副典型的有感而发的联语。

上联之妙，妙在为下联"储势"。上联尽量选取典型事例描绘诸葛亮一生为国家的一统而耗尽心血，歌颂和赞扬了这一种崇高的人格精神，作者在字里行间充溢着对诸葛亮的敬仰之情。下联之妙，妙在作者在上联的基础上，联想到自己所处的社会现实，其思想感情有如开闸的激流，气势一泻而下，猛烈地抨击着当时军阀混战、致使手足相残、国乱民穷。至此，作者不禁高声而问："谁开诚心？谁广忠益？"在这连连的激愤而问之后，将诸葛亮的人格精神力量再一次提到了一个新的高度。从而使联语成为充满现实主义精神的妙联，读后令人感慨万千！

25.四十一字联

（129）先皇太仁，后主又平庸，西蜀兴亦迟，即使忠肝赤胆，
　　　　伟略奇才，欲统三邦道实难，问当年，谁负长天星遽落
　　　　北魏原盛，东吴多反复，南蛮抚需亟，全凭羽扇疆场，
　　　　纶巾帷幄，能撑一足谈何易，瞻旧庙，业留永日姓传扬

载于梁石、梁栋主编的《中国对联宝典》一书第1816页，今人景常春为成都武侯祠撰写。

这副联语之妙，妙在作者以全景式、多角度、多方位地评价了诸葛亮一生的事业。以此来缅怀诸葛亮不平凡的一生。上联从刘汉政权的立国到其开国者刘备及其守业者刘禅，一一予以评述，然后设身处地评说诸葛亮，从而达到称颂缅怀诸葛亮的目的。下联从当时的客观历史实际出发，评及强魏、与蜀摩擦多多的东吴以及不安定的南方各少数民族，再一次身临其"境"地评说诸葛亮的巧妙处理，从而达到赞颂诸葛亮功勋永留史册的创作目的。

在修辞的运用上有一显著的特点是拆用代指之妙。

"羽扇纶巾"本已代指了诸葛亮。但是作者为了表意的需要，将其拆而用之，并分别借代指诸葛亮。写成"羽扇疆场""纶巾帷幄"。这种拆用代指，不仅表意明确，而且显得新奇有趣，颇值得人们品味！

这副联语汲取了前人的研究成果，将人物的性格特点和国力的强弱，均写入了联语之中，是一副用语平实，评价公允、客观的妙联。

26. 四十三字联

（130）岷峨望气信葱茏，运启蚕丛，位崇杜宇，历数蛮夷大长，
荒服争豪，善国有攸归，待到浊鹿上宾，二祖遥传皇帝统
高蒋称陵皆僭窃，臭遗彰德，迹涸丹阳，几经风雨消磨，
死灰就冷，斯人谁不朽，竭来石牛凭吊，一抔独见汉江山

载于裴国昌主编《中国对联大辞典》一书第667页，清末陈逢元为成都武侯祠所撰。

岷峨：岷，当指岷山。在四川省的北部。峨，当指峨眉山。在四川省峨眉县西南。在联语中代指蜀地。

望气：古代方士的一种占候术，望云气以测吉凶征兆。《史记·项羽本纪》："吾令人望其气，皆为龙虎，成五采，此天子气也，急击勿失！"又《孝文本纪》："赵人新垣平，以望气见。"

蚕丛：传说中的古蜀国国王。

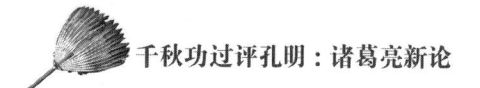

杜宇：古蜀国帝王，化成为杜鹃。

攸归：即所归之意。

浊鹿：地名。在河南省修武县西北。浊鹿城，汉献帝崩于此。

二祖：当是指传说中的蜀国最早的蚕丛、杜宇二帝。

高蒋称陵：陵，在联语中当是指帝王的陵墓。高蒋，高当指高陵，曹操亡于220年，葬于邺城高陵。蒋，即蒋山（今江苏省南京市东北的钟山），孙吴之辈多葬于此。孙权亡，诸葛恪立孙亮为帝，大赦天下，改元建兴元年，谥号曰大皇帝，葬于蒋陵。作者当是将他们视为地方割据势力之墓。

臭遗彰德：彰德，即彰德府。《三国演义》第七十八回"治身疾神医身死 传遗命奸雄数终"写道：曹操"又遗命于彰德府讲武城外，设立疑冢七十二：'勿令后人知吾葬处，恐为人所发掘故也。'嘱毕，长叹一声，泪如雨下。须臾，气绝而死。寿六十六岁"。

僭窃：与上一代王朝相承、统一全国的王朝为正统，非正统者谓之僭窃。

迹溷丹阳：溷，即肮脏之意。丹阳，西汉元狩二年（前121）改鄣郡置。三国时吴移治建业（今江苏省南京市）。

揭来：盍来、何来之意。李白《感兴》：

揭来荆山客，
谁为珉玉分！

这是一副为刘备殿而撰写的联语，是一副极力宣扬"越魏继汉、中华民族大一统"观点的联语。在写作方法上与其他赞赏"继汉"观念的联语相比，独有其精妙特别之处。

上联从赞蜀地有帝王气开笔，取法李白写作《蜀道难》的笔法，从蜀的远古时代下笔，最终写到蜀为汉皇所一统而为大汉帝国的版图之内，这就为刘备才是正统伏下了不可动摇的、重重的一笔；

下联即直接对与刘备相抗衡的曹操之墓和孙权之坟称陵的做法，予以口诛笔伐。称他们属于割据势力，经不起时间风雨的消磨，最终逃不脱腐朽的厄运。只有蜀汉皇帝刘备的惠陵，才称得上"业绍高光""千秋凛然"，才能巍然矗立。

本书参考或引用的文献

本书运用了本人专著《习凿齿与他的〈汉晋春秋〉——兼论〈三国演义〉对习凿齿的承继关系》中所使用的参考资料与其中的理念。为了尊重作者,这些参考资料有的只得仍之。与此同时,亦参阅过网上材料,有的则是因多所校正,渗有自己看法,限于篇幅,故难于一一标示,敬请鉴谅,特此说明。

一、专著

1. 王瑞功主编:《诸葛亮研究集成》(上、下册),齐鲁书社1997年版
2. 张连科、管淑珍:《诸葛亮集校注》,天津古籍出版社2008年版
3. 何兆吉、任真译注:《诸葛亮兵法》,江西人民出版社1996年版
4. 伊力主编:《诸葛亮智谋全书》,中州古籍出版社2003年版
5. 孔干著:《诸葛亮兵法古今谈》,军事科学出版社2005年版
6. 华名良主编:《诸葛亮兵法》,中国物资出版社1994年版
7. 普颖华、郑吟韬编著:《白话诸葛亮兵法》,时事出版社1997年版
8. 华名良主编:《诸葛亮兵法》,中国物资出版社1994年版
9. 刘爽著:《诸葛亮智谋全书》,中央党校出版社2009年版
10. 尹名、金川、荣庆著:《白话诸葛亮谋略全书》,中州古籍出版社1991年版
11. 张南编著,卢光阳绘图:《诸葛亮谋略说(图说兵法)》,金城出版社2004年版

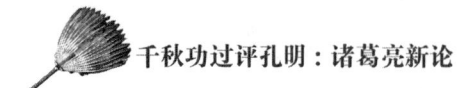

12. 应涵编译：《诸葛亮神算兵法》，宗教文化出版社1999年版
13. 毛元佑译注：《白话诸葛亮兵法》，岳麓书社1997年版
14. 朱子彦：《走下圣坛的诸葛亮——三国史新论》，中国人民大学出版社2006年版
15. 吴直雄：《习凿齿家族家风研究》，暨南大学出版社2017年版
16. 成都市诸葛亮研究会编：《诸葛亮研究》，巴蜀书社1985年版
17. 朱大渭、梁满仓：《武侯春秋》，团结出版社1998年版
18. 商金龙：《诸葛亮智谋全集》，京华出版社2007年版
19. 云中天：《人生三十六计全书》，江西出版集团 百花洲文艺出版社2007年版
20. 陈晋主编：《毛泽东读书笔记解析》（上、下册），广东人民出版社1996年版
21. 付建舟：《毛泽东诗词全集详注》，山西高校联合出版社1996年版
22. 毕桂发主编：《毛泽东评说中外战争》，解放军出版社2001年版
23. 赵志超：《毛泽东和他的父老乡亲》，湖南文艺出版社1992年版
24. 钱剑夫主编：《中国古今对联大观》，上海文化出版社1998年版
25. 刘逸生：《三国小札》，广州出版社2001年版
26. （英）魏安：《三国演义版本考》，上海古籍出版社1996年版
27. 晋·陈寿撰，南朝宋·裴松之注：《三国志》（全五册），中华书局1975年版
28. 晋·释道安原著，胡中才注：《道安著作译注》，宗教文化出版社2010年版
29. 晋·习凿齿原著，清·黄奭辑：《汉晋春秋》，中华书局2017年版
30. 晋·习凿齿原著，黄惠贤校补：《校补襄阳耆旧记》，中州古籍出版社1987年版
31. 晋·习凿齿著，清·汤球、黄奭辑佚，柯美成汇校通释：《汉晋春秋通释》，人民出版社2015年版
32. 晋·习凿齿著，舒焚等校注：《襄阳耆旧记校注》，荆楚书社1986年版
33. 明·罗贯中：《三国演义》（共两册），人民文学出版社1980年版
34. 明·罗贯中：《三国演义通俗演义》（全二册），上海古籍出版社1980年版
35. 明·罗贯中：《绣像三国演义》（上下册），山东画报出版社2007年版
36. 明·罗贯中原著，清·毛宗岗评改：《三国演义》（全二册），上海古籍出版社1996年版

37. 明·罗贯中著，清·毛宗岗评点：《三国志演义》，当代世界出版社2007年版
38. 明·罗贯中著，沈伯俊校注：《三国志通俗演义》（上、下册），花山文艺出版社1998年版
39. 明·吕坤著，张吉晔、沈云等编译：《呻吟语》，新疆人民出版社1995年版
40. 清·王鸣盛著，黄曙辉点校：《十七史商榷》，上海书店出版社2005版
41. 清·永瑢等撰：《四库全书总目》，中华书局1965年版
42. 清·袁枚：《小仓山房诗集》卷三十，（甲辰）/嘉庆随园藏本
43. 清·袁枚著，高路明选注：《袁枚文选》，作家出版社1997年版
44. 宋·司马光编著，元·胡三省注：《资治通鉴》（全十册），中华书局1976年版
45. 唐·房玄龄等撰：《晋书》（全十册），中华书局1974年版
46. 唐·刘知幾撰，清·浦起龙通释：《史通通释》，上海古籍出版社2013年版
47. 唐·许嵩撰：《建康实录》，张忱石点校，中华书局1986年版
48. 元·无名氏《三国志平话》，现存日本东京内阁文库
49. 《社会科学研究丛书》编辑部、四川省社会科学院文学研究所编：《三国演义研究集》，四川省社会科学院出版社1983年版
50. 《中国三国历史文化国际学术讨论会论文集》，湖北人民出版社2012年版
51. 阿英：《小说三谈》，上海古籍出版社1979年版
52. 北京大学中文系一九五五级《中国小说史稿》编辑委员会：《中国小说史稿》，人民文学出版社1973年版
53. 蔡东藩：《中国历史通俗演义》，安徽人民出版社1999年版
54. 曹海东：《诸葛亮：智圣人生》，长江文艺出版社1995年版
55. 陈东有：《正说〈三国演义〉》，团结出版社2007年版
56. 陈振鹏、章培恒主编：《古文鉴赏辞典》，上海辞书出版社1999年版
57. 程兆昉、柳飏青：《趣联巧对故事选》，福建人民出版社1986年版
58. 辞海编辑委员会编：《辞海》，上海辞书出版社1979年版
59. 丁浩、周维扬编选：《杜甫草堂匾联》，四川文艺出版社2003年版
60. 董志新：《毛泽东读〈三国演义〉》，上海人民出版社2001年版
61. 方诗铭：《论三国人物》，北京出版社2015年版

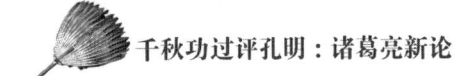

62. 费振刚等主编：《毛泽东圈注史传诗文集成》，吉林人民出版社1996年版

63. 广东、广西、湖南、河南辞源修订组，商务印书馆编辑部编：《辞源》，商务印书馆1988年版

64. 韩兆琦：《史记笺注》，江西人民出版社2004年版

65. 何满子、李时人主编：《明小说鉴赏辞典》，浙江古籍出版社1992年版

66. 何满子：《何满子学术论文集》，福建人民出版社2002年版

67. 河南省社会科学院文学研究所编选：《〈三国演义〉论文集》，中州古籍出版社1985年版

68. 黄惠贤：《魏晋南北朝隋唐史研究与资料》，湖北人民出版社2010年版

69. 季羡林主编：《神州文化集成丛书·欧阳崇书〈中国家谱〉》，新华出版社1992年版

70. 江西省新余市政协文史委员会编：《新余文物与考古》，江西人民出版社2014年版

71. 江西师院中文系选注：《历代散文选注》，江西人民出版社1979年版

72. 景有权、迟力：《毛泽东评说中国历史》，吉林人民出版社1998年版

73. 孔令境编：《中国小说史料》，上海古籍出版社1982年版

74. 李赓序：《彝陵之战》（历史知识小丛书），中华书局出版社1978年版

75. 李衡眉、赵康生主编：《三国计谋鉴赏·序》，山东人民出版社1996年版

76. 李晓来、唐汉主编：《毛泽东读批〈资治通鉴〉》（缩印本），红旗出版社1998年版

77. 李蓁非：《〈文心雕龙〉释译》，江西人民出版社1993年版

78. 梁启超著，吴松等点校：《饮冰室文集点校·第三集》，云南教育出版社2001年版

79. 梁漱溟：《中国文化要义》，学林出版社1996年版

80. 鲁迅：《中国小说史略》，人民文学出版社1976年版

81. 吕思勉：《三国史话》，中华书局2015年版

82. 南京大学历史系《中国历代名人辞典》编写组：《中国历代名人辞典》，江西教育出版社1986年版

83. 戚文、陈宁宁：《三国人物论》，东方出版中心2013年版

84. 钱伯城主编：《古文观止新编》，上海古籍出版社1989年版

85. 乔治忠校注：《众家编年体晋史》，天津古籍出版社1989年版

86. 秦涛：《老谋子司马懿》（最新修订版），重庆出版社2017年版

87. 秦涛：《诸葛亮之道》，中国民主法制出版社2017年版

88. 饶宗颐：《中国史学上之正统论》，中华书局2015年版

89. 阮中亮：《三国经典谋略全知道》，当代世界出版社2010年版

90. 上海古籍出版社编：《古文荟萃·唐代散文选注》，上海古籍出版社1996年版

91. 沈伯俊、谭良啸编著：《〈三国演义〉大辞典》，中华书局2007年版

92. 沈星棣等：《中国心——华夏民族性格的历史形成》，江西高校出版社1994年版

93. 沈玉成译：《左传译文》，中华书局1981年版

94. 施宣圆、林耀琛、许立言：《千古之谜（中国文化史500疑案）》，中州古籍出版社1989年版

95. 孙琴安等：《毛泽东与名人》，江苏人民出版社1993年版

96. 汤球：《汉晋春秋辑本》，商务印书馆1937年版

97. 唐汉、振肖主编：《龙之魂——毛泽东历史笔记解析》，红旗出版社1998年版

98. 王辉斌：《四大奇书研究》，中国文联出版社2001年版

99. 王平：《中华兵典要览》，黄河出版社1999年版

100. 吴海林等编：《中国历史人物辞典》，黑龙江人民出版社1983年版

101. 吴健琴主编：《中国吴氏通书》，广西人民出版社2002年版

102. 吴金华：《三国志丛考》，上海古籍出版社2000年版

103. 吴金华：《三国志校诂》，江苏古籍出版社1990年版

104. 吴直雄：《毛泽东妙用典故精粹》，人民出版社2009年版

105. 吴直雄：《破解〈习凿齿传〉〈汉晋春秋〉千年谜》，广东人民出版社2013年版

106. 吴直雄：《楹联巨匠毛泽东》，广东人民出版社2003年版

107. 谢苍霖、万芳珍：《三千年文祸》，江西高校出版社1991年版

108. 徐连达：《中国历代官制词典》，安徽教育出版社1991年版

109. 徐永辉主编：《仁义孝》，中国文史出版社2015年版

110. 徐震堮著：《世说新语校笺》（全二册），中华书局2001年版

111. 许嘉璐主编，安平秋副主编：《二十四史全译》，汉语大词典出版社2004年版

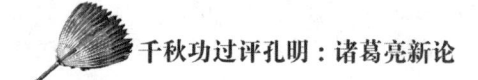

112. 杨伯峻编著：《春秋左传注》（全四册），中华书局1981年版
113. 易中天：《品三国》，上海文艺出版社2015年版
114. 游国恩等主编：《中国文学史》，人民文学出版社1979年版
115. 余嘉锡：《世说新语笺疏》，中华书局1983年版
116. 余鹏飞：《习凿齿与〈汉晋春秋〉研究》，湖北人民出版社2013年版
117. 羽白：《赤壁之战》（历史知识小丛书），中华书局出版社1980年版
118. 喻岳衡编：《历代名人家训》，岳麓书社1991年版
119. 张宝坤编：《名家解读〈三国演义〉》，山东人民出版社1998年版
120. 张习孔、田珏主编：《中国历史大事编年》（五卷本），北京出版社1997年版
121. 张习孔：《官渡之战》（历史知识小丛书），中华书局出版社1978年版
122. 张志烈主编：《杜诗全集今注本》，天地出版社1999年版
123. 郑铁生：《三国演义诗词鉴赏·前言》，新华出版社2013年版
124. 中共中央文献研究室编：《毛泽东诗词集》，中央文献出版社2003年版
125. 中国科学院文学研究所中国文学史编写组编写：《中国文学史》，人民文学出版社1962年版
126. 中国青年出版社：《中国古典文学名著题解》，中国青年出版社1988年版
127. 朱一玄、刘毓忱编：《〈三国演义〉资料汇编》，南开大学出版社2012年版
128. 张明武、毕桂发主编：《毛泽东评阅的古典诗词鉴赏词典》，海燕出版社1195年版
129. 吴直雄：《跟毛泽东学楹联》，西苑出版社2009年版
130. 成都武侯祠印制：《岳飞书前后〈出师表〉》（无出版年月，系参观时购得此印制精美之书法"线装本"）
131. 杨宪金、侯敏主编：《毛泽东手书真迹》，西苑出版社1999年版
132. 师兴编绎：《杜诗今绎》，四川文艺出版社2003年版
133. 叶显林、周小滨编著：《毛泽东诗词书法赏析》，人民文学出版社2006年版
134. 李树庭著：《毛泽东书法艺术》，湖北美术出版社1999年版
135. 王鹤滨著：《行草书圣毛泽东》，中国人事出版社1993年版
136. 谢德萍著：《大笔一挥天地惊——论毛泽东书法艺术》，陕西人民出版社1998年版
137. 刘锡山著：《毛泽东的书法艺术》，山东大学出版社1991年版

138. 李树庭、王跃、谢柳青、王利民等编著：《书家毛泽东》，湖南文艺出版社1997年版
139. 周溯源著：《毛泽东评点古今人物》，红旗出版社1998年版

二、期刊论文

1. 倪文东：《颜真卿书法艺术略论》，《西北大学学报（哲学社会科学版）》1999年第3期
2. 梁中实：《论诸葛亮"应权通变"的策略思想》，《烟台师范学院学报·哲社版》1995年第2期
3. 石玲：《论袁枚古体诗创作》，《文史哲》1999年第2期
4. 朱绍侯：《试析〈隆中对〉兼论关羽之失》，《河南大学学报·社会科学版》2008年第1期
5. 唐步田：《诗书合璧双峰并秀——毛泽东诗词手书赏析》，载《毛泽东诗词研究丛刊（第一辑）》，中央文献出版社2000年版，第392—404页
6. 许斯婷：《毛泽东书法艺术特征探析》，《南昌高专学报（社会科学版）》2011年第6期
7. 李继凯：《论延安文人与书法文化》，《陕西师范大学学报（哲学社会科学版）》2012年第3期
8. 王奎、余鹏飞：《浅论刘表与诸葛亮》，《襄樊学院学报》2009年第1期
9. 刘诚言：《从〈淮南子〉到〈诫子书〉——"淡泊明志，宁静致远"解读》，《襄樊学院学报》2007年第10期
10. 白帆：《李严"统内外军事"考》，《湖北文理学院学报》2017年第10期
11. 刘森垚，刘艳伟：《关羽与诸葛亮崇拜现象比较》，《湖北文理学院学报》2013年第4期
12. 谭良啸、奚奕：《〈蜀科〉考》，《湖北文理学院学报》2017年第4期
13. 谭良啸：《刘备的祖辈、妻妾后妃和子孙述考》，《襄樊学院学报》2010年第3期
14. 夏日新：《湖北地名与三国文化》《襄樊学院学报》2008年第4期

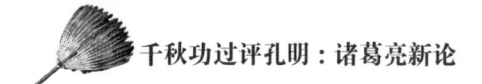

15. 王前程、占艳娟：《三国时期上庸地区的战略地位与刘备诸葛亮的失误》，《湖北文理学院学报》2016年第1期
16. 朱子彦：《孟达败亡之因——蜀汉政权内部的集团斗争》，《探索与争鸣》2009年第11期
17. 白杨：《孟达事件与诸葛亮治蜀》，《中州学刊》2014年第9期
18. 伍大福：《论〈三国演义〉与士文化》，《湖北文理学院学报》2016年第9期
19. 王前程：《诸葛亮与夷陵之战》，《湖北文理学院学报》2018年第12期
20. 余全介《三国孙吴张温案考论》，《浙江社会科学》2010年第10期
21. 张东：《忠刘乎叛蜀乎——试论魏延之祸福》，《成都大学学报·社科版》2012年第3期
22. 付开镜：《〈隆中对〉实施中的秘密性和变异性》，《襄樊学院学报》2010年第7期
23. 梁满仓：《〈隆中对〉的成功与失误》，《襄樊学院学报》2007年第6期
24. 郝文彪：《汉字文化功能窥视》，《开封师专学报·社会科学版》1997年第3期
25. 李延夫，陈敏之：《试论诸葛亮政治思想的形成与实践》，《襄阳师专学报》1995年第1期
26. 董文雅：《论诸葛亮形象的演变》，2015年渤海大学硕士学位论文
27. （日）贯井 正：《〈三国演义〉诸葛亮形象生成史》，2002年中国社会科学院博士学位论文
28. 林校生：《桓温与玄学》，《中国史研究》1998年第4期
29. 傅刚：《古朴真率，忠义自脏腑流出——读诸葛亮〈出师表〉》，《文史知识》2011年第4期
30. 范文琼：《重评诸葛亮的历史功过》，2005年华中师范大学硕士学位论文
31. 简慧君：《诸葛亮文学研究》，2012年重庆工商大学硕士学位论文
32. 马荻凯：《儒、道、法思想的统一体——〈三国志通俗演义〉中的诸葛亮形象析论》，2014年河北师范大学硕士学位论文
33. 石国辉：《斯人已去，遗爱犹存——诸葛亮思想略探》，2009年兰州大学硕士学位论文
34. 安建军、杨敏：《论〈三国演义〉的史诗性特征与价值》，《天水师范学院学报》2014年第1期

35. 白梅实：《真作假时假充真——评叶植先生指白梅习氏"造假"的伪学术实质和反逻辑手法》，《萍乡高等专科学校》2012学报年第5期
36. 徐珊：《诸葛亮形象神化研究》，2014年陕西理工学院硕士学位论文
37. 沈丛丛：《宋词中的"三国人物"研究》，2017年河南大学硕士学位论文
38. 刘磊：《走向经典与回归民间——当代社会文化生活中的诸葛亮形象研究》，2007年四川大学硕士学位论文
39. 唐光钻：《略论诸葛亮北伐》，《西昌师专学报》1991年第1期
40. 李佃原：《"结好孙权"策略的利弊》，《成都大学学报》1986年第3期
41. 庄俊芳：《论诸葛亮的逆历史影响》，《东华大学学报·社会科学版》2005年第2期
42. 张东华，刘伟：《荆州之争与吴蜀关系新探》，《成都大学学报·社科版》2003年第2期
43. 仓林忠：《破解关羽败亡的千古疑案》，《江汉大学学报·人文科学版》2006年第5期
44. 洪卫中：《诸葛亮'帝王之志'新探》，《池州师专学报》2004年第1期
45. 思想理论动态参阅课题组：《诸葛亮是非功过辩》，《今日政坛》2008年第1期
46. 聂炎：《对偶的哲学基础》，《固原师专学报·社科版》1988年第3期
47. 石欣《21世纪〈三国演义〉军事谋略研究应用综述》，《湖北文理学院学报》2016年第4期
48. 晏波《诸葛亮"六出祁山"诸问题新探》，《成都大学学报·社科版》2009年第1期
49. 薛军力：《夷陵之战诸葛亮何以未能与谋》，《天津师大学报》1996年第6期
50. 汪大白：《诸葛失策谁与辨——〈反三国志演义〉侧论》，《阜阳师范学院学报·社会科学版》2001年第3期
51. 蒋志：《三国文化与绵阳》，《绵阳师范高等专科学校学报》2000年第1期
52. 付开镜：《刘备发扬人和优势论》，《湖北文理学院学报》2017年第7期
53. 王慧：《21世纪蜀汉灭亡原因研究述评》，《湖北文理学院学报》2016年第7期
54. 王凡：《由周瑜的诗性塑造看唐诗中三国武将的形象书写》，《湖北文理学院学报》2016年第3期

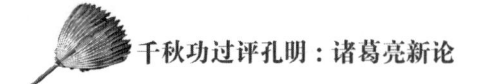

55. 王礼刚：《三国文化在湖北提升文化软实力中的作用》，《湖北文理学院学报》2012年第10期

56. 付开镜：《关羽攻打襄樊目的：恢复荆州版图以备北伐——兼评刘备、诸葛亮借刀杀人说》，《湖北文理学院学报》2014年第1期

57. 黄晓阳：《诸葛亮、司马懿隐仕人生意义辨析》，《成都大学学报·社科版》2009年第1期

58. 马强：《论三国文化的内涵特征及现代嬗变》，《成都大学学报·社科版》2004年第2期

59. 湖南省九嶷山舜帝陵基金会主办：《舜帝陵基金会通讯》2016年第13期

60. 湖南省舜帝陵基金会：《丁酉年祭祀舜帝大典活动指南》2017年11月

61. 湖南省旅游发展委员会、永州市人民政府、永州市旅游外事侨务局、宁远县人民政府：《2017年湖南省冬季乡村旅游节活动指南》2017年11月

62. 方诗铭：《〈隆中对〉"跨有荆益"的策划为何破灭——论刘备和关羽对丧失荆州的责任》，《学术月刊》1997年第2期

63. 杨德炳：《〈隆中对〉的魅力——曹、孙、刘三方决策对比研究》，《襄樊学院学报》2007年第6期

64. 盛星辉：《民族英雄史可法祠对联》，《对联》1991年第6期

65. 卞孝萱：《陈武帝"汉高、魏武之亚""无惭权、备"驳议——宋、齐、梁、陈开国四帝简论之一》，《南京晓庄学院学报》2004年第1期

66. 蔡秉衡：《汉中在三国时期的历史地位》，《汉中师范学院学报（社会科学版）》1997年第1期

67. 曹康：《三国趣语》，《黑白》2018年第1期（总第21期）

68. 曹林：《论〈晋承汉统论〉所见习凿齿正统史观的双重维度》，《荆楚学刊》2014年第6期

69. 常舒雅：《毛宗岗〈三国演义〉评点"叙事之法"研究》，2013年广西师范大学硕士学位论文

70. 常业安：《〈三国演义〉蜀汉集团的悲剧根源》，《昭通学院学报》2014年第2期

71. 陈昌云：《北宋的诸葛亮评价与宋代新儒学复兴》，《东方论坛》2015年第2期

72. 陈传席：《明反曹暗反刘：〈三国演义〉内容倾向新论》，《明清小说研

究》2000年第1期

73. 陈理：《"大一统"理念中的政治与文化逻辑》，《中央民族大学学报（哲学社会科学版）》2008年第2期

74. 陈辽：《〈三国志通俗演义〉究竟是一部什么样的作品》，《三国演义学刊》，1985年第1辑

75. 陈翔华：《毛宗岗的生平和三国志演义毛评本的金圣叹序问题》，《文献》1989年第3期

76. 陈业强：《关于诸葛亮的评价问题》，《广西教育学院学报》2004年第2期

77. 褚殷超：《"空城计"考略》，《安顺学院学报》2009年第5期

78. 崔曙庭：《〈三国志〉本文确实多于裴注》，《华中师范大学学报（哲学社会科学版）》1990年第2期

79. 邓鹏飞：《从曹操刘备的政治进取特质看罗贯中的价值取向》，《湖南教育学院学报》1991年第1期

80. 杜明、余鹏飞：《诸葛亮的经济思想和政策》，《襄樊学院学报》2008年第12期

81. 段庸生：《〈三国演义〉与民本思想》，《重庆工商大学学报（社会科学版）》2007年第5期

82. 方圆：《论习凿齿之史学》，2009年湖南师范大学硕士学位论文

83. 冯仲平：《论〈三国演义〉的基本主题》，《西藏大学学报》2001年第1期

84. 符丽平：《杜甫对诸葛亮形象的完美化及原因》，《襄樊学院学报》2012年第4期

85. 付开镜，闫永锋：《刘备的出身与用人——兼对曹操、孙氏兄弟的出身与用人进行比较》，《襄樊学院学报》2008年第1期

86. 郭瑞林：《三国演义主题复合论》，《吉首大学学报》2008年第1期

87. 郭素媛：《〈三国演义〉诠释史论》，2009年山东大学博士学位论文

88. 郭秀琦：《这样的评、注不足法——读〈三国志·任城陈萧王传、魏武文世王公传〉》，《阴山学刊》2002年第5期

89. 韩博韬：《曹魏之亡新探》，《湖北文理学院学报》2016年第9期

90. 韩霄：《〈三国演义〉的现代传播——以小说文本的传播为例》，2005年武汉大学硕士学位论文

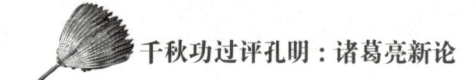

91. 韩晓、魏明：《论天人合一对三国演义叙事系统的影响》，《湖北大学学报》2004年第3期

92. 韩亚光：《破解〈后出师表〉之谜》，《宝鸡文理学院学报（社会科学版）》2017年第4期

93. 郝刚：《余嘉锡史学述论》，《西藏民族学院学报（哲学社会科学版）》2008年第4期

94. 何德章：《北魏国号与正统问题》，《历史研究》1992年第3期

95. 何平民：《志在图王的政治抱负的艺术体现——〈三国演义〉主题新析》，《湘潭师范学院学报（社会科学版）》2005年第3期

96. 胡春秀、王敏：《读标题时代新闻类周刊如何以题制胜——以〈三联生活周刊〉为例》，《成都大学学报（社会科学版）》2012年第1期

97. 胡觉照：《魏延与诸葛亮》，《汉中师院学报（社会科学版）》2000年第3期

98. 胡克森：《北魏的正统与汉化》，《史林》2015年第5期

99. 胡秋银：《桓温并官省职考释》，《武汉大学学报》2000年第4期

100. 胡世厚：《论〈三国演义〉的主题》，《中州学刊》1984年第3期

101. 胡淑芳：《铜雀台与曹操——〈三国演义〉虚实论之三》，《湖北师范学院学报（哲学社会科学版）》2004年第2期

102. 华云松：《〈三国演义〉嘉靖本与毛本之比较——以毛本语言特色为中心》，《沈阳师范大学学报》2016年第3期

103. 黄宝生、黄大宏：《融历史真实与艺术真实于一体的独特视角——论〈三国演义〉的英雄史观》，《汉中师院学报》1997年第1期

104. 黄惠贤：《对三国研究的一点意见》，《襄樊学院学报》2008年第10期

105. 黄晋：《〈三国演义〉在明清时期的传播与影响研究》，东北师范大学2012年博士学位论文

106. 黄钧：《我们民族的雄伟的历史悲剧——从魏、蜀矛盾看〈三国演义〉的思想内容》，《社会科学研究》1983年第4期

107. 黄瑞云：《〈后出师表〉非诸葛亮所作》，《职大学报》2008年第2期

108. 黄尚明：《〈汉晋春秋〉的写作背景、史学思想及其影响》，《华中师范大学学报（人文社会科学版）》2012年第3期

109. 黄少群、张弛、罗庆宏：《"进京'赶考'去"——开国前夕的一段轶

事》,《中国井冈山干部学院学报》2009年第4期

110. 蒋正治:《二十年来〈三国演义〉研究中若干重要问题回顾》,《陕西师范大学继续学院学报》2007年第1期

111. 蒋正治:《20世纪八十年代以来〈三国演义〉主题研究述评》,《古典文学知识》2007年第1期

112. 金仁义、许殿才:《桓温与东晋史学》,《中国社会科学院研究生院学报》2008年第4期

113. 金仁义:《正统观与东晋南时期的史学》,《史学史研究》2011年第1期

114. 孔琴琴:《试述魏晋南北朝时期正统论的广泛影响》,2011年南京大学硕士学位论文

115. 雷勇:《诸葛亮崇拜的文化心理透视》,《汉中师院学报(社会科学版)》2000年第3期

116. 雷震:《诸葛亮〈隆中对〉战略构想再评价》,《陕西理工学院学报(社会科学版)》2012年第3期

117. 李纯蛟:《〈三国志〉书法略论》,《四川师范学院学报(哲学社会科学版)》2001年第6期

118. 李殿元:《论三国创建时期的"挟天子"》,《成都大学学报(社会科学版)》2012年第3期

119. 李桂奎:《论〈三国志演义〉之行文"重复"及其叙事效果》,《上海大学学报(社会科学版)》2014年第3期

120. 李建华:《〈晋书〉材料源于〈世说新语〉研究》,2005年河南大学研究生硕士学位论文

121. 李金梅:《夏志清〈水浒传〉"帮会道德"论之溯源与辨析》,《东南学术》2018年第1期

122. 李时人:《〈三国演义〉:史诗性质和社会精神现象》,《求是学刊》2002年第4期

123. 李晓梅:《孙皓大杀大臣和宗室的原因及加强集权的措施》,《安徽文学》2008年第1期

124. 李新年:《刘备与圣德仁君及三国演义的正统观新探》,《大庆高等专科学校学报》1994年第2期

125. 李星、刘昌安：《莫将成败论三分——三国正统与历史文化传统辨》，《汉中师范学院》1997年第1期

126. 李正君、汤莉：《断限泰始："晋书"的限断问题再讨论》，《唐都学刊》2017年第3期

127. 梁满仓：《〈隆中对〉的政略修改与诸葛亮北伐的战略方针》，《襄樊学院学报》2008年第10期

128. 梁中效：《汉水流域的诸葛亮文化》，《襄樊学院学报》2008年第7期

129. 梁中效：《三国文化与汉水名城》，《汉中师范学院学报（社会科学版）》2001年第2期

130. 刘承军：《清代开国政权意识形态探析——以清太祖、太宗正统观为中心的考察》，《商丘师范学院学报》2012年第11期

131. 刘奉文：《〈三国志〉版本的诸问题研究》，2012年东北师范大学博士学位论文

132. 刘福智：《〈三国演义〉艺术剪裁的"黄金分割"因素及其根源》，《郑州大学学报（社会科学版）》2002年第2期

133. 刘海燕：《关于〈三国演义〉评点研究的再思考》，《襄樊学院学报》2010年第12期

134. 刘慧儒：《〈后出师表〉的尴尬》，《读书》2009年第9期

135. 刘金亮：《论宋元文化生态对〈三国志通俗演义〉成书的影响》，《阜阳师范学院学报（社会科学版）》2012年第1期

136. 刘静夫：《习凿齿评传》，《中国魏晋南北朝史学会第二届学术讨论会论文集》1986年

137. 刘莉莉：《〈三国志平话〉和〈三国志演义〉关系研究》，2014年曲阜师范大学硕士学位论文

138. 刘莉莉：《20世纪以来〈后出师表〉真伪论争述评》，《金陵科技学院学报（社会科学版）》2012年第2期

139. 刘霓尘、陈娘有、陈飞宇：《战神传说：神话与历史之间——战神关羽诞生的社会缘由》，《长江大学学报（社会科学版）》2011年第9期

140. 刘瑞明：《"死诸葛能走生仲达"的传承关系——民间文学对巫术的趣仿》，《成都大学学报（社会科学版）》2009年第1期

141. 刘姗姗：《陈寿评价历史人物的"名教观"与"才性观"》，2008年东北师范大学硕士学位论文
142. 刘小平：《陈寿史学思想的基本特征》，《太原师范学院学报（社会科学版）》2016年第6期
143. 刘永成：《毛氏父子〈三国演义〉评点"结构"观之探讨》，2012年山东大学硕士学位论文
144. 刘勇强：《古代小说主题意识的双重性》，《北京大学学报（哲学社会科学版）》2011年第3期
145. 刘治立：《〈帝王略论〉中的三国人物论》，《湖北文理学院学报》2015年第3期
146. 刘治立：《三国时期的史注》，《襄樊学院学报》2008年第7期
147. 刘治立：《习凿齿与王夫之的三国正统论比较》，《成都大学学报》2010年第2期
148. 刘子越：《谈梁启超〈论小说与群治之关系〉中的小说功用》，《参花下》2016年第2期
149. 鲁德才：《论〈三国演义〉的情节提炼对人物刻画的意义》，《社会科学研究》1983年第4期
150. 鲁小俊：《〈三国演义〉的社会影响：一个历史主义或普遍主义的命题》，《广东技术师范学院学报（社会科学版）》2011年第4期
151. 鲁小俊：《天道的循环与人道的悲剧——〈三国演义〉的讲史基调》，《天府新论》2007年第4期
152. 罗新慧：《顾颉刚先生对古代民族融合的考察》，《史学史研究》2011年第2期
153. 吕昕：《〈隆中对〉再评价》，《成都大学学报（社科版）》2007年第3期
154. 马小能：《魏晋南北朝史学正统观念的特点》，《学习与探索》2010年第4期
155. 毛忠贤：《论董卓和孙皓》，《宜春师专学报》1995年第3期
156. 冒炘、叶胥：《重评〈三国演义〉的正统思想——〈三国演义〉散论之七》，《苏州大学学报（哲学社会科学版）》1982年第2期
157. 梅新林、韩伟表：《三国演义研究的百年回顾与前瞻》，《文学评论》2002

年第1期

158. 莫砺锋：《长使英雄泪满襟——论杜甫对诸葛亮的赞颂》，《杜甫研究学刊》2000年第1期

159. 牛润珍：《儒家大一统思想的历史作用与现代价值》，《河北学刊》2001年第1期

160. 欧阳健：《论曹魏的文化建设》，《许昌学院学报》2009年第1期

161. 潘承玉：《纷纷世事无穷尽天数茫茫不可逃——三国演义主题再探》，《晋阳学刊》1994年第1期

162. 潘承玉：《三国演义主题再探》，《唐都学刊》1996年第3期

163. 潘建国：《试论古代小说主题表现的若干策略》，《北京大学学报（哲学社会科学版）》2011年第3期

164. 潘民中：《诸葛亮南征之役探微》，《许昌学院学报》2012年第6期

165. 庞怀清：《论〈后出师表〉非伪作》，《人文杂志》1983年第2期

166. 齐裕焜：《正确评价〈三国志演义〉里的谋略》，《广西师范学院学报（哲学社会科学版）》2016年第1期

167. 乔晓培：《论关汉卿〈单刀会〉对史实的演变》，《南阳理工学院学报》2016年第1期

168. 秦涛：《蜀汉法制"郑义"发微》，《许昌学院学报》2014年第1期

169. 秦永洲：《东晋南北朝时期中华正统之争与正统再造》，《文史哲》1998年第1期

170. 秦玉明：《天道循环：〈三国演义〉的思想核心——〈三国演义〉主题新探》，《攀枝花大学学报》1996年第1期

171. 卿三祥：《〈后出师表〉真伪考释》，《成都大学学报（社会科学版）》2007年第6期

172. 佘德余：《孙权——浙江的千古一帝——〈三国演义〉的人物塑造》，《绍兴文理学院学报》2002年第4期

173. 沈伯俊：《"三国文化"概念初探》，《成都大学学报（社科版）》1999年第2期

174. 沈伯俊：《〈三国志〉与〈三国演义〉关系三论》，《福州大学学报》2003年第4期

175. 沈伯俊：《向往国家统一 歌颂"忠义"英雄——论〈三国演义〉的主题》，《天府新论》1985年第6期

176. 沈伯俊：《新时期〈三国演义〉研究论争述评》，《成都大学学报（社科版）》2001年第3期

177. 石冬梅：《〈三国演义〉原著成书于元代——以〈三国演义〉正文中的典制和俗语为中心》，《许昌学院学报》2012年第1期

178. 石麟：《〈三国演义〉"三绝"研究的三个视点说起》，《广西师范学院学报（哲学社会科学版）》2016年第1期

179. 史辰翔：《〈三国〉题材电视剧研究》，2015年山西师范大学硕士学位论文

180. 宋先梅：《〈三国演义〉——庙堂文化的审视与消解》，《成都大学学报（社科版）》2002年第2期

181. 宋展云、韩丽敏、柳宏：《论张华与晋初诗风演变》，《扬州大学学报（人文社会科学版）》2011年第2期

182. 孙启祥：《论孙、刘联盟》，《襄樊学院学报》2010年第4期

183. 孙一珍：《试论〈三国志通俗演义〉的主题》，《文学遗产》1985年第1期

184. 孙勇进：《天命与人道——论毛批〈三国〉历史意志与道德理性的冲突》，《明清小说研究》1998年第4期

185. 谭良啸、张祎：《解读诸葛亮遗言遗命遗表——领悟"鞠躬尽瘁，死而后已"》，《湖北文理学院学报》2017年第1期

186. 唐剑：《〈三国演义〉的成书过程、及作者"尊刘贬曹"的思想倾向》，《徐州教育学院学报》2002年第1期

187. 王炳厝：《略论陈寿三国志回护司马氏》，《福建学刊》1997年第4期

188. 王朝海：《〈魏书〉之正统观》，《哈尔滨师范大学学报（社会科学版）》2015年第4期

189. 王朝海：《北魏政权正统之争研究》，《北方民族大学学报（哲学社会科学版）》2012年第2期

190. 王刚、刘清：《诸葛亮早年心志及行迹的历史考察》，《史学月刊》2017年第11期

191. 王华山：《论两晋之际清姻亲集团思想文化性格》，《人文杂志》2002年第1期

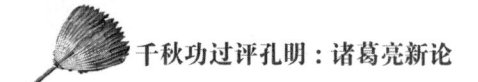

192. 王慧：《21世纪蜀汉灭亡原因研究述评》，《湖北文理学院学报》2016年第7期

193. 王基：《〈三国演义〉——智慧才美的颂歌》，《汉中师院学报（哲学社会科学版）》1990年第4期

194. 王记录：《理学与朱熹的史学思想》，《上饶师范学院学报》2007年第1期

195. 王俊义：《雍正对曾静、吕留良案的"出奇料理"与吕留良研究——兼论文字狱对清代思想文化发展之影响》，《中国社会科学院研究生院学报》2001年第2期

196. 王铭：《"正统"与"政统"：拓跋魏"太祖"庙号改易及其历史书写》，《中华文史论丛》201年第2期

197. 王齐洲：《从赤壁之战的描写看〈三国演义〉的历史观》，《湖北大学学报（哲学社会科学版）》1999年第3期

198. 王廷洽：《略谈〈三国志〉与裴注的数量问题》，《古籍整理研究学刊》1985年第3期

199. 王万岭：《〈三国演义〉并非"七实三虚"——兼谈罗贯中处理虚实的艺术性》，《淮北煤师院学报（社会科学版）》1996年第2期

200. 王志武：《试论〈三国演义〉的主要思想意义——与小说前言作者何磊同志商榷》，《西北大学学报（哲学社会科学版）》1980年第3期

201. 卫永锋：《汉末三国的游学》，《成都大学学报（社科版）》2005年第6期

202. 魏平柱：《读习凿齿〈与桓祕书〉》，《襄樊学院学报》2008年第12期

203. 吴国联：《以忠孝仁义为核心的封建道德观的颂歌——〈三国演义〉主题再探》，《辽宁师范大学学报（社会科学版）》2010年第5期

204. 吴怀东、李良：《曹、孙集团在江淮地区的战争与建安战争文学》，《许昌学院学报》2008年第1期

205. 吴直雄：《穿越时空千百载积淀凝铸好家风——论"凿齿之风"对习氏良好家风形成的影响》，《社会科学论坛》2015年第1期

206. 吴直雄：《去伪存真见铁证毋庸置疑隐白梅——对叶植先生〈习凿齿暮年遁隐新余白梅说质疑〉探究》，《南昌大学学报》2011年第6期

207. 伍大福：《论〈三国演义〉与士人文化》，《湖北文理学院学报》2016年第9期

208. 谢贵安：《直书与曲笔：传统修史原则的一体两翼》，《学术月刊》1999年第3期
209. 熊笃：《关于毛宗岗对三国演义的批改》，《重庆师大学报》1983年第3期
210. 胥惠民：《杂谈〈水浒传〉和〈三国演义〉永恒的历史文化价值——兼与刘再复先生商榷》《广西师范大学学报》2011年第4期
211. 徐大英：《陈寿修史多所回护说辨析》，《史学史研究》1994期第3期
212. 徐日辉：《试论〈隆中对〉战略中的一着失棋》，《浙江社会科学》2005年第1期
213. 徐中伟：《铁与火中的道德沉思——三国演义与传统伦理观念》，《山东大学学报》1990年第4期
214. 徐宗文：《论〈三国演义〉与〈三国志〉裴注之关系》，《深圳大学学报》2003年第4期
215. 杨柄：《诸葛亮的〈出师表〉只有一个》，《甘肃社会科学》1994年第5期
216. 杨德炳：《〈隆中对〉的魅力——曹、孙、刘三方决策对比研究》，《襄樊学院学报》2007年第6期
217. 杨洪波、杨柳：《简析〈三国演义〉的战争描写特色》，《时代文学（双月上半月）》2009年第4期
218. 杨玲、姚金伟、杨汪：《中国古代异姓王朝更迭中的禅让：规范、制度、暴力和利益——对传统政治社会皇权魔魅的文化考察》，《唐都学刊》2016年第6期
219. 杨绪敏：《谢陛的正统观与〈季汉书〉的编纂》，《江苏师范大学学报（哲学社会科学版）》2013年第3期
220. 杨毓龙：《谈〈三国演义〉的主题思想》，《江西师院学报》1979年第3期
221. 杨召：《略论陈寿〈三国志〉对曹魏及司马氏的回护》，2007年郑州大学硕士学位论文
222. 叶松林：《皇权欲：〈三国演义〉的主题》，《明清小说研究》1997年第1期
223. 易中天：《中华文明的根基》，《西安交通大学学报（社会科学版）》2014年第5期
224. 余鹏飞：《"诸葛亮文化"内涵浅探》，《湖北文理学院学报》2016年第

6期

225. 余鹏飞：《汉末三国时期襄阳习氏家族考辨》，《襄樊学院学报》2009年第3期

226. 余鹏飞：《近十年来"三顾茅庐"、〈隆中对〉研究综述》，《襄樊学院学报》2008年第1期

227. 余鹏飞：《两晋南北朝时期襄阳习氏家族考辨》，《湖北文理学院学报》2012年第6期

228. 余鹏飞：《论〈汉晋春秋〉的历史价值》，《湖北文理学院学报》2012年第9期

229. 余鹏飞：《三国史学者聚会讨论"三顾茅庐"和〈隆中对〉》，《襄樊学院学报》2007年第6期

230. 张安峰：《再论〈三国演义〉的人民性》，《人文杂志》2009年第6期

231. 张博：《多元文化冲突与〈三国演义〉传统观》，2014年南开大学研究生院博士学位论文

232. 张海营：《诸葛亮研究成果的定量分析》，《湖北文理学院学报》2012年第7期

233. 张济帆：《中国历史悲剧的审视——〈三国演义〉主题探讨》，《唐都学刊》1998年第2期

234. 张锦池：《论〈三国志通俗演义〉的"三本"思想》，《文学遗产》1992年第2期

235. 张培春：《儒家思想对陈嘉庚的影响管窥——以陈嘉庚研读和"发挥"〈三国演义〉为视角》，《集美大学学报（哲学社会科学版）》2003年第12期

236. 张淑蓉、徐子健：《论"空城计"的历史真实性》，《广西师范学院学报（哲学社会科学版）》2016年第1期

237. 张晓军：《〈三国演义〉与隐逸文化》，《解放军外国语学院学报》1998年第6期

238. 张祎、谭良啸：《"勿以恶小而为之，勿以善小而不为"——刘备临终给儿子的遗嘱解读》，《湖北文理学院学报》2015年第4期

239. 张作耀：《诸葛亮治蜀论》，《学术研究》2002年第2期

240. 赵海旺：《从〈晋承汉统论〉看习凿齿的正统史观》，《甘肃理论学刊》

2006年第7期

241. 赵克尧：《正统观念与〈三国演义〉》，《复旦学报（社会科学版）》1985年第6期

242. 赵清文：《诸葛亮的惠民思想》，《襄樊学院学报》2008年第6期

243. 赵庆元：《封建贤才的热情颂歌——论〈三国演义〉的主题》，《安徽师大学报（哲学社会科学版）》1981年第3期

244. 赵秀梅：《刘孝标〈世说新语注〉版本研究》，2011年杭州师范大学硕士学位论文

245. 赵熠：《〈后出师表〉真伪之我见》，《黑河学刊》2012年第2期

246. 赵志清：《〈世说新语〉刘氏注研究》，2007年山东大学硕士学位论文

247. 仲广军：《对陈寿评论的思想史研究》，2010年陕西师范大学硕士学位论文

248. 周圣煌：《"三国"演"义"的心理批评》，《景德镇高专学报》2011年第3期

249. 周振刚：《〈三国志〉以魏为正统——兼论"蜀国"之称谓》，《湖北文理学院学报》2015年第4期

250. 朱铁梅：《〈三国演义〉的悲剧态势及其他》，《石家庄师范专科学校学报》2000年第1期

251. 左岩：《近二十年〈三国演义〉影视传播及价值研究》，20151年山东大学硕士学位论文

252. 樊建莹、张向阳：《诸葛亮〈留侯祠铭〉初探》《许昌学院学报》2009年第1期

253. 董海涛：《习近平评价历史人物思想探微》《沈阳师范大学学报》2018年第3期

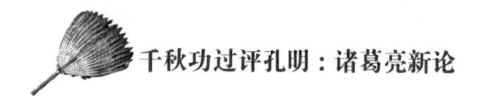

三、报纸网文

1. 顾艳《傲然脊梁读岳飞》，《参考消息》2005年3月8日第15版

2. 《〈三国演义〉最经典》，《大家文摘报》2014年6月9日第10版

3. 《补充一下313中没有的武将》，2016年2月3日，见http：//game.ali213.net/thread-5994813-1-1.html

4. 《郭嘉》，2018年9月29日，见https：//baike.baidu.com/item/%E9%83%AD%E5%98%89/8724? fr=aladdin

5. 《勉县定军山武侯墓楹联》，2004年1月28日，见http：//www.e3ol.com/culture/html/2004-1/2136/2136_2004128.shtml

6. 《三国谋士录——曹魏篇（一）》，2017年12月1日，见https：//baijiahao.baidu.com/s? id=1585591798879713320&wfr=spider&for=pc

7. 《学者易中天：三国这段历史并不重要，不应该被瞩目》，《信息日报》2014年11月7日第37版

8. 李时人：《〈三国演义〉：亚史诗和亚经典》，《光明日报》1994年11月9日

9. 刘锴：《被误解的〈水浒〉人物绰号》，《大家文摘报》2012年11月23日13版

10. 宁可：《历史上的中国》，《光明日报》2009年8月6日第10至11版

11. 陶元珍：《世传诸葛亮后出师表辨证》，2007年8月24日，见http：//vendus.blog.sohu.com/61112988.html

12. 土等民：《诸葛亮〈后出师表〉伪作说的几点反证》（1—4），2007年8月15日，见https：//tieba.baidu.com/p/249181516? red_tag=1952955927&traceid=

13. 谢有顺：《历史与文学的双向赋予——以小说为例》，《人民日报》2015年9月1日第23版

14. 陈新剑：《读诸葛亮〈论光武〉》，2014年7月24日，见http：//www.cjszwx.com.cn/xynews/wenhua/20144272.html

15. 曹植：《汉二祖优劣论》，2017年7月31日，见https：//baike.baidu.com/item

16. 《张温》（三国时期吴国官吏），见https：//baike.baidu.com/item/%E5%BC%A0%E6%B8%A9/8394? fr=aladdin

17. 《晋献公》2018年5月3日，见http：//www.360doc.com/content/18/0503/22/50120487_750907370.shtml
18. 大扬：《诸葛亮年表》《诸葛亮生平大事年表》2013年4月22日，见http：//blog.sina.com.cn/s/blog_7bd293b90101ckht.html
19. 金耀先：《武侯祠闲话》，《解放日报》1992年5月30日
20. 晨之论史：《诸葛亮不敢采纳"子午谷奇谋"，曹操、李世民敢不敢？》，2018年5月2日，http：//baijiahao.baidu.com/s?id=1599258984876317436&wfr=spider&for=pc
21. 董承兴《千古系列之一：千古遗毒——诸葛亮》，《抗癌乐园》2008年5月31日，http：//bbs.tianya.cn/post-no05-120572-1.shtml。
22. 灿烂海滩：《诸葛亮为何不投靠孙权，除了一句漂亮话，还有更深层原因》2017年11月23日，http：//www.sohu.com/a/206008073_420463
23. 梁衡《影响中国历史的十篇政治美文》，《文摘报》2015年4月9日第7版
24. 李晓东、危兆盖、雷建《善于诸葛亮的不灭记忆》，刘先琴、刘阳《擦亮三国文化名片》，夏静、涂玉国《演绎"智慧"新传奇》，宋喜群、杨甜《诸葛亮的战场》，严蓓蓓、严红枫《诸葛八卦村的发展之路》，《光明日报》2015年6月4日
25. 刘跃兵：《弘歌不绝声自远——乐天宇与"九嶷山学院"的故事》，《湖南日报》2016年1月10日

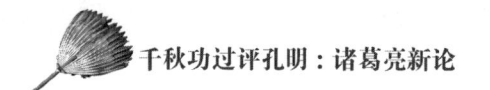

本书所涉及的人名索引

（主要为民国以前人名）

二画

丁原：484
丁咸：450
丁厷：127，156，415
丁立：261，266，270，271，273，302，303，304，306，307，320，323
丁奉：42，355
丁君干：173，175，502

三画

马援：211，215，216，217，218，504，505
马腾：254，484，493，495
马良：29，132，177，179，502
马岱：438

马谡：10，115，146，226，227，228，229，230，231，232，233，234，235，237，241，245，246，247，256，258，259，260，320，329，336，346，349，370，371，385，393，394，396，397，398，413，421，433，438，506，576，581
马超（马孟起）：54，69，78，79，80，81，82，100，101，102，104，180，251，353，495，496，498
马玉：261，266，270，271，273，284，302，303，304，306，307，320，321，323
马忠（狐笃）：33，185，301，302，303，323，343，509

于毒：483

于禁：83，129，168，462，490，499

于氏根：483

文丑：80，488

上官雕：450

习凿齿：9，11，20，23，24，25，26，27，28，30，32，42，43，44，45，46，82，83，118，121，122，128，148，157，169，170，171，186，208，223，232，233，234，253，268，269，270，277，279，280，282，286，296，298，303，304，317，324，325，331，337，339，340，358，370，372，380，381，382，383，384，387，389，400，401，402，410，411，414，432，435，437，439，440，441，451，452，478，510，511，512，513，514，515，516，517，535，536，537，550，576，590，609，610，613，614，618，619，622，623，626，628，646

士燮：50

卫觊：54

卫汲：108，109

卫瓘：401，402

子产：168，595

子文：228

四画

王羲之：5，24，542

王广：23，24，29，486

王考：3

王畅：3

王莽：18，31，32，120，167，215，375，376，377，378，406，407，409，542

王凌：23，24，45，350，486

王夫之：140，244，245，246，248，623

王紫绪：245，246

王勃：232

王经：45，46，355，400

王隐：34，151，425，429，440

王含：33

王肃：43，172，252

王昶：42，355

王天培：605，606

王忠：488

王子服：290，342

王粲：305，341，498

王服：284，325，342，343，488

王允：485

王国：484

王谋（王元泰）：173，174，502

王连（王文仪）：131，174，177，

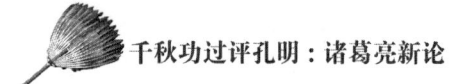

179，374，503

王基：44，355，626

王铨：429

王复礼：8，57，358，394，471，510

王冲：190，191，192，504

王朗：27，162，164，165，166，170，171，172，213，261，264，266，279，282，284，285，286，290，312，323，324，335，336，343，344，346，348，501

王双：263，276，310，345，385，395，396，397，413，506，592

王安石：225，390，586

王平：228，229，230，233，343，396，613

王鸣盛：21，38，234，235，439，611

韦晃：498

支谦：501

毛纶：345，572，600

毛宗岗：345，572，600，610，611，618，619，627

公孙度：485

公孙瓒：485，486，488，546

公孙康：491

公孙阳：495

公孙渊：19，190，205，206，508，509

公孙述：281，330，474，558，564

文钦：43，44，355

文恭：175，177，179，182，502

文天祥：20，22，269，307，402，514，515，516

文仲宝：173，185，502

文舒：42

孔昱：3

孔子：5，39，40，131，211，216，387，415，504，551，566，587，593

孔融（孔文举）：493

邓艾：27，29，31，33，41，42，45，249，277，304，314，315，355，356，373，399，400，401，475，575，576，581

邓芝：28，126，127，146，147，154，155，156，157，164，259，273，275，299，330，353，368，393，394，395，415，417，501，502

邓贤：203，204

邓铜：261，266，270，271，273，284，303，304，306，307，320，323

邓禹：211，216，504

毌丘俭：42，43，44，45，350

介子推：51

开方：148

五梁：172，174，502

五鹿：483

长孙无忌：247

中行桓子：232，234

尹起莘：491

五画

左宗棠：20，511，512，514，516，570，571，589

平汉大计：483

司马懿（司马仲达）：1，2，4，5，6，13，14，21，23，24，25，26，28，40，41，42，43，45，117，131，134，135，143，145，154，157，167，168，169，170，176，190，193，194，195，196，198，199，200，201，202，203，204，205，206，207，208，209，217，229，230，237，238，243，244，247，249，255，333，350，354，356，365，367，368，372，377，379，381，382，411，412，416，421，422，423，424，425，426，427，428，429，430，431，432，433，434，435，436，437，438，442，444，453，455，456，457，458，459，461，464，472，482，504，505，506，507，508，509，510，513，535，560，561，575，588，590，596，613，618

司马迁：22，51，59，77，341

司马昭：13，21，32，33，40，41，44，45，46，68，71，143，249，315，331，356，378，380，382，400，432，472，575，590

司马师：40，42，43，44，143，432

司马骏：424，425，430，431，433，

司马徽：8，70，487，534，552，582

司马光：37，38，39，92，186，187，223，237，252，255，270，312，325，328，329，342，343，358，426，459，500，570，611

左校：483

史可法：20，511，512，514，516，618

石广元：1，3，4，487，577

令狐愚：23，24

申生：47，48，49，50，51，108，109，493

申耽：105，196，204

申仪：106，107，194，196，203，204，206

白起：108

白寿：261，266，270，271，273，284，303，304，306，307，

635

320，323

白虎文：355

白居易：307，339，365，375，376，377，378

白雀：483

白绕：483

冯习：124，131，132，140

冯梦龙：345

田横：55，56，58，59

田叔：77

乐进：169，493

左髭丈八：483

司隶缘城：483

六画

尧：14，167，171，211，215

刘邦：9，58，59，77，79，94，97，104，214，216，217，218，312，414，520，526，593

刘璋：7，9，18，69，70，72，80，85，87，88，91，94，96，97，99，137，160，174，176，182，192，193，194，201，219，221，303，374，471，495，496，497，540

刘恒：414

刘备：3，4，6，7，8，9，10，12，13，14，15，16，17，18，19，20，23，24，25，27，28，30，32，35，36，40，43，45，47，52，53，54，55，57，58，59，60，61，62，63，64，65，66，67，68，69，70，71，72，73，74，75，76，77，79，80，81，82，83，84，85，86，87，88，89，91，92，93，94，95，98，99，100，101，102，103，104，105，106，107，108，109，110，111，112，113，114，115，116，117，118，119，120，121，122，123，124，125，126，127，128，129，130，131，132，133，134，135，136，138，139，140，141，142，143，144，145，146，147，148，149，150，155，158，159，161，163，169，172，174，175，179，180，182，193，197，201，203，205，207，213，214，219，220，221，223，226，227，229，230，232，233，234，235，247，250，251，255，256，259，265，272，285，289，293，295，302，303，304，310，312，315，330，332，335，342，348，353，354，

359, 363, 364, 366, 367, 375, 376, 377, 378, 379, 382, 386, 387, 388, 402, 407, 410, 414, 425, 443, 445, 446, 447, 448, 462, 464, 465, 466, 472, 482, 483, 484, 485, 486, 487, 488, 489, 490, 491, 492, 493, 494, 495, 496, 497, 498, 499, 500, 501, 513, 514, 516, 520, 522, 523, 526, 534, 535, 537, 539, 540, 541, 545, 546, 548, 550, 558, 559, 561, 562, 563, 565, 566, 567, 569, 573, 580, 582, 588, 591, 593, 595, 599, 600, 607, 608, 615, 616, 617, 618, 619, 621, 628

刘禅（阿斗、刘阿斗）：20, 26, 29, 30, 31, 32, 33, 34, 35, 37, 40, 64, 73, 102, 105, 108, 110, 112, 117, 130, 142, 143, 146, 147, 148, 150, 151, 153, 154, 155, 157, 159, 161, 164, 167, 173, 174, 179, 182, 220, 221, 223, 224, 249, 259, 260, 261, 265, 280, 289, 291, 295, 297, 298, 308, 309, 310, 311, 312, 313, 314, 315, 318, 320, 322, 323, 331, 335, 336, 341, 345, 346, 350, 351, 354, 356, 359, 360, 364, 365, 366, 367, 369, 376, 377, 379, 380, 381, 382, 384, 385, 386, 387, 391, 396, 397, 398, 400, 402, 404, 407, 409, 410, 463, 464, 465, 466, 468, 469, 472, 476, 478, 479, 491, 499, 500, 501, 529, 548, 549, 566, 567, 573, 577, 585, 587, 588, 590, 607

刘玄：120

刘永：121

刘秀：120, 121, 159, 214, 216, 218, 542

刘胄：509

刘琦：47, 48, 49, 52, 56, 58, 65, 87, 111, 493, 494

刘放：460, 461, 462

刘协：482, 509

刘表：3, 47, 48, 49, 52, 53, 54, 55, 57, 59, 61, 63, 64, 66, 67, 111, 158, 160, 161, 170, 282, 305, 323, 324, 485, 486, 487, 488, 489, 490, 493, 540, 546, 615

刘儒：3
刘宝：425，430，431，539，566，567
刘钦：252
刘敏：450
刘友益：491
刘封：103，105，106，107，108，109，110，111，112，129，191，192，194，310，499，504
刘繇：261，264，266，279，282，284，285，286，290，312，323，324，335，336，343，344，346，486
刘虞：484，486
刘陶：484
刘琰：32，450
刘桢：341，498
刘勋：488
刘岱：485，488
刘光世：10
刘余：160
刘焉：97，158，160，161，174，176，182，484，486
刘干：174，374
刘郃：261，266，270，271，273，284，303，304，306，307，320，323
刘石：483
刘邕：148，465，466
刘巴（刘子初）：64，65，66，67，74，75，76，77，78，93，98，99，110，221，301，302，454
刘谌：548
刘琮：47，48，52，57
刘禹锡：551，566
刘知幾：27，303，304，338，611
齐桓公：21，31，147，148，311，379，380，387
齐姜：49，51
朱应：504
朱皓：486
朱儁：483
朱然：106，355
朱椿：40
朱熹：162，169，453，456，491，576，593，626
朱褒：164，501
朱寓：3
朱元璋：515
华佗：63，489
华歆：162，164，501，508
华雄：485
向宠：284，335
向朗：177，179，182，502
向雄（向伯茂）：45，46
孙坚（孙文台）：48，305，323，324，482，483，484，485，596
孙邵：27，304

孙盛：86，89，90，91，92，277，314，315，435，437，439，440

孙乾：32

孙竦：167

孙武：227，230，231，266，313，370

孙策（孙伯服）：61，117，143，261，264，266，279，282，284，285，290，313，323，324，343，344，346，485，486，487，488，540，596

孙膑：339

孙传芳：345

孙夫人：85，87，89，495，497

孙韶：459

孙权（孙仲谋）：7，8，9，13，14，15，18，19，20，32，36，42，45，48，53，55，56，57，58，59，60，61，62，63，64，68，69，70，82，83，85，87，89，103，106，118，121，124，126，127，128，129，131，133，136，137，138，139，140，143，146，147，149，153，154，155，156，157，164，179，247，253，260，279，280，284，302，321，324，326，327，331，335，353，354，367，368，379，380，397，411，413，413，414，415，416，417，418，419，420，457，458，459，460，461，462，472，473，483，488，489，490，492，493，494，495，496，497，498，499，500，501，502，504，507，509，556，563，567，573，595，596，608，617，624，631

孙翊：490

孙泰：459

孙登：145，413

孙怡：354

孙资：255

关羽：10，12，13，14，15，16，17，40，54，56，58，61，69，74，77，78，79，80，81，82，83，99，100，101，102，103，104，105，106，108，109，116，124，125，129，130，131，133，135，136，138，139，140，142，149，169，177，179，180，182，230，235，240，256，261，267，388，445，455，462，485，488，495，496，499，559，580，615，617，618，622

许靖：71，72，73，74，114，159，

164，471，472，475，476
许绍（许子将）：63
许彧：483
许叔龙：471
许允：450
许褚：117
许攸：86
羊衜：471，472
羊陟：3
羊祜：13，14，15，130，353，548，
　　571，592
吕乂：174，374，475，476
吕蒙：131，136，177，179，182，
　　498，499，502
吕布：3，111，170，199，484，485，
　　486，487
吕祖谦：162，169
吕雉（吕后）：215
吕端：351，544，551
全端：42
仲恭：42
仲长统：490
夷吾：49，51
毕万：50
先轸：51
伍孚：117
阴化：127，148，156，415，465，466
匡衡：158，159，160，161，501
任安：22，77，174
成藩：441，442，444

伏羲：215，216
阳群：261，266，270，271，273，
　　284，299，302，303，304，
　　306，307，313，320，323
州泰：355
老上单于：414
吉本：498
纪灵：486
阮瑀：490，495

七画

吴兰：498
吴壹（吴懿）：27，228，234，304，
　　370，450
吴苋：27，304
吴起：266，313，355
吴汉：114，119，120，158，159，
　　160，161，211，216，345，
　　501，504
吴广：58，467，520
吴太伯：50
吴班：124，131，132，450，508
吴纲：356
吴漳：382
李斯：37
李邈：145，146，175，320，321，
　　322，363，385，404，410
李傕：485，486
李密：23，380

李福：147，148，149，463，464，465，469，470，479

李朝：175

李丰：444，451

李陵：244，402

李贽：351，358，424，470，544，551

李辅：203，204

李服：261，263，266，279，284，290，296，313，325，342，343，361

李严（李平）：93，98，99，110，146，177，179，182，193，194，195，196，197，199，200，201，202，206，207，208，209，369，370，404，405，406，407，408，409，410，441，442，443，445，446，447，448，449，450，451，452，456，495，501，502，504，507，508，615

李白：554，575，586，598，608

李中：43

李衡：327，328，612

李商隐：662

李恢：185，503

李膺：3

李大目：483

李伯仁：173，174，502

李世民：247，248，249，631

李勣：247

李邵（李永南）：173，175，177，179，502

李鸿：190，191，192，194，504，570

张世杰：402

张昭（张子布）：60，418，420，493

张休：413

张让：484

张辽：487，497

张南：131，132，490，609

张燕：490

张梁：483

张角：483

张飞：12，13，14，15，17，40，69，74，75，76，77，78，80，81，82，98，99，100，102，104，114，116，131，132，240，483，485，496，497，498，500，559

张宝：483，614

张郃：163，167，177，179，228，229，230，237，243，255，258，276，310，370，393，394，436，437，438，439，497，502，506，508

张仪：167

张牛角：483

张济：483，628

张白骑：483

张仲景：499

张九龄：523

641

张延：484

张俨（张子节）：168，169，261，262，269，275，277，280，282，283，286，288，289，291，294，316，317，322，326，328，331，332，333，334，336，337，338，339，340，341，344，357，358

张良（张子房）：17，77，214，216，217，266，312，526，582，

张巍：469，473，475

张俊：10

张俭：3

张裔：89，93，148，164，222，223，224，225，361，465，466，501

张鲁：7，9，18，54，69，76，253，495，497，540

张允：418

张澍：8，57，101

张悌：25，27，304，486

张邈：170，486

张翼：33，400，401，427

张式：23

张拭：162，169，358

张温（张惠恕）：156，331，416，417，418，419，420，484，485，501，502，507，616，630

辛毗（辛佐治）：54，453，454，455，456，509

杜佑：53，457，458，509

杜义：450

杜密：3

杜甫：138，297，301，512，513，514，515，516，517，520，521，523，524，525，528，529，530，531，532，533，534，536，537，539，539，540，541，544，551，552，553，557，564，568，569，574，575，578，579，583，584，590，598，599，611，619，623

杜微：172，173，174，175，176，450

杜祺：174，374，450

杜原款：51

陈胜：58，467，520

陈表：413

陈泰：43，399，400，575

陈寿：23，27，89，93，99，100，105，107，108，110，111，112，130，134，142，150，161，223，238，239，262，277，279，286，287，288，289，294，297，300，303，304，305，306，307，316，317，318，324，325，330，331，334，336，337，338，

339，340，341，342，357，
365，373，374，393，394，
395，398，433，441，445，
452，576，581，583，587，
600，610，623，625，627，
629

陈崇：167

陈纪：158，159，161

陈平：104，166，216，217，218，
222，225，266，312，505，
555

陈珪：205

陈琳：490，498

陈裕：476

陈群（陈长文）：2，4，5，6，162，
164，348，499，501，504

陈翔：3，619

陈耽：484

陈祗：21，31，33，311，315，318，
382，469，475，476，477，
478

陈蕃：3

杨仪：83，222，253，438，450，
471，473，505，507，510

杨怀：495

杨奉：487

杨凤：483

杨敏：466，467，468，616

杨伟：432

杨颙：221，222，223，224，225，
226，505

杨洪（杨季休）：173，174，175，
361，498，502，627

杨干：90，92，227，231，370

杨白：80

杨戏：27，304，466，467

杨希闵：8，57，84，92，93，95

步骘：460，461，462，494，509

宋濂：（序）7

陆绩：（序）32

陆抗：13，14，130

陆秀夫：402

陆喜：281，326，329

陆逊：15，62，63，83，116，124，
129，131，235，265，281，
326，329，458，500，506，
523，527，559

陆凯：287，339

陆游：514

严畯：（序）32

岑参：（序）43

岑彭：473，474

劳精：23

邵悌：45

里克：50

吾粲：62，63

来敏（来敬达）：218，219，220，
221，321，471，472，505

来歙：473，474

苏秦：167

轩辕：163，167
应场：498
何休：483
妫览：490

八画

易牙：148
岳飞：269，339，512，514，516，550，581，582，614，630，
法正：65，67，69，71，72，73，74，75，84，85，86，87，88，89，90，91，92，93，94，95，96，97，98，99，100，110，134，136，137，138，139，149，206，425，441，445，495，496，497，499
孟达：105，106，107，108，109，117，146，149，190，191，192，193，194，195，196，197，198，199，200，201，202，203，204，205，206，207，208，209，244，310，405，449，455，456，499，503，504，505，506，616
孟子：36，107，108，110，112，191，194，208，214，215，504，545，593，594，605
孟获：29，164，183，184，185，186，187，188，189，190，212，227，233，234，503，568，583
孟光：119，157，158，160，161，474，475
孟建（孟公威）：1，2，3，487，489，577
罗贯中：164，170，171，172，237，238，268，294，357，383，425，426，513，514，516，517，537，610，611，619，626
罗隐：43
范滂：3
范仲淹（范文正公）：22，41
周公：41，171，215，216，376，377，378，562
周不疑：63，67
周勃：216，217
周鲂：281，288，326，329，340
周瑜：58，87，487，489，493，494，547，562，572，617
宗慈：3
宗玮：500
郁达夫：388
林觉民：22
狐姬：49
狐毛：51
狐偃：51
狐忠：441，442，444，450
卓子：49，50

庞德公：111，487

庞统（庞士元）：68，69，70，79，91，117，139，491，494，496，595

庞延：148，465，466

庞德：499

庞山民：111

庞萌：210，215

郑玄（郑康成）：158，159，160，161，488，501

郑浑：499

郑泉：500

英布（黥布）：80，353

审配：86，362

苗曾：120

炎帝：167

治无戴：355，399，478

波才：483

苦蝤：483

呼厨泉：498

金祎：498

九画

竖刁：148

费祎：33，68，71，83，117，148，154，157，158，160，161，219，221，298，311，315，332，354，355，380，386，387，399，450，466，467，468，469，471，472，473，474，475，476，477，478，479，510，521，574，575，590

费诗：100，104，105，118，121，122，180，190，191，192，196，200

赵云：28，69，98，100，104，124，125，128，129，131，133，137，139，259，261，263，264，265，266，270，271，273，274，275，276，283，284，299，300，301，302，303，304，305，306，307，313，320，323，332，334，393，394，395，426，427，428，496，601

赵承恩：8，57

赵慈：484

赵括：230

赵衰：51

赵凤：50

荀翌：3

荀悦：494

荀子：362，452

荀彧：4，15，54，63，367，368，495，556

度尚：3

胡毋班：3

胡济：33，400，450

胡三省：237，252，312，325，328，342，343，358，362，611

胡遵：42，355

胡寅：242，243，246，358，393

胡应麟：243，246

胡综：281，288，326，329，340

胡奋：356

胡琰：34，476

姜维：13，31，33，34，70，180，183，271，298，309，314，315，327，328，331，332，345，355，356，367，391，392，395，397，398，399，400，401，402，403，438，450，453，454，466，467，468，469，474，475，476，477，478，506，507，509，510，512，516，555，556，557，575，576，597，602

姜叙：495

钟毓：432

钟繇：254，432，498，499

钟会：13，27，33，45，46，252，304，399，400，401，402，529，530，575，597，598

重耳：47，48，49，51，52，92，109，372，493

姚信：62，63

项羽：15，163，167，214，348，607

郦生：210，214

郝昭：243，244

侯选：251

昭梿：345

冒顿单于：414

骆统：417，418，419，420

皇甫嵩：483

种辑：342，488

十画

诸葛亮（诸葛孔明、孔明、亮）：全书

诸葛诞：42，44，45，250，355，356

诸葛靓：356

诸葛瞻：33，356，400，505，581，600

诸葛尚：581，600

诸葛玄：111，484，486

诸葛乔：300

诸葛恪：42，143，280，281，282，300，325，326，327，328，329，330，331，332，338，339，355，413，471，472，608

诸葛璋：162，164，348，501

顾谭：62，63，413

顾承：62，63，417

顾炎武：244

郭攸之：（序）8

郭钦：38

郭冲：96，98，100，116，117，391，

392，395，397，398，424，
425，426，427，430，431，
433，435，437，438，439，
440

郭隗：73

郭淮：170，243，253，255，385，
394，395，397，399，413，
432，438，467，468，478，
507，508，575

郭演长：177，179，502

郭模：194，196，203，204，205，
206，207

郭循：355，386，469，472，473，
474，475

郭大：484

袁绍：3，7，8，18，54，86，153，
170，247，335，379，484，
485，488，489，490，540，
546，563

袁谭：325，489，490

袁綝：450

袁尚：323，489，490，491

袁枚：259，262，264，265，267，
268，269，271，274，276，
277，278，286，296，297，
307，308，309，310，311，
312，313，314，315，316，
317，318，319，325，330，
333，336，337，363，611，
615

袁子（袁孝尼）：60，61

袁准：28，60

夏馥：3

夏侯渊：102，103，168，177，179，
247，251，255，266，267，
284，311，313，495，497，
499，502，597

夏禹：167

夏侯惇：241，251，490

夏侯霸：399，400，478

夏侯楙：236，238，241，244，246，
250，251，252，253，254，
506

秦穆公：234

秦始皇：17，37，219，377，519

秦宓：131，172，174，502

秦颉：484

秦周：3

耿弇：114，119，120

耿纯：114，119，120，121

耿纪：498

钱穆：514

徐庶（徐元直）：1，3，8，487，
491，492，559，577，595

徐干：498

徐质：400

徐陵：232

徐晃：83，19，169，499

徐他：117

徐邈：254，255

陶渊明：22

陶谦：486，488

陶元珍：273，374，281，282，284，285，299，323，324，325，330，331，332，334，336，630

贾诩：501

贾谊：22

贾琮：483

留略：42

唐咨：44

唐周：483

晋武公：49

晋献公：49，50，51，631

晋悼公：231

晋景公：234

骊姬：49，50，51

奚齐：49，50，51

高定：164，184，185，501

高定元：185

高翔：450，508，544

高干：489，490

高沛：495

蚩尤：167

桓温：365，368，369，370，371，372，373，375，407，440，536，616，620，621

桓玄：373

浮云：483

桥瑁：485

十一画

曹参：104，383，558，562，292

曹嵩：484

曹操：1，2，3，4，6，7，8，9，10，13，15，18，19，20，21，22，23，25，26，36，45，47，52，53，54，55，56，57，58，59，61，62，63，64，65，66，67，71，76，77，80，85，89，102，103，110，111，112，114，115，116，117，118，121，124，128，131，136，137，138，143，153，155，157，167，170，176，213，217，233，241，242，247，248，249，251，253，254，261，263，266，267，276，280，282，284，285，295，296，311，312，313，325，327，335，336，341，342，359，360，361，362，365，367，376，378，379，381，407，409，425，427，432，439，447，462，482，483，484，485，486，487，488，489，490，491，492，493，494，495，496，497，498，522，

524，540，546，556，557，
560，561，563，586，608，
619，620，631

曹丕：13，20，26，106，117，118，
120，121，133，134，135，
16，137，138，142，143，
144，155，163，167，175，
176，193，213，217，251，
254，255，261，267，295，
359，360，363，366，455，
499，501，502，503，504，
561，562，587，596

曹彰：498，501，

曹植：209，210，212，213，214，
216，217，218，508，630

曹休：260，265，279，320，324，
329，396，504，506

曹叡：37，40，41，143，217，245，
254，255，258，367，377，
382，386，406，428，433，
437，455，456，461，466，
467，504

曹真：165，170，243，252，253，
255，259，273，299，393，
394，395，405，421，422，
424，430，431，432，434，
436，438，449，504，506，
507，561，562

曹仁：168，492，493，499，501

曹爽：23，217，219，221，354，

382，432

曹芳：21，23，510

曹彪：24

曹共公：90

黄权：15，134，135，136，301，302

黄琬：484

黄龙：413，483，507，508

黄式三：273，277，283，296，299，
307，318，325，332

黄以周：273，283，299，332，333，
334

黄宗羲：244

黄元：175

黄帝：167

黄忠：13，82，100，101，102，103，
104，105，149，180，499

黄祖：48，49，53，485，489，493

黄皓：31，32，33，34，148，311，
315，382，400，469，475，
476，477，478，556，575

康泰：504

龚禄：501

梁章钜：8，57，603

梁五：49

梁启超：22，612，623

阎晏：450

阎宇：33，34，400，476

阎芝：171，210

萧何：41，104，139，147，149，
234，235，383，495，558，

649

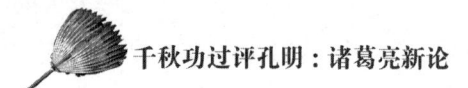

562，592

辅匡：132

常璩：157，159，160，178，185

隗嚣：215

清河公主：251

得臣（子玉）：227，228，229，232，234，370

崔琰：439

盛勃：450

盖延：474

眭固：483，488

崔州平：487，559

十二画

董允：31，32，34，68，71，148，298，310，311，315，332，380，386，387，471，472，474，476，477

董和：472

董卓：7，8，18，19，26，40，117，171，353，391，484，485，563，575，590，623

董恢：253

董厥：33，400，401

韩暹：487

韩馥：485

韩愈：308，345，362

韩遂：54，251，254，484，495，540

韩信：104，210，214，217，218，234，235，236，237，238，240，241，353，400，402，522

鲁肃（鲁子敬）：14，57，58，127，128，131，367，368，487，494，498，556，557

鲁迅：388，612

程德枢：（序）32

程银：251

程普：58，493，562

蒋琬：28，32，68，71，117，147，148，161，177，179，182，190，191，192，200，222，223，224，225，227，228，229，230，232，298，311，315，332，354，370，373，380，385，386，387，396，399，432，451，463，464，465，466，467，468，469，470，471，473，474，475，477，478，502，510

蒋干：494

蒋舒：400，597

蒋子通：169

蒋斌：33

彭越：80，214，216

彭宠：210，215

谢躬：120

傅彤：132

傅佥：400

傅燮：484

舜：14，167，168，171，182，301，
　　618

焦触：490

十三画

虞翻：（序）32

虞俊：416，419，420，501

雷公：483

雷绪：494

赖厷：222，223，224，225

赖恭：222

微子：109

蒯祺：111，197，207

雍闿：164，184，185，187，501

甄阜：215

楚成王：228

阖闾：230

满宠：459，460，509

褚飞燕：483

十四画

管仲：16，148，208，380，383，
　　410，451，452，487，558，
　　559，563，592，595

裴松之：1，2，4，6，29，53，61，
　　95，97，98，99，100，113，
　　114，115，116，117，118，
　　122，164，186，222，232，
　　238，262，268，269，275，
　　277，282，286，288，289，
　　294，305，316，317，323，
　　324，325，331，336，337，
　　339，340，357，358，391，
　　392，393，395，396，398，
　　399，405，419，420，421，
　　424，426，427，429，430，
　　431，433，434，435，437，
　　438，439，440，445，600，
　　610

谯周：31，32，35，150，151，152，
　　277，287，289，338，501

蔡衍：3

蔡氏夫人：47，48，52

蔡邕：305，485，492

蔡东藩：2，33，34，107，108，112，
　　132，139，186，187，230，
　　237，306，320，412，438，
　　469，476，479，611

廖化：33，331，400，401

廖淳：148，465，466

廖立（廖公渊）：68，69，70，71，
　　177，178，179，180，181，
　　182，183，208，410，445，
　　449，450，451，452，496，
　　503

僖负羁：90

窦融：211，215

暨艳：419

十五画

蕑向：3
颜文忠公：（序）41
颜回：216
颜良：80，488
樊建：33，432，433，629
樊岐：450

十六画

薛能：（序）17，（序）27，（序）28
薛综：（序）32
穆姬：49
嬖五：49
颠颉：90，92
霍光：370

十七画

魏延：83，228，229，230，234，235，237，238，239，240，241，242，243，244，245，246，247，249，250，251，252，253，254，255，256，370，421，422，423，424，430，432，433，450，471，473，507，508，510，616，620
魏犨：90
魏绛：92，227，231，370
魏徵：22
檀敷：3
蹇硕：484
蹋顿：490，491

二十画

灌婴：414

二十七画

驩兜：163，167

三十画

爨习：450

本书所涉及的地名索引

二画

九江郡：79
九里堤：28
二屈：49

三画

上党：38
上邽：40，355，400，436，438，508，
上郡：38
上马墩：414
上蔡：3，489
上庸：177，179，194，195，196，203，205，456，466，468，502，616
广元：1，3，4，487，495，575，577
广州：504，610
广陵：135，459，501，502
广汉郡：174
子午道：249，251，22，254，434

子午谷：235，236，237，238，239，240，241，242，243，244，245，246，247，248，249，250，251，252，253，255，257，424，428，631
子谷：254
下马槽：414
山西：484，490，507，557，570，610，625
山阳郡：160
义阳：220

四画

巴郡：9，174，177，179，181，182，222，223，253，449，502，503，505
五丈原：11，28，135，146，147，149，372，376，404，410，411，416，455，461，464，470，480，482，490，492，509，511，526，532，535，

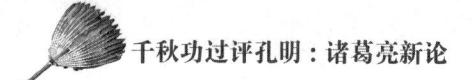

538，543，550，557，574，
580，581，591，597，601，
602，603

太原：38，484，623

天汉：378，532，553

天水：40，241，245，258，355，
391，392，393，9，3，395，
396，397，398，399，436，
438，495，506，575，616

长安：45，236，237，238，239，
240，241，242，243，244，
245，246，250，251，252，
253，254，255，393，394，
424，428，434，435，436，
437，438，485，486，495，
498，499，506，562，571，
594，604

长沙：48，65，66，67，68，70，87，
107，129，181，182，448，
484，485，493，494，496，
503

云梦：354

云中：597

公安：69，85，87，88，89，129，
494，497

巨鹿：120，170

巨野：371

木门谷：436，438

六安：509

乌巢：247，261，263，266，280，
313，325，488

乌程：244

分水岭：354

文县：255，356，391，393，396，
398，526

中牟：308，488

丹阳：285，488，490，555，608

邓县：7，486，487

丹口：434

五画

北京：274，611，614，623，624

北地：38，315，419，615

北海郡：159

北山：261，263，266，280，313，325

汉中：9，20，28，86，102，103，
108，131，134，139，148，
163，167，174，175，177，
179，182，196，200，208，
219，220，221，222，223，
224，227，228，229，239，
244，247，248，249，251，
252，253，254，255，261，
266，270，271，273，275，
279，284，288，291，292，
299，300，303，310，311，
313，322，323，340，345，
346，353，354，355，370，

383，386，393，394，395，
396，398，399，405，421，
424，427，428，430，432，
433，442，444，448，449，
450，451，465，466，467，
468，471，472，473，478，
495，497，498，499，502，
505，506，507，510，526，
530，557，526，530，557，
562，598，618，620，621，
622，626

汉寿：33，488

汉嘉：174，175

汉阳县：190，191，192

汉川：54，405，449，492

汉口：459，493

乐城：33

弘农：38

平原：40，41，117，485，489

平阳：38，142，150，174，374

冯翊：38

未央宫：41

辽东：354，386，466，467，485，
491，508，509

辽西：490

台湾省：507

白波谷：484

白狼山：325

白水关：252

白帝城：138，175，302，353，500，
519，543，546，558，564，
580

白马：23，488

东兴：42，280，281，326，355，507

东郡：121，485

东兴堤：42

氐中：80

永昌：185，503

永安：28，133，137，142，143，
163，200，301，302，366，
405，445，447，448，449，
501，587

甘谷县：202

兰溪县：243

民勤：254，499

礼县：265，395，506

石头城：495

石营：399

六画

安上县：501

安定：38，241，245，255，258，
393，394，396，398，506

安喜县：483

阳溪：507

阳都：369，482

阳安关：33，277，314，315，400，
530，597

阳平：163，167，168，421，423，

424，425，430，431，498，
499，505

会稽郡：9

夷洲：507

夷陵：10，12，13，125，126，128，
131，140，155，233，250，
302，303，355，388，500，
616，617

祁山堡：436，438

祁山：11，21，28，134，164，168，
228，234，237，243，245，
254，255，256，257，258，
259，265，266，281，299，
313，317，320，325，344，
345，349，355，362，370，
391，392，393，394，395，
397，398，399，425，433，
434，435，436，437，438，
439，441，442，443，492，
506，508，509，526，527，
557，558，573，575，580，
597，617

成县：255，391，393，396，398，526

成都：11，33，69，70，72，3，76，
87，91，93，99，102，105，
106，107，108，114，119，
133，137，142，143，147，
148，155，160，163，174，
175，185，195，200，201，
219，220，226，233，272，

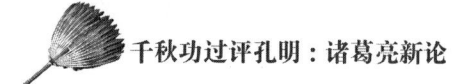

302，320，321，353，366，
373，374，397，400，401，
478，495，496，497，498，
500，505，510514，518，
521，524，528，529，530，
531，532，533，534，535，
536，539，540，541，545，
546，547，548，549，550，
551，553，554，555，560，
561，567，568，572，573，
574，575，577，578，581，
583，584，587，591，592，
593，598，599，600，601，
602，605，606，607，610，
614，616，617，618，620，
621，622，623，624，625，
626

成国渠：40，41

阴平：33，243，245，255，263，
277，314，315，356，373，
391，392，393，394，395，
396，397，398，400，413，
507，526，575

江苏：274，370，371，417，459，
486，495，501，608，613，
627

江州：82，128，200，201，405，
442，444，449，507

江油：356

江陵：42，129，136，165，355，

493，494

江夏：47，48，49，52，53，56，58，160，354，459，471，484，489，493，504，578

许昌：3，4，23，44，66，159，486，488，499，624，625，626，629

许县：159

西河：38，484

西宁：189，355，399，499

西都：210，429

西昌：184，617

西平：355，399，478，499

并州：43，489，490

芍陂：41，42

百尺渠：42

曲沃：49，50，51

交州：65，66，494，504

交趾：20，483，504

关中：33，40，41，54，94，97，128，240，241，243，246，251，254，255，260，265，320，353，355，376，393，394，396，398，399，400，421，425，430，431，437，438，492，495

夹石：265

旬阳：252

兆西：355

寻阳：373

华容道：80，493

红血港：414

合肥：458，492，497，509，510

汝南：1，3，165，471，476，487，489，577

七画

吴郡：9，417

吴县：417

沔水：9，102，594

沔县：33，102，594

赤岸：28

赤壁：10，13，15，55，57，58，59，60，65，127，137，296，311，361，362，493，562

寿春：33，41，44，170，356，371，372，485，487

寿县：256，371，372，487

汶山：70，178，179，181，183，478

扶风：88

麦城：74，77，103，106，499

陇山：437

陇西：241，355，392，395，396，397，399，400，478，484

陇右：4，120，235，236，237，238，239，240，243，245，254，256，353，355，399，497，506

巫山：124，355，543

庐江：355，488，494，562

庐陵：488

灵宝：415

沈岭：354

沂南县：369，482

狄道：355，399，400

陈仓：40，243，263，345，395，396，492，506，526，592

陈留：27，170，304484，486

沛县：486

余姚：416，507

卤城：436

沁阳：488

八画

宛城：421，424，431，456，505

官渡：3，117，247，488

兖州：23，485，486

京师：65，66，165，166，203，274，482，484，494，499

京兆：38，40，498

孟津：38

武威：254，434，490，499

武夷：242

武阳：174

武都：80，245，255，263，391，392，393，394，35，396，397，398，413，507，526

武陵：65，68，70，87，371，482，493，494，496

武昌：42，355，500，507，578

青州：285，485

建威：120，395，397，413，526

建州：242

建业：44，63，495，507，608

宜昌：355，543

宜城：73，102，499

砀郡：79

昌霸：261，263，266，279，284，295，313，319，359

昌邑：79

定笮：185

定军山：102，499，510，529，530，532，553，557，586，596，597

奉节：143，500，543，564，582，604

枣庄：159

卑水：185

昆阳：163，167，210，215，349

金城：254，399，430，478

金华：243

河东：484，570

河关：355，400

河北：120，274，297，316，362，483，485，489，570

虎牢关：247

居巢：458

谯国：254，369

房县：355，505

岷县：355，356

周至：194，356

宝鸡：396，506，526，594，620

沓中：34，315，356，400，476，575

陕县：415

函谷关：415

九画

荆州：1，3，7，8，9，10，12，13，14，18，40，47，48，49，52，53，54，56，57，58，61，63，65，66，67，68，69，70，74，77，79，80，81，82，83，85，86，87，102，104，105，107，111，125，126，127，128，129，131，132，133，136，137，139，165，170，179，180，182，183，197，198，201，207，208，224，226，229，233，234，235，247，250，256，305，353，388，421，424，431，450，456，462，485，486，488，49，490，492，493，494，495，496，497，499，522，536，563，577，617，618

南皮：489，490

南郑：236，238，434，450，497，506

南安：40，174，241，245，254，258，355，392，9，3，394，395，396，397，398，399，478，506

南郡：42，129，169，355，373，462，471，494，503

南阳：101，120，134，135，159，169，174，215，261，263，266，280，313，325，374，378，484，486，487，498，519，539，540，541，542，544，551，553，554，555，563，565，566，567，572，576，577，581，582，588，591，593，595，596，602，603，624

南海：7，9，18，166，361，563

南京：210，370，495，555，608，612，618，621

眉县：28，88，372，395，455，461，464，509，526，607

城固：33，427，526

城濮：51，83，129，228

洛水：41

洛阳：22，23，41，195，203，208，215，406，434，456，485，486，499，510

洛邑：41

临潭：356，400

临沮：80

临沅：68，70，496

临蒸：65，494

临晋陂：40，41

绛城：50

幽州：484，486，489，490

洮西：355，399，400，478，

洮水：355

秭归：124，228，261，267，355，534

重庆：143，182，500，543，564，604，613，616，619，627

郢：231

咸阳：122，236，237，238，241，242，243，246，250，254，256，506

洵阳：252

洋县：427，526

柏山：325

段谷：355，400

骆谷：356，400

剑阁：245，277，314，315，356，400，401，435，436，437，438，508，575

钟题：400

将军垴：414

十画

徐州：3，19，159，285，369，486，487，488，494，625

徐塘：42

益州：7，9，10，14，18，19，20，28，29，52，55，68，69，70，72，75，79，80，81，85，86，88，91，93，94，96，97，98，99，100，107，110，131，134，137，139，151，152，153，158，159，160，161，163，164，165，168，172，173，174，175，182，185，207，223，265，266，267，313，320，353，358，386，456，466，467，471，472，484，486，492，495，496，497，498，501，502，503，563，579，598

秦岭：236，238，240，242，244，249，250，252，254，506，595

秦安：228，396，526

秦川：7，9，18，245，400，466，468，492，558

都江堰：28

阆中：33，82，302

郴县：66

桂阳：66，67，87，129，493，494

高平县：160

高密县：159

牂柯：185

旄牛：185

浙江：243，244，482，578，612，

本书所涉及的地名索引

616，624，627

诸城：245

凉州：254，350，353，399，437，450，467，468，484，495，499

酒泉：254，499

射犬：488

射阳：255

桐城县：265

泰山郡：482

离山：484

夏县：484

唐河：487

壶关：490

秭陵：495

十一画

隆中：3，7，8，10，22，63，138，272，375，391，486，491，492，531，532，542，544，548，551，565，572，574，582，600

猇亭：13，40，74，78，128，131，134，136，138，142，149，235，256，323，353，462，546

黄许镇：495

黄土：28，202

黄沙：28，508

斜谷道：273，299，394，395，434，438

斜谷：28，236，237，238，242，246，250，254，372，454，461，464，470，506，509，526

绵竹：33，174，226，233，355，356，373，400，495

绵阳：174，354，356，399，495，617

淮南：23，42，44，400，401，402，459，487

淮阴：83，129，459

淮阳渠：42

巢湖：42，261，263，266，284，295，313，359，458，507

常德：60，70

竟陵县：160

梓潼郡：174，441，442，443，444，445，446，508

涪县：174，354，356，399，468，473

鄄城：228

崇安：242

鄂城：355

商丘：489，622

浚县：371，372，488

崤山：415

十二画

街亭：228，229，230，232，234，

661

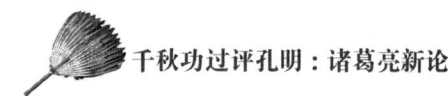

237, 247, 256, 258, 259, 260, 263, 264, 273, 276, 277, 284, 306, 310, 336, 370, 385, 392, 393, 394, 395, 396, 397, 398, 413, 421, 428, 433, 438, 506, 526, 581

渭水：28, 40, 41, 372, 455, 461, 464, 470, 558

雁门：43

越巂：184, 185, 226, 227, 233, 234, 320, 501, 503

越岭：252

犍为：146, 174, 185, 321, 410

彭亡：474

湖广：244

湖洲：244

湖阳：487

散关：243, 261, 263, 275, 299, 300, 306, 395, 396, 526

景谷道：33, 373, 400

博陵：483, 487, 559

十三画

颖水：42

颖川：1, 3, 487

雍州：27, 43, 253, 255, 304, 355, 394, 395, 397, 399, 400, 413, 437, 490

新都：355

新城：51, 194, 202, 204, 208, 329, 331, 355, 456, 458, 505, 506

新兴：43

新野：54, 489, 491, 492

新丰县：434

蒲地：49

零陵：65, 66, 67, 75, 87, 129, 493, 494, 496

蜀郡：9, 73, 84, 85, 87, 89

衡岭：354

亶洲：507

榆林：414

十四画

翟国：49

雒城：69, 91, 495, 496

舞阴：487

磁县：297, 362, 489

十五画

豫章：279, 285, 324, 486, 488

豫州：54, 484, 486

樊城：54, 493, 499

潼关：35, 235, 236, 237, 238, 251, 261, 263, 66, 280, 313, 325, 422, 424, 433,

495

褒中：86，236，238，242，244，
　　　245，246，249，20，252，506
黎阳：261，263，266，280，313，
　　　325，488，489
德阳：356，495

十六画

冀州：40，483，484，485，489
衡州：244
衡阳：66，244，536

十七画

魏郡：38，254
徽县：255，391，396，398
襄樊：81，459，548
濡须口：495

二十一画

蠡县：483

二十二画

穰：487

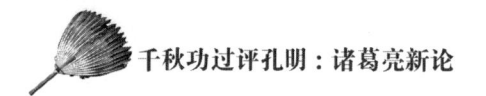

跋：往事历历催人奋
——从钟爱"习凿齿研究"到情系"诸葛亮研究"

（一）十年辛苦得新知，宁远祭舜定选题

诚如自序《灭魏兴汉诸葛亮　赓续一统司马懿》中所写，本人在研究习凿齿取得阶段性成果的同时，获得了多个研究领域中的新知，尤其是对习凿齿的懿言嘉行，有了新的领悟。恰在此时，我接到湖南省纪委邀请参加"'德孝文脉'：领导干部家风建设研讨会"的通知，于是，便撰写了《习凿齿（东晋史学家、文学家）家族家风对领导干部家风建设的方法与路径的启迪》的发言稿，文中归纳了习凿齿一生中的五大亮点与"凿齿之风"的基本内容：

> 考察习凿齿的一生，他是一颗历经艰苦磨砺之珠，有如沙底沉埋之金。简而言之，习凿齿的一生，有着五大闪光点。这就是：以史论世，秉笔直书当朝皇帝司马氏先祖的种种秽行；敢于批评抵制曾对自己有知遇知恩但一心要搞分裂的顶头上司桓温；精通佛理、协助道安弘扬佛法多有实绩；更敢于拒绝前秦皇帝苻坚聘其为高官的征召；尤其他在临终之时，仍然不忘国家要大一统，向皇上呈上了"晋宜越魏继汉不应以魏后为三恪"论即"中华民族大一统"论。
>
> 宏论要旨醒天下。经过历代仁人志士的深刻解读，意指国家的版图必须一统，国家政权必须归一，最高统治者应是爱民

勤政的明主，国家重臣应像诸葛亮一样廉洁奉公，为了"中华民族的大一统"事业，应当"鞠躬尽瘁，死而后已"……这是中华民族优秀传统文化的精髓和精神要义的凝聚。它影响后世史书和世界名著罗贯中的《三国志通俗演义》和毛纶毛宗岗父子对《三国志通俗演义》的评改，以及蔡东藩的《中国历史通俗演义》等著作的撰写，让永远不忘中华民族必须和谐统一、必须坚决反对搞分裂的思想基因注入世世代代中华民族子孙的心灵深处。

"凿齿之风"是在不断积淀传承中逐渐形成。它上承"襄阳诸习"优秀人物之德，下接徙居江西新余白梅之后的习凿齿及其习氏家族优秀子孙之风。这里所说的"凿齿之风"，包含着习凿齿先祖的仁德，习凿齿的家风、习凿齿的风度、风采与人品以及其后世子孙将其良好家风不断弘扬光大之族风家风。

"凿齿之风"，对其家族来说，沾溉尤深，影响甚大，是教育、激励、引领其子孙后代为家国作出贡献的光辉榜样；对于社会交往来看，则是一张显示家国有着深厚文化底蕴的名片；对于人类社会而言，他们的良好影响、重要贡献与辉煌业绩，是后人取之不尽、用之不竭的重要资源……在如下五大方面皆对于领导干部良好家风的构建有着深刻的启迪作用：

一是"崇尚忠烈、学习忠烈"的"凿齿之风"，对领导干部"忠直爱国"家风形成的启迪作用；

二是"慎忠追远、和谐忠孝"的"凿齿之风"，对领导干部"和谐团结"家风形成的启迪作用；

三是"热爱教育、注重德行"的"凿齿之风"，对领导干部"尚学敦厚"家风形成的启迪作用；

四是"行善积福、破男尊女卑"的"凿齿之风"，对领导干部"男女平等"家风形成的启迪作用；

五是"精擅学术、勇于践行"的"凿齿之风"，对领导干部"刚正不阿、学以致用的苦读，富于创见"家风形成的启迪作用。

总而言之，"凿齿之风"，对于领导干部"注重家庭、注重家教、注重家风"构建廉洁文明家风的方法与路径仍然有着深刻的启迪作用。

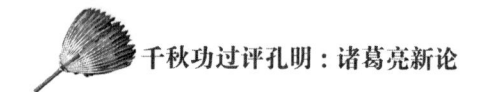

具体而言，从习氏忠烈文化的长期积累过程中，对领导干部家风建设方法与路径，有着深刻的启迪作用；再是从现当代习氏先辈对忠烈文化的践行情况，对领导干部家风建设的方法与路径，有着榜样式的启迪教育作用。

会议在历史悠久、人文荟萃、德孝人文有如史书般的宁远召开，并有幸参加"丁酉年祭祀舜帝大典"。随着近万人的队伍庄严肃穆入场，虔诚拜谒，我思绪激荡……想到自己在会议将要发言的中心人物"习凿齿"以及他所崇敬的诸葛亮对他的影响，又由"至今已有2200多年历史，宋乾德二年（公元964年）定名宁远，取'武定功成，远方安宁'，寓'宁静致远'之意"的宁远县名的由来而再次联想到我的诸葛亮研究，遥想舜帝这位中华民族的人文始祖，舜文化是他平生身体力行的实践结晶，舜文化对中华民族影响深远，舜帝南巡布德泽、育文明，千秋大业功在"中华民族大一统"……我深深地体味到舜帝文化的基因之所在，这不就是"诸葛亮文化"与"习凿齿文化"的深层意蕴的"源头基因"吗！面对当今的"诸葛亮"和"诸葛亮文化"被有的人生发出那么多令人始料未及的"问题"，戴上了令人匪夷所思的"帽子"。且这些"问题"有的正在"发酵"，产生了不利于优秀传统文化传播的影响。……思而思之，那雄浑而震撼人心的音乐和化装成舜帝时的先民们那翩翩起舞的舞步，那上古传奇的人物形象，令人感受到舜帝当年奋斗的艰辛与无畏！在端身正意虔诚地向舜帝鞠躬致敬之时，那秉承弘扬祖德、传承华夏文明，凝聚华夏子孙共谋"中华民族大一统"宏伟大业的热烈场面，令我思绪为之一动，一个《千秋功过评孔明——诸葛亮新论》的书名，便在"德孝之源、福地九嶷""培根铸魂"的祭舜现场油然展观。

（二）诸葛文化精髓在　寻源找魂赋新篇

宁远这方宝地，是一部德孝人文的史书，素有"中华民族的人文圣地，全球华人的精神家园"的诸多美誉而名满天下！舜之"天下为公"、舜之"以德治国"、舜之"孝悌忠义"、舜之"敬业奉献"、舜之"践行一统"等德泽，滋养着"中华民族大一统"精神，《千秋功过评孔明——诸葛亮新论》都能在这底蕴丰厚的舜文化中可以得到探寻，可以得到重现，可以得到弘扬光大！

要写好这样一部书谈何容易！我非钢筋铁骨身，这千万字论著的出版，已使我有"焦头烂额""精疲力竭"之感！然而，一旦当我细细品味永州、通读宁远：这里千姿百态的山山水水，处处展现的是锦绣潇湘那一幅又一幅的精美画卷；这里的舜文化、柳文化、理学文化、女书文化、瑶文化那深厚的底蕴，让人在这"锦绣潇湘，九嶷圣地"，随时可以触发出学术的灵感，增添着积极向上的无穷力量。一到宁远，毛泽东那首《七律·答友人》便会情不自禁地涌上心头而不时吟诵："九嶷山上白云飞，帝子乘风下翠微。斑竹一枝千滴泪，红霞万朵百重衣。洞庭波涌连天雪，长岛人歌动地诗。我欲因之梦寥廓，芙蓉国里尽朝晖。"由这首诗，我想到了它的写作背景："1961年五六月间……毛泽东的老同学、老朋友乐天宇、李达、周世钊在长沙一起闲谈……遂决定，把客人给乐天宇捎来九嶷山上的斑竹送一枝给毛泽东。另外，李达送一根斑竹毛笔，又写了一首咏九嶷山的诗词。周世钊送一幅内有东汉文学家蔡邕的文章墨刻。乐天宇送一条幅，上有蔡伯喈《九嶷山铭》复制品，还有乐天宇写的一首七律《九嶷山颂》。毛泽东收到后，引起对家乡和老朋友、老同学的怀念，便写了这首七言律诗《答友人》。"[1]

在这首诗的写作缘起中，四次出现"乐天宇"的名字及其诗，唤起了我追寻着湖南宁远乐天宇这位令人尊敬的革命先辈的动人事迹。记者刘跃兵《弘歌不绝声自远——乐天宇与"九嶷山学院"的故事》这篇妙文一次又一次地耀入眼帘：

在"赔光5万元，搭上这条老命，也要回山区办学"为小标题中下，那"来时一团肉，去时一包灰"的惊人警句不时闪现："1980年10月，79岁的乐天宇带着平反时补发的5万元工资，从北京回到家乡宁远县。他想在离县城30多公里的九嶷山舜帝庙，自费创办一民办大学。原九嶷山学院办公室主任乐桂生说：'对回乡办学，不少人劝乐天宇慎重考虑，一是他年事已高，二是民办大学投入大，又没有先例可循。'乐天宇态度坚定：'我来时一团肉，去时一包灰。在山区办学，有利于解决山区人才缺乏的问题。就是赔光这5万元，再搭上这条老命，我也要把学校办下去。'"这位1924年1月加入中国共产党，投身革命事业。在抗日战争和解放战争时期，在延安创建中国农学会，倡议开垦南泥湾，对中国革命有着重要贡献的老革命自办大学的态度是何等的坚决！遥想前贤志，今人当自强！

在"想混文凭请离开，要学本事请进来"的小标题下，那"字字句句扣人心弦"的话语："舜帝陵午门前，乐天宇佝偻着身子站着，一字一句扣人心

---

[1] 付建舟：《毛泽东诗词全集详注》，山西高校联合出版社1996年版，第332页。

667

弦：'九嶷山学院今天开学了，我们自费求学，不包分配，打破铁饭碗。希望同学们努力学习，自学成才。想学本事的，我们随时欢迎，如果为要一张文凭而来，请明天离开九嶷山学院。我们的校训是"贵自学、敦品德、勤琢磨、爱劳动"。'"九嶷山学院以培养国家栋梁之才的办学宗旨，是何等的明确。这不能不令人想起黄埔军校的门联："升官发财，请走别路。贪生怕死，莫入此门"[1]"此联题于军校开办之初，其时孙中山来校视察，看此联云：'好！军人应该如此。'此联传为廖仲恺所撰，以语意言，实较可信。而所有军事学校，乃至其他学校，亦皆当悬此联。"[2]这样一副充满浩然正气的楹联，写出了中国共产党人的崇高志向与奉献精神，表达了学校培植革命后代"培根铸魂"的宗旨。

在"为高等教育探索出一条新路"的小标题下，所展现的是："乐天宇注重学生品德、人格修养。他不但给大家上遗传学、进化论等专业课，还主讲'修身'课。他把自己在长沙求学时的老师杨昌济先生写的《达化斋日记》刻成油印本，人手一份。1981届医学系学生、现广州中医药大学教授杨林告诉记者：'乐老上专业课风趣幽默。但讲修身课严肃认真，目光炯炯有神，可以看穿人心。'"这就是学为人师，身正为范，乐天宇可谓模范教师中的模范。

在"发扬延安精神，自己动手建校舍"以结束全文的小标题下，记载的是："乐天宇点燃煤油灯提笔写信，然而手指不听使唤，身子挪不动了。这时，正好一名学生来找他，要求留下建校。见老校长倒在桌子旁，学生赶紧把他抱上床。夜里找不到车，直到第二天一早，乐天宇才住进县人民医院。10天后，乐天宇因脑溢血去世。他的一半骨灰永远留在了他无比热爱的九嶷山。"[3]

乐天宇这位教育工作者，对待人民的教育事业，真如春蚕结茧到死还要将丝吐完，恰如蜡烛要烧成灰烬要将蜡油滴干。这种爱岗敬业、"鞠躬尽瘁、死而后已"的奉献精神，就是熠熠生辉的舜帝道德恩义遗风的承继，也可以说是诸葛亮"宁静致远""鞠躬尽瘁、死而后已"奉献精神的发扬光大。

"帝子乘风下翠微"，舜帝下翠微，他看到了"春蚕到死丝方尽，蜡炬成灰

---

[1] 钱剑夫：《中国古今对联大观》，上海文化出版社1998年版，第427页。
[2] 同上。
[3] 刘跃兵：《弘歌不绝声自远——乐天宇与"九嶷山学院"的故事》，《湖南日报》2016年1月10日。

泪始干"（摘自李商隐《无题·相见时难别亦难》）的中华民族的优秀子孙，在他巡视过的宁远恩惠人间，唱响了他泽被华夏的生命永桓的赞歌！他将与其偕之一道乘风驾鹤而去。

我虽不是铁骨身，"德孝文脉"鼓劲头！在《千秋功过评孔明——诸葛亮新论》中，我将认真地体味、求索探寻！

时光似流水般带走了往昔的青春岁月；年轮似沉沙般积淀着前行的难忘记忆；感恩不忘您，风雨同路行；感恩道德在，德孝文脉存；感恩正能量，生命久弥新。"当一个人懂得了感恩，并学着去报恩时，即使身无分文，他也是富有的。这份感恩之情，这种报恩之举将是他无尽的财富。"[1]1978年10月间，我告别了在部队的"锻炼"、舍弃了我心爱的画笔、在工厂的"劳动"、在农村的"蹲点"、在学校的"听课"、组织教材的"编写"、参与招生和分配、十三个县市的知青"走访"……最终来到了江西大学学报编辑部。

江西大学是江西省的最高学府，虽说我是赣南师专1965年入校的毕业生，我没有低学历的胆怯，更说不上那误划成分[2]的自卑。在农村、在工厂、在部队的经历锻炼了我克服困难的能力，提高了我的绘画水平，并从首长、战士、工人那里学到了如何处事做人。后来我在吉安地区柴油机厂向工人、工程技术人员学到了不少文理科的知识。吉安地委和吉安行署及其下辖的13个县市，名牌大学生远远多于江西大学，吉安地区（当时称井冈山专区）也称得上是"藏龙卧虎"之地，我与他们在工作上的合作是默契的、相当满意的，并得到了他们的赞许，向他们学到了不少东西、汲取了正能量。从某种意义上来说，这些社会实践远胜于课堂，这算是从入赣南师专到进入江西大学（后来的南昌大学）前的历练与充电。

特别令我难忘的是：由清华大学调来的校长潘际銮院士与吴志强副校长，经过调查研究，严把政策关，"大义大勇，敢说敢行"，于1995年专门从南昌大学拿出一个指标让我与其他人公开公平竞争而破格为研究员，十年艰辛获正高职

---

[1]朝西：《让生命在感恩中升华——学习〈中庸〉对孝亲的感悟》，《净土》2007年第2期，第44页。

[2]吴直雄：《习凿齿和他的〈汉晋春秋〉——兼论〈三国演义〉与习凿齿的承继关系》。江西高校出版社2019年1月版《吴振群序〈重读三国 相知凿齿 感佩直雄〉》第4页。

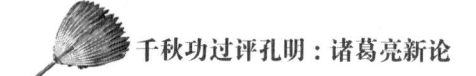

称，这对于改善我的研究条件，提供了极大的帮助，为我在做好编辑工作与带好研究生工作的同时，能完成千万余字论著的出版奠定了很好的基础。

2003年主管教育的黄懋衡副省长得知我正在撰写《楹联巨匠毛泽东》（80万字，广东人民出版社2003年8月版），连摆放电脑的地方也成问题，亲自批请学校借我以住房，让我成功地写好是书，当我拿到出版社的样书时，正好与潘际銮院士在其住房前的荷花池边相遇，我当即送上一部请他指正，他将这重达数斤之书，在手中掂量了一下，不断翻阅之后便勉励说："这就是对南昌大学的贡献！"老校长文理皆通，不久，此书荣获2004年9月广东省委宣传部、广东省新闻出版局优秀图书一等奖。

中联部的出版专家钟清清、高铁英得知我正在撰写《〈三国演义〉与习凿齿论著之渊源研究》（后改为《习凿齿与他的〈汉晋春秋〉——兼论〈三国演义〉对习凿齿的承继关系》（130万字）出版）的书中的主要内容后，尽快地为我搜集并及时寄赠相关资料与书籍近400万字；山西省《党史文汇》副主任委员钟启元研究员，得知我撰写是书，从山西赐寄资料与书籍以支持；南昌大学中文系图书收藏家朱盛桂先生，将自己所珍藏的各种版本的"四大名著"等论著毫无保留地送到我家，南昌大学教授吴晓龙博士亦尽快地将其收藏的《三国演义》资料亲自送交我手；南昌大学新闻与传播学院罗俊老师为本人广泛收集资料；北京师范大学张丽博士后、中山大学邬志伟博士抽空为我购买相关书籍、周勇与王茞娟等硕博士在为我购买相关书籍的同时，还广泛为我收集资料。

在是书初成之际，我的好兄长吴振群教授在与病魔艰难的抗争中，仍不忘留下令人鼓舞终生之序。转瞬不觉三年过，兄长虽说在2016年10月12日18时57分从此阴阳两隔，但兄长在生之日，为我解决过不少的困难，为我抢得了不少宝贵的时光，这让我终生追思、终生铭感；书稿出样之后，90高龄仍不时出版著述的沈星棣教授，对本书推敲把关，细览其评改之处，这真是：彩笔评处新见现，字字深情重如山！他的乐观、他的学识、他的做人、他的大气、他的正义、他的正派、他的睿智，是我终身学习的榜样！

尤其是有专家学者与干部知我遭遇腐败的祸害之时，他们认为研究好习凿齿意义很大，在为我加油鼓劲的同时，更多的则是付之以实际行动：

首先是我的老师习嘉裕主任，是他将我引入习凿齿研究之门，为了让我能节省时间，他对腐败恨之入骨，代替我出庭应诉，减少了腐败对我时间的耽误与无谓的纠缠；湖南省原副省长周世钊的幼女周彦瑜研究员和女婿吴美潮研究员夫妇，著名社会活动家、中国自贸区发展研究院荣誉院长、中华谢氏联谊会总会谢宏之副会长等同志，全国人民优秀检察官张飚同志，老家麻山乡政府纪律书记张增伏、文书张宗勤等不少乡政府村政府干部，对腐败痛恨至极，积极地促成尽早解除腐败对我的无端干扰，以利我有时间尽快完成系列著作，作了不少的努力；劳动模范熊国红得知我爱人饶忆梅的病刚刚恢复，知我的研究工作正值关键阶段，便牺牲休息时间，从十多里远的家中专程赶到南昌大学代我邮发快递，数年下来，为我多争取了不少的宝贵时间；我的老同学、原萍乡高等专科学校图书馆陈永宗馆长，知道我新近为南昌大学人文学院承担着学校学科建设特色研究创新工作，在得知我萍乡老家的房屋因天灾人祸倒塌而我又没有时间回萍乡处理时，便亲自来到我家这个山村，拍下视频发我，并提出解决方案，为我节省了至少半个多月的返乡时间，令人感慨！

舒龙老师远在在美国，当看到我的《破解〈习凿齿传〉〈汉晋春秋〉千年谜》之后，立即组织在美专家的读书会，传播这部著作的正能量。得知本人的《习凿齿家族家风研究》即将出版之际，立即赋七绝一首以资鼓励。其诗云："梅开几度欲何求，岂为毁誉记恩仇？秉笔直书雄心在，披沥肝胆写春秋。"（舒龙甲午·中秋·鹰国2014·9·8）在得知我正在写《〈三国演义〉与习凿齿论著之渊源研究》时，立即赋联相送以资鼓励。联云："中秋秋收庆丰稔；寒梅梅开超二度。"鼓励我一定要写好这部有意义有价值的好书。

更为难能可贵的是，母校三届党委书记王毅忱、张基德、刘有志总是在关键时刻给我以支持、帮助，帮我度过了不少难关。

年近90高龄的刘有志书记仍然关心着、支持着、勉励着、鼓舞着我。在他任赣南师院党委书记时，曾在大会上号召师生向我学习，给我以激励、以鞭策……我必须将这种无形的压力化为动力。特别令我难以忘怀的是：2009年，当他读到我的《毛泽东妙用典故精粹》（244.8万字。人民出版社2009年版）一书时，立即以《深入细释 着意求新——读吴直雄〈毛泽东妙用典故精粹〉》为题，写下近两万余字评论长文发表在2010年（一二期合刊）由陈东白主编的《盘锦诗词》的开篇，反响很好。2016年年底，当他读到我的《习凿齿家族家风研究》，其时师母重病卧床，他竟然忙到大年三十晚写完一篇达十二万字的《尊重东晋一段历史实际 盛赞习凿齿家族家风》的推介论文。在老书记夫人刚

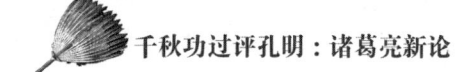

刚去世之日，他忍着悲痛，遵照投稿杂志社的要求，最终压缩修改为6000字，后来又按杂志要求，改成《发掘一段东晋历史 弘扬浩然正气家风——读吴直雄〈习凿齿家族家风研究〉》发表于2017年《忧乐天下》第3期上。当他读到《习凿齿与他的〈汉晋春秋〉——兼论〈三国演义〉对习凿齿的承继关系》（130万字，江西高校出版社2019年版），立刻打来电话给我以鼓励，并拟撰写评论以资推介，这让我的心情久久不能平静："游子"在外，母校犹念；我只能前行，决不能退……

感恩生活、感恩所有给予我正能量的人们。正兴作的《感恩歌》不时跃然眼前，让我哼唱：

> 感恩每一滴水珠，它把我来滋养；感恩每一支花朵，它带给我芬芳；感恩每一朵白云，编织我的梦想；感恩每一缕阳光，托起我的希望。感恩啊感恩，感恩的心儿多么虔诚；感恩啊感恩，感恩的歌儿用心吟唱。感恩亲爱的父母，给予了我生命；感恩敬爱的老师，教会了我成长；感恩帮助过我的人，使我感受善良；感恩伤害过我的人，让我学会坚强。感恩啊感恩，感恩的心儿多么虔诚；感恩啊感恩，感恩的歌儿用心吟唱。

榜样的力量无穷尽！诸多鼓舞是压力亦是动力。我终于坚持不懈地写好了《习凿齿与他的〈汉晋春秋〉——兼论〈三国演义〉对习凿齿的承继关系》，在这部上百万字著作下厂开机之日，深感岁月无情去，行健不息当自强。我当夜以继日着手《千古功过评孔明——诸葛亮新论》一书的写作，这是习凿齿研究的延续，拟揭示诸葛亮一生立功于家国、"鞠躬尽瘁"为一统；立德于后世、人格风范节操贯古今；立言于当时、一生践行千古之论"中华民族大一统"，堪称人世楷模，而习凿齿的人格道德与风格风范等的深层渊源当赓续于此并发扬光大之。

名言有云："金无足赤，人无完人。"世之所谓"完人""全人"，只能是相对来说而已。诸葛亮是人不是神，如果我们能够全面辩证地、历史具体地和以民为本地从多个维度地看待诸葛亮这个历史人物，在拒绝历史虚无主义并拂去某些历史的局限性尘埃之后，在中华民族五千年辉煌灿烂的历史长河中，在灿若繁星的历史人物里，实可尽见诸葛亮那取之不尽的思想文化遗产的珍品与极品，应当还诸葛亮政治家、军事家、外交家、文学家、发明家的本来面目，还诸葛亮"鞠躬尽瘁、死而后已"一生的璀璨与辉煌，还诸葛亮是中国传统文化中忠臣与智者的代表人物的光辉榜样。

时钟滴哒催人奋，拙著改成子夜时。

吴直雄2019.12.26.于南昌大学人文学院中文系"重上劲松楼"

岁次己亥　大年三十晚最终校定

附记

　　一部厚厚的书稿刚刚交付，出版社合同业以签订。2020突发新型冠状病毒肺炎疫情，其来势之猛、传速之快、感染范围之广、防控难度之大，世所罕见。疫祸狂掀万重浪，同仇敌忾斗志强，荡尽毒魔凯旋奏，宅家避瘟编审忙。中国书籍出版社的领导和本书责任编辑王志刚同志，在投身战疫的同时，结合自身的工作特点，凝心聚力审读、修改、编辑书稿，诠释着他们以"编"战"疫"取胜的责任担当，将这部89万字的书稿如期面世。终校样书到手，令人激动、令人铭感、令人遥想：广东省有一领导在读到《习凿齿与他的〈汉晋春秋〉——兼论〈三国演义〉对习凿齿的承继关系》后称赞道："太好了，您这个研究创意挺好的，研究更是价值连城……"当得知我正在撰写《千秋功过评孔明：诸葛亮新论》时，勉励道："那是您功德无量，若能把这个做好，更是对这一学术领域的一种贡献。"书稿封面赫然挂着本人的名字，然所有付出的岂止我的辛劳？我当永远不忘书籍出版社领导和本书责任编辑，在这非常时期，是他们对本书精心地审校，"功德无量"也好，"超级贡献"也罢，当属这些在背后勇斗疫情、默默努力工作的同志们！漫漫人生前行路，再接再厉再拼搏，知恩更当知感恩，研究之路不停步！

吴直雄2020年8月1日
于南昌大学人文学院中文系"重上劲松楼"

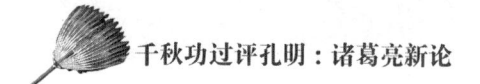

作者简介

吴直雄，江西萍乡麻山桃源"中窍田"人。资深研究员，原南昌大学人文学院教授、硕士生导师。1967年、1968年主要在工厂、学校、机关、部队从事毛泽东巨幅画像的绘制兼及宣传工作。1968年赣南师专中文科毕业后至中国人民解放军0484部队锻炼并获奖。1970年分配在吉安地区行署等单位从事工厂翻沙锻炼、文化教育、知青走访、落实政策、农村"蹲点"等方面的工作。1978年调至江西大学学报编辑部从事文理科学报等行政、业务诸多方面的工作。自1987年专任文学史学责编后，即无间寒暑地对中国文学、史学、红学、诗词学、民俗学、编辑学诸方面予以研究。1995年，在中国科学院院士潘际銮校长与吴志强副校长的关心下，被破格评为研究员。现任中国毛泽东诗词研究会常务理事，习凿齿研究会特聘研究员，中华习氏宗亲文化研究中心特邀顾问，中国艺术家专项基金管理委员会特邀顾问，江西省楹联学会顾问，嘉应学院客座教授等，在数部文史辞书中有传。2019年10月被南昌大学人文学院聘为该院中文系兼职研究员。审编并出版文史文论数千万字；获省部级、校级各项奖励数十个；曾出版《中国谜语概论》《实用标点符号手册》《毛泽东妙用典故精粹》《破解〈习凿齿传〉〈汉晋春秋〉千年谜》《习凿齿家族家风研究》《习凿齿与他的〈汉晋春秋〉——兼论〈三国演义〉对习凿齿的承继关系》等专著18部，在核心期刊等刊物上公开发表学术论文200余篇，总计出版论著字数1000余万。退休多年后的一个偶然机会，有幸被南昌大学人文学院以江马益院长为首的领导班子聘请为"兼职研究员"，从而解除了在学术研究中的不少困难，得以将多部著作及时完善出版，并拟向该院奉献1000万字论著。特别是被行家看好的新著《千秋功过评孔明——诸葛亮新论》即将面世之际，先生不禁感慨良多云：

人生当感恩，感恩须负重；躯倦鬓虽秋，牢记争朝夕！

千秋功过评孔明：诸葛亮新论

作者吴直雄暨其爱人饶忆梅应邀参加湖南省纪委召开的"'德孝文脉'领导干部家风建设研讨会"，并于2017年11月22日上午前往九嶷山舜帝陵参加"祭祀舜帝大典"时留影